Hans Strelocke

Ägypten

und Sinai

Geschichte, Kunst und Kultur im Niltal:
Vom Reich der Pharaonen bis zur Gegenwart

DuMont Buchverlag Köln

Umschlagvorderseite: Gîzeh: Sphinx und Cheops-Pyramide
Innenklappe: Theben: Musikantinnen aus dem Grab des Nacht (Nr. 52) (Hirmer-Fotoarchiv, München)
Umschlagrückseite: Felukas am Nil

Alle Aufnahmen (außer Farbt. 5–8, 12, 13, 23, 24, 26–30, Abb. 26–35, 51, 52, 65–71, 91, 92, 119–124 sowie Innenklappe vorn) vom Verfasser mit Rolleiflex-Kameras auf Kodak-Ektachrome X Film (farbig) und Ilford-Filmen (schwarzweiß)

Hirmer-Bildarchiv, München: Farbt. 5, 6, 7, 8, 23, 24, 26
Stern/Ihrt, Hamburg: Farbt. 12, 13, 27, 28, 29, 30

Mein Dank gilt dem Ägyptischen Fremdenverkehrsamt in Frankfurt/Main, Herrn Gami el Masri, Generaldirektor der Egyptian General Authority for the Promotion of Tourism, Herrn Dr. Farid El Kadi, Vizepräsident von Misr Travel, Herrn Staatssekretär Mohammed Nassim von EGAPT sowie dem Ministerium für Tourismus in Ägypten.
 Sie und ihre Dienststellen haben mir auf allen Ägyptenreisen unterstützend und fördernd alle nur möglichen Hilfen, Tips und Anregungen gegeben.

© 1976 DuMont Buchverlag, Köln
15., überarbeitete Auflage 1988
Alle Rechte vorbehalten
Satz: Rasch, Bramsche
Druck und buchbinderische Verarbeitung: Toppan Printing

Printed in Singapore   ISBN 3-7701-0836-1

Inhalt

Geschichte Kultur Kunst 9

Vorzeit, 5. und 4. Jahrtausend v. Chr. 10
Frühzeit (Thiniten-Zeit), 1. und 2. Dynastie etwa 3000–2705 11
Altes Reich, 3. bis 6. Dynastie etwa 2705–2155 15
   Kunst im alten Reich 19
Erste Zwischenzeit (Herakleopoliten-Zeit), 7. bis 10. Dynastie etwa 2155–2134 24
   Kunst der Zwischenzeit 26
Mittleres Reich, 11. bis 12. Dynastie etwa 2134–1785 26
   Kunst des Mittleren Reiches 28
Zweite Zwischenzeit (Hyksos-Zeit), 13. bis 17. Dynastie etwa 1785–1550 . . . 30
Neues Reich (Großreichs-Zeit), 18. bis 20. Dynastie etwa 1550–1070 31
   Kunst des Neuen Reiches 39
Spätzeit, 21. Dynastie bis zu Alexander dem Großen etwa 1070–332 42
   Kunst der Spätzeit 44
Griechische Zeit (Ptolemäer-Herrschaft), 332–30 46
   Kunst der Ptolemäer-Zeit 47
Römische Zeit, 30. v. Chr. – 395 n. Chr. 48
   Kunst und Kultur der römischen Kaiserzeit 65
Byzantinische Zeit, 395–640 66
Christliche Zeit 66
   Mönche und Klöster 69
   Kunst der Kopten 70

INHALT

Islamische Zeit 72
Omaijaden – Abbasiden – Tulûniden – Ichschididen – Fatimiden – Aijubiden – Mamlûken – Osmanen – Frankreich – Mohammed Ali – Saîd – Ismâil – Achmed Arabi – England – Saad Zaghlul – Fuad I. – Republik

    Kunst des Islam 79
    Schematische Übersicht islamischer Bauten in Kairo und Charakterisierung ihrer Stile 83

Ägyptens Religion 84

    Göttermythen 88
    Hermopolis – Heliopolis – Memphis – Theben

    Die Osiris-Legende 91

    Die Königs-Theologie 93

    Die Götter 94
    Amun – Anubis – Apis – Aton – Atum – Bastet – Bes – Chnum – Chons – Hathor – Horus – Imhotep – Isis – Maat – Min – Month – Mut – Neith – Nephthys – Nut – Osiris – Ptah – Rê – Sarapis – Sechmet – Selkis – Seschât – Seth – Sobek – Thoth – Toëris – Upuaut – Uräus – Uto und Nechbet

Der König 107
Palast – Harem – Frauen – Kinder – Namen – Erziehung – Beschneidung

Lebensweise im alten Ägypten 131
Bauern – Bäcker – Bierbrauer – Wein – Gastmähler – Fisch – Jagd – Sport und Spiele – Tanz – Musik – Mode – Schmuck – Gesellschaftsordnung – Ethik – Militärwesen

Tempelkult und Tempelarchitektur 143

Jenseitsglaube und Totenkult 179

    Mumifizierung und Mumienbegräbnis 181

    Mastaba und Felsgrab 189

Die klassische Ägyptenreise 190

Kairo 190
Ägyptisches Museum – Kairo-Turm – Sultan Hasan-Moschee – Zitadelle – Ibn Tulûn-Moschee und Bêt el-Kiritlija – Al Ashar-Moschee – Al Hâkim-Moschee und Stadtmauer – Kalaûn-Moschee – El Muaijad-Moschee – Kalifengräber – Basare – Museum für Islamische Kunst – Alt-Kairo – Koptisches Museum – Nilometer

Alexandrien: Ein Ausflug nach Norden 225
Antike Stadt – Pharos – Serapeum – Katakomben, Anfûschi, Südgrab

Die Pyramiden von Gîzeh 231
Cheops-Pyramide – Chephrên-Pyramide – Mykerinos-Pyramide – Taltempel des Chephrên – Der Sphinx – Sonnenheiligtum von Abu Gurôb – Abusir

Sakkâra 245
Stufenmastaba des Djoser – Mastaba der Prinzessin Idut – Perser-Gräber – Unas-Pyramide – Pyramide des Sechemchet – Mastaba des Ptahhotep – Serapeum – Mastaba des Ti – Mastaba des Mereruka – Mastaba des Kagemni

Dahschûr 259
Mastaba el-Faraûn – Südliche Steinpyramide (Knickpyramide) – Snofrus zweite Pyramide – Grabbau für König Sesostris III. – Ziegelpyramide von Amenemhêt III. – Lischt: Pyramide von Amenemhêt I. und Pyramide des Sesostris I.

Medûm 263
Pyramide von Huni und Snofru

Fayûm 265
Illahûn – Hauwâra – Labyrinth – Kasr es-Sâgha – Dîme – Karânis – Dionysias – Biahmu – Krokodilopolis-Arsinoë – Medînet Mâdi

Mittelägypten 270
Die Gräber von Beni Hasan – Hermopolis Magna – Tell el-Amarna – Mêr – Assiut – Abydos – Dendera

Theben 305
Der große Karnak-Tempel – Tempel des Chons – Tempel der Mut – Tempel des Month – Tempel des Ptah – Der Luxor-Tempel

Nekropole Theben-West 338
Tempel des Sethos I. – Tal der Könige – Gräber: Sethos I. – Tut-ench-Amun – Ramses IX. – Merenptah – Ramses VI. – Amenophis II. – Thutmosis III. – Ramses III. – Ramses I. – Eje – Hatschepsut – Tempel der Hatschepsut – Totentempel des Mentuhotep – Privatgräber – Ramesseum – Dêr el-Medîna – Tal der Königinnen – Medînet Hâbu – Memnons-Kolosse – Luxor-Museum

Oberägyptische Tempel 362
Esna: Chnum-Tempel – Edfu: Horus-Tempel – Kôm Ombo: Haroëris-Sobek-Tempel

Assuan 366
Elephantine – Felsgräber – Simeonskloster – Kitchener-Insel – Granitbrüche – Philae – Hochdamm – Kalâbscha

Abu Simbel 386
Ramses-Tempel – Kleiner Hathor-Tempel

Die Oase Siwa 393

Die Sinai-Halbinsel 398
Mosesberg – Katharinenkloster

Praktische Reisehinweise 409

Über das Land – Klima und Kleidung – Ausrüstung und Fotografieren – Gesundheitsregeln – Reisen im Lande (Bahn, Bus, Dampfer) – Dragomane – Geld – Antiquitäten – Andenken – Ägypten im Auto 409

Die klassische Ägyptenreise (Alexandrien und Umgebung, Kairo und Umgebung, Fayûm) 421

Kairo – Luxor – Assuan 424

Assuan – Abu Simbel 430

Alexandrien – Marsa Matruh – Siwa 431

Am Roten Meer entlang von Sues nach Safâga 433

Kairo – Sues – Abu Rudeis – Mosesberg / Katharinenkloster 437

Was man ißt und trinkt 447

Ein paar Worte Arabisch 448

Begriffe der Kunst und Kultur der alten Ägypter 448

Begriffe der Kunst und Kultur des Islam 458

Königsliste mit den wichtigsten Herrschernamen 460

Literaturhinweise 461

Register 463

Geschichte Kultur Kunst

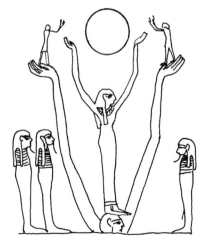

Aus dem ›Buch der Erde‹: Aus der Erde ragen der Kopf und zwei Arme der Göttin der Finsternis, auf ihrem Kopf die »Vernichtende« mit der Sonnenscheibe, die von zwei in ihren Handflächen stehenden Göttern für Westen und Osten angebetet wird. Links zwei »Erstandene«, fest gewickelte Mumiengestalten, rechts der Gott, »der den Leichnam zusammenfügt« und »die Finsternis hütet«.

Vorzeit

5. und 4. Jahrtausend v. Chr.

Im Halbdunkel der Vorgeschichte, in der Altsteinzeit, war Ägypten Teil eines Kulturbereiches, der von Südostspanien über gesamt Nordafrika bis zum Libanon reichte und der sich in Funden der Chelléen-Acheulén und Capsien-Kultur manifestierte. Es war die Zeit, als Klimaveränderungen Nordafrika zur Wüste austrockneten und sich die bis dahin unbegrenzt schweifenden Jäger, Nomaden und Sammler an die schmaler werdenden Flußtäler zurückziehen mußten, wo man auf den sich nun absetzenden Flußterrassen Faustkeile und fein bearbeitete Werkzeuge, Pfeilspitzen usw., aber auch Felszeichnungen gefunden hat. Im Übergang zur Jungsteinzeit, im 5. Jahrtausend, zeigte sich bereits eine deutliche Konsolidierung zweier Lebensformen: Hier nomadisierende Jäger-Hirten mit Hund, Schaf und Ziege, die, von Stammeshäuptlingen geführt, unstet Weideplätze wechselten, in primitiven Rundhütten wohnten und ihre Toten in Gruben mit einfachen Beigaben bestatteten und deren Zauberer Riten und Kulte pflegten, die allein der Abwehr böser Dämonen galten; dort das seßhaft gewordene Bauerntum im Niltal und vor allem im Norden.

Bei Merimde am Delta-Westrand und im nördlichen Fayûm treffen wir erstmals auf eine planend schaffende, organisierte Gemeinschaft mit festen Hütten aus Lehm, mit Vorratshäusern, Getreidebau, Weidetechniken, Jagd und Fischfang, mit technisch sehr vervollkommneten Feuersteingeräten, rot-schwarz polierter Keramik mit Ritzmustern und ersten Basaltpaletten und mit einer eigenartigen Bestattung innerhalb der Siedlung oder der Häuser selbst, ganz ohne Grabbeigaben. Kosmische (Himmel, Sonne, Hochwasser) und tierische Gottheiten (Kuh, Schlange, Stier, Krokodil), aber auch Götter der Fruchtbarkeit bestimmten das religiöse Empfinden. Während über die Sues-Landbrücke ständig vorderasiatische Einwanderer ins Delta-Bauernland sickerten, muß sich im oberägyptischen Badari beim heutigen Assiut in einer jetzt als Kupfersteinzeit zu bezeichnenden Epoche die neue Lebensform des Hirten-Bauern im Nildelta gefestigt haben. Erstmals liegen die Toten auf besonderen Friedhöfen außerhalb der Siedlungen, noch immer zwar angehockt in runden Vertiefungen, aber reich geschmückt und von Grabbeigaben umgeben, die in vielen magischen Figürchen bereits einen Totenkult anklingen lassen, der bestrebt ist, dem Verstorbenen auch im Jenseits die diesseitigen Genüsse zu ermöglichen.

Nach einem anderen Fundort, Nakâdâ im Nilbogen südlich von Koptos, werden die folgenden Epochen in zwei Stufen Nakâdâ I und II eingeteilt. Nakâdâ I bestimmen rote Gefäße mit gelber Bemalung, die Muster sind meist dekorativ-geometrisch oder figürlich und dann in starker Anlehnung an die ausklingende Felsbilderkunst. Freiplastisch werden Ton- und Elfenbeinfiguren geschaffen: alle Haustiere, dazu Nilpferde und Fische, und vor allem nackte Frauenkörper mit unförmigem ›Gebär‹-Gesäß und punktiertem Schamdreieck, eine ganz frühe Dokumentation des Ägyptischen, das stets das Wesentliche der Erscheinungsform vorzieht. Zuerst breitete sich diese oberägyptische Kultur weit hinein bis Nubien aus, um dann aber auch nach Norden hin bei Memphis Anschluß an die Delta-Kultur zu bekommen. So scheint die Nakâdâ-Epoche tatsächlich mit der Bildung eines oberägyptischen Reiches identisch zu sein und hat als der direkte Vorläufer der ägyptischen Kultur zu gelten.

Weit mehr aber unterschied sich Nakâdâ II von allen sie umgebenden Form- und Kulturentfaltungen: während gleichzeitig die aus nomadischen und bäuerlichen Elementen verschmolzene Bevölkerung des Niltals Eigenständigkeiten entwickelte, erzwang sie ein bewußtes Absetzen von der afrikanisch-nubischen Badari-Kultur; sie beschränkte sich allein auf den Raum Ägyptens vom ersten Katarakt bis zum Delta, und schuf dermaßen die Basis für die folgende Entstehung der ägyptischen Hochkultur. Ob vor der 1. Dynastie um 3000 irgendwelche Könige über unter- und oberägyptische Teilreiche geherrscht haben und ob es möglicherweise noch vor der Thinitenzeit bereits eine Reichseinigung gegeben hat, ist nicht erwiesen. Dafür sprechen könnten im Turiner Papyrus Hinweise auf Geister, Dämonen, Halbgötter und Mythen, nach denen einst eine Horus-Dynastie aus dem Delta eine Seth-Dynastie in Oberägypten besiegt und unterworfen habe. Wieweit sich hier Historie, Mythologie, der landesübliche Dualismus und Fragen zum Doppelkönigtum, ethnologische Relikte und theologische Spekulationen überlagern, wird nicht eruiert werden können, da uns aus diesen Zeiten bedeutsame materielle Zeugnisse kaum erhalten geblieben sind. (Anfang 1982 wurden in Assuan versteinerte Überreste eines menschlichen Skeletts gefunden. Nach ersten Untersuchungen stammen sie aus der Zeit vor 60000–80000 Jahren, in der auch der Neandertaler gelebt hat. Diese bisher ältesten Skelettfunde in Ägypten werden nach gründlicher Auswertung vermutlich bisher bestehende Hypothesen und Theorien zur Vorgeschichte Ägyptens in einem neuen Licht erscheinen lassen.)

Frühzeit

(Thiniten-Zeit), 1. und 2. Dynastie – etwa 3000–2705

Jetzt tritt Ägypten endgültig aus dem Nebel der Vorzeit in das Licht der Geschichte. Ob es sich um den Prozeß der Volkwerdung oder um das Königtum, um Geistiges oder erste Andeutungen eines Geschichtsbewußtseins, um Religion oder Kunst, um die Einführung des Kalenders oder die Erfindung der Schrift handelt: die ersten beiden ägyptischen Dynastien bringen die ›Geburt‹ der Hochkultur in dem kurzen Zeitraum von rund 200 Jahren zustande.

Funde, Siegelabrollungen, Krugverschlüsse mit Jahreszahlen und Paletten überlieferten uns die Namen von vielen Herrschern der beiden thinitischen Dynastien (so benannt nach Thinis in Oberägypten, nahe Abydos); einem König Menes wird die

FRÜHZEIT

Reichseinigung zugeschrieben. Zweifellos hat sich die Verschmelzung der beiden Reichshälften nicht plötzlich vollzogen, sondern ist das Ergebnis einer geschichtlichen Entwicklung, bei der sich aus Gauen Teilstaaten formten, in denen die oberägyptischen Nomaden und Viehzüchter schließlich die Oberhand über eine unterägyptische, seßhafte Bauerngesellschaft gewinnen konnten. In dem so vereinigten Reich regierte ein Gottkönig eine neue Gesellschaft, die sich aus nubischen und mediterranen Elementen formte. Vor allem der Nil und die lebenswichtigen Überschwemmungen zwangen zu besonderen Formen von Verwaltung und Ordnung im ohnehin abgekapselten Niltal. Das Denken wandelte sich von der Magie zur Mystik, Dämonen wurden vermenschlicht, man versuchte, sie in Göttersysteme einzuordnen. Die Erfindung der Schrift und die Einführung des Kalenders ließen Geistiges zum bewußten Besitz werden. Ziemlich unvermittelt gelang es der Kunst, vorzeitlich bäuerlich-nomadische Bauformen in monumentale Baukörper umzusetzen, sie fand den Reliefstil und das aus dem Kantenblock gearbeitete Rundbild mit einer Standlinie und setzte damit sichtbare Grenzen als Zeichen der Überwindung des bisher Amorphen. Ägyptens Kultur entstand also nicht als Ergebnis einer plötzlichen Überlagerung durch eine sumerische oder eine andere vorderasiatische Dynastenrasse, wenngleich es unerhört viele Beispiele von Einflüssen und Adaptionen gibt, sondern in einer Art Entwicklungssprung prägte und gestaltete Ägypten die eigene, eigenwillige Formenwelt: eben das unverwechselbare und für die nächsten drei Jahrtausende geltende typisch Ägyptische.

Menes verlegte seine Residenz an den Deltarand und umgab sie mit einer kalkgeschlämmten Mauer, was über die Bezeichnung ›Die weißen Mauern‹ später zum Namen Memphis wurde (Weiß ist die Farbe Oberägyptens). Die Nekropole der Stadt birgt die besten Beispiele ägyptischer Monumentalarchitektur, die dem bäuerlichen Wohnhaus nachempfundenen, jetzt königlich vergrößerten Gräber, deren Fronten, rhythmisch gegliedert, bis zu 50 Räume einschließen können.

In Oberägypten dagegen stehen bei Abydos die monumentalisierten Grabhügel der Nomaden mit geböschten Seitenwänden; hier brachte die neue Ordnung eine die Wirklichkeit abstrahierende Stilneigung Oberägyptens zum Durchbruch. Das hat in dieser Polarisierung gleichermaßen auch für Kultbauten zu gelten, denn bald setzten sich harte Steinplatten zur Verkleidung kultischer Nilschlammziegelbauten, glatte Quader also, durch. Ihre Freiflächen regten erst zur Reliefkunst an, der Kubus dann zum Rundbild und beide später zur Malerei, die alle stets und allein nur in dem zweckvoll baulichen Zusammenhang mit dem Kultischen zu sehen sind. Zum Monumentalen gehört zwangsläufig ein mathematisch-mechanisches Verständnis; so entstand beispielsweise beim Rundbild aus dem kantigen Würfel, von außen nach innen frei schaffend, der menschliche Körper allseitig und vollständig in einer Weise, daß rein gegenständlich, anatomisch, zwar nichts fehlte, der Wirkfaktor auf den Betrachter, der optische Eindruck also, dabei aber vollkommen unberücksichtigt blieb. Ästhetik an sich war dem Ägypter stets fremd, die Bildwerke waren ›Lebendigmacher‹ (so nannte man deshalb auch die Bildhauer) und hatten allein den Zweck, gestaltete Behälter für die

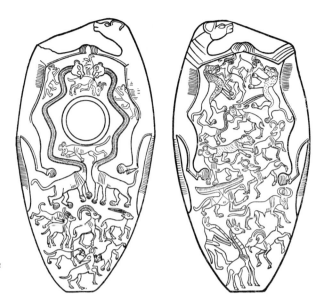

Schminkpalette aus Hierakonpolis im Ashmolean Museum, Oxford. Vorder- und Rückseite

Lebenskraft des Verstorbenen zu sein, die man ihm mit Hilfe magischer Riten einhauchen konnte.

An Schminkpaletten können wir uns die Entstehung des Reliefbildes und der ägyptischen Kunst überhaupt deutlich machen. Auf der Vorderseite einer ovalen *Palette aus Hierakonpolis* z. B. umspannen halbplastisch zwei Füchse das Mittelfeld, auf dem zwei Fabeltiere – Panther mit langen Schlangenhälsen – die runde Vertiefung umschlingen und so die Mitte betonen. Alle freien Flächen der Vorder- und Rückseite wimmeln von Tieren, die sich in den Konturlinien dieses unruhigen Streubildes nirgends überschneiden, aber auch kein erkennbar geordnetes Hauptthema ergeben. Zufällig, fast chaotisch, scheint alles auf die Fläche geworfen. Beachtenswert sind ein vogelköpfiges vierfüßiges Tier mit Flügeln und ein geschwänzter schakalköpfiger Mensch mit Phallustasche am Gürtel, der eine Flöte bläst: sicherlich der dämonische Zauberer in einer Welt durchaus beseelt verstandener Naturmächte.

Ganz anders die *Narmer-Palette*: der Vollzug zur Ordnung, jenes ab jetzt ägyptisch strenge Gerichtetsein, eine klare Felderung durch Standlinien mit ebenso klarer Aussage, die das eben vollzogene Historische, die Vereinigung der Länder, erfaßt und tektonisch derart aufbaut, daß schon im abgestuften Maßstab der Figuren eine gewollte Ordnung klar zu erkennen ist. Am oberen Rand zwei Hathor-Köpfe mit Kuhohren und stark gekrümmten Hörnern, zwischen ihnen auf beiden Seiten der Königsname im Rechteck der Palastfassade. Im ersten oberen Register der Vorderseite links der König mit roter Krone, Schurz und Löwenschwanz, Geißel und Keule in den Händen, barfuß. Ihm folgt ein Beamter, der des Königs Sandalen und ein Gefäß trägt. Vor dem König sein Kanzler, davor vier kleine, die Standarten der vier Weltengegenden tragende Gestalten. Sie schreiten zum Staatstempel von Buto und zu zwei Reihen von

FRÜHZEIT

Schminkpalette des Königs Narmer aus Hierakonpolis im Ägyptischen Museum, Kairo. Vorder- und Rückseite

Stele des Königs ›Schlange‹, Paris, Louvre

Leichen getöteter Feinde, die, zweimal fünf, mit einem Seil aneinandergebunden auf dem Boden liegen, ihre abgeschlagenen Köpfe zwischen den Füßen. Im zweiten Register zwei Leoparden, deren Schlangenhälse zweimal gekreuzt die Vertiefung der Palette umschlingen und die sich anfletschen und verbeißen möchten, würden ihre Wärter sie nicht an Leinen zurückziehen. Im dritten Register zerstört ein Stier, Symbol des machtvoll-starken Königs, mit seinen Hörnern die Ziegelumwallung einer Festung und zerstampft einen nackten Gegner. – Die Rückseite zeigt zwei Register: dort schlägt der diesmal mit der weißen Krone und mit Festschurz und Tierschwanz geschmückte König (ein Sandalenträger hinter ihm) einen feindlichen Angreifer, den er am Schopfe hält, nieder – die symbolische Königsdarstellung bis in die späteren Zeiten. Darüber die Hieroglyphe für »Land«, aus der ein Menschenkopf, ein Vertreter des Harpunengaues im Delta, herauswächst. Durch seine Lippen ist ein Seil gezogen, an dem der Falkengott Horus – hier vermenschlicht durch den rechten Arm – dem König das Papyrusland und die gefangenen Feinde zuführt (hieroglyphisch »mit Gewalt nehmen«). 6000 aus dem nördlichen Deltalande sind es, dargestellt durch die sechs Pflanzen, die aus dem Lande wachsen. Also Horus = der König hat Unterägypten erobert, und nur zwei Stämme oder ihre Überreste (die beiden nackten Figuren ganz unten) fliehen panisch.

Die Narmer-Palette bezeugt den historischen Prozeß der Reichseinigung und meint konkret den Sieg des oberägyptischen Königs von Hierakonpolis über seinen Widersacher in Buto – oder sie zeigt, wie andere meinen, die endgültige Niederwerfung aufständischer Rebellen kurz nach der Reichseinigung. Nun ist ganz offensichtlich auch der ägyptische Stil endgültig geprägt: die Bildelemente geordnet, die Platte tektonisch voll durchgegliedert, Bilderschrift und eigentliche Kunst eng verbunden (Zahl 6000 = sechs Blätter), die Gleichgewichtigkeit harmonisiert (stehender König und Horus und Gefangener gleich hoch), die Größe einer Person als Zeichen für Macht und Ansehen gesteigert (König – Kanzler), entferntere Figuren *über* den näheren dargestellt (die Leichen liegen also vor dem König nebeneinander auf der Erde), keine perspektivischen Verkürzungen, keine Schatten, nur gegenständliche Wirklichkeit. Oft eigenartig verdreht empfunden, ist die Menschendarstellung mit zwei rechtwinklig zueinanderstehenden Hauptansichtsebenen (zwischen den von der Seite gesehenen Beinen und ebenso gesehenem Kopf die Vorderansicht von Schultern und Brustfläche bei gleichzeitigem Darstellen der vorderen Brust in Seitenansicht), mit Kopf in Seitenansicht, aber Augen in Vorderansicht; die Hauptrichtung der Figuren verläuft nach rechts.

Als erstes Monumentalwerk ägyptischer Kunst gilt die Stele des Königs ›Schlange‹, Djet, aus Abydos, eine von zweien, die einen königlichen Opfertisch flankierten. Hier hat sich der ägyptische Stil nun voll ausgeprägt, hat eine bleibende Form gefunden, akzentuiert hieroglyphisch, fast stilisiert, ägyptisches Gottkönigtum im Rahmen künstlerisch ausgewogener Strenge: unten in einem gerahmten und aus der Stelenachse verschobenen Rechteck steht fast filigranhaft das Risalitmauerwerk des turmbekrönten Königspalastes mit zwei hohen Toren, darüber, diagonal aus der rechten unteren Ecke aufsteigend, die Schlange, fein ziseliert also der Königsname, über dem aufrecht der königliche Falke wacht, kräftig auf der Standlinie stehend (nicht hockend wie bisher üblich), und mit großem Auge in die Ferne blickt, während der Schwanz gegenlastig überhängend die Mittelachse trotz der verschobenen Palastanlage optisch wieder ›geraderückt‹.

Altes Reich

3. bis 6. Dynastie – etwa 2705–2155

Gemeinhin als die Pyramidenzeit bezeichnet, war das Alte Reich tatsächlich der klarste, großartigste Abschnitt der ägyptischen Geschichte. In der 3. Dynastie wurde von König Djoser (Abb. 65) und seinem genialen Oberbaumeister, Hohenpriester von Heliopolis, Wesir und Arzt Imhotep, in Ägypten die Steinarchitektur eingeführt, um so dem Machtanspruch des absoluten Königtums ewige Dauer zu bezeugen. Vermutlich konnte Djoser seine Herrschaft bis in den Bereich der Stromschnellen von Assuan ausdehnen. Sein Nachfolger war Sechem-chet. Er versuchte sich in einer Kopie der Stufenmastaba, ohne sie allerdings zu Ende führen zu können. Den Abschluß der Dynastie bildete König Huni, möglicherweise der erste Bauherr der Pyramide von Medûm, die sein Nachfolger und Schwiegersohn Snofru dann beendete (Abb. 72). Er gründete die 4. Dynastie. Beachtlicherweise stand auch hier, wie am Beginn der 3. Dynastie und später noch mehrmals, eine Frau als verbindendes wichtiges Glied zwischen den beiden Dynastien. Dieses Prinzip durchzieht die gesamte ägyptische Geschichte und besagt, daß stets die Königswürde dem Gatten der Königstochter zustand – offenbar tiefgründige mutterrechtliche Sippenordnungen aus dem archaischen Bauerntum her. In der mutterrechtlichen Ordnung liegt auch eine Begründung für Geschwisterehen in den Königsfamilien und für das Bestreben, umstrittene Thronansprüche durch die Heirat mit einer Prinzessin zu legitimieren.

König Snofru kämpfte während seiner 24jährigen Regierungszeit gegen Nubier und Libyer, er hat tiefgründige Weisheitslehren hinterlassen, zwei Pyramiden bei Dahschûr erbaut, war leutselig und im Volk unerhört beliebt. Vermutlich waren es seine Nachfolger in ähnlicher Weise, auch wenn Herodot giftige Schmähhistörchen wichtigtuerischer Dragomane zum besten gibt und damit fast bis in unsere Zeit hinein ein falsches Bild von den Pharaonen der Pyramidenzeit geprägt hat. Weder waren die Pyramidenbauer üble Despoten, noch haben sie ihre Untertanen versklavt und zu Frondiensten gepreßt. Im Gegenteil: ein gläubiges Volk errichtete seinem im König inkarnierten Weltgott ein Totenmal, damit dieser aus dem Jenseits weiterhin für Staat und Menschen Segen und Glück spenden könne. Indirekt bestätigt uns jeder Pyramidenbau das Vorhandensein eines voll funktionierenden, durchorganisierten Staatsapparates in der Hand eines unbeschränkten Königtums. Auf König Cheops folgte Djedefrê, der seine Pyramide bei Abu Roâsch, Heliopolis gegenüber, errichten ließ. Denn den memphitisch-abstrakten Ptah-Kult hatte unterdes die heliopolitanische Sonnenverehrung zu überlagern begonnen, ein Sonnenglaube um Gott Rê, der das Königsdogma vom ›Sohn der Sonne‹ geschickt mit einer aus dem Volksglauben aufsteigenden Bewegung verknüpfte und damit gleichzeitig die Macht der Priesterschaft über das Königtum stärkte. Der zweite Sohn des Cheops, Chephrên (Abb. 67), setzte seine nur 3 m niedrigere Pyramide neben die seines Vaters und verkleidete sie ebenso mit Tura-Kalkstein, dessen Sohn und Nachfolger Mykerinos (Abb. 68) die seine neben die beiden anderen, wesentlich kleiner zwar, doch kostbar mit rotem Assuan-Granit verblendet (Abb. 51). Mit Schepseskaf endete die 4. Dynastie, wie man meint in dynastischen Spannungen und Wirren. Der König verzichtete auf ein Pyramidengrab und ließ sich dafür eine riesenhafte Mastaba (Mastaba el-Faraûn) bei Sakkâra errichten (Abb. 61). Mutter der ersten Könige der 5. Dynastie, Userkaf und Sahurê, wurde Königin Chentkaus, die Tochter des Mykerinos. Sahurê erhob den Sonnenkult endgültig und offiziell zur Staatsreligion, ›Sohn des Rê‹ wurde fester Bestandteil der Königstitulatur, ein Indiz des geistigen Wandels vom bisherigen Dogma von der evidenten Sohnschaft des Himmelsgottes zum Dogma vom königlichen Menschen aus göttlicher Abkunft, gezeugt vom Sonnengott Rê in der Gestalt des Königs mit der Königin, also Mensch, Gottessohn und Gott zugleich.

Sonnenheiligtümer nach dem Vorbild des Sonnentempels von Heliopolis entstanden. Ihre Dreiteilung entsprach weiterhin voll dem Pyramidenschema: Taltempel, Aufweg und Verehrungstempel, der hier aber zum offenen Hof wurde, in dessen Mitte sich auf einem Sockel ein Sonnenobelisk erhob. Erst die beiden letzten Könige der Dynastie bauten keine Sonnenheiligtümer mehr, und König Unas war der erste, der in seiner Pyramide in Sakkâra (Abb. 62) die mystisch-magischen Texte zum königlichen Totenritual an die Wände schreiben ließ, die unter dem Namen ›Pyramidentexte‹ bekannt geworden sind. Seit der 3. Dynastie schon gab es beträchtliche Handelsbeziehungen zu benachbarten wie auch weiter entfernten Ländern. Nach Nubien zog man mit Handelskarawanen, um Gold aus dem Wâdi el-Allâki, Diorite, Amethyste und Akazienholz zum Schiffsbau, Gummiarabikum für die Mumifizierung und nicht zuletzt Menschen für die ägyptische Armee einzuhandeln. Das Weihrauchland Punt

Der Byblos-Fahrer, Schiff mit umlegbarem Mast. 5. Dynastie

war spätestens seit der 5. Dynastie ein von nun an immer wieder aufgesuchtes Rohstoffland. In Somalia südlich von Kap Guardafui lag es und lieferte die wunderbarsten Dinge: vom Boswellia-Baum das Harz als Räuchermittel, Weihrauch und Myrrhenöle, Gummiharz und Balsam zum Einbalsamieren, dazu Farbstoffe, Elfenbein, Gold, Ebenholz, Leopardenfelle für die Priester, Straußenfedern und viele exotische Tiere, sogar Pygmäen zum neugierigen Bestaunen. Weihrauch in riesenhaften Mengen verbrauchten ständig die vielen Kultstätten, der Amun-Tempel in Karnak im Jahre 1200 v. Chr. zum Beispiel allein 304 093 Scheffel und 2189 Krüge von der Spitzensorte, die in der Warenliste von König Ramses III. so beschrieben ist: *»Die Farbe des Weihrauches darf variieren zwischen wolkigem Bernsteingelb bis zu wie Mondlicht fahlem Jadegrün, alle anderen Sorten sind wertlos.«* Weihrauchbäume solcher Provenienz gab es nur in Hadramaut in Südarabien, wo zwischen März und August von etwa 3000 privilegierten und deshalb als ›heilig‹ angesehenen Züchterfamilien mit Hilfe von kreuzförmigen Einschnitten in die Stämme das Gummiharz zum Fließen gebracht und nach dem Erhärten in der Luft in Form von kugeligen tropfenförmigen Stücken verkauft wurde. Auf der Weihrauchstraße am Roten Meer entlang und über den Sinai oder zu Schiff kam es direkt nach Ägypten.

Nach Byblos muß man bereits sehr früh gereist sein, um dort vor allem Holz zum Schiffsbau zu kaufen. Der ›Byblosfahrer‹ genannte ägyptische Schiffstyp taucht bereits in den ersten Dynastien auf. Reliefs in den Totentempeln und die Verwendung von Zedernholz sowie Grabbeigaben syrischer Ölgefäße schon in den thinitischen Gräbern bestätigen diesen umfangreichen Byblohandel. Schließlich schickten seit der 3. Dynastie bereits die Könige besonders ausgerüstete Expeditionen zur Sinai-Halbinsel, um die Kupfer- und Türkisminen auszubeuten oder vor Beduinen zu sichern.

Mit König Teti begann die 6. Dynastie. Sein Sohn Pepi entfaltete von Tanis im Delta bis Dendera eine emsige Bautätigkeit, er kämpfte in Südpalästina und am Sinai. Nach seiner Heirat mit zwei Gaugrafentöchtern aus Abydos bestieg deren einer Sohn Merenrê den Thron, verstarb kurz darauf, und der Sohn der anderen Gemahlin, Pepi, wurde als Pepi II. mit sechs Jahren König. Am Ende einer Königsherrschaft von 94 Jahren starb er hundertjährig, nach der sicherlich längsten Regierungszeit in der Weltgeschichte überhaupt. Bis zur Übernahme der heliopolitanischen Sonnenreligion war die Herrschaft des Gottkönigs unumschränkt gewesen, und die Maat, die absolute Ordnung, in den magischen Fähigkeiten des Herrschers garantiert. Sie bis in den letzten Winkel des Reiches zu praktizieren, war die Aufgabe eines straff zentralisierten Beamtenapparates und des nach dem König allmächtigen Wesirs. Aus dieser Beamtenschaft rekrutierten sich die Gaugouverneure, Männer, die allein aufgrund ihrer Fähigkeiten zu diesem Amte aufsteigen und in die Provinzen versetzt werden konnten. Ägypten war ein voll zentralisierter Beamtenstaat mit patriarchalischen Bindungen zum Königshause geworden, für die es genügend rührende Beispiele gibt. Aufgrund dieser Bindungen und weil praktische Gegebenheiten es erforderten, kam es aber schon zur Zeit der 3. Dynastie zur Vergabe von königlichen Lehen an verdienstvolle Beamte. Daß gerade dadurch später eine negative Entwicklung eingeleitet werden würde, konnte zu dieser Zeit noch niemand übersehen. Aus dem verständlichen Wunsche, das Lehen erblich und dem Sohne übertragbar zu machen, um mit dem Lehen auch den Totendienst für alle Zeiten zu sichern, entstand langsam, aber desto sicherer ein mehr und mehr einflußreicher, wohlhabender Beamtenadel. Er ließ sich nun nicht mehr willkürlich in ein anderes Amt, einen anderen Gau versetzen, wurde bodenständig, mehrte durch Tüchtigkeit, Kauf, Tausch oder kluge Heiraten seinen Besitz und war nach ein paar Generationen eingesessener Gaufürst. Hier residierte er bald mehr, als für seinen König zu verwalten, ja, er verzichtete jetzt sogar gerne darauf, im Schatten des königlichen Grabmals bestattet zu werden und ließ sich statt dessen auf eigenen, gaufürstlichen Friedhöfen beisetzen. Ägypten war in einen dezentralisierten Feudalstaat mit großem Privatvermögen, zu denen in gleicher Weise auch die Tempelbesitztümer gehörten, hinübergewechselt, zumal gerade die einflußreichen Feudalherren und die Tempelpriester es klüglichst verstanden hatten, über Privilegien von allen möglichen Lasten und Abgaben teilweise oder gänzlich befreit zu werden. Daß ein Staatsgefüge, solcherart unterhöhlt, langsam, aber sicher siechen und schließlich zusammenbrechen mußte, ist leicht einzusehen, zumal am Ende der 6. Dynastie, also zu König Pepis II. Zeiten, vom Sinai her die Akkader aus Mesopotamien Ägypten von den libanesischen Holzimporten abschnitten, die aufständischen Nubier im Süden die Gold- und Akazienholzeinfuhren stoppten oder arg beschnitten und eine Zeitlang allein die beschwerlichen Punt-Expeditionen Luxusgüter und notwendige Rohstoffe ins Land holen konnten. Der alternde König Pepi II. war schon lange nicht mehr in der Lage, der bald hemmungslos offenen Hausmachtpolitik einflußreicher Gaufürstengeschlechter entgegenzutreten und die alte, längst überholte Idee des Gottkönigtums neu zu beleben. Nach Manetho und dem Turiner Königspapyrus endete die 6. Dynastie, und mit ihr das Alte Reich, mit einer Königin Nitokris.

Kunst im Alten Reich

Die Kunst im Alten Reich beginnt in Sakkâra, dem Totenfeld von Memphis, das als Residenz großstädtischer Bereich war. Dort steht seit der 3. Dynastie Ägyptens einzige Stufenpyramide von König Djoser (Abb. 56), genauer gesagt, die auf einer rechteckigen Basis in sechs Stufen 60 m hoch aufragende Stufenmastaba, der erste steinerne Monumentalbau der Menschheit. Djosers königlichen Machtanspruch, dem sinnvoll ewige Dauer beschieden sein mußte, haben Bauherr und Baumeister damit in einzigartiger komprimierter Form als irdische Residenz des Gottkönigs mit allen ihren möglichen Funktionen dargestellt. Absolut vollkommen sind die Steinmetzarbeiten an vielen Details (Abb. 57–60), welche die innere Sinnhaftigkeit der Einzelelemente bewußt betonen, selbst wenn viele als offensichtliche Scheinbauten unbetretbar sind. In Stein transponiert bleiben das unterägyptische Vorbild der Ziegelbauweise ebenso wie die oberägyptischen Strohmatten- und Schilfrohrkonstruktionen, selbst Holztüren mit Pfostenlöchern und Pfannen, fast transparent erhalten.

Die dann folgenden Pyramidenbauten sind noch gestuft, stehen jetzt aber bereits auf quadratischem Grundriß. Erst die achtstufige Pyramide von Medûm (Abb. 72) wird so umkleidet, daß sie als ›echte‹ Pyramide erscheint. Über noch andere Zwischenstufen mit unterschiedlichen Neigungswinkeln entstand in Dahschûr die erste Pyramide in der klassisch abstrakten, mathematischen Form, die in den drei Gîzeh-Pyramiden schließlich ihre idealsten Gestalten gefunden hat (Abb. 51). Jede Pyramide war ein Königsgrab, ein sakrales Bauwerk mit dem Sinn, den für das Heil des Staates und Volkes notwendigen Gottkönig rituell so beizusetzen, daß er auch aus dem Jenseits weiterhin für Wohl und Wehe des Landes wirken könne, war also kein Grabmal in unserem Sinne, sondern symbolisierte mit der ihr eigenen Dynamik in der oberen Ver-

Darstellung eines Brautpaares aus dem Alten Reich. Man beachte die Handstellung links

einigung der vier Seitenkanten, die aus der Unendlichkeit zu kommen scheinen, weil sich die Pyramidenbasis optisch nirgends absetzt, die ewige Struktur der absoluten Königsherrschaft. Seit der 5. Dynastie hat sich ein Pyramidenkanon entwickelt, der ideal etwa so aussehen kann: Eingang in die Pyramide stets von Norden, zu den Zirkumpolarsternen hin, in die Flugrichtung der Seele des Toten; ein Gang gewunden oder abgeknickt zu einer Halle, von der nach Westen ein anderer zur Sargkammer (Westen = Reich der Toten) abgeht, ein anderer Gang nach Osten zur Kultstatue (Osten = Reich der Lebenden). Alle menschlichen Maßvorstellungen üblicher Art übersteigen die exakten Zahlenangaben, uneingeschränkte Bewunderung erregt die technische Durchführung. Trotz der primitiven Hilfskonstruktionen und Geräte stimmen die Nivelliermaße bis auf Zentimeterbruchteile und ist das gesamte Bauwerk allein mit kupfernen Werkzeugen, Diorithämmern, Kieselbohrern und Quarziten als Poliermaterial, unter Zuhilfenahme von durch Ochsen gezogenen Holzschlitten, statisch sicher aufgebaut. Der Abfolge der Kulthandlungen beim Ablauf des Bestattungsrituals entsprechen die zur Pyramide gehörenden Baukomplexe: der Taltempel am Rande von

Fruchtland zur Wüste, die Pforte zum Totenreich und der Platz für die Beisetzungszeremonien, der gedeckte Aufweg zum Verehrungstempel im Osten vor der Pyramide und meist durch die Umfassungsmauer mit ihr direkt verbunden, Nebenpyramiden und Sonnenschiffe.

Beispielhaft ist der Taltempel der Chephrên-Pyramide (Abb. 39). Die kristallin starre Struktur des Steins bleibt erhalten, mathematisch durchdacht und den Gesetzen von Masse und Schwerkraft folgend, stützen und tragen sich verschieden wuchtige Monolithe, ohne je das Gefühl von zu großer Masse oder optischer Übersteigerung aufkommen zu lassen. Solche Zeitlosigkeit in den gradlinigen Tempelräumen zwingt zu ernstem Besinnen. König Djosers Sitzbild aus der Kultkammer der Stufenmastaba in Sakkara (Abb. 65) enthält noch deutlich Reste düsterer archaischer Schwere, ist aber bereits streng in das axiale System der klassischen Rundskulptur eingespannt. Seine unsichtbare Aufstellung in der Serdâb-Kammer beweist die eindeutig religiös gerichtete Zweckbestimmung, dem Körper die ewige Existenz zu sichern. Alle Plastik im Alten Reich war bemalt, was die Strenge aufhob oder milderte, was aber ebenso sinnfällig ihren Wirklichkeitscharakter zu unterstreichen hatte: idealisierte Sinnwerte ohne Bezug zur Naturtreue, z. B. Hellgelb für die Haut der Frauen, Braunrot für die der Männer – die Sitzgruppe des Prinzen Rahotep und seiner Frau Nofret ist ein gutes Beispiel.

Überaus häufig ist die klassische, knapp und kraftvoll modellierte Rundskulptur aus dem Alten Reiche, aus vielen Materialien, einzeln oder in Gruppen, meist unterlebensgroß, Ehepaare nebeneinander durch zarte Andeutung ihrer Verbindung gekennzeichnet, symbolhaft die Hände ineinandergelegt oder den Arm über die Schulter des anderen, ohne sich je mit den Blicken zu treffen oder einander den Kopf zuzuwenden, oftmals an Rückenpfeiler gelehnt, wobei dieser oder der Statuensockel beschriftet ist. Alabaster, weicher Kalkstein oder Härtlinge wie Rosengranit waren beliebtes Statuenmaterial, während für die meist kleineren Ka-Statuetten Holz oder Kupfer bevorzugt wurden. Weil die Götterfiguren in der Regel aus Edelmetallen oder dicken Gold-Silberplattierungen über einem Holzkern gefertigt waren, galt ihnen bei Grabräubereien das erste Augenmerk, weshalb so wenige erhalten geblieben sind.

Seit der 3. Dynastie war das Bild des sitzenden Schreibers beliebt, eine offensichtliche Dokumentation des Lebenserfolges, den man auch im Jenseits beizubehalten wünschte und der zugleich die Zugehörigkeit zur des Schreibens und Lesens kundigen Oberschicht in der Verwaltung bedeutete. In ein Dreieck streng geometrisch eingeschrieben, den Blick stolz geradeaus gerichtet, hält der seiner Würde bewußte Schreiber stets Papyrus und Schreibbinse in den Händen. Immer ist der im Bild Dargestellte gemeint um seiner selbst willen, was auch der dazugeschriebene Name bestätigt. Das Bild als Kunstwerk, in unserem Sinne, als Schmuck oder gar als ästhetisches Muster gibt es nicht. Eine ägyptische Statue ist realiter der Gemeinte ganz allein und wirkt deshalb (für uns heute) so ägyptisch steif, stets wiederholt, fast leblos und monoton, weil sie nicht bildhaftes Porträt, sondern abstrahierte Wesenheit einer Person zu sein hatte (Abb. 68). Das Lebensalter, persönliche Züge, Individuelles sind da nicht notwendig, unumgänglich dagegen sind, um Darstellung und Dargestellten nicht zu verwechseln, sein Name und seine Titel.

Nur die vielen Dienerfigurengruppen sind Naturnachbildungen, selten mehr als 45 Zentimeter große Kalksteinstatuetten und seit der 6. Dynastie in Holz geschnitzt, die uns wichtige kulturgeschichtliche Informationen geben, da sie, Kinderspielzeugen ganz ähnlich, bestimmte Lebensbereiche szenisch vorführen. Als Typenschatz interessant, können sie zwar dem Spannungsbogen von Form zu Natur nicht

Erhabene Reliefs, zweischichtig – einschichtig

Versenkte Reliefs, Steilschnitt – Schrägschnitt

ganz genügen, bleiben aber dennoch den hergebrachten Formungsregeln unterworfen. Ihrer Dreidimensionalität verdanken wir oftmals das Verständnis entsprechender Reliefdarstellungen, in denen bestimmte Tätigkeiten, Grundrisse, Durchgänge, Wände, stützende Säulen und Erntegut im Aufriß gemeißelt sind.

In dem Bestreben, das Rundbild weitgehend aus dem Block zu lösen, was bei hartem Urgestein schwer möglich war, begann man in der 5. Dynastie sich der Holzschnitzerei zuzuwenden. Der pyknische ›Dorfschulze‹ im Museum von Kairo mag viel Porträthaftes an sich

Der menschliche Körper und das Quadratnetz in Ägypten. Das Quadratnetz diente zur Festlegung der absoluten Proportionen des menschlichen Körpers. A: entsprechend dem ›alten Kanon‹ maß der menschliche Körper 18 Quadrate = 4 kleine Ellen von den Sohlen bis zur Stirne. B. 3¼ Quadratseiten 5 Handbreiten C. 2¼ Quadratseiten 3 Handbreiten D. 3 Quadratseiten ⅔ kleine Elle 4 Handbreiten ⅙ Höhe E: 4½ Quadratseiten 1 Elle 5 Handbreiten ¼ Höhe F: 3 Quadratseiten 1 Fuß ⅔ Elle 4 Handbreiten ⅙ Höhe G: 1 Quadratseite 1 Faust 1⅓ Handbreite ⅓ Fuß 1/18 Höhe H: 3 Quadratseiten 1 Fuß I: 2 Quadratseiten 1 Fuß

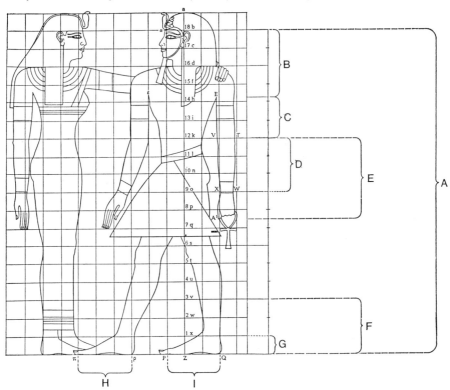

ALTES REICH

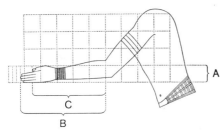

Die Faust als Grundmaß des ägyptischen Moduls. Die Seiten des Quadratnetzes waren identisch mit der Faust = 1⅓ Handbreite (A). Die königliche Elle maß sieben Handbreiten = 5¼ Quadrate vom Ellenbogengelenk bis zu den Fingerspitzen (B), die kleine Elle sechs Handbreiten = 4½ Quadrate vom Ellbogengelenk bis zur Daumenspitze (C).

haben, ein Zeichen des Zeitgeistes, der mit dem Niedergang der Königsidee auch die überbewertete Hinwendung aufs Jenseits reduzierte. Im gesellschaftlichen Gefüge der 6. Dynastie gab es Umbrüche, der alte, kubische Stil war in Auflösung begriffen und das aristokratische Ideal einer an Erfahrung der Erscheinungswelt geschulten Bürgerlichkeit gewichen.

Für die Flachbildkunst, das Relief, sind die frühesten Beispiele sicherlich die frühgeschichtlichen Schieferplatten. Dabei handelt es sich um erhabene Reliefs, die sich aus dem Steinuntergrund herausheben, im Gegensatz zum versenkten Relief (seit der 4. Dynastie), bei dem der Hintergrund nicht weggemeißelt, sondern die Figur in die Fläche eingegraben wird. Weil die versenkten Reliefs bei wechselndem Sonnenlicht härtere Konturen zeigen, sind sie in der Regel an Außenwänden angebracht. Übertrieben vergröbert, hat es bis zu 5 cm Tiefe und ist mit Farben ausgefüllt. Das Werkverfahren für beide Typen verläuft sukzessiv planvoll: Entwurf auf Papyrus oder Ostraka, darüber Hilfslinien, Übertrag des Quadratnetzes auf die weiß geschlämmte Wand und mechanisch flächige Vorzeichnung der Bilder und Schriftzeichen zuerst in Rot,

dann in Schwarz. Als Proportionssystem gilt die Faustlänge für die Seitenlinie des Quadrates, für die stehende Figur also achtzehn Quadrate usw. Nun schlägt der Reliefarbeiter mit steilen Meißelhieben die Kontur zuerst nach, ein anderer holt sie tiefer bis zum Grund aus, ein dritter modelliert die Flächen und arbeitet dabei von der Figur weg zur Tiefe hin, wobei alle scharfen Ränder leicht gebrochen werden. Zuletzt überzieht der Maler des Relief mit Farben.

Wieweit man bei einem solchen Werkverfahren von künstlericher Individualität reden kann, bleibt offen. Es waren eher Werkstattgruppen, die nach festen Regeln überpersönlich gemeinte Aufträge handwerklich solide ausführten. Dabei lassen sich freilich individuelles Können und mehr oder weniger exaktes Beherrschen der feststehenden Regeln unterscheiden. Der Grund dafür, daß es kaum Künstlernamen in der ägyptischen Kunst gibt, ist eben, daß an den in einer Werkstattgemeinschaft entstandenen Werken viele Handwerker beteiligt waren – was gleichermaßen für das Rundbild gilt.

Bereits in Djosers Grabkammer gibt es Reliefs mit dem Thema des Regierungsjubiläums, sie bleiben aber relativ selten, bis sie dann von der 5. Dynastie ab allenthalben die Wände und Gänge in Tempeln und Gräbern schmücken. Viele Themen sind auf das Totenopfer bezogen; das Herbeibringen der Opfergaben, das Schlachten, das Opfermal usw. Durch ihr Dasein ermöglichen sie dem Toten das Weiterleben.

Alle Bilder sind magisch belebt zu denken und müssen deshalb von ihrem Wirkcharakter her verstanden werden. Selbst der Tanz, die Jagden, die Feste oder täglichen Arbeiten haben diesen Sinnbezug, da sie allesamt geeignet sind, den Verstorbenen Vergangenes als Gegenwart erleben zu lassen. Wie dabei das Leben skizziert wird, hat oft wenig Bezug zur persönlichen Vergangenheit des Grabinhabers, es zeigt vielmehr stets das für seinen

Schlachtszene, zugleich rituelle Inspektion der Opfertiere durch den Arzt Wenennefer (aus Sakkâra), um festzustellen, ob das Blut rein und das Tier eßbar sei

Stand Typische, seine Rolle, eine bewußte Auswahl dessen, was idealerweise hätte sein sollen, was er hätte haben können. Das entspricht den zugehörigen Texten, die dieser Wunschvorstellung folgen, aber schon eher einmal individuell geformte Sentenzen einflechten.

Niemals waren diese Bilderfolgen für einen Betrachter gedacht. Sie hatten allein für den Toten da zu sein. Unbekümmert werden alle Gegenstände flächig ausgebreitet, der menschliche Körper ohne Schatten und Verkürzungen und wenn möglich auch ohne Überschneidungen, nur bestimmt von klaren Umrißlinien, Konturen, in denen jede Figur isoliert eingebettet bleibt. Selbst das ungebrochene Farbschema bleibt symbolträchtig konstant, ohne auf Erlebnisse oder bestimmte Eigenschaften Rücksicht zu nehmen: Wasser blau, Pflanzen grün, Männer braunrot, Frauen hellgelb, Kleider weiß usw. Das heißt, jede ägyptische Darstellung ist das Sichtbarmachen von etwas Gedachtem und nicht von etwas Gesehenem. Aus diesem Grund können, ja müssen Perspektive,

Der Arzt und Schreiber Aka-nekht – in der unteren Reihe mit der Feder in der Hand – begutachtet Opferstiere

Farbabstufungen oder Schatten entfallen. Das ist weder ein Unvermögen noch ein Negieren der uns eigenen Vorstellungswelt, sondern ein anderes Gerichtetsein, hin auf den magischen Zweck, es sind Verhaltensmuster, die aufzeigen wollen, was man denkend wünscht und nicht, was man optisch sieht. (Beispiele: die Mastabas von Ti, Ptahhotep, Mereruka in Sakkâra, die Felsgräber in Mittel- und Oberägypten.)

In den Königsgräbern kommen zu den üblichen Darstellungen die Jubiläumsfestfeiern der Könige, die Löwenjagden, das Vorführen der Feinde, die Beuteanteile usw., die, trotz diffiziler Wiedergabe bis ins Detail, als die Summe des Lebensvollzuges dieses Herrschers verstanden werden müssen und nicht etwa als historische Beweisstücke ausgewählter Ereignisse, wie es erst in späterer Zeit möglich wurde (z. B. die Kadesch-Schlacht Ramses' II.). Daß sich manchmal zwischen dieses überwertige Prinzip realistische Darstellungen eines allgemeingültigen Sachverhalts einschleichen konnten, mag die Regel nur bestätigen (von Hunger gezeichnete Nomaden in der Unas-Pyramide, Darstellung von körperlichen Behinderungen, Dicke und Dünne in Mêr, die Flottenexpedition im Totentempel des Sahurê usw.).

Erste Zwischenzeit

(Herakleopoliten-Zeit) 7. bis 10. Dynastie – etwa 2155–2134

Auf die 6. Dynastie läßt der Priester und Tempelschreiber Manetho für die 7. Dynastie schematisch 70 Könige mit einer 70tägigen Regierungszeit folgen, und auch für die 8. Dynastie liest man aus den Königslisten Ungereimtheiten und wirre Zusammenhänge heraus. Es ist richtig, daß nach vierhundertjähriger Dauer das Alte Reich endgültig zusammenbrach und die vielen Könige bei Manetho in Wahrheit anarchische Zustände in Zeiten aufeinanderfolgender rivalisierender Herrscher oder sehr kurzlebige Regierungsgruppierungen kennzeichnen. In Oberägypten regierten Gaufürstenfamilien selbstherrlich über pharaonisches Land ohne Rücksicht auf die Zentralverwaltung und die alte Staatsraison, und ins Delta strömten fast ungehindert plündernde Beduinenstämme. Zur Zeit der 9./10. Dynastie hatten sich im bereits von Unruhen zerrissenen Lande zwei Teilstaaten geformt: in Mittelägypten Herakleopolis (daher Herakleopolitenzeit), zu dem Memphis und das Delta gehörten und das zeitweilig sogar im südlichen Abydos gebot – und Theben, das, weit abgelegen vom ehemaligen Machtzentrum Memphis, mehr und mehr erstarkte. Vorerst aber brachen in blutigen Aufständen die alten Ordnungen sowohl in der Residenz selbst wie überall im Lande vollends zusammen. Für Jahrzehnte muß es in Ägypten chaotisch drunter und drüber gegangen sein. Es mußte den Verfall der staatlichen Ordnung noch beschleunigen, daß Frevel – Grabräubereien, Plünderungen von Tempeln und Götterbildern, Herrscherrivalitäten und Machtkämpfe – offensichtlich ungestraft blieben und damit für jeden nachdenklichen Ägypter eine Welt zusammenbrach. Überall jedoch, wo echte Bildung noch zu geistiger Auseinandersetzung in der Lage war, entstanden literarische Leistungen, die uns einen einzigartigen Blick in die politischen Zustände und den Wandel des religiösen Denkens dieser Zeiten vermitteln. Das sind vornehmlich die ›Weissagungen des Neferti‹, die ›Mahnworte eines ägyptischen Weisen‹, die ›Lehre für König Merikarê‹, das ›Streitgespräch eines Lebensmüden mit seiner Seele‹, die ›Harfnerlieder‹ und viele Totentexte. Während alles verfiel, die bildende Kunst verflachte, verrohte oder einfach verbraucht war, so daß sie sich aus der Mittelmäßigkeit nicht mehr erhob, erfuhr die Literatur eine Blüte wie nie zuvor oder zu irgendeiner Zeit später. Vor allem entledigte sich die Hochsprache der Gelehrten und Priester vieler zeitfremder, überlieferter Formen und wurde in einer deutlichen Subjektivität aufgelockert, erzählend, wortreich beschreibend und fast poetisch.

»*Bettler sind zu Herren von Schätzen geworden. Wer sich keine Sandalen machen konnte, ist jetzt begütert. Die Herzen sind gewalttätig. Im Lande ist Unheil verbreitet. Blut ist überall. Im Fluß sind viele Tote bestattet. Die Reichen sind in Trauer und die Armen in Freude. Elend herrscht im Lande. Der Räuber ist ein Herr von Besitztümern. Oberägypten ist eine kahle Wüste geworden. Fremde von draußen sind nach Ägypten gekommen, nirgendwo gibt es mehr Ägypter. Gold, Lapislazuli sind an den Hals der Dienerinnen gehängt. Die Leiber der Edelfrauen kränken sich über die Lumpen, die sie tragen müssen. Sie schämen sich beim Gruß. Jeder Asiat ist heute ein Mann von Bedeutung. Die aber einst Ägypter waren, benehmen sich wie herumziehende Nomaden. Der Tumult kommt nicht zur Ordnung in Jahren des Tumults. Es ist kein Ende des Aufruhrs. Die Gerechtigkeit ist dem Namen nach über das Land verbreitet, aber Unrecht ist es, was sie unter Berufung auf sie tun. Man ißt Gras und spült es mit Wasser hinunter. Getreide fehlt überall. Alle Leute sagen, es gibt nichts. Die Akten des hohen Gerichtshofes sind verschleppt. Die Geheimarchive sind bloßgelegt. Leibeigene können zu Herren von Gesinde werden. Die Beamten sind ermordet, und ihre Schriftstücke sind fortgenommen. Der König ist von dem Pöbel gestürzt worden. Sehet, es ist so weit gekommen, daß das Land des Königtums beraubt worden ist von ein paar Menschen, die nichts von der Regierung verstehen. Sehet, es ist so weit gekommen, daß man sich aufgelehnt hat gegen das machtvolle Schlangendiadem des Rê, das die beiden Länder in Ruhe gehalten hat. Die Geheimnisse der Könige von Oberägypten und von Unterägypten sind entblößt. Die Residenz ist in Furcht gesetzt durch Mangel. Aber der, in dessen Hand das Zepter ist, will den Aufstand niederwerfen, ohne Gewalt zu gebrauchen.*«

Solch pessimistische Erfahrungen spiegeln aber auch eine jetzt beginnende Wandlung im religiösen Denken vom materiell gebundenen Leben im Jenseits zur Idee eines nun verklärt seligen Weiterlebens im Sinne des Osiris, zu dem nicht mehr der König allein, sondern jeder Sterbliche nach seinem Ableben werden kann. Das heißt: an die Stelle einer für die Krone privilegierten Standesreligion trat eine auf das Einzelwesen ausgerichtete Volksreligion, in der allein gute oder schlechte Taten des Lebens den Maßstab für eine gerechte Beurteilung nach dem Tode abgaben, also eine wesentlich neue ethische Grundhaltung, aus der sich auch die Übernahme königlicher Pyramidentexte in die Sargtexte des breiten Volkes erklärt.

Kunst der Zwischenzeit

Die Kunst der Zwischenzeit bleibt dürftig, auch wenn im vitaleren Südreich Gaufürsten und Beamte ihre in den anstehenden Felsen getriebenen Gräber mit Flachbildern schmückten. Was im Alten Reich glänzendes Zeugnis unverbrauchter künstlerischer Schaffensfreude war, wurde hier zum unbeholfenen Versuch minderer Qualität, der vom Erbe der memphitischen Residenzkunst noch eben zehrte. Zudem sind die Arbeiten oftmals wenig sorgfältig ausgeführt. Natürlich fehlten während so chaotischer Zeiten einfach die Aufträge zu kunstvolleren Monumental- oder Grabbauten. Doch nicht nur materielle Gründe, mehr noch der Wandel im religiösen Denken, eine Hinwendung zum Genuß des Diesseits, die Skepsis gegenüber Totenkult und Weiterleben ließen die Mehrzahl der Grabbauten verkümmern, wenngleich es mittel- und oberägyptische Felsgräber dieser Zeit mit beachtenswerten Wandbildern gibt. Das gleiche gilt für das Rundbild. Vor allem die Statuen für die Kultkammern muten oberflächlich, fast wie ›nebenbei‹ geschaffen und beinahe formlos an. Beziehungspunkte zu Qualität und Originalität der aufblühenden Literatur haben sie kaum.

Mittleres Reich

11. bis 12. Dynastie – etwa 2134–1785

In den Auseinandersetzungen der beiden Machtgruppen – der Herakleopoliten im Norden, der Thebaner im Süden – setzten sich schließlich die thebanischen Grafen derart wirksam durch, daß nach dem Fürsten Antef, um 2040, Mentuhotep, der vierte Herrscher der thebanischen Dynastie, Herakleopolis einnehmen, das Reich abermals einigen und vorerst von Theben, der religiösen Haupt- und Verwaltungsstadt, aus Gesamt-Ägypten regieren konnte. Er begann sogleich die Macht der Fürsten zu brechen, sie gegeneinander auszuspielen, um die absolute Monarchie zu sichern und zu festigen, die Gaugrenzen zu erneuern, Steuer- und Rekrutierungssysteme zu ordnen und die Grundlagen zu legen für die spätere Amun-Stadt Theben als Weltstadt des bis dahin nur regional bedeutenden Wind- und Fruchtbarkeitsgottes aus Koptos. Im Verlaufe seiner vierzigjährigen Herrschaft sicherte er die Reichsgrenzen gegen Nubien, Libyen und die Asiaten. Sein bedeutendes Grabmal, der Mentuhotep-Tempel, steht Theben gegenüber.

Mentuhotep II., sein Nachfolger, wurde bekannt durch großangelegte und erfolgreich durchgeführte Expeditionen nach Punt und zum Wâdi Hammamât. Diese Expeditionen setzte Mentuhotep III., im Sinne von Vater und Großvater, mindestens ebenso erfolgreich fort. So sollen einmal nur für einen Sarkophag des Königs 10 000 Mann mächtige Steinblöcke aus dem Wâdi Hammamât mühsam bis nach Theben transportiert haben.

Der für dieses gigantische Unternehmen zuständige Wesir Ammenemês war vermutlich der spätere König Amenemhêt I., der die 12. Dynastie begründete. Seine Thronbesteigung fand exakt im Jahre 1991 v. Chr. statt, ein über das Sothis-Datum gesichertes Ereignis. Obgleich er wahrscheinlich aus dem nubischen Gau Elephantine stammte, verlegte er die Residenz nach Lischt im nördlichen Fayûm. Dort steht neben der Pyramide von Sesostris I. die Pyramide von Amenemhêt I. Innenpolitisch setzte er die Reichsreformen seiner Vorgänger konsequent fort, straffte Verwaltung, Recht und Wirtschaft und schuf schließlich so etwas wie eine absolute Staatsidee, die in der Krone ihr Symbol hatte. Gegen die ständigen Einfälle asiatischer Nomaden in das Wâdi Tummilât ließ er die sogenannte ›Fürstenmauer‹ errichten, ein engmaschiges Befestigungssystem in der Gegend des heutigen Sues-Kanals. Der König starb, meuchlings ermordet, im Verlaufe einer nicht ganz geklärten Haremsintrige. Vorsichtshalber hatte er früh genug seinen Sohn Sesostris I. zum Mitregenten ernannt, eine Maßnahme, die zur Dauerhaftigkeit des Königtums gegenüber den noch längst nicht voll 'befriedeten' Gaufürsten beitrug. Die berühmte Sinuhe-Erzählung schildert dazu Einzelheiten. Gleichzeitig ist sie ein beredtes Zeugnis für den regen Asienhandel Ägyptens zu dieser Zeit. Die trüben Vorahnungen des an menschlicher Treue und Wahrhaftigkeit zweifelnden alten Königs hat die ›Lehre des Königs Amenemhêt für seinen Sohn‹ bewahrt: *»Kenne keinen Freund, hüte dir selbst dein Herz.«*

Sein Nachfolger Sesostris I. ging, wie später Ramses II., als großer Bauherr in die Geschichte ein. Von Heliopolis bis Assuan gibt es mehr als dreißig Bauwerke, die in seinem Auftrag entstanden, viele mit kostbarem Stein verkleidet und einst mit Kupfer, Gold und Türkisen vom Sinai geschmückt. Sein schönstes Bauwerk ist eine kleine Kapelle, die man aus dem im dritten Pylon des Karnak-Tempels ausgegrabenen Schutt vollständig wieder zusammengesetzt hat (Abb. 135). Die interessantesten Detailberichte zu Ereignissen aus seinem Leben bieten Inschriften in einem Fürstengrabe in Beni Hasan (Abb. 79, 80). Dem Beispiel seines Vaters folgend, ernannte auch er seinen Sohn zum Mitregenten. Dieser, Amenemhêt II., scheint vornehmlich die inneren Reformen seiner Vorgänger weiter gefestigt und ausgebaut zu haben. Die Verwaltung wurde neu geordnet, das königliche Vermögen wurde vom Staatsvermögen getrennt und von einem Schatzmeister verwaltet, das Wesirat (*»es ist bitter wie Galle ...«*) konnte von jetzt an zwar im Sinne des Königs, doch weitgehend aus eigenen Machtbefugnissen entscheidend handeln, und das Recht wurde in einer uns nicht überkommenen Form kondifiziert.

Sesostris II. folgte ihm und begann mit der konsequenten Erschließung und Kolonisation der Fayûm-Landschaft. Er und seine beiden Nachfolger, Sesostris III. und Amenemhêt III. bauten Dämme, Schleusen und Verteilerkanäle, die eine ständige Bewirtschaftung der Fayûm-Oase erst ermöglichten (Abb. 75–78). Nach Süden dehnte Sesostris III. Ägyptens Herrschaft bis zum 2. Katarakt aus, zwei Stelen künden stolz diese Besitztitel: *»Südliche Grenze im Jahre 8 unter seiner Majestät des Königs von Ober- und Unterägypten ... jeder der diese Grenze halten wird, der ist mein Sohn ...«*

MITTLERES REICH

In Palästina stieß er bis Sichem vor, sicherte das Reich an der Ostflanke und belebte den ohnehin florierenden Handel und die Beziehungen zwischen Ägypten und Asien. Danach regierte fast 50 Jahre lang Amenemhêt III., nach der glanzvollen Erscheinung Sesostris' III. ein ähnlich großer Herrscher der 12. Dynastie. Er beendete die Urbarmachung des Fayûm und ließ sich an seinem Lieblingsplatz bei Hauwâra in einer Ziegelpyramide begraben (Abb. 73). Der gewaltige Totentempel davor wurde für Herodot und Strabo zum bewunderungswürdigsten Bauwerk Ägyptens; dieses Labyrinth regt in unserer Phantasie selbst noch heute Spekulationen an (Abb. 74). Mit seinem weniger bedeutenden Mitregenten und späteren Nachfolger Amenemhêt IV. und dessen Schwester Sobek-nofru-Rê endete die einst stolze 12. Dynastie, erschöpft nach über 200jähriger Großreichszeit, die zweifellos zu den bedeutendsten der Landesgeschichte gehört. Danach dauerte freilich die Agonie des Mittleren Reiches noch fast hundert Jahre, eine Zeit, in der, während der 13. und 14. Dynastie, mehr als hundert Könige geherrscht haben sollen. Ganz anders als das Alte Reich, das in der Folge sozialer Umschichtungen zerfiel, müssen am Ende des Mittleren Reiches Verfallserscheinungen in der inneren Struktur des Königtums aufgetreten sein. Der bis dahin vollkommen intakte Staatsapparat wurde dadurch von innen her so zermürbt, daß es, bei dem Fehlen überragender Herrschergestalten, den Hyksos ein Leichtes wurde, die Herrschaft über Ägypten zu erringen.

Kunst des Mittleren Reiches

Die Kunst des Mittleren Reiches präsentiert sich gleich an ihrem Beginn monumental mit Mentuhoteps Grabtempel (Abb. 168), der, bezeichnenderweise auf die Pyramidenarchitektur der 6. Dynastie zurückführt, diese mit Grabanlagen der älteren thebanischen Fürstengräber verbindet. Mehrere Aspekte sollten deutlich werden: einmal der Herrschaftsanspruch der neuen Dynastie über beide Landeshälften im Wiederaufleben der alten Zweiteilung von ober- und unterägyptischer Bestattungsweise; zum anderen eine relative Zurückhaltung in den Baumaßen; in den Proportionen Ausgeglichenheit und Klarheit; weiterhin statt starr abweisender Mauerblöcke an den Außenseiten sich zum Innenhof öffnende Pfeilerhallen hinter einer einladenden, aufsteigenden Rampe zum Scheingrab unter dem großen Pfeilersaal; schließlich das Grabgelege oberägyptisch tief in der Felswand.

War das Alte Reich die Zeit der monumentalen Pyramidenbauten, so darf man mit Fug und Recht das Mittlere Reich als Ägyptens hohe Zeit der Rundbildkunst und der Klassik bezeichnen, die im Neuen Reich abgelöst wird von der Malerei. Da sind die großartigen Königsstandbilder, in denen erstmals die bisher archaische Strenge der Gesichtszüge gemildert wird und sogar Knochenbau und Muskelspiel durch eine weich darüber gespannte Haut hindurchscheinen. Der weiterhin beachtete Formenkanon scheint sich dem Naturbild zuzuwenden, beides geht eine oft malerische Verbindung ein, was dem Rundbild Weichheit, Glätte ohne Kantigkeit und eine lebensnahe Natürlichkeit verleiht. Individualität einerseits, politische Verantwortung andererseits finden so ihren Ausdruck.

Im Alten Reich waren die Statuen in der Abgeschiedenheit der Gräber in der Regel für

Besucher nicht sichtbar, jetzt wurden sie in weiten Höfen vor Pfeilerhallen oder sogar architektonisch aus solchem Rahmen gelöst frei aufgestellt. Sie boten sich dem Besucher dar und hatten etwas auszusagen. Sicherlich sollten damit die politische Bedeutung des Herrschers und seine Beziehungen zum Staatsvolk verdeutlicht werden. Wie in der Weltanschauung, so hatte man auch in der Kunst alte Ideale beiseitegeschoben und suchte in seiner Umwelt recht und schlecht den sittlichen Geboten zu entsprechen, so gut es eben ging. Dennoch muß betont werden, daß auch zu dieser Zeit, ganz gleich wie und wo die Statuen aufgestellt waren, jedes Bild seinen Wirklichkeitscharakter voll beibehielt. Wer einer Statue einen Tropfen Wasser spendete, ein Gebet, nur ein Wort zu ihr sprach, ihr gute Wünsche aussprach, machte dem Träger der Figur auch in dieser Zeit noch realiter ein Geschenk, gab ihm Hilfestellung für das jenseitige Leben.

Die Reliefs folgten der königlichen wie privaten Plastik. Auf Details legte man nun besonderen Wert. Löckchen, Einzelheiten wie Hände und Füße, Gewandfalten usw., alles ist zart in der Linienführung und weich betont. Das die Flächigkeit betonende erhabene Relief wurde wieder bevorzugt. Man komponierte es zu Bildfolgen religiöser, vorzüglich aber nun weltlicher Thematik. Die ›Weiße Kapelle‹ des Sesostris I. in Karnak (Abb. 135–137) kann für viele stehen.

Schließlich bestimmt die Kunstlandschaft des Mittleren Reiches auch die Gräber der Fürstenfamilien, vor allem in Mittelägypten, z. B. bei Beni Hasan (Abb. 79–80), oder weit im Süden in Assuan (Abb. 200). Gerade hier wird das Bestreben, Ereignisse aus dem Leben des Grabherrn offen auszubreiten, deutlich. Der Besucher soll Anteil nehmen, er soll erleben und nachfühlen, was einmal war, wobei der Gedanke die Hauptrolle spielt, sich noch intensiver als bisher an den Verstorbenen zu erinnern und vielleicht ein Gebet für ihn zu sprechen – wieder die Idee des magischen Erweckens, der Wirklichkeitscharakter des Dargestellten. Klar und eindeutig wie die Grabgelege selbst (Vorhalle und Kultraum im Fels, die Decken von Pfeilerstellungen gestützt) ist jeweils ihre Ausschmückung, eine Kultstatue in der Nische, die Wände mit Reliefs oder Malerei auf Stuckschichten in frischen, scharf voneinander abgesetzten Grundfarben, die Decken im Schachbrettmuster polychrom überzogen.

Daß zu solch hohem Niveau in allen Bereichen des Kunstschaffens auch die Kleinkunst das ihre beitrug, ist evident. Ein glücklicher Zufall hat zweifellos gerade die Prachtstücke der Goldschmiedekunst des Mittleren Reichs in unsere Zeit gerettet: den vergoldeten Juwelenschmuck von Prinzessinnen, aus ihren Gräbern neben den Pyramiden der Könige Amenemhêt II., Sesostris II. und III. in Dahschûr und Lischt. Es sind minuziös zu feinlinigen Zellengebilden verlötete Goldbleche, Hieroglyphen oder Figuren, die in Lapislazuli, mit Karneolen, Amethysten, Türkisen und Granat ausgelegt oder eingeschmolzen sind, Pektorale, Ketten, Diademe usw. Es stimmt oft traurig zu beobachten, wie Besucher die weltberühmte Tut-ench-Amun-Sammlung (Farbt. 8) im Ägyptischen Museum zu Kairo begeistert betrachten und meinen, nur hier die Höhepunkte künstlerischen Feingefühls zu sehen, während mindestens Gleichwertiges bereits zur klassischen Mittelreichs-Zeit entstand und gleichermaßen bewunderungswürdig ist. Das Ägyptische Museum bewahrt im Juwelensaal die umfangreichste und kostbarste Schmucksammlung von der 1. Dynastie bis in die byzantinische Zeit; der Prinzessinnenschmuck liegt in den Schaukästen 4 bis 6.

Zweite Zwischenzeit

(Hyksos-Zeit) 13. bis 17. Dynastie – etwa 1785–1550

Leider gibt es über die Zeit der Hyksos-Herrschaft kaum oder doch nur sehr spärliche ägyptische Quellen. In der Zählung der Könige ergeben sich zudem komplizierte Überschneidungen, da die Herrschaft der 15. Dynastie zeitlich mit der 13., 14., 16. und 17. Dynastie zusammenfällt. Zuerst muß die Frage gestellt werden, wer die Hyksos eigentlich waren. Manetho spricht sie als ›Hirtenkönige‹ an, der Wortbedeutung nach aber heißen sie treffender ›Häuptlinge der Fremdvölker‹. Heute ist man, unter Berücksichtigung der kleinasiatischen und mesopotamischen Geschichte, allgemein zu der Ansicht gelangt, daß sich im Vorderen Orient, angestoßen durch eine indogermanische Wanderungswelle, altorientalische Volksgruppen in Bewegung setzten und daß dabei über den palästinensischen Küstenbogen Gruppen und Sippen ›fremder Völker‹ ins ägyptische Deltaland sickern und sich dort niederlassen konnten. Ihre Zahl und ihr Einfluß mag derart angewachsen sein, daß, zumal die geschwächte ägyptische Königsmacht zusehends verfiel, die Hyksos um 1660 mehr oder weniger mit Gewalt als 15. Dynastie das Reich endgültig übernehmen konnten, nachdem König Didimose vertrieben und Memphis blutig erobert worden war. Während ihrer hundertjährigen Herrschaft gefielen sie sich darin, Vorgefundenes nachzuahmen. Eigenständige Leistungen haben sie nicht aufzuweisen. Die Könige der 13. und 14. Dynastie und selbst solche der 16. und 17. Dynastie standen als Vasallen im Dienst der Herren von Auaris im Delta, der Hyksos-Hauptstadt, der ›Großen Hyksos‹ im Gegensatz zu den sogenannten ›Kleinen Hyksos‹ der 16. Dynastie. Diesem undurchsichtigen Zusammenwirken von Hyksos-Volk und Herrschern verdankt es Ägypten, da deren Staatsgefüge weitgehend ohne Zusammenhalt blieb, daß die alte Verwaltung weiter funktionierte und daß die ägyptische Kultur unbeschadet überstand und zu keiner Zeit von den Hyksos überfremdet wurde. Im Gegenteil, Ägypten übernahm seinerseits, ohne Eigenes preiszugeben, vieles von der Fremdherrschaft. So brachten die Hyksos Pferd und Streitwagen, Pfeile mit bronzenen Spitzen, das Sichelschwert, Hiebwaffen, Schilde und Helme mit. Mit dem Kriegsgerät wurden auch die dazu erforderlichen Handwerksberufe in Ägypten eingeführt: Sattler, Metallverarbeiter, Wagner, Pferdepfleger usw. Eigenartigerweise wurde das Pferd bei den Ägyptern nie als Arbeitstier verwendet, niemals mit Sattel geritten, sondern stets nur als Zugtier vor den leichten, zweirädrigen Wagen des Königs und den Streitwagen gespannt. Mit einem Wagenlenker und dem Kämpfer besetzt, revolutionierten die Streitwagengeschwader als Ägyptens wirkungsvollste Waffe in der Folgezeit Taktik und Strategie des Krieges, und die nun bald einsetzende ägyptische Expansion dürfte hier zum Teil ihre Ursachen haben.

Viel gravierender aber war die Erfahrung, die die Ägypter dieser Zeit machten: welche Möglichkeit der Machtausübung über gefügige Vasallen ein Mächtiger haben kann. Das führte zu einer neuen Lebenseinstellung, die im kommenden Neuen Reich ihre Auswirkung findet. Man versteht es bald, als bestimmender Partner im Spiel der Großmächte zu agieren. Noch während die Hyksos sich in der Delta-Residenz Auaris völlig sicher wähnten, begann – wieder im entfernten Theben – eine neue Herrschergruppe zu erstarken, die zumindest mit Namen wie Antef an die ersten Könige der 11. Dynastie erinnert. Mögen es anfangs auch Vasallen der Hyksos-Könige gewesen sein, irgendwie verstanden sie es, sich unabhängig zu machen und trotz Rivalität mit den Prinzen von Kusch, die opportunistisch mit den Hyksos sympathisierten, so viel Macht zu gewinnen, daß nach der vorbereitenden Regentschaft eines Taá I. des ›Großen‹ um 1560 sein Nachfolger Sekenenrê Taá der ›Tapfere‹ den offenen Kampf gegen den Hyksos-König Apophis wagen konnte. Auf zwei Stelen und einer Schülerabschrift auf Papyrus ist uns der Kriegsbeginn detailreich überliefert. Der König fiel, seine blessierte Mumie im Ägyptischen Museum in Kairo weist Pfeil- und Streitaxtverletzungen am Kopf auf. Doch nun setzte sein Nachfolger Kamosé gegenüber dem ängstlichen Kronrat die bedingungslose Fortsetzung des Kampfes gegen die Usurpatoren durch. Man gelangte bis vor die Hauptstadt Auaris, konnte sie aber nicht einnehmen. Dennoch wurde der König in Theben triumphal gefeiert. Seinem Bruder Amose gelang erneut der Vormarsch bis Auaris. Aber er war besser vorbereitet. Gleichzeitig von Land- und Wasserseite angegriffen, fiel nach drei Belagerungsjahren die Hyksos-Hauptstadt. In der Siegesbegeisterung wagte man die weitere Verfolgung des fliehenden Feindes bis ins südliche Palästina bei Scharuhen. In weiteren Feldzügen gegen die rebellierenden Nubier im Süden und gegen unbotmäßige phönezische Küstenstädte sicherte Pharao Amose das Reich, das diesmal einer bewußten Reichseinigung nicht bedurfte, sondern im Elan der Befreiung von der Fremdherrschaft Verwaltung, Recht und Königtum sogar straffte und glänzend ordnete, so daß, als der König nach 25 Regierungsjahren starb, Ägypten gesichert nach außen und geordnet im Innern in die historische Epoche übergewechselt war, die wir als das Neue Reich bezeichnen.

Neues Reich

(Großreichs-Zeit) 18. bis 20. Dynastie – etwa 1550–1070

Auf Amose folgte sein Sohn Amenophis I., der – auch das ist wieder über das Sothis-Datum (siehe im gelben Teil) gesichert – im Jahre 1532 den Thron bestieg und als erster Herrscher der 18. Dynastie gilt, obgleich er eigentlich noch zur Familie der 17. Dynastie gehörte. Theben wurde wieder Reichshauptstadt und damit die schicksalhafte Bindung an das Heiligtum des Gottes Amun bestimmend für Religion, Politik und die Unangefochtenheit des Königtums der nächsten Zeit. Vermutlich sicherte der König in zwei Feldzügen gegen Libyen und die Nubier die dort noch unruhigen Grenzen; im übrigen widmete er sich der Festigung des von seinem Vater übernommenen Erbes.

NEUES REICH

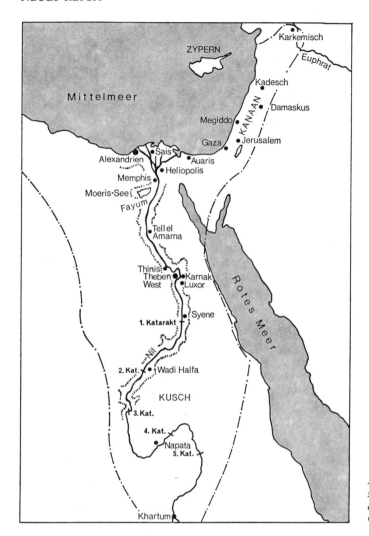

Ägypten in der Zeit seiner größten Ausdehnung um 1450 v. Chr.

1511 wurde Thutmosis I. König. Als erster einer neuen Dynastie, dessen Herkunft im Dunkel liegt, konnte er sich durch die Heirat mit Prinzessin Amose die Legalität sichern. Mit ihm begann Ägyptens Expansionspolitik. Er schob die Landesgrenzen im Süden bis zum 3. Katarakt hinaus und stellte am Euphrat, an der Grenze zum Mitanni-Reich, seine Siegesstele auf – erste Beweise eines durch die Vertreibung der Hyksos gesteigerten Selbstbewußtseins, das, aus kriegerischem Geiste erwacht, von der geistigen Mitte nun an die Peripherie drängte. Als der König starb, kam sein gleichnamiger Sohn an die Macht. Nur über die Ehe mit seiner prinzlichen Halbschwester Hatschepsut erlangte er die volle Anerkennung, da er als Kind einer königlichen Nebenfrau geboren war.

Seit der Zeit der 17. Dynastie etwa hatte sich, aufgrund der engen Verbundenheit zwischen Gott Amun von Theben und seiner Priesterschaft einerseits und dem Herrscherhaus auf der anderen Seite eine eigentümliche Sitte herausgebildet: die jeweils erstgeborene Prinzessin erhielt Titel und Rang einer ›Gottesgemahlin des Amun‹ (vgl. Abb. 143). In der Regel wurde sie später die Königin; mit ihr, der ›Gottesgemahlin‹, zeugte Gott Amun als König und gleichzeitig als Vater den neuen Götterkönig. Das führte später zu dem Gottesstaat von Theben.

Wie sein Vater zog Thutmosis II. nach Nubien und an den Euphrat, wo besonders in Kleinasien aus den vertriebenen Hyksos-Stämmen entstandene labile Kleinfürstentümer Unruhe stifteten. Früh verstarb der Pharao. Sein Nachfolger wurde der noch im Kindesalter stehende Sohn einer Haremsdame, der seine Legalität durch die Heirat mit seiner Halbschwester Nofru-Rê erwarb, dem einzigen Kind aus der Ehe des Königs mit seiner Frau, der Gottesgemahlin Hatschepsut. Anfangs führte Hatschepsut lediglich die Regentschaft, übernahm aber bald die Königswürde mit Ornat und Titulatur und düpierte zweiundzwanzig Jahre lang den heranwachsenden, zur Herrschaft drängenden Thronfolger. Zwei gleichgelagerte Temperamente, eigenwillige Charaktere, die stets ihren Willen durchsetzen wollten, stießen aufeinander.

Hatschepsut gilt als wahre Friedensfürstin, »*sie stellte her, was zerstört war, als die Asiaten in Auaris saßen...*«; sie errichtete den berühmten Felsentempel in Dêr el-Bahri (Abb. 168) und den in Buhen, stellte Obelisken auf und sandte Expeditionen nach Punt. 1469 endlich kam Thutmosis III. an die Macht. Ein wenig bilderstürmerisch tilgte er das Andenken an seine verhaßte Vorgängerin, ließ ihren Namen an Statuen und Schriftbändern ausmeißeln und dafür den seinen oder diejenigen von Thutmosis I. oder II. einsetzen. Danach aber verbrachte er den größten Teil seines Lebens auf den Schlachtfeldern, zog siebzehnmal nach Palästina, schlug die Koalitionen unter der Führung der Fürsten von Kadesch, siegte bei Megiddo, verbündete sich mit dem Mitanni-Reich und hielt sich so Babylonier, Kassiter, die Assyrer und Hethiter vom Leibe. Im Süden nahm er Napata an der 4. Stromschnelle, ließ sich dort als ›Großer Gott‹ verehren und setzte in der nubischen Kolonie einen Statthalter, den ›Königssohn von Kusch‹, ein. Ägypten war durch ihn zur Großmacht geworden, und sein ›größter Feldherr‹ erweiterte in Karnak den Reichs-Tempel und baute vor allem die Festhalle (Abb. 149–153), ließ im vollen Bewußtsein lebendiger Historie die Annalen, eine chronologische Ordnung der Taten des Königs, anbringen, förderte interessiert wissenschaftliche Ideen (Tierkunde, Botanik), pflegte die Jagd und den Sport, und wurde so einer durch die Kriege mit anderen Kultur- und Zivilisationsgütern direkt oder indirekt in Verbindung gekommenen Oberschicht zum Vorbild. Tribute und Kriegsbeuten hatten das Land reich gemacht, die Kultur überaus verfeinert und die Künste zu einer Blüte ohnegleichen hochstilisiert. Damals standen 81 322 Menschen direkt in Amuns Tempeldiensten und betreuten u. a. 421 662 Opfertiere, 2392 km² Äcker, 433 Gärten, 65 Dörfer, 46

Baustellen und 83 Transportschiffe. Seine Jagdleidenschaft belegen die Texte einer Stele im Month-Tempel zu Arment: »... *er tötete sieben Löwen mit Pfeilschüssen in einem einzigen Augenblick... er erlegte mit Pfeilschüssen ein Nashorn in der südlichen Wüste Nubiens...«,* und auf einem Feldzug ins Matanni-Reich erlegte er die fast unglaublich scheinende Zahl von 120 Elefanten in der Niya-Steppe, seine Aussagen belegt von Amenehebs Bericht, der dabei war. »... *dann wandte ich mich dem größten von ihnen zu, der gegen den König kämpfte, ich schnitt ihm die Hand (= den Rüssel) ab in Gegenwart seiner Majestät, wobei ich im Wasser zwischen zwei Felsen stand, dann belohnte mich der König mit Gold!«*

Sein Nachfolger Amenophis II. verwaltete des Vaters Erbe gut. Zu seiner Zeit als Athlet gerühmt, werden ihm alle möglichen Kraftakte nachgesagt. Ägypten lebte in vollen Zügen, eine reichgegliederte, durchorganisierte Verwaltung sorgte in allen Lebensbereichen für Ordnung. Im Reichs-Tempel in Karnak reihten sich Anbauten und neue Stiftungen aneinander. Der Hohepriester repräsentierte neben dem König die zweite Macht im Staat und war oftmals gleichzeitig als Wesir der Premier des Landes. Das sieggewohnte Heer gliederte sich in Infanterie, Kampfwagentruppe, Flotte und Transportverbände mit von Eseln und Ochsen gezogenen Lastkarren. Wie die Könige im Tal von Bibân el-Molûk ließen sich Offiziere, Gouverneure und Beamte in reich dekorierten Gräbern beisetzen. Das beweist einen bisher nicht gekannten Wohlstand dieser Schichten in Ägypten. Thutmosis IV. übernahm also ein gutes Erbe. Von ihm stammt die granitene ›Traumstele‹ zwischen den Pranken des Sphinx (Abb. 40). Er begann die kluge Heiratspolitik ägyptischer Könige, indem er die Mitanni-Prinzessin Artatama ehelichte. Als sein Sohn Amenophis III. die Königswürde übernahm, war Ägyptens Weltmachtstellung unangefochten. Nur einmal mußte der König in einem Feldzug Unruhen in Nubien niederschlagen. Die bürgerliche Teje war seine Gemahlin, und von ihr ist bekannt, daß eigentlich sie es war, die den im Grunde willensschwachen und genußsüchtigen König in allen politischen Entscheidungen leitete. Dem auszuweichen entwickelte auch er eine ausgeprägte Jagdleidenschaft, deren Ergebnisse uns auf Gedenkskarabäen erhalten sind. Zwölf Wildstiere erlegte er am frühen Morgen, oder hieroglyphisch-ägyptisch *»noch zur Zeit des Mundgeruches«* und beanspruchte ihre Schwänze für seine Kultzeremonien bei Götterfesten. Als ihm ganze Wildstierherden im Fayûm gemeldet werden, rast er auf dem Kampfwagen dorthin, läßt Beamte und Soldaten die Herden zusammentreiben und erlegt erst 170, dann noch einmal 56 Tiere, und ein anderes Mal künden die Skarabäen: »*Liste der Löwen, die der König selbst bei seiner Jagd erlegte vom Jahre 1 bis zum Jahre 10: wilde Löwen 102.*« Mit 317 Haremsmädchen kam auch die Königstochter Giluchepa in die königlichen Frauengemächer und kurze Zeit später Taduchepa, beide aus dem Königshause von Mitanni, dazu eine Prinzessin aus Babylon. Das wirkte sich politisch aus.

Als 1375 der Hethiter Šuppiluliuma I. das Ägypten befreundete Mitanni-Reich unterwarf, schienen jedoch schlechte Zeiten für Ägypten anzubrechen. Der kränkelnde König starb; von seinem gigantischen Totentempel sind nur die beiden ›Memnonskolosse‹ geblieben (Abb. 186). Königin Teje versuchte zwar die Regierungsgeschäfte straff weiterzuführen und empfahl ihrem Sohn Amenophis IV. die Fortsetzung der bisherigen Politik. Vergeblich. Zusammen mit einer religiös begründeten Kulturkrise in veränderter außenpolitischer Situation, kündigte sich eine Katastrophe an. Bereits mit der Heirat des Haremsmädchens Teje hatte der König Amenophis III. an den geheiligten Traditionen der ›Gottesgemahlin‹ gefrevelt und die Amun-Priesterschaft Thebens verärgert. Und die Entfremdung des Königshauses von der Priesterschaft wurde noch dadurch vertieft, daß der König konsequent Beamte aus Memphis statt aus Theben für hohe Staatsämter bevorzugte. Auch materiell wirkte sich die Distanzierung zur Amun-Priesterschaft aus: Die bislang gewaltigen Zuwendungen aus Staats- und Kriegskasse an den Reichs-Tempel flossen längst nicht mehr so reichlich. Das förderte indirekt die rivalisierende Rê-Religion in Memphis/Heliopolis und ließ den alten Gegensatz neu aufleben.

Insgesamt handelte es sich um offene und schwelende Abhängigkeiten sehr komplexer Natur, die sich nun unter dem neuen König Amenophis IV. kristallisierten und stürmisch zu einer Entscheidung drängten. Jedenfalls brach der König ziemlich abrupt – wie es in seiner Natur zu liegen schien – mit der alten Amun-Religion und setzte an ihre Stelle die Vergöttlichung der seit ältesten Zeiten verehrten Sonnenscheibe Aton. Erst als der ›gottestrunkene‹ König die Aton-Verehrung als eine für das gesamte Volk verbindliche Religionsausübung forderte, geriet er offensichtlich auch zur Mehrheit des Staatsvolkes in Gegensatz. Prophetisch und radikal unduldsam verkündete er seinen Sonnengott und duldete keine anderen Götter neben ihm. An die Stelle der Darstellung eines falkenköpfigen Menschen trat die der Sonnenscheibe (Abb. 92). Autoritativ strich er die Königstheologie so zusammen, daß nur noch jene Teile Geltung behielten, in denen der König und sein Kult Mittelpunkt von Staat und Gesellschaft waren. Für ihn gab es nichts a priori Schlechtes, und die Liebe an sich war ihm das höchste Gut. Also demonstrierte er in aller Öffentlichkeit seine Gefühle – eine Unmöglichkeit für einen ägyptischen Herrscher –, küßte und umarmte öffentlich seine Familie und propagierte allgemein Schönheit, freies Verhalten und jegliches Tun und Lassen. Die Tempel der alten Götter hatte er schließen lassen, Theben den Rücken gekehrt und in Mittelägypten am Nil bei Amarna eine neue Residenz buchstäblich aus dem Boden gestampft (Abb. 89, 90), wo er mit seiner schönen Frau Nofretete (Abb. 91), jetzt mit veränderter Titulatur als Achet-Aton (Echnaton) seiner mystischen Wahrheitssuche und seiner Lehre lebte.

Im Mitanni-Reich wurde der befreundete König Tuschretta ermordet, in Syrien zettelten die Hethiter Aufstände an, nach Palästina waren Hebräer eingedrungen – Echnaton kümmerte sich nicht darum. Nur wenige seiner einflußreichen Mitarbeiter konnten eine solche staatspolitische Wende mitvollziehen oder gar gutheißen. Selbst seine Mutter Teje trennte sich von ihm und übersiedelte ins Fayûm. Das Reich zerbrach. Da sandte der König, jetzt vielleicht zum Einlenken mit den Amun-Priestern bereit, seinen Mitregenten nach Theben. Das war Semenchkarê, der treu zu seinem

König stand und dessen Tochter Meritaton geheiratet hatte. Selbst die Aton-verzückte Königin Nofretete entfernte sich vom König. Echnaton, Ägyptens eigenartigste und eigenwilligste Herrscherpersönlichkeit, starb in seinem 18. Regierungsjahr. Semenchkarê überlebte den König nur wenig. Der erst neunjährige Tut-ench-Amun folgte ihm. Wohl unter dem Druck der wieder erstarkten Amun-Priester gab er Amarna auf und kehrte nach Theben zurück. Die alten Kulte lebten wieder auf, ein Aufatmen ging durchs Land. Da starb, neunzehnjährig, der König. In ihrer Verzweiflung ließ seine junge Witwe Anchesen-pa-Aton zweimal an den Hethiterkönig schreiben, ihr einen seiner Söhne als Gemahl zu senden. Als schließlich ein Prinz auf dem Wege zu ihr war, starb er oder wurde ermordet – vermutlich im Auftrag von Eje, dem einstigen Erzieher Echnatons, der sich nun leicht die Doppelkrone aufsetzen konnte. Die Königinwitwe, die ihn so offensichtlich verschmäht hatte, verschwand in seinem Harem. Mit großem Pomp der dem heutigen posthumen Ruhm entspricht, bestatteten Eje und die Amun-Priesterschaft den politisch ohne besonderen Stellenwert gebliebenen Tut-ench-Amun so, wie man ihn 1922 unversehrt gefunden hat (Farbt. 8) mit der Einschränkung, daß gleich nach der Beisetzung zweimal Grabräuber in die Totenkammern eindrangen, ein heilloses Durcheinander angestellt, aber sonst keinen nennenswerten Schaden angerichtet hatten, ehe man sie auf frischer Tat ertappte.

Nach König Ejes Tode trat ein Mann auf, der zwar dem Königshause nicht verwandt, aber seinem Lande ergeben war. Mit starker Hand liquidierte er radikal die Amarna-Zeit. Durch Sondergesetze und jede mögliche königliche Vollmacht stellte er die alte Ordnung wieder her und schuf damit für die folgende Ramessiden-Zeit eine denkbar gute Basis. Es war Tut-ench-Amuns Reichsfeldherr Haremhab. Amarna wurde zerstört, überall wurden die Aton-Tempel niedergerissen und Gott Atons Strahlenbündel mit den spendenden Händen ausgemeißelt. Gestützt durch die mit diesen Erfolgen überaus zufriedene Amun-Priesterschaft, ließ er durch wichtige Bauteile den ohnehin gigantischen Tempelkomplex von Karnak erweitern, wofür ihm die durch Gott Amun persönlich erfolgte, also göttlich verfügte, Krönung zum König bestätigt wurde. In dreißig Jahren regierte, ordnete und restaurierte er gründlich. Um die Ketzerzeit zu eliminieren, schloß man in den offiziellen Königslisten Haremhabs Regierungszeit unmittelbar an die Amenophis' III. an – als hätte es Echnaton, Semenchkarê, Tut-ench-Amun und Eje niemals gegeben.

Haremhabs Wesir, der General der Bogenschützen Paramses, bestieg nach ihm als Ramses I. und Begründer der 19. Dynastie den Thron – für knapp zwei Jahre nur.

Sein Sohn Sethos I. folgte ihm. Die Residenz wurde ins Delta nach Tanis verlegt, gleichzeitig bildeten sich so zwei Zentren im Lande, ein politisches, der veränderten strategischen Lage angeglichenes im Norden und das alte religiöse in Theben. Was Haremhab innenpolitisch wieder ins Lot gebracht hatte, gelang Sethos partiell außenpolitisch. In mehreren Feldzügen befreite er den palästinensischen Raum bis Kadesch und stieß mit den Hethitern empfindlich zusammen, ohne indes eine Entscheidung erzwingen zu können. Von Libyen eingedrungene Beduinenstämme mußten erst zurückgeschlagen und nubische Unbotmäßigkeiten in die Schranken verwiesen werden. Zudem war Sethos I. ein beachtenswerter Bauherr. Tempel von ihm stehen in Kurna und Abydos (Abb. 95–99), und der große Säulensaal in Karnak wurde ganz besonders geschmückt (Farbt. 19; Abb. 129–131). Des Königs Grab im Tal der Könige (Abb. 165, 166) ist eines der größten und schönsten, die wir kennen. Unter den ersten Ramessiden mögen die Ereignisse der biblischen Josephs-Geschichte stattgefunden haben, wie vergleichende Wortanalysen, Detailkenntnisse ägyptischen Brauchtums und bestimmter Zeitumstände klar aussagen.

Ramses' II. Herrschaft dauerte sechsundsechzig Jahre. Er wurde zum berühmtesten Pharao Ägyptens, auch wenn er längst nicht der bedeutendste war. Nach den Bauten, die in seinem Auftrage errichtet oder kurzerhand usurpiert wurden, gilt er, schon um ihrer Anzahl willen, als Ägyptens eifrigster Bauherr. Von Nubien über Abu Simbel weit im Süden bis im Delta stößt man auf sie (Abb. 100, 110–112, 115, 142, 174–178, 211–216), ihre Qualität entspricht aber längst nicht immer der Quantität.

König Mutawallis Hethiter-Reich war unterdessen zur drohenden Gefahr für Ägypten geworden, und was Ramses' Vater nicht gelungen war, versuchte der Sohn. Bei Kadesch am Orontes stießen die Heere zusammen, und wäre der König, als durch hethitische Kriegslist der Kampf beinahe schon entschieden war, nicht persönlich überaus mutig wortwörtlich in die Bresche gefahren, wäre eine ägyptische Niederlage unausweichlich gewesen. Es wurde freilich ein Pyrrhus-Sieg, auch wenn der König die Schlacht und seinen persönlichen Einsatz emphatisch an allen Tempelwänden in vielen Einzelheiten feiern ließ. Hethitische Quellen sind anderer Meinung; sie sprechen von Sieg und Verfolgung der Ägypter bis Damaskus. Noch während dieses Unentschieden nutzlos Kräfte band, zwangen eine neue, vom Balkan anrückende Welle indogermanischer, dorischer Völker (Achäer, Danaer, Tyrrhener, Sizier und Sarden) sowie Einfälle libyscher Libu- und Maschwesch-Stämme und die erstarkende Macht der Assyrer die beiden Großmächte zur Vernunft. Es kam zu einem Bündnisvertrag, dessen Text uns hieroglyphisch wie akkadisch voll erhalten ist: »... *Von diesem Tage an ist der große Fürst von Chatti in einem Vertrag, um die Politik dauerhaft zu machen ... mit dem Lande Chatti, um nicht zuzulassen, daß Feindseligkeiten zwischen ihnen vorkommen bis in Ewigkeit ...*« Dreizehn Jahre später erfolgte sogar eine dynastische Verbindung, als Ramses II. in Gegenwart des hethitischen Königs dessen älteste Tochter in der neuen Ramses-Stadt im Delta heiratete. Auch die Heiratsurkunde, in schwülstig-pathetischem Stil, ist erhalten (Abu Simbel). Die hethitische Prinzessin war die dritte Frau des Königs. Später ehelichte er noch vier seiner eigenen Töchter. Insgesamt zeugte er 92 Söhne und 106 Töchter. Nach Röntgenuntersuchungen 1978 in Paris starb er mit versteifter Wirbelsäule, Karies, Abszessen und Unterkiefer-Gewebsentzündungen.

Merenptah, der 13. Sohn von Ramses, selbst schon hoch in den Jahren, folgte dem Vater auf dem Thron. Was sich fast ein Menschenalter vorher angekündigt hatte, traf jetzt mit voller Wucht Ägypten und den neuen König. Die sogenannten ›Seevölker‹ setzten von der Schwarzmeerküste aus den gesamten Vorderen Orient in Bewegung

NEUES REICH

und drängten über die kleinasiatische Landbrücke einerseits wie über den Balkan und die mittelmeerische Inselwelt andererseits nach Süden. Das Hethiter-Reich wurde weggefegt und verschwand aus dem Bewußtsein der Geschichte. Von Libyen her drängten Massen verschiedenartigster Berberstämme dem Niltal zu. Merenptah konnte sie aufhalten und kurz vor Memphis vernichten. Die sogenannte ›Israel-Stele‹ berichtet davon (die einzige Erwähnung Israels auf einer ägyptischen Urkunde und damit die Bestätigung, daß auf alle Fälle einer der 12 Stämme wieder in Israel gelebt haben muß, also unter Ramses II. oder gleich danach unter Merenptah der biblische ›Auszug‹ stattfand): »*Libyen ward zerstört; das Hethiterland ist befriedet; Kanaan ward erbeutet mit jedem Bösen; Askalon ward gefangen fortgeführt; Gezer ward gepackt; Jenoam ward zunichte gemacht; Israel ist verdorben und hat keinen Samen mehr; Syrien ist zur Witwe geworden für Ägypten. Alle Länder sind vereint in Frieden*« (übersetzt von W. Spiegelberg).

Hieroglyphen für den ›Wanderstamm Israel‹ von der Stele Merenptahs

Der Tod des Königs wurde der Beginn fast zwei Jahrzehnte währender Thronwirren, in denen sich syrische Söldneroffiziere und thebanische Fürsten um die Herrschaft stritten und dabei das Land nur noch tiefer in den Strudel des Niederganges zogen, bis mit König Sethnacht die 20. Dynastie einsetzte. Er stellte die Ordnung im Lande wieder her, die auch sein Sohn und Nachfolger Ramses III. erhalten konnte; ihm gelang es sogar, das Reich noch einmal zu festigen. Wiederum wurden die Libyer besiegt, diesmal so nachhaltig, daß sie fortan nur noch als Söldner ins Land kamen, allerdings meist auch dort blieben, und so allmählich ein beachtliches Fremdvölkerkontingent im Lande bildeten. Sie glichen sich den Ägyptern an und gewannen mehr und mehr Einfluß. Im Verlaufe einer Haremsintrige wurde Ramses III. ermordet. Der Papyrus Harris (London), den sein Sohn Ramses IV. als (fiktives) Testament seines Vaters veröffentlichte, berichtet uns viele Einzelheiten von Expeditionen und der Bautätigkeit des Königs, dessen bedeutendstes Werk der Medînet-Hâbu-Tempel in Theben ist (Abb. 181–185).

Noch sieben wenig bedeutende Pharaonen folgten auf König Ramses IV. Mit Ramses XI. endete dann recht tragisch die 20. Dynastie der Ramessiden. Wieder einmal ging es im Reich drunter und drüber. Gegen die sich als Staat im Staate allzu selbstherrlich gebärdende Priesterschaft des Amun unter dem Hohenpriester Amenhotep brach ein Aufstand aus. Erst nach üblen Plündereien, Brandstiftungen und Gewalttaten konnte ihn der für den Pharao amtierende Vizekönig von Kusch niederwerfen. Wie Sethos I. einst den Beginn seiner Regierungszeit übersteigert als »Anfang der Unendlichkeit« und »Erneuerung der Geburt« bezeichnet hatte, so propagierte Ramses XI. nun eine »Erneuerung der Schöpfung«, einen Versuch zu neuer Blüte in einer Renaissance des Alten – was gänzlich fehlschlug. Während er in seiner Delta-Residenz bis zu seinem Tode ein tatenloses Schattendasein führen mußte, regierte sein Wesir Smendes. In Oberägypten hatte sich in Theben bereits eine Wende vollzogen: General Herihor hatte sich aus eigener Machtvollkommenheit zum Hohenpriester des Amun ernannt. Er begründete damit die 21. Dynastie noch vor dem Ende der Ramessiden und errichtete, um seine Usurpation zu legalisieren, den thebanischen Gottesstaat, indem er sich durch Orakelsprüche von den Göttern Chons und Amun seine Priester- und Königswürde ausdrücklich bestätigen ließ. Als Ramses XI. starb, war Ägypten wieder geteilt zwischen Tanis und Theben: Smendes herrschte in Unter- und Herihor in Oberägypten.

Kunst des Neuen Reiches

Die Kunst des Neuen Reiches begann mit Königin Hatschepsuts Terrassentempel für sie selbst und für ihren Vater Thutmosis I. (Abb. 168). Vielleicht ist er von dem 500 Jahre älteren benachbarten Tempelbau des Mentuhotep (Abb. 168) angeregt, jedenfalls gibt es offensichtliche Bezüge zwischen ihnen. Die Gesamtanlage verbindet in einem außergewöhnlichen Grundriß Architektur und Natur zu einer Einheit von festlich-imposanter Wirkung. Einen ähnlich einladenden Eindruck vermittelt die Festhalle Thutmosis' III. im Karnak-Tempel (Abb. 149–151), basilikal dreigeteilt mit hohem gefenstertem Mittelschiff zwischen zwei niedrigeren Seitenschiffen, und aus dem Schema quer zur Tempelhauptachse angesetzt, das Festzelt für Amun.

Amenophis III. errichtete den Luxor-Tempel, Prototyp eines Prozessions-Tempels, mit wechselnden Säulenkapitellen über Wänden aus eleganten Rundsäulen, die den Weg der Amun-Barke säumen (Abb. 110). In der 19. Dynastie artete fast jede Kunstidee bei ihrer Ausführung ins Maßlose und Kolossale aus. Dazu gehört das Ramesseum (Abb. 174) ebenso wie Abu Simbel (Abb. 211ff.) und der große Säulensaal in Karnak (Abb. 129–131), Medînet Hâbu (Abb. 181ff.) oder der Totentempel von Amenophis III. (Abb. 186). Doch auch heute noch erwecken diese Bauten nicht den Eindruck langweiliger Gigantomanie – ebensowenig wie die Pyramiden –, vielmehr siegt die innere Ausgeglichenheit und lebendige Spannung über den Hang zum Kolossalen. Vielleicht kommt das daher, daß die kühn gestalteten Gesamtanlagen selbst stets im Rahmen des Möglichen bleiben. Zuweilen spürt man auch in der überlegten Ausgeglichenheit des schmückenden Beiwerkes ein Äquivalent zum Übermaß des Bauwerks. Sphingen, stehende, kniende oder sitzende Figuren säumten Wege, Hallen und Säulengänge doch wohl auch in dem Bestreben, dem Auge etwas zu bieten, ein neuer Gesichtspunkt ägyptischer Kunstauffassung.

Was sich hier monumental ausprägte, geschah adäquat im Kleinfigürlichen, den Privatplastiken wie den Holz- und Elfenbeinstatuetten. Wie uns heute, müssen sie auch damals empfindsame Betrachter entzückt haben, so unbekümmert bewegt und heiter verspielt sind sie.

Mit Echnaton, »der von der Wahrheit lebt«, kam, so urplötzlich wie seine Aton-Verehrung

39

einsetzte, auch in der Kunst die volle ›Wahrheit‹ zutage, die bisherige Förmlichkeiten selbst im Königsbilde verschmähte und eine übersteigerte Natürlichkeit an ihre Stelle setzte. Wenn bisher der Gottkönig untadelig, fehlerfrei und idealisiert dargestellt worden war, so wagte es Echnaton, sich völlig unköniglich, lässig und in lebendiger Kommunikation mit seiner Umwelt abbilden zu lassen. Die Bildkunst der Amarna-Zeit ist für den einen ein surrealistischer Alptraum, andere erkennen darin den Geist der Persönlichkeit des religiösen Eiferers, seine Wahrheitsliebe, die Freude an der Linie und am subtilen Gefühlsausdruck. Objektiv gesehen, sind viele Amarna-Bilder ausgesprochen häßlich, sie zeigen einen langen dünnen Hals, einen aufgeblasenen Schädel mit fliehender Stirn, eingesunkene Brust und verfetteten Bauch, plumpe Oberschenkel, dünne Waden und spinnige Arme, was wohl als Übersteigerung der physiognomischen Züge Echnatons selbst angesehen werden muß (Abb. 92). Doch sind expressionistische Züge bereits in Kunstwerken des Amenophis III. zu erkennen, und überdies hat sich die Amarna-Kunst auch nach Echnaton weiter behauptet und blieb wirksam als ein Medium gesteigerter Verinnerlichung. Das beweist, daß diese Sehweise zumindest latent im Ägyptischen vorhanden war. Nofretetes berühmte Kalksteinbüste in Berlin wurde in der verlassenen Werkstatt des Bildhauers Thutmosis in Amarna gefunden. Man darf sie getrost als einen Höhepunkt der Amarna-Kunst ansprechen und unterstreichen, was der Berliner Museumskatalog dazu sagt: »*Unabhängig davon, in welcher Absicht die Büste geschaffen worden ist, geht von ihr eine Wirkung aus, die ihre Ursachen gleichermaßen im meisterhaften Ganzen des Werkes und der vollendeten Einzelgestaltung wie in der Anziehungskraft des dargestellten Gesichtes und – nicht zuletzt – in dem außergewöhnlichen Erhaltungszustand der originalen Bemalung hat. Mit unerhörter Kühnheit und außerordentlichem Raffinement hat der Künstler es verstanden, durch die schwer nach hinten lastende Krone, die Überschlankheit des zerbrechlich-zarten Halses und die äußerste Schmalheit des Büstensockels Massen und Maße, Formen und Linien gegeneinander zu setzen und damit das gesamte Werk mit einer Spannung zu erfüllen, die fraglos einen Hauptteil seiner so lebendigen Strahlkraft ausmacht. Die Hauptlinien dieser Spannung treffen sich überdies, von schräg oben und schräg unten kommend, genau im Gesicht der Königin, haben hier ihr vibrierendes Zentrum und steigern so die faszinierende Anziehungskraft des vollendet modellierten Antlitzes ein weiteres Mal.*«

Was die Reliefs angeht, müssen die Bilderzyklen an Hatschepsuts Terrassentempel (Abb. 168) zuerst genannt werden, köstlich im Detail und genau in der Naturbeobachtung wie in der Skizzierung des Menschentyps. In Amarna dagegen gebietet die lebensspendende Sonne. Schmetterlinge und Vögel flattern in bunt leuchtenden Farben über satten Gräsern und Büschen, und selbst für Fußböden genügen statt solider granitener Platten vergängliche, aber desto schöner bemalte Majoliken in bunten Farben. Wie intensiv und wie eindringlich Amarnas Einfluß sich weiter äußerte, beweisen auch alle Schmuckelemente an den Funden aus dem Grabe des Tut-ench-Amun.

Während Sethos I. vor allem den großen Säulensaal im Karnak-Tempel an seiner nördlichen Außenfront mit besten Schlachtenreliefs schmückte (Abb. 138–141), tragen die mächtigen Säulentrommeln ein elegantes, diffizil aufgebautes erhabenes Relief. Im Gegensatz dazu sind die Reliefbilder gleichen Themas von Ramses II. im selben Säulensaal an seinen südlichen Abschnitten grobschlächtiger und in versenkter Technik ausgeführt (Abb. 129, 131). Hier bietet sich die einzigartige Möglichkeit für den Besucher von heute, durch Vergleichen Fortentwicklung und Techniken beider Relieftypen zu studieren.

Noch eleganter gehauen sind aber die vollendeten Flachbilder im Sethos-Tempel zu Abydos (Abb. 97, 98, 100), erhaben und tadellos auch hier wieder die von Sethos, ungehobelt und plump die späteren von Ramses, was fast ebenso für die Steinmetzarbeiten an den Hieroglyphentexten gilt. Der ins Auge springende Qualitätsunterschied zu Ramses mag mit der Menge der von ihm in Auftrag gegebenen Arbeiten zusammenhängen, die eine Detailschludrigkeit förderte. Quasi-industrielle Kunstausübung führt zwangsläufig zum Manierismus, verliert den inneren Ausdruck oder kompensiert ihn zu flacher Übertreibung. Allein eine Liste nur der bekanntesten Ramsesbauten mag das erhärten: Osttempel in Karnak und Vollendung des großen Säulensaales, Erweiterung in Luxor durch Hof und Pylon mit sechs Großfiguren und zwei Obelisken (Abb. 110–115), Vollendung des Sethos-Tempels in Kurna (Abb. 163, 164), Bau des Ramesseums (Abb. 174–178), sechs Tempel in Nubien, u. a. Abu Simbel (Abb. 211–216), Auf- und Ausbau der neuen Residenz im Delta, Ramses-Stadt – insgesamt allein mehrere tausend Quadratmeter nur Relieffflächen.

In immer stärkerem Maße trat bald neben das Relief die Malerei als Wandschmuck. Als man in die Felswände der westlichen Wüste die langen Ganggräber trieb, zeigte es sich, daß der gewachsene Fels zum Splittern neigte und für Reliefs weitgehend untauglich war. Eine Nilschlammschicht mit einer Kalkglätte darauf ergab dagegen einen denkbar guten Malgrund, der sich bis heute als tragend und die Farben erhalten bewiesen hat. Zudem konnte man Linien tief einschneiden und so eine reliefartige Wirkung erzielen. Daß allerdings die heutzutage nun tagtäglich durch Besucher in die jahrtausendelang vollkommen lufttrocken verschlossenen Räume eingeführte Körperfeuchte, aufgewirbelter Staub, Tabakrauch und oft noch rußendes Petroleumlicht die empfindlichen Malschichten zerstören werden, ist kaum noch fraglich. Ohne rigorose Maßnahmen werden wir zu den letzten Generationen gehören, die ägyptische Grabmalereien in situ besuchen konnten. Die mit Eiweiß und Leim gemalte und nur selten gefirnißte Temperamalerei quillt auf, trocknet dann aus, reißt und bröckelt ab.

In der Regel sind die Naturfarben hart aneinandergesetzt, Schwarz, Weiß, Blau, Grün, Rot in vielen Stufungen oder Ocker. Nur in Amarna versuchte man gelegentlich mit Schwarz Übergänge zart zu brechen. Dem Relief entsprechend wurde auch beim Malen nach einem Quadratnetz gearbeitet, zuerst in Rötel die Vorzeichnung, in Schwarz die Kontur und zuletzt das Kolorit je nach gültigem Kanon und Symbolwert. Der Bildaufbau begann stets auf einer Standlinie und setzte sich, in Wiederholung, in mehr oder weniger Registern über die Wände fort. Stets blieb vorherrschend die Flächigkeit erhalten, auch wenn man – in ganz seltenen Ausnahmefällen – zarte Ansätze zum Körperlichen erkennt.

Inhaltlich wurden nach wie vor die alten Szenen zu Landwirtschaft, Jagd, Handel, Handwerk, Tod und Begräbnis und die Fahrt nach Abydos dargestellt. Dazu kann man von der 18. Dynastie an auch bewußte Bezüge zum Berufsleben des Grabinhabers feststellen, und manche Bilder wurden jetzt sogar zu historischen Belegen, zu Dokumentationen für einen Betrachter. Aber Relief, Rundbild und Malerei gaben auch jetzt nicht das ägyptische Prinzip der Richtungsgeradheit auf, den Aufbau der Figur auf einem unverdrehten Rumpf, während alle Bewegungs- und Haltungsebenen von Gliedern und Kopf gleichlaufend im rechten Winkel zur Rumpfebene liegen. Perspektivische Verkürzungen oder Winkelverschiebungen gab es nach wie vor kaum. Schließlich wurde im Gesamtrahmen des Kunstschaffens auch die Literatur berührt. Zuerst waren es die Sonnenmythen Echnatons, die längst nicht so neu waren, wie es schien und in alten Amun-Gesängen ihre Ursprünge hatten, die – voller mythologischer Anspielungen – jedoch dem einfachen Volk nicht leicht verständlich waren. Dagegen bildeten seine Sonnengesänge vielleicht den einzigen echten Zugang zum empfindsamen Herzen seines Volkes. Und zweifellos waren sie der Anstoß zu späteren inniglieblichen Liebesliedern der Ramses-Zeit, in denen die zarte Natürlichkeit Amarnas mit dem unbeschwerten Lebensgenuß einer großen, auf den Wohlstand raffiniert zugeschnittenen sinnenfrohen Epoche zusammenfiel.

Spätzeit

21. Dynastie bis zu Alexander dem Großen – etwa 1070–332

Auf König Herihor, den Hohenpriester des Amun, folgte sein Sohn Pianchi. Dessen Sohn Pinodjem heiratete Makarê, die Tochter des Tanis-Königs Psusennes I. und wurde wieder König. Das verwirrende Bild zweier nebeneinander das Land regierender Häuser und die gesetzlos verworrene Lage werden auch durch die Tatsache charakterisiert, daß der König zwar versuchte, die aus den geplünderten Königsgräbern im Tal der Könige gesammelten und ›restaurierten‹ Mumien und Teile der Grabausstattungen umzubetten, aber erst nach mehreren Versuchen einen Felsschacht nahe beim Hatschepsut-Tempel als Versteck vor nochmaligen Schändern für Ägyptens Pharaonen bestimmen konnte, ob aus Pietät oder in der Hoffnung, mit so kaschierter Rücksichtnahme seine maroden Staatsfinanzen ebenfalls ›grabräubernd aufzubessern‹, wird unbekannt bleiben. 1875 noch einmal beraubt, fand man sie wieder und konnte sie nach Kairo ins Museum umbetten.

Zugleich mit der 22. Dynastie kam ein libyscher König auf den Thron, ein Nachkomme der seit der 20. Dynastie ins Land strömenden, als Soldaten beschäftigten Libyer: König Scheschonk I. Er zog nach Palästina, nahm Jerusalem, zerstörte den salomonischen Tempel und sanierte mit seinen Schätzen die magere ägyptische Kriegs- und Staatskasse. Trotzdem war Palästina auf lange Sicht nicht mehr zu halten, ebensowenig wie die Einheit des ägyptischen Staates, der mehr und mehr in Kleinfürstentümer zerfiel, während neben diesen und den Königen der 23. Dynastie in Theben der Gottesstaat herrschte.

Da traten um 730 äthiopische Dynasten auf den Plan. Sudanesische Fürsten hatten im nubischen Ägypten eine Mischkultur aufgebaut, das Reich Kusch mit der Hauptstadt Napata am 4. Katarakt. Sie waren sektiererisch leidenschaftliche, rechtgläubige Anhänger Amuns. Ein König Kaschta nahm Theben, dann Tanis und zwang die Tochter König Osorkons III. von Tanis, seine Tochter zu adoptieren. Da Osorkons Tochter die Gottesgemahlin des Amun war, erlangte der Äthiopier über sie die Erbfolge. (Eine Gottesgemahlin war zur Jungfräulichkeit verpflichtet, sie vollzog die kultischen Handlungen, nahm an den Jubiläumsfeierlichkeiten des Sed-Festes teil und schrieb ihren Namen in den Rahmen einer Königskartusche.) Was König Kaschta vergeblich versucht hatte, gelang seinem Sohn Pianchi: er überrannte alle Kleinfürstentümer im Lande, drang ins Delta vor und bezwang den dortigen König von Saïs, Tefnacht.

Abgesehen davon, daß eine Zeitlang neben der 25. äthiopischen auch eine 24. saïtische Dynastie (König Bokchoris) regierte, haben äthiopische Könige von 751 bis 656 über ein wiedervereintes Ägypten geherrscht, wobei, über die Gottesgemahlinnen, Saïten und Äthiopier vielfache dynastische Verbindungen eingegangen sind.

Zu erwähnen ist, daß sich besonders unter König Taharka in Kultur und Kunst eine Rückwende zu den alten, goldenen Zeiten bemerkbar machte, ein Besinnen auf die hohen Kulturleistungen Ägyptens, eine Neigung zum Archaischen, was in der Folge fast zu einer Renaissance der Kunst geführt hat.

Assyrien war unterdessen so erstarkt, daß es über Palästina in Richtung Nil drängte. Nach wechselvollen Kämpfen wurde König Taharka besiegt und Memphis genommen. Für kurze Zeit konnte man es zurückerobern, dann setzte Assurbanipal 664 zum Sturme an, gelangte bis Theben, zerstörte und verbrannte es und schleppte unermeßliche Beute nach Ninive. Nie mehr hat sich Amuns Stadt von diesem Schlage erholen können. Die Äthiopier zogen sich nach Nubien zurück und errichteten, jetzt von Ägypten endgültig getrennt, ihr eigenes Königreich.

Im Delta begann mit Psammetich I. die 26. Dynastie, der es tatsächlich gelang, mit Hilfe jonischer und karischer Söldner und mit technisch neuen Waffen, das Assyrer-Joch abzuwerfen und den Einfluß der Provinzfürsten so zu beschneiden, daß mit der Einnahme von Theben und der Legitimation, über die Adoption der Psammetich-Tochter Nitokris durch die Gottesgemahlin des Amun, Ägypten auch in der Religion noch einmal geeint war. Die Residenz in Saïs wurde prächtig ausgebaut, so daß politisch wie religiös Psammetichs Nachfolger Necho ein glänzendes Reich übernehmen konnte. Im Osten hatten unterdessen die Babylonier und Meder das Assyrer-Reich zerschlagen und richteten begehrliche Blicke auf Ägypten. Vorsorglich zog Necho ihnen entgegen, schlug den mit Babylon verbündeten König Josias von Judäa und stieß zum Euphrat vor. Er wurde bei Karkemisch vom babylonischen König geschlagen.

Territorial also auf Ägypten beschränkt, faßte er den Plan, im Zuge des Wâdi Tummilât den Nil mit dem Roten Meer zu verbinden. Jedoch während der ersten Schachtarbeiten wurde das Vorhaben wieder aufgegeben, weil ein Orakel Unheil weissagte. Phönizische Segler umschifften dafür im Auftrage Nechos ganz Afrika.

Auf Nechos Sohn Psammetich II. folgte Apries. Er eilte, als Juda sich gegen Nebukadnezar empörte, Judäa zu Hilfe, konnte aber nicht verhindern, daß 587 Jerusalem fiel und für seine Einwohner die ›babylonische Gefangenschaft‹ begann. Unrühmlich endete der König durch den Verrat seines Generals Amasis, der, anstatt gegen aufständische Söldner anzutreten, sich mit ihnen verband und sich mit ihrer Hilfe selbst auf den Königsthron setzte. Als ein besonderer Freund der Griechen förderte er den Griechenlandhandel von Naukratis im Delta aus, eine Art Freihandelszone von 12 griechischen Städten. Herodot schildert den König als lebenslustigen, klugen und entschlossenen Menschen.

Was er wohl schon ahnte, erfolgte dann unter seinem Nachfolger Psammetich III. Von Persien drängten unter Kyros die Achämeniden nach Westen. Kyros starb zwar knapp drei Jahre vor Amasis, aber ihre Nachfolger fochten den Streit aus, Kambyses schlug Psammetich III. bei Pelusium und nahm 525 Memphis ein. Ägypten war eine persische Satrapie geworden. Anders als die Herrschaft der Libyer oder Äthiopier war die der Perser den Ägyptern stets verhaßt. Auch Herodot stimmt in diesen Chor mit ein und zeichnet alles Persische in den übelsten Farben. Die Wahrheit gebietet, auch das Positive zu nennen: Kambyses ließ in der Residenz Saïs den Neith-Tempel restaurieren und die Tempelschule wieder öffnen, Darius I. baute Nechos Nil-Rotmeer-Kanal zu Ende, errichtete in der Oase Charga den Amun-Tempel und ließ einen vollständigen ägyptischen Rechtsalmanach aufstellen, was besonders Diodor lobend hervorhebt. Dennoch atmete Ägypten auf, als 490 die Perser den Griechen bei Marathon unterlagen. Ein Aufstand brach aus, der aber von Xerxes niedergeschlagen wurde. Trotzdem gab es um 410 unter König Amyrtaios vorübergehend noch einmal eine kurze Zeitspanne der Selbständigkeit für Ägypten. Er ist der einzige König der 28. Dynastie.

Die ihr folgende 29. und 30. Dynastie scheiterten an dem Versuch, ein freies Ägypten neu zu organisieren und vielleicht noch einmal ein Großreich alter Tage aufzurichten. Vielleicht kam König Nektanebôs I. diesem Traum am nächsten. Er baute noch einmal glanzvoll in beiden Landeshälften, in Medînet Hâbu, Dendera und auf Philae, regelte Zoll- und Steuerwesen und vertrieb sogar einen ins Land eingedrungenen persischen Satrapen aus Ägypten.

Als sein Sohn und Nachfolger Teos den Persern bis Syrien nachsetzte, meuterte dessen Neffe und Rivale Nektanebôs II. und zog mit der Hälfte des Heeres nach Ägypten zurück, während Teos zum Perserkönig desertierte. So ruhmlos endete die Reihe der 30 ägyptischen Dynastien.

343 kehrte Artaxerxes Ochos, nachdem er im unruhigen Perserreich die Ordnung wiederhergestellt hatte, zum Nil zurück, riß die Macht an sich, und zwang das Land abermals in persische Abhängigkeit. Diesmal war es tatsächlich eine Schreckensherrschaft: Tempel wurden zerstört, die heiligen Kulte geschändet und alle Wert- und Kultgegenstände nach Persien abtransportiert. Diese zweite Perser-Zeit rechnet man als 31. Dynastie den 30 des Manetho hinzu.

Kunst der Spätzeit

Trotz dem politischen Niedergang scheint selbst am Beginn der Spätzeit weniger ein Verfall als vielmehr eine Veränderung der Inhalte von Kunst und Kultur stattgefunden zu haben. Jedenfalls zeugen die Grabfunde von Tanis – Silbersarkophage, Goldmasken, Gefäße, Schmuck und Kleinodien saïtischer Herrscher – von unerhört hoher kunsthandwerklicher Fertigkeit. Die Äthiopier vor allem steigerten sich zu außerordentlichen Bauleistungen, errichteten in Karnak vor dem großen Hof der 22. Dynastie den Pylon (Abb. 125, 126), und Taharka baute mitten im Hof seinen einzigartigen Kiosk (Abb. 127). Je mehr das Königtum verweltlichte, desto steriler gab sich der erstarrte Kultus, vor allem in der Thebais.

Aus dieser Spannung entstand der Wunsch, die vergangenen, wie es schien, guten alten

Zeiten wieder aufleben zu lassen. Man begann intensiv, die Werke des Alten und Mittleren Reiches zu studieren und später zu kopieren, Standbilder vor allem und Reliefs. Dabei ging man mit solcher Inbrunst zu Werke, daß technisch befriedigende und meist sogar vollkommene Stücke entstanden, die jeder Kritik standhalten. Vor allem Königsbilder aus der Altreich-Zeit wurden kopiert, Grabreliefs, Würfelhocker und Schreiber. Kam es bei letzteren beiden darauf an, auf den vielen Freiflächen Götterbilder und Inschriften einzugraben, so bei den Porträtköpfen auf lebensechte Physiognomie. Neben dem Individuellen aber – und das ist bezeichnend für den wägenden Zeitgeist – blieb das alte, steife Idealporträt gleichberechtigt. Der ›Grüne Kopf‹ in Berlin bildet zweifellos den Höhepunkt der ägyptischen Kunst im letzten vorchristlichen Jahrtausend, eine »*feinste Modellierung, die das Medium des Steines kaum mehr empfinden läßt, setzt bewegende Muskeln von bewegtem Fleisch, schlappe Weichheit von gespannter Härte ab und erreicht dabei ein Höchstmaß atmenden Lebens ...*« (Katalog des Berliner Ägyptischen Museums).

Man arbeitete auch, wenn nicht kopiert wurde, gerne im Stil der vergangenen Reiche und ging dabei so weit, selbst Rückenpfeiler oder Blindstücke, notwendig bei der Steinplastik, völlig unnötigerweise auch für Holzbilder zu übernehmen. Andererseits staffierte man unbekümmert Kopien alter Rund- und Flachbilder mit Modedetails und Accessoires der Spätzeit aus, so daß wir, so merkwürdig das ist, doch auf diese Weise die Mode dieser Spätzeit kennenlernen.

Zu Beginn der 27. Dynastie prägte sich ein eigenartiger Sondertypus aus: ein betont sanft lächelnder Gesichtsausdruck jugendlicher Prägung mit kahlem, oval-langem Schädel.

Von den Bauwerken der Perser-Zeit ist zweifellos das bedeutendste der große Amun-Tempel in der Oase Charga, den Darius I. errichten ließ. Zwei besondere Neuerungen der Tempelarchitektur entstanden jetzt: das Geburtshaus und das Kompositkapitell. Geburtshäuser wurden als kleine Nebentempel im Außenhof quer zur Tempelachse errichtet. Man feierte dort in Mysterienspielen und langen Bilderzyklen die Geburt des Gotteskindes des im Haupttempel verehrten Götterpaares. Kompositkapitelle sind, typisch spätzeitlich, Anhäufungen von wechselnden, üppig wuchernden Pflanzen- und Blumenformen, die bis in die Römer-Zeit beliebt waren.

Ob sich damals bereits, nachdem schon geraume Zeit über Naukratis sehr intensive Beziehungen zu Griechenland bestanden, auch griechische Einflüsse in der Kunst bemerkbar gemacht haben, ist schwer zu sagen – der spätere griechisch-ägyptische Mischstil der Ptolemäer-Zeit aber wurde sicherlich in dieser Zeit schon vorbereitet. In viel stärkerem Maße aber prägt sich jetzt in der Literatur Griechisches aus – vielleicht war sie schon ganz vom griechischen Formkanon bestimmt. Dennoch bleibt in der thematischen Grundtendenz Altägyptisches, Überliefertes lebendig, so daß die spätzeitliche Literatur tatsächlich die gegenseitigen Befruchtungen zwischen Ägypten und Griechenland, wie auch dem Alten Testament, vor Augen führt: in Heldenepen, launigen Erzählungen, mythologischen Novellen, magischen und Weisheitslehren, Totenritualen und Prophetien.

Bleibt noch zu ergänzen, daß seit der Saïtenzeit das Demotische als Schrift und Sprache Verwendung findet, also die ›volkstümliche‹ Schrift zum Unterschied von der steinernen Hieroglyphenschrift, die nun auf Denkmäler beschränkt bleibt, wo sie als zusätzliches dekoratives Element angesehen und auch entsprechend eingesetzt wurde. Im Gegensatz dazu war das Hieratische, die Kursive zur Hieroglyphe, allein den religiösen Texten vorbehalten. Vom 7. Jahrhundert an wurden Verträge, Dokumente und auch Literatur nur noch in demotischer Schrift geschrieben.

Griechische Zeit
(Ptolemäer-Herrschaft) – 332–30

Grauenvoll hatten die Perser Artaxerxes' III. Ochos sich in Ägypten ausgetobt, hatten an die Stelle des geheiligten Apis-Stieres einen Esel gesetzt und den Stier selbst nebst dem heiligen Widder von Mendes bei einem rauschenden Gelage als Festbraten verspeist, als endlich in Gestalt des Griechen Alexander des Großen 332 die Befreiung nahte. Über Gaza und Pelusium gelangte er nach Memphis und zog, ohne sich um den oberägyptischen Landesteil weiter zu kümmern, sogleich zur Oase Siwa. Als ihn dort, im Amun-Heiligtum, die klugen Priester feierlich zum ›Sohn des Amun‹ erklärt hatten, war Alexander ägyptischer Pharao mit allen Rechten geworden. Ägypten wurde durch ihn und seine Nachfolger noch einmal für mehrere Jahrhunderte ein die Weltpolitik mitbestimmender Machtfaktor, der jetzt allerdings allein aus dem Griechentum seine Kräfte bezog. Alexandrien wurde gegründet, nach dem kleinen Naukratis nun endlich ein Seehafen, der die wirtschaftlichen und kulturellen Verbindungen von und nach Ägypten so zu erweitern erlaubte, daß hier ebenso ein Zentrum des Welthandels wie ein Angelpunkt griechischer Gelehrsamkeit und Kunst entstand.

Die hellenistische Kultur in Ägypten war lange vorbereitet worden. Über Söldner und Kaufleute und die besonders griechenlandfreundliche Politik des Königs Amasis gab es längst rege und für beide Seiten fruchtbare Beziehungen. Homer hatte das ›hunderttorige Theben‹ besungen, Solon und Platon hatten bei ägyptischen Priestern die Weisheitslehren studiert und so die Basis gelegt, auf der sich, über eine wundersame Kombination aus orientalischer Mystik und aristotelischem Realismus, der Hellenismus in Ägypten so einzigartig auswirken konnte.

Nach Alexanders Tod zerfiel sein Reich. Nur in Ägypten – oder gerade hier – blieb sein geistiges Erbe lebendig. Sein Nachfolger Ptolemäus ließ den einbalsamierten Leichnam des Königs in Alexandria beisetzen. Dann festigte er bis zur Zyrenaika hin, in Syrien, in Palästina und in den Küstenstädten Tyros und Sidon, auf Zypern und in Thrakien die neuen Machtpositionen im Sinne des großen Königs, und Ptolemäus II. Philadelphos konnte ein neues Ägyptisches Großreich übernehmen. Lediglich in syrischen Scharmützeln und am Roten Meer hatte er die ägyptischen Positionen zu halten. Der Nachfolger Ptolemäus III. Euergetes stieß noch einmal bis zum Euphrat vor, als er das Seleukiden-Reich teilweise erobern konnte.

Aber viel bedeutender als diese geographisch-politischen Tatsachen waren die kulturell-künstlerischen Ambitionen der ersten drei Ptolemäer. Griechisch, die Sprache der neuen Herren, wurde die Sprache der Gebildeten beim Heer und in den Amtsstuben, griechischer Wirtschaftsgeist und hellenische Aktivität schufen in relativ kurzer Zeit Ägyptens Weltwirtschaftsstellung. Hellenistische Kultur überflutete geradezu alle Bereiche, als die Ptolemäer begannen, vor allem in Alexandria Künstler und Gelehrte, Schriftsteller und Theologen an den Hof zu ziehen. Das Museion und die große Bibliothek entstanden; aus Apis, Osiris, Zeus und Asklepios wurde die neue

Gottheit Sarapis. Die Könige gefielen sich als ägyptische Pharaonen, kleideten sich in allen Einzelheiten wie sie, führten ihre Titulaturen und errichteten glanzvolle ägyptische Tempel (Abb. 157, 160), an deren Wänden sie sich, den alten Göttern des Landes opfernd, darstellen ließen.

In den Schmelztiegel Ägypten strömten aus allen Teilen der Alten Welt, besonders aber aus den griechischen Landschaften, die Menschenscharen. Im ›gelobten Land am Nil‹ widmete sich die Schwestergemahlin des zweiten Ptolemäers, die kluge Arsinoë, dem Ausbau der Oase Fayûm, in dem nach ihr benannten ›Gau von Arsinoë‹, wo sie auch göttlich verehrt wurde. Zweifellos war sie zu Anfang der Ptolemäer-Zeit – wie Kleopatra später an deren Ende – eine der blendendsten Herrschergestalten.

Die Historie wiederholte sich: Thronstreitigkeiten der Nachfolger, Palastintrigen, politische Wirren und der Verlust von Syrien unter den Nachfolgern bis hin zu Ptolemäus XV. haben schließlich auch dieses blühende Reich zerstört und gleichzeitig das schon lange argwöhnende Rom auf den Plan gerufen. Als Pompejus nach der Niederlage von Pharsalus im Auftrag von Ptolemäus ermordet wurde, kam Cäsar nach Alexandrien, besiegte Ptolemäus – und verfiel der schönen und ebenso skrupellosklugen Kleopatra. Nach Cäsars Tod wurde ihrer beider Sohn Cäsarion Mitregent, während die Königin bereits Antonius so fest umgarnt hatte, daß der Abtrünnige vom Senat in Rom zum Staatsfeind erklärt, angegriffen und in der Schlacht bei Actium (31. v. Chr.) von Octavian, dem späteren Kaiser Augustus, besiegt wurde. Wie die schöne Kleopatra, beging auch Antonius Selbstmord. Ägypten wurde römische Provinz. Die sehr reale Gefahr eines mit Rom konkurrierenden reichen orientalischen Großreiches war endgültig gebannt.

Kunst der Ptolemäer-Zeit

Die Kunst der Ptolemär-Zeit präsentiert sich dem heutigen Ägyptenreisenden im Serapeum von Alexandrien und vor allem in den großartigen Tempelbauten in Edfu (Abb. 187–191), Dendera (Abb. 107–109), Dêr el-Medîna, Kôm Ombo (Abb. 192–194) oder Philae (Abb. 204–206), wo man dem späten, nun voll entwickelten ägyptischen Tempelschema begegnet. Es sind die am vollständigsten erhaltenen Tempelbauten Ägyptens (dazu kommen die römischen), an denen man eine lebendige Vorstellung von ägyptischer Religion und vom Wesen des Kults gewinnen kann. Was rein ägyptisch, also nicht griechisch beeinflußt, erhalten ist, zeigt sich im alten Stil, es umfaßt vornehmlich die Bereiche von Totenglauben und Totenkult; die Darstellungen entsprechen nach wie vor den Bildvorlagen aus dem Alten und Mittleren Reich. Erst wo der religiöskultische Bereich verlassen wurde und man sich weltlichen Themen zuwandte, läßt die darstellende Kunst eine oft provinzielle Szenerie in einem ägyptisch-griechischem Mischstil erkennen. Vor allem zeigt sich das in den vielen Götterdarstellungen; griechische Gottheiten verschmelzen jetzt mit ägyptischen, ihre Funktionen fallen zusammen, was die beigefügten Attribute erkennen lassen. Auffallend sind die vielen, meist wunderhübschen Isis-Darstellungen, jetzt oft mit griechisch feingefälteltem Gewand, griechischem Haarscheitel und Nackenknoten, darüber aber die alte Sonnenscheibe zwischen den Kuhhörnern – meistens kleiner Figuren, die zu den schönsten

Stücken in unseren Museumsvitrinen gehören und in denen die christliche Madonna lactans unschwer wiederzuerkennen ist.

Der altägyptischen Sitte, nach welcher Mumiensärgen menschliche Gestalt gegeben oder wenigstens der Kopf des Toten aus Gips modelliert und bemalt (in Hermopolis) oder als bemalte Maske beigefügt wurde, folgten, besonders im Fayûm-Gebiet, die Griechen, indem sie ein auf Holz oder Leinwand gemaltes Bild des Toten auf der Mumienbindung anbrachten (Abb. 26–29). Von den oberen Leinenlagen fast wie von einem Kopftuch eingehüllt, erweckte es den Eindruck, als schaue der Tote aus seiner Hülle zu den lebendigen Angehörigen heraus, bei denen er so präpariert tatsächlich oft jahrelang in der Halle oder am Hauseingang aufgestellt war. Diese fast lebensgroßen (etwa 42 × 40 cm) Brustbilder sollten die Erinnerung an die Gesichtszüge des Verstorbenen wach erhalten und werden deshalb heute treffend als ›Mumienporträts‹ bezeichnet. In der Regel wurden diese Porträts zu Lebzeiten des Inhabers ›nach dem Leben‹, angefertigt und mögen dann oft jahrelang, eben bis zum Tode, als Zimmerschmuck die Wände geziert haben. Daher ihre höchst lebendigen, lebenswahren Physiognomien. Meist von minderer Qualität sind aus diesem Grunde die Kinderbilder; sie wurden sicherlich nach dem Toten gefertigt; die Phantasie des Malers ließ dabei die Züge der Porträts oft älter erscheinen als es zum Kinderkörper passen mochte. Mumienporträts wurden auf Holztafeln oder auf Leinwand gemalt, in Wachsfarben oder a tempera. Griechen hatten die Wachsmalerei erfunden und sie in der Heimat enkaustisch, also als Einbrennfarben, benutzt, wie Plinius exakt schildert. Im heißen Ägypten dagegen spachtelte man meist die zähteigige Wachsfarbenmasse auf eine feste Holzplatte – wohingegen die nachgebenden Leinwandunterlagen mit den wäßrigen Temperafarben bemalt wurden. Solch ein vermutlich kostspieliger Mumien-Bildschmuck forderte vom Porträtisten beste Arbeit, vor allem Detailgenauigkeit. Diesem Umstand verdanken wir über Haartrachten, Schmuck und am Hals sichtbare Kleideransätze Möglichkeiten zur vergleichenden Datierung. Im 4. Jahrhundert wurde die Sitte der Mumienbilder aufgegeben.

Römische Zeit

30 v. Chr.–395 n. Chr.

Wie seine königlichen Vorgänger trat auch Kaiser Augustus in Ägypten als Pharao auf, als Herr über sein kaiserliches Eigentum, das militärisch wie wirtschaftlich zu bedeutend war, als daß ein anderer es hätte beanspruchen dürfen. Ägypten wurde die Kornkammer Roms und garantierte über ein ausgeklügeltes und von den Römern noch weit über das griechische hinaus perfektioniertes Steuer- und Annona-System eine jährliche Getreidelieferung von eindreiviertel Millionen Hektolitern für Rom. Das setzte die ständige Instandhaltung und Verbesserung der Bewässerungssysteme, einen funktionierenden Verwaltungsapparat und freie, unbehinderte Handelsschiffahrt voraus.

Rom organisierte alles, und die Ägypter waren weiterhin lediglich notwendige Hilfskräfte. Wie bei den Griechen auch, blieb ihnen ein Aufrücken in höhere Verwaltungsposten über eine grundlegende Ausbildung verschlossen, das römische

KAIRO   Das spiralförmige Minarett der Ibn Tulûn-Moschee aus dem 9. Jh. nach dem Vorbild der Moschee von Samarra

2 KAIRO Ibn Tulûn-Moschee, zweischiffige Pfeilerhalle (Liwân) um den großen Innenhof (Sahn) mit dem eiförmig überkuppelten Brunnenhaus (Hanafija) in seiner Mitte. Beachtenswert der Rosettenfries und oben das durchbrochene Zinnenband

3 KAIRO Bâb el-Futûh (Tor der Eroberungen) aus dem 11. Jh., eine aus Quadern aufgemauerte Torburg

4 KAIRO Blick von der Stadtmauer zum Minarett der el-Hâkim-Moschee (um 1000). Die viereckige Ummantelung sollte den Gebetsturm bei Erdbeben schützen

5–8 Islamisches, stilisiertes Rankendekor aus Holz und Eisen an Moschee-Eingängen, als Fenstergitter oder Türbeschlag

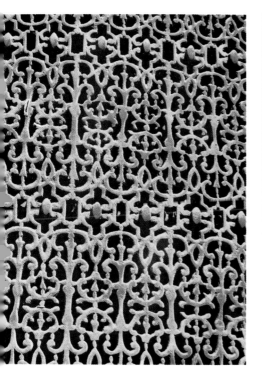

9 KAIRO Mohammed Ali-Moschee, gen. Alabastermoschee, in der klassischen türkischen Moscheeform, erbaut von 1830 bis 1857 von Jûsuf Boschna. Grabmoschee für Mohammed Ali († 1849)

10 KAIRO Bogengang entlang der Kibla-Seite der Mohammed Ali-Moschee. Hinten am Horizont die kleine Gijûschi Moschee auf den Mokattam-Bergen, Grabmoschee des Großwesirs el-Gamâli

11 KAIRO Von der Zitadelle schaut man hinunter auf die beiden Moscheen Sultân Hasan (links) und er-Rifâi (rechts), von denen die Hasan-Moschee kunsthistorisch besonders bedeutsam ist. Ihr linkes Minarett ist mit 81,6 m das höchste von Kairo

12 Zickzack-Profile bedecken die beiden großen Kuppeln der Sultân Barkûk-Grabmoschee (um 1400) in der Totenstadt der Kalifen. Ihre Kuppeln sind die ersten aus Hausteinen in Ägypten

13 KAIRO Polychrom dekorierte Kuppel über dem Mausoleum von Sultân Barkûk

14 KAIRO Mausoleum für Sultân Barkûk und seine Söhne Farag und Abd el-Asîs

15 KAIRO Netzartig verschlungenes geometrisches Zierwerk und Kreisornamente bedecken Kuppel und 40 m hohes Minarett der Kâit-Bey-Moschee, die innen auch die steinernen Fußabdrücke des Propheten Mohammed aufbewahrt

5 KAIRO Am Bâb Zuwêla hoch über den engen, kühldunklen Gassen viele prachtvoll verzierte Minaretts

8 KAIRO Fünfmal am Tage ist jeder volljährige Moslem verpflichtet, das rituelle Gebet (salât) zu verrichten

17 KAIRO Halbkuppelige hohe Stalaktitennischen; schwarzer und weißer Marmor, kufische Schriftbänder und gestelzte Friese schmücken stets die Portale in den Moscheen

19 KAIRO Im Sanktuar der el-Muaijad-Moschee (1405), deren farbige Holzbalkendecke von Spitzbogen auf korinthischen Kapitellen getragen wird

20 KAIRO Kairos Hauptmoschee el-Ashar ist zugleich die bedeutendste Universität der gesamten islamischen Welt. Um den 48 × 39 m weiten Mittelhof gruppieren sich dreischiffige Säulenhallen und das neunschiffige Sanktuar im Osten. Sechs Portale führen in die Moschee, fünf Minarette überragen sie

21 KAIRO Im Sanktuar der el-Ashar-Moschee tragen 140 Marmorsäulen, von denen annähernd 100 aus der Antike stammen, die fast 3000 qm große Holzdecke

2 KAIRO Haupteingang ›der
Barbiere‹ zur el-Ashar-
Moschee, dahinter das zwei-
köpfige Ghûri-Minarett

3 KAIRO Maschrabîjas,
durchbrochene und aus Holz
handwerklich kunstvoll
gedrechselte Erker gliedern
noch ganze Fassaden altara-
bischer Häuser, oft der Sitz-
und Beobachtungsplatz für
die Frauen

4 Handgeschmiedetes Fenstergitter, gelocht und durchgesteckt

25 KAIRO Nilmesser (715) auf der Insel Rôda. Unter dem Brunnenhaus ein viereckiger Schacht, in dem an einer 9,18 m hohen Säule (= 17 arabische Ellen) mit eingravierten kufischen Wasserstandsmarken der Nilstand abgelesen wird

26–29 Mumienporträts, (26) etwa 18jähriger Jüngling mit Goldkranz im Haar; (27) Dame aus Arsinoë mit Smaragdohrringen und Halsschmuck aus Gold, Smaragden und Lapislazuli; (28) 40jähriger aus Hauwâra; (29) bestimmt nicht nach dem Leben gemaltes Kinderporträt eines etwa 2jährigen Knaben mit Goldamulett an einem schwarzen Band

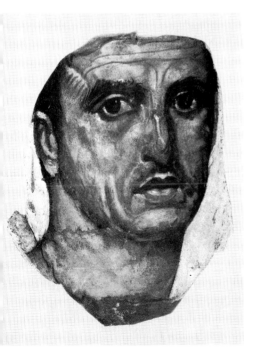

30–32 a, b
Ruhig-kräftige Ausschmückung gewölbter Steinbogen mit Weinreben, Akanthusblättern, Eierstab und Perlenschnüren findet man in Kirchennischen und Altarbögen, und die einzigartig dekorativen Korbkapitelle der Kopten gelten thematisch wie technisch als vollendete Kunstwerke

3 Koptische Ikone, die Heiligen Paulus und Antonius darstellend

34 Koptische Ikone ›Jungfrau mit Kind‹, stilisierte Gesichtszüge, die, mit wenigen Strichen gezeichnet, abgerundete, glatte Formen ohne Pose darstellen

35 Farbiger Flächenstil koptischer Gewebe mit genoppten Oberflächen, der trotz schwerfälliger, deformierter Gliedmaßen durch hartes Nebeneinanderstellen kräftiger Farben die Illusion der Bewegung schafft

36 Ruinen der koptischen Kirche in DENDERA innerhalb des Hathor-Tempels, eine Anlage mit dreischiffigem Langhaus und in Kleeblattform vorgelegtem Allerheiligsten

37 KAIRO El-Moallaka, die ›hängende Kirche‹ über dem Südwestturm der einstigen römischen Festung Babylon. Vor der barocken Westfassade ein schmaler Gartenplatz. Erster Kirchenbau im 4. Jh.

38 Arabischer Buchhändler und Antiquar – die Straße ist sein Laden

Bürgerrecht galt für sie nicht, außer sie hatten, in seltenen Fällen, das Privileg, über das Gymnasion in die Oberschicht aufzurücken oder als gedienter Soldat über die Auxilien des römischen Bürgerrechtes teilhaftig zu werden. Umstritten bleibt, ob Kaiser Caracallas ›Constitutio Antoniniana‹, die 212 allen Reichsbewohnern das römische Bürgerrecht zuerkannte, auch für die Ägypter galt. Ohne unterdrückt zu werden, hatte die ägyptische Bevölkerung, bei aller Freiheit, keine Möglichkeit irgendeiner politischen Einflußnahme, die Ägypter blieben *deditici,* Unterworfene, Eigentum des Kaisers.

Nach wie vor galt das ptolemäische Verwaltungssystem, die offizielle Sprache blieb Griechisch, und nur die Besatzungstruppen und wenige Verwaltungschefs sprachen und schrieben Latein. Hatten, der alten ägyptischen Tradition folgend, auch die Ptolemäer ihre Beamten mit einem festen Gehalt besoldet, so führten die Römer getreu ihrer Devise *›divide et impera‹* das liturgische System ein, in dem alle offiziellen Dienstleistungen von den Orts- oder Gebietsvorstehern angeordnet und entlohnt wurden, was den Abstand, den Gegensatz und die Spannungen zur breiten Schicht der steuerlich bald völlig ausgebeuteten Fellachen nur noch vertiefte. Auch den Tempelpriestern ging es nicht besser, sie hatten keine Privilegien mehr und waren jetzt ordentliche besoldete, wenn auch weiterhin hochgeachtete kultische Beamte. Der Synkretismus, die Verschmelzung und Gleichsetzung ägyptischer, griechischer, orientalischer und römischer Gottheiten schritt fort und nahm eher noch zu.

Mehrmals brachen Aufstände unzufriedener und mit einer besonderen Kopfsteuer belegter Juden und randalierender Alexandriner unter den Kaisern Trajan, Hadrian und Commodus aus. Anschließend, zu Zeiten von Kaiser Maximian, regierte chaotisch und ständig wechselnd eine Reihe brutaler Militärräte, die schließlich jede Ordnung zerstörten, so daß Ägypten 269 eine leichte Beute für Zenobia, die Königin von Palmyra, wurde: zwar nur für knapp drei Jahre, aber ein beredtes Zeugnis für den Niedergang der Macht im Lande. Mit Kaiser Diokletian, der sich auf ein neu formiertes Militär stützen konnte, begann der Übergang zur nächsten Epoche der ägyptischen Geschichte, der byzantinischen Zeit.

Kunst und Kultur der römischen Kaiserzeit

Die Kunst- und Kulturleistungen der römischen Kaiser können hier nur schematisch aufgezählt werden. Ihre Leistungen imponieren zwar, lassen sich aber längst nicht mehr mit der Qualität und dem Niveau der vergangenen Zeiten vergleichen: Augustus baute am Kalâbscha-Tempel weiter (Abb. 207–209); Claudius begann den Esna-Tempel und baute auf Philae (Abb. 204); Nero sicherte die Handelsschifffahrt durch ein kluges Stützpunktsystem und nahm nach der Eroberung von Aden den Indienhandel auf (Titus zog nach Palästina und zerstörte im Jahre 70 Jerusalem); Trajan erneuerte den Nil-Rotmeer-Kanal des Pharao Necho und erbaute den Kiosk auf Philae (Abb. 206); Domitian, Nero und Trajan errichteten den Dendera-Tempel (Abb. 101 ff.); für Diokletian war vermutlich der Magistrat Alexandriens der Bauherr der sogenannten Pompejus-Säule; dort entstand im 1. und 2. Jahrhundert die römische Grabanlage von Kôm esch-Schukâfa, die Katakomben, und eine ähnliche griechisch-römische Totenstadt in Tuna el-Gebel (Mittelägypten).

Insgesamt betrachtet, hat sich rein Ägyptisches kaum noch gegen griechische und römische Einflüsse gestaltend durchsetzen können, vorherrschend bleibt für diese Zeit ein recht konsequenter Mischstil sowohl in der dem Altägyptischen nachempfundenen Tempelkunst wie auch – und da in ansprechender Weichheit und sehr sorgfältig modelliert und ziseliert – in der vielfältigen Kleinkunst: Lampen, Terrakotten, Schmuck und Keramiken.

Byzantinische Zeit
395–640

Im Zuge der römischen Reichsreform und der Einführung der Tetrarchie hatte Diokletian den Osten erhalten und herrschte als Gottkaiser weiterhin rigoros über die *subiecti*. Grausam verfolgte er die Christen, und im Verlaufe eines erneuten Aufstandes im stets unruhigen Alexandrien belagerte, nahm und zerstörte er die einstige Metropole Roms im östlichen Mittelmeer so gründlich, daß sie sich in der Folgezeit niemals mehr von diesem Schicksalsschlag erholt hat. Genau hundert Jahre später wurde, nach dem Tod von Theodorus, das römische Reich geteilt: Ägypten kam zum Ostreich des Arcadius. Damit endete endgültig die bislang praktizierte Sonderstellung Ägyptens im römischen Staatsverbande. Konstantinopel, die neue Hauptstadt, hatte Alexandrias Erbe angetreten und beutete nun Ägypten in jeder Hinsicht aus.

373 stießen von Osten her in dieses offensichtliche Machtvakuum die Sarazenen, aus dem Süden die Nubier und ein Jahrhundert später die Sassaniden von Persien aus und eroberten sogar Alexandria. Solche Kriegswellen mit jedesmal hohen Kontributionen, der Verlust fast des gesamten Außenhandels und die offensichtliche politische Isoliertheit, verbunden mit einem aus der Not der Massen resultierendem Erstarken unabhängiger und einflußreicher Großgrundbesitzer zu einem echten Feudalismus, hatten Ägypten bereits so weit zermürbt und von der Zentralgewalt in Konstantinopel gelöst, daß die anrückenden islamischen Truppen des Amr Ibn el-As ohne besonders große Mühen 641 das Land erobern konnten.

Christliche Zeit

Im wesentlichen gleichzeitig mit den historischen Abschnitten der römischen wie der byzantinischen Zeit verläuft die christliche Epoche Ägyptens, die in den koptischen Gemeinden des heutigen Ägypten weitergetragen und in einem neuen Aufbruch begriffen, Ägyptens christliche Tradition lebendig erhält

Die eigentlichen Ursprünge der christlichen ägyptischen Kirche liegen, trotz mancher Spekulationen, noch ganz im Dunkeln. Die vielverbreitete Ansicht, der hl. Markus selbst habe schon 42 n. Chr. in Ägypten missioniert, stimmt nicht, sie wird zum ersten Male erst 303 erwähnt, und nur die Tatsache, daß nach der Apostelgeschichte am Pfingstwunder auch Ägypter teilgenommen haben, läßt einen direkten Anlaß zu einer Christianisierung Ägyptens erkennen. Die Vermutung, daß das frühe Christentum anfangs ganz unter dem Einfluß der Gnosis gestanden habe, ist viel wahrscheinlicher. Denn die Übernahme jener platonischen Methode, schwierige Punkte seines Systems durch Erdichtung überirdischer oder vorzeitlicher Vorgänge verständlich zu machen, hielten im 1. Jahrhundert viele für besonders modern, sie waren gewillt, in allen religiösen, vornehmlich den mythologischen Überlieferungen, Offenbarungen zu sehen. Die Idee des Christentums eignete sich besonders gut dafür, zumal im kosmopolitischen Alexandrien, wo möglicherweise der Paulus-Schüler Apollos als erster Prediger die neue Lehre verkündet haben mag.

Sicherlich waren es anfangs Juden und Griechen, die gebildeten Schichten, welche Christen wurden, und später erst auch Ägypter. Vom 2. Jahrhundert an aber sind christliche Gemeinden in Ägypten erwiesen. Es beginnt die Geschichte der Kopten, die man als christliche Ägypter definieren kann und die als die reinsten Nachfolger der alten Ägypter gelten (gins fir'oni = genus pharaonicus = von pharaonischer Abstammung). Ihr Name rührt von der griechischen (und verstümmelt sogar schon talmudischen) Bezeichnung für ›ägyptisch‹ her, ursprünglich aus pharaonisch *het-ka-Ptah* = Haus des Ka. Daraus wurde griechisch *aigyptos*, ein ethnisch-religiöser Begriff, der einen christlichen Ägypter bezeichnet. Wir müssen es uns aus Platzgründen versagen, hier von der aus Persien nach Alexandrien getragenen Lehre der Manichäer zu sprechen oder von den noch gnostisch fundierten Lehren des Patriarchen Demetrios I., unter

Nach der Umwandlung der alten Tempel in christliche Kirchen wurden oftmals die alten Götter übertüncht, so daß die Pharaonen nun christliche Heilige verehren – hier im ehemaligen Ramses II.-Tempel von Wadi es-Sebûa eine Ikone auf Gipsgrund, der König vor dem Apostel Petrus, dem die neu eingerichtete Kapelle geweiht war (5. Jh.)

CHRISTLICHE ZEIT

dem 180 in Alexandrien die erste christliche Hochschule *(didascalia)* entstand, aus der Clemens und Origines hervorgingen.

Schon damals, zu Anfang des 3. Jahrhunderts, gab es unter Septimius Severus und Decius die ersten Christenverfolgungen, und zu Beginn des 4. Jahrhunderts setzten dann die gewaltigen innerkirchlich-theologischen Streitigkeiten ein, die fast durchweg – und bezeichnenderweise – von Alexandrinern ausgefochten wurden (Arius und Athanasius). Ihr Streit endete mit dem Sieg des orthodoxen Athanasius. Die nächsten Auseinandersetzungen, zwischen Eutyches und Dioskur, entschied das Konzil von Chalzedon 451. In Ägypten aber weigerten sich daraufhin die Monophysiten, den Konzilsbeschlüssen zu folgen. Sie blieben bei ihrer Meinung, daß in der Person Christi nur eine, die gottmenschliche Natur sei. So wurde letztlich das Schisma zum Resultat dieses Konzilsbeschlusses. Die ägyptische Kirche trennte sich von der Reichskirche. Daraus folgende Unruhen in Ägypten und Patriarchenmorde vertieften den Riß zwischen Alexandria und Konstantinopel, und selbst ein gewaltsamer Einigungsversuch durch Kaiser Justinian schlug fehl.

Im Zuge der Eigenentwicklung wurde das Koptische zur Sprache der Liturgie und des Kirchenrechtes, zumal die Bibel bereits im 3. Jahrhundert ins Koptische übersetzt worden war. In Abt Schenûte entstand der koptischen Kirche ein begnadeter Prediger und Verfasser tiefgründiger theologischer Lehren, und viele rechnen von ihm aus den eigentlichen Beginn der koptischen Kirche. Alle Versuche aus Byzanz, Alexandria und Ägypten zur Orthodoxie zurückzuführen, scheiterten, und als 625 die Perser Ägypten besetzten, wurden sie wie Befreier vom byzantinischen Joch begrüßt. Vier Jahre später schon eroberte Kaiser Herakleios Ägypten zurück, und Bischof Cyrus versuchte ein letztes Mal Orthodoxe und Monophysiten in der Kompromißlehre des Monotheletismus zu einen.

Noch während der Streitigkeiten zog der Moslem Amr Ibn el-As in die römische Festung Babylon (Abb. 37) ein und setzte den monophysitischen Patriarchen Benjamin I. wieder in sein Amt ein. Anfangs schien die Duldung der Kopten gesichert. Später angeordnete Kleidervorschriften für sie, besondere Kopfsteuern und mindere Rechte zwangen viele Kopten, zum islamischen Glauben überzutreten, andere suchten sich in wiederholten Aufständen, freilich vergeblich, von der islamischen Bevormundung zu befreien. Etwa vom Jahr 1000 an setzte sogar eine Koptenverfolgung übelster Art ein, Kirchen und Klöster wurden konfisziert oder zerstört. Von Alexandrien zog der Patriarch nach Kairo, und im Verlaufe der nächsten Jahrhunderte verdrängte das Arabische auch die koptische Sprache, in der viele theologische und auch kanonische Werke, Wörterbücher, Grammatiken und eine beachtenswerte liturgisch-theologische Enzyklopädie erschienen waren.

Eine im Mittelalter angestrebte Vereinigung mit der römischen Kirche kam nicht zustande, trotz des von Papst Leo XIII. gegründeten koptisch-katholischen Patriarchats. So gibt es seitdem einen monophysitisch-orthodoxen und einen katholischen Patriarchen. Als älteste Kirche Afrikas zählt die koptische heute achtzehn Bistümer und sieben Abt-Bischöfe als Klostervorsteher. Ihr Kult mit sieben Sakramenten und der Marienverehrung ähnelt äußerlich mehr dem der katholischen Kirche, innerlich steht sie dem Protestantismus näher. Glaubensgrundlage sind eine tiefe Religiosität, Liturgie und Fasten. Für ihr Kirchenjahr hat sie den julianischen Kalender beibehalten, so daß ihre und unsere Festtage um 14 Tage differieren. Koptischer Jahresanfang ist der Regierungsantritt von Kaiser Diokletian am 29. August 284. Nur noch der Priester trägt die alte koptische Tracht, schwarzes Gewand mit schwarzem Turban. Der z. Zt. amtierende Kopten-Papst Schenuda III. ist der 117. Nachfolger des Apostels Markus, auf dessen Missionieren die Kirche von Alexandrien zurückgeführt wird. Seit 1954 gibt es in Kairo ein Koptisches Institut, das alles Koptische, Religion und Kultur betreffend, sammelt, bearbeitet und pflegt. Hier und im Koptischen Museum in Alt-Kairo gewinnt man am umfassendsten Einsichten in alle Wesensmerkmale und Erscheinungsformen des vergangenen wie des heutigen Koptentums (Koptisches Zentrum Deutschland in Frankfurt/Main).

Mönche und Klöster

Ein Hang zur Beschaulichkeit und der Gedanke, daß Weltflucht vor dem Himmel verdienstlich sei, gehören zum Wesen des Orientalen. So gab es bereits vor der christlichen Zeit im Orient Anachoreten, Männer, die sich aus dem Leben zurückgezogen hatten und in öder Gegend lebten. Ein christliches Asketentum entstand in Ägypten – und erstmals da – zu Beginn des 2. Jahrhunderts. Daraus erwuchs, durch Zusammenschluß zerstreut lebender Einsiedler zu Klostergemeinschaften, schließlich das Mönchstum.

Als erster christlicher Eremit gilt Paulus von Theben (250), sein eifernder Zeitgenosse Antonius dagegen als Stifter des Mönchtums, weil er durch feste Zäsuren zwischen Gebet, Arbeit und Schriftlesen so etwas wie erste Regeln einführte (Abb. 33). Beide wurden weit bekannt, nachdem der hl. Hieronymus und der hl. Athanasius in ihren ›Vitae Antonii‹ emphatisch deren Anachoretenleben beschrieben hatten. (Besuch der beiden Klöster Antonius und Paulus am Roten Meer siehe im gelben Teil.) Schnell entstanden jetzt mehr oder weniger große Anachoreten-Gemeinschaften im Delta, in der alexandrinischen Wüste, im Wâdi Natrûn und in Mittel- und Oberägypten. Ihre eigentliche Absicht der Abtrennung vom pulsierenden Leben erreichten sie selten, da sie beständig von Heil- und Ratsuchenden bedrängt wurden.

Erst der geniale Pachom darf mit Recht als der ›Vater der Mönche‹ bezeichnet werden. An die Stelle des freien Anachoretendaseins setzte er ein festes Zusammenleben der Mönche, als er 340 auf der Nil-Insel Tabennä Einsiedler aus der Umgebung unter einem Dach vereinte. In einer milden Askese hatte dort die Gemeinschaft nach festen Ordnungen und unter der Leitung des Abtes an allen gemeinsamen Gottesdiensten, Gebeten, an Essen und Arbeiten teilzunehmen und sich überhaupt konsequent gehorsam allen koinobitischen[*] Regeln zu fügen. Unter der Leitung seiner Schwester entstanden zwei Nonnenklöster, er selbst gründete sieben Klöster – und stand ihnen bis an sein Lebensende vor –, in denen etwa 5000 Mönche nach seinen Regeln lebten. Schließlich gab es,

---

[*] griech. κοινός = gemeinsam; βίος = Leben

CHRISTLICHE ZEIT

nach seinem Vorbild, vom Delta bis zum Sudan Hunderte von Klöstern in Ägypten. Viele wurden während der Wirren, die mit dem 5. Jahrhundert einsetzten, aufgegeben oder zerstört. Ihre große Zahl ging nach der islamischen Eroberung ohnehin stark zurück.

Dennoch gibt es noch heute eine Anzahl bedeutender koptischer Klöster im Land, von denen mehrere auch im Rahmen einer Ägyptenreise besucht werden können, wie am Roten Meer die Klöster des hl. Antonius und des hl. Paulus, die vier Klöster im Wâdi Natrûn, eines im Fayûm, mehrere in Mittelägypten in den von Kopten dichter besiedelten Gebieten um Mellaui, Assiut, Kenia und Luxor.

Daneben lohnt auch heute noch der Besuch der wichtigsten Klosterruinen: in Sakkâra das Jeremiaskloster, bei Sohag das Rote und das Weiße Kloster, in Theben das Epiphaniaskloster und in Assuan das Simeonskloster. Im Gegensatz zu den später und bis heute durchaus ›produktiven‹ Klöstern Europas war das orientalische Mönchtum unfruchtbar für das praktische Leben, und nur wenige Mönche mögen damals philosophische oder theologische Studien, Künste, Wissenschaften oder Kulturelles betrieben haben.

Das Abendland wurde mit ägyptischem Mönchtum und Klosterleben durch die nach Europa geflohenen Heiligen Athanasius und Ambrosius und durch das Buch des Hieronymus bekannt. Die mönchischen Regeln von Basilius bis zu Benedikt von Nursia lassen sich direkt auf Pachom zurückführen. Entgegen christlich demütiger Feindesliebe haben auch schon die ersten Mönche rigoros und unchristlich die Heiden bekämpft. Der große Schenûte aus Dêr Amba bei Sohag rottete brutal alles Heidnische aus, und von der Kaiserin Theodora ermutigt, zerstörten mönchische Eiferer das Serapeum in Alexandria, während andere ägyptische Heiligtümer und Tempel glücklicherweise nur umgebaut wurden, der Grund für ihre meist vollständige Erhaltung.

Koptische Mönche waren es vornehmlich, die mit Bibelübersetzungen, apokryphen Erzählungen, Apostelgeschichten, Heiligenlegenden, Märtyrerberichten, Lebensbildern und Predigten die koptische Literatur füllten. Hierher gehört auch der Fund der gnostischen Bibliothek bei Nâg Hammâdi 1945/46, 48 Schriften, die für das frühe Christentum von unsagbarer Bedeutung sind, dazu natürlich fast unübersehbar viele andere Schriften und Papyri. Diese Codices aus Papyrus stammen aus dem 4. Jh., sind in koptischer Sprache abgefaßt und beinhalten Themen zur Gnosis, einer spätantiken Glaubensbewegung, die von den Christen als Irrlehre bekämpft wurde. Von wenigen Ausnahmen abgesehen, handelt es sich stets um religiöse oder erbauliche Texte in mehreren, deutlich unterscheidbaren Dialekten, in Oberägypten das Saîdische vom 3. Jahrhundert an und das seit dem 10. Jahrhundert unterägyptische Bohairische, die offizielle koptische Klostersprache bis in die Jetztzeit. Denn als Volkssprache starb das Koptische, vom Kalifen Mamûn brutal unterdrückt und dann ganz verboten, am Ausgang des Mittelalters aus.

Sprache und Schrift der Kopten darf man ohne weiteres als die letzten Erscheinungsformen der pharaonischen Sprache bezeichnen, auch wenn sie stark von griechischen Lehn- und Fremdwörtern durchsetzt ist und das griechische Alphabet um acht neue Buchstaben erweitert hat für ägyptische Laute, die den Griechen unbekannt waren (ch, f, h, kj, sch, tsch, ti). Das gibt uns heute die Möglichkeit, aus dem Klang des Koptischen wenigstens einen ungefähren Eindruck vom Klang des Altägyptischen zu bekommen. Für Champollion war das Koptische bei der Entzifferung der Hieroglyphen von entscheidender Bedeutung.

Kunst der Kopten

Die Kunst der Kopten ist stilistisch heterogen und darf, in engerem Sinne, eingeordnet werden zwischen die pharaonische und die islamische Zeit. Ausgeklammert werden müssen dabei alle spätantiken, klassisch griechisch-römischen Schöpfungen.

Die koptische Kunst ist als eine hochstilisierte, ausgeprägte Volkskunst anzusprechen, wobei das Wort ›Volk‹ keine Qualitätsminderung bedeutet. Im Gegenteil, gerade die typische Unterschiedlichkeit ist das Ergebnis vielfältiger Einflüsse, Ausdeutungen und Hinterlassenschaften, die sich nur in einem ausgeprägten Mischstil weiter verbreiten konnten. Kaum irgendwo ist die koptische Kunst in sich geschlossen oder einheitlich; sie spiegelt dafür verwirrend mannigfaltige Einflüsse altägyptischer, hellenistischer, römischer und byzantinischer Art, Einflüsse aus Palmyra, der Sassaniden und sogar der Inder. Große Künstler fehlen ganz; die Werke sind niemals monumental, sondern stets klein, ganz im Gegensatz zur Tendenz der Spätantike und ihren gewaltigen Tempelanlagen, oder den herrlichen Kaiserbüsten in pharaonischer Manier. Vielmehr haben unbekannte einfache Handwerker aus der Menge des Volkes, mit allen von draußen einstürmenden Einflüssen konfrontiert, handwerklich solide Volkskunst geschaffen. Eingespannt in den Alltag, arbeiteten sie ›aus dem Herzen‹, in tiefer, naiver Frömmigkeit, sicher leidenschaftlich und daher unbekümmert, oft unbeholfen und daher bestechend urtümlich. Die Bauern, Bürger und Handwerker machten sich um kunsttheoretische Überlegungen oder Gesetze, die sie vermutlich gar nicht kannten, keine Gedanken. Deshalb die eigenartigen Verwandlungen, die verblüffenden Kombinationen und Umformungen ins Koptische. Ganz gleich, welche ›Vorbilder‹ in der Vorstellung nachgewirkt haben mögen: Stets entstand etwas Neues, eigenständig Koptisches, Typisches. Das wird besonders klar beim Gang durch die Säle des Koptischen Museums in Kairo und selbst beim Betrachten der vergleichsweise kleinen Sammlungen in unseren Museen. Thematisch wurden auch antike Motive, die griechische Mythologie und römische Überlieferungen verarbeitet, eine Selbstverständlichkeit, wenn man die griechisch-ägyptische Mischbevölkerung und die ihr aufgepfropften Römerkolonien in Betracht zieht. Das alles macht sich in der Variationsbreite und der Durchgestaltung einzelner Objekte positiv bemerkbar.

In der Architektur schufen die Kopten die Basilika, wie man annehmen muß, nach dem Vorbild und weitgehend analog dem ägyptischen Tempelschema: mit Narthex (Vorhalle), von Säulen gestütztem Langhaus (Schiff/Säulensaal) und Allerheiligstem (Sanktuar). Sie war meist dreischiffig, mit überhöhtem und durch Gaden beleuchtetem Mittelschiff und streng nach Osten ausgerichtet. Durch eine Holzwand (die spätere Ikonostasis), hier der Hidschab genannt[*], war der Altarraum vom Schiff getrennt. Die Basiliken von Menas-Stadt und von Hermopolis Magna sind die besten Beispiele. In Mittelägypten und in Oberägypten erinnern Außenfronten mit geböschten Mauern an pharaonische Tempel; innen ist hinter einem querschiffigen Narthex ein Dreikonchenchor vom dreischiffigen Kirchenraum abgetrennt. Bis in den Sudan (Farâs) hat diese Kombination aus ägyptischem Tempelbau und antikem Baugeist gewirkt. Rundungen, Kuppeldecken und Halbrundnischen solcher Art gibt es im Simeons-Kloster in Assuan wie in den Natrûn-Klöstern.

Im Bauornament verdienen die Säulenkapitelle besondere Erwähnung, weil viele geradezu romanischen Intentionen entsprechen und tatsächlich direkte Vorläufer – wenn nicht Vorbilder – der Frühromanik gewesen sind. Außerordentlich sind die Korbkapitelle. Sie stammen zwar aus Byzanz, wurden aber bei den Kopten zu thematisch wie technisch vollendeten Kunstwerken in ihrer dekorativ sicheren Verbindung von Akanthusblättern, gekreuzt verschlungenen Bändern, Weinranken,

---

[*] arab. hidschab = Schleier

Tiermotiven und dem griechischen Kreuz und ihrer fast bis zur ›Klöppelspitze‹ gesteigerten Stilisierung (Abb. 32 a, b).

Dennoch liegt die eigentliche Stärke der koptischen Kunst in der Malerei und der Textilarbeit (Abb. 34, 35). Insgesamt sind die Bilder flächig, unproportioniert, ein wenig byzantinisch statisch verfremdet und stilisiert im Figuralen, aber locker komponiert und stets von Schmuckbändern aus geometrischen oder vegetabilischen Elementen gerahmt. In den klar abgesetzten Farbflächen herrschen rotbraune bis violette und zarte Grüntöne vor, die mit harter Kontur umrandet sind. Das etwa 100 × 100 cm große Fresko der Himmelfahrt Christi aus Bauît im Koptischen Museum in Kairo ist sicherlich ein ganz typisches Stück. Bezeichnend für koptische Malerei ist der konsequente Verzicht auf Perspektive und alles, was auch nur auf sie hindeutet, ein Rückbesinnen auf die altägyptische Sehweise und gleichzeitig eine Affinität zur modernen Kunst. Der Betrachter soll über Vorstellung und Einfühlung von selbst zum intimen Bildverständnis finden. Die ernst und feierlich verschlossenen Ikonen entsprechen der stilistischen Abstraktion der Malerei.

Die koptische Textilkunst hat zweifellos ihre technischen Ursprünge in den ptolemäischen Wollfaktoreien. Wolle und Leinen (Baumwolle und Seide selten) wurden zu Kleidern, Decken, Behängen, Vorlagen, Tüchern und Schals verarbeitet. Als Dekor wurde angenommen und durchgeführt, was immer sich bot, manchmal klassisch aufgefaßt, manchmal – und bald in der Regel – bis zum Symbol umstilisiert: Selbst die Figuren wurden streng symmetrisch wiedergegeben, bis zum nicht mehr körperhaften Schema abstrahiert, aufgelöst zum Dekorativen an sich (Abb. 35). Von der Vasenmalerei angeregt, arbeiteten die koptischen Weber nach der altägyptischen Noppentechnik und ›mit der fliegenden Nadel‹, um Details im Webbild hervorzuheben, Muskeln, Locken, Gesichtszüge, Gewanddrapierungen oder modische Einzelheiten. Dabei legten sie zu den Schußfäden über die Kette noch entsprechend weitere herum, Längsfäden in Kettenrichtung, notwendige Rundungen als Schlaufen um jeden Faden in Schußrichtung. Plastiken, stets von kleinem Format, sowie Relief und Kleinkunst folgen den gleichen ›Regeln‹, wobei aber hier oftmals Zweifel auftreten, wo die Grenze zur Spätantike zu suchen ist. Über die Buchmalerei irischer Mönche, bei denen nachweislich Kopten ›gearbeitet‹ haben, konnte ihre Kunst in den weiten Wirkbereich des Christentums in Europa ausstrahlen und sich ebenso nachhaltig im christlichen Äthiopien ausweiten. Nicht wenige Anregungen nahm auch die frühislamische Kunst bereitwillig auf, insbesondere das Ornament.

Islamische Zeit

Seit 634 beherrschte Kalif Omar die Gläubigen der neuen islamischen Lehre. Er selbst nahm die Umwandlung des nationalarabischen Staates in ein theokratisches Weltreich vor. Während der Syrien, Palästina und Persien eroberte, rückte fast kampflos sein Feldherr Amr Ibn el-As in die Festung Babylon ein und gründete dort 641 Fustat, das heutige Alt-Kairo, die neue Hauptstadt. Ägypten wurde zur Provinz des Kalifenreiches. Die Amr-Moschee, Ägyptens ältestes islamisches Gotteshaus, wurde erbaut. Schon im 8. Jahrhundert hatte sich im Zuge vermehrter Repressalien den Kopten gegenüber die Zahl der islamischen Bewohner Ägyptens so vermehrt, daß die Christen zur Minderheit wurden. Arabische Stämme siedelten am Nil, ja die Arabisierung wurde bewußt energisch weiter durchgeführt. Arabisch wurde seit dem 9. Jh. Umgangssprache, die alte Kultur war überlagert, und die letzten noch aufflackernden Widerstände waren gebrochen worden. Zuerst regierte Kalif Othman Ägypten, nach seiner Ermordung folgte ihm der Schwiegersohn des Propheten, Ali, dem bald das gleiche Schicksal widerfuhr.

In Damaskus kam die Dynastie der *Omaijaden* endgültig an die Macht; ihr gelang die größte Ausdehnung des islamisch-arabischen Imperiums. In Ägypten führten rücksichtslose Steuerverordnungen zu Unruhen und Aufständen. Es war die Zeit religiöser Auseinandersetzungen zwischen Schiiten und Charidschiten, zwischen Omaijaden und Abbasiden, in deren Verlauf die Omaijaden-Dynastie 750 ein blutiges Ende fand. Nur Abd er-Rahman konnte entkommen, er zog nach Spanien und gründete dort 756 das Emirat von Córdoba. In Ägypten übernahmen die *Abbasiden* die Herrschaft. Sie regierten von ihrer neuen Hauptstadt Bagdad aus. Damit kamen iranische Einflüsse in die ägyptische Provinz, in der Harun al-Raschids Sohn Mamûn wieder aufflammende koptische Aufstände niederwarf (9. Jh.).

Unterdessen erlangten Palastgarden aus Turkvölkern bei den regierenden Abbasiden ständig mehr Einfluß und benahmen sich als Statthalter in den Provinzen bald so selbstherrlich, daß sich auch Ägypten unter dem türkischen General Ahmed Ibn Tulûn vom Kalifenreich lösen konnte und von 868 bis 905 wieder selbständig wurde. In Kairo entstand die Ibn Tulûn-Moschee (Abb. 1, 2) als Nachbildung der großen Moschee von Samarra. Trotz Feldzügen bis nach Mesopotamien konnte bei verminderter Steuerlast Ägyptens Wohlstand gehoben, die Beliebtheit des Herrschers vertieft und die neue *Tulûniden*-Dynastie gefestigt werden. Der Rückschlag kam unter Tulûns Sohn und Nachfolger Chumaraweih. Die Tulûniden wurden 905 verjagt und die Abbasiden aus Bagdad übten wie vorher ihre Rechte aus, doch für dreißig Jahre nur.

Dann gelang es abermals einem türkischen Gardisten, Mohammed el-Ichschid, sich vom Kalifat zu lösen und die unabhängige Dynastie der *Ichschididen* zu gründen. Sie nahm Syrien, den Jemen und große Teile Arabiens in Besitz und schuf unter dem Nachfolger Kufur in Fustat sogar so etwas wie ein ›gelehrtes Zentrum‹ Ägyptens. Kufurs Tod war für die im Westen Ägyptens lauernden *Fatimiden* das Signal. Von Tunesien aus, wo Obeid-Allah als Mahdi die schiitische Glaubenslehre der Ismailiten verkündet hatte, eroberten die Fatimiden erst den Maghreb und 969 auch Ägypten, wohin sie bald ihre Residenz verlegten. Ihr Feldherr Gohâr gründete neben Fustat als Regierungssitz Kairo. In der Stadt entstand die berühmte Ashar-Moschee, die 988 schon Universität und bald Zentrum des Weltislam wurde (Abb. 20–22). Ägypten kam zu großem Wohlstand, Kairo blühte auf und wurde großartig ausgebaut; viele der heute sehenswerten Bauwerke entstanden damals: die Stadtbefestigungen mit den Torbauten el-Futûh (Abb. 3), en-Nasr, es-Zuwêla (Abb. 16) und die el-Hâkim-Moschee (Abb. 4) ebenso wie die el-Gijûschi-Moschee (vgl. Abb. 10).

Während die Fatimiden versuchten, außenpolitisch in Kriegen in Syrien und Palästina ihre Macht zu festigen, gab es am Nil einerseits wegen ständiger Reibereien

ISLAMISCHE ZEIT

zwischen berberischen Soldaten und türkischen Söldnern und andererseits wegen geringer Nilüberschwemmungen und daraus resultierender Teuerungen und Notzeiten, bald Aufstände und Plünderungen, zu denen noch eine Pestepidemie kam. Die Situation spitzte sich zu, als Türken und Kreuzfahrer in das politische Spiel einzugreifen begannen. 1099 hatten die Kreuzfahrer Jerusalem erobert, 1146 setzte der Islam zum Gegenzuge an. Nachdem sich der Kurde Salah ed-Din (Saladin) von der Oberhoheit seines Herrn Nur ad-Din gelöst hatte, konnte er, jetzt selbständig, Ägypten nehmen und dort die neue Dynastie der *Aijubiden* ins Leben rufen. Blutig wurde die schiitische Glaubenslehre der Fatimiden ausgerottet, Syrien, Palästina und Jerusalem den Kreuzfahrern wieder abgenommen, Kreuzfahrerheere unter König Johann von Jerusalem und Ludwig IX. von Frankreich auf ägyptischem Boden geschlagen und vertrieben und unter Saladins Nachfolger mit Kaiser Friedrich II. vorsorglich ein Übereinkommen geschlossen, nachdem Jerusalem und die palästinensischen Küstenstädte für zehn Jahre dem Kaiser zugeschlagen wurden. Die Hauptstadt Kairo wurde weiter ausgebaut, die Stadtbefestigung verstärkt und Saladins Zitadelle auf dem westlichen Hügel der Stadt errichtet, davor das Mausoleum des Imâm esch-Schâfii (heute Mamlûkengräber).

Auch den Aijubiden wurden ihre Prätorianergarden, hier die türkischen *Mamlûken*, zum Verhängnis. Nach Saladins Tod glitt die Macht mehr und mehr in ihre Hände, der letzte Aijubide wurde ermordet, und nach einer unbedeutenden Sultanin Schgarat ed-Durr bestieg der erste Mamlûke Ägyptens Thron. Ursprünglich waren sie Sklaven, Angeheuerte, die fast ausnahmslos in der Armee Dienste genommen hatten und dort aufgestiegen waren in Ämter und Würden. Insgesamt regierten in 263 Jahren 47 selbstgewählte Sultane in zwei Dynastien, der bahritischen[*], und ab Sultan Barkûk 1390 der tscherkessischen, auch burdschitischen.[**] Einmal war die Zeit der Mamlûken gekennzeichnet durch Morde, Plünderungen, Blutbäder, Hungersnöte, Pest und wüste Greuel; nur wenige der Mamlûken-Sultane kamen legal zur Macht noch starben sie eines natürlichen Todes. Auf der anderen Seite war ihre Epoche ausgezeichnet durch militärische Erfolge, immer wieder wirtschaftliche Aufschwünge und Aktivitäten und durch viele von einer skrupellos reichen Oberschicht stets großzügig geförderte oder angeregte Bauvorhaben in Kairo und im Lande.

Wer sich innerhalb einer Gruppe bedenkenloser Emporkömmlinge noch bedenkenloser an die Spitze setzen konnte, der mußte über den Durchschnitt tollkühn und klug zu handeln verstehen und aller Wahrscheinlichkeit nach auch eine Herrscherpersönlichkeit von Rang werden. Viele Mamlûken-Sultane waren es tatsächlich und sind uns heute noch in Erinnerung um ihrer Taten oder ihrer glanzvollen Bauwerke willen, wie z. B. Sultan Baibars I. (1260–77), unter dem bei Ain Dschalût die aus Asien anflutenden Mongolen ein erstes Mal entscheidend geschlagen wurden, aber auch die christlichen Franken, denen er Jerusalem und das christliche Königreich nahm. Um seine Herr-

---

[*] arab. *bahr* = Meer, Fluß, hier gemeint der Nil, in dem auf einer Insel ihre Unterkünfte lagen
[**] arab. *burdscht* = turmähnliche Kasernen auf der Zitadelle

schaft zu sichern, bot er einem vor den Mongolen aus Bagdad geflohenen Mitglied des abbasidischen Herrscherhauses das Kalifat an, sofern er als Mitregent bestätigt würde – was für die nächsten 256 Jahre dann auch so gehandhabt wurde. Freilich ein Kalifat als Marionette der Mamlûken. Den Johannitern und Templern entriß er Stützpunkte und Burgen und schützte sich durch einen Vertrag mit dem Paläologenkaiser Michael VIII. von Byzanz vor neuen Kreuzzügen aus Europa. Nach dem Muster des iranisch-abbasidischen Postwesens zog er in Ägypten einen funktionierenden Nachrichtendienst auf, und in Kairo errichtete er die große Freitagsmoschee mit Steinmaterial aus Jaffa. In der Literatur und der Überlieferung, verbunden mit Ritterromanen und Beduinengeschichten, gilt er als einer der größten Mamlûken-Herrscher.

Nach zweien seiner Söhne übernahm Sultan Kalaûn die Regierung. Seine überragende Bedeutung – und die der Mamlûken überhaupt – liegt in erster Linie darin, daß er den bis dahin in den von den Kreuzfahrern besetzt gehaltenen Raum vorgestoßenen Mongolensturm zum Stehen brachte. Auch er baute in Kairo, vor allem die prachtvolle Kalaûn-Moschee mit Mausoleum und Moristan. Sein Sohn und Nachfolger Chalil wurde ermordet, nachdem er ganz Syrien erobert hatte. Ihm folgte sein Bruder Mohammed en-Nasir, dessen Regierungszeit im wesentlichen friedlich und deshalb segensreich für das ägyptische Volk verlief, auch wenn seiner Epoche Verschwendung und Prunksucht nachgesagt werden. Geblieben sind aus dieser Zeit die nach ihm benannte Grabmoschee und seine Moschee auf der Zitadelle. Viele andere Bau- und Kunstwerke des prächtigen Kairo wurden 1302 von einem großen Erdbeben zerstört. Die auf Nasir folgenden dreizehn Sultane der bahritischen Dynastie waren schwächliche Regenten, unter denen das Reich zu verfallen drohte.

Da bestieg mit Sultan Barkûk 1382 der erste der tscherkessischen Mamlûken den Thron. Mit ihm begann – weil nunmehr das bislang zumindest auf dem Papier gültige Prinzip der Erbfolge fallengelassen wurde – eine Zeit der Unsicherheit, der Rechtlosigkeit und des übelsten Opportunismus. Sultane wurden die bequemsten, ältesten oder skrupellosesten der Tscherkessenführer. Die absolute Macht der Sultane verfiel zusehends, bald jeder neue Herrscher kam nur durch Mord an die Macht. Diskriminierende Kleidergesetze bestimmten, daß Türken einen grellweißen, Juden einen gelben und Christen einen blauen Turban tragen mußten. Dennoch brachten, trotz so wirrer Zeiten, der Handel mit Syrien und die Privilegien aus dem Indienhandel der italienischen Kaufmannsrepubliken genügend Gelder ins Land, die nicht nur den herrschenden Mamlûken ein genußvolles Leben sicherten, sondern auch für großartige Bauten verwendet wurden, die noch heute von einer Glanzzeit des Islam künden: die Grabbauten in der Gräberstadt, wo turkestanische Kuppeln die Mausoleen überwölben, die Sultan Hasan-Moschee mit ihren vier Liwanen für die vier Riten in einem neu orientierten Baugefüge aus glatten Flächen und hohen Flachnischen (Abb. 11), die Bauten von Kaît Bey, die Grabmoschee (Abb. 15) und Madrasa und viele andere.

Im Bündnis mit dem Schah von Persien kam es nach vielen vorangegangenen Konflikten jedoch bald zum Krieg mit den anatolischen *Osmanen*, in dem Sultan El

Ghûri, ein entlassener Sklave von Kaît Bey, vom Osmanen-Sultan Selim I. vernichtend geschlagen wurde. Die Türken drangen nach Ägypten ein, nahmen den letzten Mamlûken-Sultan Tumân Bey gefangen und henkten ihn im April 1517. Ägypten war zur Provinz des Osmanischen Reiches geworden. Selim beließ die Verwaltung Ägyptens weitgehend den Mamlûken; ihm kam es hauptsächlich darauf an, sich vom abbasidischen Scheinkalifen ›von Gnaden der Mamlûken‹ das Kalifat übertragen und als ›Diener der beiden heiligen Stätten‹ Mekka und Medina apostrophieren zu lassen. Ägypten zahlte Tribute an die Hohe Pforte in Konstantinopel, im übrigen blieb es ferne Provinz, finanzielle Einnahmequelle und strategische Basis zur Aufrechterhaltung der osmanischen Macht über Syrien und Arabien.

Die Statthalter, Paschas und Beys hatten schon unter Suleiman I. begonnen, persönliche Macht und Reichtum zu mehren, ihre Helfer, die Mamlûken-Offiziere und Verwalter, feilschten derweilen um Positionen in der Armee und um Ämterpatronagen in der Verwaltung. Alle Provinzbedürfnisse wurden aus dem Steueraufkommen bestritten, von dem auch die Zahlungen an die Hohe Pforte zu entrichten waren. Nur mit Willkür, über Erpressungen und Rechtsbrüche konnten Paschas und Beys dies alles aufbringen und dabei ihre Stellung sichern und ihre Güter mehren. Das Volk versank in Elend und Not und war unsagbaren Demütigungen und Quälereien ausgesetzt.

Anfangs geschah das fast unbemerkt von der übrigen Welt, die mit dem türkischen Vorstoß ins Herz Europas bis Wien, mit der Entdeckung Amerikas und der Seewege nach Indien wie mit europäischen Querelen selbst genug beschäftigt war. Erst als die geistige Trägheit, der Verfall und die politische Anarchie unübersehbar waren, wurde Europa aufmerksam. Zwar nicht der Ägypter wegen. 1778 hatte England den Mamlûken Ali Bey für sich gewonnen und unterstützte ihn großzügig, als er sich, wenn auch nur für kurze Zeit, von Konstantinopel unabhängig machte. Die Briten glaubten, auf diese Weise die Handelsschiffahrt im Roten Meer besser absichern zu können. Da griff *Frankreich* ein; unter dem Vorwand, das Vermögen französischer Bürger in Ägypten vor der liederlichen Wirtschaft der Mamlûken zu schützen, unternahm 1798 Napoleon seine berühmte Expedition nach Ägypten. In Wahrheit galt Frankreichs Einschreiten dem englischen Mittelmeerhandel und dem Seeweg nach Indien. Zwar schlug Napoleon am 2. Juli in der Schlacht bei den Pyramiden das Mamlûken-Heer, die Niederlage der französischen Flotte bei Abukir am 1. August aber stellte sein gesamtes Unternehmen sogleich wieder in Frage. Er verfolgte die Mamluken bis zum ersten Katarakt, schlug dann Sultan Selims III. türkisches Heer, mußte aber, nachdem der Oberbefehl an Kleber und später an Menou übergegangen war, vor den vereinten Engländern und Türken kapitulieren und seine Truppen ab August 1801 auf englischen Schiffen nach Frankreich zurückführen lassen. So war die Expedition zwar militärisch gescheitert, hatte in wissenschaftlicher Hinsicht aber die Erforschung Ägyptens eingeleitet und das Land an die technische, kulturelle und wirtschaftliche Entwicklung Europas angeschlossen.

In den Kämpfen gegen die Franzosen hatte sich ein junger Offizier aus Kavala in Mazedonien so ausgezeichnet, daß er zum General avancierte und an der Stelle des abberufenen Statthalter 1805 zum Pascha ernannt wurde: *Mohammed Ali.* Kaltblütig und geschickt die Disziplin seiner albanischen Regimenter gegen die Mamlûken ausspielend, festigte er seine Macht, erreichte er in der Ashar-Moschee von der Geistlichkeit das Präjudiz der Regierungsgewalt und ließ schließlich unter dem Vorwand, einen Feldzug nach Arabien vorzubereiten, 300 Mamlûken-Beys auf die Zitadelle laden und sie dort allesamt rücksichtslos niedermetzeln. Nun war er unumschränkter Herrscher in Ägypten, im Nachhinein gesehen einer der bedeutendsten Männer der islamischen Geschichte des Landes. Nach einer rigoros durchgeführten Reform des Militärwesens mit Angleichung an den europäischen Standard unternahmen in seinem Auftrage seine Söhne Feldzüge nach Kleinasien, Arabien, in den Sudan und nach Griechenland. Er selbst nahm überall im Lande die Modernisierung und Industrialisierung nach europäischem Vorbilde und mit Hilfe europäischer Spezialisten in Angriff. Der Baumwollanbau wurde eingeführt, Spinnereien, Webereien, das Bewässerungssystem, Straßen- und Transporteinrichtungen wurden auf modernen Stand gebracht. Nördlich von Kairo entstand die große Nil-Barrage, auf der Zitadelle die nach ihm benannte Moschee, Kairos heutiges Wahrzeichen (Abb. 9, 10). Alles in allem, seine Reformfreudigkeit, sein Wirklichkeitssinn und die nach allen Seiten hin gezeigte Toleranz (Griechen, Kopten und Franzosen waren seine Berater) verbesserten sichtbar den ägyptischen Lebensstandard, der sich bald verdreifachte. Die daraus resultierende Bevölkerungsexplosion auf die doppelte Einwohnerzahl des Landes vervielfachte, bei vermehrtem Anbau und Bearbeitung vor allem der Baumwolle, die wirtschaftlichen Möglichkeiten, zumal die Nildämme nun zwei jährliche Ernten ermöglichten.

Zweiter der neuen Dynastie wurde sein Sohn Ibrahîm Pascha, ein glänzender Feldherr, dem nach nur fünfmonatiger Regierungszeit Abbas I., ein unfähiger Despot, und dann der bedeutende *Saîd* folgte (1854–63), Alis vierter Sohn. Er genehmigte dem französischen Grafen Ferdinand de Lesseps den Bau eines Kanals durch den Isthmus von Sues (Farbt. 11). Noch während der Bauarbeiten starb Saîd, sein Nachfolger *Ismâil* ließ den Kanal weiterbauen und vollenden. Nach zwölf Jahren wurde er am 17. November 1869 eröffnet, die eigens dazu komponierte Verdi-Oper ›Aida‹ war nicht fertig geworden und wurde erst Weihnachten 1871 im neuen Kairoer Opernhaus uraufgeführt. Ismâil neigte zu Protzertum und Verschwendung. Dazu kamen unkluge Geschäfte und Schuldverschreibungen an französische und englische Kolonialämter, der Übergang zur Baumwollmonokultur und damit zur Abhängigkeit von den Weltmarktpreisen, kostspielige, wenn auch erfolgreiche Kriege, zu viele Schleusen- und Kanalbauten, europäische Post- und Telegraphenstationen und ein zu stark forcierter Ausbau der noch mittelalterlichen Infrastruktur Ägyptens. Überdies zahlte er immense Summen an die Hohe Pforte, um seiner Eitelkeit mit dem Titel eines Khediven zu genügen. Das alles trieb Ägypten an den Rand des Staatsbankrotts. Seine Sues-Kanal-Aktien gingen an England (für 4 Millionen Pfund), er war gezwungen, einen englischen Finanzexperten und einen Franzosen für alle öffentlichen Arbeiten in sein Kabinett aufzunehmen, und nach turbulenten Querelen, gegenseitigen Beschuldigungen und sogar Aufständen erklärte ihn der Sultan für abgesetzt und seinen ältesten Sohn Taufik zum Khediven (Chediv, persisch ›Gebieter‹, vom Sultan verliehener Titel).

Die europäische Schuldentilgungskommission, verbunden mit einschneidenden Maßnahmen im öffentlichen Leben, wirkte sich so unpopulär aus, daß eine ohnehin latent vorhandene Fremdenfeindlichkeit in offenen Fremdenhaß umschlug. Oberst *Achmed Arabi* stellte sich an die Spitze der Unzufriedenen, die gleichzeitig auch die Belange der Fellachen gegen die Großgrundbesitzer wahrnehmen wollten. Arabi wurde Kriegsminister. *England,* angeblich um die Sicherheit der Europäer im Lande besorgt, ließ seine Flotte vor Alexandrien demonstrieren. Es kam zu ernsten Ausschreitungen, Alexandrien wurde beschossen, die Engländer landeten Truppen und schlugen schließlich Arabi, der sich unterdessen zum Sultan hatte proklamieren lassen, 1882 bei Tell el-Kebir. England übernahm nun die Kontrolle der Finanzen und des Militärs, neben dem Khediven regierte der englische Generalkonsul. Der Versuch, Ägypten zu befreien, hatte die europäische Kontrolle zum Ergebnis.

Während der Mahdi-Aufstand den Sudan von Ägypten löste (1883), begannen die Engländer, ständig in Auseinandersetzung mit dem ägyptischen Nationalismus, Ägyptens Wohlstand zu heben, was über eine finanzielle Sanierung tatsächlich langsam gelang, da auch der Sues-Kanal beträchtliche Summen aus Gebühren in die Staatskasse einbrachte.

1902 entstand der erste Assuan-Damm und weitere Bewässerungsanlagen mit neuartigen Systemen, neue Eisenbahnen und Straßentrassen. Schon 1896 war der Sudan zurückerobert, aber drei Jahre später doch wieder von Ägypten getrennt worden. Als der 1. Weltkrieg begann, löste England das türkische Herrschaftsrecht über Ägypten auf und machte das Land zum britischen Protektorat. Ägypten erklärte nominell den Mittelmächten den Krieg. Unter der britischen Besatzung, Aushebung der Truppe, Enteignungen und Neuverteilung von Grund und Boden und kriegsbedingter Not hatte Ägypten viel zu leiden, und mit der Erbitterung wuchs die oppositionelle Partei arabischer Nationalisten, denen sich bald auch die führenden Geister der Ashar-Universität und selbst die Kopten anschlossen. Drei Jahre lang, von 1918 bis 1922, kämpfte unter *Saad Zaghlul* die ständig stärker werdende nationale Bewegung Wafd um die Unabhängigkeit. Dann gab England nach, hob das Protektorat auf und erkannte Ägyptens Unabhängigkeit an.

In den folgenden dreißig Jahren bestimmten weitgehend die Forderungen, Auseinandersetzungen und politischen Unternehmungen der Wafdisten Ägyptens Innenpolitik. Ihre Ziele erreichten sie erst nach der Offiziersrevolte von 1952: nationale Unabhängigkeit, Demokratie und Entwicklung der Wirtschaft zu einem modernen Industriestaat. Während *Fuad I.,* den politischen Gegebenheiten entsprechend, klug und beliebt regierte, machte sich sein Sohn Fuad II. Faruk durch Korruption, Skrupellosigkeit und unverschämte Lasterhaftigkeit allenthalben unbeliebt und brachte die Monarchie völlig in Mißkredit. Arbeitslosigkeit, Verbitterung über die Anwesenheit englischer Truppen in der Kanalzone und ein ständig ansteigendes, unzufriedenes Landproletariat brachten schließlich die Krise.

Da übernahm am 23. Juli 1952 eine Gruppe ›Freier Offiziere‹ (Nagib, Nasser, Sadat u. a.) die Macht. Der König wurde aus Ägypten verbannt. Schritt für Schritt wurden die Ziele der Revolution verwirklicht: 1952 Agrarreform und Fünfjahresplan (Landbesitz auf 100 ha begrenzt); 1953 offizielle Abschaffung der Monarchie; 18. Juli Proklamation der *Republik* Ägypten; 1954 wird, nach Absetzung von Nagib, Gamal Abd el-Nasser Ministerpräsident, 1956 Staatspräsident. Die Sueskanal-Gesellschaft wird verstaatlicht. Israel besetzt die Sinai-Halbinsel, englische und französische Truppen besetzen die Kanalzone, aber nach UNO-Beschluß müssen alle fremden Truppen ägyptisches Gebiet wieder verlassen. 1958 schließen Ägypten und Syrien sich zur Vereinigten Arabischen Republik (VAR) zusammen. 1959 beginnt das von der Bundesrepublik Deutschland erbaute Stahlwerk von Heluan bei Kairo mit der Stahlproduktion. 1960 erfolgt der Baubeginn am neuen Assuan-Hochdamm, Neulandgewinnung für die Landwirtschaft im Projekt ›Tahrîr-Provinz‹, d. h. Erschließung der Wüstenoasen-Kette in der westlichen libyschen Wüste. 1964 Gründung des ›Gemeinsamen Arabischen Marktes‹ zwischen VAR, Irak, Jordanien, Kuweit und Syrien. 1965 Unruhen im Delta, Auflösung der kommunistischen Partei, Abbruch der diplomatischen Beziehungen zur Bundesrepublik Deutschland. 1967 Krieg zwischen den arabischen Staaten und Israel, das den Gaza-Streifen und die Sinai-Halbinsel bis zum Sueskanal besetzt. 1969 wird nach dem Tode von Präsident Nasser Anwar el-Sadat neuer Staatspräsident. 1971 Fertigstellung und Einweihung des Assuan-Hochdammes Sadd el-Ali. 1972 Wiederaufnahme der diplomatischen Beziehungen zur Bundesrepublik Deutschland. 1973 Oktoberkrieg; 1974 Sinai-Abkommen, nach dem Ägypten (1976) die Sinai-Pässe besetzt und die Ölfelder von Abu Rudeis wieder in Besitz nimmt; 1975, am 5. Juni, Wiedereröffnung des Sues-Kanals; in den letzten Jahren verstärkte Planungen und Vorbereitungen für das Kattara-Projekt, durch das die Kattara-Depression (bis 134 m unter Meeresspiegel) über Kanäle mit Wasser aufgefüllt werden soll. 1977/78 Friedensgespräche mit Israel, u. a. Camp David; 1980 Rückgabe der Sinai-Halbinsel mit dem St. Katharinenkloster auf der Linie El Arish – Ras Muhammed. 1981 Präsident Sadat wird ermordet. Hosni Mubarak wird sein Nachfolger. 1982 Übernahme der gesamten Halbinsel Sinai durch Ägypten.

Kunst des Islam

Ohne auf die Grundlagen der Kunst des Islam einzugehen, soll hier nur das für eine Besichtigung islamischer Kunstwerke, besonders in Kairo, Notwendige gesagt werden. Viele Elemente der islamischen Stile wurden anfangs hellenistischen, syrischen, sassanidischen und auch christlichen Vorbildern entnommen und wenigstens teilweise umgeformt, wobei dem Ornament eine ganz besondere Bedeutung zukam. Bestimmende Elemente sind:

ISLAMISCHE ZEIT

Bogen Spitzbogen (Abb. 19) oder spitzbogige Hufeisenbogen, Rundbogen, Kleeblatt- und Kielbogen, alle meist überhöht gemauert und von Säulen oder Pfeilern gestützt, die man gern aus antiken Bauten entnahm und an der Basis wie durch verschieden hohe Kämpfer entsprechend ausgleichen mußte. Eine besondere Säulenform hat der Islam nicht entwickelt.

Fassaden Herrschte ursprünglich aus politischen und praktischen Erwägungen ein festungsartiger, schmuckloser, nackter Fassadenstil vor, so lösten die Fatimiden, Aghlabiden und Mamlûken mit wechselnden Steinschichtungen aus Ziegeln und Steinmauerwerk und mit farblich meist roten und weißen Kalksteinen in bestimmter Musterung die toten Flächen elegant auf. Hinzu kamen feine, bandartige Steinschnitte und mehr oder weniger erhabene Arabeskenbänder, zuletzt sogar Stalaktitengesimse und Galerien (Abb. 17). Die Simsformen wurden konkav oder konvex geschwungen, turmartig oder blumig verbunden, sind gezackt oder ganz einfach Phantasiegebilde ohne Vorbilder.

Tore Meist etwas in die Mauern eingezogen, sind es oftmals hohe Nischen, die den Torweg flankieren, gedeckt mit Kiel- oder Kleeblattbogen, spitzbogigen Hufeisenbogen, Stern- und Tonnengewölben. Halbkuppeln und Stalaktitenwerk schließen sie oben ab, Ornamentbänder, Schriftenfriese und Medaillons umranden sie, und die Wangenmauern wechseln mit farblich verschiedenen Steinen in ihrem Aufbau (Abb. 17). Die massiven Türflügel sind aus Holz und mit Blechen verkleidet oder auch mit Bronzeplatten, in die meist geometrische Ornamente getrieben wurden (Abb. 5–8). Sie werden oftmals von Schriftbändern gerahmt (Abb. 17).

Fenster Die bekannten Maschrabîjas (Abb. 23) kommen mehr an profanen Bauwerken vor, es sind sich kreuzende Holzstäbe aus Hartholz, die vielformig gedrechselt als Fenstergitter, Erkerabschlüsse oder Raumunterteilungen verwendet werden. Ihnen ähnlich ist das aus Stein oder Gipsplatten geschnittene Gipswerk, meist in geometrischer Musterung. Werden farbige Glasstückchen in die Durchbrüche gelegt, heißen sie Kamarîjas. Metallgitter aus Bronze oder Eisen schützen die unteren Geschosse von Moscheen und Privathäusern, meist sehr kunstvolle Schmiedearbeiten, die dort, wo sie sich kreuzen, gelocht und durchgesteckt sind oder Kugeln oder Würfel tragen (Abb. 24).

Ornamente Aus rahmenden Friesen, Borten oder leichten Füllungen entwickelten sich die Linien zu ornamentalen Gebilden schier unerschöpflicher Vielfalt, wie sie das geometrische Flächenornament ermöglicht. Das Ornament ist Ausdruck des arabischen Hanges zur Geometrie; ins Dreidimensionale übertragen, führt das zu Stalaktitennischen und Gesimsen.

Stalaktiten Auch Mukarnas genannt, bilden sie aus prismatischen Formen, je nachdem, ob sie an- oder übereinander angeordnet, zellenartige Gebilde, die man vor- und überkragend versetzen, übereck anordnen, waagerecht verlegen kann. Mit den aus ihnen gebildeten kon-

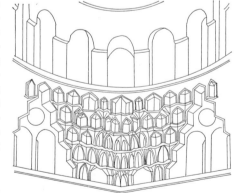

Stalaktitenwerk im Kuppelübergang

solen- oder nischenartigen Baugliedern lassen sich besonders im Gewölbebau elegante Übergänge aus dem Viereck ins Achteck oder in den Kreis erreichen (Abb. 17).

Arabeske Stilisiertes Gebilde aus Pflanzenformen, wie Weinblättern, Ranken, Palmetten, Rosetten, Lanzetten, Füllhorn und Akanthus, in vielen Formen, wie gefiedert oder gereiht, zellenartig, palmettförmig oder allesamt zur letzten Stilform der Gabelblattranke ausgereiht.

Schrift Zu Ornament und Arabeske stößt die Schrift, meist als Band, seltener als Schriftblock. Sie war sicherlich das allererste islamische Schmuckelement überhaupt. Aus dem schmucklosen, etwas klobigen frühen Kufi lief die Entwicklung zum zart gefiederten und stark verästelten ›blühenden‹ Kufi, weiter zum kalligraphisch ungemein verschlungenen, kurrenten Naskhi, das in sehr großem Format als Tumar bezeichnet wird und auch eckig, den rechten Winkel betonend, vorkommt. Schriftbänder an Moscheen sind ausnahmslos Koranverse oder Glaubenssätze (Abb. 17), auf Schilden und Medaillons die Namen Allahs und der vier ersten Kalifen.

Minarett Der Name kommt von menara, Leuchtturm, wohl nach dem Pharus von Alexandrien, und wurde wahrscheinlich in Syrien zum erstenmal gebraucht. In der Regel sind diese Türme für den Gebetsausrufer durch zurückliegende Geschosse gegliedert, nur die Ibn Tulûn-Moschee hat, der Moschee von Samarra folgend, eine äußere, spiralige Wenderampe (Abb. 1). Fast immer sind Minarett-Grundrisse Quadrate, über denen sie eckige oder runde Formen entwickeln. Sie tragen elegante Stuckgesimse, Galerien und Balkone. Zwei oder auch vier Minarette können eine Moschee umstehen (Abb. 9, 11), die fünf der Ashar-Moschee sind eine Ausnahme (Abb. 20, 22). Ihre Kuppelbekrönung ist baldachinartig,

Minarett der Kalaûn-Moschee, Minarett der Sultân Hasan-Moschee

hat über kurzen Säulen eine Zwiebelkuppel oder ein Helmdach und ist mit einem Halbmond gekrönt. Minarette besteigt man innen auf engen Wendeltreppen, die einfach oder gegenläufig sein können.

Gewölbe Das normale Tonnengewölbe ist die Regel, wird aber vielformig abgewandelt, wird halbkreisförmig, bekommt Zwiebel- oder Hufeisenform, deckt als stumpfe Spitzbogentonne oft das Sanktuar und die hohen Liwane ab und kann enorme Spannweiten überbrücken. Zur Sicherung der Statik werden bei Verwendung des weichen Tura-Kalksteins gerne in Kämpferhöhe Holz- oder Eisenanker armiert, die sichtbar bleiben. Das Kreuzgewölbe erinnert an spätgotische Formen und wirkt kräftig gefaltet. Auflager für Kuppeln und Gewölbe verlaufen in der Regel durchgehend ringförmig und sind fast immer Quadrate, aus denen sich in Ägypten wohl immer zuerst das Achteck, und dann, weiter unterteilt, ein Vieleck dem Grundkreis nähert. Kairos ältester Kuppelbau ist die kleine Gijûschi-Moschee (vgl. Abb. 10). Alle möglichen Ecklösungen werden versucht, Bogennischen, trompenartige Halbkuppeln und Nischen, spitzbogige Nischen, Pendentifs, Stalaktitengewölbe aus wechselnden Formen, zellenartige und in Reihen übereinander vorkragend angeordnet und der Bogenlinie angeglichen. Stalaktiten erfüllen statische Zwecke und wirken zudem sehr dekorativ. Sie ermöglichen elegante Übergänge aus dem Grundkreis der Kuppel mit Hilfe der Stalaktitenpendentifs. Den innen halbkreisförmigen Kuppelschalen werden gerne äußere, hochgestelzte und überhalbkreis verformte Helme aufgestülpt, die auf Konsolen ruhen müssen. Die sichtbaren Kuppeldächer werden ornamentiert mit Schuppen, Fischgrat- oder Maßwerkmuster oder sind als Rippenkuppel gearbeitet (Abb. 12, 15).

Moschee Eine der ältesten Moscheen Ägyptens ist in Kairo die Ibn Tulûn-Moschee (Abb. 1, 2): um einen Hof, den *Sahn* (Abb. 2), vier flache Säulenhallen, *Riwak* oder *Liwan*, in die Tiefe ein mehrschiffiger Haupt-Liwan mit dem Sanktuar. Sind die Hof-Liwane zweischiffig (Ibn Tulûn-Moschee; Abb. 2) oder dreischiffig (Ashar- und Hakim-Moschee), so haben die Haupt-Liwane oft fünf Schiffe (Tulûn-, Ashar-, Hakim-Moschee).

Im 13. Jahrhundert entwickelte sich aus der Hofanlage die Form der *Madrasa,* wobei zum Hof offene, hohe Liwane vier Kreuzarme bilden und in den Ecken des Hofrechtecks Räumlichkeiten für den Ritus oder die verschiedenen Riten des Islam eingeordnet werden (Hasan-Moschee). Die eng von Säulen bestandenen Hofmoscheen gegenüber haben die Madrasen den großen Vorteil der Übersichtlichkeit. Die letzte Entwicklung war die Übernahme der osmanischen Zentralkuppelmoschee, zum Beispiel auf der Zitadelle.

Gegenüber dem meist schlichten Äußeren einer Moschee, deren einziges Prunkstück stets der besonders geschmückte und feierlich gestaltete Eingang (Abb. 17) ist, werden die Innenräume nach besonderen Vorschriften eingerichtet: Im Hof ein Brunnen (Abb. 2), oft mit Baldachin für die Waschungen (seit der Türkenzeit, vorher in einem besonderen Raum), im Sanktuar die Gebetsnische *Mihrab* in der exakten Richtung *(Kibla)* nach Mekka, deshalb Kibla-Mauer (Abb. 10) oder Kibla-Richtung, eine Kanzel, *Minbar*, rechts von der Gebetsnische für den Prediger, *Khatik*, bei der Freitagspredigt, *Khutba*.

Die Kanzel ist mehrstufig und endet unter einer kleinen Kuppel. Aus Holz mit kunstvoller Intarsie früher, aus Stein und Marmorinkrustationen seit der Mamlûken-Zeit, gehört sie zu den beiden Schmuckstücken in jeder Moschee. Ebenfalls aus Holz und besonders kunstvoll geschmückt und inkrustiert ist stets der *Kursi*, ein Stand-Sitzpult für den Prediger, gleichzeitig Ablage für den aufgeschlagenen Koran und zum Aufbewahren der Korane.

Gegenüber dem Haupt-Liwan findet man oft eine *Dikka* (Abb. 19), eine auf Säulen stehende Plattform. Wenn der Prediger in Richtung Kibla den Koran vorliest, also mit dem Rücken zu den Betern steht, wiederholen dort die *Muballighin*, die Helfer des Vorbeters, seine Worte für die entfernt stehenden Gläubigen. In der *Maksura*, einer mit Gitterwerk abgetrennten Loge, konnte früher der Sultan dem Gottesdienst ungesehen beiwohnen, nur große Moscheen haben sie.

Teppiche gibt es nicht in allen ägyptischen Moscheen, oft bleibt der meist schöne Marmorfußboden unbedeckt. Alle Moscheen sind gottlob noch nicht elektrifiziert und haben noch an ihren Decken die an langen Ketten aufgehängten alten Beleuchtungskörper, die Laterne *(Fanus),* Öllampe *(Kandil),* Lüster *(Toreija* oder den großen *Tannur)* oder zünden

Kerzen an auf den hohen Leuchtern *(Schamatan)*. Hat die Moschee eine Grabkapelle *(Turba)*, dann schließt sich diese unmittelbar an das Sanktuar an. Dort steht unter einer Kuppel der Katafalk des Stifters, darunter die Gräber für ihn und seine Angehörigen (Abb. 14).

Schematische Übersicht islamischer Bauten in Kairo und Charakterisierung ihrer Stilformen

640–646 Amr Ibn el-As erobert Ägypten, Gründung der Amr-Moschee in Fustat, das, zerstört, bis heute Ruinenplatz geblieben ist.

658–750 Dynastie der *Omaijaden*, 673 Neubau der Amr-Moschee.

813–833 Herrschaft des *Abbasiden* Mamûn. 877 Erweiterung der Amr-Moschee. 861 Bau des Nilometers auf der Insel Rôda (Abb. 25). Moscheebau: anfangs eine unvollständige Hofmoschee in Rechteckform, sehr einfacher, klarer Typ, gedeckte Säulenhallen schließen nach außen ab, ein- oder zweireihig an drei Seiten, mehrschiffig parallel zur Kibla-Wand, vergleichbar dem Atrium byzantinischer Basiliken; Details und hochgestelzte Spitzbogen auf meist antiken Säulen mit byzantinischen Kapitellen, byzantinische Holz- und Gipsschnitzereien, vier Türme, aus denen sich später die Minarettform ausbildet.

868–905 Emirat der *Tulûniden*. 876/79 Bau der Tulûn-Moschee (Abb. 1, 2). Grundriß nach Vorbildern aus Mesopotamien, gewaltiger Innenhof, zweite Umfassungsmauer längs der Seiten-Liwane, Backsteinbau mit Pfeilern statt Säulen, gestelzte Spitzbogen, Gipsverputz, byzantinische Säulen, Glasmosaiken und Palmetten, Glockenkapitelle, Gipsskulptur und Gipsgitter, kufische Schriftbänder, Hohlkehlen mit Blattfriesen und Flechtbändern, Außentreppe um das Minarett, Ausbildung eines byzantinisch-arabischen Stiles.

969–1171 Kalifat der *Fatimiden*. 970/72 Bau der ersten Stadtmauer, der Ashar-Moschee (Abb. 20–22) und mehrerer Paläste, 1013 El-Hâkim-Moschee (Abb. 4), 1085 El-Gijuschi-Moschee (vgl. Abb. 10) und zweite Stadtmauer mit den Toren Bâb en-Nasr, Bâb el-Futûh (Farbt. 9; Abb. 3). Bâb Zuwêla (Abb. 16), 1125 El-Akmar-Moschee und viele andere. – Aus vorgefundenen Elementen, mitgebrachten vorderasiatischen und gotischen Vorbildern der Kreuzfahrer, entstand nach anfänglichen Verbindungen untereinander ein eigenständiger arabischer Stil mit Säulen statt Pfeilern, dem säulenfreien Transept in der Mittelachse der Moschee, statt Ziegel- jetzt Steinquaderbauweise, Ausbildung elegantes Stalaktitenwerks, Minarett- und Kuppeldekor mit Schmuckschriften und arabeskem Pflanzenwerk; die Torbauten mischen byzantinisch-römische Vorbilder mit Vierecktürmen zu wuchtigen Baumassen, Ausformung eines arabischen Stils.

1171–1250 Sultanat der *Aijubiden*. Um 1175 mehrer neue Stadttore, die dritte Stadtmauer Saladins. Zitadelle und Josephs-Brunnen, Mausoleum des Imâm esch-Schafii und andere Kalifengräber. – Einführung der persischen Madrasa in Kreuzform, große Kuppeln über Mausoleen, Festungsbauten mit Halbrundtoren und Wehrgängen und im rechten Winkel gebrochenen Torwegen, die im islamischen Bereich bisher unbekannt waren.

1250–1382 Erste Dynastie der *bahritischen Mamlûken*. Bau verschiedener Madrasen, 1285 des Kalaûn-Moristans, 1269 Erweiterung der Tulûn-Moschee, Neubau vieler Moscheen, u. a. 1335 Mohammed en-Nasir auf der Zitadelle, 1339 El-Mardani. 1347 Ak-Sunkor (›Blaue Moschee‹), 1362 Sultân Hasan (Abb. 11). – Durchbruch der Bauform der Madrasa mit kreuzförmigem Grundriß, und überkuppeltem Sanktuar, hohe Stalaktitenportale und dreilappige Gesimse, zweifarbiges

Mauerwerk, lebhafte Formgestaltungen durch Nischen, Säulen und Spitzbogen, Stuckornament-Friese, Kuppelübergänge aus dem Quadrat über Achteck zur Trommel, Flachnischen mit Rauten und variabel gestaltetem Stuckwerk, Holzrahmen und Kassettendecken, Dachgesimse mit Zinnenkränzen.

1382–1517 Zweite Dynastie der *tscherkessischen Mamlûken*. 1386 Bau der Barkûkija-Madrasa, 1411 Grabbau von Sultân Barkûk (Abb. 12–14) und viele andere Grabbauten in den Nekropolen, 1420 El Muaijad-Moschee (Abb. 19), 1456 Grabmoschee des Inâl, 1474 Grabmoschee des Kaît Bey (Abb. 15) und mehr als zwanzig andere Moscheen, Grabmoscheen, Madrasen und Khankas. – Marmorverkleidungen aus feinstem Material, Betonung der Steinbaukunst, Belebung des an sich schweren Baukörpers durch Farbigkeit, Wandflächen oftmals aufgelöst mit filigran gemeißelten oder geschnittenen Dekors, prachtvolle reiche Ausstattung der Innenräume mit kostbaren Materialien, Liwane nicht mehr Tonnenhallen, sondern Stützhallen mit Kuppeln, Haupt-Liwan saalartig verbreitert, Minarette und Kuppeln aus Stein mit netzartig verschlungenem geometrischem Dekor überzogen (Abb. 13, 15), Kuppeltambour rund, Schriftbänder mit Arabesken durchsetzt, alles auffallend aufgelockert, sehr farbig und ideenreich – höchste Ausbildung des sogenannten Kaît Bey-Stils.

1517–1798 Herrschaft der *osmanischen Türkei*. Bau von mehr als zehn Moscheen, u. a. El Mahmudija, 1571 Sinan Pascha, 1629 El Bordeni, 1754 Erweiterung der Ashar-Moschee durch Abd er-Rahman Katschoda, 1631 Mamlûken-Haus Bêt el-Kiriṭlija (Anderson-Museum), 1637 altes Kaufmannshaus Bêt Gamâl ed-Din es-Sahâbi. – Fremdstil, der sich anfangs schwer gegen die überlieferten Traditionsformen durchsetzen kann, viel Intarsie, große farbige Mauerflächen, Zentralkuppelmoschee, türkischer Zopfstil, türkisches Rokoko, überladen, pomphaft, wesensfremd.

1798–heute Mohammed Ali und Nachfolger. 1814 Gohara-Palast, 1818 Harim-Palast, 1848 Alabastermoschee des Mohammed Ali (Abb. 9, 10), 1879 Abdîn-Palast, 1885 Es-Saijida-Moschee, 1811 er-Rifâi-Moschee (Abb. 11), (1959 Mausoleum des Agha Khan in Assuan). – Fortsetzung und Höhepunkt der fremden, türkischen Stilformen. Spätere moderne Kult- und Profanbauten finden im Dekor wieder Anschluß an den rein arabischen Stil, wenn auch mit neuen Baumaterialien. Oft geglückte Verbindungen, viele sehr moderne Moscheen in Neubaubezirken, Stadtsanierungen und moderne Platzanlagen.

Ägyptens Religion

»*Ich glaube, von den Göttern wissen alle Menschen gleich wenig. Wenn ich etwas davon erwähne, dann nur deshalb, weil der Zusammenhang der Erzählung es erfordert... Als erste unter den Menschen haben die Ägypter das Jahr gefunden und es in zwölf Monate aufgeteilt... Auch die Nennung von zwölf Göttern geht auf die Ägypter zurück, von denen sie die Griechen übernommen haben. Ebenso haben die Ägypter als erste den Göttern Altäre, Bilder und Tempel errichtet und Figuren in Stein gemeißelt... Überhaupt sind fast alle Götternamen aus Ägypten nach Griechenland gekommen... Als erste von allen Menschen veranstalteten die Ägypter heilige Feste, Umzüge und Opferdarbietungen. Nicht nur einmal im Jahr feiern die Ägypter diese großen Feste, sondern sehr oft. Am häufigsten und liebsten versammelt man sich in der Stadt Bubastis zu Ehren der Artemis*^{*}*, an zweiter Stelle in Busiris zu Ehren der Isis. In dieser Stadt steht der größte Isis-Tempel... An dritter Stelle feiert man ein solches Fest in der Stadt Saïs zu Ehren der Athene*^{**}*, an vierter in Heliopolis für Helios, an fünfter in der Stadt Buto für Leto*^{***}*. Die Ägypter beachten auch als erste die Sitte, sich nicht im Tempelbezirk zu begatten oder ungewaschen nach dem Beischlaf in den Tempel zu gehen... Die Ägypter sind in der Ausübung ihrer religiösen Sitten überaus genau... Noch etwas anderes ist von den Ägyptern erfunden worden, nämlich, welchen von den einzelnen Göttern jeder Monat und Tag heilig ist... Die Ägypter haben auch als erste den Gedanken ausgesprochen, daß die Seele des Menschen unsterblich sei.«* (Herodot, ›Historien‹).

Im Zuge der allmählichen Austrocknung der nordafrikanischen Wüsten wurden die sich in das enge, aber fruchtbare Nil-Tal und das weite Delta-Schwemmland zurückziehenden Jäger-Nomadenkulturen in einem langandauernden, von der Notwendigkeit erzwungenen Prozeß zu einer ackerbautreibenden, bald stark bodenständigen Bauernkultur. So fanden ihre alten, sicherlich primitiv-barbarischen religiösen Vorstellungen den natürlichen Übergang zu dem folgenden Kulturbereich Ägyptens. Ursprüngliche wüsten-nomadische Totem-Religionen stießen auf vorhandene bäuerliche im Nil-Tal, sie hatten sich miteinander auseinanderzusetzen und schließlich zu arrangieren. Vermutlich schon um 3400 v. Chr. muß ein fremdes Volk ins Nil-Tal eingefallen oder schnell eingesickert sein, jene Elemente, die in der Folge die uns so beeindruckende pharaonische Kultur geschaffen haben. Diese neuen Herren wurden allgemein als ›Gefolge des Horus‹ bezeichnet, im Gegensatz zur alteingesessenen Eingeborenenbevölkerung, die den oberägyptischen Gott Seth verehrt zu haben scheint – ein interessanter Hinweis auf die etwas moralisierende Osiris-Legende. Von hier aus erklärt sich ein Assimilierungsprozeß uralter Primitivgötter an den Kultus der Sonnenreligion schlechthin, und es gibt sehr ernste Spekulationen darüber, daß der in die Osiris-Sage gekleidete Mythos vom Kampf zwischen Gut und Böse möglicherweise historische Grundlagen habe, nach denen in schweren Auseinandersetzungen zwischen der eingeborenen Nil-Bevölkerung und den eingedrungenen Dynasten schließlich diese (= gut) über die Einheimischen (= böse) obsiegt hätten. Manetho spricht von ›Halbgöttern‹, die ›gut‹ sein mußten und gegen die natürlich die Unterlegenen schon aus politischen Überlegungen als ›böse‹ zu gelten hatten. Sicherlich muß man darin die Vorlage zur Mythe sehen, in der die Würde des toten Königs (= Osiris) auf den neuen Herrscher (= Horus) übergeht und mit ihm, aus göttlicher Fügung, die Erneuerung der Königsherrschaft erfolgt, denn *»die glücklichen Zeiten sind wieder angebrochen, ein Herrscher hat sich wieder über alle Länder erhoben«.*

Obgleich die spätere ägyptische Religion alleiniger Initiator und Kern wohl durchweg aller geistigen, kulturellen und künstlerischen Leistungen ihrer mehr als 3000jähri-

---

^{*} Katzengöttin Bastet   ^{**} Göttin Neith   ^{***} Grüne Schlangengöttin Buto

ÄGYPTENS RELIGION

An der Hand von Mut aus Theben tritt der König vor die drei bedeutendsten Götter Ägyptens: Amun von Theben, Rê von Heliopolis, Ptah von Memphis

gen Geschichte wurde, gehört sie auch heute noch zu den am schwierigsten zu erforschenden und klar zu deutenden Bereichen altägyptischen Geisteslebens, vor allem was ihre Entstehung anbelangt. Analogien, Rückschlüsse und Rekonstruktionen formen erst allmählich ein klares Bild um die, wie es leicht scheint, verworrenen religiösen Vorstellungen Altägyptens mit ihrer so überaus vielnamigen und gestaltreichen Götterwelt im Pantheon des pharaonischen Ägypten.

Tiere und ihre besonderen Fähigkeiten, irgendwie einseitig begabte Menschen, aber auch das Wachsen und Reifen der Pflanzenwelt und vor allem unerklärbare, dem beschränkten Gesichtskreis des Primitiven nicht zu deutende Erscheinungen der belebten Natur, die Himmelskörper und ihre Veränderungen, die Jahreszeiten und schließlich der Nil mit seinem beständigen Anschwellen und Abklingen der Flut, die Wüsten mit ihrer den Menschen bedrückenden Allgewalt, das und vieles mehr müssen, wie überall in der Welt, auch im Nil-Tal einen breitgefächerten Animismus bewirkt haben. Naturgötter entstanden oder wurden bereits als Stammes-Schutzgötter an den Nil mitgebracht. In den neuen Siedlungen hier und da wurden manche von ihnen zu besonders verehrungswürdigen Ortsgöttern, anfangs rohe, primitive Fetische, eine Holzstange, der heilige Pfahl, ein Schild, auf dem kreuzweise zwei Pfeile aufgenagelt waren, eine grobklobige Schnitzfigur. Die Gottheit hauste in der Ortsmitte auf ihrem Pfahle oder irgendwo in einem Geröllhaufen. Aber, allmählich wandelte man Pfähle, Zeichen und Totems in menschliche Gestalten, umwickelte sie mit Binden, betonte Kopf und Geschlechtsteile, setzte eine Kopfbedeckung auf, ließ hinten einen Löwenschwanz herabhängen, gab als Zepter einen Papyrusstengel in die Hand und festigte so die Vorstellung, Gewandung und Darstellung einer Gottheit allmählich an vielen Plätzen. *Min* in Koptos galt als Erntegott der Bauern und gleichzeitig am Startplatz der Wüstenkarawanen zum Roten Meer als ihr Schutzpatron. In Abydos wurde *Osiris* verehrt. Sein böser Bruder *Seth* hatte ihm nachgestellt, ihn getötet und wurde lange nachher von dessen Sohn *Horus* den Mutter *Isis* aufgezogen hatte, im Zweikampf besiegt. Beide lebten in der Unterwelt als Richter und Herrscher der Toten fort. Diese begrub man am Westufer des Nils, wo, bei Memphis im heißen Wüstensande bis zum

Halse eingescharrt und mit ausgebreiteten Flügeln der Falke *Sokar* lag, oder ebenso bei Abydos ein spitzmäuliger Schakal, »*erster der Westlichen*«, beide bald die Schutzgötter jener Nekropolen.

Wie in Koptos Gott Min, so verehrte man in Theben den *Amun* ursprünglich als Zeugungsgott, dazu den Widder-Bock, der den unheimlichen Zeugungsakt des Mannes besonders häufig zu vollziehen in der Lage war. Übersinnliche Kräfte wurden ihnen zugeordnet. Der Widder blieb des Amun heiliges Tier, in Mendes im Delta war er »*Gatte der Frau*«. Der widderköpfige *Chnum* bildete, er-zeugte als Schöpfer Menschen auf der Töpferscheibe, und die Hieroglyphe »*Macht, Ansehen*« zeigt einen Widderkopf mit welligen Hörnern, die als Abwehr- und Machtzauber magisch noch in den Königskronen ihre Kraft verbreiten.

Mit dem Stier Apis hatte es ähnliche Bewandtnis. Die Gottheit hatte ihre Inkarnation im Tier, *Ptah* im Apis-Stier, der elephantinische *Chnum* im Ziegenbock, Gott *Sobek* bei Kôm Ombo und im Fayûm im Krokodil, *Thoth* von Hermopolis im Ibis, *Bastet* in der Katze, der *Hathor* von Dendera war die Kuh geweiht, und von ihr geht die, übrigens auch im Delta (Saïs) schon gebräuchliche Vorstellung des Himmels als einer stehenden Kuh aus.

Aus den animistischen Numina, den lokalen Zufallsmächten und Göttern, waren allmählich echte Götterfiguren mit ihren speziell zugeordneten Mythen geworden. Mit Erfolg versuchte man die Kommunikation einer Gottheit zu seinem heiligen Tier auch äußerlich zu gestalten und verband die menschliche Gottfigur eigenartig kühn mit dem Kopf des heiligen Wesens zu tierköpfigen, uns so kurios anmutenden Göttergestalten: der widderköpfige *Amun*, die katzenköpfige *Bastet*, der schakalköpfige *Anubis*, der falkenköpfige *Chons*, die löwenköpfige *Sechmet*, der krokodilköpfige *Sobek*, der ibisköpfige *Thoth*, die nilpferdgestaltige *Toëris* und andere. Das entspricht, wesentlich folgerichtiger, den späteren griechischen Darstellungen der heiligen Göttertiere *neben* der Gottheit (der Eule der Athene oder dem Adler des Zeus usw.), oder den *auf* ein heiliges Tier postierten kleinasiatischen Götterbildern. In den Hauptorten der unterdes entstandenen Gaue eines vereinten Unter- und Oberägypten wurden sie oft zu sogenannten Gaugöttern.

Die aus der stets beobachteten Natur entstandenen großen, allen anderen in der Regel auch anfangs schon als übergeordnet vorgestellten Götter mischen sich letztlich in der Theologie mit der Idee eines sich alles unterordnenden, verborgenen Gottes. Das war die Sonnenscheibe – nicht Kugel – des Gottes *Rê*, die als Prinzip und lokalunabhängig, wenn auch in verschiedenen Deutungen, später Verbindungen mit anderen Hauptgöttern eingehen konnte und als Amun-Rê, Month-Rê, Sobek-Rê usw. ihre Universalität bestätigte. Denn er, Rê, lenkt alles Weltgeschick, und jeder König wurde dementsprechend (seit der 2. Dynastie) zum Sohn des Rê. Verbunden mit Atum wird Rê zum Atum-Rê, zum Gott der Schöpfung, zum Allbeherrscher mit der feurig Gift sprühenden, unbesiegbaren Schlange an seiner Stirn. Solcher verbindenden Ausweitung der Lehre von der Wesenheit der Götter mit dem Sonnengotte entspricht das Streben zur

Ordnung der Göttervielfalt, die letztlich nie mehr bedeutete als eine Zuordnung zu bestimmten Lebens-Natur-Erlebnisbereichen, der Versuch zur Ich(Mensch)-Du(Gott)-Beziehung. Dieser scheinbar unübersehbare Polytheismus der ägyptischen Religion löst sich auf, wenn man die einzelnen Götter lediglich als den Versuch ansieht, das unfaßbar Große, Heilige, Unbekannte in menschlich faßbare Erlebens- und Erscheinungsformen zu differenzieren, Gott-Teile zu bezeichnen, was eine Konsequenz zu einem reinen Monotheismus gar nicht erforderte. Wie man an Echnatons gescheitertem Versuch der Aton-Religion sieht, hätte dies dem Allgottverständnis geradezu entgegengewirkt, weil dem Volk dann die faßbar sinnliche Anschauung, Inbrunst und Tiefe fehlten, zumal die Sonnenscheibe als simpel sichtbares Gott-Wesen jetzt ebenfalls nicht mehr war als die bisherigen Götter auch. Aber seit der Episode von Amarna tendierte mehr denn je das stets vorhandene religiös-theologische Denken zu einem Einzig-Einen Universalgott. Im Grunde genommen standen sich niemals in Ägypten lokale Kulte und der Glaube an den, »*der zu groß, um erforscht, zu mächtig, um bekannt zu sein*«, gegenüber, sondern in den verschiedenen Göttern suchte der Ägypter die sich hinter ihnen allen wirkende, namenlose, unabhängige göttliche All-Macht, ein dem Nil-Tal eigener Monotheismus in der Form symbolisch polytheistischer Kulte. Scharfe Beobachter wie Porphyrius, Herodot oder Jamblinius hatten das schon früh erfaßt und schrieben, daß die Ägypter nur einen Gott hätten, einen einzigen ohne Anfang und unsterblich, und daß sie die Zahl der Gottheiten lediglich die Attribute seiner Gewalt symbolisieren wollten. Oberägypten vor allem, eine langgestreckte Nil-Oase, 5 bis 15 km breit, zwischen zwei Wüsten vom ersten Katarakt bis zum Delta mehr als 1000 km lang, mußte lokalen Eigenheiten förderlich sein und hat in der Tat Schrift und Sprache, Literatur und Kunst und eben auch bestimmte Kosmogonien gerade dort entstehen sehen, wo von altersher aus Stammessitzen der Vorzeit nun Gauhauptstädte der historischen Epochen geworden waren. Lokale Mythologien und Eigenschaften der betreffenden Ortsgottheiten mischten sich zu bestimmten kosmogonischen Vorstellungen.

Göttermythen

Exakt ist es den Ägyptern niemals gelungen, die Vielzahl ihrer Götter in ein festes System zu bringen und ihre Götterwelt konsequent zu ordnen. Zu mannigfach überschneiden sich einzelne Wesenszüge einzelner Götter und können bei verschiedener Charakterisierung leicht dieser oder jener Gruppe von Gottheiten zugewiesen werden. Die im folgenden genannten Götterlehren sind als die bedeutendsten anzusehen, haben allesamt gemeinsam einen Stufenplan im Verlaufe der Schöpfung ohne Rücksicht auf Prioritäten, weil eben alles von Gott Geschaffene gut und richtig ist, und unterscheiden sich allein durch ihre mehr oder weniger intellektuelle Anlage.

Wie nach jeder Nilschwelle regelmäßig aus den Wassern schlammartige Inseln und schließlich das lebensnotwendige Fruchtland wieder auftauchte, so ähnlich stellte man sich schon frühzeitig den Weltschöpfungsakt vor. Denn alles Leben kam offensichtlich aus dem Wasser, mußte einem Ur-Ozean entstiegen sein, in dem vor der Entstehung der Welt die acht Urgötter als chaotische Elemente herrschten. Dort personifizierten *Nun* und *Naunet* als erstes Paar diese anfangs schlangen- und froschgestaltige Achtheit, verkörperten das Urwasser im Chaos der Elemente, *Huh* und *Hauhet* den unendlichen Raum, *Kuk* und *Kauket* die triste Urfinsternis, umgeben vom leeren Nichts der Unendlichkeit, von *Amun* und *Amaunet*. Amun, ›der Verborgene‹ war es, der alle diese elementaren Mächte zum Chaos zusammengeweht hatte, er faßte und gestaltete den Schöpfungsplan, erschuf sich aus sich selbst heraus und dann die ganze andere Welt.

In *Hermopolis* galt der Ortsgott *Thoth* als Schutzgott. Schmunu hieß dessen Hauptstadt des Hasengaues einst, trug eine Häsin als Totem-Tier und dazu den Ibis und den Pavian des Gottes Thoth, des weisen Erfinders der Schrift und der Wissenschaften. Allein auf sein Gotteswort hin wurde die Welt – eine verblüffende Übereinstimmung mit der Götterlehre von Memphis und mit dem Schöpfungsbericht der Genesis. »*Gott sprach, es werde Licht, und es ward Licht.*«

Noch anders und den primitiven Vorstellungen der Vorzeit adäquater war, ebenfalls hermopolitanisch, die Vorstellung der Schöpfung aus den Urelementen. Aus dem Urmeer tauchte eine Flammeninsel mit dem Urhügel auf, und auf ihr erschienen die vier Götterpaare der hermopolitanischen Achtheit *(»Ich bin der Ausfluß der Urflut, ich bin hervorgegangen als eine Ausgeburt des Wassers«)*. Bedeutsamstes Ereignis im Angesichte der acht Urgötter aber wurde das Erscheinen der Sonne. Einmal soll ein Falkenweibchen auf den Urhügel Tatenen/Neith ein Ei gelegt haben, aus dem die Sonne entstiegen und die Welt geworden sei.

Anders wieder und – sehr poetisch – wird berichtet, daß aus einer dem Urozean entwachsenen Lotusblüte die Sonne in Gestalt eines strahlenden Knaben hervorgegangen sein soll, »*der aus der Lotusblüte emporstieg*«, der Sonnengott Rê, später verschmolzen mit dem Horus-Knaben. Tagsüber entließ ihn der Blütenkelch für sein Schöpfungswerk, abends kehrte er in ihn zurück, wo er, von den geschlossenen Blättern verborgen, ruhte bis zum nächsten Morgen.

Und als dritte Version entstieg dem Lotuskelch ein Skarabäus, der sich in einen Knaben verwandelte und aus dessen Tränen Menschen wurden, die so direkt allesamt Kinder des Sonnengottes Rê sind. Ob Urei oder Blütenkelch, beide umhüllen ein Geheimnis, das erst frei wird im Schöpfungsakt »*Deine Stätte ist seit der Urzeit auf dem Hügel von Hermopolis... du bist erschienen im Urmeere aus einem verborgenen Ei.*« Noch um 300 v. Chr. zeigten die Hohenpriester von Hermopolis Tempelbesuchern Eierschalen als kostbare Reliquie.

Sehr früh schon scheint man in *Heliopolis* versucht zu haben, vom Schöpfergott *Atum* aus über die Grundelemente Luft und Feuchte in kosmogonischer Entwicklung das gesamte irdische Naturleben zu systematisieren. Atum, ›Wesen des Alls‹, vereinigte

ÄGYPTENS RELIGION

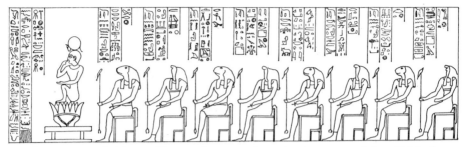

Der Sonnengott auf der Lotusblüte erscheint vor den acht Urgöttern auf dem Urhügel von Hermopolis: Rê auf der Blumenblüte im Messer-See, vier Götter mit Froschkopf, vier Göttinnen mit Schlangenkopf

sich mit der Sonne Rê und mit *Harachte*, dem Falken, der die Sonne symbolisiert, zum Weltengotte Atum-Rê-Harachte. Er zeugte durch Selbstbegattung das Paar *Schu* (= Luftraum, Leere, »überall da wo nichts ist«) und *Tefnut*, die Feuchtigkeit, »*Er nahm seinen Phallus in seine Faust, um damit Lust zu erzeugen, ein Geschwisterpaar ward erzeugt, Schu und Tefnut.*« Den Schu spuckte er aus, Tefnut erbrach er. Dieses erste Paar erzeugte ein neues, *Nut*, den Himmel, und *Geb*, die Erde (s. Fig. S. 100). *Nut*, die »*Große, die zum Himmel geworden ist*«, wird die Mutter des Osiris und bleibt als Göttin des Sargdeckels die gute Mutter für die Toten, den sie als Stern einst neu gebären wird. *Geb* versinnbildlicht die fruchtbare Erde Ägyptens. Diese beiden Elemente aber, die bisher so eng vereint waren im großen Chaos, trennt *Schu*, die Luftzone jetzt zwischen Himmel und Erde, der Wirkraum der Götter und Menschen. Geb und Nut zeugen *Osiris* und *Isis*, *Seth* und *Nephthys*, die in der Osiris-Legende die allgemeinen Schicksale der Menschheit widerspiegeln. Die Neunheit endet mit – oder gipfelt in – *Horus* und legitimiert damit über ihn, weil jeder Pharao ein Horus ist, die direkte Abstammung des Königs von Atum-Rê und sein Königtum über Gesamt-Ägypten, eine Identität mit dem erhabenen Weltengotte überhaupt.

In *Memphis* entsteht die Schöpfungslehre von ›Herz und Zunge‹, ins Geistige transponiert von Denken und Wollen, eine konsequent intellektuelle Lehre der Weltenschöpfung durch den erkennenden Geist und das Wort *(sia und hu)*, der große Gegensatz zur physischen Zeugung von Heliopolis und mehr als nur ein Ansatz zu einer ethischen Ordnung. *Ptah*, ein alter Ortsgott von Memphis, ›der sehr Große‹, vollzieht allein durch Denken und Benennen aller Dinge die Schöpfung, wobei *Horus* als Herz und *Thoth* als Zunge seinen Willen ausführen. »*Der sehr Große aber ist Ptah, der das Leben verliehen hat allen Göttern, nämlich ihren Kas, durch dieses Herz, aus dem Horus hervorkam ... es ist so, daß Herz und Zunge über alle Glieder Macht haben ... indem das Herz alles denkt, was es will, und die Zunge alles befiehlt, was sie will ... so wurden alle Götter geschaffen ... und zwar entstand jedes Gotteswort aus dem, was das Herz erdachte und die Zunge befahl ... es ruhte aber Ptah, nachdem er alle Dinge, alle Gottesworte geschaffen hatte.«* Mit der Ortsgöttin *Sechmet,* der löwengewaltigen, und dem wohlriechenden Lotuskind *Nefertêm,* bildet Ptah die memphitische Triade.

In *Theben* schließlich verehrte man aus dem benachbarten Koptos den Zeugungsgott *Min* und den Ortsgott *Amun,* der, als zur Zeit des Mittleren Reiches von Theben aus ganz Ägypten beherrscht wurde, aus politischen Gründen mit Rê zum Amun-Rê und also zum Gottkönig wurde, und damit zum Schützer des Pharao und seines Reiches, *»der Urgott, der am Anfang entstand, göttlicher Gott, der sich selbst erzeugte, der schuf, was existiert und machte, was besteht«.* Im Grunde vereinigt die thebanische Kosmogonie alle vorherigen zentriert auf Amun. Er ist der erste Ausdruck der Achtheit von Hermopolis, wie auch der Urhügel von Memphis, im *Nun* ist er der aus der Lotosblüte entstiegene Knabe, und er ordnet die Neunheit von Heliopolis so, daß er als Atum-Rê-Harachte an ihrer Spitze steht.

Neben den genannten bestanden noch andere Göttermythen und Kosmogonien, die meist deren Grundsubstanz übernahmen, jedoch lokal umformten, wobei oftmals verwickelte Beziehungen nebeneinander weiterbestehen blieben, ohne daß Versuche unternommen wurden, etwa widersprechende Züge auszugleichen, eine ganz typisch ägyptische Haltung. Der bedeutendste, volkstümliche Mythenkreis war zweifellos der um Osiris, weil er Göttliches menschlich verständlich machte und damit jeden ansprach, jeder konnte das Ringen zwischen Gut und Böse mitfühlen.

Die Osiris-Legende

Zusammenhängend erzählt nur Plutarch die Osiris-Legende, die wir aus ägyptischen Quellen nicht haben, die aber über mehrere ägyptische Texte verstreut und in Teilen so bestätigt wird (bes. Hymnus des Amun-môse und des Ani). Bericht nach Plutarch: Als Osiris zur Regierung gekommen war, führte er zum Nutzen seiner zufriedenen Untertanen bedeutende Reformen durch. Sein neidvoller Bruder Seth aber verschwor sich mit 72 Männern gegen ihn. Mit einer List brachte man Osiris zu Fall: Seth versprach demjenigen eine mitgebrachte kunstvolle hölzerne Lade zum Geschenk, der liegend genau in sie hineinpassen würde. Alle probierten, keinem entsprach sie in den Maßen, bis Osiris an die Reihe kam. Eben als er in der Lade lag, verschlossen die Verschwörer den Holzkasten, nagelten ihn zu und ließen ihn durch die tanitische Mündung des Nils ins Meer treiben (bei El Manzala heute zwischen Damietta und Port Said). Pane und Satyre erfuhren als erste von der Tat, und seitdem werden plötzliche Schrecken und Ängste ›panische‹ genannt. Unterdessen irrte die erschütterte Isis umher, suchte ihren Gemahl, brachte in Erfahrung, daß der Kasten bei Byblos gestrandet sei und holte ihn zurück nach Ägypten. Sobald Seth davon erfuhr, zerriß er eines Nachts irrwütend den Leichnam des Osiris in vierzehn Teile und verstreute diese weit umher. Die treue Isis aber suchte sie mühsam alle wieder zusammen, fand nur das Schamglied nicht, das, in den Nil geworfen, von den Fischen Lepidotos, Phagros und Oxyrhynchos gefressen worden war. Alle Teile begrub sie jeweils dort, wo sie sie gefunden hatte – der Grund für die vielen Osiris-Gräber überall in Ägypten.

Der unterdessen zum Herrscher der Unterwelt gewordene Osiris kehrte zurück und rüstete seinen Sohn Horus zum Kampfe gegen Seth. Der besiegte ihn schließlich in einem furchtbaren Gefecht, nahm ihn gefangen und übergab ihn der Isis.

Nun gibt es mehrere Versionen. Nach der einen übernimmt Horus den Thron seines Vaters, Seths prompter Einspruch und Hinweis auf eine illegitime Geburt des Horus wird vom höchsten Göttergericht verworfen und die Welt zwischen Horus (= gut) und Seth (= böse) aufgeteilt. Eine andere ägyptische Überlieferung sagt: Osiris wurde zum Gott der Abendsonne und dann von Seth, dem Herrscher der Finsternis, getötet und von Horus gerächt, der seinen Vater Osiris zum Leben erweckt und zum Herrscher im Weltreich der Toten einsetzte.

So muß, wie Osiris, jeder Mensch den Tod erleiden, kann aber auch im Jenseits ein ewiges Leben erlangen. Voraussetzung dafür ist, daß die Hinterbliebenen die gleichen Grabriten durchführen, wie es Horus einst für seinen Vater Osiris getan hat. Vom Sonnengott zum Totengott ist Osiris so zum populärsten aller ägyptischen Gottheiten geworden, und es nimmt nicht wunder, daß er in kürzester Zeit neue Züge und Funktionen übernehmen mußte, mit anderen Göttern verschmolz oder sich bedeutende Wesenszüge von ihnen aneignete. Bereits in der 5. Dynastie war seine Dominanz so gewaltig, daß ab da jeder tote Pharao zum Osiris selbst wurde, bis dann am Ausgang des Mittleren Reiches schließlich jeder Tote überhaupt zum Osiris werden konnte –, eine unerhörte Entwicklung, die das einstige Privileg des Königs auf Unsterblichkeit nun jedem zusprach: Nachfolger des Osiris zu werden, war das Ziel jedes Ägypters und der Hintergrund für all die umfangreichen Totenriten und Grabtexte.

Zum altägyptischen Mythenkreis gehört schließlich auch der von der ›Vernichtung des Menschengeschlechtes‹, aus einem Zauberbuch, das die Könige Sethos I. und Ramses III. in ihren Gräbern haben aufzeichnen lassen und das den Schrein des Tut-ench-Amun ziert: Als die schlecht und böse gewordene Menschheit sich gegen die Gottheit zu empören anschickt, beschließt Rê sie zu vernichten, und Hathor-Sechmet beginnt ein so grauenvolles Menschentöten, daß Gott Rê schnell seinen Entschluß bereut. Mit einer List – Rê macht die blutgierige Sechmet mit rotem Wein trunken – rettet er die Menschheit, doch »*mein Herz ist dessen müde, mit ihnen zusammen zu sein*«, er zieht sich in den Himmel, auf die Himmelskuh, zurück und ordnet seine Weltregierung neu mit Thoth als seinem Stellvertreter – der Kern der biblischen Sintflutsage wie der nordischen Sonnenwende.

Die Königs-Theologie

Über Horus, Osiris und die genannten Kosmogonien baut sich die altägyptische Königs-Theologie auf, die bis in die römische Kaiserzeit bedeutsam und gültig blieb, die Legitimation des Herrschers als Gott, als leiblicher Sohn der Gottheit. Tempelbilder und Texte erläutern, wie Amun in Menschengestalt als herrschender König sich mit der Königin vereinigt (man vergleiche diese Theogonie mit der christlichen Version von Mariä Empfängnis durch die Gottnatur Geist). Sie gebiert den Knaben, den andere Götter taufen und Hathoren ernähren, da dieser neue Erdenbürger als Horus jetzt die Nachfolge seines verstorbenen Vaters Osiris anzutreten bereit ist. Jeder König ist also leiblicher Sohn des Amun-Rê, und das Fest zur Thronbesteigung eines Königs schwingt zwischen Verklärung, traditionellen Zeremonien und den stets direkten oder phraseologischen Hinweisen auf seine Gottherrlichkeit. In einem Kultlauf ›um die Mauern‹ ergreift er Besitz von seiner irdischen Welt, Horus und Seth übergeben ihm die Kronen beider Landesteile, die Götter setzen seine Titulatur zusammen, und Thoth schreibt sie auf ein Blatt des heiligen Isched-Baumes. Fünf Namen sind es, von denen der Horus-Name vor allen anderen stets den Vorrang hatte: über einem viereckigen Rahmen (= der Königspalast) ein Horus-Falke, im Rahmen der Name; dann folgen der Nebti-Name für die Landesteile, eine Geierfigur der Göttin Nechbet für Oberägypten, die Kobra der Wadschet für Unterägypten, Symbol für die Doppelmonarchie, und drittens sein Nesutbit-Name mit einem Schilfrohr für Ober-, einer Biene für Unterägypten.

Solche Vielnamigkeit ist übrigens mit ein Grund für die Schwierigkeiten der Einordnung und Identifizierung der ägyptischen Herrscher, da Manetho die gräzisierte

Horus	Die beiden Herrinnen		Der Goldene Horus
Starker Stier	Der Ägypten schützt		reich an Jahren
geliebt von der Göttin des Rechtes	und die Fremdländer bezwingt		groß an Siegen
König von Ober- und Unterägypten	Sohn des Rê		
Rê ist stark an Wahrheit von Rê auserwählt	Ramses geliebt von Amun Leben sei ihm gegeben in alle Ewigkeit		

Die fünf Namen des Titels mit den Beinamen von König Ramses II.

Form der Nebti-Namen, aber auch Nesutbit-Namen, die Königslisten die Nesutbit-Namen und die Mehrzahl der zeitgenössischen Monumente, Inschriften usw. den Horus-Namen anwenden. Rechmirê, ein königlicher Wesir aus der Zeit um 1500, drückt des Königs göttliche Natur treffend so aus: »*Er ist ein Gott, von dessen Tun und Lassen man lebt, Vater und Mutter aller Menschen, einzig, ohne seinesgleichen.*«

Die Götter

An dieser Stelle mögen vorerst einzelne wichtige Götter kurz vorgestellt werden (in alphabetischer Reihenfolge): Über ihr Verständnis ist auch die ägyptische Bildniskunst und ihr sinnbildlicher Hintergrund leichter zu begreifen.

Amun

Ursprünglich Ortsgott von Theben, Fruchtbarkeits-, Zeugungs- und Lichtgott und deshalb später mit dem Sonnengott Rê zu Amun-Rê verschmolzen und ihm gleichgestellt. Als Gott der Achtheit von Hermopolis »der Verborgene«, und Gott des Windes, daher die Federkrone mit der Bedeutung »allem seinen göttlichen Odem einhauchen«. In der Regel wird er in Menschengestalt dargestellt, blaufarbig, das Henkelkreuz in der einen, das Was-Zepter in der anderen Hand (Abb. 177), seltener findet man ihn mit Widderkopf oder überhaupt als Widder mit nach unten gebogenen Hörnern dargestellt (oft in Äthiopien). Seine heiligen Tiere sind Widder und Gans. Mit seiner Gattin Mut und ihrem Sohn Chons bildet er die heilige Familie, eine Triade.

Nach der Vertreibung der Hyksos durch thebanische Könige steigt er zum Reichsgott auf, sein Tempel in Karnak wurde das alle anderen überragende Bauwerk Ägyptens und die Amun-Priesterschaft die einflußreichste und wohlhabendste im Lande. Trotz der Episode von Amarna unter Echnaton und der Eifersüchteleien anderer Kulte konnte er sich bis ins 5. Jahrhundert v. Chr. behaupten.

Neben dem Karnak-Tempel war in der Oase Siwa das Ammonium ein in der Antike weltberühmtes Amun-Heiligtum, zu dessen Orakel Kambyses vergeblich, Alexander der Große mit Erfolg reiste und dort als »Sohn des Amun (Amon)« feierlich begrüßt wurde (s. S. 393 bis 397).

Anubis

Nach der Osiris-Legende ist er ein Sohn des Osiris, den dieser ungewollt und illegal mit Nephthys zeugte. »*Isis erfuhr, daß Osiris ohne ihr Wissen ihrer Schwester Nephthys in Liebe beigewohnt hatte, als ob sie es selbst sei. Da suchte sie das Kind. Von Hunden geführt fand sie es und zog es auf. Es erhielt den Namen Anubis und soll für die Götter wachen wie die Hunde für die Menschen*« (Plutarch). In alten Zeiten bereits war er der Totengott, lange bevor Osiris dieses Amt übernahm. Geblieben ist er »der Balsamierer des Leichnams« und deshalb »der mit der Mumienbinde«, der »Herr der Totenstadt« und »der von der Gotteshalle« (der Platz für die Mumifizierung), der

   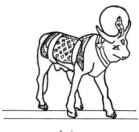

Amun   *Amun*   *Anubis*   *Apis*

also den Leichnam für den Eintritt in das Westland Amentet so vorbereitet, daß er schicklich vor den richtenden Osiris treten kann, während seine Lebenstaten von Horus und ihm, Anubis, ausgewogen werden. Üblicherweise bewacht er als schwarzer Hund, der auf einer Mastaba liegt, die Türen der Felsgräber, sonst wird er dargestellt in Menschengestalt mit schwarzer Hautfarbe, aber schakalköpfig (nicht hundeköpfig, wie die Griechen meinten), »der auf dem schwarzen Gebirge«, wie er sich betulich tief über die Mumie neigt, die er gleich in das ewige Leben aufnehmen wird. Nach Plutarch opferte man ihm einen weißen oder gelben Hahn. Sein Haupheiligtum lag in Kynopolis (Hundestadt, Mittelägypten), Darstellungen findet man besonders in vielen Felsengräbern, Anubis-Kapellen in Dêr el-Bahri und im Grabe des Senodjem in Dêr el-Medîna.

Apis

Einer der ältesten Fruchtbarkeitsgötter Ägyptens, soll, nach Manetho, gleichzeitig mit dem heliopolitanischen Mnevis-Stier und dem Bock von Mendes zur Zeit der 2. Dynastie offiziell eingeführt worden sein. Seine Verehrung in Memphis bringt ihn mit Ptah in Verbindung, dessen »herrliche Seele« er wird. Im Rahmen der späteren theologischen Identifikation anderer Götter, und auch des Apis, mit dem Sonnengott Rê bekommt er sein glanzvolles Abzeichen, die Sonnenscheibe, zwischen die Hörner. Schließlich vermischt er sich auch mit Osiris (das »beseelte Bild des Osiris«) und steigt zum Totengott auf, als der er nach seinem Tode sogar, wie alle Menschen auch, zum Osiris-Apis wird. Stets stellt man ihn als untersetzten schwarzen Stier dar, mit der Sonnenscheibe und einer davor aufgerichteten Kobra, mitten auf der Stirn ein weißer, dreieckiger Fleck, Wamme, Beine und Schwanzende weiß, um den Hals eine mehrteilige, breite Kette, über Nacken und Hinterteil einen Geier mit ausgebreiteten Schwingen, eine Decke auf dem Rücken.

Seine Haupheiligtümer sind das Serapeum in Sakkâra und das in Alexandrien.

Aton

Die Sonne als sichtbare Naturerscheinung. Nur das Gestirn allein ohne jedes mythologische Beiwerk, wird zum einzigen Gott – im Gegensatz zum bisherigen Sonnengott Rê mit seinen vielen menschlich dargestellten Erscheinungsformen. Von Heliopolis ausgehend entstand um 1450 die Aton-Verehrung, die unter Amenophis IV. (Echnaton) zur allgültigen Aton-Religion in Gesamtägypten wurde.

ÄGYPTENS RELIGION

Aton *Atum* *Bastet* *Bes*

Dargestellt wird Aton stets als Sonnenscheibe, von der nach unten Strahlen ausgehen, die in geöffneten Händen enden und dort, wo sie auf Nasen treffen, das Zeichen für ›Leben‹ spenden (Abb. 92). Atons Haupttheiligtum stand in Amarna, bedeutsam sind die Sonnen-Hymnen, am schönsten die des Königs selbst: ... »*gehst du zur Ruhe im westlichen Horizont, so liegt die Erde in Finsternis, als wäre sie gestorben ... gehst du morgens in Horizonte auf und erglänzt als Aton am Tage, so vertreibst du die Finsternis und spendest deine Strahlen.*«

Atum

Verbunden mit dem heliopolitanischen Rê zum Schöpfergott Atum-Rê, steht er dort an der Spitze der großen Neunheit. Der Mythenkreis um die täglichen Fahrten des Sonnengottes Rê zeigt ihn als »Vollender«, als zittrigen Alten abends, wenn die Sonne untergeht, deshalb auch Gott des Sonnenuntergangs.

Dargestellt wird er meist als Mensch mit Doppelkrone, »Herr der beiden Länder«, Was-Zepter und Lebenszeichen, seltener in Schlangengestalt. Pithom, die Hauptstadt des achten unterägyptischen Gaues, Grenzstadt im Wâdi Tummilât, weist in ihrem Namen ›Haus des Atum‹ auf den Atum-Kult hin. Hier sollen die Juden unter Ramses Frondienste geleistet haben (2. Mos. I, II).

Bastet

Ursprünglich wohl eine Lokalgöttin und »die gewaltige Herrin von Bubastis« im Delta, dort die fröhliche Göttin der Liebe und Freude. Zusammen mit ihrem Gegenstück, der löwenköpfigen Sechmet, charakterisiert sie die göttliche Wesenheit zwischen Furcht und Liebe. Herodot berichtet: »*Wenn sie nach Bubastis fahren, verläuft die Feier so: Eine große Volksmenge fährt in jedem Boot. Einige Frauen haben Rasseln, mit denen sie Lärm machen, die Männer spielen Flöte. Die übrigen Leute singen und klatschen in die Hände. Fahren sie an einer anderen Stadt vorbei, lenken sie ihr Schiff ans Ufer und benehmen sich so: Einige Frauen handeln wie erzählt, andere rufen die Frauen dieser Stadt heraus und necken sie, wieder andere tanzen, andere stehen auf und heben ihre Röcke in die Höhe. Das wiederholt sich bei jeder Stadt, die am Flusse liegt. Wenn sie nach Bubastis kommen, begehen sie ihr Fest unter großen Opfern. Dabei wird in diesen Tagen mehr Wein vom Rebstock verbraucht als im ganzen übrigen Jahr. Die Zahl der Gäste, Männer und Frauen außer Kindern, beträgt sogar bis zu 700000, wie die Einheimischen erzählen.*«

Chnum bildet auf der Töpferscheibe einen Knaben

Chons

Hathor

Horus

Dargestellt wird Bastet in Menschengestalt mit fröhlich lachendem Katzenkopf, Brustschild mit Katzen- oder Löwenkopf, ein Körbchen am Arm, in der Hand ein Sistrum – oder als große, hoheitsvolle Katze oder Katzenmutter mit Jungen. In der Spätzeit entstehen für die Tiermumien ausgedehnte Katzenfriedhöfe.

Bes

Halbgott und Schutzgeist, dargestellt als mißgebildeter Satyr mit fratzenhaftem Silengesicht und oft herausgestreckter Zunge, lächelnd oder grotesk glotzend, um zu beschwichtigen oder zu erschrecken, die Schutzfunktionen gegen böse Geister, Schlangen und Krokodile, aber auch zum Beschützen der Gebärenden und Wöchnerinnen vor schlimmen Einflüssen. Bilder besonders an den Wänden der Geburtshäuser (Mammisi) in den großen Tempeln (Abb. 101, 104).

Chnum

Schöpfergott, der die Menschen und alle Dinge auf der Töpferscheibe formt; Wächter und Spender der Nilquelle bei Elephantine, die man sich, als man noch nicht über den 1. Katarakt hinaus weiter südlich vorgedrungen war, dort dachte. Deshalb war Chnum auch allgemein der Herr über das Wasser, den Nil, seine Fluten, Seen und Katarakte, ›Chum-Rê, Herr von Elephantine‹. König Djoser wandte sich, als einmal die Nilflut auszubleiben drohte, auf den Rat seines weisen Ministers Imhotep an Chnum. Der Gott half und erhielt dafür seinen Haupttempel auf Elephantine, bestimmte großzügige Subsidien und Privilegien.

Dargestellt wird er in Menschengestalt mit Widderkopf und doppelt gedrehten Hörnern, vor einer Töpferscheibe sitzend beim Formen von Menschen. Gute Bilder findet man in den Tempeln von Luxor, Dêr el-Bahri und, aus der Spätzeit, im Chnum-Tempel von Esna Texte, z. B. die berühmte ›Hungersnot-Stele‹, mit größter Wahrscheinlichkeit eine Fälschung aus ptolemäischer Zeit, allerdings von uralten Quellen abgeschrieben: *»Ich bin Chnum, der dich gebildet hat. Meine Hände sind hinter dir, um deinen Leib zu heilen und um deine Glieder gesund zu machen.«*

Chons

Mondgott, trägt als solcher in Menschengestalt mit Falkenkopf eine Mondscheibe und Mondsichel. Mit seinem Vater Amun und der Mutter Mut bildet er die thebanische Triade. In Mumienform dargestellt, hängt ihm das Abzei-

ÄGYPTENS RELIGION

Kanopen der Horus-Kinder, von links nach rechts: Hapi, Dua-Mutef, Kebeh-Senuef, Amset   *Imhotep*   *Isis*   *Maat*

chen der Kinder, eine Locke (Abb. 109), von der rechten Seite des Kopfes (Gottkind), schließlich galt er als öffentlicher Ratgeber, konnte Dämonen austreiben und Wahn heilen. Auf einer im Chons-Tempel von Karnak gefundenen sogenannten Bentresch-Stele haben die Chons-Priester eine alte Volkssage von einer wundersamen Heilung einer fremden Prinzessin durch einen Gott für ihren Chons usurpiert und zur frommen Legende ausgesponnen: ... »*mein guter Vater, wende dein Antlitz dem Chons zu, dem Ratgeber, dem großen Gott, der die Schwarmgeister vertreibt ... gib ihm den Schutzzauber mit.*«

Hathor

Ursprünglich war sie die Göttin der Liebe, die Fürstin des Tanzes und der Freude; drei Städte in Ägypten hießen ihr zur Ehre Aphroditopolis, adäquat der griechischen Aphrodite. Im Laufe der Zeit verschmolzen mit ihr viele andere Götter und Eigenschaften. Wie Isis wird sie eine Himmelsgöttin und verbindet sich bis zur Identität mit ihr. Plutarch übersetzt ihren Namen als »Haus des Horus«, sie wird zu seiner Mutter und Amme, die »Glänzende«, »Strahlende«, »Leuchtende« ist sie, ja sogar als »das Gold unter den Göttern und das Elektron unter den Göttinnen« wird sie gepriesen. Dem Osiris zugesellt, steigt sie ab zur »Göttin der Unterwelt«. Wie man allgemein nach dem Tode zum Osiris wird, so werden in der Spätzeit alle Frauen zur Hathor. Als »Schutzgöttin des Wüstengebirges der Toten« beschützt sie die Verstorbenen, im Sinai als »Herrin der fernen Länder« und als »Herrin des Türkislandes« besonders die Kupfererz- und Türkisminen um Serabît el-Châdim. Selbst zu sieben Hathoren weitet sich ihre Charakteristik und wird zu allen Schicksalsgöttinnen überhaupt.

Ihr Haupttheiligtum liegt in Dendera, wurde von Kleopatra nach Cäsarions Geburt so prächtig ausgebaut, daß der Tempel heute zu den besterhaltenen im Lande zählt (Abb. 101–109). Dargestellt wird Hathor dort in Menschengestalt mit Kuhohren und lyraförmigen Hörnern um eine Sonnenscheibe, in der Hand einen Papyrusstengel mit geöffneter Dolde (Abb. 103, 109, vgl. a. Abb. 191). Vermählt ist sie mit Horus von Edfu, ihr Sohn ist Ihi (Abb. 109), der Gott der Musikanten. Zur eigentlich kuhgestaltigen Göttin gehört die Kuh als heiliges Tier, und so dargestellt findet man sie mit Kuhkopf (viele Hathor-Pfeiler; Abb. 105, 170, 171) oder überhaupt als Kuh, wie in der Hathor-Kapelle in Dêr el-Bahri. Vorherrschend sind stets die liebenswert mütterlichen Züge der Göttin. Dem dritten altägyptischen Monat gab sie ihren Namen.

Min   Month   Mut   Neith   Nephthys

Horus

Als einer der ältesten und wesentlichsten Götter Ägyptens hat sich auch sein Bild im Verlaufe der Geschichte in alle Götterlehren und Kulte eingewoben. Anfangs war er ein Himmelsgott in der Gestalt eines Falken und somit gleichzeitig Herrscher des Himmels-Luftraumes, seine Augen Sonne und Mond – oder als geflügelte Sonne *»Horus der große Gott, der Herr des Himmels, der Sohn des Rê, der den Himmel erhebt, aus dem er hervorgegangen ist«.* So ist er zum Sonnengott geworden, »Rê, welcher ist das Haus im Horizont«, Rê-Harachte, Königsgott von Hierakonpolis, der Residenz der ersten Herrscher über ein vereinigtes Ägypten und dort seit der 1. Dynastie ihr Gott, von dem die Pharaonen künftighin Abstammung, Macht und Würde ableiteten, die irdische Inkarnation des Gottes, sichtbar gemacht im Horus-Namen, dem ersten der königlichen Titulatur (s. S. 93). Im Mythos und der heliopolitanischen Götterlehre wird er Sohn der Isis und des Osiris und der strahlende Gegenpart des trüben Seth, der letztlich das Böse überwinden und seine Rechte ertrotzen kann, Ägyptens Nationalheros.

Dargestellt wird er auf frühgeschichtlichen Stelen als stehender, stolzer Falke (Abb. 188), als geflügelte Sonne oder in Menschengestalt mit Falkenkopf (Abb. 191). Ist er der Sohn der Isis, nämlich Harsiësis, auch Harpokrates, »Horus das Kind«, wird er auch so gezeigt: stehend oder sitzend mit der Kind-Gebärde, Finger am Mund und oft den geschwungenen Zopf an der rechten Kopfseite (Abb. 106). Er heißt Haroëris, »der große Horus«, wenn er älter ist, so etwa in Kôm Ombo (Abb. 194) und bei Memphis.

Seine vier Söhne (Horus-Kinder) versinnbildlichen die vier Himmelsrichtungen und beschützen als Deckelfiguren die Kanopenkrüge für die inneren Organe des Toten (Leber, Lunge, Magen, Eingeweide), Amset mit Menschenkopf die Leber, Hapi mit Paviankopf die Lunge, Dua-Mutef mit Schakalkopf den Magen und Kebeh-Senuef mit Falkenkopf die Eingeweide. *»Heil dir, sagen die vier Götter, o Osiris, Erster der Westlichen, die auf der Mauer deines Gemaches sitzen. Sie schützen deinen Ka und wehren die Feinde von dem Orte ab, an dem du dich aufhältst.«*

Imhotep

Der weise Imhotep war eine historische Persönlichkeit, war Ratgeber, Minister, Arzt und Baumeister von König Djoser aus der 3. Dynastie und hat vor allem die Stufenmastaba und die Königsbauten in Sakkâra errichtet. Er kann

ÄGYPTENS RELIGION

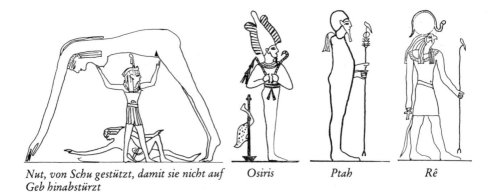

Nut, von Schu gestützt, damit sie nicht auf Geb hinabstürzt *Osiris* *Ptah* *Rê*

somit als Erfinder der ägyptischen Steinbaukunst angesprochen werden. So wurde er zum Schutzherren der Baumeister. Zudem verbreitete sein Wissen den Ruf ganz besonderer Gelehrsamkeit, schon im Mittleren Reiche wurden seine Weisheitssprüche zitiert, und als Autor bedeutender Schriften (sie sind alle verlorengegangen) wurde er auch der Schutzherr der Schreiber, die vor Beginn jeder Schreibarbeit für Imhotep einen Tropfen Wasser versprengten. *»Er enthüllte mir die verborgenen Wunder, zu denen die Vorfahren den Weg genommen hatten und die unter keinem König seit der Zeit des Rê ihresgleichen hatten.«* Sogar als »Sohn des Ptah« wird er angesprochen und seit der Spätzeit als Gott der Heilkunst und der Mediziner verehrt, er bekommt einen eigenen Kult, in vielen Tempeln entstehen für ihn kleine Kapellen, auf Philae sogar ein eigener Tempel am Isis-Heiligtum. Die Griechen setzten ihn mit ihrem Asklepios gleich und nannten ihn Imutes. Zu seinem Asklepieion in Sakkâra strömten jahrhundertelang Gebrechliche und Kranke, um Heilung zu finden (Berichte über Wunderheilungen).

Dargestellt wird er meist als vornehmer Herr, der etwas steif auf seinem Sessel sitzt, das strenge Gesicht geradeaus oder auf eine Papyrusrolle gerichtet, die er auf seinen Knien hält. Darstellungen im Museum Kairo und im Louvre.

Isis

Vermutlich – aber nicht erwiesen – war Isis ursprünglich eine Delta-Göttin und Schutzherrin der Königskrone (This?) und könnte von daher das Bild der Hieroglyphe ›Thron‹ auf ihrem Kopf bekommen haben. Mit der Osiris-Legende aber steigt sie auf zur beliebtesten, den Ägyptern vertrautesten Göttin überhaupt, die schon mit dem Luftzug ihrer Flügel Leben einhauchen kann und die vom toten Osiris dessen Nachfolger Horus empfängt: *»... deine Schwester Isis kommt zu dir, jauchzend aus Liebe zu dir, du setzt sie auf dein Glied, und dein Same strömt in sie aus ...«* Ihn zieht sie, ganz selbstlose Mutter, in den Sümpfen von Chemmis auf und wird so zur Schutzherrin aller Kinder. Als universale Göttin hatte sie bald überall im Lande ihre Kulte, Feste und Tempel, und die Wesenheiten vieler anderer, besonders lokaler Gottheiten, gingen in ihr auf, denn *»... sie übertraf Millionen von Göttern ... es gab nichts, was sie nicht gewußt hätte im Himmel und auf Erden ... Die Mutter der ganzen Natur, die Herrin aller Elemente, Anfang und Ursprung der Jahrhunderte ... die oberste Gottheit, die Königin der Toten, die erste der Bewohner des Himmels ...«*

Ihre Haupheiligtümer standen auf der Insel Philae, in Memphis und Busiris. Dargestellt

Sarapis   Sechmet   Selkis   Seschât   Seth

wird sie in Menschengestalt, stehend mit der Thron-Hieroglyphe oder Kuhhörnern und Sonnenscheibe auf dem Kopfe und einen Papyrusstengel mit geöffneter Dolde in der Hand – oder öfters und sinnvoller – sitzend und den kleinen Harpokrates (Harpokrates = Horus, das Kind) stillend, die Vorlage für unsere Madonnenbilder. Von der Antike mit Demeter, Juno oder Hekate gleichgesetzt, verbreitete sich ihr Kult in der gesamten alten Welt (in Rom mußte mehrfach gegen Mißbräuche während der Isis-Mythen eingeschritten werden) bis hinauf zum Rhein und wurde noch in christlicher Zeit gepflegt. Darstellungen der Isis findet man unter anderem im Philae-Tempel und besonders schön im Tempel von Kalâbscha (Abb. 209).

Maat

Sie personifiziert den Gesamtinhalt der Begriffe Wahrheit, Recht, Ordnung, Eintracht, Gerechtigkeit, die Funktionen des Kosmos, also Weltenordnung und fundamentale Ethik. »Priester der Maat« wurde folgerichtig der Titel des obersten Richters im Lande. Maat, die »Tochter des Rê«, trägt der König behutsam in seiner hohlen Hand und bringt sie den Göttern dar, sie ist Opfergabe und Opfer an sich. Als die absolute Wahrheit sitzt sie auf dem Thron im Gerichtssaal des Osiris oder als Gewicht auf der rechten Waagschale und wiegt das Herz des Toten beim großen Totengericht. Leicht muß es befunden werden, wie die Straußenfeder der Göttin, die sie auf dem Kopfe trägt und die oftmals stellvertretend für sie allein gezeichnet wird.

Darstellungen der Maat gibt es auf vielen Bildern zum Totengericht, besonders an Grabwänden.

Min

Schöpfergott, Herr der Fruchtbarkeit, Erntegott und Herr der östlichen Wüstenstraßen von seinen Hauptkultorten Achmîm und Koptos zum Roten Meer. Am Min-Fest opferte man dem Gotte Lattich, weil dessen dickweißer, dem Sperma ähnelnder Saft kräftezeugend sein soll. Darstellungen solcher Erntefeste und Prozessionen sieht man an den Pylonen in den Tempeln von Luxor und Medînet Hâbu, Min als Herr der Wüsten in der Kapelle Sesostris' I. in Karnak.

Dargestellt wird Min seltener mit Kappe, meist aber mit der doppelten Federkrone des Gottes Amun, mit dem er verschmolzen ist, die königliche Geißel über dem erhoben angewinkelten Arm, den anderen stets unter dem eng gewickelten Gewand und den erigierten Phallus haltend (Abb. 136, 137). Die ganze

ÄGYPTENS RELIGION

Sobek   Thoth   Toëris   Upuaut

Figur war mit einer Teermasse schwarz bestrichen. »*Ich bin Min, ich habe meine Doppelfeder auf meinen Kopf gesetzt.*«

Month

Früh ein thebanischer Lokalgott, zur Zeit der 11. Dynastie die Schutzgottheit des Königshauses und allgemein Kriegsgott der Stadt Hermopolis, d. h. »On des Gottes Month«, wird aber in Theben von Amun überlagert, obgleich dort sein größter Tempel steht (Karnak). Sein heiliges Tier ist der Buchis-Stier (Gräber heiliger Stiere bei Ermant, 20 km südlich Luxor).

Dargestellt wird Month in Menschengestalt mit Falkenkopf, Sonnenscheibe mit Doppel-Uräus und doppelter Federkrone.

Mut

Thebanische Göttin, Gemahlin des Amun und Mutter des Mondgottes Chons, »die Fürstin des Amun-Tempels«, einst geiergestaltig, in der jeweils herrschenden Königin inkarniert, die deshalb oft eine Geierhaube trägt. Ihr Tempel liegt in Karnak an einem hufeisenförmigen See.

Neith

Von ihr als einer Schöpfergöttin, dem Urwasser, entstand ungeschlechtlich alles Leben, also ist sie die Mutter der Sonne, aber auch Waffen- und Kriegsgöttin, sie vertreibt böse Geister, hat die Webkunst erfunden, ist Herrin der Salböle und so auch Beschützerin der Kanopenkrüge und der Sarkophage, die sie weit mit ihren Flügeln umspannt. Als Delta-Göttin hat sie enge Beziehungen zu Osiris und dem Krokodilgott Sobek, und sie gelangte zur Zeit der Saïten in ihrem Heimat- und Stadtbezirk Saïs zu höchstem Ansehen. Die Griechen setzten sie Athene gleich.

Dargestellt wird sie in Menschengestalt, meist mit der Krone Unterägyptens auf dem Kopf, seltener mit ihrem Schriftzeichen, in der Hand einen Papyrusstab, Bogen und zwei gekreuzte Pfeile, manchmal auch mit einem Schild. Schönste Darstellungen am Kanopenschrein in der Thut-ench-Amun-Sammlung.

Nephthys

In der Osiris-Legende wirkt sie mit ihrer Schwester Isis als Schützerin und bei der Wiedergeburt des toten Gottes als Helferin. Sie ist die Mutter des Anubis und wird auch als

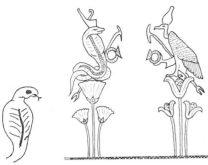

Uräus *Uto und Nechbet auf der Papyrus- und Lotos-Dolde*

Dargestellt wird Nut stets als eine gedehnte Frauenfigur mit den Füßen im östlichen, dem Kopf im westlichen Horizont, wobei diese vier Stützen das Himmelsgewölbe ihres Leibes tragen, Schu und Geb unter ihr. Dieses oft in den Details abgewandelte Bild überspannt Sargkammern und Sarkophagdeckel vor allem in den Königsgräbern (z. B. Sethos' I. und Ramses' III.), in Zauberbüchern, im Osireion in Abydos, in Kiosken in Dendera und Edfu. Die schönste Darstellung ist die auf einem Sarkophag aus der 30. Dynastie, heute im Metropolitan Museum in New York.

Gattin des Seth überliefert. Verbindungen bestehen zur Katarakt-Göttin Anukis. Sonst spielt sie ihre Rolle nur in der heliopolitanischen Götterlehre, ein besonderer Kult ist nicht bekannt.

Dargestellt wird sie in Menschengestalt mit der Hieroglyphe »Herrin des Hauses« auf dem Kopf, einen Papyrusstengel mit Dolde und das Ank-Zeichen in den Händen. Wie Neith schützt sie Kanopen und Sarkophage und wird identisch gezeichnet. *»O, Osiris ... Isis redet zu dir und Nephthys grüßt dich.«*

Nut

Zuerst ist sie die Mutter des Sonnengottes Rê und verschluckt an jedem Abend die Sonne, um sie am kommenden Morgen wieder neu zu gebären. So steht sie als große Kuh über der Welt, und alle Gestirne segeln in Barken an ihrem Leibe entlang. In der heliopolitanischen Götterlehre ist sie Gemahlin des Erdgottes Geb, Mutter von Osiris, Isis, Nephthys und Seth. Ihre fünf Kinder gebar sie nach einem Brettspiel in den fünf Tagen, die sie dem Herrn der Zeitrechnung Thoth abgewonnen hatte, und die seitdem zu den 360 Kalendertagen hinzugerechnet werden.

Osiris

In der Mythologie ist er der älteste Sohn des Erdgottes Geb und der Himmelsgöttin Nut, Gemahl seiner Schwester Isis und Bruder der Nephthys und des Seth. Über die Osiris-Legende steigt er auf zum bekanntesten Gotte Ägyptens, vermischt sich mit vielen anderen göttlichen Wesenheiten und wird zum Inbegriff der göttlichen Familie mit Isis und Horus. Sein Weg im Verlaufe vieler Erscheinungsformen (Sonnengott, Fruchtbarkeitsgott) endet triumphal im Totengott, der das Jenseits beherrscht, dort das Fortleben und einst die Wiederauferstehung und den Eingang in ein neues, dazu ewiges Königreich bewirken kann, weil jeder, der stirbt, zum Osiris selbst wird und dermaßen vollen Anteil am Weiterleben hat. Als Gegenpart der Sonne ist Osiris auch ihr verborgener Anteil, das doppelte Wesen, welches Rê für den Tag, Osiris für die Nacht personifiziert, eine nur wechselnde, niemals aber endende Funktion und das Gleichnis für Werden und Vergehen, Sterben und Wiederauferstehen. Sein Hauptkultplatz war Abydos, und dort fanden alljährlich an jedem vierten Monat vielbesuchte Mysterienspiele statt. Gern zog man in altägyptischen Häusern Osiris-Betten, kleine aus Ton geformte Osiris-Figuren in einer flachen Schale mit Erde, in der man Getreidekörner keimen ließ, bis das kleine grüne Gottesgärtchen im Innenriß die Götterfigur zeigte.

Dargestellt wird Osiris meistens fest eingepackt in ein bis zum Halse reichendes Wickelgewand, die Arme auf der Brust gekreuzt, in den Händen Zepter und Geißel und auf dem Kopf die weiße Krone mit den beiden hohen Federn (Abb. 169). Kultsymbol ist der Djed-Pfeiler, das alte, wohl aus dem Delta stammende, vielleicht auch prähistorische Symbol für Fruchtbarkeit, Dauer und Ewigkeit. Darstellungen von Osiris findet man besonders in Abydos, Edfu, Dendera, Philae und auf den Wandbildern vieler Gräber, besonders zu den Totentexten.

Ptah

Stadtgott von Memphis, Schöpfergott in der intellektuellen memphitischen Schöpfungslehre, Schutzgott des Königtums und so Vorsitzender bei den Krönungsfeierlichkeiten. Weil er als Maurer oder Zimmermann die Welt aufgebaut haben soll, gilt er als Erfinder der Künste und ist Schutzgott der Handwerker und Künstler, sein Hoherpriester »Oberster der Handwerker«. Ptah, Sechmet und Nefertêm bilden die memphitische Triade. Verbindungen bestehen zu Sokaris und Osiris.

Dargestellt wird Ptah in Menschengestalt, mit enganliegender Lederkappe, Bart, fest dem Körper anliegendem Gewand, nicht gelösten Gliedern. Seine Kapelle steht im Sethos-Tempel in Abydos.

Rê

»*Der Gott, der aus sich selbst entstanden ist, ging auf*«, als Sonne, er ist kein Symbol, sondern ein sichtbarer Begriff und war anfangs ein kosmischer Urgott. Später wurde er heliopolitanischer Sonnengott und stand als Atum an der Spitze der großen Neunheit. Seit Chephrên nennen sich alle Könige »Sohn des Rê«. Bedeutende Götter suchten und fanden Beziehungen zum mächtigen und stets sichtbaren Sonnengott und hießen fortan Sobek-Rê, Chnum-Rê usw. und vor allem Amun-Rê in Theben, der so zum Reichsgott und obersten aller Götter aufsteigen konnte, und aus dessen Religion sowie aus Grundelementen von Heliopolis auch die Amarna-Epoche des Echnaton beeinflußt wurde. In seiner Sonnenbarke segelt er täglich über den Himmel, mystisch verwandelt vom frühmorgendlich jungen Chepri (der Mistkäfer Skarabäus für den Gott der aufgehenden Sonne) über den kraftvollen Mann Rê zur Mittagszeit bis hin zum erschöpften Greis Atum am Abend. Die nächsten zwölf Stunden fährt er in der Nachtbarke durch die Unterwelt bis zum Erscheinen am nächsten Morgen. So ist er auch Totengott, wenn auch nur in einer Art Ergänzung mit Osiris zur allumfassenden göttlichen Seele. Maat als seine Tochter repräsentiert seine oberste Gerichtsbarkeit. Sein Kultsymbol ist der Obelisk, auf dem er sich niederläßt, wenn der erste Strahl der Sonne am Morgen auf ihn fällt.

Dargestellt wird Rê in Menschengestalt mit Falkenkopf und Sonnenscheibe als Rê-Harachte, mit Menschenkopf und Bart als Rê-Atum. Seine Heiligtümer sind die Obelisken und die Sonnenheiligtümer. In der Gestalt eines Phönix, so wird berichtet, sei er auf die pyramidenförmige Spitze eines Obelisken geflogen und habe sich dort niedergelassen. In Heliopolis war deshalb der Obelisk des Rê-Tempels an der Stelle des Urhügels der Mittelpunkt des gesamten Heiligtums.

Sarapis

Aus Sinope am Schwarzen Meer soll sein Kult unter Ptolemäus I. nach Ägypten gekommen sein, vor allem nach Alexandria. Im Grunde aber ist er eine altägyptische Gottheit Osar-Apis, meint den verstorbenen und zum Osiris gewordenen heiligen Apis-Stier und wurde der Nationalgott des ägyptisch-griechischen Ptolemäer-Reiches. Die Ägypter identifizierten ihn mit Rê, Osiris und Apis, die Griechen mit Zeus, Asklepios und Dionysos. Ihre Wesenheiten aufnehmend war er Helfer, Retter, Wohltäter, ein Gott der Orakelsprüche und nach dem Tode der Gott der Seligkeit. Seine Hauptheiligtümer sind die Apis-Grüfte und -Tempel in Sakâra und Alexandria, wo man in mannigfachen Mysterien seinen Kult pflegte. Über Griechenland und Rom fand er sogar im frühen Christentum Anhänger.

Dargestellt wird Sarapis als Zeusbüste mit den geschwungenen Widderhörnern des Amun.

Sechmet

Löwengestaltige Göttin aus der Gegend von Memphis, die Gemahlin des Ptah und die Mutter des Nefertêm, das zornige Auge des Rê, das jeden Feind der Sonne zu vernichten trachtet. Sie wurde zur Botin des Todes, brachte Unheil und Seuchen in die Welt, und sie war es, die im Mythos von der ›Vernichtung des Menschengeschlechtes‹ blutrünstig alles Leben töten wollte.

Dargestellt wird sie als Frau mit Löwenkopf; fast alle Dioritfiguren der Göttin in unseren Museen stammen aus dem von Amenophis III. errichteten Mut-Tempel in Karnak (Abb. 158)

Selkis

Skorpionsgöttin aus Unterägypten, Kanopengöttin und Hüterin des Lebens, dargestellt als Frau mit einem Skorpion auf dem Kopf, ihr Bild am Kanopenschrein des Tut-ench-Amun.

Seschât

Mit Thoth verwandt, ist auch sie die Gottheit der Schreiber und der Schreibkunst. Dargestellt findet man sie auf den Bildern von Krönungsfeierlichkeiten in vielen Tempeln, wo sie leicht an ihrem Schreibzeug erkannt werden kann: Schreibbinse in der einen Hand und in der anderen an einer Schnur die Palette zum Anrühren der Tinten, einen Beutel für die Tinten und eine Büchse mit den Schreibbinsen.

Seth

Ursprünglich war er ein Gott der Wüsten, der Fremdländer, der Sturmgewitter und der rohen Gewalt und trug bereits in solcher Schutzfunktion die negativen Züge, die später in der Osiris-Legende vollends sein Wesen bis zum Bösewicht und Mörder steigern. Er reißt dem Horus im Zweikampf ein Auge aus und wird von diesem entmannt. Freilich schützt er auch den Sonnengott, wenn er vom Bug seiner Sonnenbarke aus mit der Lanze die Unterweltschlange Apophis ersticht. So gelangt er zur Zeit der 19. Dynastie sogar zu hohem Ansehen, und Könige tragen seinen Namen (Sethos). In der Spätzeit jedoch verzerrt sich sein Bild bis zum verspotteten, teuflisch häßlichen Dämon, der alle Attribute des Bösen in sich vereinigt.

Dargestellt wird er zwar in Menschengestalt, sein Körper aber überschlank wie ein abgemagerter Hund, knochig, unsympathisch-häßlich auch sein Tierkopf, eine eigenartige Mischung aus Esel, Antilope, Schwein, Nilpferd und Okapi, dazu krumme Schnauze und abstehend gespaltene Ohren. Auf dem Kopf trägt er die Doppelkrone.

Sobek

Der Krokodilsgott, in dessen Nachbarschaft man ständig leben mußte, den man einerseits fürchtete, aber, um ihn zu besänftigen, doch seiner besonderen Eigenschaften wegen verehrte, weil, wie einst die Sonne »... *du dich erhoben hast aus dem Urschlamm«*. Um den Karûn-See im Fayûm, in Kôm Ombo (Abb. 194) und im Delta wurde er verehrt und hatte dort seine Heiligtümer.

Thoth

Ursprünglich war er ein Mondgott, der über sein Gestirn, den uralten Zeitteiler, zum Gott des Maßes, der Zeiteinteilung und bald aller Wissenschaft überhaupt wurde. Das schließt auch die Gesetze und alle heiligen Bücher mit ein, denn er hat die Schrift erfunden und ist mit Rê als dessen Herz der schöpferische Anteil der Universalgottheit, aus der über Rê alle geistige Leistung entspringt. Den Osiris verteidigt er gegen seine Ankläger, und beim Totengericht notiert er als göttlicher Sekretär gewissenhaft plus und minus. Wie Hermes, dem er bei den Griechen entspricht, ist er Götterbote und kündet hier in grandioser Sprachgebärde der schwangeren Königin die Würde einer Königsmutter an. Aus einem »zweimal Großen« wird er später der berühmte »dreimal Größte« *(trismegistos)*, den die griechischen Mystiker noch Jahrhunderte nach Christus als den Offenbarer aller Urweisheit hoch verehren. In Eschmunein, einst Schmunu, dem Hermopolis Magna der Griechen, der Thoth-Stadt, wurde er besonders verehrt.
Dargestellt wird er als Ibis oder als Pavian – beides sind seine heiligen Tiere– oder in Menschengestalt mit Ibiskopf und Schreibbinse und Palette in den Händen, denn Thoth ist, wie erwähnt, als Protokollführer beim Totengericht tätig.

Toëris

Obgleich zu allen Zeiten das Nilpferd in Ägypten mit Bösartigkeit und Freßsucht in Beziehung gebracht wurde, und die Nilpferdjagd als »Ritus des Nilpferdtötens« ein wohlgefälliger Brauch für den Toten war, galt das weibliche Nilpferd, besonders wenn es trächtig war, als ein Symbol der Fruchtbarkeit und wurde zur Nilpferdgöttin Toëris. Folgerichtig wurde sie die Göttin der Frauen, der Wöchnerinnen und der Wochenstube. Als »die Weiße« oder »die Große« stand sie den Geburten von Königen bis zum Fellachen bei.
Dargestellt wird sie als ein aufrechtstehendes, trächtiges Nilpferd mit Löwenbeinen, Schwanz, Krokodilskopf und darauf manchmal Gehörn und Sonnenscheibe. Mit ihrer Hand stützt sie sich auf die Hieroglyphe ›Schutz‹.

Upuaut

In Assiut einst der Stadtgott und dargestellt als stehender Wolf, als Totengott ein liegender Hund in Abydos, hat Upuaut viele Verbindungen zum schakalgestaltigen Anubis im späteren Memphis. Sein Name heißt ›Öffner der Wege‹ und meint den Gott der königlichen Vorhut. In der Unterweltsbarke von Rê steht er am Schiffsbug, und tote Seelen führt er sicher durch die Unterwelt.
Dargestellt wird er als Standarte. *»Das große Gericht von Abydos ist Osiris, Isis und Upuaut.«*

Uräus

Einst eine prähistorische Schutzgöttin aus Unterägypten, zugleich die Kronengöttin. In der Erscheinungsform des feurigen Auges des Sonnengottes Rê verteidigt sie diesen gegen jedermann und beweist gleichzeitig die Macht des

Königs. »*Sein Auge ist es, das die Feinde niederwirft, es stößt seine Lanze in den Fresser* ...« Deshalb ziert eine Uräus-Schlange, eine weibliche Kobra, zum Kampfe bereit und aufgerichtet, Diadem, Kopftuch und Krone eines Pharao, einfach oder verdoppelt oder zusammen mit dem Geierkopf der Nechbet, der die gleichen Funktionen zugesprochen werden. (Daher trägt die Königin zuweilen deren Geierkappe.) So aufgebläht schützt Uräus die Königsthrone und steht an den Vorderseiten der Sonnenscheibe aller solaren Gottheiten oder ziert und schützt als langer Fries viele Tempelfassaden. Ihr Name »Die sich Aufbäumende« ist kurioserweise die griechische Form eines ägyptischen Wortes, das ins Lateinische übertragen und dabei fälschlicherweise als männlich aufgefaßt worden ist.

Uto und Nechbet

Die Kronengöttin Uto ist ein Symbol der Zweiheit des ägyptischen Königtums. Dargestellt wird sie als die unterägyptische Schlangengöttin von Buto auf Papyrusdolden, zusammen mit Nechbet, der oberägyptischen Geiergöttin von Elkab auf Lotosblüten. Beide tragen ihre Landeskronen und halten Königsringe in den Fängen. »*Horus nahm Nechbeth und Uto mit sich, weil die Feinde an ihren Gliedern verbrennen sollten.*« (Abb. 106.)

Der König

Des Königs* Gottessohnschaft legitimierte ihn für sein Amt auf Erden, »alles was er befiehlt, wird Wirklichkeit«, er ist Mensch aus dem Mutterleib und Gott von der Theologie her. Diese seine mystische Doppelnatur deuten viele tiefsinnige Geburtsszenen in den Mammisi, den Geburtshäusern der Tempel, von der Zeugung und Geburt eines Pharaos bis zu seiner Thronbesteigung. Zeitlebens hat er übermenschliche Fähigkeiten zu demonstrieren, um die Sicherung der göttlichen und weltlichen Herrschaft zu garantieren. Und dennoch haben die Ägypter ihre Könige immer auch als Menschen gesehen, losgelöst von verklärenden Königs-Theologien und hochtrabenden Redensarten, und es sind genügend beglaubigte Beispiele bekannt von Verschwörungen, Palast- und Haremsintrigen, Prozessen, Urteilen und weisen Mahnungen von aus Erfahrungen klüger gewordenen Königsvätern an ihre prinzlichen Nachfolger, hier als Beispiele Sätze aus der Lehre des Königs Amenemhêt I. an seinen Sohn Sesostris I.:
»*Du, der du als Gott erschienen bist, höre auf das, was ich dir sagen werde, damit du als König herrschst und die Länder regierst und ein Übermaß an Wohlsein erhältst. Halte dich fern von deinen Untergebenen, die nichts sind und deren Schrecken keine Beachtung zuteil wird. Nähere dich ihnen nicht in deiner Einsamkeit. Fülle nicht dein Herz mit einem Bruder, kenne keinen Freund, schaffe dir keine Vertrauten, denn es kommt nichts dabei heraus. Wenn du schläfst, behüte dir selbst dein Herz, denn ein Mann hat keine Anhänger am Tage des Unheils. Ich gab den Armen und zog die Waise*

---

* Pharao, Bezeichnung für einen ägyptischen König erst seit dem 1. Jahrhundert v. Chr. von pir-ô, ›Großes Haus‹, das, analog unseren ›Hohes Haus‹, ›Hohe Pforte‹, auch ›Heiliger Stuhl‹, ursprünglich den Königspalast, bald die gesamte Institution beinhaltete. Das Wort Pharao war niemals Bestandteil der offiziellen Titulatur.

DER KÖNIG

a   *b*   *c*   *d*   *e*   *f*   *g*
a rote Krone Unterägyptens   b weiße Krone Oberägyptens   c Doppelkrone   d Federkrone e Atef-Krone   f blauer Kriegshelm   g Geierhaube der Königin

auf. Ich ließ Erfolg haben den, der nichts hatte, wie den, der etwas besaß. Aber – wer meine Speise aß, der stellte Truppen auf. Der, dem ich meine Arme gereicht hatte, der schuf Schrecken damit. Die mein Leinen trugen, sahen auf mich wie auf Gras. Wer sich mit meiner Myrrhe salbte, spuckte vor mir aus...«
Vor König Menses' Zeiten, noch als Stammeshäuptlinge, trugen die Herrscher wohl kaum mehr als einen Gürtel mit einem Stück Fell vorn und einen Tierschwanz hinten, ein Relikt, das die pharaonische Königstracht als Zeichen ihrer besonderen Würde übernommen hat, und das als kunstvoll gefältelter Schurz aus Goldstoff mit Stickereien, Uräus-Schlangen, anderem Zierrat und einem Löwenschwanz vom Königsgürtel herabhing. Ein fast bis zu den Knöcheln reichender durchsichtiger Rock zierte, aber verbarg nicht. Feingeflochtene und mit Goldfäden durchwirkte Ledersandalen mit hochgebogenen Spitzen trug er an den Füßen, auf ihren Sohlen Bilder gefangener Feinde, über die der siegreiche Herrscher so ständig schritt. Für Kulthandlungen waren weiße Sandalen vorgeschrieben. Ein vielteiliger breiter Halskragen reichte fast bis zu den Schultern. Auf dem Kopf trug der König die Krone, nur sein und der Götter Schmuck. Nennen wir hier die bekanntesten: die nach der Papyrusdolde rote, unterägyptische Krone des Deltas aus Kappe, hohem Hinterteil mit Spirale und der Uräus-Schlange an der Stirn; die nach der Lotosblüte weiße, oberägyptische Krone in mitraförmiger, hoher Birnenform und der Geiergöttin an der Stirnseite; erst beide Kronen, verschmolzen zur Doppelkrone ›pschent‹, ergeben das absolute Königssymbol mit den beiden Kronenschützern Kobra und Geier an der Stirnseite. Um diese Grundformen entstanden überaus zahlreiche Abwandlungen, Kombinationen und Eigentümlichkeiten mit einfachen oder doppelten Federn, Sonnenscheiben, Widderhörnern, Uräus-Schlangen, Skarabäen, Flügeln usw., meist jedoch nur zu ganz besonderen Kulthandlungen, überhaupt erst in der Spätzeit und waren stets nur Göttern und Königen vorbehalten. Eine Besonderheit ist die blaue ›chepresch-Krone‹, der mit Goldplättchen verzierte Kriegshelm der Könige.

Ein Diademhüter verwaltete diesen Kopfschmuck, und daneben gab es andere notwendige Chargen: Oberwäscher, Unter- und Oberhaarmacher, Sandalenverwalter, Geheimer Rat des königlichen Schmuckes, Oberverwalter der Salben und Vorsteher der Königsbinden und viele mehr. Von ihnen versorgt, trat der Pharao »aus seinem Horizont« hervor, und »der Sonnengott glänzte«, wenn er sich seinem Volk zeigte. Dann saß er, von acht Palastbeamten getragen, auf einem Sessel, dessen Wangen aus schreitenden Löwen gearbeitet waren, in einer Sänfte, und Wedelträger und Blumengebinde schwenkende Diener fächelten Kühlung und Wohlgerüche um den »guten Gott«. Für Audienzen stieg er um auf einen prunkvollen Königssessel mit Fußbank (siehe den Sessel von Tut-ench-Amun), der unter einem ebenfalls prachtvollen Baldachin stand.

Die Staatsverwaltung zwängte den König in ein auch zugleich zeitlich geregeltes Zeremoniell, das morgens mit dem Lesen der neuesten Papyri begann. Baden, ankleiden, speisen und der tägliche Weg zum Tempel schlossen sich an, um die Segnungen der Götter zu erlangen und mit dem Hohenpriester auch die politische Tageslage durchzusprechen, zumal der Hohepriester oftmals auch zugleich der Premier des Reiches war. Im Kabinett trugen später dann die Ressortbeamten ihre Berichte vor, laufende Prozesse wurden erörtert oder ihre Entscheidung vom König verlangt, die er oder in Abwesenheit sein Stellvertreter, »der obere Mund«, erledigten.

Besonders streng scheint im Alten Reich das Hofzeremoniell gehandhabt worden zu sein, und die Erde vor den Füßen des Pharao oder gar seinen Fuß küssen zu dürfen, war ein bemerkenswerter Vorzug. Diener und Volk warfen sich stets und immer »im Angesicht des Gottes« zu Boden, Gaufürsten, hohe Beamte und Priester verbeugten sich später nur noch mit gesenktem Kopf oder wie zum Gebet demütig erhobenen Armen vor dem König. Aufgefordert sprach man »angesichts seiner Majestät« und nicht etwa »zum« König und schickte stets einen Wortschwall von Lobeshymnen voraus, ehe man zum Thema kam. Nur »wen die Hofleute zum König hinaufsteigen ließen«, der hatte überhaupt die Möglichkeit, ihm kurz ins Angesicht zu sehen. Das waren die großen Einflußreichen der Hofcamarilla und die vom König großzügig Dekorierten und mit klingenden Titeln Ausgezeichneten, wie der Hohepriester, der »Geheimrat des Himmels«, oder ein »Untervorsteher der Propheten der königlichen Totenstadt«, einer mit dem Titel »meistgeliebter Freund«, ein verdienstvoller Architekt als »Chef der Geheimnisse aller königlichen Arbeiten« oder ein General als »Geheimrat aller Barbarenländer.« Selbst Orden verlieh der König damals schon, Ringe, Amulette, Halsketten, Wedel, zierliche Kriegsbeile, Löwen und Fliegen als Anstecknadeln oder Umhänger.

Der Palast. ›Das Große Haus‹, wie die Ägypter den Königspalast nannten, war landesüblich aus getrockneten Lehmziegeln erbaut, der Grund, weshalb wohl allenthalben in Ägypten steinerne, für Ewigkeiten bestimmte Tempel-, Grab- und Pyramiden-Bauten, aber keine oder nur klägliche Reste von Palästen, die nur »die Herbergen auf dieser Erde« waren, erhalten geblieben sind. Dennoch konnten sie rekonstruiert

DER KÖNIG

werden, und der Ägyptenreisende wird zumindest in Medînet Hâbu in Theben, vielleicht auch in Tell el-Amarna oder Abydos, letzte Reste von Pharaonenpalästen besuchen können. Sie waren Stadtbezirke für sich, etwas abgelegen inmitten üppiger Gärten und Wasseranlagen und mit allen Bequemlichkeiten der damaligen Zeiten ausgestattet und oft aufgegliedert in mehrere Baukomplexe, die Hauptbauten zwei-, ja meist dreistöckig mit repräsentativen Gesimsen der imposanten ägyptischen Hohlkehle. In einem großen Säulensaal empfing der Herrscher diejenigen, die man »zum König heraufsteigen« ließ, und erledigte mit seinem Wesir, dem Premier und den Ministern die Amtsgeschäfte. Wichtig war an der vorderen Palastfassade über dem Haupteingang das sogenannte »Erscheinungsfenster« aus Gold, Lapislazuli und Malachit, eine Art Balkon, von dem herab der Herrscher aus- und einziehende Truppen besichtigte, ausländische Gesandtschaften empfing, Tribute oder Sklaven in Augenschein nahm und mit seiner Gemahlin zusammen «Lob spendete« oder Geschenke und Ehrengaben zu seinen Günstlingen hinunterwarf.

Im »Haus der Verehrung« dagegen lebten der König und seine Familie vollkommen abgeschlossen ihr privates Leben zusammen und nur mit ihrer notwendigsten Dienerschaft, den »geheimen Räten des verehrungswürdigen Hauses« und dem Harem. Dort ordneten sich um einen oder mehrere zentrale Speisesäle die anderen Räume: die Schlafzimmer des Königs, der Königin und der anderen Gemahlinnen, der Kinder und ihrer Erzieher, die Küchen, Bäckereien, die vielen Dienerkammern und die Vorratsräume. Alle Haupträume waren bequem möbliert mit Sesseln und Liegen, Stühlen und Tischen in kunstvoller, aber durchaus handwerklich solider Arbeit und in der Regel reich verziert – jedes Museum zeigt solche Stücke in seiner ägyptischen Sammlung. Da man mit den Fingern aß – es gab nur Löffel –, standen zum Fingerreinigen Wasserkrüge und Becken bereit, Blumen in Alabastervasen verströmten ihren Duft, und die königliche Küche servierte nach dem Gustus des Herrschers und seiner Gäste genau das, was wir auf den Speiselisten in den Gräbern aufgeschrieben, in den Reliefs und Wandmalereien dargestellt finden. Estrich, Fußböden, Wände und Decken waren bemalt (Amarna) oder mit leuchtend buntem Kachel- und Fayencedekor verkleidet, Blumen und Tiermotive auf ihnen die Regel. Im Schlafgemach stand auf Löwenbeinen das Bett des Herrschers unter einem von Säulen getragenen Betthimmel, ein niedriges Treppchen davor erleichterte dem König und vielleicht seiner kleinen Beischläferin das Hineinsteigen. Salben und Öle für die Toilette, aber auch bauchige Weinkrüge und Wasserkannen standen in hölzernen Gestellen, Wäsche und Kleider lagen in Truhen mit leicht gewölbten Deckeln. Im Gegensatz zur sonst weich-schwellenden Ausstattung mit Kissen und Decken scheint der Ägypter kein Kopfkissen gekannt zu haben, sondern schlief, für unsere Begriffe barbarisch unbequem, mit seinem Kopf auf einem halbmondförmigen, kaum gepolsterten Gestell aus Edelholz oder Stein. Bilder von Schutzgeistern am Gestell sollten böse Dämonen fernhalten. Der Kopf schwebte so fast frei, die Frisur wurde nicht zerstört.

Der Harem. Darauf legten die Frauen den größten Wert und unter ihnen sicherlich auch die Mädchen im königlichen Harem, die »Abgeschlossenen«, denen jegliche Kosmetik Mittel allein zu dem Zwecke zu sein hatte, den König zu erfreuen: »*... ich werde meine Locken kämmen und werde jeden Augenblick bereit sein*«. Im südlichen Turm des Torbaues von Medînet Hâbu gibt es mehrere Bilder des mit niedlichen Haremsmädchen scharmutzierenden Königs Ramses III., alle Beteiligten durchaus nicht prüde nur mit Schmuck, Sandalen und Kopfputz bekleidet. Ein besonderer »Vorsteher der königlichen Haremsgemächer«, Verwaltungspersonal und vor allem Türhüter hatten dafür zu sorgen, daß jeglicher Verkehr mit der Außenwelt unterblieb. Dennoch waren diese Beamten keine Eunuchen, und der Vergleich eines ägyptischen etwa mit einem orientalischen Harem ist schwer möglich. Königliche Harems waren selten klein. Geschenke, Tribute, politische Heiraten mit dadurch gleichzeitiger Übernahme anderer »Abgeschlossener« lassen für pharaonische Harems eine ständige Durchschnittszahl von 300 Mädchen vermuten. Die »Große Königsgemahlin«, deren Kinder allein die Thronprätendenten waren, residierte im Harem, und dort wurden auch die Kinder anderer hoher Palastbeamter, fremder Gaufürsten oder auch Ausländer miterzogen, wenn sie nicht schon zusammen mit den Prinzen im königlichen Familienkreis ihre Ausbildung genossen. So ist vermutlich Moses in einem Harem von Ramses II. aufgewachsen.

Der Turiner Papyrus macht uns in geradezu pornographischer Brutalität mit der ›niederen‹ Seite pharaonischer Sexualität bekannt, denn es wäre durchaus falsch, glauben zu wollen, ein ägyptischer Harem hätte allein dem Lustwandeln unter blühenden Sträuchern an lauschigen Weihern und melodischem Flöten- oder Lautenspiel gedient. Jeder Harem war immer in erster Linie eine Einrichtung für den Mann und seine sexuellen Gelüste und diente darüber hinaus politischen Erfordernissen, wenn über dynastische Verbindungen Töchter fremder Fürsten in ihm Aufnahme finden mußten. Vermutlich handelt es sich bei dem auf dem Papyrus Dargestellten um Ramses III. Interessant ist, daß niemals die weiblichen Schamteile, dagegen stets der große Phallus dargestellt ist (siehe auch Min). Wenn man schon bei König Unas aus der

Aus dem ›Turiner-Papyrus‹: Ein Alter vergnügt sich mit Haremsmädchen. Eine schminkt sich; unter dem Sessel der anderen, die den Alten am Phallus zu sich zieht, Sistrum und Baßlaute. Zuletzt der Alte mit der Laute hinter dem Mädchen, das ihm das Gesäß hinhält

5. Dynastie liest, daß »*er auch im Himmel die Gelegenheit haben werde, nach seinem Gutdünken den Ehemännern die Frauen wegzunehmen*«, so scheint das ein recht negatives Bild vom Sittenleben mancher Pharaonen zu geben – aber ein Pharao war als Gott auf Erden stets absolut, also auch absolut polygam.

In der Form des negativen Bekenntnisses hat aus der 12. Dynastie ein Gaufürst Ameni in seinem Grab (Beni Hasan) versichern lassen, »*es gab keine Tochter eines kleinen Mannes, die ich mißbraucht hätte und keine Witwe, die ich bedrängte*«, was wohl vermuten läßt, daß solches durchaus die Regel sein konnte, aber auch, daß der ägyptische Bürger in den großen Orten oder der Fellache auf dem weiten Land der Liebe in keiner Form ablehnend gegenüberstand, noch ein irgendwie geartetes religiöses Dogma ihm Sexuelles als ›Sünde‹ vor Augen führte. Nur aus kultischen Gründen gab es das Verbot, im Tempel und an heiligen Orten den Beischlaf auszuführen oder sie nach demselben zu betreten. Vollkommen nackt gehen galt bis zur 19. Dynastie noch als durchaus passabel. Geschlechtliches war so natürlich, daß selbst die Hieroglyphen für Mann (Phallus) und Frau (Vulva) nichts von ihrer Ursprünglichkeit einbüßten und folgerichtig ihre Vereinigung als Coitus gelesen werden mußte. Daß selbst eine so grundnatürliche Erotik den schweifenden Gedanken zuweilen Schlüpfrigkeit unterlegte, liegt in der Natur der Sache, und es gibt genügend Beispiele dafür, daß eben auch in der Götterwelt noch Saiten für Pseudo-Obszönitäten anklingen konnten. Wenn Hathor ihr Gewand lupft, kommt des Sonnengottes gute Laune und Stimmung zurück, Isis hockt sich als Falkenweibchen in eindeutiger Absicht auf die Mumie des toten Osiris, Min verkörpert nicht nur die Fruchtbarkeit, sondern ebenso die Lebensfreude, von der man sagte: »*Folge deinem Wunsche und tue dir Gutes an, mach alles, was du brauchst auf Erden, und quäle dein Herz nicht, bis zu dir kommt jener Tag des Geschreies*« (der Klageweiber nach dem Tode). Lebens- und Umweltnotwendigkeiten erzwangen vielmehr eine ›Normal‹-Haltung.

Frauen. So – wie heutzutage noch – war die Polygamie ein wirtschaftliches Problem, und in der überwiegenden Mehrzahl genügte – oder mußte genügen – dem Manne eine Frau als »Herrin des Hauses«, da er zumindest bei seinen Sklavinnen seine polygamen Gelüste ausleben konnte. Sie gehörten auch als Konkubinen selbstverständlich zum Haushalt, und seine Ehefrau fand absolut nichts Ungebührliches dabei. Doppel- und Mehrfachehen kamen dagegen aus politischen Gründen im Königshause, aber auch bei Gaufürstenfamilien und in der hohen Beamtenschaft vor – und dennoch rangierte auch da letztlich die »Herrin des Hauses« stets vor allen anderen, und auf Darstellungen werden die anderen Frauen immer hinter ihr stehend gezeichnet, mit einer Halskette, einem Schmuckstück weniger, oder einfach kleiner dargestellt. Fast moralistisch heißt es ... »*Hüte dich vor einer Frau aus der Fremde ... sie gleicht einem großen, tiefen Wasser, dessen Strudel man nicht kennt. Der Kluge entsage ihrem Umgange und nehme sich in seiner Jugend eine Frau, weil das eigene Haus das beste Ding ist, und weil sie dir einen Sohn schenken wird, der dir gleicht.*«

KAIRO   Sphinx und Chephrèn-Pyramide, vorn der Taltempel des Chephrèn

40 KAIRO Sphinx mit Kopftuch und Uräusschlange an der Stirn, der Torhüter am Eingang zum Pyramidenfeld von Gizeh, davo‹ zwischen den Tatzen die sog. ›Traumstele‹ des Thutmosis IV.

1 KAIRO   Eingang in ein Mastaba-Grab vor der Chephrên-Pyramide

3 KAIRO   Aus scharfkantigen monolithischen Steinsetzungen (Rosengranit) war Chephrêns Taltempel erbaut, hier die Längshalle aus 2 mal 5 Pfeilern in drei Schiffen

42 KAIRO   Kleiner Tempel am Fuße der Cheops-Pyramide

44 KAIRO   Im Durchschnitt 1,1 Kubikmeter groß sind die 2,5 Millionen Kalksteinblöcke, aus denen die Cheops-Pyramide aufgeschichtet worden ist

45 Dorfsiedlung bei den Pyramiden von Gîzeh

46 Die ›archimedische Schraube‹ (Tanbûr), ein Hohlzylinder mit schraubenförmig angeordneten Fächern, die das Wasser aus den Kanälen auf die Felder heben

47 KAIRO Blick von der Cheops-Pyramide in die Weite der libyschen Wüste

48–50 Mastaba-Gräber von Vornehmen und Günstlingen der Könige, Pyramiden der Königinnen und Prinzen und Schiffe für die Fahrt des Herrschers in der Unterwelt ordnen sich um die großen Pyramiden

1 GIZEH   Die drei Pyramiden der Könige Mykerinos, Chephrên und Cheops
2 KAIRO   Im Heiligtum von Abu Gurôb opferte man der Sonne und schlachtete die Opfertiere auf großen Alabasteraltären. Neun von zehn Alabasterbecken sind erhalten

53–55 KAIRO Reste des Taltempels von König Sahurê, vor dem deutlich erkennbar der Aufweg zur Pyramide hinauf führt (53); im Verehrungstempel vor der Pyramide stehen noch monolithische Granitpfeiler (54); der äußerst glatt polierte Sarkophag ist geöffnet und zerbrochen (55)

6 SAKKÂRA Stufenpyramide des Djoser, davor die Steinbauten des Festhofes

57–60 SAKKÂRA Details der in Stein übertragenen Strohmatten- und Schilfbündel-Architektur der Vorzeit jetzt mit Zungenmauern, Nischen, dorischen Halb- und Vollsäulen und steinernen Nachbildungen von Holztoren mit Flügeln

SAKKÂRA   Die großen Mastabas in der Nekropole

SAKKÂRA   In Stein übertragene Schilfrohrstützen an Mauerecken

62 SAKKÂRA   In der Unas-Pyramide fand man die ältesten Pyramidentexte; sie bedecken – in den Ritzungen meist blau ausgemalt – Vorraum und Sargkammer (5. Dynastie)

64 SAKKÂRA   Monolithe Königsfigur am Festhof

65 Kalksteinstatue des Djoser, fast lebensgroß, 3. Dynastie
66 Hesire, Holztafel aus seinem Grab in Sakkâra, 4. Dynastie
67 Sitzbild des Chephrên mit dem Horusfalken am Kopf, dunkelgrüner Schiefer, 4. Dynastie
68 Mykerinos mit Gattin, aus seinem Tempel. Schiefer, 4. Dynastie

9–70 Lebendige Szenen im zarten Flachrelief: Ti (5. Dyn.) und Mereruka (6. Dyn.) in den Papyrusdickichten bei der Nilpferdjagd und beim Fischfang

1 Die ›Gänse von Medum‹ aus der Zeit des Snofru (4. Dyn.). Naturtreue bis ins Detail und Farbgebung erinnern an chinesische Tuschzeichnungen. Malerei auf grundiertem Lehmputz

72 Die Pyramide von MEDUM, die ungewöhnlichste im Lande, unvollendet und achtstufig, vermutlich erbaut von König Snofru, dem ersten König der 4. Dynastie

3–75 Im Fruchtgarten des Fayûm hatte König Amenemhet III. um einen Felskern seine Pyramide aus ungebrannten Nilschlammziegeln errichten lassen, und davor befand sich das berühmte Labyrinth, eines der Weltwunder der Antike. Von den Anlagen, die nach Strabo »großartiger als alle griechischen Bauten zusammen« gewesen sein sollen, hat sich nur wenig erhalten

76–78 Vielformige Taubenhäuser und die schwarzen Wasserräder (Sâkija) bestimmen das Bild des fruchtbaren Fayûms. Bei Biahmu stehen noch zwei Kalksteinsockel (77) von 12 m hohen, riesenhaften Sitzfiguren König Amenemhets III. aus Sandstein

Kinder. Kindersegen war das größte Glück für eine ägyptische Familie, und in vielen Standbildern und auf Malereien legt die Ehegattin zärtlich ihren Arm um Hals, Schulter oder Hüfte ihres Mannes, während die Kinder ehrfurchtsvoll daneben stehen. Die natürliche Erbfolge lief über die Mutter, und nicht der leibliche Vater, sondern der Vater der Mutter bestimmte den Lebensweg eines Sohnes, verschaffte dem Tochterkind Stellung und Würde und regelte nach dessen Tode im Kriege etwa den Nachlaß. Das verminderte keineswegs die Liebe des Sohnes zum Vater, und »der sein Fleisch schuf«, sorgte sich um sein Kind wie überall auf der Welt, zumal viele Ämter erblich waren und die Nachfolge Vater-Sohn am wünschenswertesten schien.

Geschwisterehen waren in Ägypten, entgegen der immer noch oft zitierten Meinung, nicht an der Tagesordnung, sie waren aber nicht untersagt und kamen deshalb häufig zustande, weil auch die Schwestern Isis und Nephtys ihre Brüder Osiris und Seth geehelicht hatten. Üblich wurden Geschwisterehen erst in hellenistischer Zeit, vorher galten sie als ein besonderes, eher gelegentliches Vorrecht des Pharaos. Unter den ›Schwestern‹ auf Denkmälern, in Grabinschriften und auf Papyri hat man viel eher die Geliebte, die Konkubine, zu verstehen; auch in Schenken, Weinstuben und Freudenhäusern waren die Anreden ›Bruder‹ und ›Schwester‹ üblich.

Namen: Auf Grabdenkmälern liest man die Namen der einst Lebenden: die Identifizierung des Individuums, dem das ihm zukommende Wort solche Bedeutung verlieh, daß es, allein weil »man seinen Namen kannte«, an den Unterweltsgeistern vorbei ins Jenseits passieren durfte. Hier liegt der tiefere Sinn des oft praktizierten Ausmeißelns unerwünschter Namen auf den Denkmälern (z. B. Echnaton, Hatschepsut, Amun, Aton usw.), deren Eigentümer, nun namenlos, auch im jenseitigen Leben verdammt, nur noch zu vegetieren imstande sind. Jeder ägyptische Name ist übersetzbar, Geschlechternamen gab es nicht, nur Personennamen, die natürlich so eng wie möglich mit auffallenden oder erwünschten Eigenschaften des Benannten zusammenhängen sollten. Einige treffliche Beispiele, die fast eidetisch-plastisch die alten Ägypter vor das geistige Auge treten lassen, sind z. B. die *Kindernamen:* »Ich habe es gewünscht«, »Es ist gut angekommen«, »Schöner Morgen«, »Meiner«, »Herrin des Vaters«; die *Männernamen:* »Stark«, »Gesund«, »Pferd«, »Kater«, »Wilder Löwe«, »Affe«, »Pharaonsratte«; die *Frauennamen:* »Schöne«, »Süße«, »Großköpfig«, »Kaulquappe«, »Kleine Katze«, »Nilpferdtochter«, »Schöner Maulbeerfeigenbaum«, »Schöne Herrscherin«; nach einer *Gottheit* oder nach dem *König:* »Rê ist schön«, »Geboren von Rê«, »Snofru ist stark« usw.

Erziehung. Im Prinzentrakt eines Palastes wurden die königlichen Kinder erzogen und mit ihnen oftmals die Söhne einflußreicher Fürstenfamilien oder fremdländischer Herrscher. Als Hohepriester, Feldherren oder Gaugrafen, Minister oder Wesire verband sie später eine ganz besondere Beziehung mit dem Königshaus, sie wurden »wirkliche königliche Verwandte« und bekamen manches Mal eine der zahlreichen

DER KÖNIG

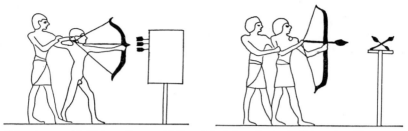

Prinz Amenophis II. lernt Bogenschießen. Sein Lehrer ist ein Offizier seines Vaters.

Prinzessinnen zur Frau. War eine Knabe vier Jahre alt geworden, begann der Schwimmunterricht, es folgten Belehrungen im guten Betragen, später Lesen, Schreiben und Rechnen. Internatsmäßig streng und ohne Rücksicht auf Herkommen oder Adel arbeiteten diese Schulen, und die Schüler hatten sich den Anweisungen ihrer Lehrer zu fügen. Daß die Rute ultima ratio sein konnte, klagt ein Schüler: *«Ich war bei dir, seit ich als Kind aufgezogen ward, auf meinen Rücken schlugst du mich, und deine Belehrung ging in mein Ohr»* – und er warnt davor, faul zu sein – *»oder man wird dich prügeln. Denn des Jungen Ohren sitzen auf dem Rücken und er hört nur, wenn man ihn schlägt.«*

Anstelle des teuren Papyrus benutzte man für Schreibübungen flache Kalksteinbrocken und Tonscherben, die Ostraka. Man hat sie mengenweise gefunden, und gerade sie ergänzen mit ihren flüchtigen Details aus dem täglichen Leben, außer den Monumenten und Papyri, unser Wissen vom altägyptischen Alltag. Daß neben des Schultechniken auch praktische Lebensweisheit gelehrt wurde, ist fast selbstverständlich, und das große Ziel, einmal als Schreiber oder gar Wissenschaftler, in gehobener Position also, durch das Leben gehen zu können, wurde in vielen Inschriften erhofft, gelobt oder vorgestellt, denn *»siehe, da ist kein Schreiber, dem es an Nahrung fehlte, an den Gütern des Hauses des Königs, Leben, Wohlergehen und Gesundheit ... siehe, kein Beruf ist da ohne Vorsteher. Nur der Schreiber, der ist selbst der Vorsteher«.*

Beschneidung. War der Knabe vierzehn Jahre alt geworden und ins heiratsfähige Alter gekommen, wurde er beschnitten, nach Herodot der Reinlichkeit wegen. Ob es ein allgemeiner Brauch war, ist zweifelhaft; bei der Priesterschaft war es dagegen Pflicht. Erwiesen ist die Beschneidung bei den vorgeschichtlichen Nubiern; ob sie in altägyptischen Zeiten bereits geübt worden ist, kann auf den ältesten Darstellungen nicht erkannt werden, da der Phallus stets durch die Schamtasche verdeckt ist. Ungeklärt in diesem Zusammenhang bleibt, weshalb ägyptische Soldaten nur die Phalli unbeschnittener gefallener Libyer abschnitten und zählten, beschnittene dagegen nicht. Auch galt das Schamglied der Frau als Symbol der Feigheit, und auf Dekreten über feindliche Festungen, die ohne Schwertstreich genommen worden waren, ließ man stets weibliche Geschlechtsteile aufzeichnen. Auch die Mädchen wurden beschnitten, die Klitoris und

Teile der Schamlippen entfernt, eine Sitte, die sich teilweise bis in unsere Tage erhalten hat und die im Zuge der Emanzipation ständig neue Probleme schafft. Beduininnen dagegen wurden nie beschnitten.

Lebensweise im alten Ägypten

Lebensweise und Anschauungen der alten Ägypter haben wir zwar vorzüglich aus den Gräbern der Könige und Vornehmen kennengelernt, dabei aber auch sehr viel vom Leben der Sklaven, Bauern, Hirten, Handwerker und Arbeiter erfahren. Dem Bauern in erster Linie verdankt das Land bis in unsere Tage seinen Reichtum, dem Arbeiter, Handwerker und Künstler danken wir die Relikte der pharaonischen Kultur. Generell und ohne auf Einzelheiten einzugehen, darf man sagen, daß nur in Ausnahmefällen das einfache ägyptische Volk sich versklavt gefühlt haben kann. Im Gegenteil war es ein zufriedenes, mit viel praktischem Sinn begabtes, tatkräftiges, frommes, aber auch ebenso sinnenfrohes Volk, das so viel Freude am Diesseits hatte, daß es alle Vorsorge trug, dieses schöne Leben auch im Jenseits fortsetzen zu können. Es war, mit anderen Worten, ein ganz ›normales‹ Volk; einen zum Idealtypus hochstilisierten Ägypter gab es nicht.

Man braucht nur ein wenig aufmerksam und mit offenen Augen und Ohren das Land heute – und wenn möglich auch einmal abseits der üblichen Reiserouten – zu bereisen, dann wird man den Ägypter so erleben, wie er es seit fünftausend Jahren ist, mit allen Vorzügen und allen Schwächen des Menschen. Damals wie heute gab es Diebstähle, besonders in den prachtvoll ausgestatteten Gräbern der Könige und Fürsten, und zur Zeit der 20. Dynastie sogar vielköpfige Grabräuberbanden, die, hatte man sie ergriffen und unter Stockhieben zum Geständnis gezwungen, in allen Einzelheiten erklärten, wie sie das Grab eines Königs beraubt hatten: »*Es gaben zu Protokoll Hapi, der Steinmetz, Kemwese, der Wasserträger, Iramun, ein Sargtischler, Amenemheb, ein Bauer, und Ehenufer, ein Sklave: 'Wir öffneten ihre Särge ... wir fanden die ehrwürdige Mumie des Königs mit einer langen Reihe von goldenen Amuletten und Schmucksachen am Hals und den Kopf mit Gold bedeckt ... wir rissen das Gold ab ... der königlichen Gattin rissen wir ebenso alles ab, was wir fanden ... wir teilten dann zwischen uns und teilten dies Gold, das wir bei diesem Gott gefunden hatten, an den Toten, den Amuletten, Schmucksachen und Binden, in acht Teile'*« (gemeint ist das Grab von König Sobekemsaf). 1881 gestand ähnlich ein Mohammed Abd er-Rasûl, daß er und sein Bruder Ahmed zehn Jahre lang Königsmumien bei Kurna beraubt und Gegenstände von ihnen verkauft hätten. Die erlauchtesten Namen bedeutender Pharaonen aus Ägyptens Geschichte waren unter ihnen (s. a. S. 338).

Streiks gab es, als die Arbeiter der Totenstadt von Theben nicht ordentlich entlohnt wurden: »*Wir haben kein Brot, wir haben keine Kleider, wir haben kein Futter. Schreibt an den König, unseren Herrn ... damit er uns zu leben gebe.*« Immer wieder aber fand man ins rechte Lot zurück, hauste einigermaßen zufrieden mit seiner Frau, in vielen Arbeiterhütten eher mit einer oder mehreren Freundinnen in einer Art wilder Ehe zusammen, und erwartete das nächste Fest einer Gottheit, um teilnehmen zu können an den Vergnügungen harmloser oder obszöner Spiele und Tänze.

Wirklich schlecht ging es denen, die »kein Herz im Leibe« hatten, den mit einem Brandmal gezeichneten Leibeigenen der Krone und der Tempel. Wie Land und Vieh gehörten sie, meistens Kriegsgefangene, zum Staatsbesitz und galten als ohne Herz und ohne Verstand; man durfte ihre *»Knochen zerschlagen wie die eines Esels«.*

Das Betrachten von Relief und Malerei wird für den Ägypten-Reisenden ergebnisreicher und interessanter, wenn er diese einmaligen kulturgeschichtlichen Quellen, vor allem an den Grabwänden ›lesen‹ kann, wenn er erfaßt, wie das Leben für den Ägypter einst im Diesseits war, und wie er sich sein Jenseits dachte. Hier einige Details:

Für den *Bauern* bestimmte die Nilüberschwemmung den Rhytmus des Jahres. Zogen sich die Wasser zurück, kamen die Landmesser, um Parzellen und Felder neu zu vermessen. Zerstörtes, abgetragenes oder sumpfig zurückgebliebenes Land wurde in die Grundbuchrolle eingetragen, um von der Steuerquote abgesetzt zu werden. Gleichzeitig veranschlagte man den zu erwartenden Ernte- und also auch Steuerbetrag, um ihn später konkret vor der Ernte festzusetzen. Von Wandbildern kennt man diese Steuerkommission: zwei Schreiber vom Kataster, ein Gerichtsskribent und die Gruppe der Vermesser, ›Strickhalter‹ und ›Strickspanner‹. Die Bewässerungskanäle wurden instand gesetzt, Dämme gehäufelt und der noch feuchte Acker gepflügt, wobei Ochsen, Kühe, Maultiere, Esel und sogar Schafe den Holzpflug zogen. Die grobflächigen Schollen wurden mit der Hacke zerkleinert, das Saatgut aus umgehängten Leinenbeuteln ausgestreut und von Schweinen und Schafen eingetreten. Mit einer Holzsichel mit Zähnen aus scharfen Feuersteinsplittern sichelte man zur Erntezeit das Getreide ab und transportierte es in Garben zur Tenne, wo im Kreis getriebene Esel oder Kinder, auch Schweine, das Korn ausdroschen (Abb. 119), das gewöhnlich Frauen gegen den Wind warfen, also biblisch die »Spreu vom Weizen trennten«. In hohe, kupplige Silos gefüllt, lagerte es bis zum Verbrauch. Getreide- und Flachsanbau waren die wichtigsten Zweige der Landwirtschaft. Auf den Bildern der Flachsernte werden Raufen, Bündeln und Hecheln in allen Einzelheiten dargestellt.

Viel zu wenig Aufmerksamkeit wird oft der Bedeutung der Gemüsekulturen im alten Ägypten beigemessen. Wenn vom Getreide ein Großteil als Staatsabgabe in die königlichen oder Tempel-Silos ging, dann blieben zur täglichen Ernährung für Mensch und Vieh die Erträge aus Gärten und Kulturen, die noch jeden Quadratzentimeter freien Fruchtbodens bedeckten: Linsen, Kichererbsen, Puffbohnen, Gurken, Zwiebeln, Lattich, Melonen, Rüben und Salate, Feigen von Sykomoren, Datteln, später Granatäpfel, Äpfel und Wein. Ein besonderes Indiz für den feinsinnigen Volksgeschmack ist seine Blumenliebe, welche Blumenzucht und Pflege, Gartenanlagen mit Teichen, Brunnen und Bäumen zur Folge hatte und sich ebenso in der Gestaltung von

Palast- und Wohnungsfußböden und in Wandmajolika mit farbigen Blumenmustern und Girlanden aussprach. Überhaupt kann bei der unerhörten Viezahl der Darstellungen nur geraten werden, sich beim Betrachten der Zeichnungen in Ruhe mit Folge und Detail der Bilderreihen zu befassen, die so Mannigfaches über die Landwirtschaft aussagen.

Die *Bäcker* z.B. buken mehr als 40 verschiedene Brot- und Kuchensorten aus Weizen-, Gerste- oder Stärkemehl, rund, oval, länglich, dazu das ägyptische ›Kommißbrot‹ *ta*. Alle Phasen beim Brotbacken sind peinlichst genau aufgezeichnet, und auch für die feinen Kuchensorten sind die Zutaten, Butter, Milch, Eier und Honig sichtbar.

Der *Bierbrauer* mälzte Ägyptens Nationalgetränk aus Gerste, die, mit Sauerteig versetzt und ausgebacken, dann zerstampft, in großen Behältern gor und mit Datteln leicht süß versetzt wurde. Nach Diodor stand dieses ägyptische Bier »an Geschmack wie an Geruch dem Weine nicht nach«. Schließlich war es bei Göttern, Lebenden und Toten das beliebteste Getränk, und Schulkinder tranken es ebenso gern wie ehrwürdige

Handwerker bei der Arbeit: Tischler beim Schleifen, Sägen, Bohren und Zuhauen von Holz. (Ausschnitt)

LEBENSWEISE

Möbelherstellung: Tischler fertigen Betten, Stühle, Schreine. (Grab des Rechmirê in Theben)

Greise. Daß man davon trunken werden konnte, nahm man augenzwinkernd hin: *»Übernimm dich nicht beim Biertrinken ... was aus deinem Munde kommt, kannst du nicht mehr aussprechen ... du fällst hin, brichst die Glieder, und keiner gibt dir die Hand ... deine Kumpanen trinken weiter, sie sagen: weg mit dem, der getrunken hat.«*

Wein ist bereits auf Krugverschlüssen aus der Thiniten-Zeit belegt *(erpi* = Wein). Von König Menes bis in die nachchristlichen Jahrhunderte blühte Ägyptens Weinbau mit Spitzenqualitäten aus dem Delta, der »Wein vom westlichen Nilarme«, aus der Nähe des Mareotis-Sees, aber auch aus den Oasen und von den Kalkhängen in Mittelägypten. Er wurde vom Boden hoch zum Spalier oder zur Pergola gezogen und, da er ständig Früchte trug, auch zu jeder Mahlzeit als Tafelobst gepflückt. Darstellungen zeigen stets volle Trauben mit blauschwarzen Beeren (Abb. 120 oben). Die Trauben schüttete man in hohe Bottiche, und ein Schreiber notierte Menge und Qualität der ›Horusaugen‹. In einem Steinkübel zertrat man sie bei Gesang und Händeklatschen mit den Füßen und hielt sich dabei an Stangen oder Seilen fest. Der Saft floß ab in Bottiche zum Gären, dann füllte man ihn in hohe, unten spitze Krüge und ließ ihn solange wie möglich reifen und altern, klärte mit Honig oder Gewürzen und verschnitt, wenn notwendig, nach vielen Methoden, wobei man einen gebogenen Saugheber benutzte. Jeder verschlossene Weinkrug wurde gesiegelt und etikettiert: *»Jahr 9 des Königs Thutmosis, Qualität 4 mal gut, syrischer Rebstock aus dem Weingut des Tempels des Amenophis in Theben, Ernte unter Aufsicht des Oberwinzers, Sennodjem.«* Wein war ein bevorzugtes Getränk der Könige und der oberen Klassen, für Götter und für die Toten, denen viermal, für jede Weltgegend einmal, Weinspenden geopfert wurden. Vorhalle und Pfeilersaal des Sennefer-Grabes in Theben (Nr. 96) sind als Weinlaube gestaltet, mit Ranken und dunklen Trauben, und der Weinstock wurzelt hinter der Osiris-Figur, symbolisch der Quelle für das Weiterleben. Nach Herodot floß bei Festlichkeiten der Wein in Strömen, mit rotem Wein besänftigte der Sonnengott Rê seine blutgierige Tochter Hathor-Sechmet und verhinderte so die Vernichtung des Menschengeschlechtes. Vergnügungen und Wein führten wohl allzuoft zur Trunkenheit, denn Wein, so wird geklagt, *»läßt dich aufhören ein Mensch zu sein ... so daß du wie ein Schiff mit zerbrochenem Steuerruder bist ... wie ein Schrein ohne Götterbild ... die Leute fliehen vor dir ... ach, wüßtest du* *doch, daß der Wein ein Abscheu ist ... würdest du den telek-Wein vergessen ... bald sitzt du in dem Haus und Dirnen umgeben dich ... du schwankst und fällst auf den Bauch, so daß du mit Dreck besudelt bist«.* Daß solche Sorgen selbst Damen betreffen konnten, zeigt ein köstliches Wandbild aus einem Grabe, wo eine Zecherin sich erbricht, noch ehe die herbeieilende Dienerin ihr ein Gefäß reichen kann.

Szenen von üppigen *Gastmälern* an den Grabwänden könnten leicht zu der Vermutung führen, die alten Ägypter hätten durchweg genußvoll geschlemmt. Das dürfte aber nur für die Mahlzeiten der Priesterschaft, Grundbesitzer, Vornehmen und Würdenträger gelten, die Masse des Volkes hatte, dem heutigen Fellachen nicht unähnlich, mit einfachen, mehr kargen Mahlzeiten ihr Leben zu fristen und war mit Brot, Bier, Fischen, Früchten und Gemüsen durchaus zufrieden. Der schon genannte Gaufürst Ameni berichtet in seinem Grabe: »*Es gab keinen Elenden zu meiner Zeit, es gab keinen Hungrigen zu meiner Zeit. Es kamen aber Hungerjahre, ich erhielt die Bewohner am Leben, ich schaffte Nahrung, und es gab keinen Hungrigen ... dann kamen hohe Nile, Bringer von Gerste und Spelt, Bringer von allen Dingen.*«

Anders war es bei Festfeiern in großer Gesellschaft, wie bei den so vielgestaltig dargestellten Leichenschmäusen, wo man schon wegen der in der ägyptischen Hitze leichten Verderblichkeit, besonders von Fleisch, ein Festmenü im großen Kreise feiern mußte, damit auch alles aufgegessen wurde. Rind, Schwein, Ziege, Gänse und Tauben wurden ausgenommen, am Spieß gebraten oder in großen Kesseln gekocht, das Feuer aus Kameldung oder Schafdung unterhalten. Dazu gab es Früchte und Gemüse, Milch, Bier und Wein.

Viel mehr als heutzutage wurde in alten Zeiten *Fisch* gegessen, vor allem von den Anwohnern der Seen und der Sumpfgebiete. Deshalb trifft man so häufig auf Szenen

Fischfang im Nil mit verschiedenen Netzarten, u. a. Fallnetze. Vereint zieht man die Netze hoch. Die Fischarten lassen sich leicht identifizieren. Eine Mythe berichtet, daß jeden Tag in einer Seebucht am Ende der Welt ein rosenflossiger Chromis und ein lapislazuliblauer Abydosfisch geheimnisvoll und heilig neu entstehen, um dann als Lotsen der Barke des Sonnengottes vorauszuschwimmen und ihm das Nahen der feindlich-gefährlichen Apophis-Schlange anzukündigen.

LEBENSWEISE

Aus einem Mittelreichsgrab bei Assiut: Fürst Senebi jagt Wild in einem Gehege, sein Jagdaufseher reicht ihm Pfeile

vom Fischfang als Flachrelief oder als Malerei an den Wänden der Gräber (Abb. 69). Man fischte mit Reusen oder zwischen zwei Booten mit dem ovalen Sacknetz oder dem dreieckigen Schleppnetz, mit der Angel oder dem Köcher, wenn in flachen Lachen Wasser stehengeblieben war, oder gar mit dem Fischspeer und bereitete den Fisch frisch zu, gesalzen oder getrocknet. Ohne weiteres kann man die Fischarten erkennen, die gleichen, die auch heute noch den Nil bevölkern: Barbe, Karpfen, Schleie, Hecht, Nilbarsch, Aal und Katzenwels, der heilige Oxyrhynchos, der mit der Nilbarbe zusammen den Phallus des von Seth zerstückelten Osiris aufgefressen haben soll. Überhaupt waren die, »die im Wasser sind«, den Ägyptern etwas unheimlich, und man brachte sie mit allen möglichen Mythen in Beziehungen, weihte sie bestimmten Gottheiten, durfte hier nur diese, dort jene Fischart fangen und manche nur zu bestimmten Zeiten verspeisen, und selbst in der Unterwelt fingen die Toten noch Buntbarsche und harpunierten andere Nilfische, um so selbst von hier aus ihren Feinden symbolisch Schaden zufügen zu können.

Unterhaltungen im alten Ägypten waren Jagd, Sport, Spiele, Musik und Tanz. Bereits aus der Vorzeit gibt es Darstellungen von *Jagd* und Jagdgeräten, Jäger nur mit einer Phallus-Tasche bekleidet, Jagdgegenstände, Pfeilspitzen und Harpunen und im Sumpf und Nildickichten Nilpferde und Krokodile, Gazellen, Rinder, Elefanten und sogar Schildkröten. Diese Jagd zur Nahrungsbeschaffung und später die berufliche hatte nichts zu tun mit dem sportlichen Jagen, von dem uns besonders viele Bilder aus allen Epochen erzählen. Im Nachen ruderte man in die Sumpfdickichte und schleuderte mit dem Wurfholz, einer Art Bumerang, nach Vögeln und Gänsen, nach Wieseln und dem Ichneumon, der Pharaonsratte. Zahme Katzen apportierten, und die weiblichen Mitglieder der lustigen Jagdpartie warteten im Schatten, bis die Schlagnetze über einer Schar zierlicher Zugvögel zusammenschlugen, um die Tiere aus dem Netz zu nehmen (Abb. 120 unten). Andere Wasservögel, Gänse und Enten, fing man in achteckigen

Netzen, die an einer ähnlichen Balkenkonstruktion befestigt waren und im richtigen Moment zugezogen werden konnten. In Körben transportierte man die Tiere ab.

Nilpferden stellte man mit der Harpune nach (Abb. 70) und verwundete sie so lange, bis man dem erschöpften Tiere sichere Strickfesseln umschlingen konnte. In den Wüsten hetzte man den Steinbock, Gazellen, Antilopen, Schakale, Hyänen, Füchse und Hasen. Altersschwache Ochsen oder Schafe dienten als Lockspeise für Leopard und Löwe. Verbiß sich das Wild, dann ließ man die Windhunde oder eine kleine, ohrlose Jagdhundart los und beschoß mit etwa 1 m langen Pfeilen das Raubzeug. Flüchtende Tiere erreichte man mit der Wurfleine, an deren Ende eine Kugel sich um die Beine wickelte und das Tier zu Fall brachte.

Der König hatte das Vorrecht auf die Löwenjagd, Amenophis III. erlegte in zehn Jagdjahren insgesamt 102 Löwen und 75 Wildstiere, und Ramses II. besaß einen zahmen Löwen, der auf Feldzügen sein Zelt bewachte und ihn auch im Kampfe begleitet haben soll. Natürlich bot auch die Jagd genügend Beziehungen zum Magischen, und gejagtes Wild versinnbildlichte oft Zauber, Dämonen oder den bösen Nachbarn, die Kraft getöteter Löwen ging in den Pharao über usw. Berufsjäger dagegen versorgten den königlichen Haushalt und die vielen Tempelküchen, erlegten das Wild oder fingen es mit dem Lasso, um es in besonderen Gehegen zu mästen.

Zur Belustigung wurden Kampfstiere gegeneinander gehetzt. Hatte einer dem anderen die Wamme durchbohrt, wurde der Sieger mit einer verzierten Decke auf dem Rücken geschmückt. Viel Vergnügen muß das Schifferstechen gemacht haben, wobei man sich mit langen Stangen aus dem Boot zu stoßen hatte. Amenophis II. war ein gewandter Sportsmann, Bogenschütze, Wagenlenker und Ruderer mit einem athletischen Körper, wie es viele Darstellungen an Tempelwänden zeigen (z. B. Medînet Hâbu), allerdings auch mit einem psychischen Defekt, einer Neigung zur Roheit, was sich zeigte, wenn er eigenhändig einen Gefangenen an die Deichsel seines Streitwagens band oder in Siegerpose sieben gefangene und von ihm eigenhändig erschlagene Häuptlinge vorzeigt.

Bogenschießen und Ringkämpfe fanden ihre Freunde und Zuschauer, und da die jungen Ägypter kaum zur Körperfülle neigten, mögen die Bilderreihen vom Ringkampf aus einem Grab in Beni Hasan (vgl. Abb. 81–84) recht genau die Wirklichkeit wiedergeben, hier noch unterstrichen dadurch, daß jeweils ein rot kolorierter Ringer mit einem schwarzen alle Regeln der Ringkunst erkennen läßt. Vor König Ramses II. und seinem Hof fand ein regelrechter Stock Länderkampf zwischen ägyptischen und ausländischen Fechtern statt, und eine Erzählung berichtet, daß eine Zuschauerin ob der Muskelfülle und dem Prachtkörper eines Athleten in Liebe zu ihm entbrannt sei.

Spiele im eigentlichen Sinne spielten wohl nur die Kinder. Mit Puppen, Klappern, Kreiseln, Klötzen, Waffen aus Holz und Tierspielzeug, das sogar mit dem Schwanze wedeln, das Maul aufklappen konnte usw. vergnügten sie sich, die älteren spielten mit Bällen oder übten sich in Geschicklichkeit, Wettläufen und im Springen. Vielfältig begegnet man auf Denkmälern dem *Tanz*, der, bevor er lustbetonte Unterhaltung

LEBENSWEISE

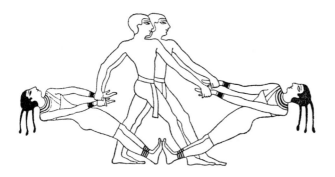

Jungen und Mädchen beim Kreisspiel

wurde, kultisch bei allen Festen, Prozessionen und Jubiläen zelebriert wurde, und an dem selbst die Gottheiten Ihi, Bes und Hathor teilhatten. »*Der König kommt um zu tanzen... Gemahlin des Horus, sieh wie er springt.*« Weltliche Tänze fanden als Unterhaltung bei allen möglichen feierlichen Anlässen statt, bei Totenfesten und bei Banketten vorzugsweise – begleitet von *Musik,* die fast nur von Berufsmusikern ausgeübt wurde, soweit es sich nicht um Tempelmusik mit priesterlichen Sängern und Musikanten handelte (vgl. Umschlaginnenseite). Ältestes und beliebtestes Instrument war die Harfe mit 6 oder 7 Saiten, die man nur im Sitzen zupfte, oder die 20saitige Standharfe. Dazu spielte man die Laute mit 3 Saiten, die Leier mit 18 Saiten, Rohr und Holzflöte, Doppelflöten, Oboen, Klarinetten, runde und rechteckige (asische) Handpauken oder Tamburine und als Ergänzung die Geräuschinstrumente, die berühmten Sistren vor allem, Rasseln mit Metallspindeln und Klirrplättchen und meist mit dem Kopf der Göttin der Musik, Hathor, über dem Griff. Trompeten gab es zwar, sie wurden aber nur im Kult und beim Militär verwendet. Da in der koptischen Kirche sich in Relikten Tonfolge und Melodik überliefert haben, meint man mit Recht, der wirklichen altägyptischen Musik etwas näher gekommen zu sein.

Die Tänzerinnen waren noch eben schicklich nur mit einem Gürtel bekleidet, der sich unterhalb des Nabels elegant um die Hüften legte. Zuweilen, nicht immer, hingen von ihm vorn kurze Stoff- oder Lederstreifen zwischen den Beinen hinab, die sich bei jedem Schritt verschoben. Akrobaten hatten ein Tuch umgeschlungen. Mit Behagen haben die Grabmaler gerade diese nackten, anmutigen Tänzerinnen in vielen Bildern doch wohl deshalb an die Wände gemalt, damit der Verstorbene sie selbst im Jenseits nicht missen möge (Umschlaginnenseite). Arm- und Knöchelringe, Halsbänder und Blumenringe vervollständigten zuweilen ihre Tanzbekleidung. In Doppelschritten, mit Hüpfen, Laufen, Springen, Zusammenschlagen der Hände über dem Kopf, mit bestimmten Armbewegungen, Pirouetten und dem Vorläufer des heutigen Bauchtanzes mit konvulsivisch zuckendem Unterkörper entzückten sie ihre Zuschauer.

Vor und noch während solcher Tanz- und Festfeiern ließ man sich bewirten, die weiblichen Zuschauer ordneten Kleider und Haare, prüften den Schmuck, legten

Mode

a Leinenkleid
b Perlenkleid und Netzapplikation
c Alte Haartracht mit langen geflochtenen Haarsträhnen. Transparenter Übermantel mit Ärmeln

 a  b  c

frische Blumenkronen um oder ließen sich salben und parfümieren (Abb. 122). Dienerinnen reichten Wein und beteuerten dabei aufmunternd: »*Feiere den frohen Tag!*«; zum Tanz rezitierten Sängerinnen: »*Wirf alle Sorgen hinter dich und denke an die Freude, bis jener Tag kommt, an dem man zum Lande fährt, wo das Schweigen wohnt... denn niemand nimmt seine Güter mit sich, niemand kehrt zurück, der dahingegangen ist.*«

Selbstverständlich gab es auch eine *Mode* im alten Ägypten. Allgemein liefen nackt nur die Kinder herum. Der Mann trug seit alters einen Schurz aus Leinen, der von der Taille bis zu den Knien reichte und für Götter, Könige und das Volk für lange Zeiten die gleichmachend weiße Universalbekleidung blieb. Nur die mannigfachen Formen des Schurzes – kurz, lang, in der Mitte vorgestellt und gestärkt, gefältelt und plissiert, ein oder zwei Zipfel, gekräuselt, mit gesticktem Saum, geschlossen, offen usw. – waren der Mode unterworfen und arteten zuweilen ins Dandyhafte aus, zumal wenn ein zweiter, vollkommen durchsichtiger Schurz oder ein mantelartiges Obergewand darüber getragen wurde.

Stets einheitlich und unverändert blieben das lange, von der Brust bis an die Knöchel reichende Gewand des Wesirs, das von zwei Bändern um den Hals am Körper gehalten wurde. Gleiches gilt für die Amtstracht der Priester mit aus Goldstoff gefälteltem Schurz und einem Pantherfell, dessen Hinterfüße über die Schultern nach hinten und Kopf und Vorderteil vorn nach unten hingen. Die Festtracht der Vornehmen war ein kurzes, glattes, vorn abgerundetes Vorderteil und wurde von einem kleinen Metallverschluß am Gürtel gehalten. Außer zu König Chephrēns Zeiten – damals trug man Schnurrbart – ging man peinlichst glatt rasiert, und der Dorfbarbier tat täglich mit einem Kupfermesser seine Arbeit. Trauer und weite Reisen befreiten vom Rasiergebot. Ein Stoppelkinn bedeutete Ungepflegtsein und wird auf Bildern gern Fischern und Hirten, den unteren Klassen also, belassen. Götter und Könige aber trugen einen rautenförmig zugeschnittenen, gepflegten Bart (bei Figuren aus Lapislazuli). Für feierliche Anlässe band man mit zwei Bändern einen Kunstbart unter das Kinn.

LEBENSWEISE

Kopfhaare wurden stets kurz getragen, die Priester rasierten auch den Kopf, weil sie der Göttin Maat, der reinen Wahrheit, dienten.

Die Frauen trugen durchweg ein langes, anfangs faltenloses später leicht plissiertes, sehr dünnes Gewand, das die Körperlinie durchscheinen ließ. Es begann unterhalb der Brüste, die frei blieben, wurde von zwei Tragbändern über der Schulter festgehalten und reichte bis zu den Knöcheln. Oft trug man einen hauchdünnen, durchsichtigen Überwurf darüber, später Netzkleider und andere Abwandlungen. Nur die »Abgeschlossenen« begnügten sich, wie oben geschildert, mit einem Hüftband oder blieben ganz nackt, trugen dafür aber ein schmückendes Haarband und klimpernden Schmuck. Da auch die Frauen ihr Haar kurz schnitten, benutzten sie für Feierlichkeiten gern Perücken, bei denen die Haare wellig, gelockt, langwallend bis zur Brust oder hochgesteckt und der Stirnausschnitt rund oder gerade geschnitten war oder sogar in lang oder kurz geflochtenen Zöpfen und Strähnen bis auf den Rücken herunterhing. Teure Perücken waren aus Naturhaar, billigere und am verbreitetsten aus Schafwolle.

Nur Vornehme gingen nicht barfuß und zogen dann Sandalen aus Leder, Palmbast oder Papyrusstengeln an. Allein der König und seine Familie bedeckten den Kopf, trugen die Krone oder ein kunstvoll gefaltetes Kopftuch aus Leinen, die Königin die Geierhaube (s. S. 358). Mit Kohleschminken zog man die Kontur von Brauen und Lidern nach, um die Augen größer und eindrucksvoller erscheinen zu lassen, und legte grüne Malachitschminke auf die Lider. Natürlich wurden auch die Lippen mit Henna rot nachgezogen oder ihre Linien korrigiert. Salben und Parfums verbreiteten »süße Düfte«, und selbst der Tote wurde mit sieben Arten Balsam rituell gesalbt. Bei Festfeiern setzten sich die Damen Salbkegel ins Haar, die, von der Körperwärme aufgelöst, zerliefen und fettigen Duft verströmten (Abb. 121, 122). Die Kegel und Parfums stellte man aus zerriebenem Weihrauch, Ginster, Myrrhen und Bockshorn mit Talg her, und sie galten als probate Mittelchen gegen Körperausdünstungen ebenso wie die gleichen Grundstoffe mit Honig zum Kauen gegen Mundgeruch. Alle möglichen Rezepturen gab es auch gegen Haarausfall und Grauwerden der Haare. Öl mit Blut

Badende Dame mit vier Wärterinnen, aus einem Grab in Theben

eines schwarzen Stieres, Pulver aus zerstoßenen Eselszähnen und eine Paste aus Fett von Löwen, Nilpferd, Krokodil, Steinbock und Katze.

Schließlich darf der *Schmuck* nicht vergessen werden. Ohrringe, Spangen und Reifen, Fingerringe und Ketten, aus billigem Material für die Massen (Perlen, Muscheln und Halbedelsteine), kostbar und kunsthandwerklich vollkommen gearbeitet für Götter, Könige und die vornehme Welt und dann aus edelsten Materialien, Gold, Silber, Elfenbein, Amethyst, Türkis, Glas, Fayence, eben die Prunkstücke in den Vitrinen unserer Museen, die als wenige die jahrtausendelangen Grabräubereien irgendwo versteckt oder übersehen überdauert haben.

In fast 3000 Jahren hat sich die *Gesellschaftsordnung* Ägyptens kaum verändert. Sie präsentiert sich als eine absolutistisch aufgeklärte kultivierte Beamtenethik mit moralischen Grundsätzen, die aus den rituellen Ordnungsprinzipien herkamen. Die göttliche wie königliche Weltordnung der Maat hatte ihre Grundlage in der Familie. Der König garantierte im ununterbrochenen Bestand der ihm übertragenen Göttlichkeit die Funktionen des Staates mit Hilfe seiner Priester- und Beamtenschaft. So hat sich sehr früh schon ein betont zentralistischer, straff geordneter Beamtenstaat entwickelt, in dem der Wesir mit fünf Ministerien die Amtsgeschäfte mit dem Herrscher und für ihn führte. Gebildet und pflichtbewußt, meist aus dem Adel stammend, mehrten die Wesire durch Schenkungen und Tempelanteile ihre Macht, was mehrfach zu Staatskrisen und inneren Wirren führte, aber stets konnte aufgrund der absoluten, göttlichen Allmacht und Autorität das Königtum wieder aufgebaut werden.

Seit der Pyramiden-Zeit war das gesamte ägyptische Volk registriert und in ein bestimmtes Abhängigkeitsverhältnis eingebunden: Arbeiter, Bauern, Handwerker und Künstler waren dem Gutsverwalter und Schreiber verantwortlich, diese den örtlichen Priesterkollegien, diese den Gaufürsten und Hohenpriestern, diese den Ministerien, dem Wesir und dem König. Da es stets über den Kultus eine Art von patriarchaler Beziehung vom König zum Untertan auch der niedrigsten Klassen gab (Vogelfänger, Hirten, Fischer, Nekropolen-Arbeiter, alle die *nemeh*), und da es niemals zur altägyptischen Zeit eine Überbevölkerung im Nil-Tal gab, blieben gelegentliche Regressionen und Hungersnöte im Rahmen.

Die *Ethik* besagte, daß einer dem anderen zu helfen hatte, um sich dadurch Vorteile im Diesseits oder im Jenseits zu erkaufen. Das mag zwar nicht uneigennützig scheinen, diese Form der Tugend, die »etwas einbringen muß«, hat aber verhindert, daß Staat und Weltordnung völlig aus den Fugen gerieten. Wer es konnte – und von jedem forderte es die sittliche Pflicht –, »*speiste Nackte und Kranke, brachte niemanden zum Weinen, erfüllte seine Pflicht, mißbrauchte sein Amt nicht, mied Habsucht und Gier, redete recht, ehrte und liebte Mutter und Vater, Geschwister und Nächste*«, wie es in einem Glaubensbekenntnis heißt. Nachweislich war Ägypten ebensowenig jemals ein grausamer, herzloser Sklavenhalterstaat wie die Massen des Volkes allzeit im Überfluß

LEBENSWEISE

schwelgten. Die Gräber, die uns in ihren Bildern friedfertige, glückliche, fröhliche Menschen zeigen, sind die Totenwohnungen der gehobenen Schichten, von einfachen Landbewohnern fehlen uns vergleichsweise illustrierende Bilddokumente. Daraus aber etwa »Asyle ohne Licht und Luft«, permanente Hungersnot, »Berge von Blut und Leichen«, Massenhinrichtungen und unglückliche Arbeiter in den Goldbergwerken zu machen, wo »Kinder« goldhaltiges Gestein ans Tageslicht zu »alten Leuten« trugen, die es in Mörsern zerstießen, während »Frauen und Greise« es in Handmühlen zermahlen »mußten«: Solcher Unfug bezeugt nur Unkenntnis der gesicherten Ergebnisse der Ägyptologie. Wie und ob man generell von »unten« nach »oben« aufsteigen konnte, ist zweifelhaft, abgesehen vom Militär, weil Pfründen und Würden vererbt und Heiraten in der Regel »standesgemäß« geschlossen wurden, was alles zusammen Herodot zur irrigen Meinung verleitete, es gebe nur sieben Kasten in Ägypten: »*Priester, Krieger, Rinderhirten, Schweinehirten, Handelsleute, Dolmetscher, Steuerleute. So viele Stände haben sie, und ihre Bezeichnungen stammen von den Berufen. Ihre Krieger heißen Kalasirier...*«

Das ägyptische *Militärwesen* war von Anfang an straff organisiert. Den König als Oberbefehlshaber vertrat ein »Großer General«, königliche Stellvertreter befehligten größere Einheiten, ein normaler General je 100 Mann, aufgeteilt in zehn Mann starke Trupps unter einem Anführer. Es gab Spezialeinheiten an den Landesgrenzen, die allen grenzüberschreitenden Verkehr kontrollierten, Eliteverbände als Palastwachen und Wüstenpolizei, alle in drei Waffengattungen: Fußtruppe mit Bogenschützen, Streitwagenabteilungen und, erst in den letzten Jahrhunderten, eine bescheidene Flotte. Man darf dabei eine ständige Entwicklung dieses Militärwesens nicht übersehen. Eigentlich niemals in seiner Geschichte war das pharaonische Ägypten ein kriegerischer Staat, auch wenn die Verhältnisse es einige Male zu relativ bescheidenen Eroberungen in Kleinasien und Nubien gezwungen haben; meist waren es Unternehmungen, die fehlende Rohstoffe nach Ägypten holen, deren Fundorte sichern oder zumindest kontrollieren sollten. Deshalb genügten anfangs relativ kleine, aus der Bevölkerung von den königlichen Schreibern rekrutierte Kontingente, um die ins lockende Nil-Tal eingefallenen Nomadenstämme ins »Sandland« zurückzutreiben oder um bei königlichen Bauten, z. B. den Pyramiden, auf Expeditionen in fremde Länder, zu den Steinbrüchen oder auf Staatsgütern Dienst zu tun. Später erst wandelte sich das Milizsystem in ein stehendes Berufsheer mit Söldnern aus Nubien und Libyen, die dann nach der Vertreibung der Hyksos von der 18. Dynastie an wirklich expansiv den Machtbereich der Pharaonen bis zum Euphrat ausdehnten. Das Berufssoldatentum war erblich und wurde mit Ackerland bedacht, solange ein Familienmitglied wieder Soldat wurde. Beuteanteile oder das »Gold der Tapferkeit« als Auszeichnung und Befreiung von allen Abgaben waren recht beneidenswerte Privilegien, denen allerdings – aus vordergründigen Absichten und aus dem Berufsstolz des Schreibers heraus – literarisch karikierte Warnungen vor dem Soldatenstand gegenüberstehen: »*... Brot und sein Wasser trägt er auf den Schultern wie ein Esel seine Last, sein Getränk ist stinkendes*

Wasser, am Ziel seines Marsches muß er noch Wache halten... kommt er wieder heim nach Ägypten, ist er krank und bettlägrig... seine Kleider sind gestohlen und sein Diener ist fortgelaufen.«

Die Wagentruppe war die vornehmste, und Wagenlenker und Schreiber zugleich galt geradezu als Versicherung für einen Aufstieg in höhere Verwaltungsdienste oder in den Stab einer der vier großen Regimenter Amun, Rê, Ptah oder Seth. Waffen waren Knüppel und Wurfhölzer, Bogen, der ägyptische mit einer, der nubische mit zwei Krümmungen, die birnenförmige Keule, Dolch und Streitaxt, der rechteckige, oben leicht abgerundete Holz-Leder-Schild und Lanzen, das asiatische Sichelschwert und, ebenfalls aus Asien nach der Hyksos-Zeit, der pferdegezogene Streitwagen. Seit der 19. Dynastie panzerte man die Soldaten mit Lederhemden und Lederschurzen, die mit Metallschuppen belegt waren, und bestimmte Söldnereinheiten kämpften fortan in ihrer heimischen Armierung mit Rundschild, Langschwert und Lasso. Alle Waffen waren aus Stein oder gehämmertem Kupfer gefertigt, und erst in den letzten Jahrhunderten kam es vereinzelt zum Gebrauch der von den Griechen importierten eisernen Waffen.

Die ins Auge springenden monumentalen Schlachtenreliefs an Pylonen und Tempelwänden sind in der Regel kein Maßstab für die überhöht dargestellten, unbedeutenden Grenzplackereien mit einer Bande Beduinen oder die Bestrafung eines unbotmäßigen Tributpflichtigen, selbst die vielfach wiederholte Ramses-Schlacht bei Kadesch war längst nicht so bedeutend, wie sie im Bild verherrlicht wurde. Es handelt sich dabei aber weniger um eine ruhmrederische Verlegenheit der Könige, als vielmehr um die zeitgemäße Vorstellung vom Königtum überhaupt, denn dem König wurde grundsätzlich, weil er von Gott erwählt war, voller Erfolg zugesprochen (vgl. Abb. 139–141, 182, 183, 190, 214). Alles das hat nichts damit zu tun, daß die pharaonischen Soldaten es an persönlicher Tapferkeit hätten fehlen lassen, die seit dem Mittleren Reich fast nur Söldner waren. Wohl kein anderes Volk des Altertums hing so ängstlich an seiner Scholle wie der Ägypter, der stets eine eher unkriegerische, geographisch geschlossene und ganz auf Ackerbau gerichtete Nation gebildet hat. Tatsächlich waren Ägyptens kriegerische Leistungen relativ gering, doch nimmt dieses Volk in der Kulturgeschichte der Menschheit dafür einen der ersten Plätze ein.

Tempelkult und Tempelarchitektur

Ägyptische Tempel haben gar nichts mit christlichen Kirchen oder islamischen Moscheen gemeinsam. Sie waren stets Wohnungen der Götter, die in ihrem Haus auf Erden gegenwärtig existierten, um von hier aus den Bestand der Schöpfung zu garantieren. Der Tempel symbolisierte deshalb verkleinert die Welt, die, aus dem Chaos entstanden, sich beständig gegen das Dunkle behaupten muß. So hatte der Tempel aus solidem Steinwerk zu sein, damit sich in ihm für ewig das tägliche

TEMPELKULT UND ARCHITEKTUR

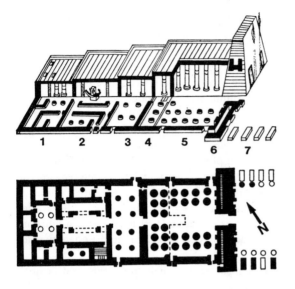

Der Chons-Tempel in Karnak

1 Magazine, Kammern
2 Allerheiligstes
3 Säulensaal
4 Vorhalle
5 Säulenhof
6 Pylon
7 Sphinx-Allee

Mysterium des Schöpfungswerkes – Tag–Nacht, Werden–Vergehen wiederholen konnte. Das schließt nicht aus, daß der ägyptische Tempel als ein Abbild der irdischen Natur des Landes angesehen werden muß, in dem er entstand: aus der fruchtbaren Erde (dem Tempelboden) wachsen die Pflanzen herauf (die Säulen als Palmen-, Lotos- oder Papyrusstengel) zum Himmel (der Tempeldecke mit Sternen, oft den Dekangestirnen, Sterngöttern, die in ihren Barken den Himmelsbogen befahren, fliegenden Geiern) – ganz realistische Bezüge in voller Übereinstimmung mit dem Ritus.

Von den vorzeitlichen Schilfhütten für die Ortsgötter, oder den aus Ziegeln errichteten Tempeln des Alten und des Mittleren Reiches ist nichts oder kaum etwas erhalten. Für den Ägypten-Reisenden interessant sind vor allem die Tempelbauten aus dem Neuen Reich in Karnak, Luxor, Theben, Abydos und Abu Simbel (Farbt. 19–21, 30; Abb. 95–100, 110–118, 125–160, 163, 164, 168–185, 211–216), und aus der Spätzeit in Dendera, Edfu, auf Philae und Kalâbscha (Abb. 36, 101–109, 187–191, 206, 207–210).

Um den zentralen Teil, das Allerheiligste (Sanktuar) mit dem Götterschrein (Naos), entwickelte sich vom Mittleren Reich bis in die Spätzeit ein Baukanon, der in den genannten Tempeln meist voll durchgeführt ist und in seiner Endform ideal etwa so aussah: Am Nil oder an einem Seitenkanal eine Kaianlage in T-Form, wo die Barke mit der Figur des Gottes bei Prozessionen abfahren oder landen konnte. Eine mehr oder weniger lange Sphinx-Allee strebt gradlinig – und jetzt bereits der zentralen Tempelachse folgend – zum ersten großen Pylon (es gibt Tempel mit nur einem, andere mit vielen Pylonen), dem Tempeltorbau, der die hohe, den gesamten Tempelbezirk umgebende Ziegelmauer unterbricht (Abb. 125). Als den Pyramiden durchaus ähnliche,

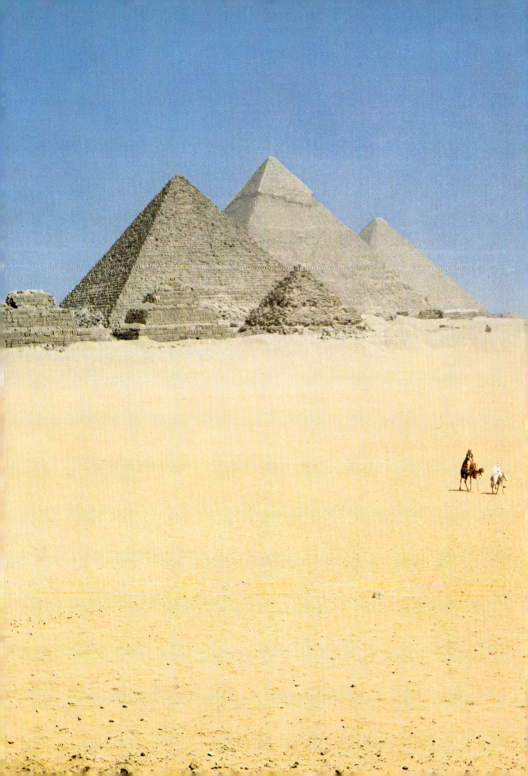

2 GÎZEH   Von der Spitze der Cheops-Pyramide blickt man hinüber zu der des Chephren
◁ 1 GÎZEH   Die Pyramiden des Mykerinos, Chephrên und Cheops, davor kleine Pyramiden von Königinnen
3 Dragomane warten mit ihren Kamelen und Eseln auf Touristen für einen Ritt um die Pyramiden und zum Sphinx

4 Nilwasserkanäle bewässern ständig die Fruchtlandstreifen längs des Nils und in den Oasen ▷

5 KAIRO/Ägyptisches Museum   Prinzessin vom Hofe Ramses' II. Aus dem Ramesseum bei Theben; Kalkstein, Höhe 73 cm
6 KAIRO/Ägyptisches Museum   Prinz Rahotep und seine Gemahlin Nofret. Aus ihrer Grabmastaba in Medûm; Kalkstein, ▷
  Höhe ca. 1,20 m

7 KAIRO/Ägyptisches Museum   Rückenlehne vom Thronsessel des Tut-ench-Amun. Der König und seine Gemahlin Anchesenamun

8 KAIRO/Ägyptisches Museum   Maske König Tut-ench-Amuns aus massivem Goldblech mit Zellenemail

9 KAIRO Bab e-Futûh

10 Wadi Natrûn
11 Am Sues-Kanal
12 MINIA   Gräberstadt ▷
13 In KENA werden die Tonkrüge für Trinkwasser gebrannt ▷▷

15 Oase CHARGA
14 In der Oase CHARGA
16 CHARGA Der Hibis-Tempel

17 Am Nil ▷

18 Bei Karnak

19 KARNAK Im großen Säulensaal des Tempels: Papyrussäulen mit geöffneten Doldenkapitellen ▷

20 LUXOR Säulenhof und Säulengang im Tempel: Papyrussäulen mit geschlossenen und geöffneten Kapitellen

21 LUXOR Vor dem Säulengang im Tempel sind mächtige Königsstandbilder aufgestellt ▷

24 THEBEN-WEST   Vorraum im Grab der Königin Nefertari, einer Gemahlin Ramses' II.
22 THEBEN-WEST   Das Tal der Könige
23 THEBEN-WEST   Festliche Gesellschaft. Im Grab des Nacht, Anum-Priester unter Amenophis II.

25 DÊR EL-MEDÎNA   Wandbild im Grab des Sennodjem. Darstellung des Grabherrn und seiner Frau, die auf den Feldern des Elysiums arbeiten

26 THEBEN-WEST   Vorbereitung zum Fest. Im Grab des Djeserkareseneb, Kornzähler unter Thutmosis IV.

27 Am Nil

28 Der Assuan-Staudamm

30 ABU SIMBEL Südtempel für die Reichesgötter Amun-Rê und Rê-Harachte mit vier 20 m hohen Königsfiguren ▷▷

29 Zwischen Assuan und Abu Simbel ▷

31 Das Katharinenkloster auf der Sinai-Halbinsel

32 ›Verklärungsmosaik‹ im Katharinenkloster

ungegliedert flache Raumkörper verdeckten die Pylonen den hinter ihnen liegenden Tempel und waren auf eine frontale Betrachtung von der Sphinx-Allee her ausgerichtet. Ein Pylon hat stets zwei Tortürme, deren Wände trapezoid nach oben laufen, ein rechteckiges Eingangstor zwischen ihnen, alle Simse wulstig mit der ägyptischen Hohlkehle geziert, an den Wandflächen Reliefs und Inschriften. In Nischen stehen, von Bronzeklammern gehalten, bis zehn die Türme überragende Flaggenmasten aus Zedernstämmen, davor manchmal zwei Obelisken (z. B. in Luxor; Abb. 113). Der Karnak-Pylon ist ein riesenhaftes Bauwerk von 43 m Höhe, 113 m Breite und 15 m Dicke (Abb. 125, 154). Seine Wandflächen sind aus Quadern ungleicher Größe mit unregelmäßig versetzten Fugen verlegt und dann so bearbeitet, daß sie eine gleichmäßige Oberfläche für das Wandrelief abgeben – ganz im Gegensatz etwa zum klassischen griechischen Tempel.

Hinter dem Pylon folgt ein großer Hof mit Statuen und Säulenhallen, dann eine kleinere Vorhalle und dahinter ein verschieden großer Säulensaal vor den zentralen Tempelbezirken (Abb. 127ff.). Während der Fußboden von Raum zu Raum ständig ansteigt, verringert sich die Deckenhöhe, die meist längs der Tempelachse symmetrisch geordneten Innenräume werden zusehends niedriger, schmaler und dunkler. (Die Tempelachse bezeichnet den Prozessionsweg und symbolisiert den Weg, der ins Jenseits führt, ist also immer von außen nach innen gerichtet.) Von notwendigen Nebenräumen, den Magazinen, Sakristeien, Archiven, Kapellen für lokale und andere Götter usw. umgeben, liegt zentral und relativ klein die selbst noch einmal abgedeckte Kapelle des Allerheiligsten mit dem Granitschrein, dem Naos, für das Götterbild, und auf einem Sockel hier oder in einem Nebenraum, die tragbare Barke zum Gebrauch bei Prozessionen (Abb. 135, 138, 148). Diese Kapelle oder das Sanktuar vergegenwärtigt symbolisch den Urhügel, den Sitz der Gottheit inmitten des Tempels, der verkleinert dem Kosmos entspricht.

Mehrere Treppen führen auf das Tempeldach, den Platz für die Astrologen und die Stundenausrufer zu den Gebeten – andere Stufen in die Krypten unter den Zentralräumen, die tempeleigenen Schatzhäuser. Mystisch verbunden mit dem Urwasser und der frosch-schlangengestaltigen Gottheit Nun, und von dorther ständig mit heiliger Kraft versorgt, wird der Tempel vom Heiligen See (Abb. 126) über einen heiligen Brunnen, der vom Tempel aus über einen oft unterirdischen Gang zu erreichen ist. Am See reinigten sich die Priester, und dort fanden auf den breiten Treppenstufen überlieferte Mysterienspiele statt. Teilweise waren Tempelwände mit Bronze- oder Weißgoldblechen verkleidet, der Tempelboden mit Silber (= Wasser), die Decken als Himmel mit Lapislazuli. Da auch Götter- und Königsfiguren in edlen Metallen oder Halbedelsteinen ausgelegt oder mit kräftigen Farben bemalt waren (viele noch heute leuchtende Farbreste), muß ein solcher Tempel blendend prunkvoll und mit seinen kostbaren Materialien überaus reich, dabei stilvoll, gewirkt haben. In der Spätzeit kam, quer zur Tempelachse erbaut, ein Geburtshaus des göttlichen Sohnes, das Mammisi, als abschließender Tempelbau hinzu: so in Edfu, Dendera (Abb. 101), Philae, Kalâbscha.

Es war der Platz zur Feier der Geburt des Gotteskindes, dessen Mysterium, Götterhochzeit und Geburt, in vielen Abbildungen vergegenwärtigt wird.

Ein Charakteristikum ägyptischer Tempel ist, daß sie ständig erweitert, umgebaut und zu weitläufigen Anlagen ausgebaut wurden, neue Höfe, Säulenhallen, Tempelglieder usw. bekamen und daß von einer griechisch oder römisch verstandenen Baukonzeption nicht die Rede sein kann, ebensowenig von ästhetisch gewollten Formwerten oder von besonderen Stilrichtungen. Stets hatten religiös-kultische Vorstellungen die Priorität, und ihrem Formwillen ordneten sich alle ägyptischen Kultbauten bedingungslos unter – was im gleichen Maße für jegliche Art künstlerischer Aussage in Malerei oder Reliefkunst, für Statuen und das Dekor gilt, das immer wieder auch dort dem Verhältnis Mensch–Gott entsprach und ›für die Ewigkeit‹ auch dort war, wo es nicht zugänglich oder sichtbar werden konnte, wie im Serdâb der Gräber, an den Pyramidions der Obelisken, in den stockdunklen, engen Krypten und unterirdischen Tempelgängen oder an den hohen Flanken der Tempelarchitrave. So ästhetisch uns viele Details ägyptischer Kunstgebilde auch anmuten, niemals wurden sie aus dieser Intention heraus geschaffen, ihre Idee, Ausführung und Existenz bestimmte allein die Religion. Nie war ein ägyptischer Tempel Gebetshaus für Gläubige, Platz zur Verkündigung oder zum Mitfeiern einer gottesdienstlichen Handlung. Laien, das Volk also, konnten ihn nicht betreten und durften vor seinen Mauern im ersten Hof wartend nur das geheimnisvolle Mysterium ahnen. Allein die Priesterschaft hatte Zutritt zu den Innenräumen.

Nach festem Ritual lief auch für den Gott der Tag ab, begann nach der Reinigung der Priester am Heiligen See mit dem offiziellen Öffnen des Tempels und dem Vorbereiten der Götternahrung in den Nebenräumen des Sanktuars, von wo sie besondere Opferträger in die vor dem Allerheiligsten liegende Säulenhalle brachten und bereitstellten. Nach dem Öffnen des Götterschreins weckte man den Gott mit feierlich rezitierten Morgengesängen, stellte die Opfergaben vor ihn und zog sich zurück, um die Herrlichkeit nicht beim Frühstück zu stören. Dann wurde die Götterstatue gewaschen und neu eingekleidet, die von der Mahlzeit symbolisch übriggebliebenen Speisen zuerst für eine Weile vor die Bilder anderer Götter (lokale Götter und Gäste) und vor Königsstatuen gelegt und, wenn auch die sich ›sattgegessen‹ hatten, in die Sakristeien und Magazine gebracht und unter Priestern und Tempeldienern zum endgültigen Verspeisen verteilt. Wenn dann zur Mittagszeit der Ausrufer vom Tempeldach die Gebetsstunde verkündete, wurde das Götterbild unter feierlichen Hymnen und Musik geräuchert (Abb. 97) und mit dem Wasser des Lebens besprengt, und am Abend wiederholte sich das morgendliche Zeremoniell, meist aber in einer Nebenkapelle des Sanktuars. Schließlich wurde der gesamte Tempel gereinigt, die Priester verließen ihn, schlossen die Tore und der Gott hatte eine lange Nacht für sich allein, wohlversorgt, wie es der Kult forderte. Zwar stand eigentlich nur dem König als dem Sohne der Gottheit der persönliche Umgang mit dem Gotte zu, in seiner Abwesenheit aber konnte er den Tempeldienst an seine Priester delegieren, was in der Regel auch geschah. Deshalb trugen die amtierenden Priester bei den Kulthandlungen auch Teile des königlichen Ornates.

An Feier- und Festtagen vollzog sich die Götterverehrung feierlicher und mit eitlem Pomp, und es gibt viele Darstellungen von Prozessionen am Neujahrsfest, dem Fest des Mondbeginns, der Schalttage, des Sothis-Aufgangs, der Osiris-Feste, des großen Opet-Festes von Luxor oder vom Wüstenfest im Dêr el-Bahri-Tempel jenseits des Nils. Vor allem das Opet-Fest findet man mehr als 20 m lang in einem Fries im Luxor-Tempel mit einzigartigen Details dargestellt.

Je nach Größe eines Tempels variierte die Zahl seiner Priester, Rechnungsführer, Schreiber, Aufseher und Landarbeiter. Denn die Tempel hatten sich aus den Erträgen eines oder mehrerer Landgüter selbst zu erhalten, was relativ einfach war, da königliche Schenkungen direkt, Steuernachlässe und Befreiung seiner Bediensteten vom Wehr- und allgemeinen Arbeitsdienst das Tempelvermögen indirekt mehrten. Zur Zeit des Neuen Reiches war der Reichs-Tempel des Amun in Karnak Ägyptens größter, wohlhabendster und einflußreichster überhaupt.

Jenseitsglaube und Totenkult

Die mythisch betonte ägyptische Religion kennzeichnet neben und in den Schöpfungslehren, ihrem Kult und ihrer Ethik vor allem ein besonderes Verhältnis zu Tod und Jenseits, denen sie mehr Bedeutung beimaß, als alle anderen Völker des Altertums. Das Totenreich war dem Ägypter die Wirklichkeit, das Diesseits eine vergehende Welt der Illusionen. Wenn einem Menschen ins linke Ohr der Tod gehaucht wurde, hatte er unweigerlich den Schritt durch die Pforte des Sterbens zu tun in eine andere Form des neuen, durch Rê und Osiris verklärten Seins, in dem die Seele zurückfinden konnte in ihren alten, nun wieder funktionsfähigen Körper – vorausgesetzt, daß alle dazu notwendigen Bedingungen erfüllt wurden. Ein zweiter Tod käme dem endgültigen Erlöschen gleich. So hing in jedem Falle ein Weiterleben im Amenti (Amentet), dem Westreich, allein von der Fürsorge der Lebenden ab. Diese Grundgedanken bestimmten den Totenkult, der im Verlaufe der Jahrtausende sich zwar verändert, im Prinzip aber niemals gewandelt hat. Nicht Furcht der Lebenden vor dem Tode, sondern im Gegenteil Bitten der Verstorbenen an die Lebenden um tätige Mithilfe bei der Verwirklichung ihrer endgültigen Verklärung, die sich in nichts vom bisherigen irdischen Dasein unterscheiden sollte, bestimmten zeitlebens die heimlichen Gedanken eines Ägypters.

Das zu erreichen, bedurfte es vieler Vorbereitungen. Allein dem direkten Sohn des Verstorbenen oblag die regelmäßige Versorgung der Gräber mit Nahrungsmitteln usw., eine Aufgabe, die bald alle materiellen Möglichkeiten übersteigen mußte. So kam es zu Grundstücksstiftungen, aus deren Erträgen heraus mit Hilfe eigens bestallter Totenpriester der Totendienst gepflegt wurde. Solches war anfangs aber nur einem

König als dem einzigen Grundeigentümer des gesamten Bodens möglich, und er konnte auch seinen Verwandten, Freunden und Mitarbeitern den Genuß dieses Privilegs zukommen lassen. Rund um ein Königsgrab entstanden die Mastabas der Vornehmen, die Anteile bekamen vom Totendienst am Königsgrab, Opfer und Nahrungsmittel von königlicher Tafel, *»eine Opfergabe, die der König gibt«*.

Als am Ende des Alten Reiches die Krone verarmte und soziale und politische Unruhen Ansehen und Einfluß von Königtum und Verwaltung herabsetzten, versuchte bald jeder, der dazu nur einigermaßen in der Lage war, königliches Beispiel nachahmend, mit eigenen Mitteln für den Totendienst an seinem künftigen Grabe vorzusorgen. Privatgrundstücke wurden vermessen und ihre Erträge für den Totenkult bestimmt, und anstelle des ältesten Sohnes ein Totenpriester oder eine ganze Gruppe Ka-Priester für den Dienst am eigenen Grab unter Vertrag genommen. Gaufürst Hepdjefa aus Assiut hat mißtrauisch und in weiser Vorsicht, weil er die Gleichgültigkeit seiner Mitmenschen richtig einschätzte, zur Sicherung seines Grabes sogar zehn Verträge zu Opferdienst und Opfergaben an die Wände seines Grabes schreiben lassen (Textbeispiel dazu s. S. 297). Im Angesichte des künftigen Sterbens wurde das Grab nach eigenen Wünschen erbaut, ausgemalt und ausgestattet mit allen wichtigen Beigaben zum »Haus der Ewigkeit«. Denn es sollte das bisherige Leben des Verstorbenen konkret-materiell widerspiegeln, sein gesamtes irdisches Dasein, das uns heute lebendig wird in den vielen Grabmodellen und Figuren von Bauernhöfen, Ställen, Speichern, Handwerksbetrieben und Handwerkern oder anderen bei ihren Arbeiten. Sicherheitshalber bemühte man auch den magischen Zauber, indem das und vieles andere zusätzlich in allen Details an die Wände der Grabkammer gemalt wurde, um so über das Abbild die Wirklichkeit zu erzwingen. Diese Modelle und die Bilder im Grabdekor dienten nicht als lebendige Illustrationen, »wie es einst war« – wie für uns heute –, sondern wurden dem Ägypter damals zur Wirklichkeit im Jenseits.

Seit dem Mittleren Reich gab es die Uschebtis, kleine Stein-, Ton- oder Holzfiguren in Mumienform mit Werkzeugen in den Händen, sogenannte ›Antwortende‹ die, zur Arbeit gerufen, für den Toten zu antworten und für ihn die Arbeiten im Jenseits zu verrichten hatten. Bis 365 Uschebtis nahm man mit ins Grab, für jeden Tag einen.

Neben Amuletten und Skarabäen aller Größen bekam der Tote auch Literatur mit. Das sind seit der 5. Dynastie die Pyramidentexte. 700 sind bis heute bekannt. Bei ihnen handelt es sich um an die Innenwände verschiedener Pyramiden geschriebene Texte, einerseits Begleittexte zu den rituellen Beisetzungshandlungen, andererseits magische Erklärungen zum jenseitigen Leben des zum Osiris gewordenen Königs, seine Himmelsreise zu Vater Rê. Als später der Totenkult nicht allein mehr dem König, sondern allen Verstorbenen zugänglich wurde, schrieb man die Pyramidentexte ab und um zu den jetzt Sargtexte genannten Kolumnen an Sargwänden oder auf einen daraufgelegten Papyrus (9. bis 12. Dynastie): der Versuch, Königliches zu kopieren und es allen Schichten zugänglich zu machen, eine Wortmagie voller Zauberei und Aberglaube. Zum Teil von diesen Sargtexten übernommen und durch neue erweitert, entstand im Neuen Reiche das Totenbuch mit zahlreichen Illustrationen (Abb. 167), das letzte der rein kanonischen Totenbücher und der Anstoß zu den Amduat-Büchern »von dem, was in der Unterwelt ist«, die Bücher »der Pforten« (Abb. 99), »der Höhlen«, »des Tages«, »der Nacht«, besonders an den Wänden der thebanischen Königsgräber. Es sind die phantastisch erdachten Bilder und Texte zu Mythen, Visionen, Symbolen und Verirrungen, die des Gottes Rê allnächtliche Unterweltsfahrt zwischen Gut und Böse, Lust und Gefahr schildern, eine schillernde Zauberwelt, die beim bloßen Betrachten irreal-phantastisch anmutet (s. a. S. 341/42).

In aller Totenliteratur begegnet man den drei Seelen-Begriffen *Ka*, *Ba* und *Ach*. Sie überschneiden und durchdringen sich und sind nirgendwo exakt mit unserem Begriff des unsterblichen geistigen Anteils des Individuums zu erklären. *Ka* sind die den Menschen zeugenden und bewahrenden Lebenskräfte, die mit dem Leib gleichgestalt noch vor der Geburt entstehen und ihn durchdringen. Ka ist schöpferische Gottheit und die die Welt ordnende Maat, eine gleichbleibende Lebenskraft. »Zum Ka gehen«, hieß sterben, die Statue des Toten in seinem Grab Ka-Figur, man betete »zum Ka des Toten« und opferte ihm im Serdâb, der Statuenkammer. Nach dem Totengericht flog, war es gut ausgegangen, der Ka zurück in die Hülle des Körpers und belebte sie. Hieroglyphisch dargestellt wird der Ka mit betend erhobenen Armen.

Ba ist der geistige Anteil, die Psyche, die sich nach dem Tode vom Leichnam trennt und in den Himmel fliegt, die aber auch herumschweifend ganz nach eigenem Gutdünken handeln kann, ein geistiges Prinzip, das nur durch einen negativen Richterspruch des Osiris mit dem Leib zusammen im zweiten Tod endgültig erlöschen kann. Wie der Verstorbene als Lebender, so sitzt der Ba als Vogel mit Menschenkopf gern im Baumschatten an einem Teich.

Ach zuletzt meint die überhaupt unsterbliche Kraft, die Menschen wie auch Götter verklären kann, meint aber auch Dämonen, Erscheinung und Spuk, den Bereich zwischen Gott und Mensch. Ach wird dargestellt als Schopf-Ibis. Erst der Name eines Menschen und sein Schatten mit Ka, Ba, Ach und dem Körper machen das vollständige Individuum aus.

Mumifizierung und Mumienbegräbnis

War ein Ägypter gestorben, begann für die Angehörigen die Zeit der Trauer und der Beerdigungsvorbereitungen. Haare und Bart bei den Männern wurden nicht mehr geschoren, die Frauen bestrichen ihr Gesicht mit Schlamm oder Kot und streuten sich Asche aufs Haupt. Alle zogen weiße Kleider an, schürzten sie hoch, liefen jammernd durch die Straßen, schlugen ihre Hände an die entblößten Brüste und unterstützten das Geschrei der offiziellen Klageweiber, die mit Sistren und Tamburins ihr ›Wehe, das Unglück!‹ schrill variierten. Dann trug man den Leichnam in die Totenstadt zum ›Reinen Platz des guten Hauses‹ oder der ›Zelle Gottes‹, dem so euphemistisch-furchtsam umschriebenen Haus des Einbalsamierens – wenn man finanziell zu einem *Mumienbe-*

gräbnis in der Lage war. Unbemittelte und die Toten aus den niederen Ständen wickelte man fest in eine Binsenmatte, trug sie westwärts vor den Ort und verscharrte sie in einem Sandloch, unter ein paar Felsen oder richtete sie in einer Naturhöhle auf.

Was hier in Stunden ›erledigt‹ war, wurde für reiche Leute zu einer mehr als zweimonatigen Prozedur, und wie bei einem Begräbnis heutzutage, so wurden gleichermaßen im alten Ägypten Ausstattung und Kosten vorher überdacht, errechnet oder erfeilscht und präzise festgelegt, wie uns Herodot detailreich berichtet. Die Zunft der Balsamierer war gesellschaftlich eigenartig strukturiert, obgleich sie weder Mediziner noch Handwerker, sondern eine rituell bestimmte Arbeitsgruppe für Unumgängliches waren. Tief unten, verachtet und gefürchtet, ausgestoßen aus der Gesellschaft, verspottet und wie Hunde mit Steinen beworfen, als unrein angesehen lebten die Paraschiten aus der Gruppe der ›wt‹, welche den Leib aufzuschneiden hatten. Über ihnen fungierten die »Gottessiegler« oder »Einbalsamierer des Anubis«, die Taricheuten, die mit einer Hundemaske über dem Kopf arbeiteten, eine Quasi-Diakons-Klasse; sie hoben aus dem Leichnam feierlich die Eingeweide heraus. In hohem Ansehen dagegen stand der »Vorsteher des Geheimnisses der Balsamierungsstätte« und ganz oben der »Vorlesepriester«, dem es oblag, zu jeder Tätigkeit beim Mumifizieren die entsprechenden Texte zu lesen, die in wiederkehrenden Einzelheiten von der Wiederbelebung des Osiris und seiner Auferstehung berichten: »*Du wirst für ewig leben, du wirst jung werden für ewig.*« Also legten die Balsamierer »*denen, die den Toten bringen, hölzerne Musterstücke von Leichen zur Auswahl vor. Sie zeigen dann auch noch eine zweite, die geringer ist und billiger als die erste. Die dritte Methode ist die billigste. Dann fragen sie, nach welcher Art man den Leichnam behandelt sehen möchte. Hat man den Preis vereinbart, gehen die Angehörigen heim, und jene bleiben im Geschäft und machen sich sorgfältig an die Einbalsamierung*«, berichtet Herodot. Selbstverständlich wurden bei allen Bestattungsvorbereitungen auch all die anderen Interessenten der damaligen ›Bestattungsindustrie‹ tätig, zu denen auch die Hersteller der Grabausrüstungen gehörten, die mehr oder weniger kostbares oder kunstvolles Mobiliar, Gefäße, Hausrat, Schiffe, Modelle, Wäsche, Schmuck, die Totenbücher und Papyri für das Grab produzierten, alles Dinge, die nur dort und nirgendwo anders praktisch zu verwenden waren.

Die Sitte, den Körper zu erhalten, geht zurück bis in die Zeit um 3400 v. Chr. und wurde noch im ersten christlichen Jahrhundert mit der Mumifizierung koptischer Mönche gepflegt. Jahrtausendelang profitierte die ägyptisch-alexandrinische Heilkunst von den praktischen Erfahrungen der Balsamierer, die exakte Kenntnisse von der Anatomie der Eingeweide, ihrer Lage im Körper und ihren speziellen Krankheiten gewonnen und aufgezeichnet hatten. Angehende praktische Ärzte wurden zur Zeit der Ptolemäer in Alexandria mit der Kunst des Einbalsamierens vertraut gemacht. Papyri, rituell-kanonische Schriften, die Berichte antiker Autoren, Herodots vor allem, haben uns genügend Texte geliefert. Dazu kommen viele Wandbilder und die moderne Forschung mit Röntgenbildreihen; sie haben uns Einzelheiten geliefert, die es uns ermöglichen, ziemlich stimmend den Ablauf einer Mumifizierung zu rekonstruieren.

Volle 70 Tage vergingen zwischen Tod und Begräbnis, ein Zeitraum, der dem 70tägigen Ausbleiben (Tod) der Dekangestirne entspricht. Auf sinnvoll konstruierten Tischen, von denen man viele gefunden hat, wurde der Leichnam über zwei Holzklötze gelegt. So konnte der Balsamierer, und ebenso später der Bandagierer, frei rund um und unter dem Körper arbeiten. Auslaufende Flüssigkeiten flossen durch eine Rinne in der Tischmitte ab. Die ›Arbeit‹ der Balsamierer begann mit dem Entleeren der Hirnschale, und zwar zogen sie »*mit einem gekrümmten Draht das Gehirn durch die Nasenlöcher heraus, genauer gesagt, nur einen Teil davon; den Rest beseitigen sie, indem sie auflösende Flüssigkeiten eingießen*« (Herodot), was heißt, daß sie nach Durchstoßen der Schädelbasis mit Stoßen und Drehen die Hirnmasse zerstörten, um sie besser herausholen zu können – oder aber man machte einen Schnitt im Nacken oder trennte den Kopf vom Rumpf. Dann mußte er später wieder passend auf den Körper gesetzt und mit einem Metallstab fixiert werden. Nun schärfte der ›wt‹ sein äthiopisches Steinmesser an einem Metallstab und machte an der weichen Körperseite der Leiche einen genügend langen Einschnitt, etwa vom Nabel bis zum Darmbeinstachel, durch den der ›Gottessiegler‹ mit bloßen Händen in den Unterleib faßte und fast alle Eingeweide herausheben konnte, außer den Nieren und dem Herzen, das man, fest an seinen Kranzgefäßen hängend, stets im Körper beließ, denn »*das Handeln der Arme, das Gehen der Beine, das Bewegen aller Teile des Körpers, es wird getan nach dem Befehl, der vom Herzen erdacht ist*«. Weil das Herz für irdisches Leben und das Fortleben im Jenseits unumgänglich notwendig war, mußte es im Körper bleiben und wurde beim Totengericht ohnehin als Indiz für Gut oder Böse benötigt. Ein der Mumie mit den Binden aufgelegter Herz-Skarabäus galt als Schutzamulett, welches das physische Herz daran hindern sollte, etwa gegen den Toten zu zeugen. Sein Herz, das Gewissen des Toten, bittet dieser selbst, positiv für ihn zu sprechen, weil es des »Menschen eigener Gott« ist. Wurde versehentlich das Herz abgerissen, tat man alles, um es in seine natürliche Lage zurückzubringen. An einem Sarkophag liest man: »*Dir gehört dein Herz. Es wird für immer und ewig an seinem Platze verbleiben.*« Alle verderblichen Körperteile, Eingeweide, Fettgewebe und verschiedene Organe, wie auch die jetzt leeren Körperhöhlen, wurden nun sorgfältig mit Palmwein gereinigt und mit zerriebenen Spezereien durchgespült und dann mit Myrrhenpulver, Anis, Zwiebeln und intensiven Duftaromaten aufgefüllt. Eingeweide, Leber, Lunge und Magen – und seit dem Neuen Reich auch das Gehirn – wurden in der Regel in besonderen Krügen, den Kanopen, aufbewahrt, vier Eingeweidegefäßen aus Alabaster, deren meist sorgfältig modellierte Deckel jeweils den Kopf eines der Horus-Kinder tragen, den Sinnbildern für die vier Himmelsrichtungen und hier besonderen Schutzgeistern des Toten (s. S. 98). In späteren Dynastien, aber relativ seltener, gab man die Eingeweide auch wieder in den Körper zurück. Nun stopfte man, nach dem Reinigen und Füllen des Körpers, diesen mit in Harzen und Erdpech getränkten Leinenlappen so aus, daß er wieder ›wie vorher‹ aussah und machte den Schnitt zu oder verschloß ihn mit Harz oder Wachs, mit denen Mund, Ohren, Nase und Augen ebenfalls verpfropft wurden. »Du lebst wieder, bist lebendig für alle Zeiten, nun bist du von neuem jung für ewig« lautete der letzte, Unsterblichkeit verheißende Satz des Einbalsamierungsrituals; dann steckte man, um dem Leichnam aus Haut und Knochen alle Flüssigkeit zu entziehen, den Toten in trockenes Natronsalz und ließ ihn dort in hohen Steinkrügen aufrecht stehen. Nur die Köpfe der Verstorbenen ragten gespenstisch aus den Behältern. 52 Tage lang – »*länger darf die Beizung nicht dauern*« (Herodot) – wirkte das ›Einpökeln‹, das, wie es etwa eine Salzlösung getan hätte, die Körper weder zersetzte noch zerfraß, sondern allein austrocknete und dabei lediglich Hautteile abschälte und Finger- und Fußnägel löste. Um das zu verhindern, band man mit Goldfäden die Nägel an die vorher eingeschnittenen Nagelwurzeln fest oder stülpte silberne oder goldene Hülsen darüber. Zuletzt wurde der Körper in Natronlauge gewaschen, mit parfümierten Ölen gesalbt, Hände und Finger rot mit Henna eingefärbt, die beim Austrocknen durch Muskelschwund eingetretenen Körperveränderungen abermals mit Leinenlappen oder Sägemehl korrigiert und endlich der Leichnam in Binden eingewickelt, in »*Streifen von Leinwand aus Byssos*«, wie Herodot erwähnt. Diese Leinenstreifen hatten stets beträchtliche Längen, oft mehrere hundert, ja tausend Meter und mehr. Zuerst umwickelte man Finger, Hände, Füße und den Phallus gesondert, dann ringsum den gesamten Körper und legte zwischen die einzelnen Bindenlagen Gegenstände, die der Tote im Leben benutzte, die ihm lieb und teuer waren, dazu Schutzamulette auf bestimmte Körperstellen, Steine auf die geschlossenen Augenlider, das Udjat-Auge auf den Körpereinschnitt, den Isis-Knoten und das Pektorale auf die Brust usw. Breite, jetzt im Fischgrätmuster geordnete Bindenstreifen darüber bildeten die äußere Umhüllung. Da alle Bindenstreifen in wohlriechende, öligharzige Flüssigkeiten getaucht worden waren, konnten sie zwar den Körper vor dem Verwesen bewahren, verursachten durch chemische Reaktionen bei den Mumien jedoch tiefbraune bis schwarze Verfärbungen und haben sie teilweise sogar vollkommen verkleistert, verkohlt und oxydiert. So konnte Tut-ench-Amuns Mumie nur unter größten Mühen und erst nach vergeblichen Versuchen aus dem innersten Goldsarg gehoben werden. Die oftmals zusätzlich noch mit einer Gipsmasse überzogene Mumienfigur wurde mit farbigen Götterbildern, Zierformen und Hieroglyphen bemalt und ein Kopfbild aufgezeichnet, das vielmals überraschend porträthafte Züge des Toten wiedergibt, besonders in später Zeit. »*Nun holen die Angehörigen die Leiche ab, zimmern einen hölzernen Sarg in Menschengestalt und schließen den Körper ein*«, fährt Herodot fort. In der Tat war eine solche Mumifizierungs-Prozedur nur den Wohlhabenden möglich und kostete nach Diodor ein Talent Silber, und eine derart behandelte Leiche konnte, wie er erläutert, sogar von einem etwa in Geldnot geratenen Hinterbliebenen verpfändet werden mit dem ausdrücklichen Hinweis, daß bei Nichteinlösen der Schuld weder ihm noch seinen Nachkommen irgendwo irgendein Platz zur Bestattung bereitgestellt werden würde – was seinem endgültigen ›Erlöschen‹ gleichkommen würde.

Ein billigeres Einbalsamierungsverfahren bestand darin, ganz einfach den nicht geöffneten Leib des Toten mit Zedernöl randvoll zu klistieren und alle Körperöffnungen so lange zu verschließen, bis das Öl nach Tagen fäulnisfördernde Körperinhalte zersetzt hatte und abgelassen werden konnte. – Am billigsten stellte es sich, ließ man den Leib aufschneiden, entleeren, mit Salz und Natron reinigen und übernahm alle möglichen folgenden Handlungen in eigener Regie, oder setzte den Toten, so zubereitet, sofort bei. Übrigens erwähnt Herodot mokant, daß man schöne Frauen, junge Mädchen oder solche von angesehenen Männern erst drei oder vier Tage nach ihrem Ableben in die Werkstätten der Mumifizierer brachte, um zu verhindern, daß sich die Balsamierer an den frischen Frauenleichen vergingen.

Nach 70 Tagen konnten für den Toten die Trauerzeremonien beginnen. Eigentlich wäre für jeden Verstorbenen der passendste Begräbnisplatz *Abydos*, des Osiris heiligste Stätte, gewesen. Doch nur Könige (Scheingräber) und Vornehme hatten Aussicht und Möglichkeiten dazu. Dennoch unterließ man, wenn irgend möglich, nicht, wenigstens einen persönlichen Besuch beim großen Gotte, mietete Schiffe und fuhr mit großem Trauergefolge, die Mumie auf dem einen, die Angehörigen auf den anderen Booten nach Abydos – daher die obligaten Darstellungen der ›Fahrt nach Abydos‹ in den Gräbern (Abb. 123, 124). Dort bekam man die »*Opferbrote und atmete den Duft von Weihrauch und Myrrhen*« und nahm so an den Osiris-Opfern teil. Nach mehr oder weniger langer Fahrt wieder zu Hause, kam schließlich der Tag zur Reise in die ›Wohnung der Lebenden‹ im Westen. Die Mumie wurde in den hölzernen Sarg gebettet, und wieder heulten die Klagefrauen ihren Schmerz vor den versammelten Hinterbliebenen. Ein Trauerzug formierte sich mit dem Sarkophag, den Grabbeigaben, Angehörigen und Freunden und zog zum Nil. Solch ein Begräbnis muß einem Umzug ähnlich gewesen sein, weil alles, was dem Toten im irdischen Leben lieb gewesen war, jetzt für das jenseitige Weiterleben in seine Totenwohnung transportiert wurde. Am Ufer wurde der Sarg auf dem festlich geschmückten Leichenboot unter einen Baldachin gestellt, und kurz vor der Abfahrt räucherte und opferte ein Totenpriester im Pantherfell vor dem Toten. Dann rief man dem Steuermann zu: »*Wende zum Westen, dem Lande der Gerechten*«, und erst das Boot mit den Klageweibern, dann das mit dem Totenschrein, ein drittes mit den Verwandten und andere mit den Freunden des Toten, mit Grabbeigaben und Dienern setzten über den Fluß ans Westufer zur Totenstadt. Rechts und links vom Sarkophag hatten zwei Frauen in Stellvertretung von Isis und Nephthys

Feierlicher Leichenzug – Klagefrauen und Angehörige, Priester und Diener – Grabbeigaben – Zeremonie der letzten Mundöffnung – die trauernde Witwe nimmt Abschied

JENSEITSGLAUBE UND TOTENKULT

Totengericht. Oben: Der Tote rechtfertigt sich vor seinen Richtern. Unten: Er wird von Anubis zur Waage geführt, sein Herz wird gewogen (gegen die Feder der Maat), das Höllentier schaut zu. Thoth notiert, Horus führt den Toten vor Osiris. Hinter ihm in der Kapelle Isis und Nephthys

zu posieren und den Tod zu beklagen. Und noch einmal ordnete sich der Leichenzug und begleitete jetzt den auf einen von Rindern gezogenen Schlitten gestellten Sarkophag, Totenpriester räucherten ununterbrochen, Klageweiber jammerten, Transportschlitten und Zugtiere ächzten unter der Last der mitgeführten schweren Granitstandbilder, Sängerinnen und Musikanten stimmten Totenlieder an, und in ihrer leichten Gewandung begleiteten sogar die Tänzerinnen, die den Verstorbenen im Leben erfreut hatten, seinen letzten Weg durch den staubigen Dunst der Wüste zum Grab. Dort hielt man an, und zuerst vollzogen die Priester hier die Zeremonie der dritten Mundöffnung durch Berühren des Gesichts mit einer Gabel aus Silex und einem Dächsel, Räuchern und Opfern, um so dem Toten wieder die Lebenskräfte einzuführen, *»damit der Tote im Jenseits hören und sprechen könne«* und ihm überhaupt die Möglichkeit gegeben sei, im neuen Leben alle seine Organe voll gebrauchen zu können. Zuletzt umarmte, Abschied nehmend, der nächste Angehörige den Sarkophag, der dann langsam ins Grab gelassen wurde. War die Graböffnung verschlossen und versiegelt, setzte man sich in großer Gesellschaft zum rituellen Leichenschmaus mit dem Toten in seinem Grabe zusammen.

Jetzt stand der Verstorbene vor der Schwelle zum *Jenseits,* in das nur der eintreten durfte, der das Totengericht bestanden hatte. Hier thronte in der ›Halle der beiden Wahrheiten‹ unter einem Baldachin zwischen Nephthys und Isis der richtende Gott Osiris (oder auch Rê) vor 42 schauerlichen Richtern mit Schlangen-, Sperber-, Geier- und Widderköpfen, die Blutfresser, Knochenbrecher, Feuerbeine, Flammenatmer usw., vor die er von Anubis geführt wurde und denen er sein doppelt negatives Bekenntnis vorzutragen hatte: *»Nicht habe ich bewirkt, das Leid der Menschen, nicht habe ich Unrecht an die Stelle des Rechtes gesetzt, nie habe ich den Waagebalken verschoben, nie habe ich wissentlich gelogen, nie habe ich jemanden verleumdet, nie habe ich an den Türen gelauscht, nie sündigte ich wider die Natur mit Männern, nicht fluchte ich auf die Götter...«* – um daran anschließend ähnliche Negierungen beteuernd noch einmal zu jedem der 42 Richter einzeln gewendet, zu erhärten: ›*Oh, du geistiges Wesen, dessen Namen Kenemti, der du dich im Kenemet zeigst, nie beleidigte noch verhöhnte ich Menschen* . . .‹ usw. Während dieser langen Beteuerungstiraden wurde sein Herz auf die linke Waagschale des Totengerichtes gelegt und von Anubis gegen die Wahrheitsgöttin Maat, oder für sie stellvertretend gegen ihre Federhieroglyphe, aufgewogen. Der ibisköpfige Gott Thoth prüfte und notierte als Protokollführer Vorgang und Ergebnis mit Pinsel und Palette. War es gut ausgegangen, und hatten die 42 Richter den Toten von Sünden freigesprochen, nahm Horus ihn bei der Hand und führte ihn seinem Vater Osiris zu, wo er, mit ihm vereint, jetzt selbst zum Osiris wurde und nun, da er die im Totenbuch verzeichneten und teilweise erfolgreich aufgesagten magischen Anrufungen, Zaubersprüche, Formeln und Beschwörungen beherrschte, ins Jenseits eingehen konnte.

Sicherheitshalber standen die Texte mit erläuternden Skizzen und Zeichnungen noch einmal in den Totenpapyri, oder sie waren in die Mumienbinden mit eingewickelt. So war er gut gerüstet, alle eventuellen Gefahren im Jenseits gut überstehen zu können wie etwa: Schächte überschreiten, Dämonen begegnen, Fischernetzen ausweichen, Krokodilen, Schlangen oder Skorpionen entgehen, Glieder und Knochen vor Würmern schützen, auf dem Kopf gehen müssen, das flammende Feuer der Amenti beschwichtigen usw. Der Fährmann ruderte ihn schließlich über die himmlischen Gewässer ins Reich der Seligen, in die himmlischen Gefilde, wo das Getreide bis sieben Ellen hoch stand und wo auf den Äckern auch die schwere Feldarbeit zur reinen Freude werden konnte – für einen Bauern. Wer aber nie in seinem Leben auf Feldern hatte arbeiten müssen, der hatte auch fürs Jenseits gut vorgesorgt. Denn wenn Osiris ihn einst aufrufen sollte, für ihn die Feldarbeiten zu verrichten, dann würden die vorsorglich im Grabe aufgestellten ›Antworter‹ (Uschebtis) an seiner Stelle antworten und für ihn die Arbeiten tun. Für jeden Tag eine Figur, und Aufseher dazu, hatten vorsichtige Grabherren mit ins Grab genommen.

War das Ergebnis der Wägung und das Urteil der Richter negativ ausgegangen, so stürzte sich das bleckend neben der Waage sitzende Höllentier, die ›Verschlingerin‹, ein Ungeheuer aus Löwe, Nilpferd und Krokodil, auf den Toten und vernichtete ihn, und mit diesem zweiten Sterben wurden jetzt endgültig Leib und Seele getilgt.

Das also magisch in die Ewigkeit transponierte irdische Leben hing ab vom Ka, der gleichbleibenden Lebenskraft, die den Körper beseelen und ihm Leben, Gesundheit und Freude bereiten sollte. Dem Ka den Körper zu erhalten, diente die Mumie und die Ka-Statue, das Standbild des Toten. Das besuchte der Ka, sooft er es wünschte und falls er nicht in der Mumie wohnen konnte, ergriff er Besitz von ihm, um dadurch alle individuellen Seiten und Züge des Toten zu verlebendigen – der tiefe Grund für die Ausstattung der Gräber auch mit Mobiliar, Accessoires und Schmuck, das Bemalen der Grabwände mit all den Szenen aus dem täglichen Leben des Toten, seinem Beruf und seinen Vergnügungen, eben damit er auch im Grabe so leben könne, wie er es auf Erden getan hatte. Deshalb mußte man natürlich auch für die Ernährung des Ka sorgen, der in

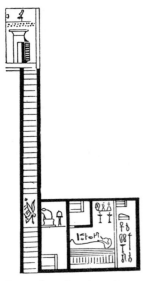

Der Ka besucht 'seinen' Toten

der Statuenkammer (Serdâb) agierte und von da über einen Schlitz im Mauerwerk mit der Statuenkammer Verbindung hatte. Niemals durfte es dazu kommen, daß der Tote aus Not etwa seinen eigenen Kot essen und seinen Urin trinken müsse, und würde es an realen Opfergaben einmal fehlen, dann genügte allein der Satz: »*Ein Opfer, das Amun gibt, tausend Brote, tausend Biere, tausend Ochsen, tausend Gänsebraten für den Ka des Herrn sowieso*«, um den Toten real in die Genüsse des eben Hergesagten zu bringen. Ebenso real-magisch feierte man deshalb zur Feier des Niederlegens von Opfergaben im Grabe rauschende Gelage mit Musik und Tanzvorführungen, weil man sich den Verstorbenen als genießenden Teilnehmer dachte: »*Grab, du bist zum Fest gebaut... höre nicht auf zu essen und zu trinken, zu lieben und zu feiern... und werde dessen nicht müde.*«

Mastaba und Felsengrab

Im ägyptischen Neolithikum (Merimde) – von dort gibt es Funde – bestattete man die Toten noch innerhalb der Wohngemeinschaft, in den Hütten oder in Gruben unter ihnen. Weil sie so direkt an den Mahlzeiten der Lebenden Anteil nehmen konnten, benötigte man keine Grabbeigaben. Aber bereits im Chalkolithikum, der Kupfersteinzeit (Nakâda), war man zur Friedhofsbestattung auf dem Westufer des Nils übergegangen und legte die Toten in Hockstellung in runde oder ovale Gruben, umgeben von meist keramischen Beigaben, Waffen und Feuersteingeräten, bis man endlich große, jetzt rechteckige Gruben aushob, ja die Gruben sogar mit den eben erfundenen Nilschlamm-Ziegeln ausmauerte, mit Lattenwerk und Balken abdeckte und erstmals die Grabkammer von einem oder mehreren Räumen für die Grabbeigaben abtrennte.

Genau aus diesen rechteckigen Grabkammern der Vorzeit entwickelte sich der Typ des Königsgrabes der ersten Dynastien einfach durch Erweiterung und Vergrößerung auf bis 50 Räume und einen besonderen Oberbau – Gräber, die vor allem W. B. Emery in Sakkâra und in Abydos ausgegraben hat, wobei man für die Abydos-Anlagen Scheingräber anzunehmen hat, da sie auch im Typus sich von den echten Gräbern unterscheiden. In Unterägypten (Sakkâra) sind es rechteckige, sehr große Ziegelbauten mit komplizierten Risalitfassaden in rhythmischer Gliederung, oft leicht gewölbte Tumuli mit geböschten Seitenwänden und bereits zwei Stelen und einem Opferaltar vor der Ostfassade, alles von einem hohen Mauerring mit Prunkscheintoren umgeben, vor dem die minderen Gräber der Dienerschaft, die den Toten im Jenseits weiter zu dienen hatten, liegen (Abb. 41, 48–50). Solche Mastabas – oder Bankgräber –, vermutlich also ganz einfach stilisierte Nachbildungen der Sand- und Steinhaufen an den Wüstenrändern, waren aber in der Regel die Totenwohnungen der Herrscher, ihrer Günstlinge und der Vornehmen und gruppierten sich lange parallel zu Straßenzügen, später auch um die Pyramiden ihrer Könige.

Eine Mastaba aus Hausteinen oder (seltener) auch aus Ziegeln mit ihren glatten, gleichmäßig geneigten Außenkanten umschloß in der Regel drei Haupträume: den oberirdischen, rechteckigen Tumulus mit Vorhöfen und Pfeilerhallen, eine Opferkammer mit der Öffnung zum kleinen Serdâb-Kabinett, wo die Ka-Figur plaziert war, dann den sogenannten Kultraum, richtiger den Opfer-Kapellen-Raum mit einer zentralen Nische mit einer Opfertafel, exakt der Platz, an dem – stets an der Westwand – sich der Tote mit den ihm Opfergaben bringenden Lebenden trifft, wo er durch eine Scheintür ins Diesseits treten kann und oft als Halb- oder Vollfigur über drei Stufen symbolisch dargestellt ist. Hier werden in Schrift und vor allem in Bildern stets die opulenten Speisefolgen vorgestellt, vor denen der Tote genüßlich sitzt. Andere Nebenräume, Bad, Toilette, Magazine usw. können die ›Wohnung‹ des Toten vergrößern. Unterirdisch liegt die Sargkammer, zu der bis 30 m tiefe senkrechte Schächte führen. Dort ruht in einem steinernen Sarkophag der Leichnam. Bauschutt mit Wasser durchtränkt sollte als steinharter Gußmörtel bis obenhin den Schacht sicher verschließen und nur noch dem Ka Gelegenheit lassen, zur Mumie hinabzufliegen.

Von den Pyramiden abgesehen, entwickelte sich aus der Mastaba, als sich Ägyptens politisches Zentrum nach Oberägypten verlagert hatte, dort wie in Mittelägypten das Felsgrab (Abb. 79–80, 93). Das sind (Beni Hasan, Assiut, Assuan) Grabtypen, bei denen unter Beibehaltung der Dreiteilung Opfer-Kultplatz mit Scheintür, Serdâb und Sargkammer in bestimmter Anordnung die Grabanlage horizontal in den gewachsenen Fels getrieben wurde. Stets ist sie nach Westen so ausgerichtet, daß man sie von einem Vorplatz im Osten betreten muß. Der Baukanon legt hier meist eine querliegende Halle vor eine oder mehrere Längshallen, so daß sich im Grundriß ein einfaches oder DoppelT ergibt. Auch der Sargraum liegt meist auf gleicher Ebene, der Serdâb bleibt offen, Pfeiler oder Säulen stützen die Decken.

Die Königsgräber von Theben (Abb. 165, 166 u. Farbt. 22) dagegen entwickelten sich zu reinen Grabgelegen, weil jetzt aus praktischen und Sicherheitsgründen die Kulträume oder die Taltempel, wie bei den Pyramiden, entfielen und, getrennt von den Gräbern, am Fruchtlandsaum separat errichtet wurden. Solche Gräber sind nun bis 200 m schrägtief in den Kalkstein getriebene Stollen- und Gangsysteme, die zu den Nebenräumen, Vorhallen, Nischen und dem Sargraum am Ende führen, wo der Sarkophag in der Regel etwas vertieft im Boden stand.

Die klassische Ägyptenreise

Kairo

Kairo ist eine faszinierende Stadt. Da ist der orientalische Zauber, die Exotik des bunten Gewimmels in den Souks und Gassen, die erhabene Fremdheit islamischer Bauwerke, und ganz dicht dabei oder gar direkt daran angesetzt stehen die streng kubisch gebauten Hotels oder Wohnblocks, die auch sonst irgendwo stehen könnten; Kairo ist mit mehr als zwölf Millionen Einwohnern Afrikas größte Metropole, vielleicht auch seine bedeutendste. Dies vor allem, was die zentrale Bedeutung des afro-asiatischen Islams anbelangt.

Zwar kaum im Stadtbild, aber in den Museumsvitrinen präsentiert sich die weiter zurückliegende Epoche der christlich-koptischen Zeiten, in denen Ägypten zur abendländischen Geschichte in Beziehung trat. Schließlich wird Kairos Gesicht mitbestimmt von der pharaonischen Antike. Denn wo man von Stadtrandhügeln, schlanken Minaretts oder Türmen, Hausdächern oder Terrassen auch immer nach Süden schaut, wird man meist in zartem Blaßblau, die drei seit Jahrtausenden weltberühmten Pyramiden von *Gîzeh* erblicken, ganz abgesehen von vielen altägyptischen Relikten im Stadtgebiet und den einzigartigen Sammlungen im Ägyptischen Museum. Das alles, die gelben Berge zweier Wüsten, der arabischen im Osten, der libyschen im Westen, Saladins Zitadelle vor den zerknitterten Mokattam-Bergen, das großstädtische Häusermeer beiderseits des Nilflusses, orientalisch ungegliedert und wirr zusammengewürfelt in den östlichen, mehr abendländisch gerichtet, aber im Allerwelts-Großstadtstil in den westlichen Stadtbezirken, Soukgassen, breite Straßen und die Nil-Corniche, noch immer der undefinierbare und nicht zu beschreibende Duft aus arabischen Küchen und Kaffeehäusern, gemischt mit dem Geruch von Eseldung und Benzinschwaden der unglaublich vielen dahinrasenden Automobile: Orient und Okzident, muselmanisches Mittelalter und lebendige Moderne, Ziegen, Kamele und Kleintiere auf Hauptstraßen zwischen allermodernsten technischen Konstruktionen, Kontraste aus Laster und sektiererischer Frömmigkeit, Profanes neben unbeschreiblich Erhabenem – das alles und vieles mehr ist Kairo.

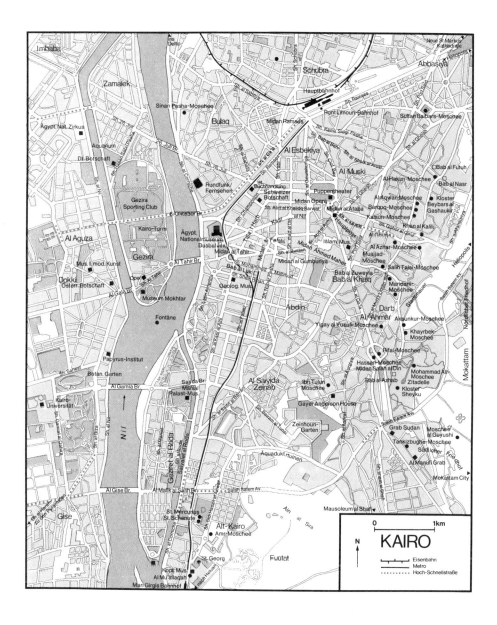

Stadtansicht von Kairo um 1830

Kairos Lage, Memphis benachbart, an der Grenzlinie zwischen Ober- und Unterägypten, zwischen Nil-Oase und Delta, scheint bewußt ausgesucht. Die Geschichte beweist es. Alle ältesten Teile der Stadt liegen heute im Süden, da wo Seth und Horus einst gekämpft haben sollen: Khere-Ohe, das spätere Babylon der Griechen und der Platz, an dem die römischen Legionäre des Augustus ihr Kastell errichteten und wo der biblische Joseph als Fremdarbeiter Unterkommen und Lohn gefunden haben soll, wenn man die ›Flucht nach Ägypten‹ einmal so ansehen will. 641 stürmten Omars kalifische Soldaten die Römerfestung, und Amr Ibn el-As, ihr genialer Feldherr, gründete just an diesem Platze seine neue, erste Hauptstadt Fustât (von lat. *fossatum* = umwallt) mit der nach ihm benannten Moschee, der heute ältesten Stadt.

Das alles spielte sich im Bezirk des heutigen Alt-Kairo ab. Erst die Abbasiden siedelten nach einem vernichtenden Brande von Fustât weiter nördlich. Der Dynastiebegründer Ibn Tulûn erweiterte die Stadt ab 868 ein weiteres Stück nach Norden und

9–80 BENI HASAN Die Felsgräber von Fürsten aus dem Mittleren Reich sind in den Berghang getrieben und bestehen in der Regel aus einer von zwei Säulen getragenen Vorhalle und einer oder mehreren Hallen

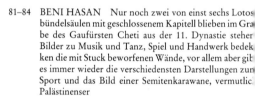

81–84 BENI HASAN Nur noch zwei von einst sechs Lotosbündelsäulen mit geschlossenem Kapitell blieben im Grabe des Gaufürsten Cheti aus der 11. Dynastie stehen Bilder zu Musik und Tanz, Spiel und Handwerk bedecken die mit Stuck beworfenen Wände, vor allem aber gibt es immer wieder die verschiedensten Darstellungen zum Sport und das Bild einer Semitenkarawane, vermutlich Palästinenser

5–88 Kopten leben friedfertig neben islamischen Beduinen zwischen dem Nil und dem Ibrahimîja-Kanal in den fruchtbaren Landstrichen Mittelägyptens; sie betreiben Gemüse- und Baumwollanbau

89 AMARNA Reste des Palastes von Echnaton in Tell el-Amarna

90 Säulenbasen und Mauern aus Nilschlammziegeln vom Nordpalast in Amarna

91 Sandsteinkopf der Königin Nofretete

92 Echnaton und seine Familie opfern dem Gott Aton

93 AMARNA Felsgräber wie in Beni Hassan. Im Grabe des Panehesi wurde in christlicher Zeit eine Kapelle eingerichtet – hier das Taufbecken

94 AMARNA Im Grabe von Huje, Chef des Harems und Haushofmeister von Königin Teje, ist überlebensgroß der Grabherr dargestellt (Kopf zerschlagen)

95, 96 ABYDOS Tief unter Tempelniveau liegt das Osireion mit den Vertiefungen für (vielleicht) Kanopenkasten und Scheinsarg des Königs (Sethos I.). Zeitweise überschwemmt Grundwasser die Anlagen

97, 98 ABYDOS In der berühmten Königsgalerie von Abydos räuchern Sethos I. und vor ihm Kronprinz Ramses II. (mit Kinderzopf) vor ihren 76 Ahnen auf der Königsliste

99 ABYDOS Illustrationen und Texte zum Pfortenbuch im 110 m langen Gang zum Osireion

101 DENDERA Blick vom Pylon auf die Mammisi des Nektanebôs I. (vorn), die koptische Kirche und die römischen Mammisi

100 ABYDOS Feines Flachrelief aus dem Tempel von Ramses II., der aus der Frühzeit der Ramses-Bauten stammt und durch besondere Sorgfalt in der Steinmetzarbeit herausragt

102 DENDERA Geburtstagskiosk der Göttin Hathor

103 DENDERA Die kuhäugige Hathor

104 DENDERA Gott Bes aus den Mammisi, der Patron der Gebärenden

105 DENDERA Hathor-Säulen vom Pronaos

106 DENDERA Aus einer dem Urozean entwachsenen Lotosblüte geht die Sonne Rê in Gestalt des Horusknaben hervor – daneben (rechts) die Geiergöttin Nechbet mit Wasserpflanze und Krone von Oberägypten, links die Kronengöttin Uto für Unterägypten

107 DENDERA   Säulen und Säulenschranken am Umgang des Mammisi von Nektanebôs I.
108 DENDERA   Hintere Südwand des Tempels: Kleopatra und Cäsarion vor den Göttern von Dendera, in der Mitte das Kultbild der Tempelgöttin

109 DENDERA Der König opfert der Hathor von Dendera, die ihren Sohn Ihi (Kinderzopf) säugt

10 LUXOR Der Luxor-Tempel am Nil, Blick über Heiligtum und Säulengang zum Pylon von Ramses II.

11 LUXOR Kopf einer Kolossalfigur von Ramses II. vor dem Eingangspylon

112 LUXOR 14 m hohes Sitzbild von Ramses II. vor dem Pylon

113 LUXOR Obelisk vor dem Pylon. Der zweite, nur 2 m kleinere Obelisk steht heute in Paris auf der Place de la Concorde. Die Löcher und Ausnehmungen am Pylon dienten zur Verklammerung der Flaggenmaste

114 LUXOR 26 m hoch und etwa 230 Tonnen schwer ist der Obelisk

115 LUXOR Standfiguren von Ramses II. zwischen Papyrus-Säulen mit geschlossenen Kapitellen

116 LUXOR Kolonnaden im südlichen Säulenhof. Deutlich ist die Deckenkonstruktion, Architrave auf Deckplatten, zu erkennen

117 LUXOR Der Säulengang des Amenophis III. mit sieben Paaren etwa 16 m hoher Papyrussäulen mit offenem Kapitell

118 LUXOR Königin-Figur am Bein einer Ramses-Statue

119 THEBEN Grab des Menna: Über die ausgebreiteten Ähren werden zum Dreschen Rinder getrieben. Menna war Vorsteher der Feldmarken
120 THEBEN Grab des Nacht: Weinernte und Keltern (oben) und Vogelfang mit dem Zugnetz und Rupfen und Ausnehmen der gefangenen Tiere

21 THEBEN Grab des Userhet: Vornehme Ägypterinnen mit großen Antilopenaugen und Salbkegeln auf dem Kopf. Sie sitzen unter einem Feigenbaum

22 THEBEN Grab von Nebuam und Ipuki: Damengesellschaft. Eine Zofe setzt Salbkegel auf, eine andere gießt Parfüm in ein Schälchen. Unter den Stühlen Kätzchen und Parfümschale

123 THEBEN Grab des Menna: Trauerfahrt nach Abydos. Drei Klagefrauen bejammern den im verhüllten Katafalk liegenden Verstorbenen

124 THEBEN Grab des Menna: Rückkehr aus Abydos. Stromauf unter Segel im Nordwind wird der geschmückte Katafalk zur Beisetzung zurückgebracht

erbaute seine berühmte Moschee am Fuße des Jaschkur-Hügels vor dem Mokattam (Abb. 1, 2). Aber erst der Fatimide Gohar, Feldherr des Kalifen Al-Muizz el Dîn-Allah, legte 969 den Grundstein seiner neuen Hauptstadt, als er im Gebiet zwischen den heutigen Toren Bâ el' Futûh und Bâb Zuwêla (Abb. 3 und 16) die neue Kalifenresidenz anlegte. Diese Gründung wurde seinerzeit und später mit der Geschichte vom Planeten Mars ausgeschmückt, der eben den Meridian der neuen Stadt querte. Von dieser erhielt die Stadt den Namen El-Kâhir = die Siegreiche –, der schließlich zum Stadtnamen ›Kairo‹ wurde. Seit dieser Zeit hat der Islam Kairos Gesicht geprägt; alle bedeutenden sakralen wie profanen Bauwerke datieren ab dieser Epoche, alle Moscheen, die Stadttore und die Mauern um die Stadtbezirke.

Kairos Wahrzeichen, die Zitadelle, entstand 1176 unter Saladin; nach ihm wetteiferten die stets prachtliebenden Sultane in der Ausschmückung ihrer Residenz, was nicht ausschloß, daß um den Sultans-Thron in den folgenden Jahrhunderten alle nur möglichen blutigen Greuel, Revolutionen, Morde und Plünderungen angezettelt wurden, die zusammen mit Pestepidemien und gewaltigen Feuersbrünsten unsagbares Leid über die Bevölkerung der Stadt brachten. Seit Selims I. Einzug am Nil war Kairo türkisch, aber selbst die 250jährige Osmanen-Herrschaft konnte die Stadt nicht im Kerne zerstören. 1789 folgte Napoleons französisches Interregnum, das 1805 von Mohammed Ali abgelöst wurde. Kairo wurde europäisiert und modern und hat sich seitdem zu der Stadt entwickelt, die man heute sieht.

Kairo hat mehr als 600 sehenswerte islamische Bauwerke aus den Stilepochen der Omaijaden, Abbasiden, Fatimiden, Aijubiden, Mamlûken und Osmanen; es birgt die drei wichtigen Museen: das Ägyptische, das Koptische und das der Islamischen Kunst; es bietet den Dschungel der Gassen und Basare zwischen den Mokattam-Bergen und dem Nil und wird auf Schritt und Tritt zum Abenteuer, weil so vieles anders ist als erwartet. Für das Erleben Kairos gibt es kein passendes Rezept, deshalb will unsere Beschreibung nur als Anhaltspunkt dienen, damit man sich aus den Verzauberungen wieder zurück in die Wirklichkeit findet.

Lag früher das Stadtzentrum um den Esbekîja-Garten, so hat es sich heute zum Verkehrskreisel des Midân et-Tahrîr verlagert, für den Touristen der markante und immer wieder leicht zu findende Ausgangspunkt für Stadterkundungen. Hier herum liegen die großen Hotels, Banken und Agenturen, alle wichtigen Buslinien und die METRO ab Zentralstation ›Sadat‹ starten von hier, der Bahnhof ist in der Nähe, und der Nil bleibt die Koordinate.

Ägyptisches Museum (1)

Vor allem besucht man hier das *Ägyptische Museum,* das 1857 der französische Archäologe Auguste Mariette begründete. Es ist seit 1902 in diesem Bau untergebracht, man kann ihm nur wünschen, daß endlich die Pläne eines Neubaues realisiert werden. Denn die ausgestellten Sammlungen sind zu kostbar, sind unschätzbar wertvoll und einmalig und unter-

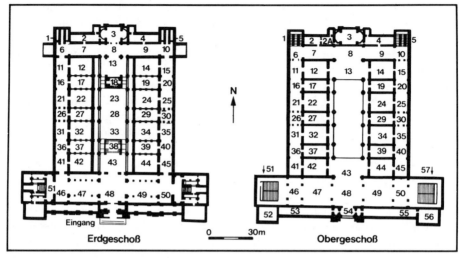

Erdgeschoß
1–10 XVIII., XIX. und XX. Dynastie *3* Amarna *11, 12, 16, 17* XVIII. Dynastie *14, 15, 19, 20* XIX. und XX. Dynastie *21, 22, 26, 27* Mittleres Reich *23, 28, 33* Mittelhalle *24, 25, 29, 30* Spätzeit *31, 32, 36, 37, 41, 42, 46, 47* Altes Reich *34, 35, 39, 40, 45* griech.-römisch *44* nubisch *49, 50* ptolemäisch *48* Neuerwerbungen

Obergeschoß
2 Hetepheres *2A* Tanis *3* Juwelen *4, 7–10, 15, 20, 25, 30, 35, 40, 45* Tut-ench-Amun *6* Skarabäen *11, 16, 21, 26, 31, 36, 41* Särge aus versch. Zeiten *12* Königsgräber *13* Juja und Tuja *14* röm. Särge und Porträts *17* Maj-her-peri Sennedjem *19* Götter *22* Grabbeigaben Neues Reich *24* Zeichnungen *27* Grabbeigaben Mittleres Reich *29* Handschriften *32* Grabbeigaben Altes Reich *34* tägl. Leben *37* Särge Mittleres Reich *39* griech.-römisch *42, 43* Frühzeit *44* tägl. Leben *46, 47* Königssärge *49, 50* Möbel *51, 57* Särge von Amun-Priestern *52* Mumiensaal *53* Naturwissenschaft *54* Vorgeschichte *55* Feuersteine

dessen auch mengenmäßig so angewachsen, daß die Magazine überquellen und die Ausstellungsstücke, altmodisch aufgebaut, zusammenrücken mußten wie in einer unübersichtlichen Rumpelkammer. Aber der von modern konzipierter Museums-Innenarchitektur verwöhnte Besucher lasse sich dadurch nicht beeinflussen und konzentriere sich auf das jeweilige Stück.

Dem chronologischen Ablauf der ägyptischen Kunstgeschichte entsprechen die Richtungspfeile: Im Erdgeschoß sind zuerst Sarkophage und Standbilder aus den Altreichs-Funden zu sehen, dann gelangt man über die Funde aus Altem, Mittlerem und Neuem Reich zu denen der Spätzeit. Im Obergeschoß wiederholt sich, angefangen von den vorzeitlichen Schmuckpaletten und Kleinfunden aus allen Epochen, dieses Einrichtungsschema. Herausragende Schwerpunkte sind: die Schmuck- und Juwelensammlungen, die vollständige Sammlung aus dem Grabe des Tut-ench-Amun (s. Farbt. V) und der Mumiensaal – er gehörte eigentlich nicht in ein Museum, in einem Mausoleum wären die Überreste der großen Pharaonen Ägyptens wohl besser aufgehoben. Es ruhen hier (in der Reihenfolge ihrer Aufstellung): Sekenenre; Amose; Amenophis I.; Thutmosis I.; Thutmosis II.; Thutmosis III.; Amenophis II.; Thutmosis IV.; Amenophis III.; Semenchkare; Sethos I.; im Ehrensaal, bewacht von einer 'ewigen' militärischen Wache, ruht in einem gläsernen Sarge die Mumie von Ramses II.; Merenptah; Siptah; Sethos II.; Ramses III.; Ramses IV.; Ramses V.; Ramses VI.; Ramses IX.; Nofretiri; Sitkamose; Meritamun; Nedjmet; Maatkare; Henut-Taui; Isis em-Chebet – Könige also und Gottgemahlinnen. Der Mumiensaal ist bis auf weiteres geschlossen.

Kairo-Turm (2) und Sultân Hasan-Moschee (3)

Dann sollte man – jenseits der Nil-Brücke – auf den 167 m hohen *Kairo-Turm* steigen, das großartige Panorama bewundern und sich mit dem Stadtplan in der Hand orientieren, nachher am Andalusischen Garten dem Treiben auf dem Nil zuschauen und vielleicht in einem Schiffsrestaurant einkehren, ehe man vom Esbekîja-Garten aus in die malerischen Altstadtviertel des hier echt muselmanischen Kairo eindringt.

Der *Saladin-Platz*, Mîdân Salâh ed-Din, wird hier das erste Ziel sein zu einem Besuch der *Sultân Hasan-Moschee* (Abb. 11), die, der Alabaster-Moschee gegenüber, das Gleichgewicht dieses Platzes wahrt. Das eine ihrer beiden Minarette ist 81,6 m hoch (vier waren geplant), Kairos höchstes, Nordafrikas zweithöchstes. Mit der Moschee entstanden sie 1356–62 im Auftrag Sultân Hasans. Die syrischen Baumeister haben das übliche Grundschema insofern verändert, als sie den Mittelhof, der mit seinen vier Liwanen üblicherweise Lehr- und Betsaal zugleich ist, hier allein für die Andachten beließen und noch vier Madrasen, Schulen, als Eckfüller ansetzten, für die *Malekiten, Schafiten, Hanofiten* und *Hanbaliten*. Außerdem ist das Mausoleum nicht seitlich an das Sanktuar, sondern aus dem Baukörper vorspringend an seine Rückseite angebaut. Die hohen, nackten Fassaden, die gradlinigen Steinsetzungen, weit ausladende Stalaktitengesimse und das nie ganz vollendete hohe Hauptportal mit Stalaktitengewölbe und reicher Ornamentik beeindrucken schon von außen. Das Portal gilt als eines der vollendetsten in der gesamten arabischen Kunst, es wurde mehrfach kopiert oder teilweise zum Vorbild für andere genommen. Innen sind vor allem die um den Waschbrunnen und den Mittelhof kreuzförmig angeordneten hohen Liwane, die Gebetshallen, beeindruckend, mächtige Spitzwölbungen, in dem südlichen die Gebetsnischen und die Kanzel. Ihre feingliedrigen, dezent dekorierten Säulen folgen zwar byzantinischen Vorbildern, sind aber im Detail des Blattwerkes ganz eigenständig; darüber ein schöner Fries in Kufi auf Arabesken-

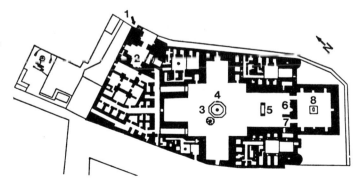

Grundriß der Sultân Hasan-Moschee

1 Haupteingang
2 Vorhalle
3 Brunnenhof
4 Brunnen
5 Tribüne
6 Mihrâb
7 Minbar
8 Mausoleum

grund. Fast setzt er sich im Mausoleum fort; er bindet gleichsam die 28 m hohe Stalaktitenkuppel auf die Tragemauern. Von den vergitterten Fenstern geht der Blick zur Zitadelle. Viele alte Hängelampen der Moschee, der Kronleuchter, Becken und Korankästen kamen ins Islamische Museum, die Türflügel des Eingangs kaufte Sultân Muaijad für 500 Dinare für seine Moschee, wohl die besten Exemplare mit kunstvollen Bronzebeschlägen, die es in Kairo gibt.

Gegenüber die Rifâi-Moschee (Abb. 11) wirkt überladen mit Marmor, ist zu gekünstelt im pomphaften Nachahmen alter Mamlûken-Stilformen und hat mehr historische Bedeutung als Familiengruft der Ismaîli. Künstlerisch wertvoll ist dagegen das Paneelwerk am Kenotaph der Prinzessin Taufide Hanem, eine diffizile, prächtige Tischlerarbeit.

Zitadelle (4)

Die Zitadelle hat der große Saladin 1167 begonnen, fertig wurde sie erst 1207. Seinerzeit galt sie als die mächtigste Festung im islamischen Raum, den Mokattam-Bergen strategisch so günstig vorgelagert, daß sie vor allem die Stadtseite fest beherrschte, ein von mächtigen Mauern und Scharten, Türmen und Vorwerken geschütztes Festungsareal, der sichere Schutz vieler Sultane bis 1825, als eine Pulverexplosion sie so zerstörte, daß sich eine Restaurierung nicht mehr lohnte und Mohammed Ali dafür an exponierter Stelle 1830 den Bau seiner Moschee anordnete. Ein Grieche, Jusuf Boschna, war für den Bau verantwortlich, er schuf, nach dem Vorbilde der auch schon dekadenten Nûri Osmanîja-Moschee in Istanbul, einen wenig edlen Nachläufer der klassichen osmanischen Baukunst eines Sinan am Nil. Es gab seit dem Beginn der Türkenherrschaft schon mehrere türkische Moscheen in Kairo, die auf der Zitadelle aber sollte die letzte große und auch augenfälligste der Osmanen werden. Es ist ein typischer Einkuppelbau, der anstelle von Liwanen das gesamte Sanktuar einnimmt und zentral überwölbt, ausgehend von einem niedrigen Quadrat über vier Halbkuppeln zur großen 52 m hohen Zentralkuppel von 21 m im Durchmesser, die sich auf vier massive Pfeiler stützt, über dem Mihrab zusätzlich eine Halbkuppel. Hier innen und überall außen ist Wand- und Bodenbelag feiner hellgelber Alabaster, der ihr den Namen ›Alabaster-Moschee‹ gegeben hat. Vorgelegt ist ein großer fast quadratischer Hof mit allseitig überkuppelten Galerien um den Waschbrunnen, achteckig und von einem originell geschmückten Schutzdach mit vorspringendem Rand gedeckt. Das Dekor entspricht dem verspielten türkischen Zopfstil. In der Hauptachse schließt ein Uhrturm die Anlage ab, ein Geschenk des Königs Louis Philippe von Frankreich für Mohammed Ali im Jahre 1845. Insgesamt gesehen befriedigt das Bauwerk we-

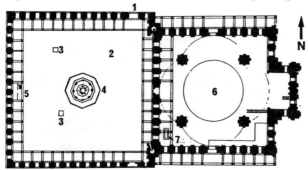

Grundriß der Alabaster-Moschee

1 Eingang
2 Hof
3 Zisternen
4 Brunnen
5 Uhrturm
6 große Kuppel
7 Grab

nig, selbst im Detail zeigt sich ein Hang zum Protzen, allein das Beleuchtungssystem versöhnt mit seinen rund gereihten, an Ketten aufgehängten Moscheelampen und einem zentralen Kronenleuchter. Aus der Entfernung wirken eher die gut proportionierten Außenlinien der Moschee, mit den beiden bleistiftschlanken türkischen Minaretten mit kannelierten Schäften, jedes 82 m hoch.

Selten wird die benachbarte *Sultân en-Nâsir-Moschee* besucht (1335), äußerlich ein schmuckloser, einer Festung ähnelnder Bau in der Art der alten Hofmoschee mit vielen antiken, auch zehn alten ägyptischen Granitsäulen. Die Kuppel ruht auf Stalaktiten-Pendentifs aus Holz, sehr schön sind die hohen, achteckig kassettierten Decken mit Ornamenten in Gold, Grün und Rotbraun auf blauem Grund. Eigenartig gestaltet wurden die Oberteile der Minarette mit zwiebelförmigen, grün, blau und weiß plattierten Kuppeln, das eine zwei-, das andere dreistöckig, optisch irgendwie Anklänge an Indisches, was möglich sein kann, denn es bestanden über dynastische Heiraten tatsächlich Verbindungen zum tatarischen Sultan Ezbek-Khan.

Im Pompstil des türkischen Rokoko waren die beiden Zitadellen-Paläste *Gohar-* und *Harim-Palast*, letzterer die Privatresidenz von Mohammed Ali, der andere einst der offizielle Empfangspalast. Beide waren abgebrannt, nach umfassenden Aufbau- und Restaurierungsarbeiten bis 1983 sind jetzt ein *Palast- und Militärmuseum* sowie eine Schau einst königlicher *Kutschen* zu besichtigen. Interessant ist der *Josephs-Brunnen*, ein dreistufiger, 90 m tief abgeteufter Schacht, eine Riesen-Sakija, die erste Wasserversorgung für die Zitadelle vor der Wasserleitung des Sultan Nâsir 1312. Diese führte das Wasser von Alt-Kairo, wo es Schöpfmaschinen aus dem Nil in eine gemauerte Wasserleitung hoben, an den Mamlûken-Gräbern vorbei langsam aufsteigend zu den unterirdisch angelegten Wassergräben der Zitadelle. Mit dem biblischen Joseph, wie die Fremdenführer gerne betonen, hat der Bau nicht das geringste zu tun, vielmehr kommt der Name von Jusuf, einem Vornamen von Sultan Saladin.

Das Schönste an der Zitadelle ist zweifellos der Blick von der nördlichen Außenseite der Alabaster-Moschee hinunter in die Gassen von Kairo, zum Nil und bei gutem Wetter bis zu den Pyramiden, aus der arabischen hinüber zur libyschen Wüste.

Ibn Tulûn-Moschee (5)

Da wo der frommen Legende nach auf einer Felsplatte des Jaschkur-Hügels, dem ›Widderschloß‹, Abraham einen Widder anstelle seines Sohnes Isaak geopfert haben soll, ließ Ahmed Ib Tulûn ab 876 seine Moschee errichten (Abb. 1, 2), nach dem Vorbild der Moschee von Samarra, im Typ mesopotamisch also und nur halb so groß wie das Vorbild, immerhin aber auf 26 318 m² Areal die drittgrößte der Welt. Säulen fehlen fast ganz, nur Pfeiler tragen die Bogen und stützen die Gewölbe. Zweifellos ist sie, abgesehen von der Amr-Moschee, die älteste in Ägypten und beeindruckt durch Größe, Einfachheit, Stille und Vornehmheit. Ein gut 19 m breiter Außenhof umschließt an drei Seiten fast quadratisch (162 m Seitenlänge) wie eine Schale die eigentliche Moschee (etwa 17 000 m² auf 140 × 122 m), um störende Geräusche von draußen fernzuhalten.

Alle Mauern sind innen wie außen, und ebenso auch die 19 Portale, fast ganz schmucklos. Die Außen- und Innenportale stehen sich jeweils gegenüber; sie allein gliedern mit in den Außenhof halbrund wie Zungen vorspringenden Treppen die überlangen Mauerzüge besonders der tristen Vorhöfe. Die sonst vollkommen undekorierten spitzbogigen Fenster verschließen Maschrabijen und Kamarijen, die einzigen unruhigen Felder in den unbewegten Riesenflächen. Im quadratischen Innenhof erhebt sich ganz zentral auf fast quadratischem Unterbau ein eiförmig überkuppelter Brunnenpavillon mit vier spitzbogigen Eingangsöffnungen zu einem achteckigen Bassin (Abb. 2). Jeweils 13 gestelzte Bogen umschließen die Hofseiten in zwei Reihen spitzbogig mit 4,60 m Spannweite, Fenster in den Zwickeln entlasten vom Gewölbedruck, die Kapitelle sind aus Akanthus und Weinblättern gebildet, ganz nach der Art von Samarra. Fünf parallele Pfeilerreihen zu je 17 Bogenstellungen ordnen das Sanktuar. Allein ein durchgehender, nicht unterbrochener Ornamentstreifen aus Kreisen, Kreisabschnitten, Drei- und Sechsecken bestimmt das Dekor, und von dem unter der Decke umlaufenden, gut 2000 m langen Schmuckfries wird erzählt, er sei aus Sykomorenholz gefertigt, das aus dem Holz der Arche Noahs stamme, welches der Sultan am Ararat gefunden habe. Im Fries soll etwa ein Siebentel des gesamten Korantextes untergebracht sein. Nischen mit Gipsschneidereien und vielen Kufi-Inschriftentafeln und -bändern gliedern den sonst kahlen Innenraum, der, einmalig, insgesamt sechs Mihrabe hat; der Haupt-Mihrab, natürlich in der Mitte der Kibla-Mauer, ist mit Marmorintarsien, Goldmosaik, feinen byzantinischen Säulchen mit Korbkapitellen und

Arabeskenfries in der Ibn Tulûn-Moschee

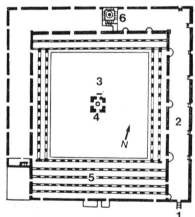

Grundriß der Ibn Tulûn-Moschee
1 Haupteingang 2 Außenhof 3 Großer Hof 4 Brunnenhaus 5 Gebetssaal
6 Minarett

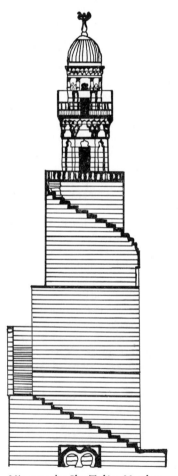

Minarett der Ibn Tulûn-Moschee

typisch tulûnidischen Stuckrahmen geschmückt.

Wie innen, so läuft auch außen ein Ornamentfries endlos um den Arkadenhof, ein Dekor lediglich aus Rauten, Dreiecken und Geraden mit Kreisen, die frühesten Beispiele geometrischer Ordnungen in der Kunst des Islams, dazu in den Öffnungen der Spitzbogen je eine achtgliedrige Rosette und als Abschluß ganz oben ein durchbrochener Stuckrosettenfries in achteckiger Rahmung.

Während der gesamte Moscheebau aus gebrannten Ziegeln ausgeführt wurde, ist das Minarett aus Kalksteinen errichtet, hat bis auf 40,44 m Höhe vier Etagen über einer quadratischen Basis, und die Treppe an seiner Außenseite steigt in mehr als einer vollen Windung, dem Uhrzeigersinn entgegen, bis zu einem achteckigen Kiosk auf. Dieses Minarett erinnert nur entfernt an Samarra, wo der Minarettquerschnitt vollkommen und durchlaufend rund gebaut ist. Fensterattrappen lockern die blockhaften Mauerflächen nur wenig auf. Der Blick vom Minarett gehört zu den eindrucksvollsten in Kairo überhaupt, besonders am Nachmittag, wenn die sinkende Sonne den Zitadellenhügel vor dem Mokattam in weiches Licht hüllt.

Unmittelbar neben der Moschee sollte man auf jeden Fall *Bêt el-Kiritlija* besuchen, heute auch Gayer-Anderson-Museum, eigentlich zwei Häuser, eines aus dem Jahre 1540, das andere von 1631, die der englische Militärarzt Gayer-Anderson-Pascha kaufte und so wieder eingerichtet hat, wie sie es zu ihrer Zeit waren. Hier braucht man viel Zeit, um die Details der mittelalterlichen Hausbauweise und ihrer Anlage zu erfassen, um die vielen Gänge und abgesonderten Zimmer, die Salons und Sälchen, die in den Wohnbereich intelligent einbezogenen Gärtchen, Erker, Glasfenster, Ornamente und Kalksteinfliesen zu betrachten, Marmor und Rosenholz, Intarsien und Inkrustationen, Schmiedeeisen, Arabesken und Ornamente, Täfelungen, Konsolen, Friese, Schränke und Truhen, Diwangestelle und Möbel aller Art, Teppiche, Läufer, persische und byzantinische Zimmer, die Eunuchenkammer und den Harem und wer weiß was noch – der beste Ort in Kairo, um ein mittelalterliches, muselmanisches Haus begüterter Familien mit allen Errungenschaften der damaligen Zeit kennenzulernen.

In der Regel sind mit diesen Sehenswürdigkeiten die üblichen Touristen-Besuche in dieser Gegend erschöpft; nur die Ashar-Moschee in einem anderen Stadtviertel und El-Hâkim mit Stadtmauer und Toren ergänzen das Besichtigungsprogramm. Wir nennen jedoch daran anschließend noch weitere bedeutende islamische Sehenswürdigkeiten, die Sie bei genügend Zeit und Interesse besuchen sollten.

Al Ashar-Moschee (6)

Schon zwei Jahre nach Baubeginn 970 wurde die erste Moschee an diesem Platze mit einem feierlichen Freitagsgottesdienst von Gohar, dem Eroberer von Fustât und Gründer von Kairo, eröffnet, der dritte Moscheebau in Ägypten (Abb. 20–22). Bis in die heutige Zeit sollte an ihr weitergebaut, angesetzt, vergrößert und erneuert werden und sich so ihr Name ›die Blühende‹ immer wieder bestätigen. Bereits der Kalif El-Aziz bestimmte sie 988 zur Akademie für islamisches Recht und arabische Sprache, und im Laufe der Jahrhunderte hat sie sich als Universität zum Weltzentrum islamischer Traditionen entwickelt. Allein ihre Baugeschichte würde viele Seiten füllen, Entwicklungsstufen haben sich am Baukörper unübersehbar abgezeichnet, fast jeder Regent in Kairo hat sein Teil beigesteuert, der ›Blühenden‹ eine Knospe hinzuzufügen.

Sechs Portale, Arkaden aus 375 Marmorsäulen, fünf Minarette sind heute in einem annähernd quadratischen Areal von 11 300 m² ›untergebracht‹, ursprünglich ein langer, rechtekkiger Kern. Der Anordnung der Tulûn-Moschee folgend, ziehen die Schiffe des Sanktuars parallel zur Kibla-Mauer, während der Mittelgang vom Hof zum Mihrab die parallelen vier Arkaden des alten Sanktuars unterbricht und jetzt überkuppelt zur heiligen Nische führt, das erste Beispiel eines Transepts dieser Art in Ägypten, das sicherlich von Syrien (Moschee in Damaskus) über Córdoba (Mesquita) nach Kairuan (Sidi Okbah-Moschee) und von dort durch die Fatimiden nach Ägypten transferiert wurde. Es ist hier der älteste und unveränderte Teil der Moschee geblieben.

Heute betritt man die Moschee am ›Tor der Barbiere‹ (Abb. 22), wo sich früher die Studenten rasieren ließen – die anderen Tore haben gleich treffende Namen nach dort geübten Praktiken oder dem Eingang für bestimmte Landsmannschaften. Vom schmalen Eingangshof gehen links die Räume für die Intendantur ab, heute Bibliothek, mit einem feingearbeiteten Mihrab aus kleinen Arkadensäulchen und byzantinischem Glasmosaik und gegenüber in der Madrasa et-Taibarsîja ein ähnlicher Mihrab mit entsprechendem Glasmosaik und aus Marmor sehr elegant skulptierten Arkaden, wohl der bessere der beiden. Über dem Eingangsteil strebt das Minarett von Kaît Bey (15. Jh.) in den Himmel. Es ist besonders reich dekoriert mit Spitz- und persischen Kielbogen, durchbrochenem Zierwerk, Medaillons und gekehlten und gestaffelten Ornamentstreifen. Die anderen vier Minarette sind Stiftungen von anderen Sultanen und stammen alle aus dem 14. bis 16. Jahrhundert. Eigentlich gehören der Symmetrie wegen vier Minarette zu einer Moschee dieser Größenordnung, ein späteres Charakteristikum der osmanischen Bauanlagen und der indischen Moghul-Periode. Nur noch die Istanbuler Sultan Ahmet-Moschee (die ›Blaue‹) mit sechs und in Mekka die heilige Zentralmoschee mit sieben Minaretten übertrifft sie. Eines, das Ghuri-Minarett (Abb. 22), läuft in Doppeltürme aus und hat innen eine doppelte Treppenspindel.

Der große Innenhof (90 × 40 m) ist mit Marmorplatten ausgelegt, seine Waschbecken wurden von Kaît Bey in den nordöstlichen Liwan verlegt, wie es seitdem bei neueren Anlagen üblich wurde, und so wirkt der Hof überaus frei und offen, unerhört groß und edel im Rahmen des umlaufenden Arkadenganges aus durchweg persischen Kielbogen mit Nischen, Medaillons und Ornamenten, die oben in einem durchbrochenen Fries enden, den dreieckige, grob durchbrochene Zinnen krönen. Ein ungemein harmonisches Hofrechteck (Abb. 20), das an den beiden Schmalseiten durch doppelsäulige, tiefe Hallen für Studierende verschiedener Nationalitäten zur vollen Breite des Sanktuars erweitert wurde.

3000 m² groß ist das neunschiffige Sanktuar, der Haupt-Liwan. Es bildet einen weitstämmigen, durchschaubaren Säulenwald – nicht mehr wie bei der Tulûn-Moschee Pfeiler. Von

Grundriß der Al Ashar-Moschee
1 Eingang, Tor der Barbiere 2 Hof (Sahn)
3 Bibliothek 4 dreischiffige Riwaks
5 neunschiffiger Gebetssaal 6 alter Mihrab
7 neuer Mihrab 8 Mausoleum 9 Tor der Berber 10 Tor der Syrer 11 Tor der Oberägypter 12 Suppentor 13 Tor der Juweliere

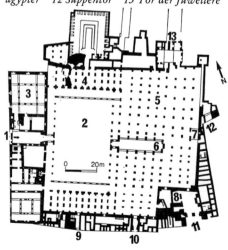

den 140 niedrigen Säulen sind gut 100 antik, meist aus der Tulûniden-Residenz El-Katai usurpiert. Abd er-Rahman Katschoda, ein wohlhabender Mäzen, ließ den anfangs fünfschiffigen Innenraum auf neun Schiffe erweitern, was eine Stufe und erhöhte Arkaden im Anbau ergab. Der alte Mihrab mußte dabei etwas zur Mitte hin versetzt werden. Seine Nische unter einer Halbkugel ruht auf Marmorsäulen mit reizenden Glockenkapitellen, das Marmordekor zeigt abwechselnd vertikal geordnete schwarze und weiße Streifen, vermutlich aus der Zeit des Sultans Baibars I. um 1266. Erst 1933, nach Entfernen unschöner bonbonfarbiger Holzverkleidungen, entdeckte man die wunderbaren Stuckornamente im Tiefrelief dieser Rundnische, die als frühestes Beispiel ihrer Art in Ägypten anzusehen sind. Die Trompetenkuppeln darüber gehören ebenfalls zu den allerersten Beispielen des Überganges aus dem Quadrat in die Trommel der Kuppel durch mit sphärischen Halbkuppeln geschlossene Nischen. Alle Ornamentik dort und im gesamten Sanktuar zeigt Eigenständigkeit und das Bestreben, sich von byzantinischen Vorbildern zu lösen, abgerundete, an den Kanten gebrochene Blätter, ein in Gips geschnittenes Rankenwerk und lange kufische und ebenfalls mit Blattdekor versetzte, fließende Kufi-Schriftbänder mit Koranversen.

Al-Hâkim-Moschee und Stadtmauer (7)

Die Moschee ist heute verfallen, einen Überblick bekommt man am besten von der Höhe der Stadtmauer zwischen den beiden Stadttoren Futûh und Nasr (Abb. 3, 4). Nach insgesamt 23 Jahren Bauzeit konnte sie Kalif El-Hakîm 1013 feierlich einweihen. Hundert Jahre später wurde sie durch ein Erdbeben fast ganz zerstört, wieder restauriert, dann in der Folgezeit wenig benutzt und verfiel. Zwar viel kleiner, war sie doch der Tulûn-Moschee nachgebaut, mit fünf Schiffen zu je 17 Bogen parallel zur Kibla-Wand, die Seiten-Liwane dreischiffig mit je neun Bogen und mit einer Doppelarkade an der Eingangswand – man kann alles noch genau erkennen. Selbst das Transept zum Mihrab ist noch zu verfolgen. Vornehmstes Kunstwerk war in der Hauptfassade zwischen den beiden Minaretten der vorspringende Torweg mit einem spitzbogigen, hohen Tonnengewölbe und flankierenden Säulen, alles reichlich von Ornamentbändern umzogen, quadratischen Rauten und rechteckigen Schriftrahmen, mit Nischen und feingliedrigen Säulenkapitellen. Ursprünglich waren die beiden Minarette achteckig bzw. rund, sie haben ihre blockigen Steinummantelungen erst später zum Schutz gegen Erdbeben bekommen. Ihr Oberteil wird als Makbhara, Räucherfaß, bezeichnet, der schmalste Teil, der sich aus einem Quadratsockel entwickelt hat, ist umzogen von Schriftfriesen und Ornamenten. Diese beiden Minarett-Ecktürme sind die einzigen Exemplare in einer Festungsmauerwerk-Fassade mit Ecktürmen und Geschossen mit sphärischen oder Kreuzgewölben. Nach ihnen baute man künftig anstelle der runden nur noch Viereck- oder Achtecktürme für Kairos Moscheen, und zwar in Steinarchitektur.

Die mit der Moschee-Seite noch immer verbundene Stadtmauer ist nur noch etwa einen halben Kilometer lang erhalten, sie war Kairos zweite Umwallung aus der Zeit von 1087 bis 1092, erbaut vom Wesir Gamali für El-Mustansir, den Kümmerling auf dem Sultans-Thron. Architekten und Bauleute waren Armenier, was den eigenwillig byzantinischen Einfluß der drei – von 60 – erhaltenen Stadttore erklärt und geradewegs zurückführt zu römischen Torturmbauten in klarer Steinquadertechnik, die hier mit Quadern von der kleinen Pyramide und von Mastabas aus Sakkâra gut und einfach möglich war. In den Kasematten kann man genügend Steine mit hieroglyphischen Aufschriften sehen. Schäfte alter Säulen verstärken das innere Mauergerüst zwischen den beiden Toren Bâb en-Nasr und Bâb el-Futûh, ›Siegestor‹ und ›Tor der Eroberungen‹ (Abb. 3). Ihre Toröffnungen sind von massigen Rundtürmen flankiert, die an den Außenmauern abgerundet und durch kräftige Bogen verbunden sind. Solche meisterliche Beherrschung des Steinquadermaterials, die Zinnen, die Spitzbogen und Gewölbeschwingungen sind Wachstumsprozesse, die später die Romanik und die Gotik nachvollzogen haben. Noch bei Napoleons Besetzung 1799 genügten sie den Anforderungen der Franzosen als starke Bollwerke. Man kann heute über den offenen oder in den gedeckten Wehrgängen hinter den Zinnen von Tor zu Tor gehen und nach beiden Seiten Kairos Altstadtleben aus der Vogelperspektive beobachten, besonders interessant für Fotografen, wenn vormittags unten vor den Toren der Gemüsemarkt abgehalten wird.

**Kalaûn-Moschee
(Shâria Muizz Li-Din Allah) (8)**

Moschee, Mausoleum und Moristan (Hospital für Kranke und Notleidende) wurden von 683 an im Auftrage von Sultân el-Mansûr Kalaûn eiligst begonnen, nachdem seine Mamlûken-Horden drei Tage lang raubend und mordend durch Kairo gezogen und solche Untaten begangen hatten, daß der gewiß nicht zimperliche Sultân, von Reue gepackt, so etwas wie eine öffentliche Wiedergutmachung den Bürgern der Stadt gegenüber versuchte. 67 m lang dehnt sich die Straßenfront im voll ausgeprägten Fatimiden-Stil, rhythmysierte Spitzbogennischen mit symmetrisch angeordneten Fenstern, massige Pfeiler auf zerbrechlich wirkenden Säulen mit korinthischen Kapitellen, auf halber Höhe ein umlaufendes Schriftband, oben eine gezackte Zinnenbekrönung. (Das Minarett s. S. 81.)

Das überhohe Hufeisenportal sitzt tief in einer hohen Nische mit Spitzbogen, Keilsteinen und schwarzweiß besetzten Marmorstreifen in den Bogenzwickeln, die kräftigen Torpfeiler auf dünnen Marmorsäulen, über dem Türsturz Fenster und Lichtöffnungen und das Tor selbst eine alte Holzarbeit mit Bronzeplattierung. Im kleinen Hof gibt es ganz entzükkende Maschrabijen und rundbogige Stuckgitterfenster, Stuckornamente, zinnengeschmückte Rahmen und spitze Zierbögen, ein gelungenes Viereck voll überraschender Schmuckdetails. Die Madrasa besticht mit herrlichen Porphyrsäulen, während das Mausoleum zu den schönsten arabischen Bauten der Stadt zu zählen ist. 1776 stürzte die alte Kuppel ein. Die neuerbaute stützt sich auf je zwei Paar Pfeiler und antike Granitsäulen mit korinthischen Kapitellen, die über Spitzbogen untereinander verbunden und mit Bogen von den Säulen zu den Wänden des Mausoleums verspannt sind und so um das Achteck der Kuppeltrommel je vier Rechtecke und unregelmäßige Fünfecke mit ganz ausgezeichneten Holzdecken bilden. Dazu die Marmor-, Perlmutt- und Arabeskendekoration an Wänden und Bögen, Stuckdekor in der Fläche oder durchbrochen als Fensterverschluß, sechs rötliche Porphyrsäulen mit Glockenkapitellen um den hufeisenförmigen Mihrab, Muscheldekor, Intarsien und eine aus persischen, türkischen und arabischen Motiven bestehende Ornamentenfülle, Säulenverbindungen als Schmuckwerk an sich, ohne statische Notwendigkeit, optisch gefällige Reihungen und noch vieles mehr lassen diesen Innenraum so großartig erscheinen.

In der Gruft unter dem Kenotaph ruhen der Gründer Kalaûn und sein Sohn En-Nâsir, das Holzgitter davor versucht in diffiziler Drechslerarbeit dem Raumdekor zu entsprechen.

An der zerfallenden *En-Nâsir-Moschee* gegenüber sollte man dem sogenannten ›Kreuzfahrertor‹ Aufmerksamkeit schenken, einem marmornen gotischen Kirchentor, das der Bruder des Sultans von der von ihm zerstörten Kirche aus Akka mitgebracht hatte. Allein im zerfallenen Sanktuar gibt es noch Reste von

Holzkuppeln, Stuckornamenten, schön mit Rauten geschmückten Flächen und Überbleibsel von einst vergoldeten und kolorierten Friesen – die besten Stücke sind ins islamische Museum gebracht worden.

El-Muaijad-Moschee
(Shâria Muizz Li-Din Allah) (9)

Der Verfasser muß Sultân Selim I. beipflichten, daß diese Moschee das schönste und würdigste Gebetshaus von Kairo sei. Man muß aus dem Trubel der Gassen um Bâb Zuwêla (Abb. 16) ins Sanktuar treten (Abb. 19), sich dort beim Minbar niedersetzen und durch die eleganten Säulenstellungen der Dikka und das Schmiedeeisengitter in den sattgrünen, von Bäumen und Sträuchern bestandenen Hof schauen, hören, wie sich das Plätschern des Brunnenwassers mit dem Murmeln von monotonem Gebetssingsang mischt und wird begreifen, weshalb so viele Moslems in Kairo gerade diese Moschee so gerne haben. Während seiner Gefangenschaft bei Sultan Farag hatte El-Muaijad gelobt, sollte er je befreit

Minarett der El Muaijad-Moschee

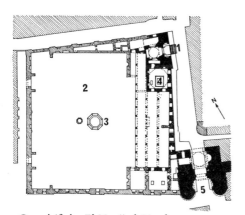

*Grundriß der El Muaijad-Moschee
1 Eingang 2 Hof 3 Brunnen 4 Mausoleum 5 Bâb Zuwêla*

werden, am Platze des Gefängnisses Khassanad Schama eine prächtige Moschee zu errichten – was er von 1405–10 glänzend erfüllt hat.

Überhoch steht das zurückgezogene Portal in der sonst schmucklosen Fassade, über waagerecht geordneten schwarzweißen Steinstreifen eine sphärische Stalaktitenkuppel mit dreiteiligem Bogensims, darüber ein Dachgesims aus dreilappigen Lilien (Abb. 17). Beachtenswert in den seitlichen Flachnischen des Portals sind Schrifttafeln im strengen, rechtwinklig geometrischen Naskhi. Und hier findet man die berühmte Tür, die einst der Sultân Hasan-Moschee gehörte, Kairos zweifellos schönste, auch größte Moscheetür (5,90 m hoch), ein Prachtstück aus Lindenholz, das vollkommen mit Bronzeplatten voller getriebener Sternrosetten und Schriftbänder und dem Namen von Sultân Hasan verblendet ist.

Nach Zerstörung und Verfall blieb von der einstigen Säulenhofmoschee nur das dreischiffige Sanktuar erhalten (Abb. 19), ein Hallenbau auf hohen gestelzten Spitzbogen, deshalb gut belichtet und hell bis zur Kibla-Mauer, die in sieben Nischen gegliedert und ungemein bunt mit Marmor, Glas, Intarsien und Mosaikwerk, mit Gipsschneidedekor und farbigen Glaseinlagen in den Fensteröffnungen, vergoldeten Schriftbändern, Arabesken und Rosetten ausgestaltet ist. Farbig, mit viel Gold und Rot, leuchten die 14 m hohen Decken und Holzbalkenkonstruktionen, denen auch der hölzerne Minbar mit Elfenbeinintarsien nicht nachsteht, der den bemalten Schnitztüren zum Mausoleum entspricht.

Dort wölbt sich über von Zickzack-Profilen gezierten Stalaktiten-Pendentifs über dem Kenotaph des Sultans die hohe Kuppel, die im benachbarten Mausoleum der Frauen wesentlich niedriger gehalten ist. Marmor und feinste kufische Schriftbänder zieren die Kenotaphe von Vater und Sohn und die der Frauen.

Die beiden achteckigen 51 m hohen Minarette stehen seit 1420 auf den Mauern des fatimidischen Mitwalli-Tores der zweiten Stadtumwallung, Bâb Zuwêla. Es ist dem Bâb el-Futûh (Abb. 3) sehr ähnlich, ebenfalls ein gedeckter, sehr massiver Torweg mit zwei länglichen Halbtürmen, in der Durchfahrt eine flache Kuppel auf Gewölbezwickeln, oben eine Plattform mit Zinnenbekrönung. Spitzbogen, ineinandergeschachtelte Nischen, Sternornamente in vielen Formen und Medaillons schmücken das sonst strenge Torbauwerk, das immerhin 23,70 m hoch ist. Wie viele andere, so diente auch dieses Stadttor als Richtplatz, und Kreuzfahrer, einfache Diebe und große Gauner und der letzte Sultan der Tscherkessen, Tuman Bey, wurden hier geköpft und gehenkt, weshalb wohl, zum Ausgleich, gerade hier sich ein Kutb el-Mitwalli genannter Heiliger niedergelassen hat, um zuweilen als unsichtbarer guter Geist mit Wundern die trüben Gedanken Vorbeigehender aufzuhellen (daher Mitwalli-Tor).

Kalifengräber (10)

Von den beiden islamischen Nekropolen ist zweifellos die nördliche am bedeutendsten (die südliche liegt südlich der Zitadelle zwischen dem Mokattam und Alt-Kairo). Ihre hervorstechendsten Grabbauten entsprechen oft den bisher betrachteten Moscheebauten. Allzuviel ist zerfallen und in einem üblen Zustand, wenige sind gut erhalten und gepflegt. Wer nur die von Sultân Barkûk und von Kaît Bey besucht, hat den richtigen Eindruck, besonders wenn er auf ein Minarett steigt und die triste braungelbe Friedhofslandschaft, die bereits in die östliche Wüste übergeht, weit überblickt.

Barkûks Totenbau (1389–1411) besteht aus zwei Mausoleen für ihn und seine Frauen, einer Madrasa und einem Khanka, dem Kloster, eine imposante quadratische Gesamtanlage um einen zentralen Hof mit Bassin und einem dreischiffigen Sanktuar als Haupt-Liwan, den die beiden Kuppelmausoleen symmetrisch angeordnet flankieren, links für den Sultan und seinen Sohn, rechts für die Frauen, beide durch unerhört fein gearbeitete Holzgitter abgeschlossen (Abb. 12–14). Die beiden Kuppeln wölben sich über delikat verfeinerten Stalaktitenpendentifs und sind an ihren Außenflächen mit Zickzack-Ornamentik einmalig profiliert, die ersten in Ägypten aus Hausteinen errichteten Kuppeln. Zwischen ihnen eine kleine über dem Mihrab. Wieder im Rahmen der streng durchgeführten Symmetrie steigen an der Westfassade zwei Minarette, der optische Schwerpunktausgleich, 50 m auf, wechseln aus dem Quadrat unten zu rundem Mittelgeschoß, über dem auf hohen, schlanken Säulen ein Kiosk unter dem Zwiebelhelm den Gebetsturm abschließt (Abb. 12). Balkone und Kiosk sind übervoll mit Stalaktitengesimsen, Kreis- und Sterndekor skulptiert und wirken elegant, ohne zu protzen. Die Minarette können bestiegen werden.

Sultan *Kaît Bey*, ein ehemaliger Sklave, errichtete 1472–74 Madrasa und Mausoleum für

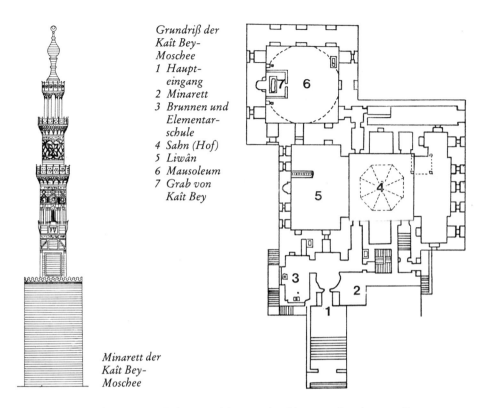

Grundriß der Kaît Bey-Moschee
1 Haupteingang
2 Minarett
3 Brunnen und Elementarschule
4 Sahn (Hof)
5 Liwân
6 Mausoleum
7 Grab von Kaît Bey

Minarett der Kaît Bey-Moschee

sich selbst und ließ sein Bauwerk derart verfeinert dekorieren, daß es als die prachtvollste, optisch ansprechendste Anlage aller Kalifengräber gilt (Abb. 15). Das fast bis zum Dach hochgezogene, mit Stalaktiten verzierte Portal öffnet sich unmittelbar neben dem Minarett und ist, wie üblich in dieser Zeit, mit schwarzweißen Marmorschichten und dreilappigem Bogengesims gestaltet. Es findet ein harmonisches Pendant durch zwei, und um die Ecke drei Bogen der Kuttab-Räume, der Elementarschule – man könnte meinen, venezianische Loggien hätten ihnen Pate gestanden. Im Vestibül dahinter soll der Sultân zu Lebzeiten sogar Audienzen abgehalten haben. Auch nach innen zu wiederholt sich zweifarbig wechselnd das Spiel mit verschiedenfarbigem Stein in den Keilsteinen der Bogenstellungen zu den Liwanen, ein gekonnter Kontrast zum reich vergoldeten und rot-grün getönten Schriftenfries und den bunten Glassplittern der Kamarijen.

Die Pendentifs der Kuppel, neun Reihen kleiner Nischen in Kielbogenform, stützen schwer die Trommel der 31 m hohen Kuppel. Vor der mit Marmor plattierten Grabnische steht der Marmorkenotaph des Sultâns unter einem Baldachin aus Holz, in der durchbrochenen Drechselei den Maschrabijen ganz ähnlich. Ein einst vergoldeter, hölzerner Schriftenfries nennt Namen, Titel und Daten des Sultâns. Im nun voll entwickelten arabischen Stil strebt dreistufig das 40 m hohe Minarett überaus schlank in den Himmel, wechselt dabei aus dem Quadrat über ein Achteck zur Rundsäule mit säulengetragenem Kiosk und

Zwiebelkuppel unter einem goldenen Halbmond. Die Galerien wie die Gesimse des Kioskes sind filigran durchbrochen, das volle Mauerwerk ist gänzlich überzogen von verschlungenem Netzwerk, überaus feine und harmonische Dekors, die eine direkte Verbindung herstellen zum ähnlich gezierten Netzwerk auf der Kuppeloberfläche (Abb. 15). Ihr filigranes Klöppelwerk belebt sie und bewirkt ein halbplastisches Schattenspiel, besonders wenn ihre Konturen im Sonnenlicht sich ständig verändern.

Die sonst schmucklosen Wandflächen des Moscheebaues werden von horizontal eingelegten, verschiedenfarbigen Steinsetzungen in gedämpften Pastelltönen, Hellgelb bis Rötlichbraun, belebt. Das erleichtert den Übergang von dem blockhaften, dann gestuften Unterbau zur reinlinigen Kuppel. Alles, innen wie außen, zeigt eine Vollkommenheit im Ausdruck des arabischen Stils, der sich nirgendwo anders ausgeglichener, harmonischer und kaum effektvoller ausgedrückt hat, das letzte Kapitel ägyptischer Kunst, ehe sie von den Osmanen mit Kopien aus Anatolien und Konstantinopel überlagert wurde.

Noch zu erwähnen bleibt, daß neben dem kunstvoll dekorierten Koranpult mehrere Fußabdrücke des Propheten Mohammed gezeigt werden, zwei mit Sandalen, einer ohne. Eigenartigerweise sind sie in der Größe mit anderen, die ebenfalls von Mohammed stammen sollen, nicht identisch.

Das Nordende der Kalifen-Nekropole beherrscht die gut erhaltene *Grabanlage von Sultân Inâl* aus dem Jahre 1451, der zweiten Mamlûken-Periode. Äußerlich hat sie viele Ähnlichkeiten mit dem Bau von Kaït Bey, auch wenn die Kuppel hier nicht mit verwobenem Netzwerk, sondern mit einem gleichförmigen Rauten- und Fischgrät-Zickzack überspannt ist. Der Übergang aus der Baumasse zur Kuppel folgt hier wie dort den gleichen Regeln, die Stellung der Kuppel zum Minarett ist ebenfalls fast identisch, und das Minarett-Dekor erreicht beinahe die Qualität des Kaït Bey-Turmes. Vor allem sind hier aber noch die Zellen des Klosters erhalten, die bei Kaït Bey verschwunden und von benachbarten Wohnhäusern längst überbaut worden sind.

Andere sehenswerte islamische Bauwerke im Stadtgebiet sind (in alphabetischer Folge): *Ak Sûnkor-Moschee* (Shâria Muizz Li-Din Allah), auch ›Blaue Moschee‹ genannt wegen feiner blaugrüner Fayencekacheln mit feinstem Blütenschmuck, erbaut 1346 von Emir Ak Sûnkor. – *Barkukîja* (Shâria Muizz Li-Din Allah), erbaut 1386 von Sultân Barkûk, der in der Kalifen-Nekropole begraben liegt, Hofmoschee nach dem Muster derjenigen Sultân Hasans. Im Sanktuar viele ägyptische Säulen. – *El Ghûri-Moschee* (Shâria Muizz Li-Din Allah), kreuzförmige Anlage um einen Mittelhof (1501–16) mit schönen Marmorinkrustationen im Sanktuar und am Minbar; 63 m hohes Minarett. – *El Gijûschi-Moschee* (weit sichtbar am Hang der Mokattam-Berge oberhalb der Zitadelle, (vgl. Abb. 10) 1085 vom Emir Gamâli errichtet, mehrfache Verwendung von Tonnen- und Kreuzgewölben, der Mihrab mit nach den der Ashar-Moschee kunsthistorisch kostbarsten Stuckornamenten, die Gesamtbauanlage das Vorbild für das Agha Khan-Mausoleum in Assuan.

Basare (11)

Es hieße Wasser an den Nil tragen, wollte man sich über einen notwendigen Besuch im Basar auslassen. Die gesamte Altstadt Kairos zwischen Esbekîja-Garten und Zitadelle ist ja ein riesenhafter Basar, und wer sich durch die Straßen und Gassen treiben läßt, wird dort ein ursprünglicheres Bild von Markt, Kauf und Handel gewinnen als im heute übertrieben auf die Touristenströme zugeschnittenen Renommierbasar Khân Khalili. Hier sind die Händler zu pfiffigen Managern geworden, die mit Verve und Verkaufspsychologie unerfahrenen Fremden, neben Gutem und Echtem, lieber Minderwertiges zu überhöhten Preisen anbieten. Nur wer öfter mal hier und dort schaut, prüft, vergleicht und feilscht, wird das Echte vom Falschen trennen, das einigermaßen stimmende Preisgefüge erfassen und zuletzt Freude am Erworbenen haben. Übrigens: Überall im arabischen Nordafrika heißt der Markt Souk, das Wort Basar ist persisch, und nur der Khân Khalili führt diese Marktbezeichnung.

Museum für islamische Kunst (12)

Es liegt am Ahmed Maher-Platz, anschließend an die Arabische Bibliothek. Neben dem Ägyptischen Museum und dem Koptischen gehört ein Besuch im Museum für Islamische Kunst zur Pflichtübung bei einem Kairo-Besuch, vor der Stadtbesichtigung oder nachher – besser beide Male. Dann wird man anhand der Meisterstücke aller islamischen Kunstepochen und aller Stile im ägyptischen Raum (und neuerlich aus aller Welt) die Unterschiede von Epochen und Stilen trotz der anfänglich so augenscheinlichen Einförmigkeit und Einheitlichkeit erkennen. Die Ausstellungsstücke sind dementsprechend in chronologischer Reihenfolge geordnet, in 23 Sälen etwa 60000 Stück.

Alt-Kairo

Hier am wirklich ältesten Platze der Stadt, dem Babylon der Griechen, an der Stelle des Römerkastells und deshalb dem Feldlager des Eroberers Amr Ibn el-As steht seine Moschee, die erste der Stadt wie auch des Landes, aus dem Jahre 642. Ihre Baugeschichte mit Aufbau, Zerstörung und Neubau im steten Wechsel zumindest bis an das Ende des 13. Jh. spiegelt exakt Kairos Schicksal wider. Nach einer fast abgeschlossenen gründlichen Restaurierung nimmt sie heute wieder den ihr zustehenden Rang in der Reihe von Kairos islamischen Sanktuarien ein und sollte bei einem Besuch Alt-Kairos auf keinen Fall ausgelassen werden (zu Fuß nur knapp 10 Min. nordwärts vom Koptischen Museum). Leider ist zu ergänzen, daß mit zuviel Zement zuviel Mauerwerk zugeschmiert wurde und die damit eingeschlossene Feuchtigkeit im Bauwerk bleibt und es weiter zerstört. Für Gesamt-Alt-Kairo gilt, daß nach der Fertigstellung des Hochdammes bei Assuan jetzt der Grundwasserspiegel des Nils konstant gestiegen ist und Alt-Kairo auf einer nur um dreiviertel Meter tiefen Salzsumpf-Schicht ›schwimmt‹, weil die früher üblichen, drei Monate dauernden Trockenzeiten nun entfallen, so daß die Fundamente teilweise ständig unter Wasser stehen und die Substanz ganz zerstören werden – eine Folge politischen und menschlichen Unverstandes. Alt-Kairo birgt zudem das geschlossene Viertel der Kopten mit mindestens vier recht bedeutenden koptischen Heiligtümern: *St. Georg*, der Sitz des koptischen Patriarchats mit einer ausgezeichneten Ikonenwand; *St. Sergius* mit der legendären Krypta unter der Altarapsis, wo die heilige Familie auf ihrer Flucht einen Monat lang gewohnt haben soll; *St. Barbara* mit einer vorzüglichen Bilderwand

Islamisches Lüsterfragment, 12. Jh., 'Jünger des Propheten Mohammed'

aus Elfenbeinschnitzwerk; *El-Moallaka*, die größte, mit Ikonenwand, Stuckarbeiten und Spitzbogenarkaden auf antiken Säulen – alle Kirchen aus der Zeit zwischen dem 4. bis zum Ende des 5. Jahrhunderts und mit Restaurierungen bis ins 12. Jahrhundert hinein.

Sammlung dieser Art in der Welt (vgl. Abb. 30–35). Daß diese Kunst tatsächlich eine lebendige Volkskunst war, wird nach einem Besuch im Museum jedem verständlich sein, besonders heutzutage, wo die Moderne wieder nach dem Zufälligen in der künstlerischen Formensprache sucht und im Imaginären die Wirklichkeit erkennt.

Untergebracht ist das Museum in einem 1923 errichteten Gebäude, das den koptisch bestimmten Baustil der Umgebung nachahmt und mit Originalteilen aus alten koptischen Häusern und Kirchen geschmückt ist: Türen, Fenstern und Fenstergittern (Maschrabien), Balkonen und Gittern, Beschlägen, Konsolen und Holzdecken.

Nilometer (14)

Am Nil auf der Insel Rôda steht der alte *Nilometer*, ein Nilwasserstandsmesser des Kalifen el-Hasib aus dem Jahre 862 (Abb. 25): in

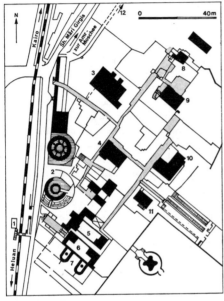

Plan von Alt-Kairo

1 Bahnhof St. Georg 2 römische Türme
3 koptisches Kloster St. Georg 4 St. Sergius
5 Koptisches Museum 6 El-Moallaka 7 römisches Tor 8 El-Adra 9 St. Georg
10 St. Barbara 11 St. Elias 12 Amr-Moschee

Koptisches Museum (13)

Vor allem aber befindet sich heute hinter dem mächtigen Rundturm des alten Römerkastells das *Koptische Museum*, Kairos drittes ›Muß‹, das in 29 Sälen den umfassendsten Überblick zum Verständnis koptischer Kunst überhaupt bietet, die reichhaltigste und qualitativ beste

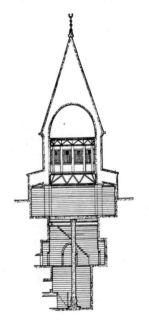

Teilansicht des Nilometers auf der Insel Rôda mit den drei Öffnungen und der Meßsäule

einem Schacht eine große achteckige Meßsäule, die an ihrer gesamten Außenseite in 16 arabische Ellen zu 54,04 cm und in den zehn oberen Abschnitten zusätzlich in 24 Kirat unterteilt ist. Über drei Rohrleitungen stand der Meßschacht mit dem Nil in Verbindung – sie sind heute alle geschlossen, um den Nilometer als historisches Denkmal zu erhalten. 1094 bekam das Meßwerk ein von Säulen getragenes Kuppeldach, das nach der Zerstörung durch Napoleons Soldaten durch eine türkische konische Haube ersetzt wurde. Inschriftenbänder im Schacht rezitieren Suren und Verse aus dem Koran, eine historische Inschrift besagt, daß Ibn Tulûn den Nilmesser restaurieren ließ. Auf Treppen kann man bis zum Grund hinabsteigen. Bereits Amr Ibn el-As ließ in Assuan, Dendera und Heluan Nilometer errichten, weil mit ihrer Hilfe wie im Alten Ägypten schon, Ernteerträge vorausgeschätzt und Steuern berechnet wurden. Der besterhaltene pharaonische Nilmesser steht unversehrt auf der Insel Elephantine in Assuan. Zum Thema Nil, Nilstand, Wasserwirtschaft usw. informiert eine äußerst instruktive Ausstellung gleich nebenan im kleinen Al-Monasterly-Palast.

Alexandrien: Ein Ausflug nach Norden

Antike Stadt. 332 gründete Alexander der Große die nach ihm benannte Stadt, um die griechische Handelsniederlassung Naukratis durch einen ordentlichen Seehafen zu ersetzen. Nach den Plänen des Architekten Deinokrates wurde sie von mächtigen Ringmauern umgeben und im ›Kolonialschema‹ mit sich rechtwinklig kreuzenden Straßen regelmäßig angelegt, beiderseits von zwei schnurgeraden, 30 m breiten, von Arkaden gesäumten Hauptachsen, vor allem dem vom Mondtor zum Sonnentor (dem Kanopischen Tor) ostwest ziehenden Dromos. Zur vorgelagerten Insel Pharos baute man einen sieben Stadien langen Steindamm, das *Heptastadion,* das den Westhafen *portus Eunostus* vom Osthafen *portus Magnus* abtrennte. Er galt als Alexandriens Haupthafen, und an ihm lagen in der ›Königsstadt‹ alle öffentlichen Gebäude, der *Königspalast* der Ptolemäer mit Gärten und Parkanlagen auf Kap Lochias, das Theater *(Timoneion),* das der Triumvir Antonius ein wenig exzentrisch mit einzelnen Gebäudeteilen bis ins Meer hinausgebaut hatte, das Schauspielhaus *(Poseidon)* und das *Caesareum,* das Kleopatra als Heiligtum für Antonius begann und Augustus fertigbaute, zur göttlichen Verehrung der römischen Kaiser, etwa dort, wo heute der Raml-Platz liegt. Davor standen die beiden *Obelisken,* die man heute in London und New York bewundern kann, dann folgte der Platz für die Börse, Warenlager und Magazine, das *Emporium,* in der Nähe die berühmte *Bibliothek* mit damals einer Million Schriftrollen und das *Museion,* der Sitz der Weltgelehrtheit, wo Kallimachos wirkte, Eratosthenes die Neigung der Ekliptik bestimmte, Demetrius Phalereus Philosophie, Euklid Mathematik, Erasistratus und Herophilus Medizin und Apelles und Anthiphilius Malerei lehrten oder mit Lukian ein Kreis Satiriker diskutierte, wo alle namhaften Größen der Zeitenwende mindestens der Wissenschaften wegen zu Gaste gewesen sein mußten. Daneben stand das *Gymnasion* und die *Stoa* und schließlich das *Sema,* für die Gräber von Alexander und die auf ihn folgenden Ptolemäer-Könige. Ganz im Südwesten lag

ALEXANDRIEN

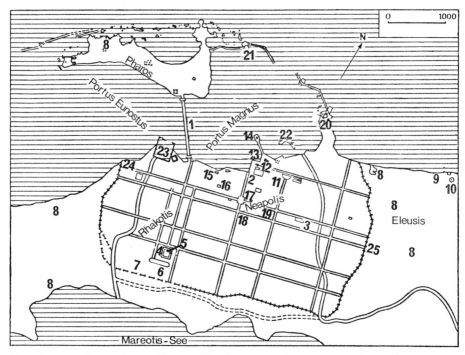

Plan des alten Alexandrien 1 Heptastadion (Damm) 2 Caesareum 3 Gymnasion 4 Serapeion 5 Pompejus-Säule 6 Stadion 7 Katakomben 8 Nekropolen 9 Grab der Stratonike 10 Hypogeum 11 Theater 12 Emporium 13 Poseidonion 14 Timoneion 15 Arsinoeion 16 Museion mit Bibliothek 17 Dikasterion 18 Sema 19 Paneion 20 Königspalast auf Kap Lochias 21 Leuchttum (Pharos) 22 Antirhodos 23 Kibotos-Hafen 24 Mond-Tor 25 Sonnen-Tor (s. Plan des heutigen Alexandrien im gelben Teil)

das berühmte *Serapeion* mit einer zweiten Bibliothek, dort wo heute die sogenannte *Pompejus-Säule* aufragt, und weiter südlich das langgezogene Oval des *Stadions* im Wohnbezirk der Ägypter. Zwischen den öffentlichen Hauptbauten waren allenthalben in die Wohnblocks verstreut Tempel für Ägyptens, Griechenlands und Roms Götterpantheon eingebaut. So wie die Stadt ständig wuchs, erweiterte man mehrmals ihren Mauerring, bis er schon im 1. nachchristlichen Jahrhundert fast die Ufer des Mareotis-Sees im Süden erreichte, an dem der Flußhafen für den Nilverkehr lag, der über Kanäle mit der offenen See verbunden war. Sogar einen künstlichen Aussichtspunkt, das *Paneion*, hatte die Stadt.

Die Nekropolen der Griechen und Römer lagen am Ostrand, später die der Christen auf der westlichen Seite der Stadt. Man weiß, daß damals rund 300000 Freie in Alexandrien gelebt haben, mit Sklaven und Fremden heißt das hochgerechnet eine Einwohnerzahl von gut dreiviertel Millionen Griechen, Ägyptern, Römern, Juden und

Christen, die 69 n. Chr. Vespasian hier zum römischen Kaiser ausriefen. Schon im 1. Jahrhundert n. Chr. war die Stadt die zweitgrößte im römischen Imperium.

Ihr Verfall begann mit Trajan, als nach einem Aufruhr der Juden die Stadt schwer zerstört wurde. Hadrian, ein Förderer und Freund von Wissenschaft und Kunst, baute sie zwar wieder auf, beschränkte aber ihre Größe radikal auf drei Fünftel des alten Areals, unter Decius und Valerius gab es zwei grausame Christenverfolgungen, bald regten sich auch die Christen selbst, und es kam zu den blutigen Kämpfen zwischen Arianern und Athanasianern um die Auslegung des rechten Glaubens. Nach der Erhebung des Christentums zur Staatsreligion wurde das Serapeum geschlossen, teilweise zerstört und von Kaiser Theodosius zu einer Arkadius-Kirche umgebaut, seine rechte Hand, Bischof Theophilus, machte die heidnischen Tempel dem Erdboden gleich, alle Schulen und Institute, das Museion und die Theater wurden geschlossen und die Stadt Sitz eines Patriarchen und jetzt zum Zentrum christlicher Gelehrsamkeit, wo bald die Septuaginta, die griechische Übersetzung des Alten Testaments, entstand. Dennoch sank Alexandriens Bedeutung.

Der Seeweg um das Kap der Guten Hoffnung wurde entdeckt, die portugiesischen Kolonialgebiete in Ostasien in Besitz genommen, und schließlich riß Venedig den gesamten Mittelmeerhandel an sich: damit kam der See- und Handelsverkehr über Alexandrien völlig zum Erliegen, zumal die Deltastädte Rosette und Damiette, die günstiger an nichtversandenden Wasserwegen zum ägyptischen Hinterland lagen, schnell den gesamten Transithandel an sich gerissen hatten.

Am Ende des 18. Jahrhunderts zählte die zu einem Provinznest heruntergekommene Stadt nur noch knapp 6000 Einwohner. Erst nach Napoleons Landung und Einnahme von Alexandrien geriet sie wieder in den Gesichtskreis Europas, und mit Mohammed Ali, der ihre Bedeutung als Hafenstadt richtig erkannt hatte und einen neuen Kanal zum Hinterland anlegen ließ, begann Alexandriens Stern wieder zu steigen, zumal es, so nahe der Einfahrtszone des neuen Sues-Kanals gelegen, schnell den Anschluß an die neuen Schiffahrtsrouten im Achsenkreuz zwischen Afrika, Asien und Europa gefunden hatte und sich bis heute zum strategisch wie wirtschaftlich bedeutendsten Hafenplatz des östlichen Mittelmeeres entwickeln konnte.

Pharos. Von den Herrlichkeiten des Altertums ist wenig übriggeblieben; wirklich wiedererwecken kann man Alexandriens historische Epochen allein in den 22 Sälen (40000 Stücke) des Museums für griechisch-römische Altertümer, sofern man genügend Phantasie hat. Wäre im 14. Jahrhundert nicht der alte Leuchtturm, ein Weltwunder der Antike, der Pharos, ein 180 m hoher weißer Wolkenkratzer, eingestürzt, dann hätte Ägypten neben den Pyramiden und dem Karnak-Tempel ein drittes Weltwunder behalten. Um 280 v. Chr. ließ ihn Ptolemäus II. von dem genialen Sostratos von Knidos genau dort errichten, wo heute die Zitadelle Kaît Bey steht, mit 800 Talenten Baukosten ein Pappenstiel, gemessen an moderner Finanzierung gigantischer Bauvorhaben. Noch Ibn Tulûn hat den Pharos restaurieren lassen.

ALEXANDRIEN

*Der Pharos von Alexandrien,
eines der ›Sieben Weltwunder‹*

Serapeum. Allein drei Plätze erinnern an Alexandriens antike Stätten, in erster Linie das Serapeum, genauer das Trümmerfeld, wo es einst lag mit der einzigen aufrechtstehenden Säule, die noch immer als Pompejus-Säule bezeichnet wird, obgleich sie mit dem historischen Pompejus nicht das Geringste zu tun hat. Sie ist ein Bauglied aus dem Vorhof des von Ptolemäus I. für den Sarapis-Kult (Osiris, Apis, Zeus, Dionysos, Asklepios) errichteten Heiligtums und wurde 302 für Kaiser Diokletian wiederaufgerichtet, aus Dankbarkeit der Bürger, weil er der hungernden Bevölkerung Brot gespendet hatte. Das Serapeum war erhöht angelegt, 100 Stufen sollen zum Vorhof hinaufgeführt haben. Hinter dem letzten Hof stand tief im Sanktuar ein vom Bildhauer Bryaxis geschaffenes Monumentalbild des thronenden Gottes, angetan mit einem langen, togaähnlichen Gewand, auf dem bärtigen, gelockten Zeuskopf ein Kalathos (zylinderförmig nach oben sich öffnendes Getreidemaß); in der linken Hand hielt er einen Stab, mit der rechten berührte er den vor ihm liegenden Höllenhund Cerberus. (Bryaxis baute als Starbildhauer seiner Zeit am Mausoleum von Halikarnaß und schuf u. a. den berühmten Dionysos von Knidos.) Die nach Osten zentrierte Tempelachse war so angelegt, daß am Gründungstage des Serapeums die ersten Strahlen der Morgensonne die Lippen des Götterbildes treffen mußten – ganz wie in Abu Simbel tausend Jahre vorher. Theophilos hat wahrlich ›gute Arbeit‹ geleistet: bis auf Schuttreste ließ er das heidnische Serapis-Heiligtum vernichten, was übriggeblieben sein mag, wanderte in Bauten irgendwo in Alexandrien, verschollen bis heute. Nur von der Bausubstanz der zweiten bedeutenden Tochterbibliothek (neben der großen kaiserlichen) sind Relikte erhalten, zwei Sphingen aus Rosengranit, wie die hohe Säule auch, und ein großer Skarabäus, mehrere Säulenschäfte, eine Sitzfigur von Ramses II. und ein Sphinx von Haremhab, beide ohne Kopf, ein paar Steinquader und viel Mauerschutt.

Katakomben und Nekropolen. Mehr schon sieht man in den Katakomben von *Kôm esch-Schukafa,* römischen Grabgelegen aus den ersten zwei nachchristlichen Jahrhunderten, drei Stockwerke übereinander. Von einer Rotunde aus gelangt man zu einem Saal für den Leichenschmaus *(triclinium funebre)* mit an drei Seiten aus dem Fels gemeißelten Liegebetten, und dann in lange Korridore, von denen aus seitwärts in zwei Reihen übereinander Schiebegräber, sogenannte *loculi,* in den Fels getrieben sind, die alle wohl nacheinander mehrfach belegt worden sind. Dazu gibt es eine Reihe Sarkophagkammern und Sarkophagnischen. Wie in den etwa gleich alten Nekropolen von Tuna el-Gebel zeigt sich hier ein ägyptisch-griechisch-römischer Mischstil, der sich aus der ständigen Berührung des Altägyptischen mit den Stilen der Besatzer ergeben mußte, nichts Originales, sondern letzte Reste schöpferischer ägyptischer Kraft aus alten Traditionen, mehr ägyptisierend denn ägyptisch, Sonnenscheiben, Flügelsonnen, ägyptische Pflanzensäulen mit romanisierenden Kompositkapitellen, Uräen-Friese und Hohlkehlengesimse, die sich ionischen Eierstäben und Mäandern anzugleichen suchen, Römergestalten statt in Toga noch einmal altägyptisch kostümiert, Haarschnitt und Gesichtsausdruck griechisch, Medusenhäupter mit Schlangen im Haar, aber die ägyptische Doppelkrone auf dem Haupt, Isis und Osiris, Anubis und Thoth, die alten Totengötter, hellenistisch-römisch aufgefaßt, wunderlich oft im Stil, nur noch ein Hauch von echtem Ägyptischen, ohne Einheit, Form und Lebenskraft,

Griechisch-römisches Museum in Alexandrien

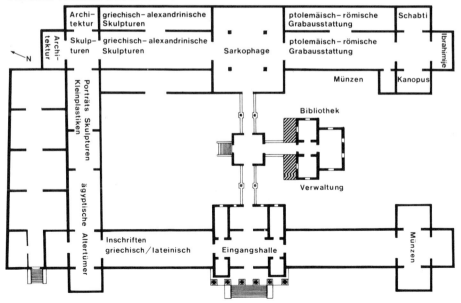

ALEXANDRIEN

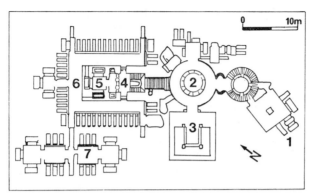

Plan der Katakomben Kôm esch-Schukâfa von Alexandrien:

1 Eingang
2 Rotunde
3 Triclinium funebre
4 Vorhalle
5 Grabkapelle
6 Korridore
7 Totengalerie

billige Kompromisse in weichlich schwellenden Formen, keine Modeerscheinungen etwa, sondern Ausdruck tiefer Urgründe, die erst wir heute verstehen können, weil dem Ägypter das Gefühl für das Gesamtbild verlorengegangen und die politische Initiative schon längst in die Hände der Römer übergewechselt war. Diese allerdings frönten der Mode des ägyptisierenden Stils begeistert mit ägyptisierender Ornamentik, mythologischen Szenen im symmetrischen Bildaufbau, eingeordnet in ein senkrecht-waagerecht bestimmtes Flächensystem bei Vermeidung raumillusionistischer Wirkung.

Ein ganz ähnlich geartetes Neben- und Ineinander verschiedener Stile gibt es in der Nekropole von *Anfûschi* auf der Halbinsel Pharos zu sehen, zwei Felsgräber aus dem 2. vorchristlichen Jahrhundert, die Bildthemen im ägyptisch-griechischen Mischstil der

Katakomben Kôm esch-Schukâfa, ägyptisch-griechisch-römischer Mischstil

Ptolemäer-Zeit, das Dekor eine Mixtur aus römischen und ägyptischen Elementen, die Motive aus der Mythologie und ägyptischer Herkunft. Außer der Kleinkunst gab es ja nie eine spezielle alexandrinische Kunst, viel eher sollte man von einer Umformung altägyptischen Kulturgutes im griechischen Geiste sprechen.

Das dritte, vielleicht bedeutendste Felsgrab Alexandriens, das sog. *Südgrab*, liegt weit im Süden der Stadt, eine 3,45 m lange und 2,63 m breite Kammer, die allseitig sauber mit feinstem Alabaster verkleidet ist, und die wohl zwischen dem 2. und 1. vorchristlichen Jahrhundert hergerichtet wurde. Es ist nicht erwiesen, wird aber vermutet, daß es sich um Caesars Nemesion, die Gruft für das Haupt des Ptolemäers handelt, die rings um das Grab für Alexander den Großen angelegt war (*Von Alexandrien nach Marsa Matruh*, siehe im Gelben Teil).

Die Pyramiden von Gîzeh

Diese drei ›klassischen‹ Pyramiden (Farbt. 1, 2; Abb. 51) waren und sind auch heute noch das Wahrzeichen Ägyptens und stets das bevorzugte Ziel jedes Ägypten-Reisenden – obgleich sie nur drei von Hunderten bekannter Pyramiden in Ägypten und im Sudan sind. Seit Herodot die Pyramiden-Literatur mit viel Konkretem und noch mehr dreisten Lügengeschichten geschwätziger Priesterschüler eingeleitet hat, sind unendlich viele Traktate über die Pyramiden erschienen, viele von ihnen mit phantastischer und diffiziler Zahlenmystik, neuerlich sogar in Verbindung mit interstellaren Ereignissen, die aber allesamt entweder erheiternd oder spekulativ und unbeweisbar sind, so daß allein die bisherigen Ergebnisse der wissenschaftlichen Archäologie als gültig angesehen werden müssen.

In der Reihe des etwa 100 km langen Nekropolengürtels auf dem Westufer des Nils zählt man von Abu Roâsch bis zum Fayûm fast 70 Pyramiden; andere Pyramiden gab es bei Theben und ausgedehnte Pyramidengruppen bei Napata und Meroë im südlichen Nubien.

Selbst von den nahe Kairo gelegenen Pyramidengruppen wird der Reisende nur wenige besuchen können, und wir empfehlen, neben den drei Gîzeh-Pyramiden, den Besuch von Sakkâra und möglicherweise den der Pyramiden von Dahschûr und Medûm sowie, bei einem Fayûm-Besuch, den der Hauwâra-Pyramide des Königs Amenemhet III.

Seit der 3. Dynastie wurden Könige nicht mehr wie bisher in Mastabas, sondern in nur ihnen vorbehaltenen Pyramiden beigesetzt. König Djoser (Stufenmastaba; Abb. 56) scheint diese Sitte eingeführt zu haben, und drei seiner Nachfolger bauten noch nach seiner, bzw. seines Baumeisters Imhotep Intention, dann folgte die sogenannte unvollendete Pyramide von Medûm (Abb. 72), dann einige der Dahschûr-Pyramiden, unter ihnen die eigenartige Knickpyramide, und schließlich in der 4. Dynastie die drei nun klassisch ausgereiften, stereometrisch vollkommenen in Gîzeh (Abb. 51). Bis in die 12. Dynastie hinein wurden weiter Pyramidenbauten errichtet.

Alle Pyramiden Ägyptens unterscheiden sich nach Größe und Form, sind fertig oder unvollendet, gut erhalten oder teilweise oder fast ganz zerstört. Immer ist eine Pyramide Teil einer königlichen Grabanlage, die sich stets auf dem Westufer des Nils befand, im Reiche der Toten also. Genau auf der Grenzlinie vom Fruchtland am Nil oder letzten Nilkanal und Wüste stand ein Taltempel für die ersten Bestattungszeremonien der Mumifizierung, Reinigung und Mundöffnung, und nur bis hierher zog lärmend der große Zug der Grabprozession. Nach Abschluß der Feierlichkeiten wurde der Taltempel für immer verschlossen. Von ihm aus führte, jetzt in der Wüste, ein breiter, gepflasterter und gedeckter Aufweg zu einem unmittelbar vor der Pyramiden-Ostseite errichteten Totentempel, von dem aus rings um die Pyramide eine Umfassungsmauer gezogen war, innerhalb derer sich kleine Nebenpyramiden, Mastabas für Familienangehörige, Kapellen, Magazine und Säulenhallen befanden. Dieser Toten- oder auch Verehrungs-Tempel war den ständigen kultischen Riten nach einer Bestattung vorbehalten, und nur die Totenpriester hatten Zutritt zu ihm. Schließlich gehörten zu den ›Außenanlagen‹ noch Gruben mit sogenannten Totenschiffen, die in länglichen, der Bootsform nachgebildeten meist mit Ziegeln ausgemauerten und abgedeckten Mulden rund um eine Pyramide untergebracht waren, drei im Osten, zwei im Süden der Cheops-Pyramide.

In eine Pyramide gelangte man vom Hof aus in der Regel von Norden her, weil in dieser Richtung die Polarsterne, das Ziel der Seele des Verstorbenen, standen. Von dieser Nordrichtung führte ein Gang horizontal oder – wie bei Cheops und anderen – schräg nach oben zu einer Andachtshalle, von der, den religiösen Vorstellungen konsequent folgend, nach Osten zu, ins Land der Lebenden, ein Gang zur Serdâb-Kammer mit der Kultstatue – und nach Westen, ins Reich der Toten, ein Gang zur Sargkammer abzweigte. Deshalb allein waren alle Pyramiden so exakt wie nur möglich nach den Himmelsrichtungen orientiert, und es setzt in Erstaunen, wie genau mit den damals primitiven Hilfsmitteln Winkelgrade eingehalten werden konnten. Ganze 5′30″ mit der wichtigen Ostseite und nur 1′57″ mit ihrer Südseite weicht die Cheops-Pyramide, nirgends mehr als 5′32″ die Chephrên-Pyramide von der Richtung ab. Das besagt nicht, daß die Ägypter einen besonders hohen Wissensstand in der Mathematik oder der Geometrie besessen hätten, wie phantasievolle Erzählungen meinen. Der Satz des Pythagoras war ihnen unbekannt, die Babylonier wußten mehr. Vielmehr betrieben sie meisterlich eine mehr empirisch-darstellende Geometrie und gingen immer von der senkrechten Projektion aus, wenn sie einen Bau entwarfen (Grundriß, Seitenrißebene, Aufriß). Dazu mußte jede maßstäbliche Entwurfszeichnung mit einem Quadratgitter überzogen werden, aus dem über die Ähnlichkeitsmethode beim Bau, wie auch in der Skulptur, die wirkliche Größe mit Hilfe von gespannten Seilen hergestellt wurde. Diese Seilspanner, Harpedonapten, stellten auch den wichtigen rechten Winkel mit dem gespannten Seil durch Umklappen fest. Vom Seitenverhältnis 3,4,5 wußten sie nichts.

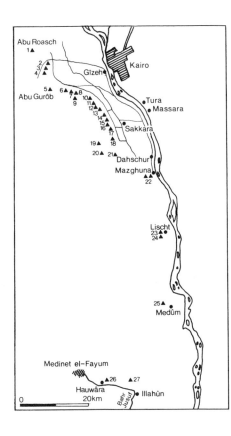

Die Pyramiden von Gîzeh bis Dahschûr

Die Pyramiden von Abu Roâsch bis zum Fayûm

1 Djedefrê
2 Cheops
3 Chephrên
4 Mykerinos
5 Cha-ba
6 Ne-ûser-Rê
7 Userkaf
8 Sahurê
9 Ne-ûser-Rê
10 Teti
11 Djoser
12 Unas
13 Pepi I.
14 Djedkarê
15 Ibi
16 Schepseskaf
17 Chendjer
18 Sesostris III. (Schwarze P.)
19 Snofru (Rote P.)
20 Snofru (Knick-P.)
21 Amenemhêt III. (Schwarze P.)
22 Pyramiden der 12. Dynastie
23 Amenemhêt I.
24 Sesostris I.
25 Snofru
26 Amenemhêt III. (2. Pyramide)
27 Sesostris II.

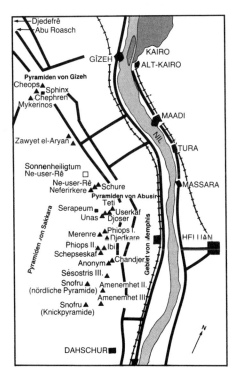

233

Umgekehrt gingen die Feldmesser beim Aufstellen von Vermessungsplänen vor und überzogen oftmals selbst ein größeres Gelände mit einem quadratischen Seilnetz, nach dem dann maßstabgerecht der Plan gezeichnet wurde. Exakte Untersuchungen und Experimente zur Bautechnik erklären die fast unglaubliche Tatsache, wie es die Pyramidenbauer fertigbrachten, so ungeheure Steinblockmassen derart genau aufeinanderzutürmen. So sind zum Bau der Cheops-Pyramide rund 2,5 Millionen Steinblöcke, jeder 2,5 Tonnen schwer, und etwa 1 Kubikmeter im Volumen verbaut worden, dazu im Inneren des Bauwerkes granitene Monolithe von bis 200 Tonnen Gewicht. Noch immer ist diese Cheops-Pyramide die größte Steinkonstruktion der Welt. Ihr solider Unterbau ist eine Felskuppe, die zuerst mühsam nivelliert werden mußte. Mit Hilfe von in den Fels gemeißelten und mit Wasser gefüllten Gräben als Vermessungsebene konnte darauf eine erste Steinschicht als Fundament gelegt werden, die auf einer Fläche von 440 ägyptischen Ellen pro Seite, das sind rund 230 m im Quadrat, über die Diagonale Südost-Nordwestecke nur um 1,3 Zentimeter differiert und in den bis zur Spitze aufgesetzten Lagen nie mehr als 2 Zentimeter vom Niveau abweicht. Eisenwerkzeuge, das Rad, Flaschenzüge oder andere, größere Kräfte übertragende Hebewerkzeuge gab es nicht, alle Arbeiten wurden allein mit Diorithämmern, Beilen, Sägen und Zangen aus gehärtetem Kupfer (wohl die alte Bronzelegierung aus 90 Teilen Kupfer und 10 Teilen Zinn, nicht die heutige aus Kupfer und Zink, Mangan und anderen Metallen), Kieselbohrern und Quarziten zum Glätten und Polieren durchgeführt und mit Winkelmaß, Senkblei, Elle, Schnur und Visierstab ständig kontrolliert. Mit Hilfe von gigantischen Ziegelrampen, die allein schließlich auf zwei Fünftel des Pyramidenvolumens anwuchsen, zog man Steinblock auf Steinblock zur nächsthöheren Lage. Menschenkraft, Ochsenschlitten aus Holz, Taue, Hebel, Rollen und Schlamm und Wasser als Schmiermittel bewegten Tonne um Tonne nach oben, wobei die Rampe ständig erhöht und verlängert werden mußte, bis zu einer errechneten Basis von 100 m bei einer Steigung von 15 Prozent. Anstatt spiralig um den Baukörper oder parallel zu ihm – wie manche meinen –, war die Rampe rechtwinklig angesetzt, es gibt erhaltene Reste in Medûm und Lischt. Baumaterial blieb der anstehende Nummulitenkalk einer mächtigen Kalksteinbank aus dem Eozän vor 53 bis 37 Millionen Jahren, deren eine Flanke praktischerweise als Aufweg zur Chephren-Pyramide genutzt wurde. Mit exakt angesetzten geologischen Abbautechniken hebelte man mit Hilfe aufquellender Holzpflöcke und Balken die bis 1,5 m mächtigen horizontalen Kalkbänke aus dem Mergel. Am Sphinx wird dieses Sandwich-Gefüge deutlich: die Basis aus harten Riffkalken eines Korallen-Austernriffs, der Körper aus weniger widerstandsfähigen Kalk-Mergel-Schichten, wobei genial in die Schichtfugen Mund, Nase und Augenpartien eingearbeitet sind (s. S. 241 ff.).

Die zur Verkleidung der 'Treppenstufen' notwendigen und entsprechend zugehauenen feinweißen Mantelblöcke wurden in den gut 6 km entfernten Tura-Kalksteinbrüchen am gegenüberliegenden Nilufer gebrochen und per Schiff und Schlitten zur Baustelle transportiert, wobei ein einziger Mantelblock fertig bearbeitet ca. 50 Zentner wog (insgesamt wurden rund 6,5 Millionen Tonnen Kalkstein ›verarbeitet‹). War die Vermantelung – sie wurde im Mittelalter fast gänzlich als billiges Baumaterial von den Pyramiden abgenommen – einer Lage eingefügt (alle Steinblöcke mit einer nur 0,5 cm breiten Fuge versetzt), geglättet und poliert, dann wurde die Baurampe bis zur nächsten abgebaut, so daß nach der Vermantelung die Rampe verschwunden war. Herodot spricht von 100000 Menschen, die 20 Jahre an einer Pyramide gebaut haben sollen. Nach heutigen Erkenntnissen werden 4000 Facharbeiter und um 70000 Saisonarbeiter angenommen.

Allein der Sicherung des königlichen Toten diente ein Pyramidenbau. Für das Heil und das Weiterleben des ägyptischen Volkes sollte der König im Jenseits weiterleben

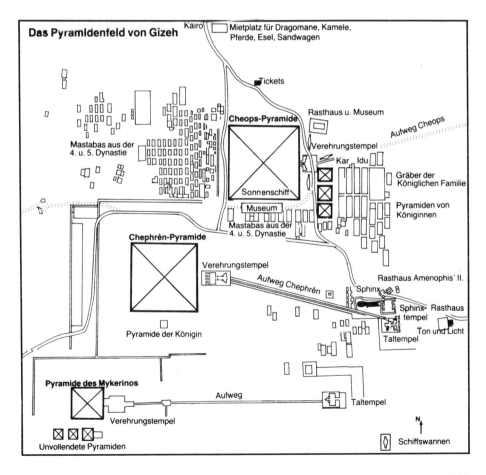

und weiterwirken. Da schwingt die Theologie von Heliopolis mit, denn wie die pyramidenförmigen Kultsteine der Sonnenstadt, die Obelisken, so galt die Pyramide als Thron der Sonne, auf dem das Gottesgestirn sich niederlassen und als Gott und Gottkönig zugleich sich vereinen soll: »*Eine Rampe wird dir gebaut auf daß du darauf zum Himmel emporsteigst*«. Man könnte auch von einem künstlichen Berg reden – stets hat die Pyramide emotional gewirkt, weil ihre äußere Einfachheit in einem fühlbaren Gegensatz zu ihrer ungeheuren Größe steht und darum den Gedanken nahelegt, daß ein solches Werk übernatürlicher Herkunft und nicht das Werk von Menschenhänden sei. Niemals war eine Pyramide gigantisches Erinnerungsmal, und deshalb auch fehlen anfangs vollständig Anschriften und Namen; wo es sie gibt – seit der Beschriftung mit Totentexten –, sind sie meist unauffällig oder an versteckten Stellen angeführt. Rituelle Notwendigkeit, entstanden aus religiöser Inbrunst und schöpferischer Gläubigkeit, führte zu einem religiösen Gemeinschaftswerk – mittelalterliche Dombauten könnten als Beispiel herangezogen werden. Deshalb trifft die jahrhundertelang wiederholte These von der Sklavenarbeit beim Pyramidenbau, die Herodots oberflächlicher Bericht in die Welt gesetzt hat, nicht zu. Die Bauzeit lag außerdem in der Periode der Nilüberschwemmung, in der arbeitslosen und zum Steintransport per Schiff günstigen Zeit; Pyramidenarbeiter waren daher leicht zu verpflichten, denn der König sorgte so lange für Unterkommen, Verköstigung und Entlohnung. Daß für selbst nur 4000 Arbeiter auf einer Baustelle ein minuziös ausgearbeiteter Organisationsplan nötig war, versteht sich und nimmt Stübigs moderne Definition um Jahrtausende vorweg: »Logistik sorgt dafür, daß das richtige Material zum richtigen Zeitpunkt am richtigen Ort aufgrund richtiger Informationen in ausreichenden Mengen vorhanden ist.«

Cheops-Pyramide

Die Cheops-Pyramide (Farbt. 1; Abb. 42, 44, 51) ließ König Cheops zwischen 2551 und 2528 v. Chr. errichten. Er war der zweite Pharao der 4. Dynastie, geboren im oberägyptischen Antilopengau als Chnum-Chufu = Cheops oder »Chnum ist sein Beschützer«, zu dem als Königsnamen noch die Horus-Titulatur *medjed* = »er befiehlt« und der Herrinnen-Name »er, der für die zwei Göttinnen befiehlt«, hinzukamen: deutliche Hinweise auf die Herrschaftsansprüche über beide Ägypten. Unbekannt ist, wie lange er regierte, denn Manetho gibt ihm 60, der Turiner Papyrus 23 und Herodot 50 Regierungsjahre. Jedenfalls gibt es genügend Beweise dafür, daß Cheops vom Delta bis Assuan sowie auf dem Sinai ein Reich beherrschte, das leicht mit dem der Könige aus der 12. Dynastie verglichen werden kann. Was Wunder, daß er aus solcher Machtfülle heraus ein Bauwerk schaffen wollte, größer als die Grabbauten seines Vaters in Medûm und Dahschûr. Es gelang ihm. Mit 146,60 m Höhe bis zur Spitze (heute sind es nur noch 137 m bis zur 10 m² großen Plattform) erbaute er die größte Pyramide, die von keinem seiner Nachfolger mehr übertroffen wurde.

Bei einem Neigungswinkel von 51°52′ war die Seitenlänge 186 m. Heute, wo der Mantelbelag fehlt, sind es noch 173 m. Insgesamt betrug ihr Volumen 2,5 Millionen Kubikmeter, heute sind es 2,34 Millionen. Auf ihrer Basisfläche von 230 m würden Kölner Dom, Peterskirche und Westminster Abbey zusammen Platz finden. Inmitten dieser Steinmassen liegt die Sargkammer, zentral, aber nicht in der Pyramidenachse. Da der alte, höher gelegene

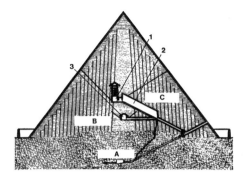

Cheops-Pyramide, Nordsüd-Querschnitt, der die Änderung des inneren Planes zeigt A erste Phase B zweite Phase C dritte Phase
1 Grabkammer des Königs
2 Große Galerie
3 nicht benutzter Raum
Rechts: Die große Galerie

Einstieg an der Nordseite verschüttet ist, benutzt man heute ein etwas darunter liegendes Grabräuberloch etwa 15 m über Niveau. Ein nur 1 m breiter, 1,20 m hoher Gang führt 98 m lang schräg abwärts zur ursprünglich vorgesehenen, unterirdischen Grabkammer des ersten Bauentwurfes im Scheitellot des Bauwerkes. Nur 20 m aber folgt man ihm und steigt dann 38 m auf eisernen Stufen bergan zur sogenannten Großen Halle. Dort zweigt kurz vor ihr ein waagerechter Gang ab zum axial gelegenen, fälschlich als ›Königinnenkammer‹ bezeichneten zweiten Bauentwurf für die Sargkammer.

Gerade während der 4. Dynastie begegnet man oftmals Entwurfsänderungen, weil die Baumeister in der Bewältigung solch enormer Massen noch keine genügende Praxis hatten. Die Große Halle ist 47 m lang, 8,5 m hoch und 2,5 m bis 1 m im Gewölbe breit. Ihre sieben Lagen vorkragender Wandsteine waren oben waagerecht abgeschlossen, eine ausgeklügelte Sicherheitszone vor der Grabkammer. Locker eingesetzte Balkenkonstruktionen konnten nach ihrer plötzlichen Entfernung ganze Tonnen aufgestapelten und in Schwebe gehaltenen Gesteins freigeben, monolitische Verschlußsteine, die beiderseits in Nuten gleiten, den unteren Gang sicher blockieren. Auch das anschließende kurze, 6,75 m lange waagerechte Gangstück, die sogenannte Vorkammer, hatte nur die Funktion der Gangsicherung. Hier konnten vier tonnenschwere Granitblöcke ausgelöst und mit ihrem Fall der Gang sicher verschlossen werden. Ein Block hängt – wie zum Beweis und statisch sicher – noch in der Höhe. Um den Männern, welche die einzelnen Sicherungen nach Plan auszulösen hatten, einen letzten Ausweg ins Freie zu ermöglichen, war ein enger Schacht von der Großen Halle zum unteren Kammerweg gegraben worden, der ebenfalls durch Fallsteine zu schließen war.

Erst der dritte Bauentwurf führte zur heutigen Grabkammer, die in 42,30 m über Niveau 10,45 × 5,20 m groß und 5,80 m hoch ist. Beachtenswert hier wie in der Großen Halle ist die überaus glatte Fügung und Verkleidung der Wände mit Granitplatten bzw. die fugenlose Setzung der Granitblöcke. Um die Decke aus neun 5,65 m langen Granitmonolithen von dem Druck der fast 100 m mächtigen Steinmassen darüber zu entlasten (etwa 400 Tonnen Decklast), sparte man über ihrer Mittelachse fünf Hohlräume übereinander aus. Nur hier oben und ganz versteckt fand man in Rötel den Namen des Erbauers Cheops.

90 cm über dem Boden der Grabkammer gehen zwei Luftschächte ab, 53,2 m lang unter 45° der südliche, 71 m lang unter 31° der nördliche, vermutlich zwei Wege für den Flug der Seele in den Himmel und keine echten Ventilationsschächte. Schmucklos streng ist diese Sargkammer. Wie sie selbst, so steht auch das Unterteil des Königs-Sarkophags nicht in der

Bauachse, sondern seitlich. 1 m hoch, 2,30 m lang und 89 cm breit ist die Granitwanne, der Leichnam des Königs, Schmuck oder Beigaben wurden nicht gefunden. 20 m über dem Sargraum wurde 1972 aber eine Kammer entdeckt, vielleicht einst der Mumienraum für den König.

Vom Totentempel an der Ostseite der Pyramide ist wenig erhalten. Bodenplatten lassen den Grundriß erkennen. Drei stark verfallene Königinnen-Pyramiden sind vorgesetzt, daneben in langen Reihen Mastabagräber für besondere Würdenträger und Totenpriester.

Im Mai 1945 entdeckte Kamal el-Malakh, ein ägyptischer Archäologe, vor der Südfront der Cheops-Pyramide zwei Reihen mächtiger Kalksteinblöcke im Boden, 41 und 42 Stück, jeder Symbol für eine der alten ägyptischen Provinzen, von denen jeder Block 18 bis 20 Tonnen wog. Sie deckten, untereinander mit Kalkmörtel verschmiert, eine aus dem Fels geschlagene, bootsförmige Mulde (31 × 2,60 × 3,50 m hoch), in der ein vollkommen intaktes Totenschiff aus Zedernholz lag, eines von vermutlich fünf weiteren. 43 m lang ist es, 8 m breit und am Bug 5 m, am Heck 7 m hoch, eine sehr schlanke Königsjacht, die rund 5000 Jahre alt sein muß. Freilich war das Schiff nicht ›ganz‹, sondern in etwa 600 Teile zerlegt eingelagert worden, eines der Sonnenschiffe für den königlichen Passagier nach seinem Tode als *mandjit* für den Tag oder als *mesketet* für die Nacht oder ein Symbol für die Gleichsetzung von Sonnengott und König, vielleicht auch eine Barke für Spazierfahrten im Jenseits oder ebenso möglich ein Fahrzeug zum Besuch der heiligen Stätten, wo der Tote seine Wiederbelebung betreiben konnte – alles denkbare Erklärungen, die aus den Texten der Totenbücher herauszulesen sind. Weil das Schiff für die nur 31 m lange Mulde zu lang war, hatte man den Papyrusbündel-Bug einfach abgesägt und danebengelegt. Sonst ist die Barke vollständig, 23 m lange Holme wiegen jeder mehr als 2 Tonnen, die Verplankung ist im Hohlstichverfahren mit Hanfseilen so zusammengenäht, daß bei Feuchtigkeit die aufquellenden Planken und die sich gleichzeitig zusammenziehenden Hanfseile absolute Wasserdichtigkeit garantierten. Von 12 gut 9 m langen Rudern dienten zwei zum Steuern vom Heck aus. Ein von Säulen elegant gestützter Baldachin bot Kühle vor der Kajüte, deren Dach von drei Papyrussäulen getragen wird. Das Schiff gehört zu einem »Erhellung der beiden Länder« genannten Schiffstyp aus der Zeit König Snofrus. Wieder zusammengesetzt und aufgebaut ist das 40-Tonnen-Königsschiff jetzt in einem der Pyramide angesetzten, häßlichen Betonbau zugänglich – wir raten sehr zu einem Besuch. Knapp zwei Jahrzehnte genügten, um die eleganten Holzkonstruktionen stärker zu verändern als die 4700 Jahre in seiner hermetisch abgeschlossenen Grabkammer. Sinkende Luftfeuchtigkeit, Beton, Glas, Stahl, die Hitze im oberirdischen Wüstenklima und ultraviolette Strahlung würden das Schiff allmählich dem Verfall preisgeben. So hat endlich der World Ship Trust mit der Rettung begonnen. Vorgesehen ist an der Bruchkante des Wüstenplateaus unterhalb der Cheops-Pyramide eine tief in den Felsen getriebene Grotte, in der – auf einem Container hineingefahren, um das Risiko eines nochmaligen Zerlegens und Zusammenbauens zu vermeiden – das Königsschiff frei in der Felsenhalle stehend bewundert werden kann von Besuchern, die in gläsernen Röhren vorbeidefilieren, ohne die exakten Temperatur- und Feuchtigkeitswerte der das Schiff umgebenden Hallenluft zu beeinträchtigen. Später soll dort noch ein anderes Schiff Platz finden, das heute noch, und gottlob unangetastet und hermetisch vermörtelt, seit fast 5000 Jahren in seinem Steingrab vor der Cheopspyramide ruht. (Nur der Vollständigkeit halber erwähnen wir das sogenannte Pyramiden-Rathaus – Restaurant/Museum, eine ehemalige Faruk-Villa mit Mobiliar, das nach Tut-ench-Amun-Fundstücken getischlert wurde und absolut keinen Kunstwert hat.)

Westlich wie östlich der Cheops-Pyramide liegen ausgedehnte Mastaba-Friedhöfe (vgl. Abb. 47–50), die westlichen für Würdenträger und hohe Beamte (hier fand Junker 1927 das Grab des Zwerges Seneb und die berühmte Familiengruppe), die östlichen für Mitglieder des Königshauses, darunter die drei kleinen Pyramiden, eine für Merit-ites, die Favoritin des Cheops, eine für König Henutsen und die mittlere für die Königstochter, von der Herodot seine berüchtigte Bordellgeschichte spinnt: »*Cheops ging in seiner Schlechtigkeit so weit, daß er aus Geldmangel die eigene Tochter in ein Freudenhaus brachte und sie dort eine möglichst hohe Summe Geld verdienen ließ. Sie beschaffte das Geld und faßte dazu noch den Gedanken, ein Denkmal für sich zu errichten. So bat sie jeden Mann, der zu ihr kam, um einen Stein für den Bau zu schenken. Aus diesen Steinen, so erzählt man, wurde die mittlere der drei Pyramiden gebaut, die vor der großen steht...«*

Vor der Nordspitze der ersten kleinen Pyramide fand man 1925 fast durch Zufall in einem 25 m tiefen Schacht die Grabkammer der »*Mutter des Königs von Ober- und Unterägypten, Genossin des Horus, liebliche Gottestochter Hetepheres*«, Snofrus Frau, die Mutter des Cheops. Aber der Sarg war leer, und seit 1947 weiß man, nach der Auffindung des Einganges zur kleinen Pyramide vor der Knickpyramide von Dahschûr, daß Hetepheres anfangs dort beigesetzt worden war und daß vermutlich dort ihre Mumie samt Schmuck, jedoch ohne daß die Grabausstattung zerstört wurde, in aller Hast gestohlen wurde. Der König wurde davon unterrichtet, ohne daß ihm alle Einzelheiten erklärt wurden. So befahl er in Unkenntnis des Mumienraubes die Überführung »der Mumie« in einen Schacht vor seiner noch im Bau befindlichen Pyramide, was in höchster Eile geschehen sein mag, damit Cheops nicht merkte, daß hier ein versiegelter, aber leerer Sarg umgebettet wurde. Nur die Eingeweide fand man in einer Nische in einem Kanopen-Kasten. Der Grabschatz war vollständig, wenn auch zerfallen und kann heute, nach seiner sehr feinfühligen Restaurierung, im Obergeschoß des Kairoer Museums besichtigt werden: Bett, Reisezelt, Sänfte, Stuhl, Toten- und Kultgeräte, der Alabastersarg und der Kanopen-Kasten, viel Gold- und Emailarbeiten und ein wunderbares Schmuckkästchen voller Ringe, Armbänder und Anhänger aus Türkis, Karneol und Lapislazuli, alles eine unerhörte Vervollständigung unseres Wissens um die Kultur der Pyramiden-Zeit.

Chephrên-Pyramide

Sie steht der Cheops-Pyramide benachbart, und zwar so, daß beider Diagonalen in einer Linie bzw. parallel verlaufen – nicht aber die der dritten, der Mykerinos-Pyramide (Farbt. 1, 2; Abb. 39, 41, 51). Während Djedefrê die unvollendete Pyramide von Abu Roâsch erstellte, versuchte dessen Nachfolger Chephrên seinem Ahn Cheops nachzueifern.

Dieser zweite Pyramiden-Bau im Gîzeh-Bereich scheint optisch höher als der des Cheops zu sein, weil er auf einem höher gelegenen Plateau steht, ist in Wahrheit aber mit 143,5 m früher, 136,3 m heute, mehrere Meter niedriger geblieben als die Cheops-Pyramide. Von einer Basis von 215 m im Quadrat steigt sie mit einem Neigungswinkel von 52° 20' auf. An der Spitze ist noch immer die weißliche Vermante-

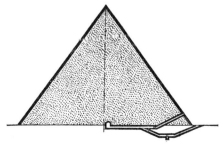

Chephrên-Pyramide, Nordsüd-Querschnitt

lung erhalten, Baumaterial war auch hier Kalkstein, nur die beiden unteren Steinlagen sind aus Granit. Der Cheops-Pyramide ganz ähnlich, gibt es an der Ostseite Reste eines Verehrungstempels, und sehr deutlich ist der gepflasterte Aufweg in seiner gesamten Länge vom Taltempel her zu verfolgen. Zwei Gänge von der Nordseite aus führen ins Innere, denn ein erster Bauplan für eine unterirdische Grabkammer wurde verworfen, der Gesamtbau südwärts versetzt und im neuen Bauwerk eine zweite, endgültige Sargkammer aus dem Felsen geschlagen und mit mächtigen Kalksteinbalken abgedeckt. Fast zentral liegt sie nur 1,16 m aus dem Scheitellot der Pyramide. Belzoni, der sie entdeckte, fand hier lediglich einen in den Boden eingelassenen Granitsarkophag mit zerbrochenem Deckel ohne Mumie oder eine Inschrift. Ob sich anderswo im Steinkörper eine gefüllte Mumienkammer befindet, ist ungewiß. Radarsignale einer Physikergruppe wurden durch den unerwartet hohen Feuchtigkeitsgehalt des Gesteins buchstäblich aufgesogen und verschwanden, so daß die Vermutungen noch offen bleiben.

Mykerinos-Pyramide

Die dritte und kleinste der Gîzeh-Pyramiden ist die des Chephrên-Nachfolgers Mykerinos (Farbt. 1; Abb. 51), ein einst 66,5 m hoher Bau, von dem nur noch 62 m erhalten sind, weil im 13. Jahrhundert Sultan Melik el-Kamil begonnen hatte, die Pyramide abzutragen. Ihr Bauschema entspricht dem der beiden anderen Pyramiden. Das Innere kann besucht werden. Königliche Familienmitglieder waren in den drei kleinen Pyramiden an der Südseite beigesetzt. Beim Taltempel aber fand man die großartigen Standbilder des Königs, die in Kairo und Boston (Abb. 68) ausgestellt sind, wobei der im Vergleich zum Körper zu kleine Kopf auffällt, was sicherlich dem Vorbild entsprach: Den großartigen Kompositionen des Pharao und seiner Gattin oder der Schiefergruppe, die

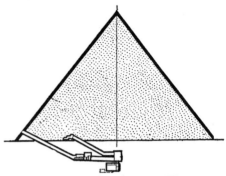

Mykerinos-Pyramide, Schnitt von Westen

ihn zwischen Hathor und einer anderen Gottheit zeigt, ist es nicht abträglich. Das Äußere des Mykerinos-Sarges entspricht den Haus- oder Palastfassaden der Stadt Memphis zur Pyramiden-Zeit: ein Rechteckkasten mit Feldern, Nischen, Hohlkehlen und Bandschmuck. Auf dem Weg nach England ging das Transportschiff mit dem Sarkophag vor Cartagena unter und soll nun geborgen werden.

Taltempel des Chephrên

Parallel zur Entwicklung der reinen Pyramide verlief die bauliche Planung der Grabtempel,

Taltempel des Chephrên
1 nördlicher Eingang   2 südlicher Eingang
3 Vorraum   4 Statuen des Chephrên

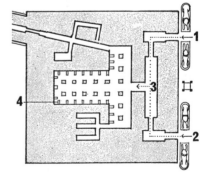

die, streng an den Ablauf der vorgeschriebenen Riten gebunden, sich durch schlichte Monumentalität auszeichnen, Ausdruck des Zeitgefühls der memphitischen Epoche und der Durchsetzung oberägyptischer Traditionen. Chephrêns Taltempel (Abb. 43) gilt als besterhaltenes Beispiel für stimmende Proportionen und reine Linien. Sein Massiv ist quadratisch 45 × 45 m und 13 m hoch, Decke und äußere Granitummantelung fehlen heute. Während der Kern des Tempels aus Tura-Kalkstein besteht, wurden Pfeiler, Decken und Wandbekleidungen aus Granit- und Alabasterblöcken geschlagen, vollkommen zugehauen und poliert, aber gänzlich ohne Schmuck belassen. Vor der Haupt-Ostfassade flankierten je zwei Sphingen die beiden Portale zum Vorraum. Hier fand man die Chephrên-Figur mit dem Falken (Abb. 67), jetzt im Museum in Kairo. Dahinter weitet sich T-förmig der innerste Trakt des Tempels, zuerst eine quergelegte Pfeilerhalle 25 × 7 m, der Zentralraum der Anlage, dessen Decke von einer Mittelreihe aus sechs monolitischen, 5 m hohen Granitpfeilern getragen wurde. Von den beiden Mittelpfeilern aus setzt ein zweiter 17,4 × 9 m großer Saal an, dessen Decke zwei Reihen mit je fünf Pfeilern stützen. Das Tageslicht drang nur spärlich durch zwei schmale, schräg an den Längsseiten unterhalb der Architrave eingelassene Löcher in den Raum und beleuchtete 23 längs den Saalwänden aufgestellte Dioritfiguren des Königs. Den Ausdruck ihrer strengen Würde repräsentiert die genannte Chephrên-Sitzfigur aus dem schwer zu bearbeitenden Diorit, den der Künstler so zu behandeln wußte, daß sein vitales Bildwerk königliche Erhabenheit in der Haltung, Persönliches und die durchscheinende Idee der ewigen Souveränität vereint. Der hinter dem König hockende Horus-Falke, der ihm mit ausgebreiteten Flügeln Hals und Kopf beschützt, unterstreicht in der Kommunikation mit dem Göttlichen des Königs erhabene Größe, vermutlich brachten auch alle anderen Sitzfiguren das irgendwie zum Ausdruck. Der Stein wirkt allein aus Struktur, Farbe und Form, es gab nur geringe Rot-Weiß-Bemalungen an Augen, Nasenlöchern und Lippen. Da alle Architekturteile, wie die Figuren, blank poliert waren, muß der Zusammenklang von Farbe–Diorit, Rosengranit und Kalzit –, diffusem Lichteinfall und der grandiosen Schmucklosigkeit von großer Wirkung gewesen sein. Während auf der einen Seite in drei Nebenräumen Kultgerät abgestellt wurde, steigt aus der Querhalle zwischen einem sogenannten ›Pförtnerraum‹ und der Rampe zum Dach der gedeckte Aufweg zum Verehrungs-Tempel und zur Pyramide auf.

Der Sphinx

Im Gegensatz zur bösartigen, menschenverschlingenden griechischen Sphinx, einer Löwin mit Frauenkopf, ist die ägyptische Version die eines Löwen mit Männerkopf, meint den Pharao oder einen Gott und wird bei Herodot deshalb auch *androsphinx* = männerköpfiger Sphinx genannt. Stets hat der Sphinx eine besondere Schutzfunktion und bewacht Eingänge und Heiligtümer, daher die Sphinx-Alleen, die wir vor vielen ägyptischen Tempeln finden.

Der Sphinx von Gîzeh ist zweifellos die größte Sphinxfigur (s. Umschlagvorderseite; Abb. 39, 40). Nach dem Brechen der Steinblöcke für die Cheops-Pyramide war ein Felsbuckel aus weichem, gelblichem Kalkstein stehengeblieben, der wohl wegen seiner eigenartigen Form beim späteren Bau der Chephrên-Pyramide die Baumeister zu einer Monumentalfigur anregte, die als das bekannte Löwen-Schutz-Idol den Eingang ins Reich der Toten bewachen sollte. Möglicherweise aber hat bereits Cheops die Figur aus dem Fels schlagen lassen. Immerhin war es sein Steinbruch, die Maßverhältnisse und die altertümliche Ausführung der Skulptur entsprechen überhaupt nicht den meisterhaften Chephrên-Bildern, und Chephrêns Aufweg verläuft genau am Sphinx vorbei und eigenartig aus der Achse verschoben, was gar nicht notwendig gewesen wäre, was nun aber das Riesendenkmal klar dem Bereich der Grabanlagen des Cheops zuordnet. Anfangs galt der Sphinx als das Bild des Chephrên, später als ›Horus im Horizont‹ und wurde von kanaänischen Zwangsarbeitern, die in der Nähe dienstverpflichtet waren, als palästinensischer Gott Hauron verehrt. Ein Kopftuch rahmt das mokant lächelnde Gesicht, es war – wie die gesamte Figur gelbrot – mit roter, blauer und grüner Farbe bemalt. Hoch reckte sich an der Stirn, alles Unheil abwehrend, eine Uräus-Schlange, Sinnbild der Krone und der Königsmacht und die Erscheinungsform des Feuerauges vom Sonnengott Rê – das Einsatzloch für den metallenen Stirnschmuck ist noch vorhanden. Nase und Bart der Figur wurden abgeschlagen, als sie 1380 n. Chr. islamischen Bilderstürmern und später den Mamlûken als Ziel für Schießübungen dienten, die Bartspitze befindet sich im Britischen Museum in London. Geheuer war der Sphinx ihnen nie, und noch heute nennen ihn die Araber Abu el-Hol, »Vater des Schreckens«. 73 m lang ist der Körper und 20 m hoch, das Gesicht 4,15 m breit, der Mund 2,32 m, die Nase 1,70 m lang, ein Ohr 1,37 m. Teile von Brust, Hinterläufen und Pranken sind aus Hausteinen gemauert.

Zwischen den Löwentatzen steht die sogenannte Traumstele von Thutmosis IV. (Abb. 40). Als Prinz Thutmosis während einer Löwen- und Gazellenjagd hier müde rastete und einschlief, hatte er einen Traum: »Ich bin Gott Harmachis-Chepri-Rê-Atum, dein Vater, und will dir die Königsherrschaft geben. Einst sollst du die Königskrone tragen, und die Erde soll dir in Länge und Breite gehören und alles, was von den Strahlen des Herrn des Alls beschienen wird. Ägyptens Reichtümer und große Tribute aus allen Ländern sollen dir zukommen. Es ist schon viele Jahre her, daß mein Angesicht auf dich gerichtet ist und ebenso mein Herz. Aber, der Sand der Wüste bedrängt mich, auf der ich steht. Gelobe mir, daß du meinen Wunsch erfüllen wirst, denn ich weiß, daß du mein Sohn und mein Retter bist, und ich bin immer mit dir.« Als der Prinz den Thron bestiegen hatte, erinnerte er sich an den Traum und ließ den Sphinx vom Sande befreien. Ein kleines Rasthaus wurde errichtet, das so steht, daß man durch die Tür zur Figur blicken kann. Später haben die Römer, vielleicht Septimius Severus, den Sphinx noch einmal ausgegraben, ein kleiner Altar erinnert daran. Aber wieder muß der Sand den Koloß eingeweht haben, denn weder Herodot noch Strabo erwähnen ihn, nur Plinius hat von ihm Notiz genommen. Ob die kümmerlichen Reste eines Sphinx-Tempels – er steht exakt in der Achse der Figur – noch aus dem Alten Reich stammen, ist ungewiß. Hatte immer wieder Sand den Sphinx zugeweht und damit konserviert und geschützt, so gab es erste Verfallsspuren bereits in alter Zeit, und die Ptolemäer besserten schon im 4. Jh. v. Chr. mit Keramikziegeln den schadhaften Lendenteil der Figur aus, noch heute deutlich sichtbar. Dann schützten wieder Sandverwehungen den Körperblock, und nur der Kopf blieb dem zerstörenden Sandgebläse der Sahara weiter ausgesetzt, später den wilden Schießübungen der Mamelucken. Seit 1926 nun wieder ganz vom Sande befreit, tragen Kairos Großstadtsmog, Industrie- und blaue Autoabgase und das durch den Hochdammbau gestiegene Grundwasser dazu bei, daß alljährlich gut ein Millimeter Gestein zu Pulver und Staub zerbröselt und die Kontur des lächelnden Sphinx sich mehr und mehr verändert. Wie in einem trockenen Schwamm steigt das Grundwasser im porösen Stein, blüht zu Salz aus, zersetzt den Stein zu Staub, und Hals wie Brustpartie sind unterdessen so geschädigt, die Statik so geschwächt, daß die Gefahr droht, der 20 Tonnen schwere Kopf werde demnächst abstürzen. Eine stützende Halskrause wird angesetzt werden müssen, eine Gesamtdrainage des Sphinxareals wird vorbereitet. Und mit den Experten aus aller Welt, zur Stimme des Deutschen Archäologischen Institutes sollte auch jeder Ägyptenbesucher mit fordern: das gesamte Pyramidengebiet als Museumsinsel mit einer Mauer abzuschließen, die Autostraßen zu entfernen, jeglichen Autoverkehr um und durch dieses Gebiet und über die Reste des Totentempels von Cheops zu verbieten, den täglichen Rummelcharakter, das Kloakengepest im Mastababezirk zu unterbinden. Denn weshalb müssen täglich Hunderte von Touristenbussen mit laufenden Motoren vor den Pyramiden, vor Sphinx und den Gräbern halten? Zur Akropolis, ins römische Forum, in Thailands Tempel geht man doch auch zu Fuß. ›Rose el-Jussif‹, Kairos Politmagazin stellt treffend fest »Der Sphinx windet sich vor Schmerzen!«

Sonnenheiligtum von Abu Gurôb.

Im Übergang von der 4. zur 5. Dynastie setzte sich, mit der Akzentverschiebung vom Gottkönig zum menschlichen Sohn eines göttlichen Vaters, die naturalistische, heliopolitanische Sonnenreligion – der bisherigen menphitischen Theologie gegenüber – vollends durch und mit ihr gleichzeitig ein Stilwandel im Tempelbau von der bisherigen starren Strenge zu gelöster Heiterkeit. Außer nun recht bescheidenen Pyramiden entstanden große Sonnenheiligtümer, sechs sind urkundlich erwähnt, zwei bekannt. Das von Abu Gurôb des Königs Ne-user-Rê ist am besten erhalten, der deutsche Archäologe L. Borchardt hat es freigelegt (Abb. 52). Zwar ist das Grundschema Taltempel – Aufweg – Verehrungstempel erhalten, das Sonnenheiligtum selbst aber besteht aus einem weitläufigen 100 × 75 m großen Hofplateau, umgeben von einer Ziegelmauer.

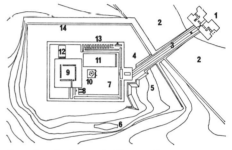

Lageplan des Sonnenheiligtums des Ne-user-Rê 1 Torbau im Tal 2 Stadt 3 Aufweg 4 obere Terrasse 5 untere Terrasse 6 Sonnenschiff 7 Hof 8 Kapelle 9 Obelisk 10 Altar 11 großer Schlachthof 12 kleiner Schlachthof 13 Magazine 14 nördliche Futtermauer

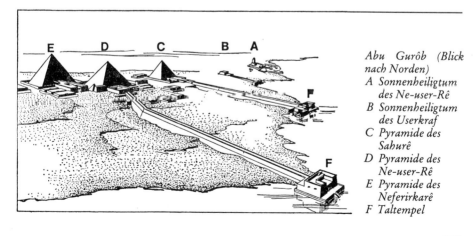

Abu Gurôb (Blick nach Norden)
A Sonnenheiligtum des Ne-user-Rê
B Sonnenheiligtum des Userkraf
C Pyramide des Sahurê
D Pyramide des Ne-user-Rê
E Pyramide des Neferirkarê
F Taltempel

GÎZEH

Man betrat es von der Ostseite aus, und gegenüber, fast die gesamte Westhälfte bedeckend, stand auf einem der Medûm-Pyramide oder einer Mastaba ähnelnden Unterbau (20–30 m hoch) ein schlanker Obelisk insgesamt 72 m hoch über dem Niltal, der Sonnenobelisk, auf dem sich die Sonne täglich niederließ und gleichzeitig Allerheiligstes und ebenso der Sonnengott selbst war. Zum Unterbau steigt man in einem Innengang auf. Er ist ein Stück lang als sogenannte ›Weltkammer‹ tiefsinnig relieffiert mit Szenen zu den drei Jahreszeiten Ägyptens, voller genau beobachteter Ereignisse in ihrem Ablauf, Bilder von Überschwemmungsmonat, vom Winter und vom Sommer, etwa das Eintreffen der Zugvögel aus dem Norden oder die Beobachtung der Meeräschen die, wie auch heute noch, ganz regelmäßig nilaufwärts bis Elephantine schwärmen und dann wieder flußabwärts zum Delta ziehen. Die gesamte Anlage galt als Kopie des – verschwundenen – Sonnentempels von Heliopolis. Ein offener, 5,5 × 6 m großer Alabaster-Altar lag, streng nach dem Himmelsrichtungen ausgerichtet, ostwärts vor dem Obelisken. Im Hof neben Speichern und Räumen für die Kultgeräte stehen noch heute neun von einst zehn Alabasterbecken, in die vom an der Pyramidenwestseite gelegenen alabasternen Opferaltar über lange flache Rinnen das Blut der Opfertiere floß. Die neue Lust an naturhafter Formgestaltung zeigt sich in den bewegten Reliefs des Hofumganges mit lebendigen Szenen vom Jubiläumsfest des Königs – heute in Berlin und in Kairo. Des Gottes Sonnenbarke war 30 m von der Südseite der Anlage aus Ziegeln aufgemauert und ostwestlich ausgerichtet. So war sie schwerer als Holz zu beschädigen oder zu zerstören, und selbst ein Bruchstück von ihr würde dem Sonnengott bei seiner täglichen Fahrt am Himmel noch zur Verfügung stehen – der typische ägyptische Hang zur Dauer.

Etwas weiter südlich hat König Userkaf ebenfalls ein Sonnenheiligtum errichtet. Es entspricht dem des Ne-user-Rê, ist aber stark zerstört. Heiligtümer anderer Könige der 5. Dynastie sind bisher nicht ausgegraben worden.

Abusir

Weiter südlich folgen in der Nekropole von Abusîr vier Pyramidengruppen, alle aus der 5. Dynastie und alle stark verfallen und vom Sande zugeweht. Von Nord nach Süd sind es: die Pyramide des Sahurê (Abb. 53), das Mastaba-Grab des Ptahschepses und die Pyramiden von Ne-user-Rê, Neferirkarê und Neferefrê. Während der Aufweg der Sahurê-Pyramide gradlinig und fast axial verläuft, ist der des Ne-user-Rê abgeknickt. Der König hatte kurzerhand den Aufweg zur Pyramide seines Vorgängers – sie war mit 70 m Höhe hier die größte, usurpiert und zu seiner Pyramide umgeleitet. Teile der Verehrungs-Tempel vor der Sahurê-Pyramide stehen noch (Abb. 54), und auf dem Bauch kriechend kann man sogar ein langes Stück in die Pyramide selbst hineinklettern (Taschenlampe!). Am sehenswertesten ist zweifellos die Mastaba des Ptahschepses. Ihre Wandbilder beweisen den nun endgültigen Eintritt in die Zeit der lebendigen Wanddekorationen, die späterhin alle Wände überziehen

Nianch-Sechmet, der Leibarzt von König Sahurê

werden, hier Szenen von Markttagen, Handwerker bei der Arbeit (Bildhauer, Goldschmiede), Schiffe und der Verstorbene mit seiner Frau. Dieser Mastaba und allen Abusîr-Bauten gemeinsam ist der vermehrte Gebrauch von Baudetails, die bald zum Allgemeingut ägyptischer Bauten werden sollten, wie Hohlkehle, vorkragende Wasserspender, Schutzbilder (Löwensphingen) und Palm- und Lotusknospensäulen, das heißt allgemein, die Strenge der memphitischen monumentalen Klassik, zumindest beim Tempelbau, wird langsam abgelöst von einer unübersehbaren Tendenz zur Eleganz.

Sakkâra

Nach dem Dörfchen Sakkâra (Name des Nekropolen-Gottes Sokar) wird die weitflächige Nekropole der einstigen Hauptstadt Ägyptens, Memphis, benannt. Memphis lag, geopolitisch hervorragend ausgewählt, überaus günstig auf der Grenzlinie zwischen Ober- und Unterägypten und konnte sich bis zur Gründung Alexandriens behaupten. Nach Herodot hat Menes, der erste König der 1. Dynastie, das Gebiet um Memphis trockenlegen lassen (?) und dort den Ptah-Tempel und die »Weißen Mauern« um ein königliches Schloß errichtet. Das geschah um 3000 v. Chr., und seit dieser Zeit residieren Ägyptens Könige an dieser »Waage der beiden Länder«. Memphis wurde zur Metropole, und aus dem Namen der Pyramidenanlage König Pepis I. aus der 6. Dynastie, *Men-nofer* = Pepi, wurde koptisch *menfe* und der Name Memphis, während der Stadt und des Landes Haupttempel für Gott Ptah, »Haus der Seele des Ptah« = *Het Ka Ptah*, zu assyrisch *Hikuptah* wurde, aus dem die Griechen *Aigyptos* machten, was als ›Ägypten‹ dem gesamten Lande den Namen gab. In diesem Ptah-Heiligtum wurden die späteren Pharaonen mit der Doppelkrone gekrönt, hier fand alle 30 Jahre das Hebsed-Fest, das Regierungsjubiläum statt, und mit wenigen Unterbrechungen (Theben, Tell el-Amarna, Tanis) lenkten fast drei Jahrtausende lang Ägyptens Pharaonen von hier aus das Geschick des Landes. Wirtschaftlich wie politisch war Memphis immer das Zentrum des Landes, und mit den »memphitischen Dramen« juridischen Abhandlungen zu Recht und Unrecht, wirkten schon im Alten Reiche von hier aus sittlich-soziale Normen ins Land. Verwaltungszentrum blieb die Stadt stets, religiös galt sie als so tolerant, daß neben den Göttern Ägyptens, Ptah vor allem und Apis im Serapeum, gleichermaßen der phönizische Baal wie die syrische Astarte ihre Tempel hatten, in denen, nach Herodot, Tyrer, Karer, Juden und andere Barbaren zu ihren Göttern beteten, wenn sie nicht auf irgendeinem Markte Handelsgeschäfte abwickelten.

Der gesamte Binnenschiffsverkehr lief im Hafen der Residenz zusammen, und selbst das Schatzamt des thebanischen Gottes Amun hatte in Memphis seine wichtigste Zweigstelle. Vor allem aber erlaubte die strategische Lage, von hier aus die »beiden Länder« zu kontrollieren. In Memphis wurden die pharaonischen Truppen mit Waffen und Schiffen aus memphitischen Rüstungswerkstätten bewaffnet, von hier aus brachen

SAKKÂRA

ihre Heere auf nach Libyen oder Vorderasien – und die Angriffsspitzen der Hyksos und der Äthiopier, der Assyrer oder Perser zielten zuerst nach Memphis, wenn sie Ägypten nehmen wollten.

Wer heute Memphis besucht, glaubt das alles kaum, denn Schutt, klägliche Baureste, ein paar Figuren und Alabasterbecken zwischen hochstämmigen Palmen sind alles, was von Memphis geblieben ist. Mit den Byzantinern und nach der arabischen Gründung von Fustat, aus dem später Kairo entstanden ist, wurde Memphis zum leicht auszubeutenden Steinbruch für die neue Hauptstadt. Was nicht abtransportiert wurde – aus Nilschlammziegeln erbaute Wohnhäuser und Paläste oder Wertloses –, versank im Grundwasser des Fruchtlandes, und die verarmte Bevölkerung zog um in die neue Hauptstadt Kairo. Indirekt jedoch bestätigt die gigantische Nekropole von Memphis, Sakkâra, in der neben unzähligen Bürgern und Edlen mehr als 20 Könige ihr »glückliches Begräbnis« gefunden haben, was noch am Beginn des 13. Jahrhunderts der arabische Schriftsteller Adellatîf meinte, wenn er die Beschreibung des wunderbaren Memphis als unmöglich und den Verstand verwirrend bezeichnet, *»je mehr man sich der Betrachtung dieser Stätte widmet, desto höher fühlt man die Bewunderung steigen, die sie einflößt«.*

1912 entdeckte man einen Alabaster-Sphinx, der vermutlich vor dem Ptah-Tempel stand, 80 Tonnen schwer, 8 m lang und 4,25 m hoch, wie man glaubt, ein Bild für König Amenophis II., daneben ein steinernes Dekret von König Apries aus der 26. Dynastie, eine großzügige Schenkungs- und Steuerbefreiungsurkunde für den Ptah-Tempel. Am bedeutendsten ist aber wohl die kolossale liegende Kalksteinfigur von Ramses II., deren Gegenstücke als Kopien (Original im Ägypt. Museum) auf dem Kairoer Bahnhofsvorplatz sowie in Heliopolis aufgestellt sind. Ursprünglich maß sie 13,5 m. Brustschmuck und Gürtel sind geziert mit Königskartuschen, der Dolch mit zwei Falkenköpfen, und im Blindstück zwischen den Beinen wurde die zierliche Königsgemahlin Bint-Anat angemeißelt. Erst aus der Spätzeit stammen die Balsamierungstische im Einbalsamierungshaus der Apis-Stiere. Der am besten erhaltene ist aus einem einzigen Alabasterblock gehauen und poliert, 5,40 × 3,07 × 1,20 m groß und 50 Tonnen schwer, mit Abfluß und Blutfangbecken. Die Zuordnung aller anderen Architekturfragmente ist übersichtlich nur noch mit Hilfe eines Lageplans möglich, so sehr ist alles versunken.

Etwa 7 km lang ist das memphitische Nekropolengelände, Ägyptens umfassendstes ›Freilichtmuseum‹, ein Schnitt durch fast alle Kultur- und Kunstepochen des Landes von den thinitischen Felsgräbern (1./2. Dyn.) über Djosers Stufenmastaba (3. Dyn.), den mit Totensprüchen geheiligten Pyramiden der 5. und 6. Dynastie zu den Mastabas der Ti und Mereruka, den Resten von Ziegelpyramiden aus dem Mittleren Reich bis hin zu den tiefen Schachtgräbern aus der Saïten- und Perser-Zeit und dem spätzeitlichen Serapeum, schließlich zum verfallenden Jeremias-Kloster. Alles zu besichtigen, würde Wochen in Anspruch nehmen, und deshalb empfehlen wir – einer erprobten Besichtigungstour folgend – etwa in der Reihenfolge zu besuchen: die Stufenmastaba des Djoser, die Mastaba der Idut, die Perser-Gräber, die Unas- und die Sechemchet-

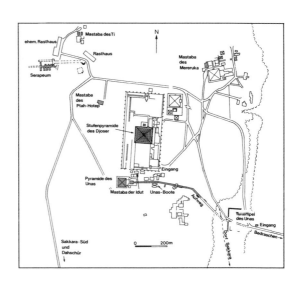

Plan von Sakkâra

Pyramide, die Mastaba des Ptahotep, das Serapeum, die Mastaba des Ti und an der Gräberstraße zumindest die des Mereruka und des Kagemni. Allein dafür sollte man mehrere Tage einsetzen und wird dennoch nur einen oberflächlichen Eindruck bekommen können.

Stufenmastaba des Djoser (1)

Für König Djoser (3. Dyn.) errichtete Baumeister, Premier und Arzt Imhotep zwischen 2609 und 2590 v. Chr. diesen ersten Monumentalbau der Welt aus behauenen Steinen (Abb. 56) – wenn man von den prähistorischen Steinbauten Jerichos absieht. Es handelt sich um keine echte Pyramide, sondern um eine auf einem rechteckigen Grundriß mehrfach vergrößerte Mastaba – ganz ähnlich den mesopotamischen Zikkurats –, zugleich aber um einen Vorgriff auf die Konzeption der späteren klassischen Pyramide. In vielerlei Hinsicht interessiert dieser Bau. Erstens transponiert er den diesseitigen Herrscherkult auf das Jenseits, zweitens ist es das erste aus Hausteinen errichtete Monumentalbauwerk überhaupt, bei dem der Versuch auf Anhieb gelang, die wichtigsten Elemente der bisher vergänglichen Baustoffe, Nilschlammziegel und Holzbauarchitektur, in Stein zu übersetzen und in mächtige Dimensionen zu überhöhen, ohne die Ästhetik der Bauten zu mindern (Abb. 57–60). Klein wie die Nilschlammziegel bleiben zwar die Kalksteinblöcke, die Mauervorsprünge gleichen den alten Holzzäunen mit Pfosten, Eingänge imitieren ein- oder zweiflüglige Holztüren, grüne Fayencekacheln schwingende Matten, und dem Vorbild zu tragfähigen Bündeln zusammengeschnürter oder mit Leim verkitteter Papyrusstengel entsprechen die Säulen, die konsequenterweise nicht frei stehen, sondern durch Zwischenmauern untereinander verbunden werden, so als könnten sie auch im Steinmaterial nicht statisch frei schwere Kopflasten aushalten. Das konnte nur ein dem Bauherrn kongenialer Baumeister entwerfen,

SAKKÂRA

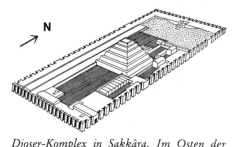

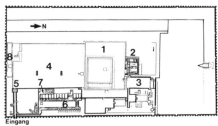

Djoser-Komplex in Sakkâra. Im Osten der Hebsed-Hof und die Vorhöfe zu den Süd- und Nordgebäuden, im Norden ein weiterer Hof vor dem Palastgebäude. Nach Lauer.

Gesamtplan des Djoser-Komplexes. 1 Stufenpyramide 2 Totentempel 3 Hof mit dem Serdâb 4 Großer Hof mit Zielmarken und Altar 5 Eingangshalle 6, 7 Hebsed-Hof und kleiner Tempel 8 Südgrab. Nach Lange.

Imhotep gilt allgemein als eigentlicher Erfinder der Steinbaukunst, seine Weisheit wurde so im Volke gerühmt, daß man ihn um 700 v. Chr. zum Gott der Gelehrten und Schreiber erhob.

Die Stufenmastaba steht fast im Mittelpunkt eines von einer 10,50 m hohen Mauer umgebenen heiligen Bezirkes, 350 × 300 m im Rechteck, die Mauer gleichmäßig in Nischen gegliedert – nicht unähnlich den thinitischen Gräbern – und von 14 doppeltürigen Scheintoren ›durchbrochen‹, die Steinsetzungen glatt und fugenlos, ohne bindenden Mörtel. Im Südende der Ostmauer befindet sich der einzige Zugang, eine Kolonnade zwischen 20 vorspringenden Zungenmauern und Nischen zu beiden Seiten des Mittelganges, an den Stirnseiten steinerne Pflanzenbündel-Säulen, einst grün unter rot bemaltem Gebälk. Eine abschließende Vorhalle stützten acht paarweise von Mauern verbundene Säulen, eine exakt einer Holztür nachgebildete, aus Quadern gemauerte Tür mit Pfosten und Pfannen führt in den heiligen Bezirk.

Im Hof strebt die Stufenmastaba Djosers I., Horus Netjer-ir-chet, 62 m hoch in den Himmel. Ursprünglich als allseitig geböschte, unverhältnismäßig große und ursprünglich quadratische Mastaba konzipiert und begonnen, wurde sie erst dreimal vergrößert und erweitert

und dann dieser Mittelkern an allen vier Seiten mit fünf parallel laufenden abgestuften Mauermänteln bekleidet, die den Kern und sich gegenseitig stützen. Es handelt sich also nicht, wie noch immer oft behauptet wird, etwa um ein Aufeinandersetzen von mehreren Mastabas immer kleineren Ausmaßes. Alle Steine liegen in schrägen Lagen und stehen zur Vorderfläche senkrecht, so daß die Druckkräfte zur Pyramidenachse abgeleitet werden – ein konstruktives Prinzip, das lange beibehalten wurde und u. a. auch bei der Medûm-Pyramide (Abb. 72) Anwendung fand. In Sakkâra tritt jede Stufe um 2 m hinter die bisherige zurück, die Stufenhöhe schwankt zwischen 8,40 m und 10,50 m – die große Treppe, über die der tote König zum Sonnengott Rê und zu den Sternen schreitet.

An der Nordseite steht der Totentempel, in der Gesamtanlage das Symbol für den Königspalast, mit der (wiederaufgebauten) Serdâb-Kammer, in die man durch die beiden Löcher, durch die Djosers Ka-Statue Verbindung mit der Außenwelt und den Opfern nahm, jetzt die Nachbildung der lebensgroßen Djoser Ka-Figur sehen kann (Original im Museum Kairo; Abb. 65). Die eingelegten Augen fehlen, das verstärkt den düster-dämonischen, herrischen Ausdruck. Darunter liegt, bis zu 33 m tief, ein labyrinthisches System mit der Grabkammer des Königs und 11 seiner Familienmitglieder, Schächte, Gänge und Kammern, Scheintüren und tonnenschwere Verschlußsteine, Räume mit Wandplattierungen aus blauen Fayenceplättchen (»blaue Kammer«), fast alle Räume angefüllt mit etwa 700 kostbaren Steingefäßen von den Totenfeiern, viele mit Königsnamen aus der 1. und 2. Dynastie etikettiert.

Stellen die Umfassungsmauern des heiligen Bezirks aus weißem Kalkstein die »Weißen Mauern« der memphitischen Königsresidenz dar, so die in ihrem Inneren errichteten Bauwerke den Königspalast, die Kapellen für die ober- und unterägyptischen Landesgötter und die Verwaltungseinheiten für Ober- und Unterägypten in ihren traditionellen Bauformen, aber als Scheinbauten, feste Steinmassive, die keinerlei Räume in ihrem Inneren bergen. Davor jedoch gibt es jeweils eine kleine, betretbare Kapelle für die wirkliche ›Funktion‹ des Scheinbaues: das »Haus des Nordens« oder der Nordpalast und das »Haus des Südens« oder der Südpalast, beide mit Vorhof.

Von dort schließen sich nach Süden zu längs eines schmalen sogenannten Festhofes Hebsed-Kapellen mit Statuen der Herren des Sed-Festes an, denen der König beim Regierungsjubiläum opferte (Abb. 64). Denn wie im Diesseits, so hoffte der König auch nach seinem Tode das Fest des Regierungsantrittes, die glückliche Besteigung seines Thrones, noch möglichst oft zu feiern. Schräge Stufen führen zu einem alabasternen Königsthron, auf dem der verstorbene Pharao Platz nahm, nachdem er vorher in der Sakristei sein königliches Ornat angelegt hatte.

An der Mitte der inneren Südseite befindet sich das Ka-Grab, eine langgezogene Mastaba mit gewölbtem Dach, ein Vorläufer der späteren Nebenpyramiden. Der Grabschacht ist 28 m tief und unten 2,5 m im Quadrat kunstvoll mit Rosengranit ausgekleidet, andere Kammern mit grünen Fayencen an den Wänden, eine polychrome Kachelbekleidung, die man ähnlich auch in Abydos gefunden hat und die schon bei den Thiniten als Gebäudeschmuck beliebt war. Auf Scheintüren zeigen Reliefs den König bei Kulthandlungen. An der Außenmauer des Ka-Grabes beachte man die interessante Kobra-Mauer, ein feinst ausgehauener Uräen-Fries, Sinnbild der Krongöttin Unterägyptens mit Bezug zum Ka-Grab.

So manifestiert sich für die Gesamtkonzeption der Djoser-Anlage der Grundgedanke, dem König seine Residenz in kleinerem Maßstab und verdichtet ins Jenseits mitzugeben, als bezeichnend für Unterägypten, während die Stufenmastaba für den König typisch oberägyptisch ist.

Mastaba der Prinzessin Idut (2)

Sie liegt gleich an der südlichen Umfassungsmauer des Djoser-Bezirkes, einst ein Wesir-Grab aus der 5./6. Dynastie, das Prinzessin Idut, »das Mädchen«, übernahm und dabei Bild und Namen des Vorbesitzers ausschlagen ließ, ein durch die gesamte ägyptische Geschichte praktizierter Vorgang. Fünf von den zehn Räumen sind reliefiert und ausgemalt, am besten die Szenen im Papyrusdickicht (2. Raum), wo man eine Ginsterkatze und einen Ichneumon brütenden Vögeln auflauern sieht, eine dramatische Nilpferdjagd und die detailreiche Darstellung, wie ein trächtiges Nilpferd ein Junges wirft, das sogleich von einem gierig wartenden Krokodil aufgefressen wird – Darstellungen, die zeigen, welchen Sinn für Originalität, für Abwandlung in den Bewegungen und oft auch Freude am Humor die Reliefkünstler hatten.

Perser-Gräber (3)

Aus Angst vor Grabräubern entwickelte man zur Saïten- und Perser-Zeit einen fast absolut sicheren Grabtyp, bis 30 und mehr Meter tiefe Gruben, die an der Basis mit einem bis 2 m

249

großen quadratischen Schacht, der einen besonderen Eingang neben der Grube hatte, in Verbindung standen. Dann ließ man einen massiven Kalksteinblock in die Grube, verarbeitete ihn dort unten zu einem Sarkophag, dekorierte ihn mit Szenen zum Totenbuch oder mit Inschriften aus den Pyramidentexten, legte in den Kalksteinsarkophag einen Basaltsarg in Mumienform und setzte über den Sarg aus kleinen Kalksteinbrocken ein sehr labiles Gewölbe, in dem ein rechteckiges Loch freiblieb zum Hinunterlassen der Mumie. Nach dem Verschluß der beiden Sargdeckel wurden Grube und Schacht mit Sand und Steinbrocken gefüllt. Versuchten Grabräuber vom Schacht aus einzudringen, stürzte aus dem Gewölbe Sand und Schutt nach und hinderte sie am Weitermachen, denn immerhin waren stets zwischen 2000 bis 5000 Kubikmeter Schutt in den Gruben; daher blieben fast alle diese Grabtypen unversehrt. Die Perser-Gräber hier sind 25 m tief. Auf einer Wendeltreppe steigt man heute hinab zu den Sarkophagen.

Unas-Pyramide

Sie ist das Grabmal für den letzten König der 5. Dynastie, einst über einer 67 m im Quadrat großen Basis, 44 m hoch (Abb. 62). Von der Mitte der 5. Dynastie an hatte sich ein Pyramidenbauschema entwickelt, für das der Unas-Bau typisch ist: von der Mitte der Nordseite aus ein schräger Gang aus der Höhe der ersten Steinlage, und so vom Hofpflaster verdeckt, abwärts zu einem Warteraum, dann ein ebener Korridor, den drei Fallsteine leicht blockieren konnten, bis zu einem Vorraum, der nach rechts mit der Sargkammer, nach links mit dem Serdâb (drei Nischen) in Verbindung steht. Vorraum und Sargkammer sind von drei Lagen sparrenartig übereinandergesetzer Kalksteinplatten spitzwinklig abgedeckt. Diese als Nachthimmel gedachte Decke überziehen dicht Reihen fünfstrahliger, einst leuchtend bemalter Sterne, und in die Wände sind von oben bis unten Hieroglyphen eingeschnitten und mit blauer Farbe ausgezogen, die sogenannten ersten Pyramidentexte, Ritualtexte, die ältesten religiösen Spruchfolgen, in denen noch ganz ursprüngliches Vorstellungsgut aus der Urzeit mitschwingt, Gebete zu den Göttern und rituelle Begleittexte zur Beisetzung eines Königs, meistens magisch, oft ergreifend oder innig und von fast dichterischer Schönheit: »Erhebe sich, König Unas! Nimm dir deinen Kopf und sammle dir deine Knochen, raffe deine Glieder zusammen, schüttele die Erde von deinem Fleische. Nimm dein Brot in Empfang, das nicht schimmlig werden kann, dein Bier, das nicht sauer werden kann. Gerste ist für dich gedroschen, Spelt ist für dich gemäht. Erhebe dich, König Unas! Du sollst nicht sterben!« – »König Unas ist auf dem Weg zum Himmel, mit dem Winde, mit dem Winde...« – »Er fand die Götter stehend, in ihre weißen Gewänder gehüllt und an ihren Füßen weiße Sandalen...«

Erst die lange gesuchte Verbindung der anfangs als zusammenhanglos angesehenen Texte zu einer kontinuierlichen Reihe ergibt ihren eigentlichen Sinn. Denn wenn man sie, von außen nach innen, von Raum zu Raum fortschreitend liest, entsprechen sie dem Kultverlauf beim komplizierten Bestattungsritual, wo bestimmte Sprüche bestimmten Räumen zugeordnet sind und, dramatisiert, der Fruchtbarkeitsmythos noch einmal ›durchgespielt‹ wird, wenn sich der sterbende Gott selbst in einer Frau zeugt und von ihr wiedergeboren wird. Zumindest ist das der heutige Stand der Deutung.

Den gedeckten Aufweg zur Pyramide schmückten Reliefplatten, auf denen – einige in situ belassen – unbeschwerte Bilder vom ländlichen Markt und eine humorvolle Köstlichkeit dargestellt werden: ein Affentreiber stiehlt dreist aus dem Korb eines Marktbesuchers ein Bund Lattich, dann viele Handwerker mit ihren Werkzeugen bei der Arbeit, Soldaten,

Höflinge, Tiere der Wüste und Schiffstransporte mit asiatischen Gefangenen und die ersten feinen Palmensäulen.

Pyramide des Sechemchet (5)

Der König war der direkte Nachfolger von König Djoser, was die große Ähnlichkeit seiner Grabanlage mit der Djosers leicht erklärt, auch hier eine den – längst nicht ganz freigelegten – Grabbezirk umgebende Nischenmauer gleicher Konstruktion, 1500 m lang. In den Anfängen muß der Bau seiner Stufenmastaba, weil der König, vermutlich nach nur sechs Regierungsjahren, frühzeitig verstarb, steckengeblieben und bei 7 m Höhe eingestellt worden sein. Die bereits fertige Grabkammer liegt am Ende eines 75 m langen Ganges 40 m tief unter der Erde, und dort stand auch der leere, gelbweiße Alabaster-Sarkophag, auf dem noch ein Kranz lag. Im Museum in Kairo wird Sechemchets Goldschatz gezeigt. Auf dem Sinai fand man drei Reliefbilder des Königs, auf denen er Beduinen mit der Keule erschlägt, sonst ist wenig über ihn bekannt, sein Name wird in keiner der bekannten Königslisten genannt. Ob er jemals in der Pyramide begraben wurde, ob es sich um ein Scheingrab handelt oder ob gar Bestatter und Grabräuber Hand in Hand gearbeitet haben, wird wohl für immer unbekannt bleiben.

Für die nächsten Jahrhunderte wählten die Könige andere Plätze zum Bau ihrer Pyramiden.

Mastaba des Ptahhotep (6)

Minister Achethotep aus der 5. Dynastie ließ sie für sich und seinen Sohn Ptahhotep um 2320 recht großzügig anlegen. Benannt wurde sie nach dem Sohn, weil in seinem Grabteil die Reliefarbeiten besonders gut gearbeitet und erhalten sind. Sie gehören zu den Höhepunkten ägyptischer Kunst. Ihre Details zeigen in sauberen Linien fast unmerkliche Modellierungen, die den Figuren etwas Schwebendes, Atmosphärisches geben. Kräftig sind die individuellen Partien geschnitten, um die charakteristische Form klar herauszuheben, wobei die oft beachtenswert frische Bemalung die Bildhauerarbeit vervollständigt und Feinheiten hinzufügt, die mit dem Meißel technisch – trotz des weichen Kalksteins – nicht möglich gewesen wären. Thematisch begnügte man sich längst nicht mehr, wie noch bei Medûm, Dahschûr oder Gîzeh, nur den Ablauf von Opferhandlungen und Lehensdiensten an die Grabwände zu malen, sondern erweiterte die Berichtsskala gewollt breitschweifig um alles, was die Opferhandlung vorbereitete: Ernte, Spinnen und Weben, Gold- und Silberarbeiten, Feldarbeit, Tierhaltung usw., und das selten einfach schematisch, sondern stets mit lustigen oder auffallend gesetzten Akzenten. Um für die zunehmende Zahl solcher Bilder bei gleicher Fläche mehr Platz zu gewinnen, wurden die Reihen (Register) niedriger und scheinen zusammengedrückt, so daß die Gräber wie mit Bildtapeten reihenperspektivisch überzogen wirken. Freie Felder, undekorierte Räume besagen, daß der Grabherr vor Vollendung seines »ewigen Hauses« verstorben ist. Konnte früher ein einzelner Künstler vielleicht ein kleineres Grab in einem Zuge ausmalen, so erkennt man an vielen charakteristischen Einzelheiten leicht, daß seit etwa der 5. Dynastie ganze Handwerker-Künstlergruppen gemeinsam gearbeitet haben müssen, wobei sicherlich den besten Künstlern die Ausschmückung der Hauptkammer vorbehalten war.

Mindestens fünf Ateliers muß es zur Zeit der 5. Dynastie im Sakkâra-Bezirk gegeben haben, und nicht in der Tradition, aber in feinen Abstufungen unterscheiden sie sich, gruppieren Personen anders, tragen die Vorzeichnungen anders auf oder bearbeiten und bemalen das Relief abweichend, sind in den Konturen schwerfälliger oder folgen elastisch fast den

SAKKÂRA

Naturformen und den Bewegungen, die sie festhalten möchten, markieren mit Halbflächen jeden Muskel als leichte Erhöhung derart diffizil, daß man überrascht ist, wie das bei einer Reliefhöhe von selten mehr als drei Millimetern überhaupt möglich war. Anstatt die Personen einer Szene sich überschneiden zu lassen, stellen sie sie meist gereiht hintereinander und heben sie wie Silhouetten vom Hintergrund ab, wobei die Gesichter stets zum Zentrum ihres Interesses gerichtet bleiben. Um diese strenge Staffelung und Reihung zu unterbrechen, werden oftmals 180-Grad-Gegenbewegungen einkomponiert, der Schiffer, der sich zu seinem Hintermann umdreht, die Kuh, die zurück zu ihrem Kälbchen schaut usw. Raumtiefe in den einzelnen Reihen gibt es nicht, man muß sich zwingen, ›ägyptisch‹ zu sehen und gleichzeitig den Binnenraum zu staffeln, denn in den übereinander angeordneten Gruppierungen entspricht stets die untere Reihe der, die wir in unserer Perspektive in den Vordergrund stellen würden, die nächsten Reihen dem Mittelgrund und die obersten dem Hintergrund, der neutral oder Landschaft, aber nie perspektivisch ist. Das Körperschema bleibt nach wie vor ›verdreht‹, der Kopf im Profil, Augen und Brust in Vorderansicht, die Brustwarze aber im Profil, Bauch im Dreiviertelprofil und die Beine in Seitenansicht – eine Formel, die unverändert bis zum Ende der ägyptischen Geschichte bestehen bleibt. Seit Generationen hatte sich das Auge des Ägypters dieser Auffassungsweise so angepaßt, daß es ihm kaum möglich gewesen wäre, sich an die unsere etwa zu gewöhnen. Das hat nichts mit Unfähigkeit zu tun, jeder Kulturseele ist ein eigenartiges Raumgefühl zugeordnet, und jeder bedeutet Raum etwas anderes. Dostojewski meint dasselbe, wenn er sagt, der Grieche habe eine ›euklidische Seele‹ gehabt. Abgesehen davon, daß diese Darstellungsart unserer Auffassungsweise nicht entspricht, sind die Details gerade in der Grabdekoration überall und zu allen Zeiten Ägyptens lebendig, einfallsreich und voll prallen Lebens. Jedem Ägypten-Reisenden kann man nur raten, sich intensiv in die Einzelheiten zu vertiefen, dann wird er schnell erkennen, wie sehr das heutige Leben auf den Feldern, in den Dörfern und Hütten Ägyptens dem vor vier Jahrtausenden ähnelt. Gerade weil die Grabdekoration nicht, wie die der Tempel, Ernst, Feierlichkeit und Würde verlangte, konnten die Künstler frei und nach ihrer bunten Umwelt arbeiten und mit einer Detailtreue gestalten, die entzückt.

Beispielhaft für viele andere Grabausschmückungen seien hier die Hauptthemen in der Opferkammer des Ptahhotep, die man über Korridor und Vierpfeilerraum erreicht, aufgezählt. Üblicherweise besichtigt man die Wände einer Grabkammer in der Reihenfolge: Eingangs-Nordwand, Ostwand, Südwand und zuletzt die Westwand mit der Kultstelle. Denn wie das Pyramidenschema, so war auch das des Grabes streng nach den Himmelsrichtungen orientiert und jede Szene gerichtet und zentriert zur Grabstelle und dort zum Kultplatz. *Nordwand:* um die Eingangstür das große Lever des Ptahhotep mit Dienern, die massieren, maniküren, den Hausaffen und die Hunde bringen und Zwerge und Musikanten, die die Morgenstunde verschönen, aber auch die ersten Beamten und Opferhandlungen. *Ostwand:* Hauptthema ist das tägliche Leben auf dem Lande in den Privatbesitzungen, Spiele, Jagd und Arbeit, sieben lange Register. Fast ausnahmslos sind die Künstler der memphitischen Kunstschulen anonym geblieben, allein hier in Ptahhoteps Grab hat der Bildhauer Ni-anch-Ptah seinen Namen genannt und sich selber dargestellt, wie er im Kahne sitzend von einem Knaben einen Krug Wasser gereicht bekommt. *Südwand:* Sie breitet die immer wiederkehrende große Szene vom opulenten Speisen breit aus, dazu Landvolk, Opfertiere und Träger für die Opfergaben. *Westwand:* Vor den zwei Scheintüren des Kultplatzes die Opferplatte, dazwischen der Grabherr noch einmal beim Mahle vor einem randvoll gedeckten Tisch, oben darüber die Liste der Speisen, vor ihm Priester und Gabenträger.

Achethoteps Opferkammer entspricht in der Thematik natürlich der seines Sohnes, hat aber nur eine Scheintür. Detailreich ist hier besonders die Ostwand (um die Tür), wo man den Grabherren im Papyrusdickicht genußvoll dem bewegten Leben auf seinen Besitzungen zuschauen sieht.

Serapeum (7)

So berichtet Strabo: »*Ein Serapeion befindet sich dort in einer sehr sandigen Gegend, so daß Hügel von Sand durch die Winde geworfen werden. Von diesen sind die Sphinxe, wie wir selbst gesehen haben, teilweise bis zum Kopfe verschüttet, teilweise bis zur Hälfte. Daraus kann man die Gefahr abschätzen, falls einen, der zu dem Tempel geht, ein Sturmwind überfällt.*«

Diese Sätze gerade führten den französischen Archäologen Mariette 1851 auf die Spuren des Serapeums. Wenn der heilige Stier, den man im Apieion des Tempels des Gottes Ptah in Memphis hielt, gestorben war, wurde er dort im Balsamierungshause balsamiert und dann feierlich in der Totenstadt beigesetzt – Teile des Ritus sind erhalten. Denn gleich dem Menschen vereinigte sich auch das Tier nach seinem Tode mit dem Totengott Osiris, wurde zum Osiris-Apis, der sich in ptolemäischer Zeit sogar mit dem ortsfremden Gott Sarapis

Plan des Serapeum
1 Eingang   2 Stelenraum   3 Große Galerie
4 Parallelgalerie   5 Sarkophage

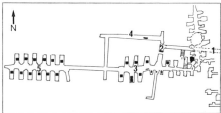

vereinigte. Ihr gemeinsames Heiligtum war das Serapeum zu Sakkâra, ein vielbesuchtes Pilgerziel, wo man, am vermeintlichen Eingang zur Unterwelt, Bitt- und Dankgebete sprach und in engen Wandnischen kleine Weihegeschenke aufstellte. Eine lange Sphinx-Allee führte vom Fruchtland zum Tempelbezirk vor den Grüften. Hier konnte man auf einem halbrunden Plätzchen, das mit Statuen griechischer Philosophen und Dichter geschmückt war (wohl eine Kopie des alexandrinischen Serapeums), ausruhen.

Schon während der 18. Dynastie, bestimmt aber von Amenophis III. bis Ramses II., begrub man die Stiere in Einzelgräbern mit schrägen Schächten. Ramses II. ließ durch Prinz Chamweset, seinen Sohn und Hohenpriester am Ptah-Tempel von Memphis, eine Gruft-Galerie ausheben, in der bis zum Jahr 600 (Psammetich I.) 28 Stiere in hölzernen Särgen bestattet wurden. Dann ließ dieser Pharao eine neue, große Galerie anlegen, die, welche man heute besuchen kann. In der Ptolemäer-Zeit ist sie erweitert und vergrößert worden und gut 1400 Jahre lang Begräbnisplatz der Apis-Stiere gewesen, insgesamt 340 m mit Mokattam-Kalksteinplatten belegte Gänge, um 8 m hoch und 3 m breit. Von ihnen zweigen rechtwinklig Kammern ab, in denen die Sarkophage der Apis-Stiere abgestellt sind, 24 noch an ihren alten Plätzen, gefertigt aus roten oder schwarzen Granitmonolithen (nur einige aus Kalkstein), die eigens aus dem 750 km weiten Assuan per Schiff antransportiert worden waren, jeder 65 bis 70 Tonnen schwer bei Durchschnittsmaßen von 4 × 2,30 m und einer Höhe von 3,30 m.

Dazu sind uns Zahlen überliefert: So starb, als nach Alexander des Großen Tode Ptolemäus die Herrschaft in Ägypten übernahm, der schon alte Apisstier. 50 Talente Silber, das sind heute um 250000 DM, kostete die Beisetzung, und Cäsar und Augustus haben sogar das Doppelte, eine halbe Million Mark für die Bestattungskosten aufwenden müssen. War ein Nachfolge-Stier gefunden, dann hörte die

SAKKÂRA

Sarginschrift aus dem Serapeum

Volkstrauer auf, Priester brachten das Tier nach Neilu-polis bei Memphis zu einer Vierzig-Tage-Pflege- und Erholungskur. Nur hier überhaupt durften Frauen den Apisstier sehen und die Gelegenheit nutzen, sich ihm gegenüberzustellen, die Röcke und Blusen zu heben und ihm ihre Geschlechtsteile zeigen, ein uralter Fruchtbarkeitszauber. Dann brachten die Priester das Tier auf einem Nilschiff in einer vergoldeten Stallkammer in den Hephaistos-Bezirk des Gottes Ptah nach Memphis.

Auch in diese Grüfte waren lange vor ihrer Wiederentdeckung Grabräuber eingedrungen und hatten die Grabbeigaben gestohlen, alle Sargdeckel waren zur Seite geschoben und nur in einem Sarkophag lag noch Schmuck. Dagegen hatte Mariette in der alten Ramses-Galerie die unberührte Mumie des Prinzen Chamweset mit Goldmaske, allem Schmuck und den Grabbeigaben gefunden und in den alten Einzelgräbern der Apis-Stiere ein ebenfalls unberührtes Stiergrab, Totenfiguren für Apis, Amulette, Stelen und instruktive Wandmalereien, die Ramses II. und seinen Sohn beim Totenopfer vor Osiris-Apis-Stieren zeigen. Drei Särge tragen Aufschriften: Amasis, Kambyses, Chababasch; der schönste steht am Ende der rechten Galerie, ist aus schwarzem Granit geschlagen und mit Ornamenten bedeckt, er trägt die Inschrift »Hapi, Sohn des Usir« (Osiris).

Aus irgendwelchen Gründen konnte ein schwarzer Granitsarkophag nicht in seine vorbereitete Kammer gebracht werden. So steht er noch heute im Gang der Nebengalerie, sein Deckel liegt einige Schritte entfernt am Boden.

Seit der Einführung des Serapiskultes unter Ptolemäus I. (ab 322) hausten sogenannte Katochoi, fromme Einsiedler, in einer Art Kloster am Aufweg zum Serapeum und ernteten Verehrung und fromme Gaben von gütigen Serapis-Pilgern. Schließlich entstand hier auch noch eine Wunderheilstätte, zu der Kranke von weither geströmt sein sollen.

Mastaba des Ti (8)

Als Hofbeamter aus der Zeit um 2500 (5. Dyn.) war Ti der Verwalter königlicher Totentempel und durfte in der Totenstadt eine große Mastaba errichten, ein Vorrecht, das von der Krone nicht jedem zugestanden wurde. In Reihen angeordnet, allein oder in Gruppen, umgaben sie das Grab ihres Königs entlang wohlgegliederter Straßen (Abb. 61) – die Mastaba-Friedhöfe bei der Cheops-Pyramide sind die augenfälligsten Beispiele (Abb. 48–50). In den Mastabas sollte sich das diesseitige Leben ewig gestalten, diese Gräber waren deshalb mit all dem ausgestattet, was man zum ›Wohnen‹ benötigte. Stets rechtwinklig, nur anfangs aus getrockneten Ziegeln, waren die späteren Mastabas durchweg aus Hausteinen mit glatter, geböschter Außenfront erbaut. Sie gliedern sich immer in einen Oberbau für den Totendienst und einen bis 40 m tiefen Grabschacht mit der Sargkammer, die beide nach der Beisetzung mit Geröll zugeschüttet wurden. Im Oberbau gruppieren sich nach und nach alle möglichen Räume um einen Kultplatz, so daß bei Mereruka beispielsweise die Mastaba auf 32 Zimmer und Gänge angewachsen war. Für den Totendienst gibt es in jeder Mastaba einen ganz bestimmten Platz, hier muß sich der Betende nach Westen, zum Reich der Toten also, wen-

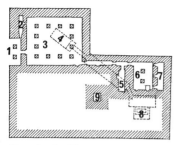

Mastaba des Ti
1 Eingang 2 Serdâb 3 Pfeilerhof 4 Schacht
5 Seitenkammer 6 Grabkapelle 7 Serdâb
8 Sargkammer 9 Schacht der Gemahlin

In der angrenzenden Serdâb-Kammer steht die Statue des Toten mit den ihm zur Bedienung mitgegebenen kleinen Dienerfiguren, nur über Löcher oder Schlitze mit der Opferkammer verbunden, aber abgesondert von zerstörenden Einflüssen. Einen verbindlichen Baukanon für Mastabas gab es nie, vielleicht aber entspricht die Mastaba des Ti sinngemäß der thematischen Folge vom Diesseits zum Jenseits in fortlaufenden Bild- und Schriftleitsten: zuerst ein Pfeilerhof, mit Serdâb hinter einer Vorhalle, in den der von der Grabkammer, zur sogenannten Scheintür. Oftmals ist diese im natürlichen Maßstab und einer wirklichen Tür auch in Einzelheiten nachgebildet, manchmal verdoppelt, und hat den Zweck, dem Toten den Eintritt zu den Lebenden zu ermöglichen. Über zuweilen drei der Scheintür vorgesetzte Stufen kann er dann in die Opferkammer hinabsteigen und, wenn die Opfernden sich entfernt haben, die niedergelegten Speisen in Empfang nehmen. Deshalb gibt es gerade dort Darstellungen des Verstorbenen im Bild oder rundplastisch, wie z. B. bei Mereruka. Der Tote kommt aus, der Lebende schaut zu der Scheintür im Westen des Grabes.

Anfangs legte man die Opfergaben außen in einer eigens dafür ausgesparten Wandnische der Mastaba nieder (Vorbild war sicherlich die Palastfassade im Wappenbilde des königlichen Horus-Namens), mit dem Erfolg, daß oftmals Tiere oder Diebe alles oder die besten Stücke wegnahmen, bevor der Tote daran Anteil haben konnte. Also brachte man ebenfalls außen einen kleinen Anbau an, lieber verlegte man die Nische aber nach innen, wo sie in Verbindung mit der Scheintür weiterhin der für den Verstorbenen wichtigste Platz blieb, auch wenn sie im Verlaufe der Zeiten zum reinen Dekorationselement stilisiert wurde.

Scheintür des Arztes Nianch-Sechmet. »Seine Majestät (gemeint ist Sahurê) ordnet an, daß zwei Scheintüren von Tura gebracht und daß sie aufgestellt werden. Seine Majestät sagte zum Leibarzt Nianch-Sechmet: Genauso wie ich Gesundheit einatme, und wie die Götter mich lieben, mögest du, als ein verehrter Mann, in hohem Alter in die Ewigkeit eingehen, ... denn Gott gab ihm das Wissen über die Dinge im Innern des Körpers.«

SAKKÂRA

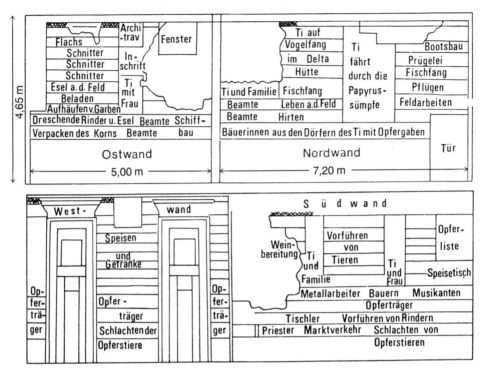

Wandschema der Mastaba des Ti.

mer schräg aufsteigende Gang mündet, dann ein langer Korridor, eine Kammer rechts für die Frau des Ti und zuletzt seine Grabkammer mit zwei Stelen an der Scheintür und der Serdâb. Da der Kalkstein sich für Reliefarbeit geradezu anbot, überzog man in den meisten Grabanlagen Wände, Pfeilerflächen und Dekken mit zum Schluß leuchtend kolorierten Bildfolgen, die im Ti-Grab, vor allem im Kultraum, uns heute einen vollkommenen Querschnitt durch die Kultur des Alten Reiches übermitteln, ein Bildatlas zur 5. Dynastie, in der Ausführung dazu sehr feinlinig, zart, flach und detailreich und nur dann grob, wenn deftige, derbe Vorstellungen zum Bild fixiert wurden: Bauern, Handwerker, Diener, manche Tiere.

Zweifellos haben diese thematisch wie künstlerisch so vollkommenen Bilderzyklen in Tis Grabkapelle zur Berühmtheit gerade seiner Mastaba beigetragen. Die Grabkapelle mißt 5 × 7,20 m und zwei als roter Granit kaschierte Pfeiler stützen die 4,50 m hohe Decke. Thematisch ist die Nordwand der sinngemäß auf das Grab unter der Scheintür im Westen bezogene Anfang, des Grabherrn weltliches Dasein, hier sein Alltag in den Papyrusdickichten, seine Bootsfahrt (Abb. 69), Nilpferdjagd, Fischfang und Zubereitung der Tiere, Papyrusernte und Landleben, Rinder, Hirten, Vögel und Raubzeug – eine Szenerie, die sich an der Ostwand gleich großartig fortsetzt: Erntearbeiten vom Sicheln bis zum Dreschen und daneben der Bau der Transportboote in peniblen Einzelheiten vom Zuschlagen der Stämme über Sägen, Stemmen und Fügen bis zum fertigen Schiff. An der Südwand ist um das große Bild des Ti und seiner Frau noch einmal sein Alltag wiedergegeben: Marktleben, Handwerker mit Material und Werkzeugen bei der Arbeit, das Vorführen und Aussuchen von Wild und Rindern für die Opfer, Schlachten und Zubereiten der Opfertiere, der Speisetisch und die Opferliste – der gewollte Übergang zum jetzt allein auf den Kult bezogenen Szenarium an der Westwand um die Scheintür: Opfertiere, Opferplatte, Gabenträger, ausgerichtet zur zwar unterirdischen, aber axial bezogenen Grabkammer.

Mastaba des Mereruka (9)

Grundsätzlich gilt auch für diesen Grabbau das zur Mastaba von Ptahhotep oder Ti Gesagte, jedoch konnte, da es sich hier um insgesamt 32 Raumeinheiten handelt, das Bildspektrum noch mehr ausgeweitet werden, ohne daß dabei die Qualität gemindert worden wäre. Mereruka war um 2400 Kanzler bei König Teti, dem Gründer der 6. Dynastie, der sich, wie sein Vorgänger und Nachfolger, in Sakkâra eine Pyramide erbaute.

Es war die Zeit, da sittliche Normen, Recht und Ordnungsprinzipien noch im Königsethos begründet waren und in den memphitischen Weisheitslehren ihren Niederschlag gefunden hatten. So wundert es eigentlich nicht, daß Tetis Wesir das Familiengrab für sich, seine Frau und seinen Sohn solide erbauen und kunstvoll dekorieren ließ, mit einem Szenarium, das schlicht und würdevoll, ohne zu renommieren, vom täglichen Leben des ranghöchsten Beamten seiner Zeit berichtet (Abb. 70) und dabei selbst das private Hobby des Mereruka nicht ausläßt (im Eingang Mereruka als ›Sonntagsmaler‹ mit seinen Malutensilien, wie er sich am Porträt der drei Genien, der göttlich personifizierten Jahreszeiten, ver-

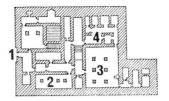

Mastaba des Mereruka
1 Eingang 2 Pfeilerhalle 3 Opferkammer 4 Magazine

sucht, ein ganz seltenes Motiv in der frühägyptischen Kunst). Kaum einmal erscheint der Grabherr allein, stets ist er von seiner Frau begleitet. Ganz abgesehen von der zarten Reliefarbeit an den Gang- und Zimmerwänden bis zur Opferkammer hin, ist auch in seinem Grabe (siehe Ti) der Zentralraum am kunstvollsten und meisterhaft behandelt, hier gibt es am Boden steinerne Ösen, durch welche die Haltestricke zum Anbinden der Opfertiere gezogen wurden. Kaum anderswo wird, fast einer fernöstlichen Miniatur ähnlich, in das Gefühl ansprechenden Einzelheiten das Begräbnis dargestellt; hier, an der Nordwand der Grabkammer, steigt der Grabherr, wie oben erwähnt, vollplastisch, mit dem linken Fuß voran, symbolisch aus der Scheintürnische in seine Grabkammer herab. In den Bildstreifen gerade dieses Grabes wird der innere Zusammenhang von Familie, Gebundensein an die göttlichen Ordnungsprinzipien des Königshauses und eine ungewöhnliche Freude am Diesseits bis in jedes Detail einleuchtend gemacht. Wir haben hier, wie Wolf es ausdrückt, ein »umfassendes Kompendium« des ägyptischen Daseins, das seinesgleichen in der gesamten Kunstgeschichte nicht hat, ein ungeheurer, auf uns zukommender Bilderstoff voll lebendig bewegter Szenen. Stets bleibt der Grabherr passiv, er schaut zu, beobachtet und wägt sichtlich überlegend ab, ohne je handelnd einzugreifen. Alles und jedes Geschehen galt ja allein ihm und seinem Weiterleben im Grabe, auch wo es dramatisiert wird.

SAKKÂRA

Handwerker bei der Arbeit: Töpfe werden auf der Töpferscheibe geformt und dann gebrannt. Mastaba des Mereruka

Immer wieder muß man betonen, daß diese Bildflächen niemals Illustrationen eines vergangenen Lebens waren, sondern stets und immer vom Ägypter seiner Zeit als volle Wirklichkeit, hic et nunc, erlebt wurden, daß sie realiter meinten, was sie aussagten, daß magische Riten sie für den Toten belebten als seine zweite Welt, in der er weiterzuleben wünschte. Deshalb kam es allein auf den Gegenstand an sich an und nicht auf das mit ihm etwa im Zusammenhang stehende Erleben, wie wir folgern würden. Das ist der Grund, weshalb Figuren, wenn irgend möglich flächig, isoliert und ohne viele Überschneidungen, schattenlos und ohne Perspektive oder Hintergrund, mehr taktil denn optisch ›faßbar‹ wiedergegeben wurden, zwar polychrom, aber flächig und symbolkräftig und nach einem feststehenden Farbmuster flach aus dem Kalkstein gemeißelt und schematisch koloriert. Im Gegensatz zu unserer Betrachtung solcher Grabdekorationen, die stets Seh-Objekte sieht, waren sie dem Ägypter allein Denk-Bilder, die allenfalls stimmend und vollständig zu sein hatten, um den rituell-magischen Zweck auslösen zu können.

Mastaba des Kagemni (10)

Nicht weit entfernt liegt diese Mastaba, ebenfalls die eines Wesirs der beiden letzten Könige der 5. Dynastie, Asoi und Unas. Sie gehört als letzte der besuchenswerten Gräber im Sakkâra-Bezirk in den Rahmen dieser Betrachtung; zehn Räume groß ist sie, wieder wurde die Opferkammer mit drei Pfeilern am kunstvollsten mit Bildern ausgestattet. Hier sind es vor allem die Frauenfiguren, feingliedrige Tänzerinnen, die derart anmutig modelliert sind, daß jede Spur der natürlichen Härte des Steins eliminiert scheint.

Auf dem Dach des Grabes standen in zwei 11 m langen Kammern vermutlich einmal die beiden Sonnenbarken *mandjit* und *mesketet* für die Tag- und Nachtreisen des Toten. Wie sehr sich am Wechsel von der 5. zur 6. Dynastie der einsetzende Individualisierungsprozeß, noch immer vom Ethisch-Religiösen stark bestimmt, artikulierte, zeigt das stolze, aber eben von der sittlichen Grundhaltung her schon fragwürdige Wort des Kagemni: *»Ich war einer, der Wahres sprach und Gutes weiterverbreitete als das, was der König liebt, weil ich wollte, daß es mir dadurch gut gehe beim König und beim großen Gott«.*

Nach Süden zu schließen sich zwei Gräber an, die – bei genügend Zeit – noch besuchenswert sind, ohne indes künstlerisch den Rang der vorgenannten drei Prachtgräber auch nur annähernd zu erreichen: das Grab des Neferesschem-Ptah, eines Wesirs aus der 6. Dynastie, das mit Szenen vom Landleben, den Arbeiten

Arzt-Grab, Beschneidungsszene

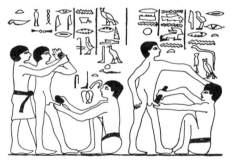

auf den Gütern des etwas beleibten Ministers entzückt. Interessant kompliziert ist die Kultstelle, wo sich der Verstorbene halbplastisch mit dem halben Oberkörper über Scheintür und Türsturz aufrichtet, wie um genau beobachten zu können, was im Opferraum vor sich geht. Die Tür flankieren noch einmal je eines seiner Standbilder in Nischen, sicherlich als Wächter gedacht, alles vermutlich ein realer Bezug zur nimmermüden Allgegenwart des lebenden Ministers.

Das Anch-ma-Hôr-Grab schließlich heißt allgemein auch ›Arztgrab‹, weil im Türrahmen zum Fünfpfeilersaal eine Beschneidung und eine Zehenoperation dargestellt sind. Nur die Bilder der unteren Räume sind erhalten, der Oberteil des Grabes ist abgetragen. Auch in dieser Mastaba finden sich noch einmal Szenen mit nicht ganz so anmutigen Tänzerinnen, die mit überaus lebhaftem Schwung, auf dem rechten Fuße stehend, sich so weit nach hinten zurückbeugen, daß sie das linke Bein mühelos leicht bis über Kopfhöhe emporstrecken können, als wollten sie gleich im Spagat zu Boden fallen. Man meint geradezu, das dazu notwendige Tamburin zu hören.

Dahschûr

Vom südlichen Pyramidenfeld Sakkâras sind nur noch zerfallene Reste der Pyramiden des Pepi, Merenrê, Djedkarê, von Ibi, Pepi II. und Schepeskaf geblieben, und erst die *Mastaba el-Faraûn* lohnt als Einstieg zum Pyramidenfeld von Dahschûr einen Besuch. Hier ließ sich Schepseskaf, ein Sohn des Mykerinos, beisetzen, verzichtete also auf ein Pyramidengrab in der Nähe seines Vaters in Gîzeh, und verlegte dafür den Bau seines gigantischen Mastaba-Grabes an den Südrand der memphitischen Nekropole. Wie ein Riesensarkophag liegt es mit leicht tonnig gewölbtem Dach in der Wüste, bedeckt ein Rechteck von 100 × 72 m und ist 18 m hoch. Die Innenräume sind aber offensichtlich nicht zu Ende gebaut und der König wurde nicht dort begraben, sondern in einer nicht weit entfernt nördlich vom ›Grab des Pharao‹ errichteten Pyramide, die heute stark zerfallen ist.

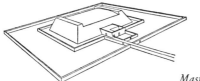

Mastaba el-Faraûn

Die Knickpyramide

Weiter südlich liegen über ein Gebiet von etwa 3 × 3 km im Quadrat verstreut die fünf Dahschûr-Pyramiden, drei in einer Reihe längs des Wüstenrandstreifens, zwei wüsteneinwärts, und man sollte sie praktischerweise im Urzeigersinn besuchen, auch wenn chronologisch die *Südliche Steinpyramide,* oder *Knickpyramide,* des Snofru die älteste in diesem Bereiche ist, in der baulichen Entwicklungsreihe die Nachfolgerin der von Medûm. Snofru, der erste König der 4. Dynastie, hat sie, dem nun endgültigen Pyramidenschema folgend mit

DAHSCHÛR

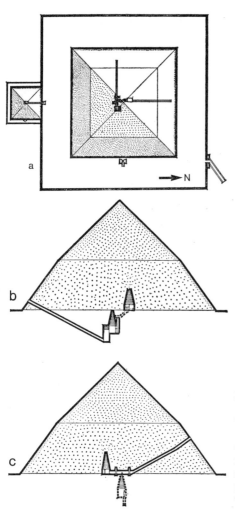

*Knickpyramide des Snofru
a Grundriß   b Schnitt von Osten   c Schnitt
von Süden*

später in den Gîzeh-Pyramiden zur Selbstverständlichkeit geworden ist.

›Knickpyramide‹ wird Snofrus Bau genannt, weil ein ins Auge springender Knick die Stelle bezeichnet, wo der untere Neigungswinkel der Seiten von 54° 31' plötzlich abknickt auf 43° 21' im oberen Teil. Fast könnte man von einer riesenhaften Mastaba sprechen, der eine Spitze dachförmig aufgesetzt wurde. Anfangs mutmaßte man, der Knickeffekt sei entstanden, weil man, irgendwelcher Verzögerungen wegen, den Bau rascher zu Ende führen wollte, heute weiß man nach eingehenden Untersuchungen in letzter Zeit, daß sich noch während der Bauarbeiten in der oberen Kammer Risse bildeten, die man mit Gips verschmierte. Sie wurden der Anlaß zur Winkeländerung, man wollte das Massengewicht verringern, eine statische Maßnahme also, wie sie die Baumeister der Cheops-Pyramide durch das Aussparen von fünf Räumen über der Königskammer ebenfalls ergriffen – nur war das da gar nicht notwendig, wie die statische Nachrechnung ergab. Ähnlich der Steinsetzung bei Djosers Stufenmastaba liegen die Mantelblöcke in Schräglage zur Vorderfläche, um die Druckkräfte zum Zentrum abzuleiten. Die gesamte Vermantelung ist besser erhalten als an irgendeiner anderen Pyramide.

Eine andere Besonderheit sind zwei Stollen, die, im Niveau untereinander versetzt, von zwei Seiten aus (Norden und Westen) zur zentralen Grabkammer führen. Der Nordgang beginnt 11 m über Niveau und fällt ab zu einer Vor- und ihr angesetzten Hauptkammer, alle mit falschen Gewölben aus vorkragenden Steinplatten, ganz ähnlich der großen Galerie in der Cheops-Pyramide. Über einen senkrechten Blindschacht und einen erst waagerechten, dann steil ansteigenden Gang besteht eine Verbindung mit der Grabkammer und den anderen Gängen – alles Teile einer genialen Grabsicherung oder zur Irreführung etwaiger Grabräuber. Fallsteine konnten zuletzt alle Stollen blockieren und die Arbeiter sich über

Taltempel, Aufweg, Kultstätte, Umfassungsmauer und Nebenpyramide an der Südseite erbaut. Er setzte damit den Kanon fest für die baukünstlerische Lösung, welche für das Bestattungsritual die notwendigen Raumfolgen schuf, die dem Kultverlauf entsprachen – was einen leicht gewundenen Gang zwischen Grabkammer und Dach in Sicherheit bringen. Von Westen her, hier 33,92 m hoch über Niveau angelegt, führt der Gang fast gradlinig ab zur oberen Kammer, abgedeckt von Kragsteinen und Zedernholz-Stützwerk.

Seit den thinitischen Zeiten schon bestand ein reger Holzimport aus dem Libanon, wie ägyptische Funde seit dieser Zeit auf dem Gelände von Byblos und anderen Häfen beweisen. Der Palermo-Stein meldet, daß unter König Snofru 40 Schiffe vollbeladen mit Zedernbäumen eingetroffen seien. Bei dem Holz handelt es sich um Nadelholzstämme von der *abies cilicia*, einer kilikischen Fichte und nicht, wie vom griechischen Wort *kedros* abgeleitet, um die heute dort wachsende *cedris libani*.

In keiner der Pyramidenkammern wurden ein Sarkophag oder Beigaben gefunden, und man nimmt an, daß sich in der Steinmasse eine noch nicht entdeckte dritte Kammer mit dem unberührten Grab des Königs der 4. Dynastie befindet.

Der Umfassungsmauer südlich angesetzt liegt eine kleine Pyramide, nur 55 m im Quadrat die Basis, einst 32 m hoch, wie heute feststeht, das Grabmal für Hetepheres, die Frau des Snofru, die Mutter des Cheops, deren zweites Grab bei der Pyramide ihres Sohnes gefunden wurde. Der Taltempel der Königspyramide, der eigenartigerweise nicht am Fruchtlandsaum, sondern in der Wüste liegt und deshalb noch viele Fragen offen läßt, zeichnet sich durch seine Größe aus. Die meisterlich gearbeiteten Reliefs sind im Kairoer Museum aufgestellt. Einst zierten sie eine fünffach gegliederte Eingangshalle, den Hof mit einer zehnteiligen Kolonnade und sechs Scheinnischen dahinter. Auf den Königskartuschen von Kalksteinstelen, die den Anfang vom Aufweg flankierten, und neuerlich an der Nordostecke der Pyramide, fand man den Horus-Namen des Snofru, so daß sie mit Sicherheit ihm und nicht König Huni zuzuschreiben ist.

Snofrus zweite Pyramide

Sie liegt knapp 2 km nördwärts und wird auch die ›Rote‹ genannt nach den rötlich schimmernden Kalksteinblöcken, die alle in horizontalen Schichtungen, wie in Gîzeh, aufgesetzt sind. Ihre Baumaße sind beträchtlich: Basis 220 m im Quadrat, Neigungswinkel 43°

Rote Pyramide des Snofru

40', Höhe 101,15 m. Vom Eingang an der Nordseite führt aus 28 m über Niveau ein Stollengang hinab bis zur Basis und dann waagerecht zu drei Kammern, von denen die letzte, etwas hochgesetzte, der Grabraum war (9,30 × 4,50 × 15 m hoch). Sicherlich ist König Snofru nicht hier, sondern in der Knickpyramide beigesetzt worden. Snofrus 24jährige Regierungszeit galt als ruhmreich, er hat gegen Libyen und Nubien erfolgreiche Kriege geführt, seine persönliche Beliebtheit und Popularität wird in der Literatur gepriesen, sein Name bis in die Spätzeit gern Orten und Personen gegeben, und in den Quellen wird mehrfach erwähnt, der König habe zwei Pyramiden erbauen lassen, was eine dritte, die von Medûm, also ausschließt. – Ein Porätbild von König Snofru fand man kürzlich auf einer Grabstele in Dahschûr, ein Profilbild des Pharaos mit Doppelkrone über einer fast gemütlichen Physiognomie mit auffallend fliehendem Kinn.

Grabbau für König Sesostris III.

Die drei am Wüstenrand gelegenen Pyramiden gehören in die 12. Dynastie. Dieser nördliche

Bau wird oft auch als ›*Schwarze Pyramide*‹ bezeichnet, weil er aus schwarzen Nilschlammziegeln aufgemauert wurde, ursprünglich 65,53 m hoch, auf einem Quadrat von 106,70 m. Im überwölbten Sargraum fand man den Granitsarkophag des Pharao, der zu den bedeutendsten Herrschern in Ägyptens Geschichte gehört und den die Hymnen in einem ›Liederkranz zu Ehren des Königs Sesostris III.‹ preisen: »*Gegrüßt seist du, der das Land schützt ... der die Fremdländer bezwingt ... wie jubeln deine Götter ... wie jubeln die Ägypter über deine Kräfte.*«

Weiter südlich folgt die *Pyramide von Amenemhêt II.*, ein Schalenbau aus hellem Tura-Kalksteinblöcken (daher ›*Weiße Pyramide*‹), der mit Sand und Ziegeln aufgefüllt wurde. In der Grabkammer stand in einer von vier Nischen, in der westlichen, der Königssarkophag aus Sandstein.

Ziegelpyramide von Amenemhêt III.

Sie beschließt das Grabfeld. Wie die nördliche des Sesostris ist sie aus schwarzen Nilschlammziegeln erbaut und wird ebenfalls die ›*Schwarze*‹ genannt. Die Kalksteinvermantelung fehlt. Auf 104,39 m im Quadrat war sie 81,48 m hoch. Der Königssarkophag aus rotem Granit stand in der fast zentral ausgesparten Grabkammer am Ende eines weit und eigenartig verzweigten Gangsystems mit sogar einem kleinen Anubis-Heiligtum.

Nach sechsjähriger Grabungszeit entdeckte hier der Archäologe Dieter Arnold aus Heidelberg im Februar 1982 die Grabkammer zweier Königinnen, die in Rosengranit-Sarkophagen bestattet waren. Der Archäologe stellte fest, daß in der Antike schon Grabräuber in diese Grabkammer eingedrungen sein müssen, allerdings fand er noch Kostbarkeiten, die sie scheinbar verloren oder übersehen hatten: Alabastervasen, ein Obsidiangefäß in Entenform, Reste von Folien aus reinem Gold und Schmuckperlen aus Gold, Karneol und Fayence. Auf Wunsch der ägyptischen Regierung wurden die Gebeine der Königinnen zusammen mit den Grabbeigaben in Holzkisten verpackt in ein Depot nach Sakkâra geschafft.

Mehr oder weniger gut sind die Reste der zu den drei Pyramiden gehörenden Tempelanlagen und Aufwege zu erkennen. In Grabgalerien von Mastabas bei den Pyramiden von Sesostris III. und Amenemhêt II. wurde kunstvoller Schmuck von Prinzessinnen und Familienangehörigen der Könige gefunden, Meisterstücke der Goldschmiede- und Ziselierkunst mit Obsidian, Lapislazuli, Malachit und Karneol, Spiegel, Ringe, Armbänder einzigartige Pektorale mit dem Namenszeichen der einstigen Inhaber, auch das von Sesostris III. Aller Schmuck ist diffizil und so zart und zerbrechlich aus Goldfäden und Goldplättchen, Zellenemail und Edelsteinstücken gearbeitet, daß er nur als Grabschmuck zu verwenden war, das erklärt auch die verschwenderisch-phantasievollen Entwürfe mit Blumen und Blüten, Rosetten und Knospen (vor allem von Prinzessin It und der Chnemet) aus edelsten Materialien, die im Sarg eben nicht entzweigehen konnten. (Alle Stücke jetzt in der Juwelensammlung des Kairoer Museums.).

Pyramiden von Amenemhêt I. und Sesostris I. in Lischt

Zwei Pyramiden aus der 12. Dynastie stehen in Lischt nicht weit voneinander entfernt. Die nördliche ist die *Pyramide von Amenemhêt I.*, der 1991 den Pharaonen-Thron bestieg und bald die Residenz von Theben nach Norden verlegte, wo er im Gebiet des heutigen Dorfes Lischt den neuen Regierungssitz errichtete. Sein Sohn Sesostris I. war Mitregent. Im 30. Regierungsjahr wurde der alte König ermordet, nachdem er vorausahnend in der ›Lehre des Königs‹ seiner Verbitterung Ausdruck gegeben hatte. Mit einst 58 m Höhe (Basis 84 m im Quadrat) war der Grabbau mittelgroß, von Norden her führt der Grabstollen geradewegs zur meist im Grundwasser ertrunkenen Grabkammer. Viele Steinblöcke aus Kalkstein und Granit holte man sich zum Bau vom Gräberfeld aus Sakkâra und Gîzeh, wie die Inschriften auf ihnen bestätigen. Innerhalb der Umfassungsmauer durfte neben Prinzessinnen und Familienangehörigen der Oberaufseher der königlichen Gräber, ein Wesir Antefoker, seine Mastaba anlegen, während außen an die hundert Mastabas hoher Staatsbeamter das Königsgrab umstehen. Der Totentempel liegt ostwärts der Pyramide auf einer etwas tieferen Felsterrasse und war mit sehr flachen Reliefs geschmückt, die sich, selbst wenn sie zuweilen bis ins Grobe abgleiten, durch einen frischen, recht individuellen Zug zum Naturalistischen auszeichnen.

Die südliche *Pyramide Sesostris' I.* ähnelt stark der seines Vaters, ist aber größer und war auf einer 105 m im Quadrat großen Basis einst 61 m hoch, ein Skelettbau aus stützenden Steinstreben, zwischen die Sand und Schutt gefüllt waren, zuletzt durch die Masse vermantelt. Totentempel und neun kleine Pyramiden für Familienangehörige werden ebenfalls von der Umfassungsmauer in den persönlichen Bereich miteinbezogen. Von fast drei Dutzend Sitz- und Standfiguren des Königs als Osiris sind viele erhalten und in Kairo und New York ausgestellt. Würde und ein etwas herrischer Zug kennzeichnen sie, auch wenn sie der klassischen Bildhauermanie der Meister der 5. Dynastie stark nachempfunden zu sein scheinen. Neben farbigen Reliefplatten aber fand man hier Schmuck der Prinzessinnen Sit-Hathor und Mereret, der vermutlich vom gleichen Goldschmied gearbeitet wurde, von dem auch die Schmuckstücke von der Illahûn-Pyramide im Fayûm stammen – wie Juwelenkenner meinen, die besten Stücke, die je im Alten Ägypten geschaffen wurden.

Medûm

Aller Wahrscheinlichkeit nach hat König Huni, der letzte Herrscher der 3. Dynastie, der 24jährig verstarb, dieses heute wohl ungewöhnlichste Grabbauwerk begonnen und König Snofru, sein Schwiegersohn, dann den Pyramidenbau zu Ende geführt. Nach dem Schema der Stufenmastaba stellt der Medûm-Bau die nächste Stufe der Pyramiden-Baukunst dar (Abb. 72).

Pyramide von Huni und Snofru

Auf einem quadratischen Grundriß von 144 × 144 m wurde sie einst bis zu einer Höhe von 92 m aufgebaut. Ihr Kern ist nicht aufgemauert, sondern Teil eines natürlichen Felsens, um den anfangs eine Mastaba alten Stils entstand, aus der man durch Hinzufügen von sechs Mauermänteln eine siebenstufige Pyramide schuf mit schrägen Seitenflächen, die nach oben zu jeweils etwas zurücktreten und mit Tura-Kalksteinblocken vermantelt wurden. Dann wurde die Spitze erhöht und passend dazu sechs Mäntel aufgestockt, wobei der siebente Mantel die achte Stufe erforderte. Auch die achtstufige Pyramide wurde wieder glatt vermantelt. Zuletzt füllte man diesen achtstufigen Bau auf und verkleidete ihn zum glatten, stereometrisch strengen Körper einer ›echten‹ Pyramide.

MEDÛM

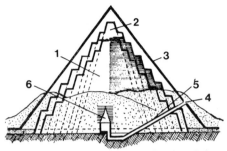

Pyramide von Medûm, Nordsüd-Querschnitt
*1 erste Phase: die siebenstufige Pyramide
2 zweite Phase: die achtstufige Pyramide
3 dritte Phase: die endgültige Form 4 Eingang
im Norden 5 Gang bis in den Felsgrund
6 Kammer mit Kraggewölbe*

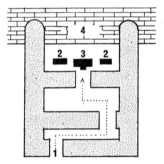

Totentempel von Medûm, Grundriß *1 Eingang 2 Stelen 3 Altar 4 Pyramide*

Alle Bauphasen läßt der heutige Zustand erkennen: die achte Stufe an der Basis im Schutt, dann die Verkleidung der siebenstufigen Pyramide, dann das rauhe Stück der nicht vermantelten Auffüllung und ganz oben das Unterteil der fertigen achtstufigen Pyramide. (Ob die Theorie des Physikers Kurt Mendelssohn zutrifft, nach der sich an dieser Pyramide durch einen Mauerrutsch eine der größten Baukatastrophen des Altertums ereignete, ist zweifelhaft; die Beweisführung hat aber viel für sich; ›Das Rätsel der Pyramiden‹.)

Der Eingang liegt im Norden, 30 m hoch an der Schrägfläche. Ein 57 m langer Gang schrägab läuft bis in den Basisfels und dann waagerecht zu einem Schacht, der senkrecht aufsteigt zur Grabkammer. Ihr Boden ist der Fels, Wände und die unecht gewölbte Decke sind aus Kalkstein, die Größe ist 2,6 × 6 m. Ob die Zedernholzbalken dort irgendwelchen Grabsicherungen oder nur zum Transport von Grabgeräten gedient haben, ist unklar. Einigermaßen erhalten steht an der Südseite der Totentempel mit zwei Kammern, davor zwei Stelen. Wandkritzeleien von Besuchern aus der 18. Dynastie, die vorgeben, hierher gekommen zu sein, um am »großartigen Grabmal des Königs Snofru« für seinen Ka und den einer Königin Meresanch (Königsmutter?) zu beten, haben fast bis in unsere Zeit zu der irrigen Annahme geführt, auch die Medûm-Pyramide sei ein Bauwerk von König Snofru.

Aus einem Grab in der Nähe rettete Vassali die Wandmalereien der ›Gänse von Medûm‹, das einzigartige Beispiel für die Verselbständigung der Malerei, die sonst in der memphitischen Kunst fast nur ergänzender Teil der Skulptur oder des Reliefs war (Abb. 71). Fernöstliche Künstler könnten nicht besser malen, so feinlinig, in Haltung und Wiedergabe genau und so getroffen in der pastellen Farbgebung, daß man selbst Gänserich und Gans unter den Paaren unterscheiden kann. Wäre der Ägypter nicht so sehr dem Prinzip der Dauerhaftigkeit verfallen gewesen, wer kann ermessen, welche Möglichkeiten die vorzügliche Malerei für sich allein vielleicht schon in der Zeit des Alten Reiches gehabt hätte, wenn man allein die Reliefs an den Grabwänden heranzieht! Ein anderes Grab barg die Statuen des Prinzen Rahotep und seiner Frau Nofret; wieder betont die Farbgebung den starken Kontrast der in ein weißes, ihren Körper betonendes Trägergewand gekleideten Nofret zu dem kräftigen Mann mit dem hellwachen Ausdruck. (Alle im Museum Kairo.)

Fayûm

Wie eine flache Schüssel senkt sich rund 80 km südlich von Kairo das Fayûm etwa 45 km lang und 60 km breit in das um 120 m hohe Plateau der Libyschen Wüste (Farbt. 4; Abb. 73–78). Über den Bahr Jûsuf, den Josephs-Fluß, der den Nil in Mittelägypten bei Dêrût verläßt, am westlichen Wüstenrande entlangfließt und beim Orte Illahûn die Randhügel des Fayûm-Beckens durchstößt, wird die größte Oase des Landes bewässert. Tausende von Bächen und Bewässerungskanälen verströmen ständig ihr Wasser und ermöglichen die unsagbare Fruchtbarkeit auf den fetten Schwemmlandböden, die üppig alle Nutz- und Zierpflanzen gedeihen lassen und die Provinz heute mit Hilfe rationeller Bewirtschaftungsmethoden zum Garten Ägyptens gemacht haben.

Im frühen Altertum hatte der Karûn-See eine weit größere Ausdehnung, er bedeckte vielleicht einst das gesamte Oasenbecken, fast undurchdringliche Sumpf- und Papyrusdickichte überzogen damals die Ufer, die beliebten Jagdgebiete der Pharaonen und Wohlhabenden des Alten Reiches. Es wimmelte von vielen Arten aller möglichen Tiere, von denen die Krokodile die größten waren. Deshalb wurde schon frühzeitig Gott Sobek zur Hauptgottheit des Fayûm und seine Hauptstadt ihm zu Ehren aus Schedît

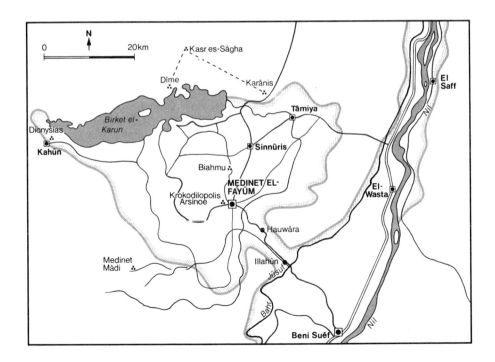

von den Griechen in Krokodilopolis umgetauft. »Großer See« hieß der Karûn-See treffend bei den Ägyptern, *moiris* altägyptisch, aus dem koptisch *pa-jom* (»das Meer«) und arabisch *el-Fayûm* wurde. Sagen und Mythen ranken sich darum, wie wohl so viel Wasser in die Wüste gekommen sei. Es sei der flüssige Himmel der Himmelskuh, in dem sich der nun alte, in ein Krokodil verwandelte Sonnengott vor Göttern und Menschen verbarg, es sei ein Teil des Urozeans, des Nun, ein Geschenk der Götter für Ägyptens Fruchtbarkeit, oder der See sei gar im Auftrage eines sagenhaften Königs Moeris** von Menschenhand ausgehoben worden und in seiner Mitte hätten auf zwei Pyramiden Standbilder des Königs gestanden, was Herodot schlankweg für die antike Welt übernahm und so wohl den Mythos vom Urozean des Gottes Sobek mit der Urbarmachung während der 12. Dynastie verschmolz. Denn zu dieser Zeit begann unter Sesostris II. die Entwässerung und Kultivierung der riesenhaften Sumpfgebiete; er und später Amenemhêt III. legten am Eingang ins Fayûm-Becken Dämme, Kanäle und Schleusenanlagen an, von denen bei Illahûn noch welche erhalten sind. Sie mußten den Einlauf des Wassers regulieren und vor allem bei sinkendem Nilstand die dorthin zurückflutenden Wassermassen aufhalten. Viel später verkleinerten durch Trockenlegung die Ptolemäer den See noch einmal, und als sie dann mazedonische Veteranen ansiedelten, entstand die blühende Garten- und Bauernlandschaft um die jetzt griechisch *Arsinoë* genannte Hauptstadt mit Getreide, Wein und Oliven, Baumwolle, Zuckerrohr, Reis, Mais, Orangen und Bananen.

Im Fayûm errichteten mehrere Pharaonen ihre Pyramiden und das sagenhafte Labyrinth (Abb. 74), man trifft noch immer auf Ruinen von Tempelanlagen aus altägyptischer Zeit (Abb. 77) und wird sich auf Schritt und Tritt von der üppigen Fruchtlandschaft und den freundlichen Oasenbewohnern angesprochen fühlen. Zwei Besonderheiten fallen ins Auge: Taubenhäuser aus eigenartig übereinandergesetzten Tontonnen, und die Sâkija, die, allein von der Strömung angetrieben, über Holzschotts oder mit an die Radfelgen angebundenen Tonkrügen das Wasser aus Kanälen auf die Felder heben (Abb. 78). Zwar stimmt es, daß das Fayûm mehr ›Landschaft‹ denn Sehenswürdigkeit ist und daß von den alten Bauten das meiste verschwunden, im Schwemmlandboden untergegangen oder zerstört ist. Trotzdem wird ein Besuch der Oase zum Erlebnis werden, weil einem im Fayûm das Alltagsleben am Wasser, auf Feldern und in den Gärten, auf den Märkten und in den Werkstätten der Handwerker lebendig vor Augen geführt wird, das man an den Grabwänden als Relief oder gemalt findet und das dort zu bewundern man nach Ägypten kam.

Damit der Reisende seinen Fayûm-Besuch ganz nach Interessenlage, Zeit und Laune individuell gestalten kann, nennen wir stichwortartig die sehenswerten Plätze.

** Allein eine Namensähnlichkeit führte zu dem sagenhaften Namen Moeris. König Amenemhêts III. Thronname lautete Ni-mâat-Rê, was *ma-re* gesprochen wurde und lautlich anklingt an die Bezeichnung des Karûn-Sees *mi-wêr*. Diese zwei voneinander völlig unabhängigen Namen zog man zu einem, *moerîs*, zusammen und erklärte diesen mit einem gleichnamigen König.

Illahûn

Hier, am Hauptschleusenwerk zur Oase, an der »Mündung des Kanals«, was altägyptisch *el-lahûn* heißt, ließ König Sesostris II. seinen Grabbau errichten, eine Pyramide, die prinzipiell zwar den memphitischen Vorbildern entsprach, aber dennoch mit mehreren speziellen Besonderheiten ausgestattet ist. Im 105,88 m messenden Basisquadrat auf einem Felskern aufgesetzt, erreichte sie 48,65 m Höhe. Wohl um Steinmaterial zu sparen und Mehrkosten zu vermeiden, setzte man, anstatt Mauermäntel um die Sargkammer zu legen, ein sternförmiges Steinskelett als innere Stützen auf (Diagonale mit rechtwinklig abgehenden Trägern), füllte das so entstandene offene Kammersystem mit Nilschlammziegeln, verkleidete die Außenflächen mit Kalksteinplatten und setzte oben ein Pyramidion aus schwarzem Granit auf. Die Umfassungsmauer brauchte nur an zwei Seiten gemauert zu werden, an den anderen beiden konnte man sie aus dem Felsen schlagen, eine zweite, innere Mauer war aus Ziegeln aufgeschichtet, und zwischen beiden Umwallungen gab es Gruben, in denen man im Nilschlamm Bäume zog. Anstatt, wie üblich, den Eingang an die Nordseite zu legen, konnte man hier nur über ein sehr kompliziertes Schacht-Gangsystem an der Südseite unter Verwendung eines älteren Grabsystems und durch weitere Schächte, die ständig die Richtung wechseln, zur überwölbten, mit Granit verkleideten Grabkammer gelangen. Hier stand der Granitsarkophag des Königs, und im Schutt daneben lag die massiv-goldene Uräus-Schlange von der Stirnseite seiner Krone. Nach gründlicher Untersuchung weiterer Grabzugänge und Schächte fand Petrie 1914 in einer Grabkammer im Südhof einen Kanopen-Kasten mit dem Namen der Grabherrin Prinzessin Sit-Hathor-Iunet, »Tochter der Hathor von Dendera« und im Schlamm des Grabes schließlich den phantastischen Goldschmuck der Prinzessin, ihr Diadem, ein Stirnband aus 27 mm breitem, hochglanzpoliertem Gold mit Rosetten und Uräus, Pektorale, Halsketten, Toilettengegenstände und vieles mehr, ein Schmuck, der künstlerisch gleichwertig den Juwelen von Lischt und Dahschûr zugeordnet werden muß.

Der Totentempel steht an der Ostseite der Pyramide, eine kleine Pyramide für die Königin und acht Mastabas für Familienmitglieder vor der Nordfront.

2 km entfernt lag die Stadt Kahûn, in der die Arbeiter, Beamten und Priester der Pyramidenstadt wohnten, ein Stadtschema von 350 × 400 m innerhalb einer Ziegelmauer und durch bis 9 m breite Nord-Süd- und Ost-West-Straßenzüge aufgeteilt, mit Dreiraumhäusern in den Handwerkervierteln, vielzimmrigen in denen der Beamten und Vornehmen und sogar einem großen Palast – die erste Wohnsiedlung überhaupt, die aus dem alten Ägypten bekannt ist. Außerdem wurden dort auf einer altägyptischen Schutthalde viele Papyri ärztlichen und juristischen Inhalts und umfangreiche Tempelakten, Priesterlisten usw. gefunden, die uns heute neben den mit dem Totenkult verbundenen Grabfunden einen tiefen Einblick auch in das profane tägliche Leben des Ägypters ermöglichen. Aus den Tempelakten erfahren wir, daß der Gaufürst stets der Vorsteher der Priesterschaft war und gebildete Laien aus der gehobenen Schicht der Bevölkerung als Laienpriester Tempeldienste taten, im Monats-Turnus in »vier Wachen« einander ablösten und nur der Tempelvorsteher und der erste Vorlesepriester beamtete Berufsgeistliche waren, ein erneuter Beweis für Verweltlichung und Humanitas zur Zeit des Mittleren Reiches.

Hauwâra

Nur 10 km sind es zu König Amenemhêts III. zweiter Pyramide, die, nachdem der Grabbau in Dahschûr (die südliche, ›Schwarze‹ Ziegel-

267

FAYÛM

pyramide) aufgegeben worden war, hier entstand. Wieder über einen Felskern wurden einfach mit Strohhäcksel verfestigte Nilschlammziegel 58 m hoch zur Pyramide aufgesetzt (Basis 100 m im Quadrat) und mit Kalksteinplatten vermantelt. Der Eingang aus der Schräge der Südseite führte über raffinierte Sicherungsanlagen, Blindschächte, Kammern und Fallsteine, mehrfach die Richtung wechselnd, zur fast zentralen Sargkammer für den König und seine Tochter Nofru-Ptah. In den beim Bau ausgesparten Grabraum hatte man – quasi als innerste Sargkammer – einen aus einem monolithischen Quarzitblock geschlagenen Kasten von 110 Tonnen Gewicht eingesetzt, dahinein die Sarkophage gestellt und mit drei Quarzitplatten abgedeckt. Darüber legte man zwei Entlastungskammern an, und um den Gewölbedruck auch ganz sicher abzufangen, einen mehr als 1 m dicken, gemauerten Ziegelbogen. Die Statik hielt, die Sicherungen jedoch wurden von Grabräubern überwunden und außer den Sarkophagen und den Kanopen-Kästen für Vater und Tochter nichts zurückgelassen.

Labyrinth

Südlich liegt – gegen die Regel – der Verehrungs-Tempel, das weltberühmte *Labyrinth*, von dem Herodot, Diodor, Strabo, Plinius und andere enthusiastisch berichten (Abb. 74). Nach Herodot ist es »über alle Beschreibung und übertrifft noch die Pyramiden«, hatte ober- und unterirdische Kammern, 3000 an der Zahl, und war voll von unzähligen Schönheiten. Nach Strabo hatte es »Säle so viele wie Ägypten Gaue und so viele sich schlängelnde und untereinander in Verbindung stehende Gänge, daß ohne Führer kein Fremder hinein oder wieder heraus« finden konnte. So wurde das Labyrinth schnell in die Reihe der bedeutenden Sehenswürdigkeiten für antike Ägypten-Reisende einbezogen und neben den Pyramiden, den thebanischen Tempeln und den Memnons-Kolossen eine Attraktion von Rang.

Sicherlich war die Tempelgrundfläche um 300 × 240 m groß, und der Bau muß an Schönheit alle anderen Tempel übertroffen haben, von der üblichen Baukonzeption auffallend abgewichen und thematisch wie künstlerisch bis ins Detail vollendet gewesen sein. Er gilt sogar als das Vorbild für die Anlage des kretischen Knossos-Palastes. Zu spärliche archäologische Funde und die wenig exakten literarischen Quellen über das Labyrinth haben eine stimmende Rekonstruktion nicht möglich gemacht; alle Versuche sind mit einem Fragezeichen zu versehen. (Strabo spricht von einem Tempelbau mit 27 Höfen, in denen sich die Gaufürsten zu Opferfeiern versammelt

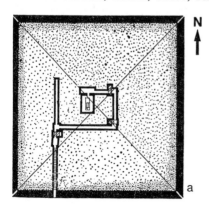
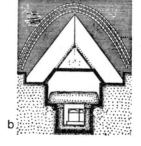

Pyramide von Hauwâra a Grundriß b Sargkammer mit Quarzitblock, Entlastungskammern und Ziegelboden

hätten, Herodot von vielen Höfen und Hallen, ober- und unterirdisch, in denen Könige und Krokodile begraben wurden. Nach ihm haben Psammetich und seine elf Mitregenten das Labyrinth erbaut, während Diodor einen König Mendes, Strabo Manetho als Erbauer des Labyrinthes angeben – also schon hier eine Verwirrung ohnegleichen.)

In den Sand- und Schuttresten fand man das bekannte Standbild von König Amenemhêt III., ein Sitzbild aus gelbem Kalkstein, nach Maspero das beste Werk der realistischen thebanischen Schule, die den König wirklich so, wie er gerade aussah, porträtierte: kleine, etwas hervortretende Augen, kurze, gerade Nase, hohle Wangen, geschlossener Mund, etwas höhnisch überlegen im Ausdruck, hartes, eingezogenes Kinn, magerer Hals, flache Brust, dürre Beine und nervige Füße, eben der entidealisierte Mensch Amenemhêt und nicht ein König mit konventionellen Zügen. (Zu den bei Hauwâra und im Fayûm gefundenen Mumienporträts siehe Seite 48.)

Um den *Karûn-See,* Birket el-Karûn, siedelten bereits in der Vorzeit Menschen, eine Anzahl Ruinenplätze aus historischer Zeit können besucht werden. Der See wird im Norden von der Wüste, im Süden vom Fruchtland begrenzt, er liegt 45 m unter dem Meeresspiegel und rund 80 m unter dem Niveau von Illahûn. Lang ist er etwa 50 km, breit 12 km und zwischen 4 und 18 m tief und trotz seines, zwar geringen, Salzgehaltes äußerst fischreich.

Kasr es-Sâgha

Es liegt nördlich von ihm und bereits tief in der Wüste: ein schlichtes Tempelchen aus Kalkstein, vielleicht ein Totentempel, eher aber wohl ein Sobek-Heiligtum. Ob es im Alten oder erst im Mittleren Reiche entstanden ist, bleibt unklar, da Bilder oder Schrift fehlen. Gewisse Ähnlichkeiten mit dem Tempel von Medînet Mâdi lassen seine Entstehung in der Zeit der Amenemhêts vermuten, wenn man den feingeführten Schnitt der Kalksteinblöcke und ihre sorgfältige Zusammensetzung betrachtet.

Dîme

Weiter dem Seeufer zu liegen die Ruinen von *Dîme,* in der Antike ein wichtiger Karawanenrastplatz auf dem Weg zu den libyschen Oasen. Fast ein halber Kilometer des Prozessionsweges ist erhalten. Er führt zum Tempel der Isis und des Sokuopaios, dem ptolemäisch umgeformten Sobek (*Sokuopaiou nesos* = Insel des Sokuopaios). Nur wenige Reliefplatten sind geblieben und eine Menge verfallener Häuser der antiken Stadt.

Karânis

Ostwärts vom See und an der von Kairo kommenden Hauptstraße trifft man auf *Karânis,* ebenfalls aus der Ptolemäer-Zeit, mit einem Tempel, den später Kaiser Nero zu Ende baute und den Commodus noch einmal restaurieren ließ. War er den Lokalgöttern Petesuchos und Pnephros geweiht, so der andere in den Nordbezirken Sobek, Sarapis und Zeus-Amun.

Dionysias

Heutzutage gut zwei Kilometer westwärts vom See, vor der ptolemäischen Absenkung des Wasserspiegels, aber an seinen Ufern, lag einst Roms wichtige Grenzfeste *Dionysias,* von der Häuser, Zisternen und das Kastell recht gut erhalten sind. Vier Ecktürme umstehen ein 94 × 81 m großes Festungsgeviert, fünf Türme bewehren die Ziegelmauern. Daneben liegt der ebenfalls ptolemäische Tempel, 19 × 28 m groß, der wieder dem Gotte des Fayûms, Sobek, und dem widderköpfigen Amun-

FAYÛM / MITTELÄGYPTEN

Chnum geweiht war, wie fast alle in der Oase. Auffallend schöne Uräen-Friese und geflügelte Sonnen zieren Türwangen und Stürze. Die unterirdischen Tempelkammern kann man besuchen und auf das Dach steigen, um den wirklich einzigartigen Blick über die Stadtruinen, den See und zur Wüste zu genießen. Am schönsten aber ist zweifellos ein kleiner Kiosk, der viel mit dem berühmten von Philae gemeinsam hat.

Biahmu

Selbst der jetzt so zentral gelegene Ort hat seine Beziehungen zum See. Dort stehen noch zwei mächtige, 6,4 m hohe hellgelbe Kalksteinsockel von sitzenden Kolossalfiguren des Königs Amenemhêt III., die etwa 11 m hoch gewesen sein müssen (Abb. 77). Sie meinte Herodot, als er von den Pyramiden im Moëris-See schrieb. Ob sie im, am See oder auf einem Dammweg zu ihm standen, ist unklar. Eine Mauer umschloß vor ihnen ein Hofrechteck von 24,40 × 29,60 m.

Krokodilopolis-Arsinoë

Am Platze der heutigen nördlichen Vorortbezirke der Fayûm-Hauptstadt liegen die allerdings sehr kümmerlichen Ruinen dieser alten Metropole, die zuerst das Haupttheiligtum des Fayûm-Gottes Sobek und, nach Ptolemäus II., das der Königin Arsinoë beherbergte, beide große Schutzgötter des gesamten Fayûm. Am Haupttempel lag der große Krokodilsee, das ist der Platz, von dem Herodot, nach einer glänzenden zoologischen Einleitung über das Krokodil überhaupt, sagt: »*Dort wird je ein Krokodil gezähmt, gefüttert und abgerichtet, daß man es mit der Hand berühren kann. Es wird mit Ohrgehängen aus Glas und Gold geschmückt und bekommt Ringe um die Vorderfüße; vorgeschriebene Speisen werden ihm gereicht, und sein ganzes Leben hindurch wird es aufs beste gehalten. Stirbt so ein Krokodil, so balsamiert man es ein und begräbt es in einem heiligen Sarge.*«

Medînet Mâdi

Was die Tempelbaukunst des Mittleren Reiches im Fayûm anbelangt, ist *Medînet Mâdi* zweifellos die Hauptsehenswürdigkeit, ein kleines Heiligtum von Amenemhêt II. und Amenemhêt IV. für Sobek, Horus und die Lokalgottheit Renenutet. Als Pendant zum Sesostris-Kiosk in Karnak und zum thebanischen Mentuhotep-Tempel hat es eine von zwei Papyrusbündelsäulen edelster Art getragene Portikus und ein in drei Nischen gliedertes Heiligtum für die Standbilder der drei Patronatsgötter. An den Seitenpfeilern standen griechisch vier Hymnen an Isis, eine ganz seltene Mischlyrik aus ägyptisch-griechischem Geist. Andere Inschriften berichten von der Grundsteinlegung zu einer Tempelerweiterung durch die Ptolemäer. Zum Portikus des Tempels zog eine lange Löwensphinx-Allee, die erstaunlich gut erhalten blieb. Schließlich fand man in den Stadtruinen Papyri, Mumienporträts, Holzmodelle und römische Mosaiken sowie Steinköpfe des Tempelgründers König Amenemhêt III.

Mittelägypten

Für den Ägypten-Reisenden, der dem Nil-Tal entlang, von Kairo kommend, nach Süden reist, also der ›klassischen‹ Route folgt, die seit Herodot, Strabo oder anderen antiken Globetrottern bis zum heutigen Tag mit wenigen Einschränkungen ebenso von kommerziellen Reiseunternehmen wie von Einzelreisenden nachgefahren wird, hat gerade die Nord-Süd-Richtung den großen Vorteil, daß sie in wesentlichen Zügen auch chronologisch dem Ablauf der ägyptischen Geschichte entspricht. Der Altreichs-Zeit mit den Pyramiden und den gemauerten oder in den Fels geschlagenen Mastabas der memphitischen Nekropolen folgen weiter südlich bei Lischt, Dahschûr und Hauwâra die Grabgelege des Mittleren Reiches und ganz im Süden schließlich aus dem Neuen Reich die Tempel von Luxor und Karnak als Endstufe und ihre Nekropolen in den Gräbern der westlichen Wüste, bis dann erst für die Spätzeit die Richtung wieder nach Norden zum Delta umschlägt und überall im Lande Bau- und Kunstwerke anzutreffen sind und letztlich in Alexandrien Altägyptens Historie ihr Ende findet. Natürlich gibt es auch unendlich viel Überschneidungen und Querverbindungen. Für die Grabarchitektur aber ist das angegebene Schema durchaus brauchbar. Denn neben der Mastaba und der Pyramide entwickelte sich, eben im Mittleren Reiche und von den Gaufürsten der mittel- und oberägyptischen Provinzhauptstädte angelegt, das Felsgrab als eigenwillige Konstruktion.

Die Gräber von Beni Hasan

Diese Gräber sollen hier unser Beispiel sein. Am Felshang oberhalb des Nil-Tales und über der Fruchtlandlinie im Wüstengebiet trieb man tiefe Stollen in den Berg und erweiterte sie zu den hallenartigen Räumen, wobei sich außen im Überhang eine Vorhalle, meist von zwei Pfeilern gestützt, zum Innengrab öffnet (Abb. 79, 80). Die Hallendecken werden ebenfalls von Pfeilern getragen, sie sind leicht gewölbt, das Grabsystem ist ganz auf Tiefe ausgerichtet, in die Längsrichtung zentriert, hin zur Nische mit dem Bilde des Verstorbenen über seiner unterirdischen Grabkammer, eine ungemein klare Ordnung in der Raumfolge. Durch mehrfaches Abbrechen der Kanten eines Pfeilers entstanden vielkantige Säulenschäfte, die, auf eine kreisrunde Basis gesetzt, oben über eine quadratische Platte den Übergang zum Architrav finden – oder man gestaltete das Säulenoberteil kapitellartig als Lotusblüte (Abb. 81), oder, eine Besonderheit in Beni Hasan, der Säulenfuß blieb unbearbeitet, um so dem Wurzelansatz eines Baumes zu entsprechen.

Während in den aufgemauerten Mastabas sich die glatten Wände zum Relief gut eigneten, blieb der ausgeschlagene Fels uneben und untermischt mit härteren Gesteinsteilchen, so daß hier nur eine Bemalung in Frage kam. Die Malerei ohne Reliefuntergrund war zudem billiger und das Grab in kürzerer Zeit fertig, für den Geldbeutel einfacher Leute gewiß erfreulich. Beni Hasan, so in der Mitte des Landes gelegen, war stets irgendwie in die permanenten Auseinandersetzungen der oberägyptischen mit den Delta-Fürsten verwickelt oder hatte in solche Auseinandersetzungen hineingezogen zu werden jederzeit zu befürchten. Was Wunder, daß sich dieser Dauerzustand auch in der

MITTELÄGYPTEN: BENI HASAN

Grabdekoration seiner Berufs- oder Zeitsoldaten oder wehrbereiter Bürger niedergeschlagen hat (Abb. 82–84). Die obligaten, friedlichen Szenen zu Landleben, Ackerbau, Jagd, Handwerk und Opfergeschehen gibt es zwar nach wie vor, offensichtlich aber stark zurückgedrängt von einem martialischen Szenarium an vielen Wänden: marschierende Soldatenkolonnen, Belagerungen, Gefechte, Exerzierübungen, Pfeil- und Axtkämpfe, Laufen, Springen und vor allem Ringkämpfe. Im Grabe des Amenemhêt (auch Ameni) z. B. berichtet der Grabherr voll Stolz von einem Feldzug im Heere des Sesostris I. nach Nubien und von großen, sicherlich gefahrvollen Expeditionen, um Golderze zu holen, einmal mit 400 Mann nach Nubien, ein andermal mit 600 zu den Goldminen in der Wüste westlich von Koptos. Der Gebrauch des Pinsels erleichterte technisch die Bewältigung solcher Thematik, gestattete Kompositionen, die sich von den Vorlagebüchern lösten und nach der Natur zu malen versuchten, was erstaunlich oft ganz einzigartig gelang. Ohne bisher gekannte Vorbilder aus früheren Zeiten, ein Novum, sind die Ringkampfszenen in den Gräbern des Cheti (Nr. 17) und des Baket (Nr. 15), Sohn und Vater und beide einst Gaufürsten in der 11. Dynastie. Aufgereiht über mehrere Register agieren die Ringer, nähern sich einander, prüfen, greifen an und umschlingen sich kämpfend mit allen erlaubten oder auch unfairen Griffen und Kniffen. Wie ein stockriger Filmstreifen aus den Zeiten der alten Kinematografie laufen die Bewegungen ab, Zeitraffer leichter Gangart, die Körper verschmolzen in Geschmeidigkeit und spielerischer Laune, und man meint sie beim Schwingen und Wippen, beim Abheben oder Werfen keuchen zu hören. Um die Deutlichkeit zu steigern, ist jeweils ein Ringer schwarz, der andere rot gemalt, mehr als 120mal versuchen sie in ständig wechselnden Stellungen ihre sportliche Ringkunst. Dieser ägyptische Ringkampf wurde meist als Standkampf ausgeführt, nur etwa zwei Prozent

Ringerszenen im Grab des Cheti (Nr. 17) in Beni Hasan

25 KARNAK   Widdersphinxallee von der ehemaligen Kaimauer zum Eingang des Tempels am ersten Pylon, dem größten Ägyptens

26 KARNAK   Der heilige See, dahinter erster Pylon, Großer Säulensaal und die beiden Obelisken von Thutmosis I. und Hatschepsut

127 KARNAK Vom ersten Hof mit der einzigen noch aufrecht stehenden 21 m hohen Säule (von den 10 der Säulenhalle des Taharka) blickt man längs der Tempelachse durch den Großen Säulensaal

28 KARNAK Kolossalfigur des Pinodjem, dahinter ein Säulengang vom ersten Hof

29–131 KARNAK Im Großen Säulensaal wuchten die 134 Säulen in 16 Reihen wie ein steinerner Wald in den Himmel, 12 davon mit geöffneten, die übrien 122 mit geschlossenen Kapitellen

132 KARNAK Reste der Bubastiden-Halle am großen Hof

133 KARNAK Königsfiguren am mittleren Hof

134 KARNAK Im Amun-Tempel von König Ramses III., unten de Säulensaal

135 KARNAK Kalksteinkapelle von Sesostris I., der älteste Bauteil des Karnak-Tempels. In der Stationskapelle wurde die Götterbarke abgestellt

136, 137 KARNAK Stationskapelle des Sesostris I., die dem ithyphallischen Gott Amun-Min geweiht war. Vor den ›Stier seiner Mutter‹ führt Gott Amun den König, hält ihn bei der Hand und beschenkt ihn mit dem Zeichen des Lebens. Allerfeinstes Hochrelief, auch in den Hieroglyphen

138 KARNAK Großer Säulensaal, Innenwand mit dem Bild der Götterbarke bei einer kultischen Prozession
139 KARNAK Großer Säulensaal, nördliche Außenwand mit Darstellungen der Grenze zwischen Asien und Ägypten (rechts), dem Kanal mit Krokodilen und anderem Getier, über den Sethos I. Gefangene vor Gott Amun führt, während Priester ihn mit Blumengebinden beglückwünschen

140, 141 KARNAK Die großen Schlachtenreliefs von Sethos I. mit der Festung Kanaan (links) und Kämpfen gegen Beduinen; unten der König mit einem Bündel Gefangener, die er vor Gott Amun führt

142 Südliche Außenwand mit der Schilderung der Siege von Ramses II.

143 KARNAK Spitze des umgestürzten Obelisken der Königin Hatschepsut, die gerade von Amun gekrönt wird

144 KARNAK Südliche Außenwand mit der Aufzählung der judäischen Städte, die Scheschonk I. durch seinen Sieg über König Rehabeam eroberte. Mauerringe umschließen die Städtenamen unter gefesselten Semitenfiguren

145 KARNAK Mittelhof mit den Obelisken von Thutmosis I. (rechts, 20 m hoch) und von Hatschepsut (29,50 m hoch), Tempelachse zum Allerheiligsten

146 KARNAK Riesenskarabäus aus Granit am Heiligen See

147 KARNAK Kleiner Saal vor dem Allerheiligsten mit den Granitpfeilern für Ägyptens Wappenpflanzen, der Lilie für Oberägypten und dem Papyrus für Unterägypten. Die Wappenpfeiler stehen exakt in der Himmelsrichtung Süd-Nord, also zu ihren Landesteilen

148 KARNAK Südseite der Granitkapelle des Allerheiligsten mit Szenen des Königs bei rituellen Handlungen und Barkenprozession

149 KARNAK Die Granitkapelle von der Festhalle des Thutmosis III. aus gesehen. Blick über die Trümmer des Mittelreichs-Tempels

150 KARNAK Festhalle des Thutmosis III. mit Zeltstangensäulen und glockenförmigen Kapitellen

151 KARNAK Quer zur Tempelachse liegt die Festhalle, deren Dach 32 und 2mal 10 Zeltstangensäulen tragen. Die drei Mittelschiffe sind höher als die Seitenschiffe – ganz hinten das Osttor des Karnak-Tempels

152, 153 KARNAK Im ›Botanischen Zimmer‹ hinter der Festhalle hat Thutmosis III. Tiere und Pflanzen, die er aus Syrien mitbrachte, liebevoll naturalistisch und detailreich abbilden lassen. Er führte auch das Haushuhn in Ägypten ein

154 KARNAK Der Tempel für den Mondgott Chons gilt als Muster für den Baukanon ägyptischer Tempelanlagen. 18 m hoch, 32 m breit und 10 m dick ist der Eingangspylon

155 KARNAK Im Allerheiligsten des Chons-Tempels der Sockel für die Barke des Götterbildes

156 KARNAK Prozessionsweg im Chons-Tempel vom Säulensaal durch die reliefgeschmückte Tür zum Heiligtum

157 KARNAK Heiligtum des Euergetes II. für die nilpferdgestaltige Göttin Ipet

158 KARNAK Zwischen den Resten des Mut-Tempels südlich des Amun-Tempels sitzen noch die steinernen Katzenbilder der löwenköpfigen Heilgöttin Sechmet

159 KARNAK Repräsentativ, schlicht und vollendet präsentiert sich die Hieroglyphenschrift an allen ägyptischen Tempelwänden. Die Schriftrichtung entspricht in der Regel der Blickrichtung von Tier- und Menschendarstellungen – hier versenktes, etwas grobes Relief

KARNAK Tor des Euergetes I. im Süden des großen Karnak-Tempels

161 Die ägyptischen Fellachen sind oft gute Fremdenführer, die für ein Backschisch meist mehr zeigen als man erwarten darf

162 Schech Ali Abd er-Rassul aus der Familie der berühmten Grabräuber zusammen mit dem Autor des Buches. Alis Großvater entdeckte vor 1881 die Gräber von mehr als 100 Königen, Priestern und Vornehmen

Aus der Semiten-Karawane im Grab des Fürsten Chnumhotep (Nr. 3) in Beni Hasan

der Bilder zeigen auch Bodenstellungen, und die hier gezeigten Übungskämpfe scheinen Trainingsrunden für Soldaten gewesen zu sein, die so den Körper und seine Leistungsfähigkeit stärken sollten. Man kämpfte nackt, ob auch eingeölt, weiß man nicht. Es gibt aber auch Darstellungen, wo sich beide Kämpfer Gürtel um die Hüften gelegt haben, um Gürtelgriffe zu ermöglichen, die etwa den Kämpfen der Sumo in Japan entsprochen haben werden.

Am Felshang über Beni Hasan gibt es insgesamt 39 Felsgräber, die mit den Nummern 2 (Amenemhêt), 3 (Chnumhotep), 15 (Baket) und 17 (Cheti) sind als die schönsten einen Besuch wert. Leider sind heute die Bilder in einem katastrophalen Zustand. Nach wolkenbruchartigen Regenfällen hat mehrfach eingedrungenes Wasser durch Verdunstungsfeuchte den Malgrund der Wände so durchfeuchtet, daß die einzelnen Farbnuancen verschoben, Pigmente verändert und ganze Bildflächen verschimmelt oder zerfressen sind. Im Grabe des Gaufürsten Chnumhotep findet man an der Nordwand im dritten Register das bekannte Bild der 37 Aamu, semitische Beduinen, die ›Semitenkarawane‹, eine treffende Illustration der politischen Lage. Es herrschte Frieden, und mit Vorderasien gab es rege Handelsbeziehungen, im Schutze der Fürstenmauer brauchte sich wegen unbedeutender Einfälle räuberischer ›Sandleute‹ niemand Sorgen zu machen, vielmehr zogen friedliche Wüstenreisende aus dem fernen Palästina an den Nil zum Gaufürsten, Männer, Frauen und Kinder, mit Steinböcken und zwei beladenen Eseln, alle in ihrer Eigentümlichkeit treffend gekennzeichnet in Kleidung, Haartracht und Bewaffnug, mit typischen Krummnasen und nicht ohne einen Anflug gutmütigen Humors.

Daß man auch Tempelhöhlen in den Fels schlagen könne, mußte sich bald von selbst ergeben. Königin Hatschepsut und König Thutmosis III. aus der 18. Dynastie legten einen Felstempel nach dem Vorbild der oberen Kapellen des Dêr el-Bahri-Tempels von Theben an, hier für die löwenköpfige Göttin Pakht (Pachet), jetzt natürlich im Bauschema des Neuen Reiches mit zwei Reihen je vier verschieden starker Pfeiler in der großen Vorhalle, aus der ein schmaler Durchgang zum Heiligtum führt, das hinten im Fels mit der Nische für das Gottesbild endet. Bilder der Königin mit den verschiedenen Göttern und Widmungstexte überziehen flächig weit die Wände. Speos Artemidos, Artemis-Grotte, nannten später die Griechen diesen Tempel, neben dem noch ein zweiter, unfertiger Grottenbau mit den Namenszügen von Alexander II. liegt. Was hier beispielhaft begonnen wurde, blieb für Mittelägypten Einzelfall, fand aber in Nubien bald weite Verbreitung und sollte in Abu Simbel einen Höhepunkt erreichen. Mehrere der Felsgräber waren in christlicher Zeit zu Kapellen, Eremitenwohnungen oder in christliche Gräber verwandelt worden, Kreuze und mit christlichen Bildern übertünchte Wandmalereien zeugen davon (vgl. a. Abb. 93). – Und zuletzt: der Blick vom steinigen Hangweg vor den Gräbern hinunter ins Nil-Tal ist einzigartig.

Hermopolis Magna

Ein weites, wüstes Trümmerfeld ist übriggeblieben von den Kult- und Prachtbauten der einstigen Hauptstadt des 15. oberägyptischen ›Hasengaues‹, mitten im Fruchtland zwischen Nil und Bahr Jûsuf. Erst die Griechen gaben, als sie den ägyptischen Gott Thoth ihrem Hermes gleichgesetzt hatten, dem Orte den Namen Hermopolis, dazu kam Magna, die ›Große‹, für Macht, Stärke und Triumph des dafür dreifach zuständigen Hermes Trismegistos. Gott Thoth also war ursprünglich Herr von Schmunu = die Acht – was im Ortsnamen Eschmunên weiterlebt –, der Weise unter den Himmlischen, Erfinder der Schrift und Verfasser von Büchern mit geheimen Wissenschaften, der Schreiber der Götter und Premier im himmlischen Reiche, wo er als Mond den Sonnengott während der Nacht vertritt. Seine heiligen Tiere sind Ibis und Pavian, sein Wesen ist keineswegs ursprünglich primitiv, sondern fand seine Ausgestaltung sicherlich erst in historischer Zeit, als über soziale Schichtungen die Schrift und Gemeinschaftsformen entstanden waren.

Lange vor ihm aber und in primitiven Urgründen wurzelnd, gab es in Hermopolis kosmogonische Vorstellungen, die an vier Frösche und vier weibliche Schlangen, welche aus sich selbst heraus entstanden waren, anknüpften. Da existierte noch keine Erde, und aus dem Urozean tauchte eine Flammen-Insel mit dem Urhügel auf, und auf ihr die acht Götter, vier Paare, die ersten Lebewesen überhaupt, Gottheiten, denen man in Ägypten zwar auch anderswo begegnet, die aber hier Ergänzung fanden durch das Chaos, die Ruhe, die Finsternis und die Ewigkeit, entsprechend vielleicht den griechischen Elementen Feuer, Wasser, Luft und Erde. Sie, diese Urgötter, wurden Zeuge des allerersten Strahls der Sonne, die dem hermopolitanischen Urhügel entstieg und so mit ihrem Licht aus dem chaotischen Dunkel die neue Ordnung schuf. Die Sonne, Horus, Rê waren also einer Lotusblüte entstiegen oder dem Ei eines Falkenweibchens entsprungen und zum Totemtier des Gaues, dem Hasen, gesellte sich jetzt das Bild eines irgendwie gearteten Ur-Eis der Schöpfung, kulturhistorisch die erste Verbindung Hase-Ei. So ist zu verstehen, daß an diesem Urträchtigen Platze eigentlich seit Beginn der ägyptischen Geschichte gebaut, überbaut und umgestaltet wurde.

Vermutlich lag um den großen Thoth-Tempel auch der heiligste Urzeit-Bezirk mit dem Urhügel selbst. 405 × 570 m groß ist dieser Bereich, und er war von einer bis 15 m hohen und ebenso dicken und reich und bunt bebilderten, auf die hermopolitanische Schöpfungslehre bezogene Mauer umschlossen – die Mauer, die später Petosiris, ein Hoherpriester von Hermopolis, zu seiner Zeit hat wiederherstellen lassen. Da zudem aus dem nahen Tell el-Amarna Bauteile dortiger Heiligtümer nach Hermopolis verlagert wurden, entstand hier ein schwer zu trennendes Über- und Nebeneinander von Baugliedern aus allen Epochen der altägyptischen Geschichte, die selbst bis in die christliche Zeit reichen, als auf den Ruinen eines dorischen Peripteral-Tempels von Ptolemäus III. Euergetes I. um 410 n. Chr. eine Marien-Basilika entstand. Dieser Tempel ist übrigens das älteste bisher bekannte Beispiel eines Bauwerkes in rein griechischem Stil auf ägyptischem Boden. Dennoch, soweit man es bisher ausgraben konnte, alle Bauwerke – das sind zwei Amun-Tempel aus dem Mittleren Reiche, Ramses II.-Pylone, Sphinx-Tor, riesenhafte Ramses II.-Standbilder von einem seiner Tempel im Süden, ein Nymphäum und markante Hauptstraßenzüge – sie alle scheinen zum Thoth-Tempel zentriert oder bewußt auf ihn bezogen zu sein, um den Kultprozessionen oder den Mysterienspielen den ihnen zukommenden Rahmen zu geben. Dann fuhr am Fest des Thoth oder am Neujahrstage Gott Rê zur Flammeninsel hinüber, zu »*dem Orte, an dem er geboren ist*«. Ständig stößt man in der Literatur auf Beziehungen zum Thoth-Tempel von Hermopolis, Inschriften nehmen klar Bezug zur Kosmogonie und zu ihrem Hauptkultort, denn »*Thoth ist froh zusammen mit den Achtgöttern ... du hast die ehrwürdige Götterhalle errichtet, damit er sich niederlasse an seiner großen Stätte*«.

Bedeutendste Funde im großen Thoth-Tempel waren acht kolossale, je 4,50 m hohe Granitstatuen von hockenden Pavianen, 35 Tonnen schwer das Stück, die vermutlich zwischen den 12 Portikus-Säulen des Heiligtums standen.

Schmunus Nekropole lag zehn Kilometer entfernt in Tuna el-Gebel, oberirdisch vor allem übersät mit steinernen oder aus Ziegeln aufgemauerten Grabtempeln in vornehmlich griechisch-römischem Stil, der sich unübersehbar bald dem ägyptischen aufgestülpt hatte. Nachdem zu ptolemäischen Zeiten Ägypter und Griechen sich in Kunstauffassung wie Formempfinden nahe gekommen und vertraut geworden waren, entstand ein eigenartiger gräko-ägyptischer Mischstil, für den das berühmte Grab des Petosiris als schönster, weil klarster Beleg gilt. Als Familiengrab wurde es angelegt für den Priester, seine Frau und ihren Sohn, die um 300 v Chr. zur Zeit von Philippos Arrhidaios lebten. Wie sehr einerseits im Äußerlichen, und der Außen-Umwelt entsprechend, Griechisches mit Ägyptischem sich mischen konnte, zeigen die Wandbilder der Vorhalle: Metallarbeiter, Verpacken von Waren, Tischler bei der Arbeit, Feldbestellung, Ernte und Dreschen, Weinernte und Keltern usw., während andererseits schlagartig, sobald die Grenze von profanen zu kultischen Aussagen und Inhalten überschritten wird, Religiöses

MITTELÄGYPTEN: HERMOPOLIS

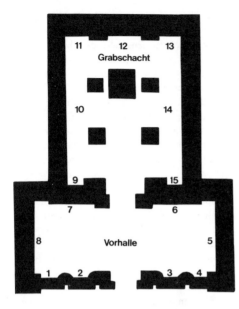

Grab des Petosiris

1 Salbenherstellung
2 Tischler bei der Arbeit – Prunkbett
3 Metallarbeiter, Wiegen
4 Verpacken der Ware, Abliefern
5 Rinderherden, Weinernte, Keltern, Abfüllen, Ausliefern
6 Opferszene
7 Opferträger und Söhne des Petosiris vor den Eltern
8 Pflügen, Flachs- u. Getreideernte, Dreschen mit Stöcken
9 Nut spendet Wasser, Petosiris betet vor seinem Vater, Rinder im Papyrussumpf
10 Das Begräbnis des Petosiris
11 Petosiris vor neun betenden Göttern, Rinder in der Sumpflandschaft
12 Vater und Bruder beten zu Osiris, Isis, darunter Schlangen- und Geiergöttin, der Seele des Verstorbenen wird Wasser gespendet
13 Petosiris und sein Bruder beten zu den neun Gottheiten, Landschaft im Sumpf mit Krokodilen und Nilpferden
14 Gebete vor Pavianen, Göttern, Schlangen, Petosiris rezitiert aus dem Totenbuch, Opferträger und Kinder
15 Petosiris am Opfertisch und mit seinem Bruder, Rinder und Kälber werden durch Wasser getrieben

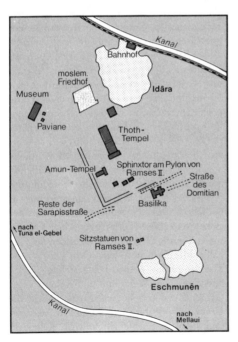

Eschmunên und das Ruinenfeld von Hermopolis Magna

stets betont, so als hätte es niemals griechische Einflüsse und befruchtende Beziehungen gegeben, und ägyptisch-flächig, in breiten und schweren Formen, gestaltet wird. Das Wesentliche hatte für den Ägypter immer den Vorrang und beweist hier, welche Welten allezeit ägyptisches vom außerägyptischen Wesen trennten.

Die Fayencen aus den Totentempeln allerdings sind durchweg alexandrinischen Tanagra-Figuretten nachgearbeitet, Terrakotten oder Stücke aus ungebranntem Ton, Dekoratives und Haushaltsgegenstände, grotesk und auch obszön, alle mit leichter Hand hingeworfen und immer ganz griechisch in der Stilformung, außer wenn es sich um beliebte ägyptische Gottheiten handelt, die noch immer, wenn auch nicht mehr so betont, ihr ägyptisches Aussehen beibehalten.

Herodot berichtet von einem Ibataphion, in das von frommen Pilgern Vögel und Affen zu Balsamierungspriestern gebracht wurden mit der Bitte, sie gegen Entgelt zu mumifizieren und in langen Galerien beizusetzen. Über einen Brunnenschacht dieser Balsamierer kann man auf einer Rampe fast 35 m tief hinabsteigen zu solchen Ibis- und Affengräbern um eine Thoth-Kapelle mit einer Pavian-Kultstatue. Katakomben ganz ähnlich, lagern hier entlang 4 m breiter Gangfluchten in bis zu 6 m hohen Galerien die sorgfältig behandelten Tiermumien – die meisten allerdings von Grabräubern zerstört und ihrer kostbaren Beigaben, Amulette und Schmuck, beraubt. Unversehrt und unberührt fand man, noch voll in der Wand versiegelt, eine Affenmumie mit Schmuck und allem Beiwerk, und in einem Werkraum eines Balsamierers Geräte, Tische und in zylindrischen Gefäßen sogar Reste eingetrockneter Essenzen.

Der heilige Ibis *(ibis religiosa aethiopica)* hat sich unterdessen vom Nil an die Sümpfe des oberen Sudan zurückgezogen, früher bevölkerte er überall das Nil-Tal. Aus seinem ägyptischen Namen *hibi* wurde unser Ibis. Der Affe war stets der Pavian, Thoths *baba* mit den *»roten Ohren und dem veilchenblauen Hintern«*, der, wie ägyptische Lehrer meinten, oft gelehriger sei als ihre Schüler und der als alter, großer, weißer Pavian meist seine Hände auf die Knie stützt und mit erigiertem Phallus und mächtiger Schultermähne geradezu nachdenklich schauend dargestellt wird. Weil nämlich einst göttliche Affen der Sonne zum Sieg über die Finsternis verholfen hatten, müssen sie nun ihren täglichen Aufgang mit lautem Kreischen begleiten, und so wurde der Schöpfergott Thoth zum Obersten aller Affen und sitzt hinter den Schreibern und beaufsichtigt klug ihre Schreibarbeiten.

Tell el-Amarna

Wer heute in einer Feluke den Nil gekreuzt und das Dörfchen Amarna rasch durchschritten hat, steht unvermittelt am Rande der tischebenen Wüstentafel, die erst weit hinten von gratigen Bergen abgeschlossen wird. Er ist betroffen und enttäuscht. Vom berühmten Achet-Aton, dem »Horizont des Aton«, wie die Residenz Echnatons hieß, ist anfangs überhaupt nichts, nach vielem Suchen nur Dürftiges auszumachen, allenfalls Spuren einstiger Herrlichkeit (Abb. 89–90). Die gab es in *Achet-Aton*. Amenophis IV. kam im Jünglingsalter zur Macht, wurde in Hermontis bei Theben gekrönt; damals noch zeigen ihn die Denksteine unter der geflügelten Sonnenscheibe vor Gott Amun von Theben, wenngleich er auf einem anderen Stein bereits als der *»erste Priester des Rê-Horus der beiden Lichtberge«* bezeichnet wird. Jene Berge bedeuten den strahlenden Aufgang der Sonne im östlichen, ihren Untergang im westlichen Berge, ein sehr direkter Bezug auf Heliopolis, die Stadt des Sonnengottes, dem bei Abusîr die gigantischen Sonnenheiligtümer errichtet worden waren. Als dann das Dreißigjahresfest gefeiert werden sollte, verwarf der junge König trotzig die bisher gültige Mischgestalt des Sonnengottes

MITTELÄGYPTEN: AMARNA

als eines falkenköpfigen Menschen, dem eine Sonnenscheibe aufsitzt, und setzte an deren Stelle die neue Erscheinungsform: total einfach, klar und bestimmt das Abbild des Gestirns, Aton, die Sonne, die aus ihrer Scheibe auslaufenden Strahlen-Arme mit offenen Händen über den König und sein Haus sendet (Abb. 92). Dort, wo diese Strahlen auf Gesichter treffen, halten sie ihnen das Lebenszeichen an die Nase, damit sie das Leben einatmen, halten und beschützen Kronen oder umfassen in liebevoller, fast zärtlicher Gebärde Menschenkörper.

Diesem reinen Sonnengott beschloß der König in seinem vierten Regierungsjahre eine neue Stadt zu bauen. *Ache-Aton* sollte sie heißen, und sie sollte an einem Orte liegen, »der noch keinem Gotte, keiner Göttin, keinem Fürsten, keiner Fürstin gehörte und auf den niemand Eigentumsrechte geltend machen konnte als der König selbst«. Der Platz beim heutigen Tell el-Amarna wurde ausgewählt, fast auf der Grenzlinie zwischen Memphis und Theben, die Bauarbeiten für Tempel und Paläste und Häuser vorbereitet und die Gründung vollzogen. Bald vertauschte der König seinen Namen Amenophis (»Amun ist zufrieden«) konsequent in Echet-Aton, Echnaton (»Es gefällt dem Aton«) und setzte seitdem stets den Satz »Der von der Wahrheit lebt« hinzu. Während die von Heliopolis unterstützte Aton-Priesterschaft rasch erstarkte, setzte die alte, wohlhabende und einflußreiche des thebanischen Amun den Reformen allen ihr zu Verfügung stehenden Widerstand entgegen, und der Zorn des Königs wandte sich derart heftig gegen Amun selbst, daß bald alle Tempel geschlossen, der Gottesname des Amun und anderer Götter getilgt und eifersüchtig darüber gewacht wurde, daß allein der Sonne Aton Gebete, Opfer und Kulthandlungen zukamen, und es heißt bezeichnend: »... waren die Tempel von Elephantine im Süden bis zum Delta im Norden verlassen, ihre Kapellen waren zerfallen, ihre Götterwohnungen waren, als ob sie nie gewesen wären, ihre Häuser waren Spaziergänge geworden. *Die Götter wandten unserem Lande den Rücken.*«

Als in seinem sechsten Regierungsjahr Echnaton in die neue Residenz umzog, mag nur ein Teil der notwendigsten Anlagen fertiggestellt gewesen sein, und manches wurde im Verlaufe der so kurzen Amarna-Periode sicherlich vervollständigt. Was aber von den großen Plänen wirklich ausgeführt worden ist, bleibt unbekannt. Glücklicherweise gibt es an den Grabwänden hoch in den Felsen der Randberge über der Amarna-Ebene genügend Abbildungen von Staatsgebäuden, Tempeln, Palästen und Wohnhäusern von Echet-Aton, die uns ein wenig von der kurzlebigen Pracht der Sonnenresidenz zeigen, auch wenn es sehr schwierig ist, aus der ägyptischen Überlagerung von Grundriß- und Aufrißzeichnungen das treffende Aussehen zu rekonstruieren. Alle Bauten waren der Eile wegen erst einmal aus ungebrannten Lehmziegeln und Holz errichtet worden, wohl mit dem Vorsatz, wenigstens die Kultbauten später in Stein zu erneuern. Pläne, Funde und Ausgrabungen jedenfalls

Aus dem Grab des Ahmose. Echnaton und Nofretete im Wagen – eine ins Gefühlvolle umgewandelte, eigentlich ägyptisch-heldisch angelegte Pose, in der selbst die kleine Prinzessin mitspielt. Schwingende leichte Linienführung in lockerer Staffelung, Merkmale der beschwingten, verspielten Amarna-Kunst.

Echnaton und seine Gemahlin vor Gott Aton, der als Sonnenscheibe dargestellt ist

lassen ein grellbuntes, locker grundiertes und von Gärten und Teichen durchzogenes Stadtwesen deutlich werden, das ganz die Zielvorstellung der Aton-Verehrung widerspiegelt: Leben, Licht, Liebe, Wahrheit. Insgesamt 17 Stelen grenzten den 12 km langen und 18 bis 25 km breiten Stadtbezirk ab, in dessen Mittelpunkt natürlich der große Aton-Tempel (730 × 275 m) stand und dort ein »Haus des Benben-Pfeilers«, vermutlich ein Sonnenheiligtum mit einer Pyramidenspitze – oder ein Obelisk (?), der aber bisher nicht gefunden wurde. Dann gab es den Königspalast, einen Nordpalast, die Residenz von Nofretete, zwei Südpaläste, Tempel für Teje und Beket-Aton, Bürger- und Handwerkerhäuser, Ministerien und Magazine. Im Außenministerium nahe beim Königspalast fand man die berühmten tönernen Amarna-Tafeln, Teile des Staatsarchivs in babylonischer Keilschrift, die diplomatische Korrespondenz der Könige Amenophis III. und Echnaton mit Babylonien, Phönizien, Syrien und Palästina, heute unsere wertvollsten Einblicke in die politischen und wirtschaftlichen Zustände Nordafrikas und des Vorderen Orients aus der Zeit von etwa 1360 bis 47.

Der schönste Fund jedoch war in der Werkstatt des Bildhauers Thutmosis die Büste der Königin Nofretete (heute Berlin-Charlottenburg) sowie halbfertige Steinarbeiten und Gipsmodelle.

Mit dem Ende des offiziellen Sonnenglaubens und der Rückkehr nach Theben verfiel rasch die Stadt, die Bewohner verließen sie, und was nicht fortgeschafft wurde, bedeckte bald der Wüstensand. Für den Amarna-Besucher heute bedeuten die Plätze eher Reminiszenzen an Nofretete, die hier lebte (Abb. 91), an Tut-ench-Amun, der hier aufwuchs (Farbt. 7, 8), und an den fanatisch empfindsamen Grübler und Gottsucher Echnaton aus einer Epoche, die in der gesamten ägyptischen Geschichte allein das Beiwort einmalig verdient, ein Zusammenspiel von Leben und Wahrheit, Freude am Dasein und Eigenschönheit der

Echnaton und seine Familie, Audienz auf dem Palast-Balkon: der Priester Eje und seine Frau empfangen Geschenke

MITTELÄGYPTEN: AMARNA

Linien, Gefühlsausdruck und religiöser Innerlichkeit.

Von den Felsgräbern der Nekropole, es sind insgesamt 25 in zwei Gruppen im Norden und im Süden, sollte man besuchen: aus den nördlichen Gräbern das des Haushofmeisters Huje (Nr. 1), der auch Chef des königlichen Harems war (Abb. 94), das bilderreiche des Merirê (Nr. 2) und auf jeden Fall das des Hohenpriesters des Aton Merirê I., das größte Grab dort (Nr. 4), sowie bei genügend Zeit vielleicht die anschließenden Gräber des Oberarztes Pentu (Nr. 5), unvollendet, und von Panehesi (Nr. 6), dem königlichen Speicheraufseher (Abb. 93). Von den Südgräbern sind nur zwei wirklich sehenswert, Nr. 9 vom Polizeikommandeur Mahu und Nr. 25 das Grab des Fächerträgers und königlichen Erziehers Eje, der später nach Tut-ench-Amuns Tod selbst König wurde und dann sein endgültiges Grab in einem Wâdi beim Tal der Könige gegenüber Theben anlegen ließ.

Nur wer sich zutraut, gut zehn Kilometer auf dem Eselsrücken hin und den gleichen Weg zurück zu reiten, kann das zerklüftete, landschaftlich reizvolle Wüstental Darb el-Melek mit der Familiengruft des Echnaton besuchen. Auch wenn es stark zerstört ist, gibt es noch viel Bildwerk zum Thema des Sonnenkultes und eine menschlich ergreifende Szene: die königliche Familie an der Bahre ihrer kleinen Tochter Beket-Aton. Alle Gräber ähneln denen von Beni Hasan, die Technik ist ähnlich, aber die Darstellung ist nuancenreicher, leben-

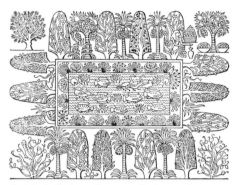

Landschaftsdarstellung auf einem Amarna-Relief

diger, sprudelnder in Bewegung und Tempo, jetzt frei von konventionellen Zügen und frisch dem Leben entnommen, deshalb so realistisch wie möglich. Immer wieder der König mit seiner Familie beim Gebet im Sonnentempel oder wie er vom Balkon herab goldene Ketten an verdiente Bürger verteilt, die nachher, jubelnd vor Freude, im Kreise ihrer Freunde Luftsprünge vollführen; dann der König mit seiner Familie bei Tisch, keineswegs steif und förmlich, sondern intim menschlich beim Abknabbern von Fleischknochen beispielsweise, die Königin auf dem Schoße ihres Gatten, Zärtlichkeiten und Banalitäten offen dargestellt, ohne Scham oder Hintergedanken. Aus ähnlich leichtlebiger, fast leichtsinniger Lebenslust heraus genügte es, das armselige Lehm-Holz-Baugefüge der Paläste und Wohnhäuser mit bunter Malerei zu überziehen: Vögel in blumenbestandenen Gärten, Wellenlinien oder Spiralen für Bäche und Teiche, Bodenteppiche aus bunter Malerei mit Wasserpflanzen und Fischen, mit Lotusblüten und Enten. Ob und wieweit die Amarna-Kunst, die noch lange Zeit nachwirken sollte, als krankhafter Ausdruck einer tiefen Unausgeglichenheit angesehen werden darf, ist sehr fraglich, selbst wenn man an die oft karikierenden, krankhaft anmutenden Menschendarstellungen denkt.

Echnaton und Nofretete an der Bahre ihrer Tochter Beket-Aton. Aus dem Echnaton-Grab in Darb el-Melek

Mêr

Gar nicht weit entfernt, etwa 30 km südlich und am östlichen Fruchtlandsaum, liegen bei *Mêr* Gaufürstengräber aus der 6. Dynastie mit ebenfalls recht originell gezeichneten Menschendarstellungen, eigenartige, fast humorvolle Flachbilder. In einem Grabe ein launiger Ausflug von dicken, übermäßig fetten Menschen und Tieren, in einem anderen lauter Dünne, Magere, deren Knochen man unter der Haut zählen kann, verhungerte Jämmerlinge, die in ihren abgehackten Bewegungen fast so etwas wie mittelalterliche Totentänze darstellen könnten (s. nebenstehende Figuren).

Assiut

Schließlich gibt es am Rande des Stadtgebietes von *Assiut* drei recht ansprechende Felsgräber von Gaufürsten des Sykomoren-Gaues, von einem Cheti aus der 10. Dynastie, und von zwei Hepdjefas aus der 12. Dynastie, alle den Beni Hasan-Gräbern verwandt, was die ›kriegerischen‹ Wandmalereien angeht, viele Soldaten mit Speeren und übergroßen Schildern anstelle friedvoller Landleben- und Handwerkerszenen. Sie alle sind gute Beispiele der Schule von Abydos, die in der memphitischen ihre Wurzeln hatte, ein wenig schwerfällig im Wurf, gleichförmig gereiht und wenig proportioniert – im Gegensatz zur hermopolitanisch beeinflußten von Beni Hasan oder Mêr.

Im Grabe des Hepdjefa findet man an den Wänden der Vorhalle neben frommen Bitten und Appellen an die Grabbesucher, ihm ein Opfer zu geben oder wenigstens ein Gebet zu sprechen, zehn Verträge des lebensklugen und deshalb mißtrauischen Fürsten zur Sicherung seines Totenkultes, wo es u. a. heißt: »*Vertrag, den der Fürst und Vorsteher der Priester Hepdjefa mit der Stundenpriesterschaft des Tempels des Gottes Wepwawet, des Herrn von Assiut, geschlossen hat. Darüber, daß jeder ihm für seine Statue unter der Obhut seines Totenpriesters ein Weißbrot gibt am ersten des ersten Monats der Überschwemmungszeit, dann am Tage des Neujahrsfestes, wenn der Tempel seinem Herrn wieder übergeben wird und nach dem Lichtanzünden im Tempel, und daß sie hinter seinem Totenpriester herziehen und die Totengebete für ihn sprechen, solange, bis sie an die Nordecke des Tempels kommen, genauso wie sie es zu tun pflegen, wenn sie für ihre eigenen Verstorbenen am Tage des Lichtanzündens die Totengebete sprechen. – Was er ihnen dafür gegeben hat ist das: ein Scheffel unterägyptischer Gerste von jedem Acker des Erbgutes aus den Erstlingen der Ernte des fürstlichen Gutes, so wie es jeder Bürger von Assiut mit den Erstlingen seiner Ernte macht. Denn er ist es ja, der zuerst dafür sorgte, daß jeder seiner Ackerstückbauern es an diesen Tempel von den Erstlingen seines Feldes gebe.*«

Abydos

Die Könige der ersten beiden ägyptischen Dynastien stammen – nach Manetho – aus *Thinis*, etwa 20 km entfernt vom heutigen Abydos, wo sie in rechteckigen, geböschten

MITTELÄGYPTEN: ABYDOS

Gräbern und umgeben von Dienergrüften begraben wurden. Ebenholz- und Elfenbeintäfelchen, eigentlich Etiketten für Ölkrüge, sind uns heute der aufgezeichneten Daten, Namen und Ereignisse wegen geschichts-konkrete Belege dieser frühesten Zeit. Seit aber der Engländer Emery 1935 in Sakkâra geradezu riesenhafte, hausähnliche Grabanlagen von Königen der ersten Dynastien ausgegraben hat, die an Größe wie Ausstattung und durch einen Totentempel erweitert die Abydos-Gräber übertreffen, wird die Vermutung vertreten, daß nicht in Abydos, sondern in Sakkâra die Thiniten-Könige beigesetzt wurden und daß es sich bei den Gräbern in Abydos um Scheingräber in der Form monumentalisierter Nomadengrabhügel handelt (prismatisch, gebösht, ungegliedert, abstrakt). Die riesenhaften Hausgräber der memphitischen Nekropole dagegen entsprechen ganz den Gräbern der vorzeitlichen Delta-Könige (rhythmisierte Mauervorsprünge, Wohncharakter bäuerlicher Art), so daß bereits die Thiniten auf diese Weise symbolhaft ihre oberägyptische Abstammung durch ein Scheingrab in Abydos, ihre Reichsherrschaft über beide Ägypten aber im wirklichen Königsgrabe in Sakkâra dokumentiert haben, was beides mitbestimmend für die Formentfaltung der ägyptischen Baukunst werden sollte.

Noch zu Beginn der 5. Dynastie schien sich die solare Rê-Religion in ganz Ägypten durchzusetzen, mußte aber schon knappe hundert Jahre später in Konkurrenz treten zum sich lawinenartig ausbreitenden Osiris-Kult, der spätestens nach der 6. Dynastie auch in Oberägypten, und dort vornehmlich in Abydos, in einem Siegeszug ohnegleichen alles Kultgeschehen um Tod und Auferstehungshoffnung an sich riß. Der bisherige Totengott von Abydos, Chontamenti, »Der Erste der Westlichen«, wurde

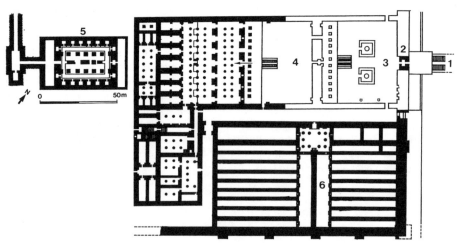

Tempel Sethos' I. in Abydos   *1 Eingang*   *2 erster Pylon*   *3 erster Hof*   *4 zweiter Hof*
5 Osireion   *6 Magazine (Nach Lange)*

von ihm aufgesogen und seine geistesverwandten Funktionen dem Osiris übertragen. Seit dieser Zeit blieb es durch alle Epochen der Landesgeschichte hindurch Brauch, an die Hauptkultstelle des Osiris, da wo sein vom Körper getrennter Kopf begraben sein sollte, zu wallfahren, an den dramatischen Mysterienspielen und Prozessionen teilzunehmen, die Toten vor ihrer Beisetzung zu einem kurzen Besuch des Gottes dorthin zu fahren, um ein bißchen von der Gnade des Gottes zu erlangen, wenn möglich in oder um Abydos beigesetzt zu werden oder wenigstens ein Scheingrab oder vielleicht nur eine Stele an des Osiris heiligstem Platze aufzustellen. Das waren in der Regel rechteckige, grob behauene Kalksteinplatten, die oben mit vollem oder gedrücktem Bogen gerundet sind und die gewölbten Kammern oberägyptischer Gräber meinen, die Eingangspforte zur Grabkammer symbolisieren und als Namensschild den dort Begrabenen ausweisen sollten. Aus dem Osiris-Mythos war ein Kult geworden, in dem der sterbende und sich wiederzeugende Naturgott zum Symbol erst der Auferstehung des toten Königs zum Herrscher im Totenreich, später zur Jenseitshoffnung für jeden verstorbenen Ägypter wurde, der als Osiris, nach einem positiv absolvierten Gericht, in das glückvolle Jenseits eingehen wollte.

Zweifellos waren zu diesem Themenkreis die dramatischen Mysterienspiele von Abydos die bedeutendsten in Ägypten*, Passionsspiele, die riesenhafte Volksmassen zum Zuschauen und Mitagieren anlockten. Dabei kam es zu sogar blutigen Kämpfen zwischen ekstatisch verzückten Anhängern des alten Kriegsgottes Upuaut, die gegen die Feinde des Osiris antraten, bis dieser dann in feierlicher Prozession, sein in Binden gewickeltes Mumienbild unter dem Baldachin, in der Götterbarke von Priestern zu Grabe getragen und unter geheimnisvollen Zeremonien, Totenklagen, Singen und Weinen beigesetzt wurde. Nach einem erneut ausbrechenden Kampfe gegen die Widersacher des Gottes, endeten die Spiele von Abydos stets mit dem jubelnden Triumphzug des erwachten, auferstandenen Gottes und seinem Einzug in den Tempel, wobei die Teilnehmer nicht nur stille Zuschauer blieben, sondern als jubelnde Mitspieler, und oftmals sogar entsprechend kostümiert, mit Hüpfen und Klatschen schreiend das Geschehen begleiteten.

Sethos I. – und andere – konnte sich sein Osiris-Heiligtum, wo sein Unsterbliches fern den finsteren thebanischen Gräbern ruhen sollte, in Abydos errichten. Im Prinzip behielt er alle kanonischen Bauglieder eines Tempels bei: Pylone, Hof, Säulenhalle und Hypostyle. Den Bau aber westwärts entsprechend weiterzuführen, ging wegen eines felsigen Hügels nicht, und er war gezwungen, vom üblichen Plane abzuweichen. Deshalb wurden Allerheiligstes und die Nebenkammern in zwei Reihen parallel zur Hauptfront angeordnet und durch die Trennmauer sieben Türen zu gleich vielen Kapellen gebrochen. Ihre Decken sind überkragend gewölbt. Außer einer sind alle Kapellen hinten geschlossen, aus der einen, nach hinten geöffneten gelangt man in ein

---

* Sie fanden statt im Choiak, dem 4. Monat der Überschwemmungsjahreszeit, gipfelten in den Bestattungsfeierlichkeiten und endeten nach dem 30. Choiak, der Aufrichtung des Djed-Pfeilers und der Thronbesteigung des Horus am 1. Tybi, der Saatzeit.

MITTELÄGYPTEN: ABYDOS

kleines Hypostyl und aus ihm vor das geheime Zimmer und zu anderen kleinen Kultstellen. In einem rechtwinklig angesetzten Flügelbau folgten die besonderen Räumlichkeiten für die Opfer des toten Herrschers. Magazinbauten parallel zur Tempelachse ergänzen im Grundriß wie optisch das gesamte Tempelbauwerk zum gleichgerichteten Rechteck, das von einer inneren und äußeren Umfassungsmauer fast voll umgeben war. Nur je ein Pylon an der Wüstenseite wie an der Nordostfront durchbrachen sie.

Durch zwei Vorhöfe, die wie die ersten beiden Pylone fast ganz zerstört sind, gelangt man über Rampen und auf die sieben Kapellen bezogene Pfeilerstellungen (von einst sieben Türen ließ Ramses alle bis auf die mittlere zumauern) zu zwei Säulensälen. Der erste war 52 × 11 m groß, seine Decke wurde getragen von 24 Papyrusbündel-Säulen mit geschlossenen Knospenkapitellen, der zweite mit 24 gleichen Säulen in den ersten zwei vorderen Reihen und einer mit 12 kapitell-losen Palmstamm-Säulen auf Scheibenkissen dahinter. Sie stehen so, daß sich sieben Prozessionswege zu den Kapellen ergeben, an beiden Seiten ganz außen je ein Djed-Pfeiler des Königs, sein Zeichen für die ewige Beständigkeit dieses Heiligtums. Zu den sieben Kapellen schritt man auf flachen Rampen, zur mittleren Amun-Kapelle über eine Treppe. Einst waren sie durch Holztüren verschlossen (Pfostenlöcher), in ihnen standen hinten die Kultbilder der Götter: *Sethos I.* als Gott – *Ptah* von Memphis – *Rê-Harachte* von Heliopolis – *Amun* von Theben – *Osiris* von Busiris – *Isis*, die Gattin von Osiris – *Horus*, der Sohn von Isis und Osiris – und davor jeweils ihre Barke. Nur aus der Osiris-Kapelle führt eine Tür in die quergelegte zehnsäulige Osiris-Halle und nach rechts zu drei kleinen Kapellen für Horus, den König, und Isis/Osiris vor dem geheimen, unzugänglichen Zimmer, links drei andere kleine Kapellen hinter einem Viersäulensaal.

Im Seitenflügel findet man neben anderen Kulträumen und einem Barken-Depot an der rechten Wand das bedeutendste Relief des Tempels, die berühmte ›Königsliste von Abydos‹, in der von Menes, dem ersten ägyptischen König, bis Sethos I. insgesamt 76 Pharaonen namentlich aufgeführt sind und vor deren Kartuschen der König und sein Sohn Ramses II. räuchern und, aus einem heiligen Buche rezitierend, das Totenopfer darbringen (Abb. 97, 98) – eine der bedeutsamsten Fundgruben für die Einordnung und Datierung der ägyptischen Könige bis Sethos I. neben dem arg zerstörten und sehr lückenhaften Turiner Papyrus, dem fragmentarischen Palermo-Stein, den Sothis-Daten und bestimmten vergleichenden Übereinstimmungen mit fixen Daten zu Geschehnissen im Zweistromland und anderen an Ägypten grenzenden Ländern.

Bei der Dekoration der Decken, Wände, Säulen und Pfeiler scheint ein meisterliches Künstlerteam am Werk gewesen zu sein, das möglichst viele freie Flächen mit weich modelliertem Relief zum Kultgeschehen im jeweiligen Raum überzog und von Malern dann wie liebkosend zart in Grün, Blau, Gelb und Lila kolorieren ließ. Hundertemal wird der königliche Bauherr selbst dargestellt, und hundertemal werden in Nuancen seine Gesichtszüge, deren »matte Melancholie« stets leise durchschimmert, variiert, ohne der adligen Physiognomie etwa Gewalt anzutun. Leider hat Ramses II., der den

Tempel zu Ende baute, mehrfach die Planung ändernd eingegriffen und Qualitäten zertört, so durch das Vermauern der ersten sieben Türen hinter dem zweiten Hof, aber auch, als er die wertvolleren erhabenen Reliefs des Sethos an vielen Säulenschäften durch minderwertigere rohe, versenkte Reliefs zur Verherrlichung seiner Person ersetzte. Wie eine Reliefarbeit skizziert und vorbereitet wurde, sieht man an vielen Wänden, rote und schwarze Vorzeichnungen für die Bildhauer. Schon im Vorwurf ihrer Arbeit beweisen sie, daß hier künstlerisch Begabte mit sauberem Geschmack die Konturen geschickt verteilten und Formen zurückhaltend linierten, ohne irgendwo irgend etwas indiskret zu betonen. Eine Szene zeigt den König, die ovale Lassoschlinge schwingend, beim Fang des davonstürmenden Opferstieres, genau wie früher ein vorzeitlicher Stammeshäuptling sein Opfertier einzufangen hatte, es zu Boden werfen und binden mußte, um es zuletzt mit der Hartholzkeule durch einen Schlag zwischen die Augen zu töten. Selbst als man später den Tieren längst die Kehle zu durchschneiden pflegte, behielt man im Relief die alte Keule und die Geste bei, so daß stets, wenn eine Königsfigur vor einer Gottheit stehend ihr mit ausgestreckter Hand eine Keule überreicht, so in Kurzfassung eine Opferhandlung gemeint ist, auch wenn das Opfertier fehlt.

Früher unter einem künstlichen, bepflanzten Hügel und den Augen der Tempelbesucher verborgen, heute zerstört und weit geöffnet, liegt kultbezogen, genau in der Achse des Tempels, auf der Linie Amun-Kapelle – Mitte der Osiris-Halle, hinter dem Tempel das *Osireion* (Abb. 95, 96). Es war das Scheingrab von Sethos I., das in der Anlage wie in den Bilderreihen eine ständige Bezugnahme auf die Phasen der Schöpfungsgeschichte hat. 8 m tief liegt es in der Erde und wurde aus Kalk- und Sandsteinen erbaut, konstruktiv besonders wichtige Stützpfeiler aus mächtigen, kantigen Granitblöcken, die an die Architektur des Chephrên-Taltempels in Gîzeh erinnern. Über einen mehr als 110 m langen Gang konnte man an Bildern und Texten aus den Büchern der Unterweltsmythologie vorbei in das Grab steigen (Abb. 99). Hier bildet, von 17 Kammern und einem Wassergraben umgeben, das Innere des 30 m langen und 20 m breiten Saales eine Insel, meint symbolisch den vom Urmeer des Nun umflossenen Urhügel, aus dem der Kosmos geschaffen wurde, die direkte Beziehung zur Osiris-Legende. Das Wasser kommt in einem 17 m unter der gesamten Tempelanlage herangeführten Kanal vom Nil. Noch einmal in der Tempelachse liegen zwei Vertiefungen, sicherlich für den Scheinsarg (länglich) und für den Kanopenkasten (quadratisch). Im letzten Quersaal, parallel zur Osiris-Halle und den sieben Götterkapellen, stand unter einem Satteldach der Königs-Kenotaph, umgeben von Bildern der Himmelsgöttin Nut an Wänden und Decken, mathematischen Vorschriften und astronomischen Texten und Zeichen. Einzigartig ist die Abbildung einer Sonnenuhr mit Beschreibung und Gebrauchsanweisung: mittags soll sie so ausgerichtet sein, daß ihr Schattenlot entfällt, abends soll sie um 180 Grad nach Westen gedreht werden. In Dreierschritten 3-6-9- usw. werden die Stunden mechanisch gemessen, was natürlich grobe Ungenauigkeiten ergibt, weil die vier Vormittags- und Nachmittagsstunden wie die zwei Morgen- und Abendstunden kaum berücksichtigt werden können, da zu ihrer Zeit »Gott Rê nicht leuchtet«.

Ob möglicherweise die Anlage dem Totentempel einer Pyramide entspricht, mag vermutet werden, daß aber eine treffliche Übereinstimmung mit Herodots Beschreibung der un-

MITTELÄGYPTEN: DENDERA

terirdischen Anlagen der Gîzeh-Pyramiden besteht (von denen man bisher noch nichts hat finden können, was aber zu vielen geistreichen Überlegungen Anlaß war) bleibt verblüffend: *»Zehn Jahre vergingen, bis diese Straße und die unterirdischen Kammern an dem Hügel, auf dem die Pyramiden stehen, fertig waren. Diese Kammern sollten als Grabkammern dienen, und er baute sie auf einer Insel, indem er einen Nil-Kanal hineinleitete«* (Cheops). ... *»und baute unter anderem auch eine Pyramide«* (Chephrên), *»die aber nicht die Maße des Cheops erreichte. Sie hat keine unterirdische Kammer, auch fließt kein Nil-Kanal hinein wie bei der anderen, wo das Wasser in einem künstlichen Bett eine Insel umspült, auf der Cheops selbst begraben liegt...«*

Kaum 300 m westlich des Sethos-Tempels hat sich Ramses II. sein zweites Grab anlegen lassen, einen *Tempelbau*, der mit regelmäßigem Grundriß der Anlage seines Grabtempels in Theben, dem Ramesseum entspricht – hier leider bis auf etwa 2 m abgetragen und nur vom zweiten Hof ab noch einigermaßen erhalten, dennoch klar im typisch ramsessidischen Tempelschema: erster Pylon, erster Hof und von Osiris-Pfeilern getragene nördliche Säulenhalle (zerstört), zweiter Pylon und zweiter Säulenhof mit erhöhtem Pronaos, den man über flache Treppen erreicht, und dahinter zwischen Kapellen und Magazinräumen die Hypostyle und die heiligen Götterzimmer, wie üblich drei nebeneinander, das Sanktuar des Hauptgottes in der Mitte, links das des toten Königs, rechts das des lebenden Horus. Der Bedeutung dieses Zweitgrabes entsprechend ließ Ramses II. sehr feinkörnigen, kostbaren Sandstein und roten und schwarzen Granit verarbeiten und auch optisch rahmend als Laibungen oder Türstürze einfügen, so daß allein schon aus dem Material sich eine harmonische Farbigkeit ergeben mußte, die mit vielen und farblich noch vorzüglich erhaltenen Malresten an der feinen Flachreliefierung selbst noch in der Ruine verstärkt zur Geltung kommt. Auch wenn man der weitverbreiteten Ansicht teilweise zustimmen möchte, daß das Zeitalter von Ramses II. künstlerisch einen Niedergang eingeleitet hat, so macht zumindest dieser frühe Tempelbau eine Ausnahme. Vorzüglich sind die weichen Flachreliefs, gekonnt die eleganten stimmenden Linien, die sich in Ausdehnung und Form voll dem verfügbaren Raum einpassen (Abb. 100). Wenn schon nicht mehr aus der thebanischen Meisterschule – was man doch vermuten könnte –, so müssen die Künstler von Abydos aus einem recht qualifizierten Atelier gekommen sein. Und was die sogenannte Dekadenz anbelangt, so gilt es zu bedenken, daß Ramses II. später im Verlaufe seiner 67jährigen Regierungszeit, die mit dem gewaltigen Bauboom Ägyptens verbunden bleibt, gar nicht in der Lage war, so viele Architekten, Baumeister, Steinmetzen und künstlerische Entwerfer aufzutreiben und eben auch mit dem Durchschnitt vorlieb nehmen mußte, und daß neben Meisterlichem auch Mittelmaß und sogar Schlechtes geschaffen wurde. Wo keine Kunst ist, kann es auch keine Dekadenz geben.

Alle anderen Kultbauten um Abydos sind zerfallen und vom Wüstensande wellig überdeckt, die Reste nur noch für den Archäologen interessant, Tempelrelikte von Sesostris III. und Amenemhêt III., das alte, erste Osiris-Heiligtum und die Burg Schûnet es-Sebîb, Ibis- und Hundefriedhöfe und weiter weg die antiken Steinbrüche von Nag el-Ghabât.

Dendera

Fast 1200 Jahre liegen zwischen den Tempelbauten von Abydos und Dendera, wo seit den frühen Altreich-Zeiten der Ortsgöttin Hathor Heiligtümer (erwähnt in Schriften bei Cheops und Pepi I.) errichtet und mehrfach umgebaut und erneuert wurden, bis

Hathor-Tempel in Dendera
1 Brunnen
2 Tor
3 Geburtshaus
4 Koptische Kirche
5 Geburtshaus
6 Hof
7 Sanatorium (röm. Bad)
8 Brunnen
9 Heiliger See
10 Isis-Tempel

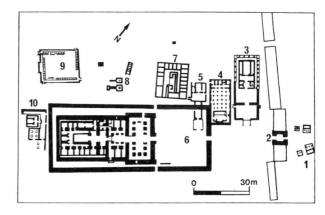

schließlich die letzten Ptolemäer in einem großen Wurf den Bauplan des noch heute so gut erhaltenen Hathor-Tempels realisierten, der dann von den römischen Kaisern Domitian, Nero und Trajan zu Ende gebaut wurde (Abb. 101–109). Geweiht war er der Triade von Dendera: Hathor (Abb. 103), ihrem Gemahl, dem Falkengott Horus von Edfu, und ihrem Sohn Ihi (Abb. 109), gebaut wurde er im alle Zeiten überdauernden Grund-Tempelbauschema Ägyptens innerhalb eines langgestreckten Ziegelmauerrechtecks von 290 × 280 m, die Tempelachse fast genau der Nord-Süd-Linie angeglichen, ein Beweis mehr für den ägyptischen Hang zur Beständigkeit, zu Dauer und Achtung vor dem schon durch ihr Alter geheiligten Formen, auch wenn ihnen in Details und mit großer Erfindergabe neue Elemente beigefügt wurden. Sie leiteten in der Harmonie keinen Mißton, in der Ausführung keinen Stilbruch ein.

Da ist zuerst die *Hathor-Säule* zu nennen (Abb. 105), die, an sich zwar älter, hier betont eingesetzt wird, besonders in der Tempelvorhalle, 24 voluminöse Säulen mit je 4 Gesichtern der Göttin, darüber gewaltige Sistren, die wie eine Riesenorgel die mächtige Decke tragen. Das ist kein Zufall, sondern Regie. Der Göttersohn Ihi war ja der Gott der Musik und die Rassel (das Sistrum) ein Kultinstrument der Hathor, so daß gleich im Pronaos jener Göttin musikalisch gehuldigt wurde, die auch die Schutzherrin des Tanzes, der Musik, der Freude und der Liebe war.

Alle Tempel der Spätzeit haben Geburtshäuser, *Mammisi**, in denen sich Jahr für Jahr wieder das Mysterium der Geburt des göttlichen Kindes vollzog, wo die Tempelgöttin verweilen konnte, um in ritueller Zurückgezogenheit die »unreine« Zeit des Wochenbettes zu verbringen. Ganz ähnlich den Reliefbildern an den Wänden wurden die göttlichen Mysterien auch szenisch dargestellt und gefeiert von einer, wie man auf vielen Bildern deutlich erkennt, beglückten, freudetrunkenen Menschenmenge.

---

* *Mammisi, das = von altägyptisch bu-mesjet*, Ort der Geburt; koptisch *ma-misi;* eingeführt von Champollion.

MITTELÄGYPTEN: DENDERA

Dendera hat zwei Mammisi (Abb. 101), ein älteres von Nektanebôs I. mit hübschen Reliefbildern zur Geburt des musikalischen Ihi, ein jüngeres, römisches mit eigenartigen Bes-Figuren, Statuen des Gottes der Wöchnerinnen (Abb. 104). In der Regel gab man den Geburtshäusern die Form eines offenen Tempels mit einem einzigen, von verbundenen Säulen umgebenen Raum, hier ist es ein Peripteros mit dem Geburtszimmer im Allerheiligsten.

Denderas weitere Besonderheit sind 12 Krypten, sehr enge, vollkommen dunkle und schwer zugängliche Gänge und Kammern, die in drei Etagen übereinander in die dicken Tempelmauern eingebettet sind, und die nur hier mit vorzüglichen Reliefs geschmückt wurden. Über Sinn und Zweck der Krypten ist man sich noch längst nicht im klaren, die Deutung, es seien diebstahlsichere Magazine für Kultgeräte, Schreine, Statuen und den Tempelschatz gewesen, könnte zutreffen, wenn man die Darstellungen an den Wänden der Krypten als Leitmotive nimmt. Da sie erst nach dem Untergang der nationalägyptischen Dynastien angelegt wurden, könnte man ebensogut folgern, sie sollten den Tempelschatz und das altehrwürdige und nur dem Pharao vorbehaltene Kultgut hüten, bis in einer erhofften, besseren ägyptischen Zukunft die alten Riten zu neuem Ansehen kommen würden. Glaubhafter mag sein, daß es sich um magisch zu verstehende Göttergräber, Erinnerungen an Allerheiligstes frühester, animistischer Zeiten handelt; in der absoluten Dunkelheit und Abgeschlossenheit sollte der bestattete Gottesleib die Kräfte gewinnen, die ihm eine Wiedergeburt sichern.

Der Wandschmuck des Tempels ist vorzüglich erhalten, ob an den Schranken der Vorhalle, der Mammisi (Abb. 107), in den Säulensälen, im Allerheiligsten, den Treppenwänden oder im Osiris-Heiligtum auf dem Tempeldach. Allein die Decke der Vorhalle zeigt in sieben Feldern astronomische Motive, fliegende Geier, die Mondphasen, Sonnenlauf, Tag- und Nachtstunden mit Barken und verkörperten Sternbildern und die Himmelsgöttin Nut mit Tierkreiszeichen, alles sehr ›ägyptisch‹, während die Wandreliefs sonst die üblichen Opferszenen in einer auffallend vom griechisch-römischen Stile beeinflußten Manier wiedergeben, römische Kaiser, Augustus, Tiberius, Caligula, Claudius und Nero, als Pharaonen mit Weihegeschenken und opfernd vor den Göttern Ägyptens.

Dem im altägyptischen Tempelbauschema höchstens dem Tempelastronomen vorbehaltenen Dach kam zu ptolemäischer Zeit besondere Bedeutung zu, und es entstanden meist mehrere dem Kult dienende Gebäude, hier vor allem ein kleiner offener Kiosk mit zwölf hübschgesichtigen Hathor-Säulen und die Osiris-Kapelle, in der zum Neujahrsfeste das Mysterium der Vereinigung mit der Sonnenscheibe – die Vereinigung der Göttin mit ihrem Vater Rê – gefeiert wurde, wozu man das Hathor-Bild auf das Tempeldach trug. Auf der gegenüberliegenden Seite des Tempeldaches feierte man in mehreren Kapellen im Monat *choiak*, dem vierten des ägyptischen Kalenders, die Mysterien des Leidens und der Auferstehung des Osiris, und dort ist heute an der Decke die Kopie (Original im Louvre) des ›Tierkreises von Dendera‹ zu bewundern, eigentlich eine riesenhafte Himmelskarte mit den bekannten Sternbildern und den 36 wichtigen Dekansternen, die sowohl zur Bestimmung der jeweiligen Nachtstunde für den Tempelastronomen notwendig, aber auch als

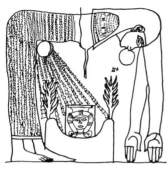

Himmelsgöttin Nut. Zwischen zwei Bergen mit Bäumen der Tempel von Dendera in der Mitte des Horizonts. Auf ihn treffen die Strahlen der Sonne, die von der Himmelsgöttin Nut geboren wird.

Schutzgeister für den Tempel erwünscht waren.

Vom Dach des Tempels übersieht man bequem alle Nebenanlagen: den hinteren Isis-Tempel, den heiligen See und den Brunnen davor, der zum Tempel gleichsam die lebenerhaltende Nabelschnur mit dem Urwasser des Nun, aus dem alles Leben kommt, herstellt, zum römischen Bad (sanatorium), zu den beiden Geburtshäusern und zwischen ihnen zu den übersichtlich erhaltenen Fundamenten der koptischen Kirche aus dem 5. Jahrhundert mit Narthex, dreischiffigem Langhaus und Chor in Kleeblattform (Abb. 36). Ein Nebenraum vor der Westseite des Allerheiligsten aber birgt die Kostbarkeit des Tempels, den entzückenden Geburtstagskiosk der Göttin Hathor (Abb. 102), wo auf einem Deckenbild die Himmelsgöttin Nut in ihrer hier mehr stilisierten Himmelspose eben die Sonnenscheibe gebiert, die auch sogleich über das Hathor-Heiligtum von Dendera ihre Strahlen gütig ausgießt. Gekennzeichnet wird Dendera von zwei Bergen mit Bäumen, zwischen denen auf einer Stele ein Hathor-Kopf en face zum Beschauer blickt.

Das größte Bild nimmt die gesamte hintere Tempel-Südwand ein, um das Kultbild der Hathor in der Mitte und vor den Göttern von Dendera opfern Kleopatra und ihr Sohn Ptolemäus XV. Cäsarion den Göttern von Dendera (Abb. 108).

Theben

Zum zweiten Male gelang es, nach sozialen Wirren, Revolutionen und dem Zerbrechen des Reiches, einem Fürstengeschlecht aus Oberägypten, aus Wêset, der »Stadt«, wie Theben einst hieß, das Reich erneut zu einen. Als erster König der 11. Dynastie erscheint um 2133 ein König Antef I., dessen dritter Nachfolger Mentuhotep I., nach der Einnahme von Herakleopolis, ein wieder unter einer Krone vereinigtes Königreich Ägypten beherrschte. Erst seit dieser Zeit rückte der oberägyptische Gau ins historische Rampenlicht, und man weiß, daß in der bisherigen Hauptstadt Hermontis der falkengestaltige Gott Month verehrt wurde, welcher auch der aus diesem Orte stammenden Mentuhotep-Familie seinen Namen gab. Vom Amun-Kult in Theben erfährt man zum ersten Male in der 11. Dynastie, als die Antef-Sippe ihre Residenz nach Theben verlegte und dort dem Amun ein Heiligtum errichtete. Als schließlich Amun mit dem Sonnengott Rê zum Amun-Rê verschmolzen war, stand er ab der 12. Dynastie an der Spitze der ägyptischen Götterwelt, und seine Hauptstadt wurde Ägyptens politisch wie religiös bedeutendste, größte und wohlhabenste Metropole und war mindestens fünf Jahrhunderte lang die Weltstadt der damaligen Zeit. Homer schwärmt

THEBEN: GESAMTÜBERSICHT

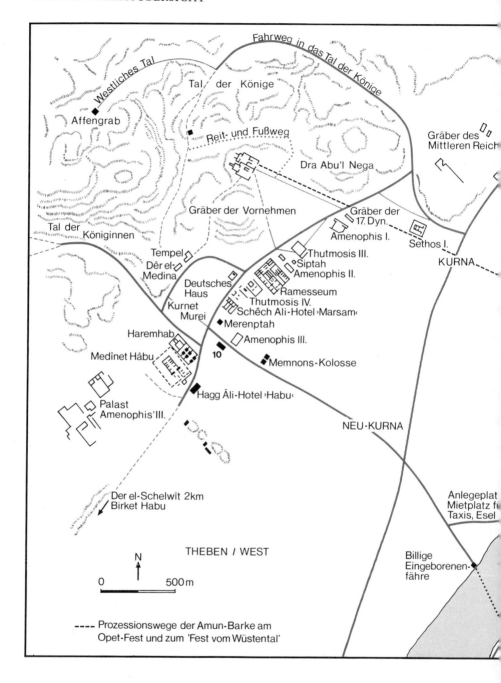

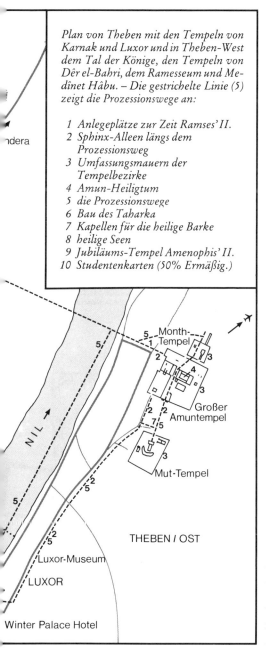

Plan von Theben mit den Tempeln von Karnak und Luxor und in Theben-West dem Tal der Könige, den Tempeln von Dêr el-Bahri, dem Ramesseum und Medinet Hâbu. – Die gestrichelte Linie (5) zeigt die Prozessionswege an:

1 Anlegeplätze zur Zeit Ramses' II.
2 Sphinx-Alleen längs dem Prozessionsweg
3 Umfassungsmauern der Tempelbezirke
4 Amun-Heiligtum
5 die Prozessionswege
6 Bau des Taharka
7 Kapellen für die heilige Barke
8 heilige Seen
9 Jubiläums-Tempel Amenophis' II.
10 Studentenkarten (50% Ermäßig.)

in der Ilias: »*Thebai, Aigyptos' Stadt, wie reich sind die Häuser an Schätzen. Hundert hat sie der Tore, es ziehen aus jedem zweihundert rüstige Männer zum Streit mit Rossen daher und Geschirren.*«

Die ersten Schatten auf diese strahlende Gold- und Götterstadt warf der aus dem Übermaß der Macht seiner Amun-Priesterschaft resultierende Reformversuch des Echnaton. Die Verlegung der Residenz zurück ins Delta reduzierte ihre politische Stellung; der Einfall der Assyrer stieß sie vom Thron ihrer Macht, als kurz nach König Taharkas Tod 663 Assurbanipal sie nahm und Kambyses sie 525 endgültig zerstörte. Die Ptolemäer verurteilten sie politisch zu provinzieller Bedeutungslosigkeit, und nach einem Aufstand ihrer steuerlich ausgepumpten Restbewohner ließ sie der römische Statthalter Cornelius Gallus zum dritten Male zerstören. In den Ruinen nisteten sich die Ärmsten ein, und Christen verwandelten Tempel in Kirchen und Klöster, zerstörten ›heidnische‹ Bildwerke oder verbrannten sie zu Kalk. Thebens Ruhm jedoch und seine geistige Kraft sind geblieben, und zu den noch immer großartigsten Ruinen des alten Ägypten pilgern seit zweitausend Jahren interessierte Touristen.

Zum Gebiet von Theben gehören *Luxor* und *Karnak* mit ihren Tempeln auf der rechten, östlichen Nil-Seite und gegenüber auf der westlichen die *Nekropolen* mit ihren *Totentempeln*, den *Königs- und Königinnengräbern*, den Friedhöfen der Vornehmen und der Nekropolen-Arbeiter, ein Kerngebiet von 25 Quadratkilometern, um die wahrhaft gigantischen Ausmaße (und die dafür einzuplanende ›Besichtigungszeit‹) mit einer konkreten Ver-

THEBEN: GROSSER KARNAK-TEMPEL

gleichszahl auszudrücken. Jedes thebanische ›Objekt‹ hat für sich allein bisher Bücher und Bände gefüllt, wir wollen wenigstens das Interessanteste, Schönste und Bedeutendste im Theben-Bereich vorstellen.

Der große Karnak-Tempel

Karnak ist kein Tempel im üblichen Sinne, keine normale Anlage, die, sorgfältig überlegt, nach einem festen Plan geschaffen wurde, eher eine monströse, riesenhafte Tempelstadt, in der vom Mittleren Reich an (11. Dynastie) bis zu den Römern fast alle Könige gebaut, umgesetzt, erweitert, verbessert und ohne Symmetrie oder gar Logik Bauteile angebaut und vergrößert haben, so daß man heute, noch dazu in einem Ruinenfeld, Schwierigkeiten hat, sich zu orientieren. Hinzu kommt, daß die ältesten Tempelteile ›hinten‹ um den Mittelreichs-Tempel liegen und von da aus der Komplex langsam nach ›vorn‹ und seitwärts wachsend sich ausgeweitet und mit bereits vorhandenen drei Hauptkomplexen überschnitten hat, so daß man heute vom Eingang am 1. Pylon aus der jüngsten letzten Tempelbauepoche gleichsam rückwärts zum Baubeginn der Kultstätte wandert. Das sollte man im Auge behalten.

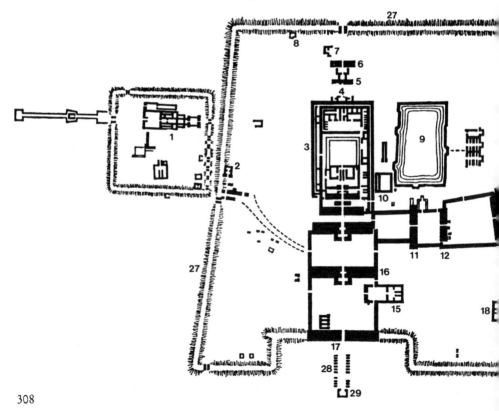

Vor dem Anfang der Allee mit Widdersphingen, die als flankierende Hüter den Zugang zum Tempel vor schädlichen Einflüssen schützen sollten (Abb. 125), stehen zwei kleine Obelisken von Sethos II. bei den Nilstandanzeigern an der einstigen Kaimauer, wo die Barke des Amun bei Prozessionen und am Opet-Feste abfuhr und wieder anlegte. Aus der Ziegelumwallung, die den zentralen Tempelbezirk allseitig umgibt, wuchtet der erste Pylon 113 m breit, 43 m hoch und 15 m dick auf, der größte, aber nicht ganz fertig gewordene Torbau und zugleich das letzte Bauglied des Tempels aus der Zeit des Nektanebôs I. (30. Dyn.), der auch die mächtige Umfassungsmauer aus getrockneten Nilschlammziegeln errichten ließ, als er die von den Assyrern verursachten Schäden behob.

Als man den Pylon noch besteigen konnte, hatte man einen vorzüglichen Informationsblick über alle Tempelanlagen – heute muß man sich mit dem Luftbild am Wärterhaus und dem Grundrißplan begnügen und sich die komplizierte Geschichte des Heiligtums und seiner Teile vorzustellen versuchen.

Außerhalb der Umwallung gliedern sich im Nordosten der Tempel des Month, im Südwesten der Chons-Tempel (Abb. 154), nach Süden zu die seitliche Pylon-Hof-Tempelreihe bis zum 10. Pylon und weit im Süden der Bezirk des Mut-Tempels an. Mit 8000 m² Fläche (103 × 84 m) ist der große

Plan des Tempelbezirks von Karnak   1 Tempel des Month   2 Tempel des Ptah   3 großer Amun-Tempel   4 Gebäude Thutmosis' III.   5 Lateran-Obelisk   6 Tempel Ramses' II.   7 Kiosk des Taharka   8 Osiris-Tempel   9 Heiliger See   10 Skarabäus   11–14 siebenter, achter, neunter und zehnter Pylon   15 Tempel Ramses' III.   16 zweiter Pylon   17 erster Pylon   18 Chons-Tempel   19 Ipet-Tempel   20 westl. Sphinx-Allee   21 östl. Sphinx-Allee   22 Sphinx-Allee   23 Tempel Amenophis' III   24 Mut-Tempel   25 Heiliger See   26 Tempel Ramses' III.   27 Ziegelumwallung   28 Widderallee   29 Obelisken Sethos' II.

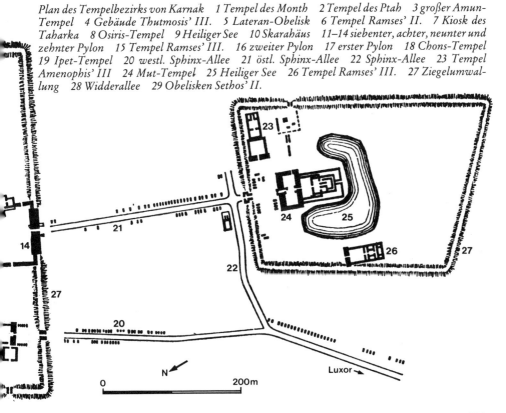

THEBEN: GROSSER KARNAK-TEMPEL

Hof der größte aller ägyptischen Tempel, er entstand in der 22. Dynastie. Die Widdersphingen von der ursprünglichen, bis zum heutigen 2. Pylon führenden, längeren Allee, als es diesen Hof noch nicht gab, wurden an beide Hofseiten versetzt, Säulenhallen beiderseits errichtet und von Taharka ein zentraler Kolonnadenbau erbaut, von dessen Säulen heute noch die eine steht, die das Bild des Hofes beherrscht (Abb. 127), Rilkes »eine«, die »Ägyptens Nacht« trägt – ein großer Kiosk, einst 21 m hoch über 10 Säulen, die auf 5 m messenden geöffneten Kapitellen den Abakus der Abdeckung trugen. Jetzt wurde auch das von Sethos II. damals noch vor dem Amun-Tempel errichtete Kapellenheiligtum für die thebanische Trais Mut-Amun-Chons in den Bereich des großen Hofes miteinbezogen. Während der 20. Dynastie, die von der Gunst der Amun-Priesterschaft stark abhängig war, hatte Ramses III. damals noch vor dem Eingangstor (heute 2. Pylon) zum Tempel, fast nordsüdorientiert, einen Pylon-Tempel für Amun errichten lassen (Abb. 134). Mit seinem Vorderteil ragt er heute in den Hof hinein. Er gehört mit dem Chons-Tempel (Abb. 154) zu den am besten erhaltenen Bauten in Karnak. Seitlich je 8, quer 4 Osiris-Pfeiler umstehen seinen Hof, 4 Säulen stützen die Decke der Vorhalle, 8 den Saal vor der dreiteiligen Götterkapelle – das typisch ramessidische Tempelbauschema, bei dem dazu vom Tempeleingang her der Boden ständig ansteigt bis zum Allerheiligsten.

Als der heutige 2. Pylon noch Tempeleingang war, führte eine Kolonnade weiter zum Heiligtum. Amenophis III. hatte sie erbaut, heute die jeweils beiden ersten Säulenreihen beiderseits der zwölf Mittelsäulen. Während in der 19. Dynastie der beühmte Säulensaal (Abb. 127, 129–131) entstand, ließ Ramses II. vor dem zweiten Pylon kolossale Granitfiguren von sich selbst aufstellen und das kleine Vestibül mit Reliefs schmücken, ein einst wahrhaft imposanter 29,50 m hoher Tempeleingang am Ende der langen vom Nil herführenden Widdersphinx-Allee. Heute steht dort zusätzlich eine Rosengranitstatue des Pinodjem, ein neuerer Grabungsfund (Abb. 128).

Der zweite Pylon stammt aus der Zeit von Haremhab (18. Dynastie) und wurde unter Ramses I. fertiggestellt, noch bevor Sethos I. und Rames II. den Kolonnadengang des Amenophis III. endgültig zum großen Säulensaal ausbauten. Er ist zweifellos der bedeutendste und wohl auch berühmteste Bauteil des Tempels, ein Weltwunder der Antike, adäquat der politischen Wirklichkeit, die Ägyptens Grenzen sich erweitern sah, und in wohlüberlegter Absicht nicht ins Gigantische, wie beim Pyramidenbau, sondern ins Feierliche gesteigert, damit man im Schauer die Allmacht des Gottes fühle. Auf 5356 Quadratmetern (Kölner Dom 6166 m²) tragen in 16 Reihen 134 Sandsteinsäulen das Dach, wobei die beiden mittleren Säulenreihen längs des Prozessionsweges und der Tempelachse mit 24 höheren, dickeren Säulenschäften aus Halbtrommeln (1,10 m hoch, 2,00 m im Durchmesser, 6,40 m Umfang) und weitgeöffneten Doldenkapitellen (Farbt. 19; Abb. 129), die der Seitenschiffe um gut 10 m überragen. Diese niedrigen Säulen der Seitenschiffe enden in geschlossenen Blütenkapitellen und sind 13 m hoch (Abb. 130, 131).

Weil der ägyptische Säulensaal symbolisch einen heiligen Hain, die Säulen also Bäume darstellten, mußte die Säulenstellung dem angepaßt sein. Mann kann nur jeweils rechts oder links vom Hauptgang rechtwinklig in die schluchtartigen Gänge, nie aber diagonal durch den Raum sehen, denn der Saal war Symbol, diente dem Prozessionsweg als Rahmen. Er hat mit der uns geläufigen Vorstellung eines Saal-Raumes nicht das geringste zu tun und war niemals Versammlungsraum für eine Menschenmenge. Verblüffend einfach wurde der Säulenwald aufgestellt. Man setzte erst sämtliche unteren Säulentrommeln auf ihre Basen, füllte dann den gesamten Innenraum – ein Querraum von 103 m Breite und 53 m

Länge – mit Ziegelschutt und Sand soweit auf, daß man bequem die nächsten Trommellagen aufsetzen konnte, nivellierte wieder mit Schutt, setzte die nächste Schicht und so fort, bis die Höhe der Architrave erreicht war und die Deckenplatten aufgelegt werden konnten. Beim Abbau der Schuttfüllung konnten die Reliefs in gewünschter Höhe ausgehauen und bemalt werden. Im oberen Bereich der erhöhten Mitteljoche – das früheste Beispiel einer Basilika – ließen große steinerne Gitterfenster genügend Licht in den Mittelgang fallen, hoben ihn hervor und betonten die Hauptrichtung; durch kleine Dachöffnungen in den Decken der Seitenschiffe fielen dagegen nur diffuse Lichtbündel in den Saal, so daß man von den Reliefarbeiten an Deckenplatten, Architraven, Säulen und Wänden wohl nur wenig erkannte. Sie sind in verschiedenen Steinmetztechniken und unterschiedlicher Qualität ausgeführt. Während die Bildreihen der nördlichen, linken Saalseite von Sethos I. im feinen erhabenen Relief gearbeitet sind, tragen die der südlichen, rechten Seite von Rames II. gröberes, unscharfes, vertieftes Relief. Solche Zweiteilung in Sethos und Ramses bleibt auch an den Außenwänden des Saales erhalten, große Flachreliefs mit erregenden Szenen von den Kriegserfolgen des Sethos I. in Syrien, Palästina und Libyen an der Nordwand (Abb. 139, 141), angefangen beim Fällen von Zedern im Libanon für die Kriegsschiffe des Königs, dann die Schlacht bei Kanaan, Belagerung und Eroberung der Wasserfeste Jenoam, Sieg und Gefangene für die Götter, noch einmal Kämpfe zwischen Palästinensern und Ägyptern am Grenzkanal, der von Fischen und Krokodilen wimmelt, bis der König dann unter Jubel wieder zu Hause empfangen und von den Göttern belohnt wird, während er ihnen opfert.

Ebenso grandiose Reliefwerke zeigen an der Ostwand die Siege des Königs Rames II. über die Palästinenser, vor allem eine Inschrift von Scheschonk I. (in der Bibel Sisak) zum Siege über den Sohn Salomons, Rehabeam von Juda, mit physiognomisch trefflichen Darstellungen personifizierter palästinensischer Städte (Abb. 144), sowie der Text des Friedensvertrages zwischen Rames II. und dem Hethiter-König Hattussili III. im Jahre 1278. Er wurde in der ramessidischen Residenz in Tanis geschlossen und beendete jahrzehntelange Kriege zwischen beiden Staaten. Die Ausfertigung für die Hethiter fand man in babylonischer Keilschrift auf einer Tontafel in Boghazköy (Nähe Ankara) – zwei der ältesten Urkunden eines internationalen Vertrages.

Den 3. Pylon hatte Amenophis III. errichten lassen, er ist heute sehr zerstört. In seinem Füllmaterial fand man Hunderte von Bauresten aus anderen, älteren Teilen des Tempels (von Sesostris I., Amenophis I., Hatscheput), aus dem man einen Alabasterschrein von Amenophis I. und eine Stationskapelle von Sesostris I. rekonstruieren und wieder zusammensetzen konnte (Arbeit des franz. Architekten H. Chevrier; Abb. 135–137). Beide gehören zu den ältesten Gebäudeteilen des Amun-Tempels. Aufgestellt wurden sie im Magazinteil der Altertümerverwaltung nahe der Rückseite des 1. Pylons, können aber nur mit besonderer Genehmigung besichtigt werden. In dieser Stationskapelle wurde bei Prozessionen die Götterbarke wie unter einem Baldachin abgestellt. Deshalb führen zu einem allseitig offenen Raum von zwei Seiten schräge Rampen hinauf, und alle Pfeiler, Wände und Rampenwagen sind von vorzüglichen Reliefs und Texten zum Kult des ithyphallischen Amun-Min geschmückt, bis zum Äußersten verfeinerte Meißelarbeiten, die sicherlich ein Qualitätsoptimum dieser Kunst des Mittleren Reiches repräsentieren (Abb. 136, 137).

Zwischen dem 3. und 4. Pylon standen in einem Mittelhof einst vier Obelisken, zwei von Thutmosis III., zwei von Thutmosis I. (Abb. 145). Gerade dieser König hat viel zum Ausbau des eigentlichen Tempels getan. Schon vor ihm hatte in jenem Mittelhof Königin Hatschepsut aus edlem Quarzgestein eine Barkenkapelle

THEBEN: GROSSER KARNAK-TEMPEL

aufstellen lassen, um die herum jene vier Obelisken standen, und von denen die beiden des Thutmosis I. den damaligen Tempeleingang am heutigen 4. Pylon flankierten. Nur einer von ihnen ist erhalten geblieben, 20 m hoch auf einer Sockelplatte von 2 m Seitenlänge, 130 Tonnen schwer. Außerdem ließ der König die heute als 4., 5. und 6. Pylon bezeichneten Tempeltürme errichten, die nun unmittelbar vor dem, an der Stelle des zerstörten Mittelreichs-Tempels (vgl. Abb. 149) erbauten, neuen Amun-Tempel standen. Dann baute Ägyptens bedeutendster Feldherr Thutmosis III., der Rivale und Nachfolger der Königin Hatschepsut, am Karnak-Heiligtum besonders viel um und aus. Vor allem ließ er, nachdem seine beiden eben genannten Obelisken aufgestellt worden waren, die Steinnadeln seiner verhaßten Tante bis zum Tempeldach hoch herum vermauern, um sie magisch wirkungslos zu machen; sie zu zerstören wagt er nicht, da sie Gott Amun geweiht waren. Viel später allerdings störte das Rames III. wenig, und er ließ die oberen, über das Tempeldach ragenden Teile in seinem Namen usurpieren.

Die beiden Hatschepsut-Obelisken waren diejenigen, deren Schiffstransport von Assuan her Königin Hatschepsut als Reliefbild im Dêr el-Bahri-Tempel anbringen ließ, und die nach der stolzen Inschrift dort in nur sieben Monaten aus hartem Granit geschlagen und bis zur Politur fertiggestellt worden waren, damit sie rechtzeitig zum Regierungsjubiläum der Königin aufgestellt werden konnten. Ein Obelisk ist unterdessen umgestürzt (Abb. 143). Der stehengebliebene rechte Obelisk (Abb. 145) ist ebenfalls 29,50 m hoch, 322 Tonnen schwer und allseitig mit Inschriftenbändern und Re-

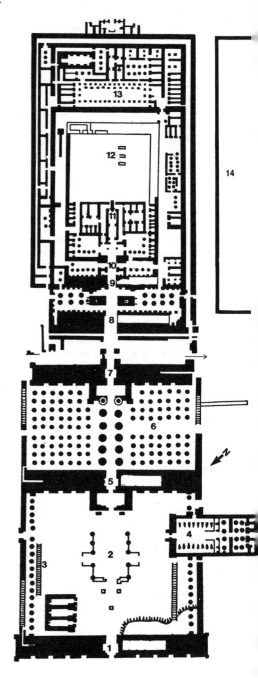

Plan des großen Amun-Tempels 1 erster Pylon 2 großer Hof 3 Widder-Sphingen 4 Tempel Ramses' III. 5 zweiter Pylon 6 großer Säulensaal 7–10 dritter bis sechster Pylon 11 Allerheiligstes 12 Reste des Tempels aus dem Mittleren Reich 13 große Festhalle 14 Heiliger See → Prozessionsweg

liefs geschmückt, Bilder der Pharaonen Hatschepsut, Thutmosis I. und III. bei Opferhandlungen vor Gott Amun.

Während der Amarna-Periode ließ Echnaton den Namen »Amun« aus dem Stein tilgen, Sethos I. ließ ihn wieder einmeißeln: das ist an beiden Obelisken gut zu erkennen. Dann ließ Thutmosis III. die Osiris-Statuen des Thutmosis I. von der Umfassungsmauer rechts und links der Hatschepsut-Obelisken im Saal vor dem 4. und 5. Pylon aufstellen und änderte den Durchgang zwischen 5. und 6. Pylon, den er umbauen ließ; dort wurde die berühmte Zusammenstellung aller von ihm unterworfenen Städte und Völker angebracht. Aus dem anschließenden Sanktuar der Königin Hatschepsut machte er ein Vestibül, in dem zwei granitene Wappenpfeiler aufgestellt wurden (Abb. 147), einer mit dem Lotos von Oberägypten (südlich rechts), der andere mit dem Papyrus von Unterägypten (links). Hier, unmittelbar vor dem Allerheiligsten, sollten sie den absoluten Herrschaftsanspruch des Königs über beide Ägypten im Angesichte und aus der unmittelbaren Kraft Gottes Amun symbolisieren. Später stellte Tut-ench-Amun daneben rote Sandsteinbilder von Amun und dessen urverwandter Begleiterin Amaunet. Die Wände übezog Thutmosis III. mit seinen Annalen, den endlosen Nennungen von eroberten Völkerschaften – deshalb ›Annalen-Saal‹.

Dann betritt man das Allerheiligste, eine zweiräumige Granitkapelle, die Philippos Arrhidaios, der Bruder und Nachfolger Alexanders des Großen, 320 m in der Achse des Amun-Tempels und am Platze einer älteren Kapelle innerhalb der Hatschepsut-Bauten errichten ließ. Denn obgleich sich Karnak dreimal gegen die Ptolemäer-Herrschaft erhoben hatte, unterließen diese es bewußt nicht, in Karnak am Tempel des alten Reichsgottes von Ägypten weiterzubauen, um ihrer vollen Autorität als rechtmäßige Könige besonders in der Masse des ägyptischen Volkes Geltung zu verschaffen. Das dunkle Sanktuar öffnet sich der Sonne zu, ist zweitürig in der Längsachse mit einer Kammer nach Osten, mit der anderen nach Westen, um dem Götterbild und der heiligen Barke jederzeit die Verbindung mit dem lebenspendenden Gestirn zu ermöglichen. Der Barkensockel ist erhalten, innen wie außen sind die Wände mit farbigen Reliefs überzogen, durchweg Szenen zu kultbezogenen Handlungen (Abb. 148).

In den umliegenden, wenig übersichtlichen Räumen der Hatschepsut, steht noch ein kleiner Granitaltar von Thutmosis III., der, gerade an diesen Wänden besonders deutlich, die Namen seiner Rivalin ausmeißeln ließ.

Über den Hof, einst der Kern des Tempels aus dem Mittleren Reich und also der älteste Teil des Amun-Tempels überhaupt, von dem nichts mehr als Steinblockrelikte geblieben sind (Abb. 149), schaut man zum quergelegten großen Festsaal des Thutmosis III., auch *achmenu* genannt. Sein Haupteingang lag im Südwesteck (nicht wie heute in der Mitte), so daß jeder Opfergang oder die Prozessionen von dorther längs dem basikal erhöhten Mittelschiff zu den drei Götternischen ziehen konnten. Damit die Barkenträger nicht stolperten, wurden die Säulenbasen zur Mitte hin abgeschnitten. Gleich neben dem Portal fand man in einer deshalb »Ahnenzimmer« genannten Kammer die sogenannten »Königstafeln von Karnak« (jetzt im Louvre), ähnlich etwa der Königsliste von Abydos: der König, hier Thutmosis III., und die Kartuschen von 62 seiner Vorgänger aus der Frühzeit bis in die 18. Dynastie, denen er Opfer darbringt.

Der 44 m lange Querbau war als ›Festzelt‹ gedacht, und seine 2 × 12 Säulen des höheren Mittelschiffs tragen eigenartige Glockenkapitelle, umgestülpte Kapitellformen, die anscheinend wenig Gefallen gefunden haben, da man sie später kaum noch verwendete (Abb. 150). Zwar haben die Schiffe niedrigere Pfeiler an den Außenseiten, die Gesamthöhe des Daches wird aber durch fünfkantige Decksteine und Aufsatzpfeiler wieder ausgeglichen. So konnte auch genügend Licht durch die Öffnungen zwischen den Aufsatzpfeilern in den Tempel fluten – ein eigenwilliges Bauwerk.

Von den angrenzenden Räumen verdient der »Botanische Garten« genannt zu werden, leicht auszumachen wegen seiner noch aufrecht stehenden vier Papyrusbündel-Säulen mit geschlossenen Kapitellen. Bis auf die halbe Höhe sind zwar die Wände abgetragen, erhalten blieben trotzdem feinlinige, sehr flache, zarte Reliefs (Abb. 152, 153): Pflanzen und Tiere, die Thutmosis III. aus Syrien mit nach Ägypten gebracht und teilweise sogar hier heimisch gemacht hat, wie z. B. das Haushuhn, das *»jeden Tag neu gebiert«*.

Im dahinter liegenden östlichen Trümmerfeld sind wirre Steinsetzungen vom unfertigen Osiris-Tempel des Thutmosis II. – der ansonsten wenig Interesse am Bauen in Karnak gehabt zu haben scheint – liegengeblieben, und ein Tempel von Ramses II., der von Taharka noch einmal erweitert wurde. Von hier holte Kaiser Konstantin den 30,70 m hohen Obelisken in den römischen Circus Maximus, bis ihn 1587 Papst Sixtus zum Lateran versetzen ließ.

Das Osttor (Abb. 151) beschließt die 450 m lange Tempelachse und bildet einen der Durchgänge im östlichen Teil der hier fast 19 m hohen Umwallung des Nektanebôs I.

Der »Prozessionsweg« war eine Idee der Könige Hatschepsut und Thutmosis III. und sollte eine prächtige Verbindungsstraße mit Pylonen, Höfen und Tempeln zum Heiligtum der Göttin Mut werden. Sie errichteten also den 7. und 8. Pylon, denen sich später der 9. und 10. Pylon sowie die östliche Widdersphinx-Allee angliederten. Am Tor des Ramses IX. im Mittelhof zwischen 3. und 4. Pylon beginnt er (s. Plan S. 308/09). Links liegt das Rechteck des heiligen Sees (Abb. 126), der zu jedem Tempel gehörte, weil nach der gültigen Kosmogonie die Sonne einst aus dem Urwasser hervorging, was sich jeden Morgen ewig wiederholt. Treppen führen zu seinem Wasser hinab, in dem sich bei Tagesanbruch die Priester zu reinigen hatten; die Mysterienspiele wurden meist an seinen Ufern aufgeführt. Auch der Riesenskarabäus aus Granit (Abb. 146), den Amenophis III. gerade dort aufstellen ließ, war mit der Idee der Schöpfung verbunden und war, von Heliopolis kommend, als Gott Chepri mit Atum zu Atum-Chepri-Rê verbunden, an die Spitze der großen Neunheit getreten, der Gott der aufgehenden Sonne, der durch sich selbst entstanden ist. Daß ein so unscheinbarer Mistkäfer derart bedeutungsreich werden konnte, hat zwei Gründe. Der Käfer hieß altägyptisch *chepru* und mit seinem Bild als Hieroglyphe konnte das Verb *cheper* = entstehen, werden, sein, lautlich wiedergegeben werden. Außerdem rollt dieser Käfer stets eine rötliche Kugel vor sich her, was offensichtlich dem täglichen Lauf der Sonne zu entsprechen schien. So gab es seit altersher Skarabäen aller Größen, aus allen Materialien und mit allen denkbaren Inschriften und Sprüchen an ihrer Unterseite verziert. Der Herz-Skarabäus für den Toten war der wichtigste, denn ›*du bist der Gott, der in meinem Körper ist, mein Schöpfer, der meine Glieder erhält*‹.

Gleich neben dem großen Skarabäus liegt das Oberteil des umgestürzten Obelisken der Königin Hatschepsut, auf dem die Krönungsszene durch Gott Amun sehr exakt und in dünner Kontur eingeschlagen ist (Abb. 143). Hatschepsut in der Gewandung eines königlichen Prinzen vor Amun-Re kniend, ihrem Vater demütig den Rücken zugewendet, damit er mit seinen Armen die Hieroglyphe ›Lebenskraft‹, *Ka*, bilden und sie gleichzeitig mit der Gebärde *setep* segnen kann, ein von allen damals verstandener Affront gegen ihren Gatten, mit dem sie ja zur Thronbesteigung bereits gekrönt worden war und den sie nun derart düpiert mit einer zusätzlichen Krönung als die von den Göttern Zweifach-Erwählte. Auf gleicher Höhe vor dem 7. Pylon fand der französische Ägyptologe G. Legrain 1903 die berühmte

Cachette dort, wo einst ein Tempel aus dem Mittleren Reiche (Sesostris I.) und einer aus der frühen 18. Dynastie (Amenophis I.) gestanden haben muß (Funde). War am Beginn der ägyptischen Geschichte das Aufstellen einer Statue dem König vorbehalten, so konnte bereits im Mittleren Reiche jeder für seinen abgestorbenen Körper einen Ersatz skulptieren lassen, in dem die Seele Unterkunft finden, den Totenpriester hören und das Totenopfer genießen konnte. Die trübe Erfahrung aber, daß alle noch so gut gemeinten Totenkulte im Laufe der Zeit nachlassen und einmal ganz aufhören, zwang dazu, einen Platz zu finden, an dem der Verstorbene, wenn schon nicht mehr von seinen Angehörigen oder den Totenpriestern, wenigstens von Vorübergehenden ein Totengebet dediziert bekäme, um über den Wortzauber doch noch in den Genuß des Totenopfers zu gelangen und im Jenseits fortzuleben – die wiederholte Bestätigung für den stets unwandelbaren Wirklichkeitscharakter jeder ägyptischen Kultstatue. Bald müssen Höfe und Kolonnaden des stetig sich vergrößernden Amun-Tempels so voller Statuen gestanden haben, daß man sich zur Zeit von Ptolemäus III. oder IV. entschloß, in einer tiefen Grube die Statuen zu ›begraben‹. In 14 m Tiefe und teils im Grundwasser fand sie so Legrain, insgesamt 779 steinerne Bilder und 17000 aus Bronze, u. a. Statuen und Statuetten von fast allen bekannten Herrschern vom Mittleren Reich bis in die Spätzeit, Königinnen, Staatsmänner und Hohepriester, die alle, weil viele ihrer Statuen entsprechend beschriftet sind, zur Chronologie wie zur vergleichenden Kunstgeschichte und Ihrer Stilentwicklung ganz Entscheidendes beigetragen haben.

Den 7. Pylon flankieren sieben kolossale Granitstatuen von Königen aus dem Mittleren und dem Neuen Reiche, den 8. Pylon einst sechs, von denen eine mächtige Kalksteinskulptur von Amenophis I. am besten erhalten ist. Haremhab, der zweite Nachfolger des Tutench-Amun, ließ den 9. und 10. Pylon aus Steinblöcken von niedergerissenen Tempeln des Echnaton und des Tut-ench-Amun errichten, sein Kotau vor der Amun-Priesterschaft nach der für ihren Tempelkult beinahe tödlichen Episode von Amarna. Sehr glücklich wurde dabei die Front eines von Amenophis II. angelegten kleinen Tempelchens in den Hof zwischen den beiden Tortürmen miteinbezogen. Noch bevor Amenophis IV. (Echnaton) nach Amarna umzog, hatte er herausfordernd so nahe dem Amun-Heiligtum einen Aton-Tempel errichten lassen, der natürlich sofort nach seinem Tode der Zerstörung zum Opfer fiel und als Steinmaterial, sogleich oder später, in Neubauten Verwendung fand.* Bereits damals arbeiteten die Künstler des Königs im naturalistischen Amarna-Stil, wie Echnatons Königsstandbilder vom Peristyl oder die Wandreliefs aus seinem Tempel beweisen (Funde aus dem 9. Pylon und aus späteren Bauten). Tut-ench-Amun und König Eje dagegen weihten ihre Tempelbauten wieder dem Amun und beschrifteten Bilder, Statuen und Stelen ostentativ mit dem Namen des Gottes von Theben.

Neben den meist arg zerstörten übergroßen Statuenresten vor den Pylonenfronten sind manche Reliefs an den Stirnseiten der Pylone gut erhalten, in der Regel thematisch verfeinerte Kulthandlungen oder übergroß ein Pharao beim Niederschlagen seiner Feinde oder opfernd vor Gott Amun.

Während vom 10. Pylon die östliche Widdersphinx-Allee zum Mut-Tempel abgeht, verläßt die westliche Sphinx-Allee am Tor des Euergetes I. (Abb. 160) den Amun-Tempelbezirk und strebt dem Luxor-Tempel zu.

---

* Dieser Gem-Pa-Aton-Tempel entstand um 1365. Neueste Freilegungen von Tempelmauern und Fundamenten lassen vermuten, daß das Aton-Heiligtum um einen bis 300 m langen Hof mit von Echnaton-Statuen geschmückten, rechteckigen Pfeilerhallen erbaut war.

THEBEN: KARNAK, MONTH- UND PTAH-TEMPEL / LUXOR

Tempel des Chons (s. Plan S. 144)

Ramses XI. ließ die Reihe der Sphingen an der Allee zum *Chons-Tempel* aufstellen, welcher Chons, dem Sohn von Amun und Mut geweiht war, vor jenem Tempel, den Ramses III. so lange vor ihm begonnen hatte und der erst von Herihor fertiggestellt wurde (Abb. 154–156). Noch immer gilt er als das klarste und beste Beispiel der Entwicklung des ägyptischen Tempels im traditionellen Schema: Sphinx-Allee – Pylon – Säulenhof – Vorhalle – Säulensaal –, Allerheiligstes und Nebenräume und Kammern (s. dazu Seite 144 ff.) und entspricht tatsächlich, um K. Michalowski zu wiederholen, dem »auseinandergezogenen Balg« einer Kamera, wobei am Platze des Films der Pylon, an dem der Linse das Götterbild im Allerheiligsten steht; im Verlaufe der axialen Ausdehnung wird jeder der einander folgenden Räume zum Heiligtum hin gleichzeitig schmäler und durch Senken der Decken wie Anheben der Fußböden niedriger. Klar sind die äußeren, dem Volke zugänglichen Tempelräume von den inneren, nur den Priestern und dem König zugänglichen Zimmern getrennt (Hof – Volk; Hypostyl – Würdenträger, Adel; Sanktuar – Priester, König) und konnten durch zwei Prunktore verschlossen werden.

Die Dreiteilung des Allerheiligsten ist hier anhand von drei hintereinanderliegenden Räumen durchgeführt: die Barkenzelle mit dem erhaltenen Sockel (Abb. 155), die Vorzimmer mit vier Säulen und dahinter an der Tempelwand ein dunkles Zimmer, die Wohnung des Gottes Chons zwischen den Zimmern für die Nebengötter. Fast alle Wände des Tempels sind mit religiösen Szenen bedeckt, und unter den Steinplatten des Barkenzimmers fand man die ausdrucksvolle Chons-Statue (jetzt in Kairo), die zur Zeit von Tut-ench-Amun das Kultbild war, von einem der Ramsesse aber dort ›beigesetzt‹ worden ist, weil sie ihr Götterbild in der hintersten Kammer aufgestellt hatten. Weshalb man dort eine Tür ins Freie brach und später wieder zumauerte, ist unklar. Vermutlich gab es unter den zwei Säulen hinter der Tempelmauer einen geheimen Orakelraum(?).

Seit altersher war das Orakelwesen in Ägypten hoch im Schwange, und eigentlich alles und jedes konnte man vom Orakel erfragen, wie eine Reise ausgehen wird, ob man heiraten soll, wo man das Gestohlene wiederfindet usw., ebenso Fragen der Könige, ob man einen Feldzug führen solle und wie er wohl ausgehen werde. Während einer Prozession befragt, antwortete der in der Barke getragene Gott mit ›ja‹, wenn die Träger weiter vorwärts schritten, mit ›nein‹, wenn sie einen Schritt zurück taten. Unter der Herrschaft der Priesterkönige befragte man in Theben das Gottesorakel besonders oft und richtete sich in allen Staatsangelegenheiten gerne nach ihm.

Das Tempeldach kann bestiegen werden – wegen der großartigen Aussicht und zur weiteren Orientierung nur zu empfehlen.

Unmittelbar an der Tempelwestseite, und nicht wie eigentlich üblich hinter der Hauptfront, steht ein von Eugetes II. erstelltes Ipet-Heiligtum für die nilpferdgestaltige Göttin (Abb. 157), ein Geburtshaus, in dem die zu seiner Zeit herrschende Vorstellung, daß nicht nur das gesamte Gebäude, sondern jeder Raum ein Abbild der Welt sei, derart detailreich im Wand- und Säulendekor durchgeführt ist, daß alle Kammern, Korridore und das mit Hathor-Säulen geschmückte dunkle Niederkunftszimmer bedeutungsbezogen und lückenlos auf jeder Fläche eng mit Reliefbildern und Inschriften bedeckt sind. Wie in Abydos meinte man auch vom Ipet-Heiligtum, das Haupt des Osiris sei hier begraben, und deshalb gibt es zusätzlich noch eine tiefdunkle Krypta, die, überschwenglich dekoriert, als der Kenotaph für den Gott anzusehen ist.

Tempel der Mut (s. Plan S. 308/09)

Von ihm selbst ist fast nichts erhalten, obgleich er einmal Thebens zweitgrößter Tempelbau war, der im Schema ganz dem des Chons entsprach. Amenophis III. hat ihn erbauen lassen. Hufeisenförmig umschlingt der heilige See das Tempelende, sollte einerseits den Tempel der löwenköpfigen Mut beschützen wie andererseits vor der ebenfalls löwenköpfigen Sechmet, die für Krankheit und Kriege verantwortlich war, bewahren. Ihre einst 574 steinernen Katzenstandbilder (Bastet-Katze) zierten vor dem Tempel den Prozessionsweg – die Mehrzahl von ihnen ist in alle bedeutenden Museen der Welt gebracht worden, der Rest sitzt zwischen Steintrümmern und Dornen im Sand der Tempelhöfe (Abb. 158). Von den kleinen Tempeln des Amenophis III. und Ramses III. noch innerhalb der Umfassungsmauer ist fast nichts mehr geblieben.

Tempel des Month (s. Plan S. 308/09)

Im nördlichen Bereich von Karnak kann der *Tempel des Month* z. Z. nicht besucht werden. Gott Month war einst der Hauptgott von Theben und wurde später zum falkenköpfigen Kriegsgott der Könige der 11. Dynastie. Ihm errichtete Amenophis III. dieses Heiligtum, das nur noch in kaum zu übersehenden Steintrümmern erhalten ist. Erst nach Abschluß der Restaurierungsarbeiten wird man die Anlage als die erkennen, wie sie heute der Plan aufzeigt. Das nördliche hohe Tor blickt aus der Nilschlammziegelumwallung entlang einer Sphinx-Allee zu einer Kaianlage, an der die Barken anlegen konnten. Der Kanal dort führte bis nach Medamud.

Unter dem Pflaster des Month-Tempels von Tôd fand man vier kupferne Kisten mit Metallbarren, Lapislazulirohlingen, Rollsiegeln aus der 3. Dynastie von Ur in Chaldäa und Gold-, Silber- und Edelsteinkunstwerke aus Kreta und Babylon. Da die Kisten mit dem Namen von Amenemhêt II. gezeichnet sind, darf man schließen, daß vom Beginn des Mittleren Reiches an intensive Beziehungen mannigfachster Art mit den Nachbarn Ägyptens bestanden haben, durch deren Bekanntschaft, wie W. Wolf meint, »*das bisher egozentrische Weltbild zertrümmert und die naive Gleichsetzung von Ägypter und Mensch erschüttert wurde. Ägypten konnte sich hinfort nicht mehr als Mittelpunkt der Welt fühlen, sondern nur noch als Teilhaber an einem verwickelten System von Staaten*«.

Tempel des Ptah (s. Plan S. 308/09)

Vor dem Nordtor des Amun-Tempels, das hinüberführt zum Bereich des Month-Bezirkes, liegt der intime Ptah-Tempel. Thutmosis III. erbaute ihn, um den memphitischen Schöpfergott ebenfalls am Platze des Reichs-Tempels vertreten zu wissen. Später haben ptolemäische Könige das kleine Heiligtum noch erweitert und umgebaut, ohne der etwas versponnenen Anlage ihre vertrauliche Note zu nehmen, haben im Gegenteil mit passenden Baudetails und hübschen, vielgliedrigen Kompositkapitellen eine gewisse Vertraulichkeit unterstrichen. In der mittleren der drei Sanktuar-Kapellen steht wunderbarerweise noch das Kultbild des Ptah (ohne Kopf zwar), und man erspürt im Dämmer des Allerheiligsten ein wenig von ägyptischer *religio*, wenn nur durch den Schlitz der Deckenluke ein Lichtbündel auf den Schöpfergott fällt.

Karnaks größte Feierlichkeit war das Opet-Fest. Alljährlich fand es zur Zeit des höchsten Nilstandes statt, wenn die Felder überschwemmt waren und die Bauern ohnehin nicht arbeiten konnten. Erst dauerte es 11 Tage, wurde später, in der 20. Dynastie, aber bis auf 27 Tage ausgedehnt. Wie es sich im einzelnen abspielte, wissen wir genau, weil Tut-ench-

Amun und Haremhab seinen Ablauf an den 52 m langen Seiten des Säulenganges zwischen den beiden Höfen im Luxor-Tempel als Relief darstellen ließen. Die Künstler waren zweifellos Meisterschüler der nach Amarna wieder eröffneten thebanischen Schule, die sich zu dieser Zeit aber vom Einfluß des Amarna-Stiles noch nicht gelöst hatte und in Nebensachen und Details den heliopolitanischen Naturalismus an die Wände brachte – uns zum Nutzen.

Am Opet-Fest stattete Gott Amun von Karnak seinem »südlichen Harem«, *ipet-resetimeni*, in Luxor einen Besuch ab, der sinngemäß der Vereinigung von Amun mit seiner Gemahlin galt. Nachdem der König vor den Gottheiten Amun, Mut und Chons das Weihrauchopfer und die Rauchspende dargebracht hatte, hoben Priester die Tragstangen der Götterschreine – die Barke mit Schrein und Götterbild – auf die Schultern und trugen sie unter dem Jubel des Volkes zum Nil, wo je ein Prunkboot für Amun, Mut und Chons sie aufnahm und nilaufwärts zum Luxor-Tempel ruderte. Der König folgte direkt der Barke des Amun-Rê. Drängelnde Menschenmassen begleiteten an beiden Flußufern die Fahrt des Gottes, Soldaten, Priester, Musikanten, Tänzerinnen und Hymnen singende Chöre, bis die Schreine vom Landungssteg in den Tempel getragen, im Allerheiligsten aufgestellt und wieder vom König mit Opfern versorgt wurden. Während im Tempel das Mysterium der Gotteszeugung stattfand – *»dann tat die Majestät des Gottes alles mit ihr, was er wünschte, und sie ließ ihn sich an ihr erfreuen«* –, feierte das Volk zwischen Buden und Zelten, bei Gelagen und Schmausen, mit Spiel und Tanz.

Neigte sich das Opet-Fest seinem Ende zu, dann bildete die gleichermaßen festliche und glanzvolle Rückkehr des Amun in seinen Tempel in Karnak den Abschluß der Feierlichkeiten – bis er bald wieder auszog aus Karnak, um in der thebanischen Totenstadt beim Tal-Feste, *»dem schönen Fest vom Wüstental«* dem Dêr el-Bahri-Tempel seine Aufwartung zu machen, eine Gelegenheit für das thebanische Volk, die Gräber der Angehörigen aufzusuchen, dort bei Fackel- und Kerzenschein zu opfern und fröhlich zu feiern, bis sich in der Dämmerung des kommenden Morgens, wenn die Priester ihre Pechfackeln in Milch gelöscht hatten, der Festzug wieder zurück zum Heiligtum nach Karnak formierte.

Überhaupt fanden für den Reichsgott Amun überall im Lande fast ständig Festfeiern statt, nach dem Festkalender des Ramses III. Jahr für Jahr im Durchschnitt an jedem dritten Tage, was die alles überragende Bedeutung des Amun bestätigt. Bis heute wird die Erinnerung an das Opet-Fest in Luxor weiter gefeiert, wenn am 14. Tage des moslemischen Monats Schaaban die Barke des Abu el-Haggâg an seinem Jahrestage aus der Moschee im Luxor-Tempel in einer feierlichen Prozession auf einem Karren von prunkvoll aufgeputzten Pferden durch Luxor gezogen wird. Dann ist der gesamte Ort auf den Beinen, Gebetsausrufer singen fromme Litaneien, Musikanten und Soldaten, Würdenträger, Männer, Frauen und Kinder folgen lärmend dem Zug, der von Zeit zu Zeit an besonderen Plätzen halt macht, zum Gebet für die Toten, ehe die Barke dann für ein Jahr lang wieder in der Moschee des Abu el-Haggâg abgesetzt wird.

Der Luxor-Tempel

Am Platze eines älteren Heiligtums ließ Amenophis III. diesen Tempel von dem genialen Baumeister Amenophis, »Sohn des Hapu«, im Typus des Chons-Tempels errichten (Abb. 110). Auch dieser Tempelbau ist ein Beispiel für das Wachsen der

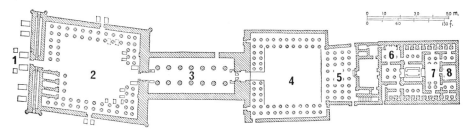

Plan des Tempels von Luxor 1 großer Pylon 2 großer Hof Ramses' II. 3 Säulengang 4 Säulenhof Amenophis' III. 5 Vorhalle 6 Geburtszimmer (Mammisi) 7 Heiligtum 8 Allerheiligstes

Gesamtanlage von hinten nach vorn, wo Ramses II. den großen Pylon und den ersten Säulenhof erst später vorgesetzt hat. Damit wurde die bisher alleinstehende Granitkapelle des Thutmosis III. in den Komplex miteinbezogen und ihretwegen, und weil die neue Tempelfront auf den Prozessionsweg nach Karnak – die spätere westliche Sphinx-Allee des Nektanebôs – ausgerichtet wurde, die Tempelachse abgeknickt. Dem Gesamteindruck hat das eher genützt. Vor dem gewaltigen Pylon standen einst sechs granitene Kolossalfiguren von Ramses II. – zwei sitzende, eine stehende und eine Statue der Ramses-Tochter Merit-Amun sind erhalten (Abb. 111, 112). Statuetten am Blindstück zwischen den Beinen des Herrschers stellen Königin Nefertari dar (Abb. 118), der Ramses II. in Abu Simbel ein besonderes Heiligtum errichten ließ.

Von den beiden Obelisken aus rotem Granit wurde der eine, 25 m hohe, nach Paris transportiert und 1836 auf der Place de la Concorde aufgestellt. Die Idee dazu kam von Champollion, Karl V. setzte sich entsprechend ein und erlangte von Mohammed Ali die Schenkung. Also baute man ein Spezialschiff mit geringem Tiefgang, derart, daß es Mittelmeer, Nil und Seine-Brücken gleichermaßen einfach passieren konnte, und die ›Luxor‹ wurde 1831 bei hohem Nilwasserstand vor dem Tempel auf Grund gesetzt. Trotz einer Cholera, die bald ein Siebentel der Thebaner dahinraffte, konnte man die Arbeiten durchführen, den Obelisken umlegen und unter Mühen auf das Schiff transportieren. Über Toulon kam die Steinnadel nach Paris und wurde zwei Jahre später im Beisein von fast einer Viertelmillion neugieriger Zuschauer am Beginn der Champs Elysées aufgestellt. Der andere Obelisk entging gottlob dem gleichen Schicksal, weil man ihn wegen kleiner Unregelmäßigkeiten ›ablehnte‹ (Abb. 113, 114).

Geradewegs zieht sich vom Pylon nach Karnak die Sphinx-Allee; ungefähr folgt ihr heute die Shâria el-Karnak, die, wie die alte Allee, am Tor des Euergetes I. (Abb. 160) vor dem Chons-Tempel in Karnak einmündet, der deshalb nach Süden, zum Luxor-Tempel hin, ausgerichtet ist (Abb. 154). Erhaltene Sphingen oder Relikte davon sind auszumachen; zwischen je zwei von ihnen hatte Nektanebôs einen Baum setzen lassen, ihre Gruben und die schmalen Wassergräber sind noch deutlich zu erkennen. Den Säulenhof des Ramses II., 57 × 51 m groß, umgeben Kolonnaden aus 74 Papyrus-

Säulen mit geschlossenen Kapitellen (Farbt. 20; Abb. 115, 116), außer an der dreiteiligen Granitkapelle des Thutmosis III. Sie liegt bewußt parallel zum Flußufer als zeitweises Depot für die drei Barken von Amun, Mut und Chons, wenn sie zum Neujahrsfest im Tempel von Luxor zu Besuch weilten (Bug-Heck-Figuration: Amuns-Barke = Widderköpfe; Mut-Barke = Frauenköpfe mit breiten Bändern; Chons-Barke = Falkenköpfe mit Mondsichel). Diese besondere Zweckbestimmung erzwang die Knickung der Tempelmittellinie. Die bis 7 m hohen Sitzstatuen gehörten ursprünglich Amenophis III.; hemmungslos hat sie Ramses II. usurpiert (Farbt. 21). Vor dem zweiten Hof war eigentlich ein Pylon geplant, er wurde durch eine Mauer ersetzt, vor der ein Säulenhof entstehen sollte, der, wäre er vollendet worden, den von Karnak noch übertroffen hätte. Nur sein 52 m langer Mittelgang mit sieben Paar fast 16 m hohen glatten Säulen (Papyrus mit offenen Kapitellen; Abb. 117) wurde fertig. Die Auseinandersetzungen um Echnaton legten den Bau erst einmal still. Andere meinen, der Säulengang sei als solcher nur als festliche Verlängerung der Sphinx-Allee zu verstehen. An den Wänden dieses nun zum Säulengang reduzierten Baugliedes findet man die oben genannten Szenen zum Opet-Fest.

Den folgenden Säulenhof des Amenophis III., 48 m lang, 52 m breit, umstehen an drei Seiten Kolonnaden, die in die Vorhalle übergehen; ihre vier Reihen von je acht feinsten Papyrusbündel-Säulen bilden schon fast einen Säulensaal über die Gesamtbreite des Tempels, der sich erst weiter hinten im Hypostyl so verengt, daß rechts und links der axial gereihten Zentralräume genügend Platz für Kammern und Nebenräume bleibt. Hier an einer Mauer mit zwei Türen endete auch der ›öffentliche‹ Teil des Heiligtums.

Die Sanktuar-Gruppen lagen hintereinander, erst ein Viersäulen-Saal, auch Saal des Opfertisches genannt, dann das Allerheiligste, dahinter ein Zwölfsäulen-Saal und zuletzt an der Tempelwand der Barken-Saal. Heute ist die klare Gliederung des Tempels verwischt, weil das Allerheiligste durch Alexander den Großen umgebaut wurde, in der Vorhalle die Römer einen Tempel für ihren Kaiserkult einfügten und in christlicher Zeit zwei Räume zu Kapellen umgestaltet wurden.

Viele Reliefbilder sind noch tadellos erhalten, neben den obligaten Kultszenen fallen schon am großen Eingangspylon die Schlachtenbilder zur Schlacht bei Kadesch gegen die Hethiter auf, dynamisch Ramses II., übergroß hervorgehoben im Streitwagen, als Bogenschütze, beim Lagebericht mit seinen Generalen, alles Einzelheiten zur Historie zwar, aber vom Künstler noch ungeordnet und nicht entscheidend in wichtig oder unwichtig abgegrenzt, gemessen an den späteren, schon mehr dekadenten Werken des Ramses II. aber Meisterwerke voller Phantasie und Detailreichtum, wenn man sich nur ein wenig in sie vertieft. Im ersten Säulenhof interessiert vor allem (Westecke) ein dokumentarisches Bild des Tempels so, wie er zur Ramses-Zeit bei seiner Einweihung ausgesehen hat, eine en face-Ansicht mit den beiden Obelisken, vier an Masten wehenden Fahnen, Standbildern und dem Pylon, zu dem eben eine Prozession zieht, angeführt von 17 Prinzen mit Blumensträußen – im Säulengang natürlich das Bildband

63 THEBEN   Totentempel Sethos' I. bei Kurna, erhalten ist Vorhalle, Säulensaal und Heiligtum. Der Tempel war Amun geweiht

64 THEBEN   Teil der vorzüglich gearbeiteten Reliefs im Sethos-Tempel, links das Heck der Amun-Barke, rechts opfert der König dem Gott

165, 166 THEBEN Tal der Könige. 61 bis heute bekannte Gräber ließen Pharaonen von drei Dynastien (18. bis 20.) in die Kalksteinfelsen des Wüstentales treiben und dann von dichten Geröllmassen und Schutt wieder unkenntlich machen »ohne daß jemand es sah oder hörte«. Sie wurden alle gefunden, aufgebrochen und ausgeplündert. Nur Tut-ench-Amuns Grab muß nach den ersten Versuchen wieder in Vergessenheit geraten sein, und heute ruht allein noch sein königlicher Leichnam im Gräbertal, alle anderen wurden nach Kairo übergeführt

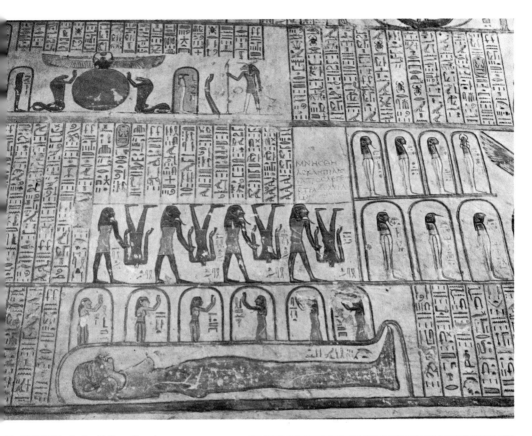

67 THEBEN In den Gräbern überziehen Bildfolgen und Vignetten zu Themen des Totenbuches die Wände, endlose Reihen mit Anweisungen, wie man den Weg ins und im Jenseits richtig geht

68 THEBEN Dêr el-Bahri – Tempel der Königin Hatschepsut, ein Totentempel am Fuße steil aufragender Wüstengebirge – im Bild dahinter der Totentempel des Mentuhotep, 11. Dynastie

169 THEBEN Vor den Pfeilern der Gebetshalle am Dêr el-Bahri-Tempel Standbilder der Königin Hatschepsut als Osiris mit Bart und Königsinsignien

170 THEBEN Hathor-Säulen und Hathor-Kapitelle zieren den Tempel

171 THEBEN Hathor, die kuhgestaltige Göttin, wird meist mit Kuhohren abgebildet, neben vielen Attributen hatte sie auch Funktionen als ›Schützerin des Wüstengebirges der Toten‹

72, 173   THEBEN   Im Grab des Ramose findet man diffizil gearbeitete erhabene Reliefs vom Grabherrn Ramose, seiner Frau und vielen Gästen des Hauses, dazu gemalte Wandfriese und eben erst an den Verputz skizzierte Entwürfe. Das Grab blieb unvollendet

74   THEBEN   Das Ramesseum, der Totentempel von Ramses II., wirkt trotz der Zerstörung klar und noch immer imposant. Im zweiten Hof Osiris-Pfeiler vor den Resten der Vorhalle

175 THEBEN Blick durch die Säulenhallen des Ramesseums längs der Tempelachse zu den Trümmern eines Ramses-Kolosses von einst 18 m Höhe, der 200 Tonnen wog

176 THEBEN König Ramses II., über ihm seine Namenskartuschen

177 THEBEN Ramses empfängt von Gott Amun die Königsinsignien

178 THEBEN Kopf einer Ramses-Figur vom Ramesseum

179 THEBEN Dêr el-Medîna, die Siedlung der Nekropolenarbeiter, birgt unter solchen Pyramiden viele wunderbar ausgemalte Gräber

180 THEBEN Dêr el-Medîna, am Hang der Ptolemäische Tempel für Maat und Hathor aus dem 3. vorchristlichen Jahrhundert

181 THEBEN Medînet Hâbu, Festungstempel von Ramses III., hier das Hohe Tor (Mitte) und die Kapellen der Gottesgemahlinnen der 25./26. Dynastie (rechts)

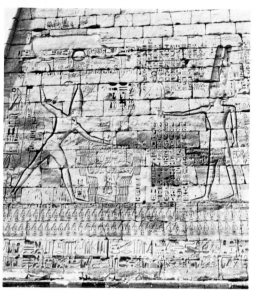 

182, 183 THEBEN Am großen Pylon von Medînet Hâbu Riesenreliefs zum Thema ›Niederschlagen der Feinde vor Amun-Rê-Harachte‹, zu Siegen gegen die Libyer und Aufzählen der bezwungenen Länder

184 THEBEN Am zweiten Pylon von Medînet Hâbu Kriegsdarstellungen zu den Siegen von Ramses III. über Danaer und Philister

185 THEBEN Der zweite Pylon, dahinter Hof und Räume des Medînet Hâbu-Tempels und die Reste der Umfassungsmauer aus Schlammziegeln

86 THEBEN Die Memnons-Kolosse, gigantische Wächterfiguren vor dem verschwundenen Totentempel des Amenophis III. Mit Krone waren sie etwa 21 m hoch

87 EDFU Der Eingangspylon des Horus-Tempels, 36 m hoch, 64 m breit, und im Vordergrund das Geburtshaus des Euergetes II. und Soter II.

188 EDFU Vor allem dem falkengestaltigen Sonnengott Horus, aber auch der Hathor von Dendera, war der Tempel geweiht

189 EDFU Vielfarbige Komposit- und Palmsäulen tragen das Tempeldach. Wände und Decken sind mit versenkten Reliefs von Kulthandlungen bedeckt

190 EDFU Am Relief des großen Pylons erschlägt König Neos Dionysos ein Bündel Feinde, die er am Schopfe gepackt vor die Gottheit hält

191 EDFU An der Außenmauer die Tempelpatrone Horus, Hathor und Harsomtus, der jugendliche Horus mit dem Kinderzopf

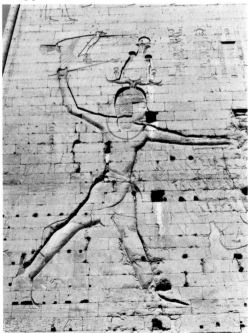

192 KÔM OMBO   Das ptolemäische Doppelheiligtum für Sobek und Haroëris, hier die Säulenschranken und die Vorhalle

193 KÔM OMBO Stümpfe der Kolonnadensäulen im Hof, teils noch farbig mit Darstellungen opfernder römischer Kaiser

194 KÔM OMBO Die Tempelherren, der ›Große Horus‹ Haroëris und der krokodilsköpfige Gott Sobek

195 Neu-Nubien heißt der Bezirk um Kôm Ombo, Siedlungen der aus dem Überschwemmungsgebiet des großen Stausees hierher umgesiedelten Nubier. Vor allem wird Zuckerrohr angebaut und neuerlich in eben erstellten Fabriken auch verarbeitet

196 ASSUAN   Von deutschen Archäologen aus Ziegeln und verschiedenen Fragmenten aufgestelltes ›Tempelchen‹ auf der Insel Elephantine

197 ASSUAN Fähr- und Fischerboote am Nil

198 ASSUAN Der unvollendete Obelisk, die Arbeiten wurden wegen eines tiefen Steinrisses eingestellt. Er ist 4,20 m breit und 42 m lang und wäre 1168 Tonnen schwer geworden

199 ASSUAN Jenseits des Nils der Gräberberg mit der Kubbet el-Haua ganz oben. Deutlich sind für den Sargtransport die Rampen zu den Gräbern zu sehen

200 ASSUAN Fürsten und Edle aus Elephantine haben hier im südlichen Teil des Reiches ihre Gräber am Übergang vom Alten zum Mittleren Reich in die Felsen treiben lassen

201 ASSUAN Der Tempelbezirk der ›Stadt inmitten der Fluten‹, Elephantine

202, 203 ASSUAN Koptisches Simeonskloster aus dem 7. Jh. auf zwei Terrassen in der Wüste mit einschiffiger Basilika, überwölbtem Refektorium und Dutzenden anderer Räumlichkeiten

204 ASSUAN Die Philae-Tempel werden auf eine höher gelegene Nachbarinsel versetzt. Hier im Vordergrund der Tempel des Harensnuphis, rechts der Asklepios-Tempel und hinten der erste Pylon des Isis-Tempels aus dem 3. Jh. v. Chr.

Relief im Geburtszimmer des Luxor-Tempels. Amun und die Gottesgemahlin, Berühren der Hände und Kreuzen der Füße stellen den Akt der heiligen Hochzeit dar. Unten die Göttinnen Selkis und Neith

zum Opet-Fest, im Römer-Tempelchen des Diokletian die wenigen Reste der noch farbigen Wandmalereien zum Kaiserkult und vor allem im Heiligtum von Alexander dem Großen ein von ihm gestifteter, mächtiger Granitschrein für die Amuns-Barke. Er ist innen und außen mit drei Bildregistern überzogen, die aber, was ihre Qualität anbelangt, weit abfallen von den lebensvollen Stücken aus dem Mittleren Reich und sich nun im reihenweisen Nachäffen der gekonnten Arbeiten von ehedem erschöpfen, ohne irgendwo eine eigene Akzentuierung auch nur zu versuchen. Vielleicht aber gehört das Geburtszimmer ostwärts vom Viersäulen-Saal, ein Raum mit drei Papyrus-Säulen, mit zum Höhepunkt der Wandbearbeitung im Luxor-Tempel – allerdings wurden die Reliefs im Auftrag Echnatons furchtbar zerschlagen. In drei Reihen ist die Geburtsgeschichte des Amenophis III. dargestellt, mit seiner Mutter Mutemweje von der Zeit ihrer Empfängnis über die Geburt des Amenophis-Knaben bis zur Beschneidung des Prinzen. Dieses Geburtszimmer darf nach Anlage und Thematik als ein direkter Vorläufer der bald folgenden Mammisi, wohin sich die Göttermütter bei der Geburt ihrer Königskinder in eine Art Quarantäne zurückziehen mußten, angesehen werden.

Auch die westlichen Außenmauern des Tempels tragen Reliefschmuck, Ramses-Szenen zu seinen Schlachten in Asien, Eroberung der Städte Naharin, Dapur und Sutana. Wegen der Nilüberschwemmungen und aus Furcht vor Schlangen war der Tempel auf einem steinernen Unterbau errichtet worden. Dort fand sich die Widmungsinschrift des Amenophis III., nach der der König befohlen hatte, den Tempel aus weißem Stein, die Türen aus Akazienholz und mit Gold verbrämt, den Gottesnamen des Amun aber aus Edelsteinen zu arbeiten – ein Hinweis, wie unerhört prächtig, bunt, leuchtend und reich dieser Tempel einst auf den Besucher gewirkt haben muß.

Nekropole Theben-West (s. Plan S. 306)

Mit dem Grabmal des Mentuhotep (s. Abb. 168) begann in der 11. Dynastie die thebanische Nekropole, die dann im Neuen Reich von der 18. Dynastie an bis in die Perser-Zeit zur gewaltigsten Totenstadt Ägyptens ausgebaut wurde und wo – außer Echnaton – alle Könige der 18. bis 20. Dynastie begraben wurden. Aus einer veränderten Bewertung heraus trennte man im neuen Schema jetzt die Kultstätte, den Totentempel, vom eigentlichen Grabgelege, wobei sich vor den Wüstenbergen im Hang zum Nilfruchtland, entlang einem fast 5 km langen Nordost-Südwest geschwungenen Flachbogen, diese königlichen Totentempel, und dann die Gräber Vornehmer und anderer Privater bis zu denen der Nekropolen-Arbeiter, eng aneinanderreihten. Die jetzt vom Grab getrennten Totentempel waren unter dem Einfluß der Allmächtigkeit des Gottes Amun und seiner Priesterschaft zu regelrechten Dependancen des Amun-Tempels von Karnak geworden, unterstanden ihm verwaltungsmäßig und feierten den eigentlichen Totendienst – ganz anders als etwa in den nur dafür vorgesehenen Totentempeln der Pyramiden – nur noch in besonders dafür ausgesparten Nebenkapellen.

Die Gräber selbst hatten allein noch den Sarg und die notwendigen Beigaben zur Grabausstattung aufzunehmen und wurden aus Sicherheitsgründen als Felsgräber in der Art von bis 300 m langen und oft bis 20 m tiefen Stollensystemen angelegt (extrem 100 m tief) und mit allen denkbaren Sicherheitseinrichtungen vor Grabräubern geschützt – was indes nichts genützt hat, da alle Gräber, auch das des Tut-ench-Amun, zumindest erbrochen, in der Regel aber auch ausgeraubt worden sind. Das Wissen um die unermeßlichen Reichtümer hat eben auch in einer so stark von der Jenseitshoffnung und dem Totengericht durchdrungenen Gesellschaft räuberisches Gesindel nicht vom Grabfrevel abhalten können, der sich, als unter den letzten Ramessiden das Reich abermals zerbrach, zur Zeit der 21. Dynastie, zu geradezu organisierter systematischer Grabräuberei auswuchs. Im 2,18 m langen Papyrus Abbott (Brit. Museum) und anderswo sind gerichtsaktenkundig Grabräuberprozesse erhalten geblieben. Ob aus Gründen der Staatsraison oder aus Pietät, in der 21. Dynastie wurde von Pinodjem II. alles, was von den zerstörten Königsmumien und ihrer Grabausstattung noch zu retten war, gesammelt und nach mehrfachen Umbettungen schließlich in einem Versteck südlich des Dêr el-Bahri-Tempels untergebracht, hinter einem 12 m tiefen Schacht ein 70 m langer Gang mit einer 7 m langen Kammer an seinem Ende. Dort fand man nach langen, geradezu kriminalistisch anmutenden Recherchen 1881 die Särge und Mumien der erlauchtesten Herrscher Ägyptens, Jahre später in einem anderen Versteck noch einmal mehr als 100 Särge von Priestern und Priesterinnen und 1898 im Grabe von Amenophis II. weitere Königsmumien. Alle wurden nach Kairo übergeführt, nur die von Tut-ench-Amun wurde in situ im Gräbertal belassen. Vom Ende der 21. Dynastie an, mit dem Wechsel des Regierungssitzes nach Tanis im Delta, wurden die Pharaonen dort beigesetzt.

Der folgende Text entspricht der üblichen Besichtigungstour, die sich für den meist eiligen Reisenden als praktisch erwiesen hat, doch selbst bei einem einwöchigen Aufenthalt in Theben darf man ein erschöpfendes Kennenlernen aller Sehenswürdigkeiten nicht erwarten.

Tempel des Sethos I.

Vom ersten und zweiten Pylon vor den beiden Höfen ist kaum etwas erhalten; Tempelfassade ist heute die Säulenreihe der 50 m breiten Vorhalle (Abb. 163). Der dem Amun geweihte Tempel war im klassischen Schema von Sethos I. begonnen worden, wurde aber erst durch Ramses II., seinen Sohn vollendet. Alle Reliefarbeiten gehören in die Reihe der Meisterwerke aus der 19. Dynastie, mitteltiefe Arbeiten mit korrekten Zeichnungen und sorgfältig ausgeführt (Abb. 164), in der Thematik natürlich die uralt-heiligen Szenen zum Opferdienst und zum Verkehr der Könige mit den Göttern, aber auch geflügelte Sonnen und Geier, mehrere Bilder vom Vater des Sethos, Ramses I. und von seinem Sohn Ramses II. in Opferposen – und im Sonnenhof des Ramses II. auf einer doppelten Scheintür der Osiris-Sarg des Königs, auf dem als Falkenweibchen die Göttin Isis hockt.

Tal der Könige

Nun folgt von Kurna aus die Fahrstraße in vielen Windungen zwischen kahlen, von der Sonne durchglühten, hellgelb runzligen Kalksteinfelsen tief im Tal genau dem Weg, den vor 3500 Jahren immer wieder gut 500 Jahre lang die feierlichen Totenprozessionen mit dem Sarge des verstorbenen Pharao gezogen sind, hin nach Bibân el-Molûk, zu den »Toren der Könige« oder dem »Tal des Todes«, das wir »Tal der Könige« nennen (Farbt. 22; Abb. 165, 166). Dort waren, überragt vom Kalksteinkegelstumpf des Horns, el-Korn, der »Herrin des Schweigens«, in 64 Grabgelegen fast ausschließlich Pharaonen beigesetzt – zur Zeit können 17 ihrer Gräber besucht werden, die gründlich gesichert sind, so daß ein Betreten ungefährlich ist. Alle Gräber wurden trotz offensichtlicher Varianten nach einem einfachen Grundschema angelegt: drei gerade, seitlich versetzte oder gewundene Korridore hintereinander und untereinander jeweils tiefer gelegt und nur über Treppen zu erreichen, am ersten Korridor kleine Nebenräume, an den anderen Nischen, die langen Korridore einmal oder öfters durchbrochen von bis 10 m tiefen Schächten, die das bei Wolkenbrüchen eingedrungene Regenwasser aufnehmen sollten und außerdem als gewisse Sicherung gegen Grabräuber gedacht waren. Bogen anfangs die Grabachsen nach Westen ab (Thutmosis I. und III., Hatschepsut), so vereinfachte man in der 19. Dynastie das Schema und ließ die Mittellinie von einem Ende zum anderen geradlinig verlaufen (Eje, Merenptah, Ramses VI.), versetzte die Achse einmal oder mehrfach (Sethos I., Ramses II.) oder knickte sie gar rechtwinklig in Gängen oder Kammern (Amenophis II., Tut-ench-Amun). Jeder Pharao wählte irgendeine Variante dieses Grundschemas und vermehrte seine Anlage um mehr oder weniger Zimmer und Kammern (Grundrisse siehe S. 348)

THEBEN-WEST: TAL DER KÖNIGE

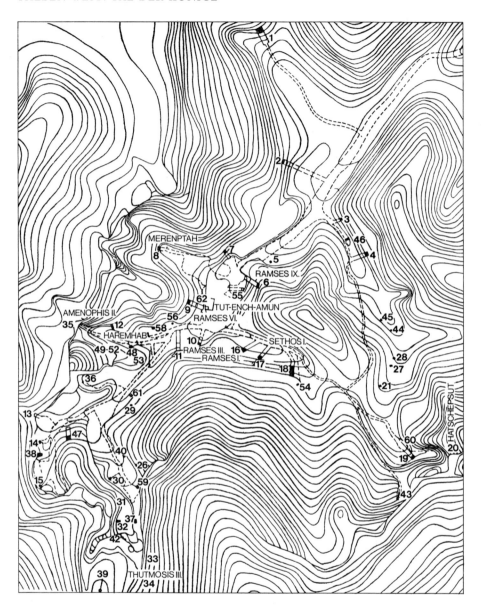

Das Tal der Könige. Die Ziffern bezeichnen die Grabnummern

Nach der Beisetzung, und »*ohne daß es jemand sah oder hörte*«, wurde der Eingang zugemauert, versiegelt und die abführende Außentreppe mit Sand und Geröll zugeschüttet. Von kleinen, festungsartigen Beobachtungstürmen aus wachten Ausguckposten über den Talkessel und kontrollierten den Zugang ins Wadi – ohne indes die Grabräuber abhalten zu können, wie wir gesehen haben. Denn natürlich waren die Gräber nicht geheim geblieben und konnten auch von Nichteingeweihten an den frischen Aufschüttungen selbst nach Jahren noch leicht ausgemacht werden – im Gegensatz zu den Archäologen, die nach 2000 Jahren eine veränderte, auch farbnivellierte Umgebung vorfanden und oftmals erst mühsam die Eingangsstollen suchen mußten.

So lagen in den Gräbern die Pharaonen in mehreren ineinandergesetzten Särgen von einem letzten steinernen Sarkophag umhüllt, Gesicht und Brust bedeckt von Goldmasken, dem Metall der Könige und Götter, weil es unvergänglich war wie die Sonne und weil es die Macht hatte, Unsterblichkeit zu verleihen (vgl. Farbt. 8). Schon zu seinen Lebzeiten führte ein König den Titel »Gold-Horus«, und die Werkstätten, wo man vergoldete Ka-Statuen, Goldmasken und goldenes Kultgerät fertigte, aber auch die Sargkammern allgemein wurden »Goldhäuser« genannt.

Bei den Wandmalereien ersetzte kräftiges Gelb die Goldfarbe, und weniger Bemittelte malten die Gesichtsmasken ihrer Mumien mit gelber Farbe an. Es scheint, daß der kultische Goldwert dem wirtschaftlichen gleichwertig war. Pektorale, Amulette, Schmuck und Uschebtis zierten die Leichname, Kanopen-Krüge aus Alabaster, Waffen, Wagen, Hausgeräte, Gefäße, prunkvolle Gewänder und ganzes Hausmobiliar waren für den Toten in seinen Grabkammern aufgestapelt, wohl überall ähnlich so, wie man es in den kümmerlichen drei Kammern des Tut-ench-Amun aufgefunden hat. Wenn man bedenkt, wie dieser relativ unbedeutende, und zu seiner Zeit noch umstrittene König mit einem für unsere Maßstäbe unsagbaren Prunk beigesetzt worden ist, dann kann die Phantasie nur zu erraten versuchen, welche ungeheuren Schätze in den Gräbern der wahrhaft großen bedeutenden und mächtigen Pharaonen wie Hatschepsut, Thutmosis III., Sethos I. oder Ramses II. einst angehäuft waren – und von den Grabräubern erplündert wurden. Das alles sollte sich, wer heutzutage die Königsgräber besucht, ins Gedächtnis rufen.

Abgesehen von den Grabbeigaben und der Grundrißplanung des Grabes war die magisch-rituelle Bemalung der Wände und Decken mit Darstellungen und Inschriften ein besonderes Anliegen des Grabinhabers. Wie den römischen Geographen Strabo haben die Malereien vom Altertum bis heute jeden Besucher angesprochen, ohne daß sie ihm jedoch verständlich gewesen wären, so daß wohl gelten mag, was griechische Touristen im Altertum an die Grabwände gekritzelt haben: daß sie nur sinnloses Zeug, langweilige Bilder oder Hölleninfernos gesehen hätten, womit sie damals, vor der Entzifferung der Hieroglyphen, gar nicht so unrecht hatten. Denn die bei weitem wichtigsten Wandbilder, Szenen und Inschriften sind Illustrationen, Erläuterungen oder Auslegungen zum Anduat- und zum Pfortenbuch, die man beide modern etwa als »Jenseitsführer« bezeichnen könnte (Abb. 167).

Im wesentlichen geht es darum, daß der Verstorbene, selbst wenn er einen tadellosen Lebenswandel geführt hat, in der Unterwelt und nach dem Totengericht und seiner Rechtfertigung nun unbedingt allen Schlingen und Fallen der bösen Dämonen auszuweichen hat, daß er alle Namen der ihm begegnenden Götter hersagen und alle Wege und Stege einordnen kann, daß er Berge und Ströme, Sümpfe und Inseln meistert usw., weil sein Leib in der westlichen Welt den Kräften des Bösen ausgeliefert ist. Der Tote wird zwar zum Osiris, ist aber schon in der Unterwelt Osiris, der zwar tot ist, aber dennoch existiert als ein wirkliches Trugbild, als Gespenst. Solches erlebt nun der Verstorbene, während er im Boot den Strom entlanggleitet, er ist einerseits selbst Gott und fleht gleichzeitig die Götter um Hilfe an, gebärdet sich stark und zittert vor Angst, weil er in jedem Moment hilflos und allein sein könnte – eine nicht abreißende Kette hyperphysischer Phänomene. Wenn erst einmal die Grenze zwischen Leben und Tod aufgehoben war, dann ergab sich logischerweise auch die Möglichkeit, andere Grenzen niederzureißen kraft magischer Operationen, und der Tote wandelte sich wahrhaftig zur Sonnenscheibe, wurde Falke oder Schlange oder noch lieber ein Tamariskenstrauch, es gab nichts Unmögliches. Und daß beispielsweise Hathor die Tochter ihres Sohnes und zugleich Mutter ihres Vaters sein konnte, störte dann überhaupt nicht mehr, erlaubte im Gegenteil neue Formen: Götter mit zwei Löwenköpfen, Schlangen mit drei Köpfen, die auf vier Menschenbeinen einherstelzen, irre Wesen frei von irgendwelchen Gebundenheiten an logische oder geistige Notwendigkeiten, eine schizophrene Gedanken- und Bilderfülle, die es dem Toten erlaubt, von sich in der ersten, der dritten oder der zweiten Person zu reden, alt zu sein oder eben erst geboren, zu schwelgen in den Gefilden der Seligen oder zu darben im Feuersee oder auf den Feldern des Feuers. Ständig wechselt der Verstorbene seine Zustände und die Handlungsplätze, gelangt trotz der vielen Hindernisse auch richtig überall hin, verfolgt die Jenseitsmysterien und besucht die Schreine der Götter, kurz, er demonstriert durch seine absolute Bewegungsfreiheit und mit dem magischen Verzaubern seiner Gestalt seine Unsterblichkeit – was beabsichtigt ist.

»Ein Volk der Wahnsinnigen« wurden nach Bekanntwerden der Jenseitsbücher die alten Ägypter genannt, mit »Symptomen einer kollektiven Hysterie und einer ausgesprochenen Schizophrenie«. Die alten Ägypter meinten, Gott Thoth selbst habe die Bücher inspiriert und er ließe durch den Mund der Verstorbenen den Willen der Götter aussprechen. Das alles also, das Mystische des Weges der Sonnenbar-

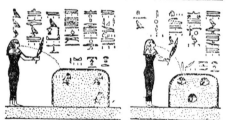

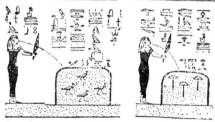

Aus den ›Jenseitsbüchern‹: Strafen für verdammte Seelen: oben werden sie mit dem Kopf nach unten in den Feuersee geworfen – ihre Körper werden zerstückelt und die Köpfe abgeschnitten –, unten werden der Ba und der Schatten gequält

ke mit dem Toten an Bord auf der Fahrt durch die Nacht der Unterwelt, um im Metamorphosenzyklus nacheinander alle Wesenheiten zu verkörpern und dadurch göttlich frei zu sein, ist an die Grabwände gemalt, meist dazu ungegliedert, zusammenhanglos, aber mit typisch ägyptischem Bangen und Grauen und gleichzeitiger Freude am Gestalten von unmöglichen, erdachten Dämonen und Fabelwesen, die alle schließlich der Verstorbene dort eben doch überwunden hat, eine phantastische Welt aus Angst und Grauen, und der Triumph, die Grenze zwischen Realität und Möglichkeit aufgehoben zu haben, um so das ewige Leben zu erlangen.

Die wichtigsten Grabanlagen sind die mit den Nummern 6, 8, 9, 62, 35, 34, 11, 16, 17, nach der offiziellen Grabnumerierung (siehe den Plan S. 340).

Grab des Sethos I. (Nr. 17)

Dieses Grab sei hier als Beispiel erläutert – die anderen genannten nur stichwortartig erwähnt. – Nach der Eroberung von Kadesch und dem Zurückdrängen anflutender Libyer-Stämme hatte Sethos I., der Sohn Ramses' I. (19. Dyn.), genügend Zeit gehabt, großartige Bauten im Lande auszuführen: Er beendete den Bau des Säulensaales in Karnak, baute in Abydos den Tempel und das Osireion und ließ im Tal der Könige das größte und sicherlich auch schönste Königsgrab anlegen. Seit König Ejes Grabanlage verlaufen die Grabachsen durchwegs gradlinig anstatt gekrümmt, so auch beim Sethos-Grab, volle 100 m tief in den gewachsenen Kalksteinfels hinein. Lange Korridore und absteigende Treppen führen zu einem kleinen quadratischen Saal, vorbei an Wandbildern vom Sonnengott Rê und Hymnen auf ihn, kreisende Geier an der Decke im ersten Korridor, dann noch einmal der Sonnengott in 75 verschiedenen Darstellungen, Textstellen aus dem Amduat-Buch, *»von dem, was in der Unterwelt ist«*, und Isis und Nephthys an den Seitenwänden.

Dann folgt ein kleiner quadratischer Saal, in den ein Schacht eingelassen ist, der Wasser aufnehmen und Grabräuber in die Irre leiten sollte, denn eine Wand dahinter täuschte das Grabende vor (jetzt eingerissen); an den Wänden Bilder des Königs vor den Göttern.

Im anschließenden Vierpfeilersaal wieder ein Bildszenarium zur Sonnenfahrt durch die Unterwelt, Horus und die vier Menschenrassen, (das sind Ägypter, Asiaten, Neger und Libyer, alle physiognomisch und durch Typisches trefflich charakterisiert), Osiris, Hathor und Horus, die den König führen, und Pfeilerbilder mit dem König vor verschiedenen Göttern – und im anschließenden, noch immer axial bezogenem Raum Rötel- und Schwarzvorzeichnungen für Reliefarbeiten, die nie ausgeführt wurden, eine Fortsetzung der Sonnenbarkenfahrt mit grausam interessanten Folterqualen für die von den Göttern Verdammten.

THEBEN-WEST: TAL DER KÖNIGE

Die Sternbilder mit dem Polarstern, Deckenbild im Grab des Sethos I.

Nun ergibt sich über eine Treppe, in der linken Saalecke, eine parallele Achsenverschiebung, deren Bedeutung nicht bekannt ist, die man aber auch bei anderen Gräbern findet und die möglicherweise gerade dort ansetzt, wo der hintere Grabteil eine Wiederholung des vorderen darstellen soll. Korridore und Treppen führen weiter hinab in eine kleine Kammer; ihre Wände sind mit Bildern zur Mundöffnung und dem König vor verschiedenen Totengöttern überzogen. Dann folgt ein großer Sechspfeilersaal, von dem aus Treppen zum überwölbten Sargraum hinabführen.

Des Königs Alabastersarkophag kam nach London, die Mumie nach Kairo. Alle Wandbilder sind Illustrationen zum Pfortenbuch, also Sonnenfahrten, Mundöffnung an Osiris durch Anubis, in der rechten Seitenkammer das bekannte Motiv, wie Schu die Himmelskuh stützt, während auf ihrem Leib zwei Sonnenbarken durch die Welt der Schlangen und Dämonen entlangziehen, dazu die Bilderklärung zur Sage, nach der der alternde Sonnengot beschließt, das Menschengeschlecht durch die blutgierige Löwengöttin Sechmet vernichten zu lassen, wie das begonnene Blutbad ihn aber so graust, daß er mit einer List Einhalt gebieten kann, sich dann aber enttäuscht auf den Rücken der Himmelskuh zurückzieht.

Die Deckenbilder im Sargraum illustrieren mit Tiersymbolen die Sternbilder. Umlaufende Steinborde in der südlichen Zweipfeilerkammer dienten zum Abstellen des Kultgerätes und der Grabschätze, Wandbilder aus dem Amduat-Buch zieren die Wände, während die gegenüberliegende kleine Osiris-Kammer und der abschließende, querliegende Vierpfeilersaal unbebildert sind. Er scheint unfertig, und ein anschließender 46 m langer Gang (nicht betretbar) läßt vermuten, daß das Grab ursprünglich noch viel länger geplant war.

Zeitweilig mußte und muß neuerlich das Grab geschlossen werden, andere werden wohl folgen müssen (auch in Sakkâra). Steigendes Grundwasser als Folge des Hochdammbaues und zunehmende Umweltverschmutzung drohen, wenn nicht grundlegende Änderungen eintreten, daß diese jahrtausendealten Bauten unser Zeitalter nicht überleben werden. Das Rasthaus steht über den schönsten Gräbern, seine Abwässer aus schadhaften Leitungen sickern mit gelösten Bodensalzen in die Gräber und zerstören die Wandmalereien; um 2000 Besucher im Tagesdurchschnitt bringen zuviel Luftfeuchtigkeit in die bisher staubtrockenen Grabsysteme, diese und ständig aufgewirbelter mehliger Staub zusammen schlagen sich als klebrige Paste auf Farben und Kalksteinreliefs nieder, die Hitzestrahlung der künstlichen Beleuchtung läßt ständig Farbpartikel abblättern und noch vor Jahren leuchtende Farben bis zur Unkenntlichkeit verblassen, Rauchen und dümmliches Betupfen mit Fingern von Besuchern, mit Zeigestöcken von erklärenden Fremdenführern beschädigen laufend das Bildgut, und nur Rigorosmaßnahmen wie Abriß oder Verlegung des Rasthauses, Binden des Fußbodenstaubes mit Gußteer oder Platten und Absaugen der Luftfeuchtigkeit oder Beschränkung der Besucherzahlen können verhindern, daß die Grabmalereien für immer verlorengehen oder die Gräber bald wieder verschlossen werden und den kommenden Generationen nur noch über Bilder zugänglich gemacht werden können.

Grab des Tut-ench-Amun (Nr. 62)

Nachfolger des ›Ketzerkönigs‹ Echnaton wurde Tut-ench-Amun, der als neunjähriger Knabe auf den Thron gelangte und dessen Regierungsgeschäfte sicherlich sein ›Gottesvater‹ Eje führte, der nach dem frühen Tode Tut-ench-Amuns (mit 18 Jahren) dann auch Pharao wurde. Ob Tut-ench-Amun der Schwiegersohn, der jüngere Bruder oder, was sehr wahrscheinlich ist, der leibliche Sohn Echnatons war, ist bis heute nicht geklärt. Das im Verhältnis zu den überreichen Grabbeigaben viel zu kleine, enge Grab war ursprünglich für den Wesir des Königs, Ay, gedacht. Das und Röntgenaufnahmen der Mumie, die eine Schädelfraktur erkennen lassen, führen beinahe zwingend zu der Annahme, daß der blendende Jünglingskönig Tut-ench-Amun eines gewaltsamen Todes gestorben und dann eilends in dem gerade fertiggestellten Grabe beigesetzt worden ist. Für den jungen König ließ Eje in Karnak eine Stele aufstellen, auf der man deutlich eine Rechtfertigung und den Hinweis auf die Restauration der alten Kulte herausliest, das Bestreben, die Götter wieder zu versöhnen, ohne aber die unglaubliche Machtfülle der Amun-Priesterschaft wiederzubeleben. Aus dieser Situation des Neubeginns heraus gestaltete Eje für den toten Tut-ench-Amun das prunkvolle Begräbnis im Tal der Könige in dem kleinen Grabe gleich unterhalb des Grabstollens von Ramses VI., der, weil etwa 250 Jahre später angelegt, mit seinem Geröll das inzwischen von der amtlichen Königsliste gestrichene Grab des Tut-ench-Amun so vorzüglich getarnt hat (s. Plan S. 347).

Bei Grabungen im Königs-Tal waren ein Fayencebecher mit dem Namen von Tut-ench-Amun, eine Alabasterstatue und in einem Holzkasten Bruchstücke von Goldplättchen mit Bild und Namen von Tut-ench-Amun und seiner Gemahlin gefunden worden. Daraus schloß der Engländer Howard Carter, daß das Grab dieses Herrschers irgendwo in der Nähe sein müsse. Seit 1917 wurde deshalb planmäßig gegraben, am 4.

THEBEN-WEST: TAL DER KÖNIGE

Nov. 1922 das Grab auch tatsächlich gefunden und am 26. Nov. geöffnet. Carters 1924 über die Entdeckung und Aufschließung des Grabes erschienenes Buch liest man voller Spannung wie einen Kriminalroman. Die Fundstücke aus dem Grabe bilden heute den berühmtesten Teil der Sammlungen im Ägyptischen Museum in Kairo. Und da die Mumie des Königs in situ belassen wurde, ist dieses Grab vor allen anderen herausgehoben: Es ist bis heute eine echte Weihestätte, ein wirkliches königliches Grab geblieben.

16 steile Stufen führen direkt zu einem Gang und unmittelbar in eine rechteckige Vorkammer, die, wie auch eine quadratische Nebenkammer, mit Grabbeigaben überfüllt war. An der Stelle des heutigen Holzgeländers befand sich ursprünglich vor der Grabkammer eine Wand, vor deren Tür zwei Ebenholzfiguren des Königs standen. Alle Grabräume sind unausgemalt geblieben, auch die nichtbetretbare Schatzkammer, allein den Sargraum schmücken großflächige Bilder auf gelbrotem Grund: die Beisetzung des Königs, die Mundöffnung durch Eje und das Opfer des Königs vor den Göttern, dazu wenige Unterwelts-Bilder, hier nur angedeutet durch Affen. In diesem Sargraum stand, fast den gesamten 6,50 × 4,00 m großen Raum voll ausfüllend, der riesenhafte vergoldete Schrein, in ihm ein zweiter, darin ein dritter und noch ein vierter und dann endlich der Sarkophag aus einem einzigen Quarzitblock geschlagen, 2,75 m lang, an den Ecken von vier Totengöttinnen mit ausgebreiteten Flügeln zum Schutz des Königs geschmückt. Weil vermutlich beim Transport der Quarzitdeckel entzwei gegangen, wurde er durch einen granitenen ersetzt. Im Quarzitsarg lag unter Leinentüchern erst ein vergoldeter Holzsarg, der den König als Osiris porträtiert, mit Geier und Kobra als Kopfschmuck, Augen aus Alabaster und Obsidian, Lidern und Brauen aus Glasfluß, in den Händen Krummstab und Wedel. Genau eingepaßt füllte ein zweiter, ganz ähnlicher Holzsarg den ersten Osiris-Sarg. In ihm ruhte ein dritter, massiv goldener Prunksarg, 1,85 m lang aus Goldblech von 2,5 bis 3 mm Stärke, alles Schmuckwerk in feinster Zellentechnik aus Glasfluß und Halbedelsteinen gearbeitet. Nach dem Abheben des Sargdeckels kam die berühmte Goldmaske zum Vorschein (Farbt. 8) und in der weiteren Umhüllung aus Bindenwickeln insgesamt 143 Stücke wie Amulette, Armbänder, Stirnreifen, Dolche und eine asiatische Erlesenheit, eine Dolchklinge und Werkzeuge aus dem damals überaus kostbaren Metall Eisen.

Heute ruht der König unter einer Glasplatte im innersten mumienförmigen Holzsarg, außen der Quarzitsarkophag, der Kopf im Westen, zum Totenreich hin, mit Blickrichtung nach Osten, zur aufgehenden Sonne. Dieser bisher einzige Fund eines fast unversehrten Königsgrabes (es war kurz nach der Beisetzung zweimal erbrochen worden) hat der Wissenschaft unendlich viele neue Erkenntnisse zu Kunst, Geschichte und Totenkult vermitteln können und begeistert beim Betrachten der Einzelstücke jeden Besucher, der das Ägyptische Museum in Kairo besucht.

Zu den anderen, eine Besichtigung lohnenden Gräbern, noch folgende Einzelheiten:

Grab des Ramses IX., 20. Dyn. (Nr. 6): 82 m lang, in der Sargkammer gute Bilder zur Aufer-

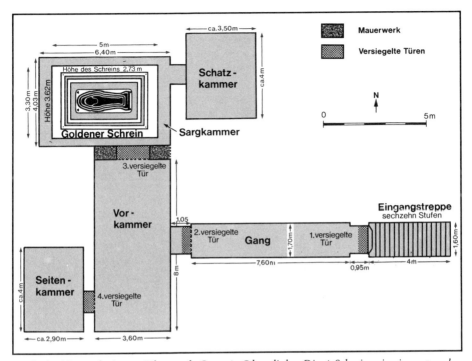

Grab des Tut-ench-Amun (Plan nach Carter). Oben links: Die 4 Schreine, im innersten der Sarkophag (nach Lange)

stehungs-Mythologie: der König in einem Berg, darüber Skarabäus und Sonne, die Wiedergeburts-Symbole, an der Decke Nut und viele Sternbilder.

Grab des Merenptah, 19. Dyn. (Nr. 8): 110 m lang, Sargraum tonnig gewölbt, dort der Deckel des inneren Sarges aus Rosengranit in Kartuschenform, darauf das Bild des Königs inmitten von sich ringelnden Schlangenleibern.

Grab des Ramses VI., 20. Dyn. (Nr. 9): Das Grab, dessen Schutt den Eingang zum Tutench-Amun-Grab getarnt hatte. Thematisch folgen die Wand- und Deckenbilder den Kapiteln der Jenseitsführer. Vom Granitsarkophag sind nur noch Bruchstücke erhalten.

Grab des Amenophis' II., 18. Dyn. (Nr. 35): Ein Beispiel für den Versuch, ein Grab durch mehrere Fallgräben und Zwischenwände besonders abzusichern. Im Typus gilt es als Verbesserung der Grabanlage seines Vaters Thutmosis III., die gleichermaßen abgewinkelt zur Sargkammer führt. Eine Besonderheit sind die Wandbilder. Gelblich getönter Malgrund soll Papyrus imitieren. Darauf sind mit weichem Pinselstrich Figuren und Hieroglyphen in Kursive, zwar nur skizzenhaft, aber gekonnt, in der Kontur schwarz, aufgetragen. Die blaue Decke der Sargkammer überziehen glänzend gelbe Sterne in den Konstellationen der 36 dekanalen Bereiche des Himmels. Der Königs-Sarkophag steht vertieft in einer Grube. In dieses Grab hatte man zur Zeit der 21. Dynastie weitere Könige umgebettet. 1898 fand sie V. Loret: die Mumie des Königs Amenophis II. noch in ihrem Holzsarg und um sie neun andere Herrscher. Die Umbettung

THEBEN-WEST: TAL DER KÖNIGE

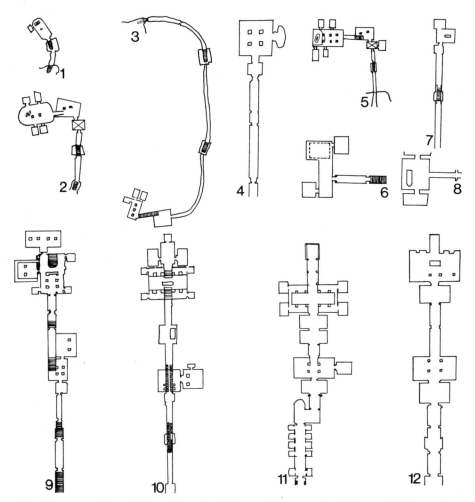

Grundrisse von einigen Königsgräbern in Theben 1 Thutmosis I. 2 Thutmosis III. 3 Hatschepsut 4 Thutmosis IV. 5 Amenophis II. 6 Tut-ench-Amun 7 Eje 8 Ramses I. 9 Sethos I. 10 Merenptah 11 Ramses III. 12 Ramses VI.

muß sehr geheim und in allergrößter Eile vor sich gegangen sein, sonst würde beispielsweise Amenophis III. nicht in einem Sarge von Ramses III. und unter einem Sargdeckel von Sethos II. gelegen haben. Alle Mumien wurden nach Kairo übergeführt.

Grab des Thutmosis III., 18. Dyn. (Nr. 34): Am Talende, im Grundriß der Vorläufer des Grabes Nr. 35, die Grabkammer aber allseits abgerundet, so daß sie, wie beabsichtigt, tatsächlich den Eindruck einer Höhle der Unterwelt macht. Auffallend sind das treffliche

Sterndekor in fast allen Räumen des Grabes sowie die kursiven Schriftbänder zu illustren Bildern aus den Jenseitsbüchern. Der rote Sandsteinsarkophag steht noch auf seinem Alabastersockel, die Königsmumie war in die Cachette vor dem Dêr el-Bahri-Tempel umgebettet worden.

Grab des Ramses III., 20. Dyn. (Nr. 11): Auch das »Harfnergrab« genannt wegen eines besonders eindrucksvoll gezeichneten Harfenspielers (heute stark zerstört) in einer der linken Nebennischen, die beiderseits den Eingangskorridor flankieren. Gerade in diesen Nischen gibt es viele wunderschön gezeichnete Details, die außerhalb des Jenseitskanons naturalistische Szenen von Handwerkern, Opferhandlungen usw. darstellen. Überhaupt gehört das Grab zu den am meisten gegliederten, ist in der Mittelachse versetzt und setzt sich hinter dem Achtpfeilersaal, wo der Sarkophag stand, noch ein Stück weiter fort. Die Königsmumie wurde ebenfalls in der Cachette gefunden.

Grab des Ramses I., 19. Dyn. (Nr. 16): Es ist sehr klein und hat gewisse Ähnlichkeiten mit der Grabanlage von Tut-ench-Amun. In der Sargkammer steht noch der mit roten und gelben Hieroglyphen und Bildern gezierte Granitsarkophag, die grau belassenen Wände zeigen Szenen zum Totenbuch und den König vor den Göttern.

Grab des Eje, 18. Dyn. (Nr. 23): Im etwas entfernten Seitental nach etwa 20 Minuten Fußweg zu erreichen. Es wird auch ›Affengrab‹ genannt wegen zwölf köstlich gemalten Pavianen, die neben anderem Bildwerk hokken. Alle Darstellungen ähneln sehr denen im Grabe von Tut-ench-Amun und zeigen unverkennbar Anklänge an den noch längst nicht überwundenen Amarna-Stil.

Wem dieser Weg zu weit ist, der könnte den Besuch des Tals der Könige abschließen mit dem

Grab der Hatschepsut, 18. Dyn. (Nr. 20): Es ist das zweite Grab der Königin, die hier mit ihrem Vater Thutmosis I. beigesetzt wurde. Interessant ist allein schon die Grabanlage mit einer Gesamtlänge von 211 m, die nach weitausschwingenden Korridoren bis auf 96 m Tiefe abfällt. Die Wandmalereien entsprechen denen in ihrem Totentempel auf der anderen Bergseite.

Tempel der Hatschepsut in Dêr el-Bahri

Unmittelbar neben dem Totentempel von König Mentuhotep aus der 11. Dynastie errichteten – weniger in bewußter Nachahmung, wie es scheinen könnte, als davon angeregt – die Chefarchitekten der Königin, Senenmut und Dedia, gut 500 Jahre später die eigenwilligste Tempelanlage Ägyptens. Aus dem anstehenden Gebirge herausgearbeitet, ist sie dem Geländeabfall so elegant und harmonisch eingefügt, daß für den Betrachter aus einer geglückten Symbiose von Natur und Bauwerk auch optisch-ästhetisch ein starker Eindruck entsteht – etwas völlig Neues im ägyptischen Stilempfinden (Abb. 168). Einen imposanten Anblick bietet der Tempel von oben aus dem karstigen Fels – und einen noch stärkeren, wenn man sich ihm vom Nil her nähert, auf der Linie, die als Tempelachse den Amun-Tempel in Karnak durchzieht, den Nil kreuzt, zum jetzt verschwundenen Taltempel der Königin führte und dem ebenfalls verschwundenen Aufweg einer Sphinx-Allee zum Totentempel folgte. Alle zehn Meter

THEBEN-WEST: DÊR EL-BAHRI

stand ein Sphinx mit dem Haupte der Königin vor dem (verschwundenen) Eingangs-Pylon gleich hinter den noch vorhandenen Gruben für heilige Persea-Bäume, in denen noch heute die Reste dreieinhalbtausendjähriger Baumstümpfe gezeigt werden.

Über drei Terrassen erhebt sich staffelartig, durch sanftansteigende Rampen verbunden, die Tempelanlage. Säulenhallen umstanden die beiden unteren Terrassen, ein Säulensaal vor dem dreiteiligen Sanktuar, bereits im Fels, befand sich auf der obersten Terrasse. Nördlich schließt sich ein Sonnentempel an mit Hof und Altar für Rê-Harachte und ein Kultkämmerchen für eine Statue von Thutmosis I., Hatschepsuts Vater. Gegenüber (südlich) waren für den Totendienst der Könige Hatschepsut und Thutmosis I. eine Halle und mehrere Räume vorgesehen, damit, wenn den toten König die Einsamkeit seines Grabes im Gräbertal etwa bedrückte, sein Ka schnell in seinen Totentempel überwechseln konnte, wo man ihm ja die Totenopfer darbrachte. Zwischen zwei Mulden in T-Form, einstmals Papyrus-Teiche, steigt man über die erste

*Die kranke Fürstin von Punt.
Aus dem Hatschepsut-Tempel in Dêr el-Bahri*

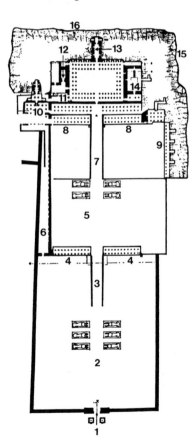

Grundriß von Hatschepsuts Totentempel
1 *Eingangstor, davor Baumgruben*
2 *erste Terrasse mit Teichen*
3 *Rampe*
4 *Südhalle u. Nordhalle*
5 *zweite Terrasse*
6 *Rampe zum Schrein der Göttin Hathor*
7 *Rampe zur dritten Terrasse*
8 *Punt-Halle u. Geburtshalle*
9 *unvollendete Kolonnade*
10 *Hathor-Kapelle*
11 *hohe Mauer mit Osiris-Statuen*
12 *Kapelle des Amun*
13 *in den Fels gehauene Grabkapelle der Hatschepsut*
14 *Sonnenhof mit Sonnenaltar*
15 *Felsenwand*
16 *Felsklippen*
(*»Ton und Licht« täglich, sonntags meist deutsch*)

Rampe auf. Sitzende Löwen flankierten die Wangen, die Geländer waren in Form von schuppigen Schlangenleibern aus Kalkstein gehauen. Auf beiden Terrassen teilen die Rampen die rückwärtigen Hallen in Nord- und Südseiten mit je 2 × 11 Stützen.

Bedeutsam ist hier in der ziemlich zerstörten Südhalle das Reliefbild zum Transport und der Weihe des Karnak-Obelisken, während auf der zweiten Terrasse beide Teile, die nördliche (rechte) Geburtshalle wie die Punt-Halle ihrer Reliefs wegen zu den Höhepunkten des Tempels gezählt werden müssen. Da wird man Zeuge einer Handelsexpedition nach Punt, die mit allen Einzelheiten sicherlich genauso, wie geschildert, seit dem Alten Reich immer wieder durchgeführt wurde. Kinematographisch rollen die Szenen ab, man ist in einem aus Rundhütten bestehenden Sambesi-Dorf zwischen Palmen und den beliebten Weihrauchbäumen, erlebt das Treiben an Land und am Anlegeplatz, beobachtet die ägyptischen Unterhändler beim Tauschgeschäft mit der einheimischen Fürstin, die sich, offensichtlich an progressiver Muskeldystrophie leidend, nur mit Mühe aufrechterhalten kann. Die Symptome sind ebenso deutlich im Reliefbild wiedergegeben wie die Handels- und Tauschgüter, die Pflanzenwelt oder die vielfältige Fauna; nach einer Fischart glaubt man beispielsweise, den geographisch richtigen Standort des sagenhaften Punt einigermaßen treffend festlegen zu können. Es war aller Wahrscheinlichkeit Mozambique am Sambesi-Fluß, wo nach dem Papyrus Harris Gold und Antimon von ägyptischen Bergleuten geschürft wurden. Bereits Sahure in der 5. Dynastie ließ von seinem Admiral Hannu 80000 Maß Myrrhe, 2600 Edelhölzer, 6200 Gewichte Elektron und einen Zwerg holen. Hatschepsuts Expedition scheint die größte ins Puntland gewesen zu sein. Durch das Wadi Hammamet zum Hafen Sawu, heute Nähe von Koseir, wurden die zerlegten Schiffe, Ausrüstungsgegenstände und Proviant durch die Wüste geschleppt, immerhin 90-Tonnen-Schiffe mit fast anderthalb Metern Tiefgang, bis 30 m lang und 6,50 m breit. Nach fünf Wochen Segelfahrt im Roten Meer wurde Bab el Mandeb erreicht, gut 14 Tage dauerte es bis zum Kap Guardafui, und dann ging es endlich, von der Äquatorialströmung getrieben, nach Süden, um 50 Meilen pro Tag. 1480 v. Chr. gelangte die Flottille ans Ziel und legte zwischen der Sambesi-Mündung und der des Sabi im Gebiet von Beira/Sofala heute an. Dann nahm der Handel die Tage in Anspruch, wie er in penibler Genauigkeit und mit Humor gewürzt in den Wandbildern des Tempels geschildert wird. Der Heimweg war mühevoller, es mußte mühsam mit kaum zehn Meilen pro Tag gegen Winde und Meeresströmung gerudert werden, mehr als anderthalb Jahre insgesamt bis – wie die Inschrift an der Tempelwand kündet – alle fünf Schiffe wohlbehalten in Theben ankamen ». . . *vollbeladen mit den Gütern des Landes Punt, mit vielen wertvollen Hölzern, süßduftendem Harz, Weihrauch, frischem Olibanum und Mengen von Ebenholz und Elfenbein, reinem Silber, Gold aus dem Lande Amu, Antimon und langschwänzigen Affen, sogar einem lebendigen Panther aus dem Süden und Eingeborenen des Landes mit ihren Kindern . . . niemals vorher war so etwas nach Hause gebracht worden seit Anbeginn der Welt . . .«*, und die Königin weiht und opfert von den fremden Schätzen dem Gotte Amun und hält unter einem Baldachin und vor ihrem Ka eine Kabinettssitzung ab, während andere Götter die Waren registrieren, Thoth Zahlenreihen addiert und die schreibkundige Sechat das Wareneinnahmebuch führt.

Die Geburtshalle auf der gleichen Terrasse schildert in ähnlicher Weise wie im Geburtszimmer des Luxor-Tempels die Zeugung der Hatschepsut durch Gott Amun und ihre Geburt in bildlich etwa gleichen Reliefs wie dort. Das hängt hier mit dem Amte der Gottesgemahlin zusammen, die als irdische Frau, als Schwestergemahlin des Königs, zusammen mit dem Götterkönig Amun-Rê den künftigen Thronfolger gebiert, und es wird als Bildzyklus etwa so dargestellt, daß Amun vor den versammelten Göttern erklärt, er beabsichtige einen neuen König zu zeugen, was er sogleich mit Gott Thoth berät, um die passende Frau auszusuchen. Ist das gelungen, nimmt er die Gestalt des regierenden Pharao an, Thoth führt ihn bei der Gottesgemahlin ein, sie besprechen Künftiges, dann legen sie sich auf dem Ehebett nieder, ein Kind wird gezeugt, es folgen die Geburt, das Wochenbett, das Aufziehen des Prinzen usw.

Während ganz nach rechts eine Anubis-Kapelle aus der Fluchtlinie des Bauwerks springt, ist es links von der Punt-Halle eine Hathor-Kapelle für die Schutzgöttin der Nekropolen. Wesentlich sind dort die schönen, sechzehnseitigen Hathor-Säulen und Hathor-Pfeiler, beachtenswerte Reliefs (außen), eine die Hand der Königin liebevoll leckende Kuh und (innen) die Königin trinkt an den Eutern dieser Kuh (Hathor-Kuh), ihr Sohn Ihi mit dem Sistrum in der Hand schaut zu.

Die obere Terrasse vor dem Sanktuar nahm, wie man heute meint, voll ein gewaltiger Säulensaal hinter einer Reihe von Osiris-Pfeilern ein, vielleicht ein Wald aus etwa 135 Säulen (vgl. Abb. 169). Im Sanktuar dahinter, das zwar dreischiffig, aber hintereinander angeordnet ist, sind die beiden vorderen Räume gewölbt, der hintere plan gedeckt und wurden von Euergetes II. zu ptolemäischer Zeit für den Kult der beiden weisen und vergöttlichten Männer Imhotep (Premier von Djoser) und Amenophis (Sohn des Hapu) bestimmt. Hinter der einstigen Tür hockt, noch im Reliefbild listig zwinkernd, meinte man, der Tempelarchitekt Senenmut, der hier, und noch an anderen Plätzen des Tempels, zwar versteckt, aber ein wenig zu eigenwillig, sein Porträt anbringen ließ, wohl um am Platze seiner Gönnerin den Göttern näher zu sein. Er fiel trotzdem in Ungnade und konnte nicht einmal in seinem, ebenfalls der Herrscherin benachbart angelegten Grabe unter der ersten Terrasse beigesetzt werden; ihm wurde im Gräberfeld der Vornehmen bei Kura ein Felsgrab zugewiesen (heute Nr. 71), war er doch die ›graue Eminenz‹ der Königin, der Erzieher von Prinzessin Nofrurê und Vermögensverwalter des Amun-Tempels. (Die polnischen Arbeiten am Tempel hielten sich leider wenig an Dehios Satz »Restaurieren, nicht rekonstruieren« oder an die Denkmalsschutz-Charta, Venedig 1964: »Der Anteil seiner Zeit beim Entstehen eines Baudenkmals muß respektiert werden.« Die Monumentalarchitektur wurde so fast zur Theaterkulisse.)

Totentempel des Mentuhotep

Während die Könige der herakleopolitischen Dynastien zur Zeit der ersten Zwischenzeit an den alten Traditionen festhielten und weiter in Pyramiden- oder Mastaba-Gräbern beigesetzt

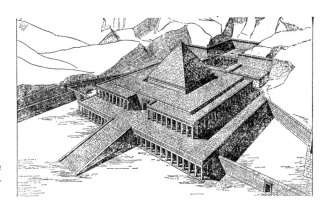

Mentuhoteps Totentempel in Dêr el-Bahri, Rekonstruktion. Nach Naville

wurden, begann der Thebaner Mentuhotep, der »Einiger der beiden Länder«, nach den Wirren der blutigen Auseinandersetzungen politischen, religiösen und auch geistigen Inhalts die 11. Dynastie mit einem architektonischen Paukenschlag und baute im Talkessel von Dêr el-Bahri seinen berühmten Totentempel (s. Abb. 168). Darin verband er kühn und einmalig die Traditionen Oberägyptens mit denen der alten Könige von Memphis.

Hinter einem Hof, den an der Westseite Säulenhallen begrenzten, stieg man auf einer Rampe empor zu einer zum Teil aus dem anstehenden Fels gehauenen Terrasse, auf der sich über einen quadratischen Unterbau von 40 m Seitenlänge ein Saal mit 140 achtkantigen Pfeilern erhob, den, wie eine Krone über dem Scheingrab, eine voll massive Pyramide überragte. Aber nicht dort, sondern erst hinter einem nach Westen zu offenen Pfeilerhof, lagen tief im Felsen des Bergabhanges die Räume des Sanktuars und darunter, am Ende eines 150 m langen, schrägtief laufenden Ganges, die Sargkammer aus Granit und Alabaster, die heute nicht mehr zu betreten ist.

Noch weiter im Hang hatte Thutmosis III. viel später eine Hathor-Kapelle aus dem Mittleren Reich restaurieren lassen – das Kultbild der göttlichen Kuh von Amenophis II., jetzt im Kairoer Museum, wurde hier gefunden. Und südlich, etwa zwischen den beiden Tempeln, entdeckte man die oben erwähnte Cachette mit den Mumien der umgebetteten Könige und das Priestergrab mit 163 zum Teil fein bemalten und gut erhaltenen Särgen.

Privatgräber

Leider kommen bei den obligaten Theben-Besuchen nach der Fülle der Eindrücke in den Königsgräbern und dem Hatschepsut-Tempel die *Privatgräber* (Abb. 119–124) oftmals zu kurz. In der Tat sollte man sie allein für sich besuchen, um in Muße die nun von allen Fesseln der dem Relief dienenden Hilfstechnik befreite Wandmalerei genießen zu können. Mit reichster Phantasie und aus fast unbegrenzter Freiheit heraus entstanden seit der 18. Dynastie zauberhafte Bilderzyklen, deren Aussagekraft weitgehend vom Gefühl bestimmt wurde. Vor diesen Wandszenen empfindet der Besucher etwas vom Hauch persönlichen Lebens. Nirgendwo gab es bisher derart zart gehaltene

THEBEN-WEST: PRIVATGRÄBER

Tonabstufungen; preziös gesättigte, seidige Farben lassen die Glieder, besonders der Frauen oder der leichtgeschürzten Dienerinnen, unter leichten, transparenten Gewändern hindurchschimmern: Alle ungelenk wirkenden hölzernen Bewegungen von ehedem scheinen weggewischt von eleganter Grazie und edler Physiognomie.

Weil man des bröckelnden Steines wegen die Wände nicht relieffieren konnte, hatte man zur leichteren Maltechnik auf weißer Kalkschlämme gegriffen, umrandete aber, noch der harten Kontur des gemeißelten Reliefs verbunden, alle Figuren mit einem dunklen Strich. Dem weißen Untergrund folgte bald ein blauer, und seit der Zeit der Ramessiden ein volltoniges Ocker. Auch die steifen Bildregister lösten sich auf, und quasi-perspektivisch wurden die Szenerie durch Freistellen von der alten Grundlinie und die Größenunterschiede einzelner Personen locker verlebendigt. – Bilder im *Grabe* des *Nacht* oder des *Ineni* sind gute Beispiele (Abb. 120 u. Farbt. 23 u. Umschlagklappe). Zum verstehenden ›Einsehen‹ in die Bilderwelt zuvor ein Hinweis: Die Mehrzahl der Gräber, vor allem im am meisten besuchten Bezirk von Schêch abd el-Kurna, folgen einem fast verbindlichen Bau- wie auch Dekorschema, das, soweit es die Topographie für den Grundriß nur einigermaßen zuließ, auch eingehalten wurde. Aus einem von Schlammziegeln oder Bruchsteinen abgegrenzten Vorhof gelangt man (von Osten her) durch eine schmale Tür zuerst in eine der Längsrichtung T-förmig vorgesetzte Querhalle, deren Decke je nach Größe überhaupt nicht oder von einigen oder mehreren Säulen abgestützt wird (z. B. das *Grab des Nacht*, Nr. 52, ohne, das *Grab des Ramose*, Nr. 55, mit 32 Säulen in der Querhalle; s. a. Abb. 172, 173). Gegenüber dem Eingang und so breit wie dieser, führt ein Durchlaß zur Längshalle, die ebenfalls von Säulen gestützt sein kann (selten). Sie endet an der hinteren Wand in einer besonderen Nische, die, für die Standbilder des Verstorbenen allein oder auch für seine Angehörigen bestimmt, im Idealfall genau nach Westen ausgerichtet war.

Lageplan der Privatgräber. Der Plan daneben gibt an, wie man die Gräber besichtigen sollte, um der thematischen Ordnung zu folgen

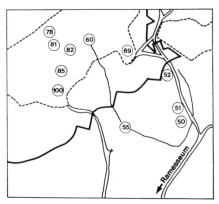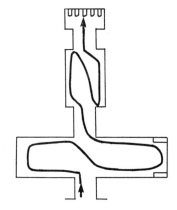

So zur Tiefe hin verlief auch in der Ausschmückung der Weg von draußen nach drinnen, vom Diesseits zum Jenseits, vom Weltlichen zum Religiösen, eine thematische Determination, der die oft mit Texten erläuterte Wandbildszenerie konsequent folgt; man sollte deshalb auch so besichtigen, wie die Zeichnung es zeigt; auf diese Weise gelangt man von den Darstellungen weltlicher Dinge, wie Haus- und Feldarbeiten, Handwerk, Jagd, Spiel und Vergnügen, im vorderen Querraum, in den Längsraum zum religiösen Bereich mit der Totenfahrt nach Abydos, Leichenfeier und Begräbnisprozession, Opferszenen mit Tieren, Gaben und Tänzen oder mit Musikanten, Totenmahl und Speisefolge, Zeremonien vor der Mumie und Totengericht. An den Statuen des Grabinhabers endet der Grabgang, den oftmals passendes Deckendekor begleitet, nicht mehr nur Sterne oder Dekanbilder, sondern jetzt auch Natur-Motive wie Vögel im Fluge, Blumensträuße, Weingirlanden oder verspielt geordnete Hieroglyphengruppen. Die schmalen Wandseiten der Querhalle sollten Grabstelen entsprechen, dort findet man in der Regel langatmige Biographien des Grabherrn und gegenüber die Reihe der Opfergaben und die Summe der Gebete – der zweimalige Weg in Form einer 8 wird passend dadurch unterbrochen.

Mehr als 500 Privatgräber sind bekannt, 464 offiziell numeriert, in den fünf Grabbezirken kann man bei genügend Zeit viele besuchen. Die Reiseführer erläutern meistens die bedeutendsten und schönsten Gräber, von denen wir als Auswahl lediglich Namen und Numerierung nennen wollen, um es jedem nach Zeit und Neigung zu überlassen, sie zu besuchen.

Da die *Saïten-Gräber* bei Al-Asasîf in der Regel nicht geöffnet sind und ohnehin selten besucht werden, nennen wir nur vier Gräber, die besonders interessant sind – die beiden größten, Nr. 33 von *Petamenophis*; Nr. 192 von *Cheriuf*; Nr. 36 von *Ibi* und Nr. 279 von *Pabesa* – und wechseln gleich zu den besterhaltenen und inhaltsreichsten im Bezirk von *Schêch abd el-Kurna*, wobei der Besuch der folgenden genannten 11 Gräber uns fast Pflicht zu sein scheint: Nr. 52 *Nacht*; Nr. 51 *Userhet*; Nr. 50 *Neferhotep*; Nr. 55 *Ramose*; Nr. 69 *Menena*; Nr. 60 *Antefoker*; Nr. 78 *Haremhab*; Nr. 81 *Ineni*; Nr. 82 *Amenemhêt*; Nr. 85 *Amenemheb*; Nr. 100 *Rechmirê* (die Reihenfolge entspricht einem erprobten ›bequemen‹ Rundgang).

Ramesseum

Der Totentempel von Ramses II., den er Gott Amun geweiht und eben so für seinen Kult errichtet hatte, ist zwar weitgehend zerstört, doch die jetzt freien Höfe, abgetragene äußere Mauern, offene Säulenhallen, massige Säulentrommeln oder die Bruchstücke kolossaler Königsfiguren lassen ahnen, welch großartiger Bau einst hier gestanden hat (Abb. 174–178). Da Ramses III. gut 150 Jahre später in Medînet Hâbu diese Tempelanlage seines von ihm hochgeachteten Idols getreulich kopiert hat, war es relativ einfach, das Ramesseum, das »*Haus der Millionen Jahre des Königs Usimarê-Setepnerê und mit Theben verbunden im Tempelbezirk der Amun im Westen von Theben*« (der Thronname von Ramses II.) voll zu rekonstruieren als das typische Bauschema der

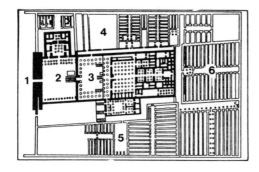

Plan des Ramesseums in Theben-West
1 Eingangs-Pylon
2 erster Hof
3 zweiter Hof
4 Tempel Ramses' II.
5 Tempel Sethos' I.
6 Magazine

Ramessiden: Eingangs-Pylon – erster und zweiter Hof – Vorhalle – Säulensaal – zwei Vorzimmer – Sanktuar. Der Pylon ist zusammengefallen, gottlob sind an seiner Hofseite noch die Reliefs zu den Feldzügen nach Syrien gut zu erkennen, einzigartige Biwakszenen von fast theatralischer Lebendigkeit und versteckter Ironie, statisches Gegenstück dazu die Trümmer der zerborstenen Riesenstatue des Königs (Abb. 175), die einst mit Krone 23 m hoch war und rund 1000 Tonnen wog, und deren Zerstörung der Perserkönig Kambyses befohlen haben soll.

Im zweiten Hofe interessieren die Reliefs zur Schlacht bei Kadesch, der Pyrrhussieg des Ramses, nach dem es zum Frieden und Bündnis mit den Hethitern kam. Der zweite hieroglyphische Vertragstext war, gleich dem im Karnak-Tempel, im Ramesseum eingemeißelt und Ägyptens Götter, je nachdem mit Segen oder Fluch, als Zeugen aufgerufen und auf die Silbertafeln, in die das Original des Vertragstextes eingraviert war, besonders hingewiesen. Wie erwähnt, fand man im hethitischen Staatsarchiv die Abschrift auf einer Tontafel.

Acht Osiris-Pfeiler vom zweiten Hof stehen noch (Abb. 174), auch sie, wie der Königskoloß, trotz der ramessidischen Steigerung ins Monumentale in den Einzelformen gefällig und sorgfältig gearbeitet, was gleichermaßen von dem schwarzen Granitkopf einer Königsstatue davor gilt. Im Säulensaal stehen von den einst 48 Papyrus-Säulen mit geöffneten Kapitellen im hohen Mittelgang und den niedrigeren mit geschlossenen Kapitellen seitwärts davon, immerhin noch 32, so daß man, ähnlich wie in Karnak, beeindruckt ist, ohne sie als maßlos übertrieben zu empfinden, was man sonst den Ramses-Bauten nachsagt.

Außer in den beiden Vorzimmern und im Anbau des frühen Sethos I.-Tempels stehen keine Säulen mehr aufrecht, dafür sind an vielen Wandteilen eindrucksvolle und gut erhaltene Reliefs zu bewundern, die interessantesten im ersten kleinen Vorzimmer: eine Prozession mit den heiligen drei Barken für die thebanische Triade und Ramses unter dem heiligen Persea-Baum; Atum, Seschât und Thoth ritzen den Namen des Königs in die Blätter. Den gesamten Tempelbereich umgab eine 270 × 175 m lange Ziegelmauer. An sie angebaut ist von den weitläufigen Magazinen, Ställen, Priesterwohnungen und Künstlerklausen aus Ziegelmauerwerk im hinteren Teil eine ganze

Anzahl noch gut erhalten geblieben. Dort war auch eine Art Schreib- und Malakademie eingerichtet, vermutlich zur Schulung des Kunsthandwerker-Nachwuchses für das immense Bauprogramm des Königs. Außerdem stand, an die Südmauer des ersten Hofes angesetzt und ebenfalls aus Ziegelmauerwerk, ein kleiner Palastbau, der ziemlich genau dem entspricht, den Ramses III. in Medînet Hâbu, gleich plaziert, einfach kopiert hat – hier sind nur noch Reste der Grundmauern erhalten.

Dêr el-Medina

Hier bauten Ptolemäus IV. Philopater und Ptolemäus Euergetes II. 145 bis 116 v. Chr. hinter einer hohen Schlammziegelmauer (die später von koptischen Mönchen noch einmal ergänzt wurde) an der Stelle eines zerstörten Gebäudes aus der Zeit des Amenophis III. dieses kleine Heiligtum und weihten es der Totengöttin Hathor und der Göttin Maat, ein einfaches Rechteck, das nach Südosten gerichtet ist (Abb. 180). Man betritt eine Vorhalle, deren Dach zwei Säulen mit wuchernden Kompositkapitellen tragen, dann folgen der durch die üblichen Mauerschranken abgetrennte Pronaos mit einer Reihe schöner Hathor-Masken und anschließend, Seite an Seite, die drei Sanktuarkapellen. Eine Treppe führt aufs Dach – in allem also das obligat gewordene ramessidische Bauschema.

Was an dem kleinen Tempel entzückt, ist seine Zerbrechlichkeit vor der Wucht der unmittelbar hinter ihm aufsteigenden Berge, die Proportionen der einzelnen Teile, die in einer eigenartig abgestuften Beleuchtung von besonderer Farbgebung zu sein scheinen, und natürlich das Reliefdekor, vor allem über der Schrankenmauer das Bild der vier Winde: Nordwind als vierflügliger und vierköpfiger Widder, Südwind als vierflügliger Löwe, Ostwind als vierflügliger Käfer mit Widderkopf und Westwind als vierflügliger Seelenvogel mit Widderkopf. In den Kapellen die Könige vor den Göttern opfernd sowie ein Totengericht mit der Darstellung der beiden Ergebnisse, die richtige, gute Seite als die vier Horus-Söhne auf einer Lotusblüte, die verdammte, schlechte Seite als Unterweltsgeister in der Gestalt eines trampelnden Nilpferdes, und an der Decke noch einmal der Nordwind und fliegende Geier. Südlich des Tempels liegt die Wohnsiedlung der Nekropolenarbeiter, die hier in einem Ghetto und von der Umwelt streng abgeschlossen leben mußten, damit Einzelheiten über Grabbauten aus dem Königstal geheim gehalten werden konnten. Sie unterstanden direkt dem Premier des Königs – Steinmetzen und Zimmerleute, Erdarbeiter, Maurer, Maler, Bildhauer und Vorarbeiter. In zwei Arbeitsgruppen lösten sie sich alle zehn Tage bei der Arbeit ab und wohnten hier mit Frauen und Kindern in zweistöckigen Häusern eng beieinander. Im Laufe der Zeit füllten sie mit Abfällen, Mustern, Papyri und Ostraka (Scherben zerbrochener Tonkrüge oder flache Kalksteinplatten) ganze Wadis auf, unbeschreibliche Mengen Dokumentarisches, das uns heute in die Lage versetzt, tatsächlich bis in intimste Einzelheiten oder alberne Banalitäten einfach alles von diesen »privilegierten Proletariern« der 18. bis 20. Dynastie zu wissen: Sorgen und Wunsche, Liebschaften, Zank und Tratsch, Verträge, Briefe, Abrechnungen, Arbeitsbücher, Schreib- und Zeichenversuche oder Entwürfe usw.

Verständlicherweise haben diese Grabspezialisten ihre eigenen Gräber vollendet ausgestaltet. Eine besondere Eigenheit sind mehrfach über der kleinen Grabeingangshalle wie Spitzdächer hochgezogene Pyramiden (Abb.

179). Die Gräber selbst sind klein, dunkel und eng, und man muß über schmale Treppen steil hinabsteigen. Drei Gräber sind besonders sehenswert, weil dort die Farben noch ursprünglich frisch erhalten sind, so als wären sie eben erst auf die Wände gemalt worden. Natürlich wurden die Themen der Bilder den großen Vorbildern entlehnt, die persönliche Beziehung zum Milieu der ›kleinen Leute‹ wird jedoch im Detail deutlich, das macht die Bilder so liebenswert. Besuchen sollte man wenigstens Grab Nr. 1 von *Sennodjem* (Farbt. 25), bei etwas mehr Zeit auch oben im Hang Nr. 240 von *Amenemhêt,* Nr. 3 von *Paschedu* und Nr. 217 von *Ipui.* Der südlich ansetzende Grabbezirk von *Kurnet Murai* setzt den Typus der bekannten T-förmigen Privatgräber fort und entspricht natürlich auch thematisch den bisher besuchten Grabanlagen. Bei Interesse sollte man hier das Grab Nr. 40 vom *Vizekönig von Kusch* aufsuchen, weil seine Nubien-Reisen – in manchem der Punt-Fahrt im Hatschepsut-Tempel ähnlich – in gleicher Weise detailreich, humorig und beobachtungsgenau aufgezeichnet sind und mehrfach auch Tutench-Amun dabei vorkommt.

Königin mit Geierhaube. Wandmalerei

Tal der Königinnen

Bîban el-Hârim wird es heute genannt, treffender war sein altägyptischer Name »Ort der Schönheit«, die Begräbnisstätte von 70 Königinnen, Prinzessinnen und Prinzen aus der 18., 19. und 20. Dynastie, Grabgelege, die denen der Königsgräber entsprechen, vielleicht ein wenig bescheidener, einfacher, auch dürftiger, dafür, wenn Frauen dargestellt werden, oftmals eleganter und zierlicher. Alles, was wir oben von den Wandmalereien, der Grabarchitektur, über Sinn und Kult der Königsgräber gesagt haben, gilt auch hier. Zweifellos ist das Grab der Gattin von Ramses II., *Nofretari* (Nr. 66), das schönste, und leider ist gerade ihr Grab durch Feuchtigkeit und Verschiebungen im Berg am meisten bedroht, so daß es meistens geschlossen bleibt. Dann sollte man aber Grab Nr. 55 besuchen (*Amon-herchopeschef,* Sohn von Ramses III.), vielleicht auch das Grab der Königin *Titi* (Nr. 52), und wer Zeit hat, auch die Gräber Nr. 44 (Prinz *Chaem-Wêset*) und Nr. 43 (Prinz *Seth-herchepeschef*).

Medînet Hâbu

Nach dem Vorbild des Ramesseums baute Ramses III. dieses Heiligtum der unsicheren Zeitverhältnisse wegen als Festungstempel am Platze des Djêma, der Stelle, wo Gott Amun zum ersten Male erschienen sein soll. Schon Hatschepsut und Thutmosis III. hatten hier dem Amun zu Ehren Tempel errichtet, Ramses III. bezog sie in seinen Tempelbereich mit ein (230 × 200 m). Eine mächtige, 18 m hohe Wallmauer umgibt ihn zweifach, der Totentempel ist das Herzstück, ein kleiner Palast ist ihm angesetzt und für die Gottesgemahlinnen wurden zur Zeit der 25./26. Dynastie Grabkapellen errichtet (Abb. 181). Die Römer bauten Wohnblockeinheiten ein, und die Kopten gestalteten den zweiten Hof zu einem Gotteshaus um.

Ende des vorigen Jahrhunderts begannen die Ausgrabungen, heute sind endlich alle störenden Einbauten entfernt, und man kann die gesamte Anlage ›nach Plan‹ besichtigen, das riesenhafte Areal aus Tempel, Palast, Festung, Priesterwohnungen, Verwaltungsbüros und Magazinfluchten. Während der 21. Dynastie wurden hier die Grabräuberprozesse abgehandelt und die Umbettung der Königsmumien veranlaßt, denn im Tempel wirkte die oberste Verwaltungsbehörde für alle thebanischen Nekropolen. Vom Hohen Tor durch die Höfe und den Ramses-Tempel teilt die Mittelachse zum Wüstentore hin die Bauanordnungen. Zweifellos ist das Hohe Tor (12 m hoch) Mittelpunkt eines eigenen Bezirkes (Abb. 181). Es lag einst gleich hinter dem Kai einer kleinen Hafenanlage an einem Verbindungskanal zum Nil. Dieser Torbau ist kein Pylon und springt umgreifend tief in den Hof vor. In seinen Turmzimmern pflegte der verfettete, genußsüchtige König Ramses III. sich mit seinen Gespielinnen zu amüsieren, reizende Reliefs zu diesem Thema gibt es dort zu belächeln. Übrigens hat man von dem burgähnlichen Torbau herab einen ausgezeichneten Blick über die weiten Anlagen. Schon hier sind an den Außenmauern der Toranlage die wichtigen Bilder des seine Feinde niederschlagenden Königs zu bestaunen (Abb. 182, 183). Sieben gefesselte Gefangene symbolisieren Hethiter, Amori, Zaker, Sardinier, Beduinen, Tyrrhener und Philister. Gleich linkerhand neben einem kleinen Pavillon des Königs liegen die Grabtempelchen der Gottesgemahlinnen, eintürig mit Umgang für Amenerdâs, Nitok-

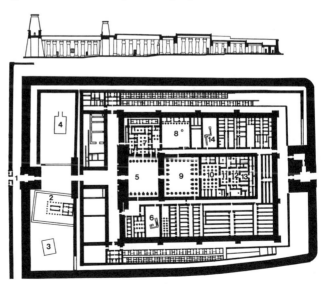

Plan von Medînet Hâbu
1 Hohes Tor
2 Tempel der 18. Dynastie
3 Heiliger See
4 Teich
5 Erster Hof
6 Brunnen
7 Palast des Königs
8 Palasthof mit Brunnen
9 Zweiter Hof
10 Großes Hypostyl
11, 12 Säulensäle
13 Barke des Amun
14 Brunnen

ris, Schepenupet und Mehit-en-Useschet, gegenüber und schräg zur Tempelachse, die kleinen Tempel von Hatschepsut und Thutmosis III., die später von Ptolemäern und Römern mehrmals nach vorn zu erweitert wurden, so daß zu guter Letzt eine eigene, vollständige Tempelanlage mit einem heiligen See und einem Nilmesser entstand, so groß, daß sie durch die Wälle des Ramses III. stößt. Man betritt sie durch das Tor des Nektanebôs.

Den großen Ramses-Tempel gliedern zwei Pylone, zwei Höfe, ein großer Säulensaal, Säulenvorsäle und Nebenräume und das Allerheiligste – eine gelungene Kopie des Ramesseums also. Und wie einst Ramses II., so schmückte auch Ramses III. den Pylon beiderseits mit monumentalen Wandreliefs, das Niederschlagen, die Listen der Besiegten, sein Zug gegen die Libyer und die Seevölker und die Einnahme der Feste von Amor – viel Text dazu als Erläuterung und als Bericht zu seinen königlichen Taten. Das alles setzt sich an den Hallenwänden des ersten Hofes hinter den Osiris-Pfeilern fort, wechselt am zweiten Pylon (Abb. 184, 185) zu Szenen der Begegnungen und der Opfer mit den Göttern und bleibt im zweiten Hof weiter religiös-kultisch, vor allem bei wimmelnden Festfolgen für Gott Min und den Prozessionen für den Erntegott, die für den König wohl doch nicht so bedeutend waren wie seine Schlachten, denn selbst hier schleichen sich noch einmal kurz Szenen aus seinen Kriegen gegen die Libyer ein.

Der gute Zustand des Hofes, der zu christlicher Zeit ein koptisches Gotteshaus wurde, läßt erkennen, wie es im Ramesseum einmal ausgesehen haben muß, dort infolge der kunstvolleren Bearbeitung des Steines aber auf alle Fälle gediegener als hier, wenn man von den bewegten Bildern zur Löwen- und Stierjagd absieht, die gekonnt gemeißelt sind. Von den inneren Tempelräumen, Säulensaal, Kammern, Nebenräumen und dem Sanktuar kann man gut die Säulenbasen, Grundmauern und erhaltengebliebenen Wandteile ausmachen. Viel interessanter ist die südliche äußere Tempelwand mit dem Festkalender des Tempels, und an der Westwand, sich bis zum Nordende hinziehend, eine lange Bilderfolge zu den vielen Feldzügen gegen Libyer, Syrer und die Seevölker, beachtenswert dort eine Seeschlacht in der Nilmündung. Der große erste Pylon kann bestiegen werden, und von oben herab hat man den richtigen Eindruck vom kleinen Königspalast (aus Ziegeln), in dem man, nach Freilegung und Restaurierung, im Audienzsaal den Königsthron auf einem Unterbau, die Räumlichkeiten für König und Königin, den Harem, die Toiletten und Bäder und einen kleinen Palasthof genau erkennen kann. An der Palastfassade standen acht Glockensäulen am südlichen Säulengang des ersten Hofes, durch den drei Tore in den Palast führten. Auf einer Art Balkon, der über der Mauermitte vorspringt, konnte der König den Prozessionen beiwohnen. Und dort unter dem Erscheinungsfenster beachten Sie das ›internationale Sportfest‹ vor dem Pharao, dem Hof und ausländischen Diplomaten, Wettkämpfe im Ringen und Stockfechten zwischen Ausländern und ägyptischen Soldaten mit Lendentuch. Im Relief zumindest reißt immer der Ägypter als Sieger seine Arme hoch, während der Verlierer am Boden liegt, schon damals also die dokumentierte Beweisführung der eigenen Überlegenheit gegenüber den Vertretern von anderswo. Selten werden bei Sportveranstaltungen die Schiedsrichter gezeigt. Hier ist es anders, und als ein ägyptischer Ringer einen unfairen Griff versucht, verweist ihn der Schiedsrichter streng: »Paß auf, du kämpfst vor dem König, deinem Herrn!«

Memnons-Kolosse

Wie Wächter vor der Totenstadt stehen sie am Rande zur Wüste und bewachen den Eingang zum Totenreich (Abb. 186). Und in der Tat, sie standen vor einem Totentempel, zwei den Eingangspylon schmückende Kolossalfiguren von König Amenophis III., dessen Totentempel einstmals der größte von allen in Theben war – und von dem beinahe nichts übriggeblieben ist. Man fand eine Stele mit der Weihinschrift dieses Tempels, einen krokodilschwänzigen Sphinx, mehrere Alabaster- und Quarzitfiguren des Königs und Sockelreste des Totenheiligtums. Amenophis, Sohn des Hapu, hatte diesen und den Luxor-Tempel erbaut, und von ihm stammen auch die beiden Kolosse aus gelbbraunem Sandstein, dessen Antransport der Baumeister höchstpersönlich aus dem 700 km entfernten Gebirge bei Kairo überwacht hatte. Heute wirken die Kolosse mehr durch ihre Masse als durch ihre ehemals liebevolle und exakte Bearbeitung, denn im Laufe der Jahrtausende sind sie stark verwittert. Ohne Krone sind sie noch 17,9 m hoch, früher waren es 21 m, alles ist aus einem monolitischen Block herausgemeißelt. Steht man vor ihnen, so sieht man am Sockel der linken Figur an der rechten Seite des königlichen Beines seine Frau Teje, links seine Mutter Mutemuja, die Skulptur im Blindstück ist zerstört. Am Sockel seines Thrones wird im versenkten Relief die »Vereinigung« dargestellt, das so oft wiederholte Bild an Thronsockeln und neben Tempeleingängen: Nilgötter verbinden die Wappenpflanzen der beiden Landesteile.

Strabo, Juvenal, Pausanias u. a. berichten vom »Gesang des Memnon«, wie man fälschlicherweise aus einer Verballhornisierung des Namens Amenophis die Kolosse nannte. Schon im Altertum gehörten sie zu den besuchtesten Reisezielen, und schon damals ritzten in Demotisch, Griechisch und Latein Besucher Namen und Verse in die Sockel und Schenkel der Figuren. Nach einem Erdbeben war die nördliche Figur gesprungen, und durch den Wechsel von Temperatur und Luftfeuchtigkeit besonders in den frühen Morgenstunden gab die dann leicht schwingende Bruchspalte einen fein klingenden Ton von sich: Memnons Gesang. Was verklärt lauschende Besucher damals wie ein Wunder entzückte, wog der nüchterne Strabo skeptisch ab: »*In der Ungewißheit der Ursache möchte ich eher alles glauben, als daß der Ton von den so aufeinandergelegten Steinen ausgeht.*« Auch die Kaiser Hadrian und Septimius Severus besuchten die Kolosse mitsamt ihren Frauen und mit großem Gefolge und lauschten dem Singen des Memnon. Aus Dankbarkeit wollte Severus sie restaurieren lassen, aber die neu eingefügten Steinplomben ›erstickten‹ die Stimme. Seitdem singt nur noch der Wüstenwind, wenn er glutheiß aus der Nekropole zum Nil hin weht und sich wundert über die so allein inmitten grüner Felder stehenden Kolosse.

OBERÄGYPTEN: EDFU / KÔM OMBO

Luxor-Museum

Ein Besuch im neuen Museum (seit Dez. 1975) kann das Bild des alten Theben abrunden. Man zeigt bisher wenig bekannte Funde aus Kurna, aus der Cachette, aus Armant und bis zur Römerzeit, vor allem aus der Tut-ench-Amun-Sammlung und besonders die Talatat-Wand vom Tempel Echnatons in Karnak, der im 9. Pylon gefunden wurde. Sie zeigt das Königspaar und reizvolle naturalistische Szenen aus dem täglichen Leben auf Straßen und in den Häusern der Amarna-Zeit, dazu unsagbar fein geglättete Stelen und Schreiberfiguren und Bilder des Gottes Sobek, Schiffsmodelle und Illustrationen zu den Totentexten aus der 18. Dynastie (Geöffnet im Sommer 17–22 Uhr, im Winter 16–21 Uhr).

Oberägyptische Tempel

Esna: Chnum-Tempel

Obgleich nur 55 km von Luxor entfernt, wird Esna selten besucht oder höchstens bei einem Stop auf dem Wege nach Edfu so eben ›mitgenommen‹. Der Tempel hat es nicht verdient, gehören seine Relikte doch mit zu den bemerkenswertesten der spätzeitlichen Tempelbaukunst. Geweiht war er dem widderköpfigen Chnum und seinen beiden Gemahlinnen Menhit und Nebet-Un und später noch der Neith. Stehengeblieben ist von der einst klassischen Baukonzeption die Vorhalle, die heute die Tempelfassade bildet, Dendera sehr ähnlich, nicht ganz so breit (33 m). Alle 24 Säulen und die Mauerschranken an der Fassade tragen glanzvolle Reliefs, ebenso wie die Innenwände: Reliefbilder von Pharaonen und römischen Kaisern in Tracht und Pose ägyptischer Herrscher. Mit Geiern und astronomischen Bildern sind die Decken geschmückt, und die mit Reliefs und Inschriften bedeckten Säulenschäfte müssen jedes Auge entzücken. Noch bis in die letzten ägyptischen Zeiten hinein verstanden die Baumeister und Kunsthandwerker ihre Kunst vortrefflich, und wären uns solche Tempel nicht ganz oder teilweise erhalten, könnten wir uns heute kaum eine Vorstellung vom Charakter dieser Bauwerke machen. Einzigartig sind die Kompositkapitelle der Säulen, die sich von den einfachen Papyrusblüten und Lotusknospen nun zum Träger von allen möglichen der Natur entlehnten Blumen, Blüten, Knospen, Weintrauben und Laub oder Dattelkolben machen und, mit Maß und Gefühl geordnet, nur noch von den Kapitellen in Philae erreicht werden.

Erst hatten Pharaonen der 18. Dynastie hier einen Tempel erbaut, die Saïten renovierten ihn, König Ptolemäus erneuerte ihn dann von Grund auf, und Roms Kaiser Claudius und Vespasian haben den Hypostylsaal vorgesetzt. Neben den vorzüglichen Wandbildern auch an seinen Außenwänden sind es für den Ägyptologen vor allem die religiösen Texte, die über das Übliche hinaus von dem Königtum als solchem, der Weltschöpfung und dem Ursprung des Lebens sprechen, dazu sehr verhaltene, fast schon poetische Hymnen, welche zu den Hochtexten der ägyptischen Literatur zu rechnen sind – die meisten aus der Zeit von Trajan und Hadrian, andere unter Kaiser Decius eingemeißelt, die übrigens letzten Hieroglyphentexte dieser Art in Ägypten.

Edfu: Horus-Tempel

Diesen Tempel muß man gesehen haben – selbst wenn man Dendera gut kennt. Von der Kuppe der Schutthügel vor dem großen Pylon aus übersieht man das langgestreckte Rechteck, nord-südlich orientiert, am günstigsten. Der Grundriß gleicht fast dem des Chons-Tempels in Karnak, bis auf die äußere Umfassungsmauer, die sich wie ein Mantel um den eigentlichen Tempel legt, die Distanzbrücke zwischen Außenwelt und dem Reich des Gottes. Die massige Wucht dieser vollkommen erhaltenen spätzeitlichen

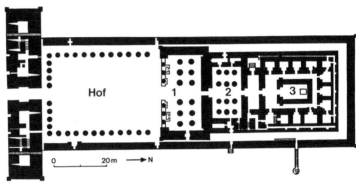

Plan des Horus-Tempels in Edfu
1 Vorhalle
2 Säulenhalle
3 Allerheiligstes

ptolemäischen Pylon-Tempelanlage beeindruckt ungemein (Abb. 187) und läßt kaum noch etwas ahnen von der früheren Bedeutung des Hauptgottes des zweiten oberägyptischen Gaues, Isi, von dessen Kultstätten fast nichts mehr erhalten ist.

Dieser Ptolemäer-Tempel war dem Horus geweiht, wurde 237 von Ptolemäus III. begonnen und, wie es damals üblich war, erst nach 180 Baujahren 57 v.Chr. fertiggestellt. Von seinen Nebengebäuden sind nur die Mammisi des Ptolemäus IX. Soter II. von Bedeutung, der heilige See ist von den Häusern des Ortes überbaut, ein Nilometer ist erhalten. 36 m hoch und 64 m breit ist der Pylon (Abb. 187), Ägyptens zweitgrößter, an allen Seiten mit monumentalen Reliefbildern geschmückt, Ptolemäische Könige beim Opfern, vor den Göttern und im Kampfe (Abb. 190). Man kann den Eingangsturm besteigen. Oben gibt es lange Inschriftenbänder zur Baugeschichte, man hat Aussicht in die Umgebung und hinab auf Höfe und Tempeldächer. Den weiten Hof – einst stand in der Mitte ein Altar – umstehen etwas steif 32 Säulen mit duftigen Kompositkapitellen (Abb. 189), sie lenken den Blick zur Vorhalle, kurz vor ihr hören sie auf, dort steht als Wächter – wie draußen vor dem Pylon – das Abbild des Tempelherren, der Horus-Falke (Abb. 188).

OBERÄGYPTEN: KÔM OMBO

Sechs durch Schranken verbundene Säulen (Euergetes II. opfert Horus und Hathor) flankieren den Eingang in die Vorhalle, die, leider sehr geschwärzt, nur mit Mühe Deckenbilder und Reliefs genau erkennen läßt (Astronomisches, Tempelweihe, Kulthandlungen). Beachtenswert ist über dem Eingang zum Säulensaal eine Darstellung des Sonnenschiffes von Horus-Rê, vor dem König Ptolemäus IV. und die göttlichen Instanzen für Hören und Sehen, Erkennen und Schließen opfern. Den Säulensaal erhellen sehr gedämpft Dachluken, alle Flächen sind über und über mit Reliefbildern dekoriert, Nebenräume schließen sich an, u. a. ein Laborraum mit Rezepturen für kultische Salben und Essenzen. Dann steigen, im neuen Schema, zwei Vorsäle bis zum Allerheiligsten an, rechts und links Treppen zum Dach, zu Kapellen und Zimmern. Alle Wände sind hier nur noch auf die Kultstelle und kultische Handlungen bezogen, führen thematisch aber ebenso hin zu einem etwas erhöht eingebauten kleinen Kiosk mit Deckenbildern der Himmelsgöttin Nut.

Vor Gott Horus von Edfu richtet König Ptolemäus XIII. Neos Dionysos ein Obeliskenpaar auf

Im Sanktuar folgt das Szenarium der Bilder den üblichen Vorstellungen: Einzug des Königs in das Heiligtum und seine Opfer vor den Gottheiten Horus und Hathor. Neben der Barke – der Sockel für sie blieb erhalten – errichteten die Saïten stets einen steinernen Naos, dem, als die eigentliche Wohnung des Gottes angesehen, jetzt mehr Bedeutung zukam als der Barke selbst, wie früher. Der Naos von Edfu ist sicherlich der schönste, den man gefunden hat. Ein Umgang um das Sanktuar entließ Kapellen für die Neunheit von Edfu, die mittlere hinter dem Heiligtum war die sogenannte »Schmiede«, weil ehedem Schmiede dem Horus bei der Eroberung seines Landes geholfen hatten und seine ersten Priester geworden waren. Zwei ungeschmückte Krypten liegen im Mauerwerk darunter.

Was und wie man bei Mysterienspielen agierte, zeigen zuletzt die endlosen Register mit Bildfolgen zum kultischen Drama der Horus-Legende am inneren Tempelumgang. Auch die äußeren Tempelmauern sind von unten bis oben, von der Erde zum Himmel, wie dies der Ägypter deutete, in vielen Registern mit Göttern und Königen, Pflanzen und Tierdarstellungen überzogen, Schutzbilder für den Tempel und, weil jetzt römische oder römisch beeinflußte Künstler hier gearbeitet haben, dazu ein Sammelsurium von Emblemen und Ornamenten, das die an sich tristen Mauerfluchten zum buntbewegten Abbild der Welt werden läßt.

Kôm Ombo: Haroëris-Sobek-Tempel

In Kôm Ombo am Platze der alten Nubit verehrte man anfangs das so ungleiche Götterpaar Horus und Seth, dann, als der Osiris-Mörder Seth in Acht und Bann gefallen war, dafür den falkenköpfigen Haroëris und den krokodilköpfigen Sobek und erbaute für die beiden, ganz dem traditionellen Schema von Dendera oder Edfu folgend, im zweiten vorchristlichen Jahrhundert ein Doppelheiligtum (Abb. 192). So wurde die Anlage zwar ein wenig zu breit im Aufriß und wird von manchen als zu schwerfällig angesehen, macht das aber wett durch die unvergleichliche Lage auf einer Höhe über dem sanft geschwungenen Nilufer. Die Baumeister zerlegten ganz einfach den Tempel in zwei längs der Mittelachse gelagerte parallele Schiffe – nicht in zwei Tempel. Zwar haben beide ein separates Sanktuar, das aber trotzdem eine Einheit bildet. Um beide gemeinsam zieht der Umgang, an dem die Räume für die den beiden gemeinsame Neunheit liegen, rechts für die des Sobek, links für die des Haroëris. Die Hauptbauteile sind nicht verdoppelt, sondern aufgeteilt, so daß wie am Pylon auch die anderen Wanddurchgänge verdoppelt sind und daher je ein Prozessionsweg achsenparallel durch den Vorsaal, die Säulenhalle und drei Vorzimmer zum Allerheiligsten führt. Und wie in Edfu betonen zwei umlaufende Steinwände die Distanz von außen zur inneren Abgeschlossenheit.

Wo immer möglich sind Reliefs angebracht, viele noch mit Farbresten und Tupfern, die leicht das ganze Bild auch in Farbe rekonstruieren lassen, eine Überfülle fast, Szenen und Inschriften, charakteristisch für spätptolemäische und römische Tempelanlagen, wie eben auch in Edfu oder Esna. Viele Sonnen und fliegende Geier zieren Architrave und Decken, soweit noch vorhanden. Götter und Könige wie Neos Dionysos, Euergetes II., Kleopatra, Trajan (Abb. 193) und natürlich die Tempelinhaber Sobek und Haroëris (Abb. 194), aber auch Chons und die Götterbarken werden an Wänden und Säulentrommeln dargestellt. Vor dem Hof mit Altar und Granitwanne für rituelle Waschungen stand jenseits einer sechzehnsäuligen Kolonnade ein Geburtshaus, von dem eine Treppe unterirdisch zu einem Nilometer am Fluß absteigt. In einer Hathor-Kapelle von Domitian – sie liegt parallel zum Hof – fand man Krokodilmumien, die heiligen Tiere des Sobek, die man in besonderen Becken pflegte – ganz ähnlich wie im Fayûm. Was die herrlichen Kompositkapitelle versprechen, hält die Qualität der Wandbilder längst nicht immer, man spürt den Handwerker mehr als den Künstler, das Schema steht im Vordergrund, die gute Kopie nach Vorlage, wenig wirkliches Leben, kaum noch Stil. Was versöhnt? Die einmalige Lage, ganz gleich, ob man aus den

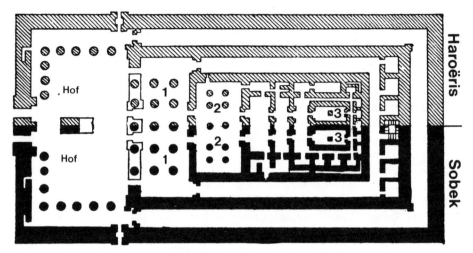

Plan des Tempels von Kôm Ombo. 1 Vorhalle   2 Säulensaal   3 Allerheiligstes

Maisfeldern zum Tempel herauf oder vom Sandhügel über den Tempel zum Nil hinab schaut.

Neuerdings wurden hier zwölf Gräber aus ptolemäischer Zeit gefunden; kunstvolle Grabbeigabe war ein 12 cm langes gläsernes Krokodil, die vielen Leinenstreifen der Mumienwickel waren mit Hieroglyphen beschriftet.

Assuan

Elephantine

Durch den nubischen Kalkstein konnte der Nil sich leicht sein Bett graben, Granitbarrieren aber zwangen ihn in sechs Katarakten, Stromschnellen, unruhig gefächert über Untiefen oder durch enge Rinnen über Klippen und Riffe zu stürzen. In Assuan liegt der erste Katarakt, deren Abfolge die Ägypter bezeichnenderweise nach Süden zu, gegen die Stromrichtung, zählen, was historische Gründe hat. Abo, auch Jeb, hieß der gesamte Bezirk, Elefantenland, sicherlich nicht wegen allzu vieler Elefanten, eher wohl, weil der Platz Zentrum des Elfenbeinhandels war und weil die grauen, rundgeschliffenen Formen der Granitbuckel an die Dickhäuter erinnern (Abb. 201). Lange Zeit lag hier Ägyptens Südgrenze, und den Gaugrafen seit dem Alten Reich fiel die besondere Aufgabe zu, sie zu schützen und den Handelsverkehr mit Nubien und dem Sudan zu kontrollieren. *Elephantine* war ihr Sitz, ihre Militärstation, und die Tempel lagen gegenüber den Strudeln im Nil, wo zwischen den hohen Felsen die Nilgötter Mophi und Krophi das Anschwellen des Stromes verursachen sollten. Ein auf alten Fundamenten errichteter Tempel von Amenophis III. wurde erst vor 150 Jahren abgetragen, die Ausgrabungen im Tempelbezirk der 18. Dynastie, deren Heiligtümer von Kambyses zerstört wurden, fördern ständig neue Funde vom Tempel des Chnum oder aus einem Jahwe-Heiligtum jüdischer Söldner der Perser-Zeit zutage. Den davor an einer Treppe zum Fluß errichteten Nilometer hat schon Strabo besucht und beschrieben. Heute können die Wasserstandsmarken, die in griechisch und demotisch und seit 1870 auf Marmorskalen auch in arabisch eingeschlagen sind, abgelesen werden, die Plinius der Ältere so charakterisiert: »*Bei 12 Ellen Hunger, bei 13 Ellen Genüge, bei 14 Freude, bei 15 Sicherheit und bei 16 Überfluß.*« Im Museum werden die Funde lebendig und füllen das Bildmosaik der Grenzfeste. Der allerschönste Platz auf Elephantine aber ist unterhalb des Tempelbezirkes ganz vorn auf der südlichsten Spitze der Insel, ein Tempelkiosk aus Steinblöcken und Schrift- und Bildrelikten, die beim Umsetzen der nubischen Tempel übriggeblieben sind: kein unbedingter Anspruch auf historische Einordnungen im Detail, unter Palmen am Wasser aber ein Platz, wo man nachdenken, vielleicht träumen und Ägyptens große Vergangenheit erspüren kann (Abb. 196). Auf dem Weg dorthin ganz unten linkerhand an einem hochbuckeligen Fels groß die Inschrift von Khufu-onkh, dem ersten Befehlshaber der ägyptischen Militärstation auf der Insel Elephantine, 4. oder Beginn der 5. Dynastie (siehe Abb. unten).

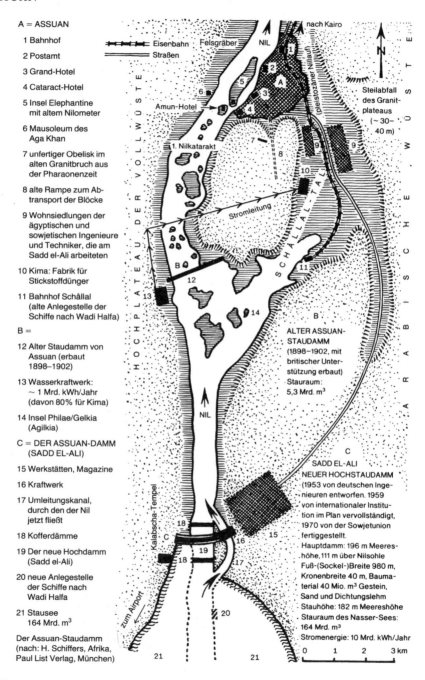

205 ASSUAN/PHILAE-Tempel   Der erste Pylon ist 18 m hoch und 45,5 m breit und zeigt Ptolemäus XII. beim Niederschlagen der Feinde, links folgen die Mammisi für Hathor-Isis und dann der zweite, schräg zur Tempelachse stehende Pylon des Philae-Tempels (Bild *vor* der Umsetzung noch am alten Standort)

206 ASSUAN/PHILAE-Tempel   Der sicherlich schönste Bauteil auf Philae ist der unvollendete Kiosk des Trajan. Beachtenswert sind seine spielerisch variierenden Säulenkapitelle und die harmonische Gesamtlinie (Bild *nach* der Umsetzung jetzt auf der Insel Agilkia)

207 ASSUAN Der von Ptolemäern und Augustus erbaute Kalâbscha-Tempel wurde im Auftrag der Bundesrepublik Deutschland abgebrochen, in 16000 Sandsteinblöcke zerlegt und hier wieder aufgebaut

208 ASSUAN An den Schranken zur Vorhalle des Kalâbscha-Tempels sieht man Taufszenen mit Horus und Thoth, an der ersten rechten Schranke eine griechische Inschrift, die Schweinehirten auffordert, ihre Tiere dem Tempel fernzuhalten

209 ASSUAN An der Rückwand des Kalâbscha-Sanktuars Kaiser Augustus als Pharao, wie er Isis (Horus und dem nubischen Gott Mandulis) opfert

210 ASSUAN Der Kiosk von Kertassi neben den umgesetzten Tempeln von Kalâbscha und Bêt el-Wâli, ein anmutiges Tempelrelikt auf einer felsigen Landzunge im neuen Stausee

211 ABU SIMBEL Südtempel für die Reichsgötter Amun-Rê und Rê-Harachte mit vier 20 m hohen Königsfiguren mit Doppelkrone, Kopftuch, Uräus und Kinnbart, den Ramses-Namen auf Brust, Arm und Beinen, zwischen denen kleine Figuren der Königsfamilie stehen

212 ABU SIMBEL Der Hathor-Tempel für die Ramses-Gemahlin Nofretari. Abwechselnd 10 m hohe Ramses- und Nofretari-Standbilder gliedern und schmücken die geböschte Fassade. Zwischen den Kolossalfiguren kleine Standbilder ihrer Kinder

213 ABU SIMBEL   Am 20. Februar und am 20. Oktober treffen die Strahlen der aufgehenden Sonne die ganz hinten am Ende der 63 m langen Tempelachse angebrachten Kultbilder von Ptah, Amun, Ramses II. und Rê-Harachte, ein Eindruck, den unser Bild ähnlich wiedergibt. Davor die 10 m hohen Ramses-Figuren als Osiris-Pfeiler unter der mit Sternen und Geiern reich geschmückten Tempeldecke

14 ABU SIMBEL   Im Tempelinneren bedecken Reliefs alle Wände, hier das Königsthema: Ramses II. erschlägt vor Amun-Rê einen Haufen seiner Feinde

15 ABU SIMBEL   An den Thronsockeln der beiden Eingangsfiguren die beiden zweigeschlechtlichen Nilgötter (Hapi) mit Bart und Brüsten einer alten Amme, die Ober- und Unterägyptens Wappenpflanzen Lilie und Papyros zusammenbinden – Symbol der Reichseinheit

216 GEZIRA FARA'UN, die Kreuzritterinsel im Golf von Akaba

217 OASE SIWA   Orakel-Heiligtum auf dem ›Kalksteinfelsen von Aghurmi‹

Felsgräber

Elephantines Militärs und Gaufürsten ließen sich mindestens seit der 6. Dynastie in Felsgräbern begraben (Abb. 200). Wer heute an der Nil-Corniche entlangspaziert, sieht jenseits des Flusses unter der Kubbet el-Haua, einem herrlichen Aussichtspunkt bei einem Scheich-Grab, die mächtigen Schleiframpen für die Sarkophage, die man dort von den Nilbooten zu ihren Grabgelegen heraufzog (Abb. 199). Sowohl in der Anlage wie auch im Dekor ähneln sie sehr denen von Beni Hasan, nur daß die Thematik hier mehr auf nubische Expeditionen und Handelsreisen ausgerichtet ist, und daß viele Gräber sich fast zu Tempelanlagen mit mehreren Reihen aus Pfeilern und Säulen weiten. Die Qualität der Bilder allerdings erreicht selten das Niveau von Sakkâra oder Beni Hasan, dafür ist der Platz der Gräber unvergleichlich gewählt, eine Hangterrasse, die den Blick freigibt über den Fluß, zu den Inseln und Dörfern (Abb. 197). Vermutlich ist dieser Gräberberg erst gerade ›angestochen‹ und wird noch viele Überraschungen bergen. Man sollte wenigstens einige dieser Gaufürstengräber längs der Mittelterrasse besuchen, es lohnt die Mühe des Aufstiegs, etwa Grab Nr. 25 von *Mechu* aus der 6. Dynastie, Nr. 26 von *Sabeni I.*, Nr. 31 von *Sarenput II.*, die von *Chunes* und *Sarenput I.*, von denen die breitesten Schleifspuren ausgehen, und vielleicht noch von *Sabeni II.* und *Hekaib*, Nr. 36.

Am gleichen Nilufer, aber gut 3 km weiter südlich, streben viele Touristen stracks zum Grabmausoleum des Agha Khan, das außer der Aussicht, die anderswo viel besser ist, nichts bietet.

Simeons-Kloster

Von dieser Bootsanlegestelle aus aber reitet man in 20 Minuten zum Simeonskloster aus dem 7. Jahrhundert (Abb. 202, 203), eine der besterhaltenen koptischen Klosterruinen voller Überraschungen, ein zweistöckiges Klosterareal mit Bauresten einer großen Basilika, in der noch farblich gute Apsisfresken erhalten sind, Mönchszellen, Refektorien, Küchen, Mühlen, Kammern und Essengruben. Wegen Wassermangel wurde das Kloster im 13. Jahrhundert aufgegeben.

Wer einen Zweistundenritt nicht scheut, wird in den Steinbrüchen der westlichen Wüste, also wüstenwärts vom Kloster, ein Pyramidion von einem Obelisken des Sethos I. und viele interessante Einzelheiten zur Steinbearbeitung und zum Transport tonnenschwerer Monolithe finden, sogar vorzeitliche Ritzungen, vor allem aber wird man, Assuan so nahe, trotzdem mehr als einen Hauch von der Unendlichkeit der Wüste erfahren.

Kitchener-Insel

Daß diese Insel ein botanisches Kleinod ist, weiß man, wie erholsam am Nachmittag ein Spaziergang zwischen Blüten und allen möglichen floralen Seltenheiten sein kann, muß man

Grundriß der Gräber von Sabeni (Nr. 26) und Mechu (Nr. 25). Die Hypostyle von Vater und Sohn sind direkt in den Fels gehauen. Nach Brunner

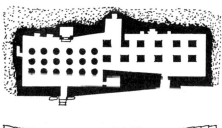

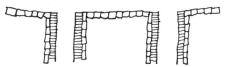

erfahren haben, was übrigens auch für die Insel Elephantine gilt.

Granitbrüche

Am Ostufer und gar nicht allzuweit vom Stadtzentrum liegen die berühmten Granitbrüche vom alten Syene (= Assuan), nach dem Plinius diesen grauen oder leicht rosenfarbigen Granit als Syenit bezeichnet hat. Von hier holten die Pharaonen die Steinblöcke für königliche Standbilder und Obelisken. Es ist anzunehmen, daß aus den fetischistischen Totempfählen der Vorzeit über den Benben-Stein, den Djet-Pfeiler und Sonnenheiligtümer schließlich als Endform der Obelisk entstanden war, der als kleiner Grab-Obelisk anfangs und seit der 12. Dynastie monumental, als ein besonderer Kultgegenstand paarweise Tempeleingänge flankierte und stets aus rötlichem Assuan-Granit gefertigt wurde. Man darf sich heute von der klaren Schlichtheit nicht täuschen lassen, sie waren zumindest auf den Spitzen allseitig mit Elektron belegt, damit ihre Reflexstrahlen das weite Niltal bestreichen und weithin gesehen werden konnten, Ruheplätze des Sonnengottes Rê und gleichzeitig Symbole für »ewig«, ein ästhetisch schönes und ebenso ein für die Nachwelt politisch gemeintes Zeichen der Könige. Inschriften beschwören stets, daß der Obelisk *»aus einem Block und ohne Naht oder Verbindung«* hergestellt sei.

Der Vogel Benou (Phönix) auf dem konischen Benben-Stein und Hieroglyphen einer Pyramide mit Einfriedungsmauer und Obelisk

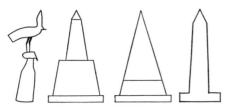

Im Steinbruch von Assuan konnte man die Arbeitstechniken der ägyptischen Steinmetzen rekonstruieren, weil dort u. a. auch ein ›unfertiger‹ Obelisk liegengeblieben war, der mit seiner Unterseite noch nicht vom Felsen gelöst ist (Abb. 198). Mit einer Länge von 41,75 m und einem Gewicht von 1170 Tonnen hätte er in jeder Beziehung alle anderen bekannten Obelisken übertroffen. Sicherlich wegen zu spät erkannter Steinrisse wurde er nicht vollendet, obgleich auch der Pariser Obelisk an der Basis einen tiefen Riß hat, weswegen man ihn kürzen und seinem Pendant gegenüber (in Luxor) auf eine erhöhte Basis stellen mußte.

Durch abwechselndes Erhitzen und Abkühlen mit Wasser wurde der ausgesuchte Fels zermürbt und die splittrige Oberfläche bis zur Planlage abgeschlagen und grob vorgeglättet. Man markierte die Begrenzungslinie und arbeitete nun beiderseits etwa 75 cm breite und mehr als 4,20 m tiefe Gräben in das Gestein, wodurch zwei weitere Seitenflächen und die Spitze gebildet wurden. Das geschah mit Hilfe von schweren Dolorithämmern, Meißel und Hammer. So ist der Obelisk hier liegengeblieben. Später sollte er in Abständen unterhöhlt und von in diese ›Röhren‹ eingeschobenen Balken, die man durch Überfluten aus den Seitengräben zum Quellen brachte, vollends aus dem Fels gesprengt werden. Daß trotz derart grober Arbeitsvorgänge eine Steinfigur von solch erregender Feinheit entstehen konnte, bleibt bewunderungswürdig. Daß sich trotz exakter Meßkontrollen geringfügige Abweichungen aus der Achse von der Mitte der Grundfläche zur Spitze des Pyramidions, geringe Drehungen der langen Seitenkanten um die Mittellinie und kaum erkennbare Verdikkungen der Schaftmitte ergeben haben, ist verständlich.

Nicht minder problematisch gestaltete sich der Transport. Erst mußten die 1000 Tonnen über eine Rampe schrägab aus dem Felsenbett gehoben und dann auf vorbereiteter Trasse der Länge nach mit Hilfe von Rollen oder Schlitten

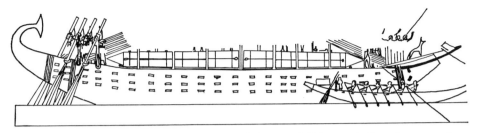

Hatschepsuts göttliches Boot, das ihre beiden Jubiläums-Obelisken nach Karnak transportiert. Relief im Dêr el-Bâhri-Tempel

zu einem Nilkanal gebracht werden, wobei Wasser und Schlamm als Schmiermittel gedient haben mögen. Nach Plinius legte man den Stein quer über den Kanal, fuhr ein voll mit Ballast geladenes Schiff darunter und ›lud‹ den Obelisken beim Abwerfen des Leergutes durch Auftrieb in das Boot. Bei den Hatschepsut-Obelisken lagen, wie das Bild aus dem Dêr el-Bahri-Tempel zeigt, beide Obelisken hintereinander, Basis an Basis. Das Schiff der Königin muß mindestens 82 m lang und entsprechend breit gewesen sein, man schätzt etwa ein Drittel der Länge. Mehrere Reihen von Ruderbooten zogen das Trägerschiff, von dem aus ein Lotse den Wasserstand lotete. Auf Begleitfahrzeugen fanden bereits während des Transportes religiöse Zeremonien statt. Auch für die Aufstellung eines Obelisken gibt es treffende Theorien. Da man sein Gewicht nicht aufziehen konnte, wird man ihn wohl über eine ansteigende Rampe bis vor eine quadratische, ausgemauerte und mit Sand gefüllte Grube geschleift, und dann durch Neigen, das schwerere Unterteil zuerst, in den Sand abgelassen haben. Während dann mehr und mehr die Sandfüllung entfernt wurde, rutschte der Obelisk allmählich nach, bis er mit einer Unterkante in einer etwa 10 cm tiefen, dafür vorbereiteten Rille lag. Jetzt konnte man ihn nach vollständigem Entfernen der Sandfüllung aus der Schräglage über den toten Punkt aufrichten, ein kritischer Moment, weil man dabei vermeiden mußte, daß die ungeheure Masse ins Schwanken geriet, drehte, trudelte oder im Kipp heraussprang – was beim Hatschepsut-Obelisken in Karnak passiert sein

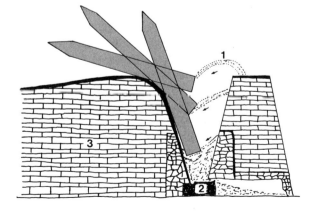

Wie ein Obelisk aufgerichtet wurde
1 Sandoberfläche
2 Granitsockel
3 Ziegel und Erde

muß. Wie man dort gut sehen kann, ist er aus der Rille gesprungen. Eine Korrektur war bei diesem Gewicht unmöglich. Stets haben Bilder und Berichte vom Aufrichten der bekannten Obelisken in den Metropolen unserer modernen Weltstädte Aufsehen und Bewunderung erregt. Die alten Ägypter haben sich eigenartigerweise darüber niemals ausgelassen, vielleicht weil ihnen das gar kein Problem war.

Seit Kaiser Augustus wurden Obelisken als modische Souvenirs in viele Hauptstädte in aller Welt ›verschleppt‹, u. a. sieben nach Rom, der Luxor-Obelisk auf die Place de la Concorde in Paris, kleinere nach Fontainebleau und Arles, einer vor die Waterloo-Brücke an der Themse in London, einer gegenüber dem Metropolitan-Museum vor das Lincoln Memorial im New Yorker Central Park, einer auf das Hippodrom in Istanbul vor der Blauen Moschee. Und jedesmal war der Transport für seine Zeit – ganz im Gegensatz zu dem der alten Ägypter – ein besonderes Problem, erforderte eigens dafür erbaute Schiffe und Aufbauten. Der Ruf »acqua alle corde« (Wasser auf die Seile) gilt noch heute in Rom als Sprichwort, weil beim Aufstellen des Vatikan-Obelisken, den Kaiser Caligula aus Heliopolis nach Rom geholt hatte und den Papst Sixtus V. auf dem Petersplatz aufstellen ließ, der zu trockenen, überspannten Hanfseile wegen beinahe der Obelisk gestürzt und zerbrochen wäre, hätte nicht der Seemann Bresca in die Totenstille geistesgegenwärtig nach Wasser gerufen. Vier Monate lang hatte man bereits in 52 Versuchen die Aufstellung probiert. – Den London Obelisken transportierte der Ingenieur Dickson in einem luftdichten Eisenbehälter, den man hinter dem Dampfer ›Olga‹ nach England schleppen wollte. Bei einem fürchterlichen Sturm in der Biscaya mußten, um das Schiff vor dem Untergang zu retten, die Taue gekappt werden – der aufgegebene Metallzylinder strandete später an der spanischen Küste und konnte im zweiten Anlauf heil nach England gebracht werden. – Nur die Fahrt der ›Dessuk‹ mit dem Obelisken für New York verlief relativ glatt, übrigens ein Geschenk des Kehdiven Ismail an die USA anläßlich der Einweihung des Sues-Kanals.

Assuan, damals Syene, erlangte am Ende des 2. vorchristlichen Jahrhunderts eine gewisse Berühmtheit, als der Grieche Eratosthenes, angeregt durch einen Brunnen der Stadt, in den zur Zeit der Tages- und Nachtgleiche die Sonnenstrahlen direkt einfielen, die erste wirkliche Erdmessung durchführte. Er bestimmte die Zenitdistanz der Sonne zur Zeit des Solstitiums (der Sommerpunkt auf der nördlichen Halbkugel) im Mittag zu einem Fünfzigstel des Kreises, während sie in Assuan null war. Die Entfernung zwischen beiden Orten nahm er zu 5000 Stadien an und für den Erdumfang ziemlich genau 250000 Stadien (1 Stadie etwa 164 m).

Philae

Die Zeiten, da ägyptische Pylone, Säulen und Wandbilder vom Boote aus betrachtet werden konnten, als die Tempelbauten von Philae (Abb. 204–206) alljährlich zur Hälfte überschwemmt und verschlammt wurden, sind endgültig vorbei. Von rund 22000 Tonnen Nilschlamm gereinigt sind auf der 500 m südlich und höher gelegenen Nachbarinsel Gelkia (Agilkia) alle Philae-Tempelbauten so umgesetzt und originalgetreu wiederaufgebaut worden, daß vom alten Gesamteindruck nichts verlorenging. Statt mit ausgegossenen, bleiernen Schwalbenschwanzkeilen die Steinblöcke in antiker

Plan von Philae A Isis-Tempel 1 Vorplatz mit Säulenhallen 2 erster Pylon 3 Reste des Tors von Ptolemäus II. Philadelphos 4 Vorhof 5 Geburtshaus 6 zweiter Pylon B Hadrians-Tor C Nilometer D Asklepios-Tempel E Kiosk des Trajan F Hathor-Tempel G Koptische Kirche H Tempel des Harendotes I Tempel des Augustus K Römisches Stadttor (Lage der Tempelbauten des alten Philae heute identisch mit den umgesetzten Anlagen auf der Nachbarinsel Gelkia/Agilkia)

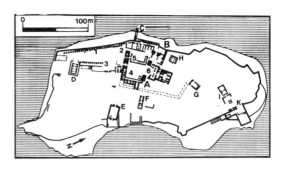

Technik zu verbinden, mörtelte man heute waagerecht, so sind die Tempel um rund 17 cm höher geworden.

Amasis, 26. Dyn., hatte zuerst eine Kapelle errichtet, welcher Nektanebôs I. am Landeplatz der Boote einen kleinen Pavillon anfügte. Dann ließ Ptolemäus Philadelphos (285–246) fast alles abbrechen und den großen Isis-Tempel aufbauen, eingefaßt von einer Mauer, die sicherlich einmal die gesamte Insel umzog. Entgegen Dendera, Edfu oder Esna wurde das Tempelschema leicht geändert: ein großer Tempelvorplatz mit langen Kolonnaden, der erste Pylon mit Hof und Mammisi (Abb. 205), ein zweiter, niedrigerer Pylon schräg zur Tempelachse, dahinter ein kleiner Hof mit Kolonnaden und Vorhalle – später Justinians christliche Kirche – und anschließend die Gangflucht zum Allerheiligsten mit Barke und Kultbild der Isis zwischen den obligaten Kammern – auf dem Dach ein Osiris-Heiligtum; Kaiser Augustus errichtete eine Kapelle im römischen Stil, eine große Säulenhalle und, wieder in ägyptischer Art, den unvollendet gebliebenen Kiosk, der zu Unrecht Trajans-Kiosk genannt wird (Abb. 206). Kaiser Claudius baute für Harendotes ein Heiligtum, Hadrian die Propyläen im Westen. Zwischen diesen Heiligtümern war dann nicht mehr viel Platz für den Ort Philae geblieben, dem die wirtschaftlichen Erträge des »Zwölfmeilenlandes« für den Isis-Tempel zuflossen, was bis zu Kaiser Diokletians Zeiten so blieb. Man muß sich die besonderen Feinheiten inmitten der fast zu üppigen »Perle Ägyptens« fein säuberlich heraussuchen, die Säulen, die wie schon in Edfu erprobt, mit einem gereihten Wechsel ihrer Schmuckkapitelle eine ungewohnte Ruhe und Einheitlichkeit ins Bild bringen, teilweise ganz einmalige Sistrumskapitelle mit Gesichtern der kuhohrigen Hathor, dann der Kiosk des Augustus, das pittoreske Schmuckstück der Insel, ein vierzehnsäuliger Bau als grandiose Eingangshalle für Isis-Prozessionen und zuletzt die Wandbilder. Hier posieren an Pylon- und Wandflächen Riesengestalten, zuweilen wie die Thutmosiden oder Ramessiden, jetzt Ptolemäer und Römer, nun aber nicht mehr Feinde vernichtend, sondern in leerer Konvention betend und opfernd oder den Göttern Ägyptens die Kronen beider Landeshälften überreichend oder die Barke der Isis räuchernd. Wie anderswo auch wird das Mysterium der Königsgeburt in den

Mammisi zelebriert, am HadriansTor schwelgt man zum Osiris-Kult in alten Tempelthemen, zur Mythe von der Nilquelle werden illustre Bildszenen beigesteuert.

Allein im kleinen Hathor-Tempelchen wandelt sich die unechte Starre in ein empfindsames Hindeuten auf Freude, Spiel, Tanz und Lebenslust und sprengt fast das einzige Zimmer und den kleinen Hof, der Ort, wohin Hathor nach ihrer Flucht durch die Wüste wieder heimkehrte in heimatliche Gefilde und wo ihr selbst Roms Kaiser Augustus gelöst opfert. Es ist zu hoffen, daß nach der Umsetzung die größtenteils vom Schlamm verkrusteten Reliefs wieder gesäubert und auch an den niedrigen Innen- und Außenwänden klar erkennbar sein werden. Qualitäten wird das dennoch nicht aufzeigen können, wenn man an die Reliefs aus dem Mittleren Reich oder noch die von Sethos I. in Abydos oder in seinem Grabe denkt. Was dort ursprünglich, schöpferisch war, erstarrte bis zur Ptolemäer- und Römer-Zeit zu sklavischer Kopie antiker Formen, die, ohne Originalität, jetzt Eleganz und gute Vorlagen zu hölzern wirkenden Puppen mit verzogenen Grimassen degradiert, weil ihre Konturen zu weich, die Modellierungen zu voll geworden sind.

Zur kleinen Nachbarinsel Bigge wurde die Göttin Isis alle zehn Tage einmal hinübergerudert, um im dortigen Abaton ihren Gemahl besuchen zu können. Osiris ruhte hier inmitten eines heiligen Bezirkes in seinem Grabe, das von 365 Opfertischen umstanden war. Täglich wurde ihm ein Milch-Trankopfer dargebracht. In der Nähe lagen die Grotten, aus denen das Nilwasser alljährlich aufsteigen und die Auferstehung des Gottes sichtbar einleiten.

Noch als längst die anderen ägyptischen Tempel geschlossen, ihre Heiligtümer verwaist waren, wurde auf Philae der Isis weiter geopfert, die letzten Kritzeleien frommer Isis-Pilger stammen aus dem Jahre 473 n. Chr. von Nubiern, die hierher kamen, um zu opfern und fromme Hymnen zur Ehre der Göttin abzusingen. Erst im 6. Jahrhundert ließ Kaiser Justinian auch hier die Tempel schließen und den Hof hinter dem zweiten Pylon zur christlichen Kirche umgestalten.

Hochdamm

Mit der Einweihung des Sadd el-Ali, des neuen Hochdammes südlich Assuan, wurde aus dem alten Assuan-Damm ein gigantisches Speicherbecken, in dem auf der Insel Gelkia das neue Philae so wiedererstseht, wie es vor Jahrtausenden von Pilgern erlebt wurde, weil der Wasserspiegel des Speichersees zwischen den beiden Dämmen stets auf 105 m ü. M. abgesenkt bleibt. Der neue Hochdamm, das größte künstliche Wasserreservoir der Welt, hält die fast unvorstellbare Wassermenge von rund 157 Milliarden Kubikmetern Wassermassen bei wechselnder Füllmenge auf maximaler Spiegelhöhe von 183 m ü. M. in Schwebe, die sich 500 km entlang dem alten Niltal und zwischen 5 und 35 km Breite bis in den Sudan zurückstauen (Farbt. 28). Dieser gigantische Hochdamm hat aber dem Lande auch ungeahnte ökologische Schwierigkeiten beschert. In Stichworten: das jetzt kontrolliert ablaufende Wasser lagert den Schlammsegen der jährlichen Nilschwelle mit seinem hochaktiv-organischen Material bereits am Südende des Sees ab, das Wasser bleibt nährstoffarm; rund 13 000 Tonnen Kalkstickstoffdünger pro Jahr müssen eingeführt werden, die Düngerrückstände versalzen den ausgelaugten Boden; im tonigen Untergrund faulen Pflanzenwurzeln; gleichmäßiger Wasserabfluß und jetzt geringer Abstand des Grundwasserspiegels zur Bodenoberfläche und damit Druck des Grundwassers fördern das Versalzen der Felder. Das salzige Grundwasser steigt im porösen Kalkstein hoch wie in einem Schwamm, zersetzt Tempelfundamente, Säulenbasen, Grabmalereien; unter der Cheopspyramide steht es nur noch drei Meter unter der Erdoberfläche, der Sphinx wird bereits in der Basis ständig durchfeuchtet, im Sethos-Tempel in Kurna versalzen die ersten Reliefs, unter den Tempelbauten von Luxor und Karnak steht das Grundwasser anderthalb Meter unterhalb der Fundamente, steigt in den Steinkapillaren hoch und läßt erste Salzausblühungen an den Mauern erkennen; früher bei Hochwasser verfestigte Steilufer brechen großflächig ab, die ununterbrochene Strömung unterspült Brücken und Stauwehre; der Nil als Trinkwasserspeicher wird durch Ausspülung nicht mehr genügend gereinigt, ja durch Abwässer neuer Industrien verseucht; das Delta erodiert, weil der ausbleibende Schlamm sein Wachstum stoppt; seine Strände sind seitdem um 40 m pro Jahr geschrumpft. Die Verdunstung des Sees übertrifft die Vorausberechnungen: riesenhafte Felder der sich unheimlich schnell vermehrenden Wasserhyazinthe fördern die Verdunstung. Gesamt: Klimaveränderung in Oberägypten mit Regenfällen und erhöhter Luftfeuchte, in Tempeln und an Malereien feuchte Flecken, Farben wittern aus und blättern ab, sturzbachartige, tropische Regenfälle schwemmen tonnenweise Sand aus den Wüsten in den Nil, eine Sandschicht bedeckt allmählich das Flußbett und erstickt die für Fische wichtige Flora, der Fischfang geht zurück. Den Vorteilen der Verdoppelung der landwirtschaftlichen Produktion und von Doppelernten steht eine Verdoppelung der Bevölkerung gegenüber, was sogar Nahrungsmitteleinfuhren notwendig macht. Im See aber vermehren sich viele Arten von Speisefischen. Hier könnten sich Fangflotten und Verarbeitungsbetriebe zusammen mit einer Umstellung der Eßgewohnheiten der Landbevölkerung vorteilhaft auswirken. 70 Prozent der gesamten Elektrizität Ägyptens werden heute schon in Assuan erzeugt.

Dabei wären fast alle oberägyptisch-nubischen Kult- und Kulturbauten, die ausnahmslos in diesem Reservoirbereich lagen, in den Fluten des Stausees untergegangen, wenn nicht im Rahmen einer von der UNESCO zusammen mit der ägyptischen Regierung durchgeführten Planung das erreichbare nubische Kulturgut vermessen, fotografiert und registriert und dank weltweiter Unterstützungen darüber hinaus besonders wichtige Tempelanlagen abgebaut, ausgelagert oder anderswohin umgesetzt worden wären. Was nicht ins Ausland abgegeben wurde, blieb im Lande und wurde in vier wohl einmaligen ›Museumsanlagen‹ praktischerweise in Tempelgruppen zusammengefaßt, so daß man heute zwar nicht mehr in situ, dafür aber relativ bequem die bedeutendsten jetzt restaurierten und vervollständig-

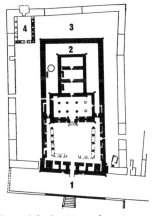

Plan des Kalâbscha-Tempels
1 Plattform   2 innerer Umgang   3 äußerer Umgang   4 Geburtshaus

ASSUAN: KALÂBSCHA

ten nubischen Bauten besuchen kann, die früher für den normalen Ägypten-Reisenden fast unerreichbar waren. Das sind: *Kalâbscha-Tempel, Felsentempel von Bêt el-Wâli* und *Kiosk von Kertassi; Wâdi es-Sebûa* und *Tempel von Ed-Dakka* und *Mahárraka; El-Amada* und *Ed-Derr-Tempel, Felsengrab des Pennut; Abu Simbel, Felsheiligtümer Abahûda* und *Gebel esch-Schams* – dazu in *Khartum* Denkmäler aus dem sudanesischen Nubien.

Kalâbscha

Nach Abu Simbel ist zweifellos der Kalâbscha-Tempel die großartigste Tempelanlage Nubiens (Abb. 207–210). Im Auftrag der Bundesrepublik Deutschland wurde der in 16000, bis 20 Tonnen schwere Blöcke zerlegte Tempel auf rund 1000 Schiffstransporten vom etwa 30 km entfernten alten Standplatz in die unmittelbare Nähe des neuen Hochdammes versetzt.

Es handelt sich um ein typisch ptolemäisch-römisches Tempelheiligtum, von den Ptolemäern begonnen, von Kaiser Augustus zu Ende gebaut, im Schema am ehesten dem von Edfu zu vergleichen, auch wenn eines Baufehlers oder bestimmter Beziehungen zur kleinen ptolemäischen Kapelle wegen der Pylon ein wenig schräg zur Tempelachse steht und seine beiden Türme unsymmetrisch stark und winkelverschieden geböscht sind. Dennoch, die Tempelachse verläuft bis zur Portalmitte seiner Westfassade noch völlig exakt. Zwei Umfassungsmauern bilden einen inneren und einen äußeren Umgang und umschließen wie Schalen des 75 × 35,5 m große Heiligtum für den Gott Mandulis, die nubische Ausformung des Gottes Horus, dargestellt als Kind oder erwachsener Mann, der auch in Philae eine Kapelle besaß. Im gesamten Zwölfmeilenland (dem Dodekaschoinos vom ersten Katarakt bis zu den Goldbergwerken im Wâdi el-Allâki), dessen zentraler Markt- und Kultort Kalâbscha war, wurde daneben auch der Isis-Kult besonders gepflegt, und alljährlich einmal reiste die Göttin auf einer kultischen Besuchsfahrt zum Heiligtum nach Kalâbscha, wo ihre Götterbarke bequem an der 42 m weit in den Strom vorgetriebenen Anlegeterrasse festmachen konnte. Solche Prozessionsreisen zu anderen Kultplätzen gehören mit zu den eigenartigsten Ausdrucksformen fernöstlicher, altamerikanischer und eben auch altorientalischer Religiosität; in Kalâbscha spielten sie noch in den Friedensvertragsverhandlungen zwischen den nubischen Blemyer und Nobaren und dem oströmischen Feldherrn Maximin im 5. Jahrhundert eine besondere Rolle, den Nubiern wurde das Privileg der Götterreise des Isis-Kultbildes nach Kalâbscha zugesichert.

Der Pylon, der nie ganz fertig wurde (Abb. 207), blieb ohne Reliefschmuck, bis auf Götterbilder im Torweg. Beachtenswert sind im Hof (Abb. 208) die vollblättrigen vier- und fünfstufigen Kompositkapitelle der Hofsäulen und auf den Schranken neben den kultischen Szenen und halbfertigen Reliefs oder Vorskizzen mehrere Inschriften: die eines Militärstatthalters, Aurelios Besarion, aus dem Jahre 249 n. Chr. in griechischer Sprache, die es Schweinehirten untersagt, mit ihren Tieren dem Tempel zu nahe zu kommen; eine Siegesnachricht des Nubier-Königs Silko von Primus aus dem 5. Jahrhundert n. Chr., ebenfalls griechisch und vielleicht sein Bild, ein Reiter in römischer Gewandung; zuletzt ein meroitisches Kursivschriftband.

Die Reliefs im Tempel variieren das Bild der vor verschiedenen Gottheiten opfernden ptolemäischen und römischen Kaiser, nur in der Vorhalle erscheint Amenophis II., der Bauherr des wohl allerersten Heiligtums am Platze des Kalâbscha-Tempels vor Min und Mandulis. Von hier öffnen sich zum Sanktuar in ganz bestimmten Maßbeziehungen drei Tore, die in ihrer Folge nacheinander ganz bewußt erlebt werden, weil sie dreistufig niedriger (5,28 / 4,31 / 3,44 m) und schmäler (2,53 / 2,20 / 2,01 m) werden und in ihren Verhältnissen denen der gesamten Tempelanlage entsprechen. Man muß im inneren Umgang an die Rückseite des Sanktuars gehen, um dort die großen Wandbilder des Tempels zu sehen: Kaiser Augustus im Habit ägyptischer Könige, opfernd vor den Göttern Isis, Horus und Mandulis von links aus (Abb. 209), Osiris, Isis und Horus von der anderen Seite her – und genau gegenüber, auf der Innenwand des äußeren Umganges, Gott Mandulis einmal als König mit der Krone der Pharaonen, einmal als Gott mit Widderhörnern, Uräen und Sonnenscheiben. Das sind wohl die besten Bilder des Tempels, ansonsten scheint das Erbe der alten ägyptischen Bildhauerschulen vertan zu sein, in ägyptisierender Manier entsteht nur noch Mittelmäßiges, vorgegebene Themen werden mehr schlecht als recht reproduziert.

Der Nilmesser dieses Tempels liegt, ganz anders als in Edfu, weit außerhalb, hier zwischen den Umfassungsmauern und sicher vor Unbefugten und hatte durch einen weit in den Fels getieften Schacht mit dem Nil Verbindung. Das eigenartigerweise hinter den Tempel versetzte Geburtshaus hatte seine innerste Kammer (5,19 × 4,51 m) im anstehenden Fels hinter einem von Säulen und Schranken geschlossenen Vorhof, vermutlich die Reste eines überdachten Umgangs-Tempels, wenn man sich am Bautypus der klassischen Mammisi der Ptolemäer-Zeit orientiert.

Aus den Fundamenten des Kalâbscha-Tempels barg man während des Umsetzens mehr als 100 Blöcke von einem Tempeltor, das ptolemäisch begonnen, von Augustus vollendet und kurz nachher, wer weiß weshalb, wieder abgerissen wurde. Diese Blöcke verbaute man als Füllmaterial in Fundament und Mauern des Tempels. Hundert dieser Blöcke, etwa 80 Prozent der einst am Tor verbauten Steine, erhielt die Bundesrepublik Deuschland von der ägyptischen Regierung als Dank für die Rettung des Kalâbscha-Tempels. Im Marstall König Friedrich Wilhelm III. in Berlin-Charlottenburg (Ägypt. Museum) kann man das Tor heute, wiederaufgebaut, besichtigen, ein 7,35 m hoher Bau aus nubischem Sandstein. In versenktem Relief außen, in erhabenem an den Innenseiten tritt der König vor die Götter, die ihm entgegenkommen. Kaiser Augustus als Pharao wird hier, am äußersten Rande seines Reiches, als ›der Römer‹, aber auch als ›der Gott‹ angesprochen. Damals war in Rom die Vergöttlichung des Imperators noch längst nicht Brauch. – Der Bezug des Tores zu Philae und seinen Schutzgöttern Isis und Osiris ist eindeutig, während der lokale, nubische Mandulis mehr im Hintergrund bleibt und nur als Begleitgott auftritt – ein Beweis für die rasche Wandlung altägyptischer Religiosität in dieser Spätphase.

Das etwa gleich alte Dendur-Tempelchen ging, in 642 Steinquadern zerlegt, als Geschenk an die USA und kann heute voll wiederaufgebaut im New Yorker Metropolitan Museum oder von der 5th Avenue vom Central Park aus besichtigt werden.

Nur 100 m weit entfernt hat man den Felsentempel von *Bêt el-Wâli* von Ramses II. wiederaufgebaut, eine lange Vorhalle, quergelagerte Haupthalle und Sanktuar in der Längsachse, teils in den Felsen geschlagen, teils aufgemauert und mit gemauertem Tonnengewölbe überspannt, farblich noch gut erhaltene Reliefs im etwas bombastischen Ramses-Stil, aber den spätptolemäischen gegenüber bewegt, frisch, dynamisch und ursprünglich, ebenso wie an den Wänden auch auf den Schäften von zwei aus dem Fels geschlagenen, gedrungenen protodorischen Säulen im Vorsaal.

Was der Kiosk des Augustus für Philae, das ist hier der kleine Kiosk von Kertassi mit noch vier aufrechtstehenden, zweistufigen Kompositkapitell-Säulen unter gut proportionierten Architraven und zwei Hathor-Sistrum-Säulen am Portalgewände (Abb. 210).

Abu Simbel

Ramses-Tempel

Seit dem Ende der 18. Dynastie entstand in Nubien eine Reihe von Felsentempeln, meist lange, von Pfeilern gestützte Galerien mit dem Allerheiligsten tief im Felsen, die Tempelvorderglieder aber freistehend davor gesetzt, wie beispielsweise in *Bêt el-Wâli,* oder noch betonter in *Wâdi es-Sebûa* für Amun-Rê, wo fast der gesamte Tempel mit Hypostylhalle draußen, und nur das Sanktuar selbst im Felsen liegt, während im Tempel von *Ed-Derr* aufgemauerte und in den Fels getriebene Räume sich etwa die Waage halten. Alle genannten Tempel stammen von Ramses II., in denen er dynastisch-kultisch sich selbst, als den Göttern gleichgestellt, huldigt, es waren vielleicht heilige Rastplätze für die Amun-Barke, wenn sie nach Abu-Simbel reiste. *Abu Simbel* schließlich wurde vollständig in den anstehenden Fels getrieben, ein Novum und gleichzeitig der Höhepunkt ramessidischer Bauten in Nubien (Farbt. 30; Abb. 211–216).

Dennoch ist auch dieser Tempel ›vollständig‹ im Sinne des überlieferten Schemas: vor dem Tempel ein Vorplatz, den man durch zwei Pylone von Norden oder Süden her betreten konnte, seitwärts also, damit der Blick zum Nil frei blieb. Beiderseits begrenzte eine fundierte Ziegelmauer die Hofseiten. Erhöht lag eine Plattform mit Ballustrade und abwechselnd zwanzig Osiris- oder Falkenfiguren symmetrisch rechts und links der Mitteltreppe verteilt. Dahinter erhebt sich die geböschte Tempelfassade in der stilisierten Form eines Pylons, dessen Tor deshalb, wie üblich, von vier Kolossalfiguren bewacht wird. Als offener Säulenhof des freistehenden Tempels fungierte die anschließende 17 m tiefe Halle, die seitwärts, und den Mittelgang flankierend, je vier Osiris-Pfeiler einfassen, ganz ähnlich dem Hof vom Tempel des Ramses III. in Karnak. Dann folgt ein vierpfeileriges Hypostyl, von dem nach hinten das Sanktuar mit dem

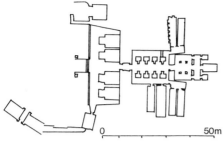
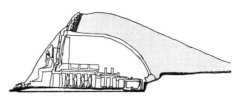

Plan des Ramses-Tempels von Abu Simbel

Großer Ramses-Tempel nach der Umsetzung, Konstruktionsschema der großen Kuppel

Sockel für die Götterbarke abgeht, zwischen den Kapellen für die Nilgötter. An die Stelle der Nebenkammern treten, an beiden Tempelseiten aus statischen Gründen ungleich verteilt, acht Seitenkammern, deren Boden niedriger liegt als der der Mittelsäle, in denen der Fußboden leicht ansteigt bei gleichzeitiger Senkung der Deckenhöhen in Richtung zum Sanktuar.

Die Lage der Tempel war so gewählt, daß bei Nilhochstand die Götterbarken unmittelbar am Eingang des kleinen Tempels, dem am niedrigsten plazierten aller nubischen Heiligtümer, anlegen konnten und die Sonne zweimal im Jahre, am 20. Februar und am 20. Oktober, bis in den hintersten Teil des Tempels dringen und auf den Altar zu Füßen der Götterbilder des großen Tempels fallen konnte. Nur Ptah, als Gott der Unterwelt, hatte stets im Dunkel zu bleiben (Abb. 213). Nach der Umsetzung liegt der Tempel heute höher als früher, so treffen die Sonnenstrahlen erst einen Tag später die Götterfiguren im Allerheiligsten.

Am 21. Mai 1965 wurde der zwölf Tonnen schwere Block GA 1A01, der erste aus dem zersägten Felsen von Abu Simbel gehoben, mehr als 120 000 andere folgten ihm in den nächsten Jahren – bis dann 1968 endlich die letzten Steine von 320 000 Kubikmetern Schuttmaterial über die geretteten, und an einem erhöhten Platz wiederaufgebauten Tempel geschüttet wurden und damit eines der gigantischsten Projekte unserer Zeit glücklich beendet war, die Umsetzung der beiden Ramses-Tempel, 180 m landeinwärts und 64 m oberhalb ihres ursprünglichen Standortes. Zweifellos war die alte Lage so direkt am Wasser malerischer, aber dies ausgenommen, wurden bis in kleinste Details und millimetergenau die gesamten Bauwerke so gekonnt umgesetzt, daß man heute kaum noch Trennfugen, überhaupt keine statisch notwendigen Beton- oder Stahlstützen oder sonstige technische Notwendigkeiten finden wird.

Sicherlich in der Zeit seines 26. bis 34. Regierungsjahres ließ der König zuerst den kleinen Tempel für seine Frau Nofretari (Abb. 212) und später erst seinen großen (Abb. 211) errichten. Außer der Frömmigkeit und Selbstverherrlichung hatten beide Tempelbauten in Nubien, so weit entfernt von der Residenz in Tanis, auch wirtschaftlichen und machtpolitischen Realitäten zu dienen. Aus oder über Nubien kamen die wichtigsten Rohstoffe für Ägypten, hier begann der Weg nach Innerafrika, außerdem sollte die Götterbarke so weit im Süden das Einsetzen der segensreichen Nilschwelle, und mit ihr den Fortbestand seiner Königsmacht, garantieren helfen. Der große Tempel (Abb. 211) ist den beiden Hauptlandesgöttern Amun-Rê von Theben und Rê-Harachte von Heliopolis geweiht und schließt einen Nebenkult für Ptah und den vergöttlichten König mit ein, ein Bezug auf die ägyptische Trinität Rê – Ptah – Amun, die Synthese Körper – Herz – Kopf. Ramses ordnete sich dem klug ein: anfangs in der Gestalt des örtlichen Gottes Horus von Meha, dann als Horus-Rê-Harachte, so ließ er sich vor der Fassade seines Tempels darstellen – was erklärt, daß seine Gemahlin Nofretari dort natürlich nur als die Gottesgefährtin Hathor abgebildet werden konnte und durfte.

Unterhalb der weltberühmten Fassade beherrscht die langgezogene, erhöhte Terrasse den Hof, eingefaßt von Brüstungen, vor denen die zehn genannten Königs- und Falkenfiguren, eine Weiheinschrift für den Tempel, und im Norden ganz außen Stelen zur kanonischen Regel der üblichen Tempelaufteilung stehen: für Amun die südlichen, für Horus die nördlichen Bauwerke. Hier liegt die dachlose Seitenkapelle des Rê-Harachte; ihr Sonnenaltar mit kleinen Obelisken und Pavianfiguren wurde ins Museum nach Kairo gebracht. In der Südkapelle dagegen, die in den Fels getrieben ist und Gott Amun »dem Verborgenen« geweiht war – mit dem sich der König stets identifizierte – verehrt Ramses sich selbst in seiner Götterbarke und opfert Amun und Rê-Harachte. Im 34. Jahre der Regierung von Ramses kam der Hethiter-König Chattuschili nach Ägypten, um seine Tochter Naa-hor-Neferurê mit dem Ägypterkönig zu vermählen – die »Hochzeitsstele« am Fuße der Kolossalfigur ganz links berichtet in allen Einzelheiten davon. Unumstritten beherrschen die vier Kolossalfiguren des Königs die Tempelfassade, meinen exakt sein ins Göttliche transponiertes Abbild, Keka-tawy, Rê-en-hekau (zerbrochen), Meri-Amun, Meri-Atum (Abb. 211), die gleichen, die der König schon am kleinen Tempel hatte anbringen lassen. Deshalb ist Ramses als Gott-König gekleidet und sitzt auf dem archaischen Thron mit der Darstellung der Vereinigung der beiden Länder an den Thronseiten, huldigen ihm Prinzen, Priester und Gefangene auf den Sockeln und bestätigen die allgegenwärtige Macht des Herrscher-Gottes.

Die Skulpturen, obgleich derart monumental, sind künstlerisch von einer bestechenden Einheitlichkeit und harmonischen Schönheit, scheinen hoheitsvoll zu lächeln und tragen nirgends etwa düstere Züge oder Ansätze einer zu oft schon Ramses II. zugeschriebenen Dekadenz oder prahlerischen Barocks. Man wundert sich, wie es der Bildhauer bei diesen Riesenmaßen (20 m hoch, Stirn 59 cm, Nase 98 cm, Ohr 106 cm, Mund 110 cm, Gesicht 417 cm breit) fertigbrachte, die Proportionen zu treffen und zu prüfen, da er am alten Standort des Tempels, hart am Nil, nicht viel Platz zum Zurücktreten hatte. – Wohlgemerkt, die Figuren sind frei aus dem Felsen herausgemeißelt und nicht aufgebaut. Und trotzdem ist Ramses nicht nur idealisiert, sondern auch physiognomisch richtig dargestellt, wenn man zum Vergleich seinen Mumienschädel im Profil betrachtet. Lippen, Wangen und Augenpartien sind auffallend weich gearbeitet und wandeln so monumentale Schwere ins harmonisch Erhabene. Inschriften auf den Beinen der Königsfiguren stammen von phönizischen, jonischen, karischen

Söldnern, ptolemäischen Beamten, Römern, Griechen, Arabern, Franzosen, Engländern und dem Italiener Belzoni, der den Tempel aus dem Sande gegraben hat. Ein anderer, der sich so ›verewigte‹, war Potasimto, Chef im Stabe der Armee von König Amasis. Eine in Assuan beim Bau des Hochdammes gefundene Stele berichtet von ihm und einem Feldzug in den Sudan. In Südfrankreich bei Limoges fand man Grabstatuetten von ihm, die vermutlich römische Legionäre, nachdem sie sein Grab erbrochen hatten, als Souvenir nach Gallien mitgenommen hatten. An den Seiten der Figuren und selbst zwischen den Beinen hat der König alle seine Kinder von beiden Frauen, Mutnofret und Nofretari, darstellen lassen, soweit sie damals schon geboren waren. Zwar nimmt die Fassade den Platz des Pylons freistehender Tempel ein und erinnert an die beiden Pylontürme zu beiden Seiten des hohen Eingangs, ahmt sie aber keineswegs nach, sondern verwendet seine geböschte Form zur dekorativen Umrandung der normalerweise vor ihm stehenden Kolossalfiguren, wie etwa im Ptah-Tempel von Memphis, im Ramesseum oder den Memnons-Kolossen des Amenophis III. Die dem Bergprofil folgende Böschung stabilisiert den Druck der Steinmassen und sollte Felsrutschen oder Masseverschiebungen vorbeugen. Beim kleinen Tempel hatte man vorsichtshalber gleich sieben Stützen stehen lassen.

Hoch über dem Eingang schreitet ein falkenköpfiger Sonnengott aus der Fassade, beiderseits von ihm bringt der König im Hochrelief das User-Szepter und ein Bild der Göttin Maat dar: User-Maat-Rê, der Königsname von Ramses II., das heißt, der gottgewordene König huldigt als Priester seinem eigenen Bild. Ganz oben auf dem Kranz des Pylons begrüßt ein Fries aus 22 Pavianen mit schulterhoch erhobenen Händen die aufgehende Sonne im Osten, die Hauptrichtung der gesamten Fassade und der Tempelachse. Sie zieht mitten durch das schmale, aber hohe Portal, dessen Holztür sich einflüglig nach Norden drehte und dabei die Königstitulatur an der Tormauer verdeckte. Auf dem Türsturz gibt es Szenen zur Grundsteinlegung vor verschiedenen Göttern. Was heute eintönig-sandfarben bereits beeindruckt, war früher farbig in klaren satten Grundtönen bemalt, und diese Fassade wird ihre Wirkung auf die Besucher nicht verfehlt haben. Beachtenswert sind die den Eingangsweg flankierenden Wandreliefs, links gefangene Nubier und Neger mit Kopffedern, Ohrringen, Röcken aus Leopardenfellen und Wulstlippen, mit Stricken gefesselt, die in Lotosblumen enden, der Wappenpflanze Oberägyptens, rechts Gefangene aus dem Norden, Syrer, Libyer, Hethiter, mit Stricken gebunden, die in Quasten aus Papyrusblüten enden.

In der ersten Pfeilerhalle (17,68 × 16,46 m) gliedern in zwei Reihen je vier 9,14 m hohe quadratische Osiris-Pfeiler mit Architraven den Raum in drei Schiffe (Abb. 213). Die Figuren (gemeint ist der König, mit gekreuzten Armen, Krummstab und Geißel) tragen, wie die Fassadenkolosse, den Königsnamen und den ihrer Erscheinungsform eingemeißelt auf ihren Schultern. Die restlichen drei Pfeilerseiten sind mit Szenen zum Königsopfer, zwei sogar mit Königinnen geschmückt. Gleich an den beiden Portalseiten findet man noch einmal die Zweiteilung des Heiligtums klar verdeutlicht, einmal schlägt der König vor Gott Harachte auf der (rechten) Nordseite, einmal auf der

ABU SIMBEL: RAMSES-TEMPEL / HATHOR-TEMPEL

»Barken-Prozession« vom Hypostyl in Abu Simbel

Südseite vor Gott Amun (Abb. 214) seine Feinde nieder, und darunter strebt jeweils eine Reihe Königssöhne, beziehungsweise Königstöchter, dem Tempeleingang zu. So stellt sich also jeweils ein Tempelsektor unter die Obhut dieser Gottheiten, die in gleicher Weise südlich dem männlichen Prinzip (hier den Prinzen), nördlich dem weiblichen Prinzip (hier den Prinzessinnen) ihren Schutz angedeihen lassen. Aus diesem Grunde steht auch der Tempel der Königin, der Göttin, des weiblichen Prinzips an sich, im Norden. An der rechten Hallenwand, dort wo die Osiris-Figuren die Doppelkrone von Heliopolis tragen, wird die Hyksos-Schlacht bei Kadesch fast dichterisch legendär und unerhört dynamisch ausgesponnen, die berühmten meisterlichen Darstellungen zum gleichen Thema etwa in Abydos, Karnak oder im Ramesseum werden weit übertroffen. Zweifellos waren ganz besonders begabte Entwerfer und Steinmetzen am Werke, die es verstanden, phantasievoll mehrmals das gleiche Motiv verdichtet zu komponieren und der unterschiedlich verfügbaren Fläche anzupassen.

Die »Schlacht von Kadesch« hat uns eine Seltenheit beschert, Pyay, den Namen des Künstlers, der allein oder als Leiter des Bildhauerteams, dieses Meisterwerk geliefert hat, traditionell den alten Regeln unterworfen bei der Schilderung der Götter und des Königs, erzählend, wenn es um Soldaten, Waffen, Gespanne und Lagerleben geht, lebhaft und akzentuiert in betonter Genremalerei, sollen plastisch Typen anschaulich gemacht werden. Zwei Bildstreifen decken die Südseite der Halle, Szenen aus den syrischen Feldzügen, die sich bis in die Westwand fortsetzen, und der König vor Göttern unter dem Persea-Baum, dessen Früchte seinen Namen tragen.

Da die Pfeilerhalle dem Tempelhof zu entsprechen hatte, mußte auch ihre Dekoration dies tun, und weil die üblichen Szenen vom Niederschlagen und Darbringen von Gefangenen vor den Göttern hier nicht am Pylon offeriert werden konnten, wurden sie an die inneren Portalwände zurückverlegt. Natürlich bleibt auch im vierpfeilerigen Hypostyl die religiöse Geographie weiter bestimmend, links (südlich) Barkenprozession mit der Amun-Barke, Ramses und Nofretari, die zwei Sistren hält, beide tragen Sandalen – rechts (nördlich) Barkenprozession mit der Königsbarke und dem Pharao als Rê-Harachte, dem er selbst als König die Opfergaben reicht, König und Königin barfuß. Die Türrahmen und je eine Pfeilerseite sind mit Götterdarstellungen bedeckt, die in der Regel den zum Gott erhobenen König selbst meinen. Wie die zum Hypostyl, so war auch die Tür zur Vorkammer zweiflüglig, und wie dort und in der Pfeilerhalle zieren fliegende Geier und Sterne die Decken. Interessanterweise hat man hier sogar die Götterwelt regionalgeographisch aufgeteilt: an der Nordwand Atum aus Heliopolis, Ptah aus Memphis und Thoth aus Hermopolis, an der Südwand Min aus Koptos, Horus aus Meha und Chnum aus Elephantine.

Zentral in der Tempelachse, gleichbreit wie das Mittelschiff der Pfeilerhalle, beendet nach 54,86 m Gesamtlänge das Allerheiligste den Prozessionsweg im Tempel. Dort an der Rückwand sitzen, aus dem Fels gemeißelt (von links) Ptah – Amun – Ramses – Harachte gemeinsam, gleich hoch, auf *einer* Bank, Ramses also vergöttlicht-gleichrangig mit Ägyptens Hauptgottheiten, und vor ihnen stand auf dem noch erhaltenen Sockel die heilige Barke, die man an beiden Wänden noch einmal dargestellt hat, südlich die des Amun, zu der Ramses räuchert und Salböl reicht, nördlich die von Ramses-Amun, der er sein eigenes Bild übergibt.

Kammartig angeordnete Seitenkammern entsprechen den Nebenräumen und Krypten freistehender Tempel, waren Magazine, Depot für Kultgeräte und Schatzkammern. Aus dem Felsen gehauene Bänke nahmen das Lagergut auf. Das Dekor wirkt hier, gegenüber den zentralen Tempelräumen mittelmäßig, dürftig und nachlässig in der Ausführung und zeigt ein deutliches Qualitätsgefälle von den südlichen zu den schludrigen der nördlichen Kammern; dargestellt ist meist der König beim Opfern von Weihegaben.

Kleiner Hathor-Tempel

Eine Frau auf einer Tempelfassade gab es bisher nirgendwo in Ägypten, und nirgendwo sonst in einem anderen Ramses-Tempel wurde der Königin ein solcher Rang zugestanden. Hier (Abb. 212) tat es der König, wohl um die besondere Rolle der Frau in der königlichen Familie zu betonen und aus Liebe zu seiner Lieblingsgemahlin Nofretari. Ihr Tempel war der Göttin Hathor geweiht, ein in den Maßen bescheidenes, in der Ausstattung schlichtes und im Grundriß einfaches Heiligtum im Vergleich zu seinem großen Tempel, der benachbart und zum Königin-Tempel in bedeutungsvollen Bezügen steht. Die Fassadengestaltung umrahmt in zwei Gruppen das fast senkrecht angeordnete Portal unter einem Kobrafries, während die Wand- und Pfeilerneigung beträchtlich ist (Abb. 212). In ihren Nischen sind die sechs schreitenden Kolossalfiguren so angeordnet, daß die Königin auf jeder Seite von zwei Darstellungen ihres Gemahls begleitet wird. Der König trägt einmal die weiße Mitra des Südens, einmal die prachtvolle Pschent-Krone des Nordens, Nofretari erscheint als Göttin Hathor mit der Sonne, den Hörnern der heiligen Kuh und den beiden hohen Federn der Göttin Sothis und hält vor der Brust ein Sistrum. Alle Figuren schreiten, mit dem linken Fuß voran, aus ihren Fassadennischen, die von Hieroglyphenfriesen gerahmt sind. Nur die Kinder dieser Lieblingsgemahlin sind hier dargestellt, eigenartigerweise die Prinzen mit

ABU SIMBEL: HATHOR-TEMPEL

geschlossenen Füßen, die Mädchen mit dem linken Fuß voran und größer als ihre Brüder. Inschriften auf den Königsstatuen stellen die Querverbindung zum großen Tempel her, zeigen in Doppelnamen jeweils zweimal zwei Wesenheiten des Herrschers, für die er später vor der Fassade seines Königs-Tempels je einen Koloß allein bestimmte.

Die sechs Pfeiler der großen Halle tragen auf ihrer Vorderseite ein Sistrum (am Handgriff Götternamen und Opferformeln) mit Hathor-Kopf und fallenden Locken, alle anderen Seiten sind nur mit je einer Darstellung geschmückt, die beiden

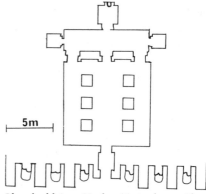

Plan des kleinen Hathor-Tempels von Abu Simbel

ersten mit dem Bild der Königin mit Sistren und Papyrus in den Händen, die anderen mit Göttern, König Ramses nur zweimal, die Königin viermal. Alle Wandreliefs wirken ungemein duftig, blumig, ganz feminin gestimmt, und zeigen in Weiß, Gelb und Rot den Umgang des Königspaares mit den Göttern, die Königin darf in persona sogar beim kultischen Niederschlagen der Feinde dabeistehen, eine ganz unerhörte Einmaligkeit. Auffallend ist für die Königin, und überhaupt im gesamten Tempel, ein helles Goldgelb, vielleicht ein Bezug zu Hathors Beinamen »die Goldene«.

In der breiten, zur Tiefe hin aber flachen Vorkammer wird die Transformation der Königin zur Göttin Hathor im sicherlich schönsten Reliefbild des Tempels versinnbildlicht, die Krönung der Nofretari durch Isis und Hathor, die ihr ihre Kronen mit Sonnenscheibe auf das Haupt setzen und sie so in die Gemeinschaft der Götter einbeziehen, weshalb sie auch das heilige Ank-Kreuz in ihrer Hand tragen darf.

Eine Nische in Kapellenform birgt das Allerheiligste und dort das Bild der Hathor-Kuh, die den vor ihr aufrechtstehenden König beschützt, die Göttin Hathor Ibschek aus einem ehemals lokalen Kult, die später der Hathor gleichgesetzt und jetzt mit der Königin zu einer einzigen Gottheit verschmolzen war, letztlich das Anliegen dieses Tempels, in dem nun die Königin in den Rang der Götter aufgestiegen ist, adäquat ihrem gottköniglichen Mann. Was im großen Tempel sich eher episch breit ausdrückt, das bleibt im kleinen Tempel der Nofretari etwas nuanciert zurückhaltend, schön, elegant, grazil und rein in der Linienführung. Auffallend sind die überlangen, feingliedrigen Gestalten, in denen man bestimmte Beziehungen zur noch immer nachschwingenden Amarna-Kunst sehen kann, Tendenzen einer Zeit, die im Religiösen nun ganz offen zu dem Einen-Göttlichen drängte, der nur noch in seinen Wesenheiten mit den Namen Rê-Harachte – Ptah – Amun benannt wurde.

(Steigen Sie zur Übersicht und zum Fotografieren auf die 'Hügel' über den Tempeln.)

Die Oase Siwa (Plan s. S. 433)

Bis heute galt Siwa als Afrikas geheimnisvollste, exotischste, unbekannteste Oase, 302 km südwärts von Marsa Matruh. Bis heute war »Darb el Mahashas« (Straße des Verglühens), aber auch »Sikke es Sultani« (Straße des Sultans, womit Alexander d. Gr. gemeint ist), der einzige, beschwerliche Karawanenweg durch die weiten Sandfelder zur Amons-Oase. Seit 1985 ist die neue Teerstraße von Marsa Matruh nach Siwa durchgehend befahrbar (Genehmigung in Marsa Matruh einholen) und damit die ›Abgelegene‹ auch für den Tourismus geöffnet.

Von den Scherbenhügeln des alten Paraetonium (Marsa Matruh) führt der Weg durch das Wâdi er-Raml zum Bir Goaiferi, dann vorbei am Gebel Gudar und Gebel Taref in eine flache Steinwüste, weiter durch den Kanais-Paß und über diluviale Riffe und Austernbänke an Wasserstellen entlang, die heute meist weitab der Straßentrasse liegen und versanden. Bir el-Hilu, »der süße Brunnen«, war einst die letzte Karawanenstation vor dem Wegeabschnitt der Hitze und der roten Erde, der Datta und Hamraje. Nun geht es genau südwärts mit Blick zu Sarg- und Tafelbergen und durch den Paß Nabq in sieben Abstiegen zum Rand der Oase.

24 m tiefer als der Wasserspiegel des Mittelmeeres liegt diese Depression mit der Oase, ca. 50 km lang und zwischen 4 und 6 km breit, inmitten stumpfgelber Sandflächen ein Meer aus Palmenwedeln (Abb. 217), das Land der ›Palmhainmänner‹, das Sechet-am der alten Ägypter, wie in einer weiten Schüssel gelegen, zu der im ausgedehnten Rund die rötlichen, meist waagerecht geschichteten Felswände des libyschen Hochplateaus steil abfallen, das »hohe Gebirge des Westens«, wie alte Tempeltexte es nennen. Überall blitzt silbern das Wasser in der gleißenden Sonne, 1000 Quellen sollen es in der Antike gewesen sein, gut 200 sind es noch heute. Sie sprudeln überreich und bewässern die Palmenhaine mit etwa 250 000 Bäumen, 25 etwa für jeden der 10 000 Siwaner heute, dazu um 40 000 Olivenbäume, beide als hervorragend schon erwähnt von Diodor und Arrian. Heute wie früher bildet der Oliven- und mehr noch der Dattelexport die Grundlage des Oasenhandels. Außerdem liefert der Dattelbaum Palmenwein, Essig und den Bast zur Herstellung feiner und grober Matten, zu Körben und Hausgeräten. Mindere Dattelsorten werden an Kamele, Pferde, Esel und Hunde verfüttert. Plinius berichtet, die ammonische Cyperus-Art, die das Harz Metopion liefere, sei viel besser als die aus Rhodos, und daß aus dem Baume Elate (palma spathe) dort eine wohlriechende Salbe gemacht werde; Dioskorides schreibt von einer Ammoniakon genannten Pflanze, die ein vorzügliches Räucherwerk ergäbe – und alle wüchsen sie nicht weit weg vom Orakel des Amon (Amun). Arrian, Dino, Plinius, Celsus und andere rühmen das ammonische Salz als das reinste und vorzüglichste und beschreiben es als eiförmige, drei Finger lange, kristalline Stücke, die, in geflochtene Palmblattkörbe verpackt, von den Amon-Priestern zum Gebrauch bei Opferhandlungen nach Ägypten geschenkt würden. Der Name des Salzes ist bis in unsere Zeit gebräuchlich: *sal ammoniacum*, Salmiak. In den Fruchtgärten gedeihen Feigen, Orangen, Aprikosen

und Weintrauben. – Trotz der rasanten Motorisierung ist der Esel noch Siwas Universaltier. Klein, graziös, geschickt und ausdauernd, entstammt er der Saïdrasse, und mancher Siwaner ist früher in sieben Tagen auf dem Rücken seines Grautieres nach Marsa Matruh zum Markt geritten, ganz wie in pharaonischen Zeiten. Der Berliner hieratische Papyrus 2 berichtet, daß ein Mann aus dem Natron-Tal (Wadi Natrun) Feigen und Salz auf den Markt bis nach Herakleopolis per Esel transportiere.

Wie seit Jahrtausenden werden die Siwa-Häuser aus Palmstammbalken und Lehm gebaut, meist ohne Fenster; das Leben spielt sich ungestört in den Innenhöfen ab. Die Ortschaften sind Siwa, Aghurmi, Khamisa, El-Maragi, Zeitun, Abu Shuruf und Karet Umm-el-Soghayyar. Einst, und bis in die neueste Zeit hinein, waren Siwa und Aghurmi die Hauptorte, malerische, gewaltige, beinahe unzugängliche Lehmburgen, wie Ameisenhaufen neben-, auf- und übereinandergetürmt, bis 60 m hoch, ein Wohnkonglomerat aus Seesalz und Natron bis zu sechs Stockwerken hoch, die Wohnblöcke jeweils unten und oben über Galerien verbunden. Heiratete ein Sohn, baute ihm der Vater eine Wohnung über der seinen, so wuchs der Ort immer mehr in die Höhe. Treppenstraßen und Wege führten durch das Wohnlabyrinth, in dessen Dunkel selbst am Tage das Licht brennen mußte. Die städtischen Ostbezirke bewohnten Verheiratete mit ihren Kindern, die Westbezirke Unverheiratete und Witwer. Die Stadtburg war mehrfach umwallt, das einzige Tor war scharf bewacht. – Heute sind am Fuße dieser Stadtburgen neue Wohnsiedlungen entstanden, es gibt elektrisches Licht und eine Wasserleitung, die Wohnhöhlen sind verlassen und verfallen, die Gassen verödet, und allein für den fremden Besucher bleibt es reizvoll und interessant, durch den Verfall hinanzusteigen und zu den grünen Palmenwäldern, den silber-purpurroten Salzseen und zu den Felswänden am Wüstenplateau zu schauen.

Offiziell werden in Siwa heute die oft erwähnten alten Gebräuche abgestritten, das sei vorbei. Im Vertrauen erfährt man, daß noch immer strenge Riten der islamischen Senussi-Sektierer praktiziert werden. Den Frauen ist die Öffentlichkeit beinahe ganz versagt, neben verbreiteter Homosexualität gibt es auch heiratsähnliche Verbindungen zwischen Männern und Knaben, dem Palmwein wird oft lebhaft zugesprochen. Die Siwaner sind Berber der alten libyschen Rasse, gemischt mit Sudanesen und Beduinen, ihre Sprache ist Siwi, ein eigenständiger Berberdialekt. Kompliziert sind Siwas Hochzeitsbräuche und die Feierlichkeiten, zu denen Fremde wohl selten Zutritt erhalten.

Das alles, vor allem aber Alexanders Zug zum Orakel des Amon in Siwa teilte der Oase ihre historische Sonderrolle zu. Wann das Amon-Orakel entstand, ist nicht erwiesen, ägyptische Orakel aber sind sicher belegt seit dem Beginn des Neuen Reiches; nach Herodot besuchte der Äthiope Taharka aus der 25. Dynastie auf seinem Eroberungszuge nach Westen Siwa, er richtete dort möglicherweise das Amon-Heiligtum ein. Herodot, von den thebanischen Zeus-Priestern informiert, berichtet, die Phönizier hätten zwei fromme Frauen aus Theben geraubt und die eine nach Hellas, die andere nach Libyen verkauft; beide Frauen stifteten dann ein Orakel, Dodona die eine, das des Amon in Siwa die andere. Mehrere hundert Orakelstätten gab es in der antiken Welt, die berühmtesten waren Delphi, Abae in Phokis, Dodona, Didyma, das Totenorakel Ephyra, Klaros, Epidauros, Olympia, Cumae und das des Amon in Siwa. Letzteres besonders umwallt der Schleier des Geheimnisvollen, waren doch, um zu ihm zu gelangen, acht volle Tagesreisen von der Mittelmeerküste aus vonnöten, von Memphis aus gar zwölf, durch die unbarmherzige Wüste. Was Wunder, daß Pindar den Gott von Siwa in einem besonderen Hymnus feierte. Auf einer dreiseitigen Stele eingegraben stand er im griechischen Theben und war 600 Jahre später, zu Lebzeiten des Pausanias, noch erhalten. Als von dort Gesandte zum Amon nach Siwa geschickt wurden, erbaten sie vom Gott für Pindar das höchste menschliche Glück. Im gleichen Jahr 441 soll Pindar verstorben sein. In Delphi stand als Geschenk der Kyrenäer eine Bildsäule des Amon auf einem Wagen, und die Spartaner priesen sich als stammesverwandt mit dem Gott von Siwa. Ovid und Plutarch bestätigen Amon als Sohn des Zeus und der Pasiphaë, und als die Götter nach Ägypten fliehen und sich in Tiere verwandeln, wird Jupiter-Amon zum Widder, er bekommt seine Hörner, und die Geschraubtheit seiner Antworten wird mit den gewundenen Amonshörnern in Verbindung gebracht (Jupiter cum Hammon dicitur, habet cornua). Gedenkmünzen Alexanders von seinem Siwa-Zug, später, zeigen den König mit Widderhörnern. Bis heute werden die spiralig gewundenen Gehäuse ausgestorbener Kopffüßler als Ammoniten oder Ammonshörner bezeichnet, nach Plinius »die kostbarsten Edelsteine Äthiopiens«.

Als 525 v. Chr. der Perser Kambyses Ägypten erobert hatte, bereitete er von Theben in Oberägypten aus drei Feldzüge vor: gegen die Äthiopier, die Karthager und die Ammonier. Gegen die letzteren zog er mit 50 000 Mann nilaufwärts mit dem Ziel, den Zeus-Amon-Tempel in der Oase zu verbrennen und die Einwohner als Gefangene fortzuführen. Herodot berichtet von sieben Tagesmärschen durch die Wüste zu einer Oase, »die von Samiern bewohnt war« (Farafra oder Beharîja?). Auf dem Weitermarsch schreibt Plutarch, »erhob sich ein heißer Südwind mit Sandwolken und verschüttete alle. So wurde der Tempel des Amon vor der Zerstörung bewahrt.«

75 Jahre später, 450, wurde das Amon-Orakel in Siwa weltberühmt: während der athenische Admiral Kimon Zypern blockierte, schickte er Vertraute mit einem Geheimauftrag zum Amon. Kaum in Siwa eingetroffen, befahl ihnen der Gott, ohne auf die Fragen überhaupt einzugehen, stracks kehrt zu machen, denn »Kimon, der sie gesandt habe, sei schon selber bei ihm«. Ins Hauptquartier zurückgekehrt, erfuhren sie Kimons Tod und verstanden nun den Spruch des Orakels. Siwa war en vogue, das Modeorakel seiner Zeit. Wer es sich irgend leisten konnte, mußte dort gewesen sein.

Ohne Schwertstreich hatte Alexander 332 Ägyptens Hauptstadt Memphis genommen, ordnete rasch die Angelegenheiten des Landes, ließ sich als Befreier vom Perserjoch feiern und zog im nächsten Jahr nilabwärts, wo er beim Fischerdorf Rakotis am Mittelmeer seine Stadt Alexandrien gründete. Hier reifte sein Plan, das Amon-Orakel in Siwa zu besuchen, zu dem bereits sein Vater Philippus seinen Freund Chairon geschickt und die Weisung erhalten hatte, er solle dem Amon opfern und vor allen anderen diesen Gott in Ehren halten. Dies und die Tatsache, daß Perseus und Herakles,

395

die er zu seinen Vorvätern und Vorbildern zählte, beide das Orakel besucht hatten, waren wohl Alexanders Beweggründe. Vielleicht auch wollte er, erfolgreicher als der gescheiterte Kambyses 200 Jahre zuvor, seine Politik mit dem Zeitgeist in Einklang bringen. Dazu die besessene Neugier eines dämonischen Menschen. Arrian beschreibt es so: »Darauf ergriff ihn Sehnsucht, zum Amon nach Libyen zu gehen, um den Gott um einen Spruch zu fragen, weil das Orakel des Amon als zuverlässig galt und schon Perseus und Herakles sich dorthin gewandt hatten.« Durchaus also eine innere Notwendigkeit für den König, die rational nicht völlig nachvollziehbar ist, da soeben Darius alle Vorbereitungen traf, die Niederlage von Issos zu begleichen.

Trotz hochsommerlicher Hitze bricht er mit Bogenschützen, einem Zug königlicher Reiter und seinem persönlichen Stab auf, erreicht Paraetonium (Marsa Matruh) und wendet sich dann südwärts der großen Wüste zu, durch die nun »Gnade und göttliche Vorsehung« den Zug geleiten. Den vor Durst Verschmachtenden schickt Zeus Regen (nach Plutarch, Strabo, Arrian). Als ein Sandsturm die Piste verweht, erscheinen (nach Aristobul und Kallisthenes) zwei Raben und fliegen dem Heere voraus; nach Ptolemäus waren es zwei Schlangen, die vorankrochen. Siwa wird schließlich erreicht, und der Vorsteher der 80 Priester begrüßt den König beim Eintritt in den Tempel spontan als Sohn des Zeus, verheißt ihm die Weltherrschaft und Unbesiegbarkeit, bis er einst zu den Göttern eingehen werde. Auf Alexanders Frage nach den Mördern seines Vaters antwortet der Oberpriester schlagfertig, keiner sei entkommen, und auf entsprechende Fragen von Alexanders Begleitern gibt das Orakel kund, »göttliche Ehren für den König seien dem Zeus angenehm«. Wie lange Alexander allein in der Orakelzelle weilte, bleibt unbekannt, seine Fragen dort und die Antworten ebenfalls. Seiner Mutter Olympias schreibt er, die erhaltenen geheimen Weissagungen wolle er ihr bei seiner Heimkehr mitteilen. Er hat sie nie wiedergesehen.

Der Weg zur Apotheose war beschritten, Zeus-Amon wurde zum Vater des lebenden Herrschers, und im Gott von Siwa verehrte man jetzt den ägyptisch-griechischen Gott Amon-Rê und Zeus-Amon; auf ihn gründete sich Alexanders Reichsidee und sein Ziel einer gegenseitigen Durchdringung und Verschmelzung der Kulturen von Okzident und Orient. Auf den Siwa-Zug folgte in Memphis ein Fest; Arrian schreibt: »Dort opfert er dem König Zeus, macht mit seinem Heere in vollen Waffen einen feierlichen Zug und veranstaltet einen gymnischen und musischen Agon.«

Wie das Kultbild in Siwa aussah, bleibt fraglich. Diodor und Curtius Rufus sprechen von einem mit Edelsteinen geschmückten Fetisch, einem Omphalos ähnlich (wie in Delphi), einem dekorierten halbierten Ei. Vermutlich aber handelte es sich um ein mit einer kegelförmigen Verhüllung unkenntlich gemachtes Götterbild (Steinhoff). Irgendwie muß es einer menschlichen Gestalt geglichen haben, denn Alexander trug zuweilen später Amons Bekleidung: Purpurmantel, besondere Schuhe, Hörner am Kopf.

323 starb Alexander in Babylon. Kurz vor seinem Tode hatte er angeordnet, sein Leichnam solle zum Amon gebracht werden. Aridaios wurde damit beauftragt. Doch

der Kondukt kam nur bis Memphis. Dort hielt ihn Ptolemäus zurück, er ließ Alexanders Überreste in einem prachtvollen Mausoleum in Alexandria beisetzen.

Auf dem bis 25 m hohen Kalksteinfelsen von *Aghurmi* lag das Orakelheiligtum, erhebliche Baureste sind erhalten, der Grundriß ist gut auszumachen (20 × 10 m). 1811 erst legte ein Erdbeben den vermutlich während der 26. (Amasis) oder 29. Dynastie (Achoris) errichteten Orakeltempel in Trümmer. Durch das Tor eines einst dreifachen Mauerringes an der Kante des Felsplateaus führt eine mäßig ansteigende Treppenstraße auch heute noch zum geheimnisvollen Amon-Tempel, dessen Orakelzelle mit Vorraum und Nebenkammer zwei Höfe vorgesetzt waren. Ein seitlich der Orakelzelle angesetzter Gang stand nach Diodor mit einer heiligen Quelle in Verbindung, nach neuen Bauforschungen ist das jedoch unmöglich; vielleicht verbanden sich hier, ähnlich den Krypten ägyptischer Tempel (Dendera oder Edfu), mystisch-magische Erinnerungszwänge an animistische Zeiten mit ähnlich motivierten Handlungen der Orakelpriester. Die ganz wenigen erhaltenen Reliefs und Inschriften sind überdies ›unägyptisch‹; bodenständig-libysches Kulturempfinden wurde also wohl erst später ›ägyptisiert‹.

In der Tempelachse, gut 1 km entfernt, liegen im Talgrund in Palmenhainen die kümmerlichen Ruinen des Omm-Beidah-Tempels, eines Amon-Heiligtums von Nektanebôs II. (30. Dynastie), den man ursprünglich für den Orakeltempel hielt. Ca. 128 × 96 m war dieser Tempel groß, von den Hieroglyphen und Bildkolumnen im Hochrelief sind wenige auf Quadern und einem Architrav erhalten.

Ganz in der Nähe liegt der von Herodot und vielen anderen antiken Schriftstellern immer wieder genannte ›Sonnenquell‹, Siwas stärkste Quelle, ein Teich von gut 30 m im Durchmesser mit kristallklarem Wasser, das aus etwa 12 m tiefem Grund in tausenden von Quellblasen aufsteigt und den Eindruck eines siedenden Kessels vermittelt. So sahen es die Alten und meinten, daß im umgekehrten Verhältnis zur Sonnenwärme das Quellwasser dort frühmorgens und abends lau, mittags kalt und um Mitternacht siedend heiß sei – eine subjektive Empfindung, die sich aus der wechselnden Temperatur der Umgebung und der konstanten des Wassers ergibt. Der abfließende Bach treibt zwischen Palmengärten dem Tempel von Omm-Beidah zu und versumpft. (Im Sonnenquell kann der Siwa-Besucher heute baden.) Schließlich erwähnen wir noch im Norden der Oase in den Flanken des Gebel el-Mawta (›Berg der Toten‹) die Felsgräber einer Nekropole der 26. bis 30. Dynastie. Weniger die leeren Höhlen als der Fernblick zur Oase und in die umgebenden Wüstenberge sind bemerkenswert.

Der Orakeltempel der Oase Siwa
1 Orakelzelle 2 Seitenkammer
3 zweiter Vorhof 4 erster Vorhof
5 seitlicher Gang
(Nach: Vandenberg, Das Geheimnis der Orakel, Goldmann-Taschenbuch Nr. 6647)

Die Sinai-Halbinsel

Mosesberg – Katharinenkloster

»*Der Berg Sinai gehört zum Gebiet Madian und erhebt sich höher als alle anderen Berge über dem Arabischen Golf. Seine Spitze scheint den Himmel zu erreichen, und höchste Verehrung kommt ihm zu, denn auf dem einen seiner Gipfel ist Gott erschienen... Viele Berge sind Göttern geweiht, der Minerva der Aracinthus, dem Apollo der Malea, der Olymp dem Jupiter, der Misenus dem Äneas und den Satyrn der Atlas; der Berg Sinai aber ist dem einzigen wahren Gott geweiht, ist der Berg, auf dem es ihm gefallen hat zu wohnen und auf dem er bis zum Ende aller Zeiten weilen wird.*« (Felix Faber 1484 in »*Evagatorium in Terrae Sanctae, Arabiae et Egypti peregrationum*«)

Noch nicht Asien, aber auch nicht mehr Afrika, teilt die Sinai-Halbinsel das Rote Meer in den Golf von Sues im Westen und den Golf von Akaba im Osten. Entlang der nördlichen Begrenzung am Mittelmeer erstreckt sich die uralte Via Maris, die Ägypten mit Vorderasien verbindet, die Heerstraße pharaonischer Krieger, der Syrer und Hyksos, der Assyrer, Perser, Griechen, Araber und Türken zum und vom Niltal.

Der Name der Halbinsel Sinai hat in der babylonischen Göttertrias Venusstern, Sonne und Mond seinen Ursprung, wo der als bärtiger Greis dargestellte Sin – wie im arabischen Hadramaut – die sich geheimnisvoll und aus sich selbst erneuernde göttliche Kraft in den vier Mondphasen = den Jahreszeiten versinnbildlicht. Selbst Allah war in vorislamischer Zeit der Mondgott Hubal von Mekka, ein deutlicher Bezug zur urzeitlichen, alles überdauernden Heiligkeit eines Gebietes, in dem Judentum, Christentum und Islam ihren Ursprung haben.

Geologisch übersichtlich und klar gegliedert stellt die Sinai-Halbinsel eine Erdscholle dar, deren Ränder absanken – heute die beiden Meeresgolfe. Nur um 100 Meter tief, aber breit ist der von Sues, schmaler, aber bis 1800 Meter tief der von Akaba, ein Stück der vor gut 60 Millionen Jahren entstandenen Grabensenke vom Taurusgebirge über den afrikanischen Graben bis Mozambique. Vom Mittelmeer aus bestimmen erst feiner Flugsand und Dünen das Inselprofil, das stetig ansteigend übergeht in das Hochplateau der ›grausamen‹ Wüste Et Tih mit den Abflußtälern und Rinnen des Wâdi El Arish, Trockentäler zumeist mit augenfälligen Spuren glazialer Regenperioden. Schichttafeln, weißer Kalkstein der oberen Kreidezeit und darüber unübersehbar weite Felder von knolligem Flint (Feuerstein) prägen das Landschaftsbild auf weiten Strecken; dunkel bis gelblich-braun und lackartig vielfach in der Sonne glänzend: die unerschöpflichen Fundorte der von den Naturkräften Tau, Wind und Temperaturschwankungen ›gefertigten‹ Pfeilspitzen, Messer und anderer Geräte steinzeitlicher Bewohner. Die alte nomadische Route quer durch die Tih-Wüste von Sues über den Mitla-Paß nach Akaba, heute Darb el-Hadsch, die Pilgerstraße von Ägypten nach Mekka, benutzten schon Römer und Nabatäer.

Dann bricht etwas südlich der Halbinselmitte die nach Süden zu fast bis zum Gebel El Igma vorgewölbte Tih Berg-Hochebene unvermittelt und steil ab und findet in den

Sand- und auslaufenden Kalksteinformationen den Übergang zum Herzen des Sinai, zu den kristallinen Massiven aus Schiefer, Gneis und schwarzrotem Granit mit den Granitporphyrgipfeln des Serbal, des Moses- und des Katharinenberges, alle über 2000 m hoch. Geologisch interessant und jedem Besucher sofort ins Auge fallend, sind zwei Erscheinungen: u. a. bei Abu Zenîma eigenartig und stets waagerecht geschichtete Terrassen, Schroffen, Türme und andere phantastische Felsformationen vor rotem Granit und Gneis aus locker verfestigtem, grellweiß bis gelblich strahlendem Sand und Kies, vermutlich Reste flacher, vorzeitlicher Seebildungen längs von Talrändern. Dann die auffallende Äderung der Berge. Das sind Gangfüllungen aus Magma, entstanden, als Granit und Gneis spaltig aufrissen und Ergußgesteine, aus dem Erdinneren nach oben gepreßt, nun diese Risse auffüllten, also Diabas, Dolerit, Felsit, Granitporphyr, Diorit, Trachytbasalte und andere. Meist härter als das Schildgestein, verwittern sie langsamer und akzentuieren als schwarze Diabasbänder oder als braune Felsitrücken, und immer in der gleichen Winkelstellung und Richtung, wie Skelettreste gigantischer Fabelwesen das ohnehin überwältigende Landschaftsbild des unteren Sinai.

Jakobs Sohn Joseph war am Ende der Patriarchenzeit nach Ägypten gekommen, diente in Auaris einem Hyksos-Pharao und hatte sicherlich viele seiner semitischen Stammesgenossen ins Land geholt. Aber schon während und noch mehr nach der Vertreibung der Hyksos durch König Ahmose um 1550 v. Chr. bezog man, voller Aversionen auf die Fremdlinge, natürlich auch die jüdischen Siedler und Arbeiter in den Begriff ›asiatischen Aussatz‹ mit ein, und Unterdrückung und Verfolgung begannen, zumal am Beginn des ägyptischen Neuen Reiches zusätzlich und ausgelöst durch Echnatons Reformen geistig-religiöse Unruhen das ägyptische Alltagsleben durchweg unsicher machten. 50 Jahre nach Echnatons Tode etwa muß Moses aus Ägypten geflohen sein, wählte beim Berge Horeb aus den sieben Töchtern des Beduinen-Priesters Jethro seine zukünftige Frau Zippora, hütete die Schafherden seines Schwiegervaters und wurde, wie die Bibel berichtet, dort von Gott berufen und beauftragt – eben die Berichte vom Wunder und den Begebenheiten am brennenden Dornbusch. Also zog er zurück nach Ägypten, wo Ramses II. unterdessen in Piramesse (heute bei Quantir) seine neue Hauptstadt errichten ließ, auch mit Hilfs- und Fronarbeitern der ohnehin wenig beliebten Semiten aus der Landschaft Gosen. Ihr Auszug, die Flucht, muß für die Ägypter von geringer Bedeutung gewesen sein, keine Chronik, keine Inschrift verzeichnet das Ereignis. Denn weder Millionen noch 600 000 nach den Worten der Bibel, sondern höchstens einige tausend Menschen mögen es gewesen sein, die das Land verließen, zu unbedeutend für ägyptische Geschichtsschreiber.

Wie und auf welchem Wege die Israeliten einst flohen und wanderten, bleibt zweifelhaft. Mehrere Theorien streiten um Authentizität. So hätte die Nordroute über die Nehrung der Salztonsenke von El Bardawil zwischen Ismailia und El Arish geführt, um den pharaonischen Militärstützpunkt Deir el Balach zu umgehen (er wurde 1981 aus dem Dünensand gegraben), und die ägyptischen Abteilungen wären bei dem Versuch, den Israelitenzug von der Flanke her abzuschneiden, mit Roß und Wagen im

Salzsumpf umgekommen. Treffender scheint die Südroute, der bis heute die christliche Tradition folgt und die schon zu Moses Zeiten als gebahnter Weg für die fast jährlich durchgeführten ägyptischen Expeditionen zu den Türkis- und Kupferminen des Sinai vorhanden war, was auch besonders der Wasserstellen wegen von Wichtigkeit war. Daß gerade an diesem Wege dichte Tamariskenbestände vorhanden sind, könnte das Manna-Wunder erhärten, obgleich es natürlich auch weiter im Norden derartige Tamarisken in genügenden Mengen gibt. Manna oder Honigtau ist die tröpfchengroße, glasklare Ausscheidung von Schildläusen, die milchfarben bis gelbbraun in der Sonne zu bis erbsengroßen Gebilden erstarrt. Der Geschmack ist süßlich.

Während man heute südlich von Abu Rudeis sofort ins Wâdi Feiran zum Sinai-Kloster abbiegt, führte der israelitische Zug vermutlich über das wasserreiche Elim, heute Et Tûr, ein Rast- und Erholungsplatz unter schattigen Palmen; dies zeigt eine erstaunliche Ortskenntnis, die man aber Moses wohl zutrauen kann, da er mit dem Leben und Überleben in der Wüste während seiner Brautsuche und in den Jahren bei den Beduinen seines Schwiegervaters wohl vertraut geworden war. Daß man archäologische Relikte, die einen dieser Wanderwege beweisen würden, bisher weder finden konnte oder noch finden wird, resultiert aus der Tatsache, daß wandernde Beduinen damals wie heute Spuren, die auch nur Jahrzehnte, geschweige Jahrtausende überdauern, nicht hinterlassen. So sind auch bisher alle für den Wanderweg bedeutenden biblischen Ortsbezeichnungen kaum mehr als einfühlsame, spekulative Deutungen. Die Routenbeschreibung zum Sinai-Kloster (im Gelben Teil) folgt der seit der Vorklostergründung bis heute gültigen christlichen Tradition.

Das gilt gleichermaßen für den Berg der Gesetzgebung, den Mosesberg, Gebel Mûsa. Ohne es breit darlegen zu müssen ist bekannt, daß in fast allen Mythen frühzeitlicher Völker Berge und deren Gipfel eine beherrschende Rolle spielen als sichtbare Verbindung ihrer Verwurzelung in der Unterwelt und der Vereinigung mit dem Himmel, dem Sitz der Gottheit. Selbst im Christentum spielt der Berg seine Rolle (Bergpredigt, Christus betet auf einem Berg, die Verklärung auf einem Berg usw.), und auch Mohammed findet Sammlung und Berufung auf einem Berg. Ob der heilige Berg vom Sinai bereits in vormosaischer Zeit als Heiligtum galt und eben deshalb Moses seine Israeliten dorthin geführt hat, mag dahingestellt bleiben. Gut 600 Jahre später, als nach der Teilung des Reiches Juda auch Moral und Sitten zu verfallen schienen, trotzte der Prophet Elias kraftvoll diesem Treiben, mußte vor Ahab und I(e)sebel flüchten, und Gottes Engel führten ihn zum Berge Horeb, wo Gott mit ihm sprach. Dieser Bericht aus der Bibel war Anlaß zur ersten Klostergründung Kaiser Justinians, wie das Verklärungsmosaik der Kirchenapsis des Katharinenklosters mit Moses und Elias zeigt.

Ob und wie die Sinai-Tradition eine selbständige Überlieferung ist, die erst später mit dem Wanderweg und der Besitznahme von Kanaan verbunden wurde, bleibt ebenso umstritten. Man hat sogar Beweise zu finden versucht, den Gesetzesberg an andere Orte zu plazieren. Wie dem auch sei: Bereits Diodorus von Sizilien, der zur Zeit Cäsars lebte, beschreibt ein Heiligtum im Sinaigebiet und spricht von Quellen, Palmen und

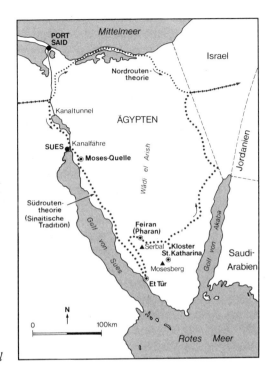

Die Sinai-Halbinsel

Kamelopfern bei den ›Maranitern‹ (wohl den Pharaniten), den Bewohnern der Oase Feiran, was beweisen kann, daß eine gewisse Sinai-Tradition bereits vorhanden war. Um das Jahr 400 pilgerte die resolute galizische Nonne Egrera (Aetheria) auch zum Mosesberg und fand jetzt schon eine im christlichen Sinne voll ausgebildete Tradition vor, die sie detailliert beschrieben hat *(»Peregrinatio ad loca sancta«)*.

Sicher waren die ersten Einsiedler am Sinai solche Christen, die vor den Verfolgungen römischer Kaiser und ihrer Staatsorgane dort Zuflucht suchten, obgleich in Pharan (Feiran) damals eine römische Kohorte stationiert war. Diesen Legionären aber, zu weit ab von den Zentren des Reiches, schien an der Ergreifung christlicher Flüchtlinge wenig gelegen gewesen zu sein. Eher waren bereits damals sarazenische Räubereien und Mordtaten besonders denen gefährlich, die als Anachoreten schon am Ausgang des 2. Jahrhunderts in Felshöhlen oder Steinhütten ihr erbauliches Leben in frommer Kontemplation fristeten, auf quadratmetergroßen ›Äckerchen‹ zwischen Granitbrokken kümmerlich Gemüse und Obst zogen oder primitive Flechtarbeiten bei Beduinen gegen Brot oder Tuch eintauschten. Später rückten manche von ihnen näher zusammen und wählten einen ›Vater‹ aus ihrem Kreise; solche Einsiedlerkolonien mögen die ersten Ansätze einer Klostergemeinschaft gewesen sein. Die aufmerksame Nonne Aetheria berichtet um das Jahr 400 herum sogar von einer ›Kirche‹ am Platze des Dornbusches, einem Garten und zahlreichen Eremitenzellen ringsum, beschreibt dann ihren Fußmarsch von dort zum Sinaigipfel und legt diesen sogar topographisch stimmend im Kreise der benachbarten Gipfel fest. Damit muß die kaum ausrottbare These, der Serbal-Gipfel über der Oase Feiran sei der eigentliche Horeb-Berg, als widerlegt gelten. Im Jahre 330, nachdem die Sinai-Mönche bei Kaiser Konstantins Mutter Helena immer wieder Schutz erbeten hatten, ließ diese ihnen im Zusammenhang mit einer Pilgerfahrt ins Heilige Land (ob auch zum Sinai bleibt fraglich) am Platz des brennenden Dornbusches einen Schutzturm und eine Kirche errichten, denn nach wie vor hatten die Mönche hier und in Pharan, wie auch überall auf der Halbinsel weiter unter den Überfällen räuberischer Beduinenbanden und Sarazenen zu leiden. Zahlreiche Schilderungen von grausamen Gemetzeln sind uns überliefert, von denen besonders das *»Martyrium der vierzig heiligen Väter«* bis ins Detail und langatmig vom Mönch Ammonius um 375 geschildert wird. Ein anderer war der heilige Nilus, dessen *»Mahnungen an die Mönche«* und andere Schriften noch heute in den Klöstern gelesen werden.

»Wir bitten, o Kaiser, daß Du uns ein Kloster errichtest, worin wir Schutz finden« hatten die Sinai-Mönche nach Byzanz geschrieben. Justinian entsprach endlich ihren Bitten, eine Militärexpedition wurde in Marsch gesetzt und um Turm und Kirchlein der Helena nun eine Klosterfestung erbaut, etwa in der Zeit zwischen Kaiserin Theodoras Tod 548 und dem von Justinian 565. Geweiht wurden Kirche und Kloster der Gottesmutter. Eine kleine Garnison aus Soldaten und zweihundert christlichen Sklaven aus Ägypten hatte den Auftrag, das neue Kloster zu schützen und zu versuchen, Felder anzulegen wie überhaupt alle notwendigen Arbeiten für die Klostergemeinschaft zu verrichten. In den *»Annalen«* des Eutychius wie bei Procopius *(»De aedificiis Justiniani«)* kann man viele interessante Einzelheiten zur Klostergründung und zur Baugeschichte überhaupt nachlesen. Sicherlich standen für den Kaiser primär militärtaktische Überlegungen im Vordergrund, *»damit nicht die barbarischen Sarazenen von hier aus Palästina unerwartet überfallen können«* (Procopius), eine Reichsfestung also an der Straße zwischen Sues und Akaba. Der Zeit entsprechend muß dem Kaiser eine trutzige Bergfeste vorgeschwebt haben. Als nämlich der Baumeister später Vollzug meldete und die Anlage erläuterte, war Justinian über die, wie er meinte, unglaublich schlechte strategische Lage seines Klosters derart erzürnt, daß er den Festungsbaumeister kurzerhand köpfen ließ. Denn die Klosterfestung lag tief im Tale zwischen zwei Bergflanken, so daß Bogenschützen und Steinschleuderer leicht auf und innerhalb der Mauern Schaden anrichten konnten. Dennoch, der Baumeister hatte recht gehabt, auf den Bergen gab es keine einzige Wasserstelle, im Tal dagegen, und dazu nahe dem heiligen Dornbusch, eine Quelle, genau die, an der einst Moses die Herden seines Schwiegervaters getränkt hatte, und beide, Quelle und Dornbusch, waren jetzt also sicher eingeschlossen innerhalb der starken Mauern.

Die islamische Eroberung der Halbinsel nach der Mitte des 7. Jahrhunderts zwang die Mönche, sich mit dem Islam zu arrangieren. Eine Abordnung zog nach Medina zu Mohammed, der dem Kloster dann auch einen Schutzbrief ausgestellt haben soll (er wird in der Klosterbibliothek gezeigt, ob echt oder nicht, bleibt umstritten). Und ob Mohammed früher als Kaufmann einmal beim Kloster war, ist auch nicht erwiesen, könnte aber wahrscheinlich sein, denn im Koran schwört der Prophet *»bei der Feige und dem Ölbaum und bei dem Berge Sinai«* (95. Sure, 1. und 2. Vers). Jedenfalls überstand das Kloster weitgehend unversehrt die ersten islamischen Jahrhunderte, und 1106 – im islamischen Monat Rabi des Jahres 500 – entstand sogar innerhalb der Klostermauern eine Moschee mit Minarett: zur Besänftigung der Fatimiden, für moslemische Pilger oder für ein hier stationiertes islamisches Truppenkontingent.

Ein neuer Aufschwung kam mit den Kreuzrittern die als ›Sinaitische‹ von etwa 1100 bis 1270 Kloster und Pilger sicher beschützten. Kreuze und Wappensteine an den Mauern und im Refektorium und die hölzernen Türen zum Narthex stammen aus dieser Zeit. Außer den Mamlûken beachteten auch die späteren osmanischen Sultane und ihre Statthalter die Privilegien und Rechte des Sinai, und alle christlichen Reiche Europas schlossen sich dem an. Selbst Napoleon bestätigte sie eigens in einem Schutzbrief aus dem Jahre 1798, und in seinem Auftrag sorgte sein General Kléber mit Geld und 1800 Handwerkern für den Wiederaufbau des eingestürzten Nordostflügels. Schon vor dieser Zeit strömten Geschenke und Kunstgegenstände ins Kloster, Legate wurden gestiftet, und Grundstücke auf Kreta, Zypern, in Griechenland, Rußland, der Türkei, in Rumänien, Bulgarien und Serbien, in Kairo und Alexandrien sicherten dem Kloster stets einträgliche Pfründen, die vom Erzabt (seit 1575 kleinstes Erzbistum der Welt) und seinen vier zusammen mit ihm gewählten Archimandriten verwaltet wurden. Der geistliche Jahresrhythmus des Klosters, das nicht zur koptischen, sondern zur griechisch-orthodoxen Kirche gehört, verläuft nach den Regeln des heiligen Basilius des Großen. Am Morgen um vier schlägt die Glocke, sooft wie die Jahre, die Christus lebte, dann ruft die hölzerne Symandra zum Gottesdienst. Bis zum Nachmittagsgebet um drei Uhr herrscht strenge Arbeitsteilung für Werkstätten, Garten, Küche, Bibliothek usw. Gegessen wird vegetarisch. Die Bruderschaft des Sinaitischen Ordens besteht stets unabhängig und von Kaisern, Kirchen und Staaten auch so anerkannt seit dem 6. Jahrhundert. Heute haben sich auch UNO und UNESCO dem angeschlossen. Nur Griechen können Ordensmitglieder werden. Innerhalb der orthodoxen Ostkirche, dessen kanonisches Recht er voll befolgt, ist der Erzbischof vom Katharinenkloster zugleich auch Klosterabt und steht so dem Orden, den Priestern und Mönchen vor. Seine Residenz ist in der Regel in Kairo, am Sinai vertritt ihn dann ein Vikar (Diceos). Erzbischof, Vikar, Schatzmeister (Skevophylakos) und Verwalter (Oikonomos) bilden den ›Rat der Väter‹ (Synaxis), in dem stets die Mehrheit der Stimmen entscheidet. Eine Generalversammlung der Mönche berät alle anderen praktischen Angelegenheiten und gibt die Ergebnisse mit der Bitte um Durchführung an den ›Rat der Väter‹. Früher wirkten im Sinai-Kloster meist mehr Mönche als heute, z. B. im Jahre 1000 dreihundert, im Jahre 1336 vierhundert, um 1845 nur fünfundzwanzig und heute gut fünfzig.

Katharinenkloster heißt das Sinaikloster heute nach einer 294 in Alexandrien geborenen Aristokratin namens Dorothea, die nach ihrer Bekehrung zum Christentum

SINAI

Die Zeichen des Katharinen-Klosters *Helmzierden von Kreuzrittern im Refektorium* *Kreuzritter-Zeichen auf Wänden, Mauersteinen und Arkaden*

fortan Katharina genannt wurde. Während der Christenverfolgungen im vierten Jahrhundert mußte sie ihrer Gelehrsamkeit wegen auf Befehl von Kaiser Maximinius Daia mit Hofphilosophen diskutieren, bekehrte dabei diese und Angehörige des Herrscherhauses zum Christentum und wurde deshalb am 25. November 307 zuerst auf das Rad geflochten und dann enthauptet. Ihre Attribute sind ein mit Messern besetztes Rad, Palmenzweig und Bücher. Es gibt Fresken zu dieser Legende in Padua, in der Kirche San Clemente in Rom, Bilder von Hans Memling in Brügge, von Correggio im Louvre, von Veronese in Venedig, von Raffael in London und von Luini in München. Dreihundert Jahre lang blieb ihr Leichnam verschwunden, dann – nach einem Traum – fanden ihn Mönche des Sinai-Klosters auf dem heutigen Katharinenberge, holten ihn herab ins Kloster und bestatteten ihn in zwei Reliquienkästchen, in einem die linke Hand, im anderen das reich geschmückte Haupt, alles jetzt im Marmorsarkophag am rechten Altarumgang. Das Fest der Klosterpatronin ist der Katharinentag am 25. November im Kloster in Kairo, am 8. Dezember im Katharinenkloster auf dem Sinai (Farbt. 31).

Die Klosteranlage insgesamt mißt 84 mal 74 Meter innerhalb einer mächtigen Wehrmauer aus Granitquadern außen und Bruchsteinen mit Mörtel innen. Sie ist um 1,65 m dick und unterschiedlich 12 bis 15 Meter hoch mit Scharten, Zinnen und Brustwehr und mit für ordentliches Flankenfeuer eigenartigerweise zu wenig vorstehenden Türmen, weil – wie Procopius erläutert – die Sarazenen von Natur aus *»unfähig sind, eine Mauer zu erstürmen«*. Die Kapelle des brennenden Dornbusches liegt nicht zentral, aber an der tiefsten Stelle der unsymmetrischen Festungsanlage, die hangwärts nach Süden zu ansteigt. Der alte Haupteingang in der Nordwestmauer, ein flachbogiges Portal, wurde zugemauert, nur noch ein kleines Tor mit Vorbau bleibt geöffnet – heute betritt man die Anlage durch die Pforte am sogenannten Kléber-Turm zum Mosesbrunnen beim Waschhaus. Zwischen dem alten Haupttor und der Kirche lag ehemals die Pilgerherberge, die zur Fatimidenzeit zur Moschee umgebaut wurde. Wertvollste Stücke sind dort ein Kursi (Koranpult), ein Minbar (Kanzel), beide aus geschnitztem Holz und ein bronzenes Gießgefäß (Aquamanile), alle 10. bis 12. Jahrhundert.

Zwei jetzt zugemauerte Fenster führten aus der einstigen Pilgerherberge zur Kirche. Diese steht innerhalb der anderen Klosterbauten auffallend tief und wie in den Grund versunken, weil das Fußbodenniveau der Kirche dem heiligen Platze des brennenden

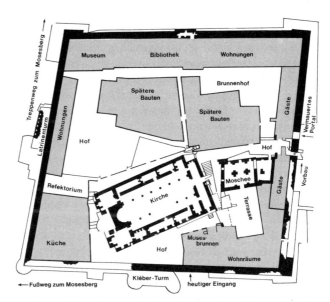

*Katharinenkloster,
Plan der Anlage
(siehe dazu Farbt. 31)*

Dornbusches angeglichen werden mußte, eben am tiefsten Punkte des Klosterviereks und gut vier Meter unterhalb der alten Haupteingangsschwelle. Einen optischen Ausgleich sollte die noch über den Dachfirst hochgezogene, überhohe Kirchenfassade bewirken. Sie und die Mauern sind aus sauber behauenen Granitquadern, im Giebelfeld schmückend ein kreuzförmiges Fenster, daneben Palmenreliefs. Der dreigeschossige Turm wurde erst 1871 von Sinai-Mönch Gregorius errichtet, die acht Glocken sind ein Geschenk des russischen Zaren. Neben ihnen hängt noch ein Talaton oder Symandra, eine uralte Holzglocke, die zu den Wochentagsmessen ruft, während die Metallglocken Sonn- und Feiertage einläuten.

Zum Narthex, der Vorhalle, öffnen sich die ›Kreuzrittertüren‹ aus dem 11. Jahrhundert mit Füllungen in geometrischen Mustern, Rankenornamenten und der ›Verklärung Christi‹, eine Vorwegnahme des Apsismosaiks. Die anderen, zum Kircheninneren führenden, fast vier Meter hohen Doppeltüren sind noch die Originale aus Kaiser Justinians Kirche, Rahmenbalken mit 28 eingenuteten Füllungen, jede überaus reich dekoriert mit feiner byzantinischer Schnitzarbeit in Zedernholz aus dem Libanon, christliche Symbole zumeist, Pflanzendekors und Reben im Kantharos (griechisches Trinkgefäß mit zwei Henkeln), eine geglückte Symbiose aus spätklassischer, heidnisch antiker Tradition mit christlicher Symbolik. Nur Mönchen und illustren Gästen war dieser Eingang vorbehalten, einfache Pilger benutzten die Seitentüren.

Hier gliedern je sechs Säulen, für jeden Monat eine, die Basilika in ein breites Mittelschiff zwischen den schmalen Seitenschiffen: verschalte, oft grobschlächtige Granitmonolithe mit skulptierten Kapitellen in Korbform oder gewunden aus symbolischen Gegenständen und Tieren der christlichen Tradition. Konnte man früher hoch bis in den Dachstuhl schauen, so wird heute (seit dem 18. Jh.) der Blick von hölzernen Füllungen zwischen den 16 Tragebalken der Dachkonstruktion begrenzt, alle an ihrer Unterseite zum Kirchenschiff hin voll geschnitzter Symbolik: Kreuze, Florales und Figürliches, sogar Boote, Ruderer und unheimliche Mensch-Tierwesen, die später erst kräftig rot und golden bemalt wurden. Inschriften an den Seitenflächen einiger Balken ermöglichen die Datierung des Kirchenbaus, weil sie einmal für das Heil des noch lebenden Kaisers Justinian, dann für Andenken und Ruhe der verstorbenen Theodora bitten. Und schließlich nennt, fast eine Einmaligkeit, eine Inschrift sogar den Chefarchitekten, einen Stephanos von Aila, von Akaba also. Je drei Kapellen und die Sakristei begrenzen an den Seiten das Kirchenschiff. Nur von einer niedrigen Ikonostase (von Bildern bedeckte Wand mit drei Toren als Schranke zwischen Gemeinderaum und Allerheiligstem) abgetrennt, war früher der Blick auf das Apsismosaik frei, heute wird es durch die hohe Bilderwand fast ganz verdeckt.

Dieses Verklärungsmosaik (Farbt. 32), das seit seiner Entstehung niemals beschädigt und also niemals restauriert worden ist, gehört zweifellos zu den besten Arbeiten frühchristlicher Kunstfertigkeit, eine klare, streng symmetrische Komposition und stilistisch etwa den Mosaiken in der Hagia Sophia zu Konstantinopel (Istanbul) zuzuordnen und den mehr geradlinigen von San Vitale in Ravenna, hier allerdings weicher und ›malerischer‹. Das Thema ist die Verklärung auf dem Berge Tabor: in einer strahlenden Aureole Christus in der Mitte, sein Gesicht nicht dinggebunden, göttlich, erhaben, und Moses mit erhobener Rechten sowie Elias stehend zu beiden Seiten, und zu seinen Füßen kniend Johannes, Petrus und Jakobus; 16 Medaillons mit Brustbildern von Propheten und 12 Aposteln umrahmen das Verklärungsbild, in der Achse oben ein Kreuzmedaillon, unten ein Davidsportrait, in den Bogenzwickeln links und rechts Johannes Diakonus und Abt Longinus, in deren Amtszeit das Mosaik wohl gearbeitet worden war. Darüber reichen zwei Engel dem als Gotteslamm dargestellten Christus Weltkugel und Zepter, darunter in Medaillons Johannes der Täufer und Maria, beide mit tragisch erschütterten Gesichtszügen, zusammen mit Christus die Dreiheit der Fürbitter, das spätere, in der byzantinischen Kunst immer wiederkehrende Zentralmotiv, die Deesis. Oben schließen über der Konche die Bogen des Doppelfensters das Mosaik ab, beiderseits in den Feldern Bezugsszenen zur Mosesgeschichte, wie er am brennenden Dornbusch seine Sandalen auszieht und auf dem Berge die Gesetze, hier als Schriftrollen, empfängt, alles eine grandiose Symbolik, welche jüdische Tradition, antike Vergangenheit und typologische wie an das Kloster gebundene landschaftliche Bezüge in das Bild fast nahtlos hineinkomponierte, ohne die malerische wie die Bildaussage dabei mit ›zuviel‹ zu beeinträchtigen.

Weiter ist die Apsis dekoriert mit Gemälden zu Themen aus dem Alten Testament, hier enkaustiert, eine Einbrenntechnik, bei der Wachsfarben durch Hitze auf Marmor – wie hier – oder auf Holz gebracht werden. Der Dornbusch selbst stand ehemals in einem kleinen Hof vor der Hauptapsis, wie die Nonne Aetheria berichtet: »... *vor der Kirche, wo der Busch steht* ...«. 1246 besuchte ein deutscher Magister, Thietmar, das

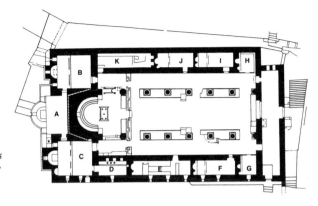

Grundriß der Kirche A Kapelle des Brennenden Dornbuschs B Kapelle der hl. Väter (Johannes des Täufers?) C Kapelle des hl. Jakobus des Jüngeren D Sakristei E Kapelle des hl. Antipas F Kapelle des hl. Konstantin und der hl. Helena G Kapelle der hl. Maria H Kapelle des hl. Kosmas und des hl. Damian I Kapelle des hl. Symeon Stylites J Kapelle der hl. Anna und des hl. Joachim K Schatzkammer

Kloster und erzählt jetzt: »... *der Dornbusch wurde weggenommen und in Form von Reliquien unter den Christen verteilt.*« So wird also vor diesem Datum irgendwann am Platze des Busches diese Kapelle geplant und, wie der Grundrißplan zeigt, über die Seitenkapellen vorspringend ausgebaut worden sein, mit einer Marmorplatte unter dem heutigen Altar am Platze des Dornbusches und über seinem Wurzelwerk. Außen an der Apsiswand vor den Küchentrakten des Klosters blüht heute ein Ableger, wie die Mönche erzählen, der einzige auf dem Sinai, und jeder Versuch, neue Ableger irgendwo zu ziehen, wäre bisher mißglückt. Wie wir heute, so schritten ehrfürchtige Sinai-Pilger seit je in einem Rundgang vom Narthex auf der einen Kirchenseite hin zum Dornbusch und auf der anderen wieder durch die Eingangspforten zurück in die Klosterhöfe, bewunderten dabei auch den polychromen Fußboden aus Marmor und Porphyr aus dem 16. Jh. und unter einem Marmorbaldachin den Marmorschrein der heiligen Katharina rechts vom Altar.

Mit Kapellen, Mauern, Durchgängen und Treppen, Arkaden, Terrassen, Nutz- und Arbeitseinrichtungen wie Küchen, Backstuben und Gewölbekellern, dem Marienbrunnen und Zisternen und Abflußgräben bleibt das Kloster im Überblick zwar labyrinthisch unübersichtlich, stellt aber desto mehr ein funktionierendes Klosterstädtchen dar. Der Besucher wird und darf nur bestimmte Bezirke betreten. Das alte Refektorium, Trapesa, gehört dazu, ein 17 m langer, gotisch gewölbter Saal mit einem Fresko an der Stirnwand aus dem Jahre 1573, »Jüngstes Gericht« und darunter die »drei Engel bei Abraham«, an den Längsseiten Bilder aus neuester Zeit vom Klostermönch Pachomius. Beachtenswert ist der alte, lange Tisch, eine Schnitzarbeit aus Korfu, 18. Jh., und viele Inschriften und Helmzierden von Kreuzrittern. Denn wer Ritter vom Orden des Heiligen Grabes in Jerusalem werden wollte, mußte in der Regel vorher von den Sinai-Mönchen in den mit hohen Gelddotationen verbundenen Orden der Heiligen Katharina aufgenommen worden sein.

Die Klosterbibliothek wird nur noch von der des Vatikans übertroffen, was Zahl wie Wert der Manuskripte betrifft: rund 2200 griechische, 279 syrische und palästinensische, 98 georgische, 41 slawische, äthiopische und armenische Handschriften, dazu mehr als 200 ›neuere‹ vom 12. bis zum 19. Jh. und Siegel und Unterschriften von Kaisern, Königen, Sultanen, Päpsten und Patriarchen. Wertvollste Stücke sind der *Codex Syriaticus* aus dem 5. Jh., bisher der älteste Text der Heiligen Schrift, der *Codex Arabicus* und bis 1865 der *Codex Sinaiticus* aus dem 4. Jh., die vollständigste, größte und kostbarste Pergamenthandschrift der Bibel. Der Deutsche Tischendorf fand ihn noch vor der Vernichtung durch die Mönche. Als Geschenk und zu Forschungszwecken kam der Codex zum Zaren nach Rußland, 1933 erwarb ihn das Britische Museum für 100 000 Pfund.

In der Ikonengalerie werden Stücke der gut 2000 Tafelbilder des Klosters ausgestellt, ein lückenloses Ikonen-Kompendium vom Beginn der Ikonenmalerei im 6. Jh. etwa bis heute, die Mehrzahl mit Bildern in statuarischer Weltabgeschiedenheit, aber mit lebendigen und ausdrucksvollen Gesichtern, stets leuchtend in den Farben vor Nimben aus glänzendem Goldgrund, die ersten, frühen in der enkaustischen, also der Wachsmaltechnik gefertigt. *»Die Ikone stellt nicht dar, sondern repräsentiert das Vorbild«*, sagt P. M. Mylonas, *»der Dargestellte selber läßt sein Urbild wie eine Selbstoffenbarung transparent werden.«* Bestimmte Ikonen hängen stets an der Ikonostase (Templon), andere, tragbare dienen der Liturgie. Auf dem mit einem Baldachin gedeckten Pult im Mittelschiff, dem Proskynetarion, steht stets die Tages-Ikone, die anderen hängen, kalendarisch geordnet, an den Wänden der Seitenschiffe bereit, u. a. auch die sogenannte Kalender-Ikone mit langen Reihen frommer Heiliger, zwölf insgesamt, für jeden Monat eine. Vor der Monats-Ikone mit dem Bild des Tagesheiligen brennt dann auch immer eine Kerze. Im Garten steht die Kapelle des heiligen Tryphon mit dem Beinhaus in der Krypta. Der kleine Friedhof dahinter wird nur mit sechs Toten belegt, so daß man beim Todesfalle eines Mönches einen Leichnam exhumieren muß. Schädel und Gebeine werden getrennt aufeinandergelegt außer denen von Bischöfen, deren Gebeine in kleinen Holzkästchen in Nischen beigesetzt sind. Nur der skelettierte heilige Stephanos, der im 6. Jh. am Stufenweg zum Mosesberg saß und erst nach Beichte und Absolution Pilgern den Weg zum Berggipfel freigab, sitzt auf einem Stuhl mit Mantel und bestickter Mönchskappe, mit Rosenkranz und Stab, auch hier als Wächter und Mahner an den kommenden Tod.

Zwei Stunden vom Katharinenkloster entfernt liegt das Kloster der Heiligen Kosmas und Damian, ebenfalls aus byzantinischer Zeit. Im 6. Jh. lebte hier der Hl. Johannes von Klimax. Sein Buch *»Die Paradiesleiter«* (*klimax* gr. Leiter), Standardwerk aller orthodoxen Mönche, enthält Traktate über das geistliche Leben, das – gemäß den 30 Jahren, die Christus bei seiner Taufe alt war – in 30 Stufen vom Verzicht auf Weltliches bis zur paradiesischen Vollkommenheit führt, denn ... *»tugendhaft möchten wohl alle sein, aber nur wenige kommen dahin.«*

Eine Stunde südwärts von St. Katharina liegt in einem Olivenhain das Klösterchen der Vierzig Märtyrer, Klosterreste gibt es in der Oase Feiran und in El Tûr am Roten Meer (siehe gelber Teil, S. 437 ff.).

Praktische Reisehinweise

Über das Land

Ägypten mit einer Fläche von rund einer Million Quadratkilometern wird von Süd nach Nord 1200 km lang vom Nil durchflossen, der so zwischen der westlichen Libyschen und der östlichen Arabischen Wüste die längste Strom-Oase der Welt geschaffen hat. Nur gut 3 Prozent der gesamten Landfläche (rund 35 000 Quadratkilometer) sind fruchtbarer Kulturboden, auf dem fast 44 Millionen Men-

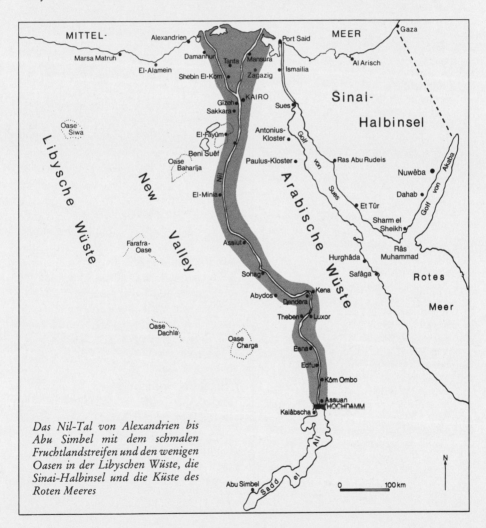

Das Nil-Tal von Alexandrien bis Abu Simbel mit dem schmalen Fruchtlandstreifen und den wenigen Oasen in der Libyschen Wüste, die Sinai-Halbinsel und die Küste des Roten Meeres

PRAKTISCHE HINWEISE

Gesamtfläche: 1 003 200 km²
Bevölkerung: 43 000 000
Hauptstadt: Kairo (rd. 11 Mill. Einw.)
Wichtigste Städte: Kairo, die Hauptstadt der Arabischen Republik Ägypten, Gumhuriat Misr al-Arabia, ist die größte Stadt Afrikas wie der arabischen Welt und ein Zentrum der islamischen und modernen Wissenschaft; Alexandrien (2,2 Mill. Einwohner) ist Mittelmeerhafen und Badeort; Port Said (244 000 Einwohner, Freihafen) liegt an der nördlichen Einfahrt zum Sueskanal, Sues (203 000 Einwohner) an seiner Südeinfahrt.
Währung: Das Ägyptische Pfund (£ E)
Nationalflagge: Roter, weißer und schwarzer Horizontalstreifen mit goldenem Adler im weißen Streifen.
Religionen: Nach der Verfassung ist der Islam Staatsreligion. 90 Prozent der rund 43 Mill. Ägypter sind Moslems, fünf bis sieben Mill. Kopten, mehrere Hunderttausend Katholiken und Protestanten, wenige Tausend Juden. Artikel 34 der Verfassung schützt ausdrücklich die Freiheit des Gottesdienstes aller Religionen.
Auskünfte: Botschaft der Arabischen Republik Ägypten, Kronprinzenstraße 2, 5300 Bonn 2, Tel. 0228/36 40 00.
Konsularabteilung: Wendelstadtallee 2, 5300 Bonn 2, Tel. 0228/36 56 67.
Generalkonsulate: Eysseneckstraße 52, 6000 Frankfurt, Tel. 069/59 05 57, Harvestehuder Weg 50, 2000 Hamburg 13, Tel. 040/41 01031. Ägyptisches Fremdenverkehrsamt, Kaiserstraße 64, 6000 Frankfurt, Tel. 069/25 21 53. Egyptair, Baseler Straße 46–48, 6000 Frankfurt, Tel. 069/23 55 09. Schwanthalerstraße 9–11, 8000 München, Tel. 089/59 26 18. Deutsch-Arabischer Club, Postfach 106303, 2800 Bremen 1.
In Kairo das amtl. Verkehrsbüro und alle Büros von Misr Travel und PAT (s. S. 423), in Genf, CH-1200, Rue Chantepoulet 11, Tel. 32 91 32.

schen eng zusammengedrängt leben müssen – 97 Prozent nehmen unfruchtbare Wüsten ein. Hier spielt das Fayûm-Becken eine besondere und die Oasenkette der westlichen Wüste eine, wenn auch bescheidene Rolle in der ägyptischen Landwirtschaft. Die lebensnotwendige Wasserführung des Nils bringt jährlich etwa 84 Milliarden Kubikmeter Wasser nach Ägypten, die heute zum Teil im gigantischen Becken des Sadd el-Ali gespeichert und kontinuierlich zur Bewässerung abgegeben werden. Bei einer Bevölkerungsdichte von etwa 950 Menschen pro Quadratkilometer stehen pro 100 Menschen der Bevölkerung nur 14 Hektar zur Verfügung, wobei sich diese errechnete Zahl bei einer Bevölkerungszunahme von rund 2,8 Prozent pro Jahr ständig reduziert. Wieweit sich das Projekt New Valley, die zusammenhängende Kultivierung der westlichen Oasenkette, agrarsozial auswirken wird, muß die Zukunft zeigen; daß die angestrebte Industrialisierung zusammen mit den Leistungen des Hochdammes das Nationaleinkommen und damit den Lebensstandard entsprechend werden heben können, scheint nach den Erfahrungen der letzten zehn Jahre mehr als fraglich (s. a. S. 382 ff.).

Klima und Kleidung

Außer im Gebiet von Mittelmeer und Delta herrscht von Kairo bis Abu Simbel subtropisches Klima, fast regenlos (Kairo hat nur 15 Regentage pro Jahr maximal), meist blauer, klarer Himmel, besonders in den Frühlingsmonaten März bis Mai und im Herbst, September bis November – es sind die günstigsten Reisemonate bei angenehm warmen, nicht zu heißem Wetter. Die Sommermonate können in Oberägypten glutheiß werden. Weil die Luft aber ständig von warmen Wüstenwinden trocken gehalten wird, werden selbst Hitzegrade von mehr als 35° C subjektiv besser ertragen als etwa am Mittelmeer oder im feuchten Delta. Eine Besonderheit ist zwischen März und Juni der Chamsîn (von 50 = *chamsîn*, weil er 50 Tage von Anfang April bis zum Beginn der Nil-Schwelle im Juni weht), ein trokkener, heißer Süd-Wüstenwind, der, meist nur für Stunden oder einen Tag, mit Hitzeschwaden, schwefelgelber Atmosphäre und Sandwolken das Wohlbefinden beeinträchtigen und in schlimmen Fällen Nervenschmerzen oder leichtes Fieber hervorrufen kann. Unsere Temperaturtabelle gibt für die Monate des Jahres und wichtigsten Orte die durchschnittlichen Werte:

Tiefsttemperaturen	Jan.	Febr.	März	April	Mai	Juni	Juli	Aug.	Sept.	Okt.	Nov.	Dez.
Kairo	8.6	9.3	11.3	13.9	17.4	19.9	21.5	21.6	19.9	17.8	13.9	10.4
Alexandrien	9.3	9.7	11.2	13.5	16.7	20.2	22.7	22.9	21.3	17.8	14.8	11.2
M. Matruh	8.1	8.4	9.7	11.8	14.5	18.2	20.2	21	19.7	16.8	13.3	10
Port-Said	11.3	12.1	13.5	16.1	19.6	22.4	24.1	24.9	23.9	21.8	18.4	13.7
Ismailia	8.1	9.1	11	13.6	17.3	20.2	22.2	22.5	20.7	17.8	13.9	10
Hurghada	9.6	9.9	12.3	16.1	20.7	23.5	24.8	25	23.2	19.7	15.5	11.9
Luxor	5.4	6.8	10.7	15.7	20.7	22.6	23.6	23.5	21.5	17.8	12.3	7.7
Assuan	8	9.4	12.6	17.5	21.1	24.2	24.5	24.7	22.2	19.3	15	9.9
Siwa	4.1	5.7	8.2	12.1	16.8	19.2	20.7	20.7	18.3	14.9	10.1	6
Charga	5.9	7.4	11.1	15.7	21.2	23.3	23.3	23	21.5	18.6	13	8.3
Höchsttemperaturen	Jan.	Febr.	März	April	Mai	Juni	Juli	Aug.	Sept.	Okt.	Nov.	Dez.
Kairo	19.1	20.7	23.7	28.2	32.4	34.5	35.4	33.8	32.3	29.8	25.1	20.7
Alexandrien	18.3	19.2	21	23.6	26.5	28.2	29.6	30.4	29.4	27.7	24.4	20.4
M. Matruh	18.1	18.9	20.3	22.7	25.5	27.8	29.2	29.9	28.7	27	23.4	19.7
Port Said	18	18.7	20.2	22.6	25.8	28.5	30.4	30.9	29.2	27.4	24	19.9
Ismailia	20	21.7	23.9	27.6	32.1	34.8	36.4	36.5	33.9	30.7	26.6	21.5
Hurghada	20.6	20.9	23	26	29.6	31.4	32.6	33	30.6	28.5	25.7	22.4
Luxor	23	25.4	29	34.8	39.3	40.7	40.7	41	38.5	35.1	29.6	24.8
Assuan	23.8	26.1	30.4	35	38.5	42.1	41.2	41.3	39.6	36.3	30.2	25.5
Siwa	19.7	21.8	25	29.9	34.4	37.1	38	37.8	35.1	31.5	26.3	21.3
Charga	22.3	24.4	28.3	33.1	37.6	38.6	39.1	39.4	36.5	34	28.6	23.9

So ist auf alle Fälle nur leichte Kleidung notwendig, ergänzt durch dünne Wollsachen für die kühlen Abende, möglichst aus Natur-, nicht Kunststoffasern, im Winter auch ein leichter Regenmantel. Besonders wichtig ist festes, bequemes Schuhwerk. Nur mit Sandalen im Sand oder zwischen Felsbrocken und Tempelruinen, auf Hügel oder in tiefe Felsgräber zu klettern, ist schwierig, hohe Absätze sind hinderlich. Unerläßlich sind Kopfbedeckung und Sonnenbrille. Shorts bei Damen oder Herren sind unmöglich, Tropenhelme lächerlich, Krawatten nur bei abendlichen Gesellschaften obligatorisch. – Wäsche kann man sich gut und billig in allen größeren Hotels waschen lassen. Stromspannung 220 Volt Wechselstrom, Flachstecker.

Ausrüstung und Fotografieren
Da heutzutage Ägypten meistens per Flugzeug besucht wird, ist man ohnehin auf 25 kg Gepäck beschränkt. Selbst Fluggesellschaften gehen erfahrungsgemäß nicht überaus sorgfältig mit Koffern um, und ägyptische Gepäckträger, Busfahrer und Bahnschaffner haben für elegante Lederkoffer, weiche Skaihüllen und modische Behälter noch weniger Sinn – gute europäische, und vor allem strapazierfähige Mittelklasse ist in jedem Falle besser als Luxusartikel. Überall in Ägypten kann man solide Lederwaren zu billigen Preisen erstehen und, wenn man will, später darin verpackt auch gleich seine Souvenirs mit nach Hause nehmen. Vergessen Sie nicht ein Fernglas – viele Details an Tempelarchitraven, Säulen, Pyramidenspitzen, Obeliskenoberteilen, landschaftliche Fixpunkte usw. wird man sonst schlecht oder überhaupt nicht beobachten können. Nützlich ist eine gute Taschenlampe mit verstellbarem Reflektor bei Besichtigungen von Grabräumen über und unter der Erde. Üblicherweise sind diese gar nicht oder schlecht, vielmals auch noch mit Petroleumlampen erhellt. Auch zum Einstellen der Kamera benötigt man gutes Licht.

Fotomaterial sollte man nach Ägypten um gut 50% mehr als sonst üblich mitnehmen. Zu viele Motive bieten sich an, die Bedingungen zum Fotografieren und Filmen sind bei den günstigen Lichtverhältnissen geradezu ideal. Filme sollte man lieber schon zu Hause und nicht erst in Ägypten kaufen, die Ware kann abgelagert oder von feuchter Hitze verdorben sein. Beachten Sie, das latente Bild (bei Farbfilm) ist gefährdet, also belichtete Filme kühl und vor allem trocken aufbewahren. Ein paar Körnchen Reis in der Fototasche können Farbverschiebungen vermeiden helfen. Fotografieren ist fast überall erlaubt, meist auch in den Moscheen, nicht aber in den Museen und wird zunehmend auch an anderen Plätzen (Tempel, Gräber, Paläste) vom Zahlen einer Fotogebühr abhängig gemacht. Bei Aufnahmen in Altstadtvierteln, auf dem Lande usw. wird Bakschisch erwartet.

Gesundheitsregeln
Eine Pockenschutzimpfung entfällt. Sonst beachte man einige Regeln: Wasser aus ordentlichen Leitungen in Kairo und anderswo ist einwandfrei, aber Milch sollte man nur abgekocht trinken; nur gekochte oder gebratene Speisen essen; Salate, Obst gründlich abwaschen; vor stehendem und Nilwasser in acht nehmen; bei Bootsfahrten mit den Händen nicht im Wasser planschen, nicht im Nil oder in Kanälen baden – das alles kann zur Bilharzia führen, der alten und noch immer nicht ausgerotteten Geißel Ägyptens, eine Infektion, bei der der Parasit (die Larven der Saugwürmer schwimmen im Wasser) durch die Haut in das Venensystem eindringt und Fieber, ruhrähnliche Darmkatarrhe, Bronchitis, Leberzirrhosen und sogar Krebs erzeugen kann – nicht zu

verwechseln mit Darmunpäßlichkeiten. Einziges und eben entwickeltes Heilmittel gegen die Bilharziose von Bayer und Merck ›Biltricide‹, erhältlich in Apotheken. Zu Unrecht werden meist fremdländische Speisen dafür verantwortlich gemacht, obwohl es sich meistens eher um zu hastiges Trinken eisgekühlter Getränke oder einfache Erkältungen handelt. Auch nachts soll man den Leib – das Sonnengeflecht – mit einer Decke bedekken, arabische Wüstenreisende tragen stets eine Leibbinde.

Das Trachom ist die andere Plage des Landes, bezeichnenderweise auch ägyptische Augenkrankheit genannt, anfangs eine infektiöse und äußerst hartnäckige chronische Bindehautentzündung, im Spätstadium Narbenbildung und Schrumpfung der Augenbindehaut, die bis zur Erblindung führen kann. Überträger sind hauptsächlich Fliegen oder eine Vaskularisation, deshalb nie mit den Fingern an fremde Augen fassen (bei Kindern oft gut gemeint, aber gefährlich), Brillen und Ferngläser nicht verleihen, auch nicht zum Spaß.

Kanäle und andere künstliche Bewässerungsanlagen bieten Überträgern subtropischer Krankheitserreger ideale Lebensbedingungen; von einer Malaria-Prophylaxe kann deshalb nicht mehr abgeraten werden (Mittel: Resochin, Fansidar oder Daraprim).

Nicht zu oft baden oder duschen, um ein Entzünden der Schweißdrüsenausgänge zu vermeiden, was sich in einem unangenehmen Frieselausschlag (*miliaria* oder *sudamia*) bemerkbar macht, hirsekorngroße, wasserhelle Hautbläschen mit rotem Hof. Ärzte vermittelt jedes Hotel.

Arztschilder geben in der Regel den Grad und die Universität an, wo das Fachexamen gemacht wurde. So findet man leicht auch deutschsprechende Ärzte oder Pharmazeuten. Ihr Honorar wird bar bezahlt. In Assuan gibt es ein Deutsches Missionshaus mit deutschen Ärzten – bei Bedarf bestehe man auf Kontakten zur Mission.

Eine kleine Reiseapotheke sollte Mittel gegen Durchfall (Mexaform, Metefax 200, Imudium), Fieber und Erkältung, etwas Verbandszeug, Heftpflaster, Insektenschutzmittel, Hirschtalg gegen Wundlaufen der Füße und Ohropax enthalten. Lavex-Tücher sind praktisch für Schnellwäschen, Kühlung und Geruch und desinfizieren in bescheidenem Maße.

In allen größeren Hotels wird nach international üblichen Regeln gekocht und serviert, die Hygiene beachtet und alles getan, um den Gast nicht nur zufriedenzustellen, sondern ihn auch vor Schäden und Krankheiten zu bewahren. Nur wer ›über Land‹, vielleicht sogar ›ägyptisch‹ zu reisen sich zutraut, sollte ein wenig mehr Umsicht walten lassen und ein Set Einmalspritzen mitnehmen, um eine mögliche Krankheitsübertragung wie AIDS-Erreger HIV durch nicht sterile Spritzen zu vermeiden.

Sehr Vorsichtige oder Reisende, denen schon zu Hause der Arzt besondere Vorsicht empfohlen hat, sollten für alle Fälle vor der Reise eine Rücktransportversicherung abschließen.

Erfolgreiche Rheumakuren bieten zahlreiche Hotels und Pensionen in Heluan bei Kairo. Auskünfte durch die ägyptischen Fremdenverkehrsämter.

Reisen im Lande

Reisen in Ägypten ist im Verhältnis zu Europa noch billig! Das wird den, der eine Pauschalreise gebucht hat und ›geführt‹ durch das Land reist, wenig interessieren. Hotels, Flugzeug, Zug oder Bus sind vorbestellt, für Eintrittskarten wird gesorgt, man reist ohne Zweifel bequem und wird kaum eine Hauptsehenswürdigkeit auslassen. Wer zum ersten Male nach Ägypten reist, für den wird so eine Alles-inclusive-Reise das beste sein.

Alleinreisende haben es da schwerer, sie wollen mindestens das Gleiche sehen, möglichst nicht viel mehr Zeit benötigen und nicht auf alle Bequemlichkeiten verzichten müssen. Grundsätzlich geht das nicht ganz. Große Hotels sind zur Hauptreisesaison in den touristischen Zentren oft ausgebucht, man muß kleine, kaum komfortable, dafür aber billige ›ägyptische‹ Hotels nehmen, und die findet man immer und überall in genügender Zahl. Freilich sind dann alle ›Verhältnisse‹ entsprechend, von der Hygiene über Bettwäsche bis zum Service. Dafür aber wird jede Minute zum Erlebnis, man lernt die Ägypter so kennen, wie sie an den Wänden der Mastabas und der Felsengräber geschildert werden, echt, ehrlich, ohne zu betteln, gastfreundlich und immer hilfsbereit – was viele nicht glauben wollen, die nur von Dragomanen und Hotelboys, cleveren Bazarhändlern oder gelangweilten Moscheeführern auf das ägyptische Volk schließen.

Für die nächste Zeit ist die Errichtung oder Fertigstellung mehrerer Hotel- und ›Ferienkomplexe‹ geplant, u. a. am Mittelmeer westlich von Alexandrien, und am Roten Meer, Bezirk Hurghâda, mit Feriendorf und allen Möglichkeiten für Sporttaucher (Füllstation) und Sportfischer.

Reisebüros vermieten Wohnungen und Ferienbungalows am Strand von Alexandrien oder Caravans in Luxor.

Bahn – Bus – Dampfer

Das Flugzeug ist nur einer kleinen Oberschicht und dem Fremden vorbehalten, Bahn und Bus sind heute die Überlandfahrzeuge für den ›kleinen Mann‹. Und beide sind billig, die Busse ohnehin, weil es da keine Klassen gibt. Die *Bahn* in der dritten und zweiten Klasse ebenso, nur die erste Klasse und Schlafwagenplätze sind teurer. Die dritte Klasse ist ein Abenteuer, die zweite ein unbeschreibliches Vergnügen, die erste macht noch immer viel Spaß. Das Niltal entlang verkehren ständig Züge, und man kann alle touristisch wichtigen Ziele per Bahn oder in Verbindung mit Bus oder Taxi gut erreichen. Für große Entfernungen, wie Kairo-Luxor (12 Std.), Luxor-Assuan (4 Std.) muß man erste Klasse vorbestellen, besonders Schlafwagenplätze, die zur Saison meist von Reisegruppen ›belegt‹ sind. Empfehlenswert: ein Weg per Bahn, einer per Flugzeug oder Linien- oder Reisebus.

Mittelägypten ist noch immer das Stiefkind bei Reisen in Ägypten. Wer also das Fayûm, Beni Hasan, Hermopolis, Tell el-Amarna oder Assiut besuchen will, der muß das entweder an einem Tage im Eiltempo per Taxi machen oder es ›ägyptisch‹ versuchen. Wo man abfährt und wie man es am besten macht, weiter unten.

Busfahrten sind unerhört preiswert. Die Linien laufen parallel und quer zur Bahntrasse, und wenn man keinen Zug mehr erreichen kann, wird man bestimmt irgendeinen Linienbus erwischen. Wer dann noch immer meint, zu lange warten zu müssen, nimmt ein Taxi. Der Fahrpreis über Land wird immer geteilt durch die Anzahl der Personen, die im Auto sitzen – also hübsch warten, bis noch ein paar Fahrgäste zusteigen! Bei Taxifahrten zu besonderen Sehenswürdigkeiten – Rundfahrten im Fayûm, Hermopolis-Rundfahrt, von Luxor nach Dendera, Rundfahrt in Theben oder Assuan usw. – werden die Kosten oft nach Zeit berechnet. Pro Stunde zahlt man dann den vereinbarten Preis, gleich wieviele Personen. *Nildampfer* als Luxus-Steamer fahren zur Saison in wenigen Tagen von Assiut nach Assuan, pendeln zwischen Luxor und Assuan oder werden je nach Bedarf gechartert (z. B. die Hilton- oder Sheraton Komfort-Schiffe zu natürlich teuren Nile Cruises oder Egypt Experiences oder die nur 30 bis 40 Passagiere fassenden einfacheren Hotelschiffe des Deutsch-Arabischen Reisebüros – s. S. 423 – für 15tägige billigere Nilkreuzfahrten von Kairo bis Assuan). Normale Nildampfer-Fahrten kosten weniger als Busfahrten; man muß sich wegen der Abfahrtszeiten an Ort und Stelle erkundigen. Für Individualisten gibt es zwischen Luxor und Assuan nach Bedarf eine phantastische Reise in Felukas, den kleinen Nilbooten. Sieben Nächte schläft man an Bord, das Essen wird dort oder am Ufer eingenommen (Auskünfte durch Reisebüros, s. S. 423).

Von Assuan aus kann man Abu Simbel mit dem Flugzeug oder seit 1985 auch auf einer neuen Teerstraße (292 km) erreichen. Zur Zeit verkehren zwei Busse täglich in beiden Richtungen zu noch ›normalen‹ Preisen. Für kleinere Gruppen und zum Besuch der noch ganz abgelegenen Tempel von Wadi es-Sebua, Ed-Dakka und Maharraka und weiter nach Abu Simbel gibt es eine Auto-Safari (Auskünfte bei Pan Arab Tours); nur bei sehr viel Zeit, Verzicht auf beinahe jeglichen Komfort und nur einen halben Tag Aufenthalt in Abu Simbel kann man auch mit einem Schiff, wöchentlich einmal, zu den Tempeln fahren (Auskünfte in Assuan bei Verkehrsbüro oder Sudan Railway Corp.).

Für öffentliche Verkehrsmittel gibt es *Fahrpläne* auch in englischer Sprache auf den großen Bahnhöfen. Im Zweifelsfalle die Fremdenpolizei um Rat angehen.

Zuletzt: nach Beni Hasan und Tell el-Amarna muß man über den Nil setzen. Während nach Amarna ständig *Fährboote* über den Fluß pendeln, gibt es nach Beni Hasan nur einen alten großen Nildampfer für gut hundert Personen. Wenn man es bezahlt, setzt er für etwa 12,– DM auch eine einzelne Person über. Besser man heuert ein Ruderboot an. Ein bißchen orientalisch-fatalistisches Warten am Ufer zahlt sich aus, schnell hat es sich herumgesprochen, daß da ein Fremder über den Fluß möchte. Noch niemand hat länger als 30 Minuten warten müssen.

Wer mit einem Sportflugzeug nach und in Ägypten reisen möchte, erfährt alles Wissenswerte von der Redaktion der Zeitschrift ›Aerokurier‹ (Zeitschriftenhandel).

Charterflüge in Ägypten mit Nilair, 1 Talaat Harb Sq. in Kairo, Tel. 74 61 97.

Dragomane

Was der Fremde sehen möchte, ist bekannt. Ihm zu helfen, gibt es an allen

Plätzen mit Sehenswürdigkeiten ›Führer‹, *Dragomane* oder *Guides*. Nicht alle sind es – aber alle geben sich dafür aus. Vertrauen sollte man nur den offiziellen, die haben Ausweis und eine Registriernummer auf ovalem Messingschild an der Djellabah und können mehr oder weniger gut erklären und dafür sorgen, daß man das Gesuchte auch zu sehen bekommt.

Bei den Pyramiden und in Sakkâra werden Kamele als Reittiere angeboten. Im ›Kurzstreckenbetrieb‹ kann es Spaß machen, ist fotogen und wird zum Erlebnis, aber von Gîzeh nach Sakkâra und zurück, fast sechs Stunden Kamelritt, das wird zur Tortur für einen ungeübten Reiter. Auch auf dem Pferderücken wird es kaum besser sein. Steigen Sie also – wenn Sie schon reiten – von Zeit zu Zeit auf den Esel des Begleiters um oder nehmen Sie gleich einen zweirädrigen Sandwagen, eine bequeme Sandkutsche mit Sonnendach.

In Amarna kommt man um den Esel nicht herum, und eine Stunde Ritt ist noch immer zu schaffen. Kleinere Esel trippeln mehr, und man sitzt besser und bequemer. Der Tourist ist König und bestimmt das Reittempo, auch wenn der Dragoman es noch so eilig hat, und er hält und steigt dort ab, wo es ihm paßt, denn die Meinungen, was sehenswert ist oder nicht, klaffen zwischen Tourist und eingeborenem Führer oft sehr weit auseinander.

Preise macht man vorher aus. Es wird am Ende doch mehr, man spendiert eine Cola, etwas zum Essen und legt später doch noch einen Bakschisch drauf. Nur einkalkulieren muß man es vorher schon. Und alte, vielleicht kranke Eltern, viele Kinder kann jeder haben, daß sie aber alle am Verhungern und Darben sind, dahinsiechen und nur durch ein Bakschisch gerettet werden könnten, darf auch der grundgütigste Tourist in Abrede stellen.

Taxis sind überall in Ägypten billig, aber trotz Grundgebühr und Taxameter wird stets versucht, dem Fremden mehr Geld abzunehmen. Entweder Preis schon vorher ausmachen oder nachher gewandt verhandeln und feilschen oder, im schlimmsten Falle, Lizenznummer am Taxi vorn notieren und sich an die Touristenpolizei wenden (oder so tun als ob man wolle). Touristenpolizei in Kairo: Fremdenverkehrsamt 5 Adley Street, bei den Pyramiden, im Khan Khalili und am Ramses-Hauptbahnhof.

Geld
Nur wer sein Visum nicht bereits zu Hause besorgt hat, kann im Flughafen Kairo oder den ägyptischen Häfen sein Visum bekommen (meist schon auf dem Schiff). Beim Geldumtausch beachten: nicht zu viel tauschen, weil nicht verbrauchte ägyptische Pfunde nur mit viel Verlust wieder zurückgetauscht werden können. Und nicht vergessen: vor dem Rücktausch im Hafen Alexandrien die Einschiffungsgebühr (z. Z. 10 LE) zurückbehalten!

Antiquitäten
Vorsicht vor Fälschungen! Besonders in Ägypten werden dem Fremden allerorten viele ›echte‹ Souvenirs angeboten, und alle sind oft meisterlich hergestellte Fälschungen. Daran ändert weder die meist unverschämte Preisforderung noch das heimliche Getue

der Anbieter etwas, im Gegenteil, die einen sind gute Schauspieler, die ›Antiken‹-Hersteller einmalige Könner auf ihrem Gebiet, erfahren in den letzten Fälscher-Technologien und stolz darauf wie ein Künstler aus dem Mittleren Reich, der an seine Grabwand schreiben ließ »*in meinem Handwerk bin ich ein großer Künstler, ein Mann, der mit seinen Kenntnissen zu großen Ehren gekommen ist*«.

Skarabäen und Uschebti-Figuren aus Lehm werden mit Kamelmistfladen und Knochenmehl fast zwei Tage lang gebrannt und sehen dann beinahe echt aus; Sandsteinplatten mit Figurenreliefs entstehen mit Hilfe von Meißel, abgebrochenen Sägeblättern und Sticheln in einem halben Tag, bekommen durch Hammerschläge täuschend echte Bruchkanten, durch Schmirgel glatte Oberflächen und durch Schmutzwasser, das in die trockenen Steinporen tief eindringt, echte Patina. Dann wird das Stück mit Salpetergrus bestreut und vergraben, und schon nach kurzer Zeit ist der Stein ›wie echt‹ angefressen und zeigt vielleicht schon die erwünschten Salzverblühungen. Und wer genau aufpaßt: Beinahe alle guten Fälschungen existieren als Originale noch immer in situ an Grabwänden oder in den Museen von Luxor oder Kairo. Meist sind die Fälschungen aber zu exakt gearbeitet, was besonders für die beliebten Echnaton-Köpfe gilt.

Vergammelte bunte Postkartenteile auf einem Teer-Lehm-Gemisch aufgeklebt und mit Firnis bestrichen, sehen aus wie irgendwelche Teile von einem Sarkophag. Die gleichen Postkarten kauft man an jedem Kiosk im Lande. Echte Stücke werden niemals unter der Hand gehandelt. Sodabrühen lassen bearbeitete Gußbronzen um Jahrtausende älter werden, und nur bei genauem Hinsehen wird man Guß- und Nahtspuren erkennen können, die auch mit Hilfe von Schleifstein und Feile nicht ganz zu entfernen sind. Münzen, die beliebten ptolemäischen, Tetradrachmen und andere, werden massenweise angeboten, keine einzige ist echt. Tonmodeln originaler Münzen werden heute exakt wie zur antiken Zeit aus einer Kupfer-Zinn-Legierung mit einem Zinnanteil von fünf Prozent gegossen; das ergibt die echten winzigen Gußporen und erspart die zeitraubende Säureätzung, die noch vor zehn Jahren angewendet werden mußte. Immer müssen die Gußränder abgefeilt werden, ein Indiz für Fälschungen, die Gerbsäure Tannin oxydiert die Oberflächen ins Schwärzliche, die dann, mit Filz nachpoliert, wie echt im Kupferglanz zu schimmern beginnen.

Handwerklich echt, jetzt aber mit hartmetallbestückten Bohrern, werden aus Onyxblöcken Kanopenkrüge gefertigt, deren Oberflächen nach kurzer Erdbestattung in Nilschlammpackungen mehr als wie ›eben gefunden‹ aussehen. Kurz, alles ist Massenware in Fälschungen, wird oft selbst in Antikenläden als echt angeboten und dann mit Heimlichkeiten verbrämt, weil man keine Zertifikate vorlegen kann. Echte Antiquitäten kauft man mit Echtheitszertifikaten in Kairo im Verkaufssaal des Ägyptischen Museums, in einigen Läden gegenüber und in Luxor in seriösen Geschäften in den Kolonnaden vor dem Winter-Palace-Hotel. Aus der Galabia-Tasche, in Zeitungspapier gewickelt oder aus dem Taschentuch bekommt man nur mehr oder weniger gut gemachte Fälschungen. Und die bezahlt man auch nur als solche, gibt kaum

Pfunde, höchstens Piaster, auch wenn sie später zu Hause wie ›echt‹ an der Wand hängen oder in der Vitrine an Ägypten erinnern sollen.

Andenken

werden in großer Zahl angeboten, vieles ist reiner Kitsch aus minderwertigen Materialien. Seien Sie wählerisch, kaufen Sie erst in den letzten Tagen Ihres Aufenthaltes. Typisch ägyptisch sind Lederwaren, Holzkästchen aus Zedernholz mit Perlmutteinlagen, Messingteller mit eingehämmerten Silberdrahtornamenten, Schriften oder Figuralem, Silber- und Goldschmuck (Preise nach Gewicht; beachten: der diamanten strahlende Alexandrit ist nur ein synthetischer, in Idar-Oberstein gefertigter Schmuckstein), Parfüm und Parfümöle (nach Unzen), Kamelsättel, Lederpuffs, Keramiken und die einzigartigen ägyptischen Wandteppiche aus den Dörfern Harrania (Harraniya) und Kerdassa, nicht weit weg von den Gîzeh-Pyramiden. Während die Teppiche aus Harrania, in den Werkstätten von Wissa Wassef künstlerische Ambitionen haben, sind die von Kerdassa meist noch ganz ursprünglich, spontan, ›fehlerhaft‹ im Dargestellten und in der Verarbeitung der Inhalte und daher wohl das typische Erinnerungsstück, zumal in Kerdassa ausschließlich ägyptische Dorfmotive gearbeitet werden. Hier fließen beduinische mit koptischen, weltliche mit religiösen Bildinhalten oft wunderlich zusammen. Gewebt wird mit Schafwolle auf hanfenen Kettfäden. Nur Indigo (blau) und Cochenille (rot und schwarz) werden eingeführt, alle anderen Farben sind waschechte Pflanzenfarben aus Krappwurzeln, Kamille, Pappelblättern und Resedaarten. Meist werden diese Teppiche von Kindern gewebt, intuitiv und ohne Vorlagen nach der Umwelt gestaltet – man darf, wenn man den Wunsch äußert, zusehen. Die Preise sind relativ niedrig, berechnet wird nach Quadratmetern.

Galabia heißt das Gewand aus leichtem Baumwollstoff, bodenlang und weit geschnitten, weiß, gestreift oder zart rosa, grün und uni blau, ist es ein ideales Kleidungsstück, besonders bei hochsommerlichen Temperaturen. Vier bis dreißig Pfund zahlt man dafür, von der Stange oder nach Maß, besonders weite Ärmel, kunstvoll gepaspelt oder einfach und gradlinig, ganz nach Wunsch – Fremde können es unbesorgt tragen. Zwar nicht typisch ägyptisch, aber noch immer wesentlich billiger als in Deutschland sind in Ägypten Baumwollstoffe und Bekleidung daraus, Möbelstoffe, Brokate, Lederbekleidung, Gürtel, Schuhe und Taschen aus Schlangen- und Glattleder und in den Basargassen alle möglichen Gewürze.

Ägypten im Auto

Wer mit dem eigenen Wagen das Land bereisen möchte, benötigt z. Z. neben gültigem Reisepaß, Visum und internationaler Zulassung wie internationalem Führerschein ein *Carnet de Passage*. (Der z. Z. angebotene Verzicht auf ein Carnet führt im Endeffekt zu verlängerten Abfertigungszeiten und höheren Gebühren!) Außerdem muß in Ägypten eine *Kurzhaftpflichtversicherung* abgeschlossen werden. Günstige Anreise über Italien ab Venedig/Ancona oder über Jugoslawien/Griechenland ab Piräus nach Alexandrien mit der ADRIATICA-Linie ('Espresso Egitto'), buchen in 6000 Frankfurt/Main, Weißfrauenstr. 3, bei Seetours International. Geduld bei der umständlichen Zollabfertigung (die Heimatkennzeichen werden gegen ägyptische umgetauscht). – Vorab: noch ist die individuelle Autoreise im eigenen Wagen durch Ägypten selten, sie erfordert viel Einfühlungsvermögen und Verständnis. Es kann Ärger geben mit Kindern, die den Wert oder die Technik eines Privatautos oft nicht einzuschätzen vermögen (Steinwürfe, Abbrechen von Spiegeln usw.). Dagegen werden Erwachsene niemals einen fremden Autofahrer behelligen, bis jetzt gibt es kaum Diebstähle, im Gegenteil, man bekommt alle Hilfen, wertvolle Tips und Einladungen. Übernachten kann man in jedem Hotel oder auf den wenigen Campingplätzen (geringe Gebühren):

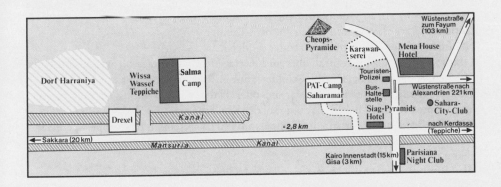

In **Alexandrien:** Parkplatz vor dem Hydrobiolog. Institut; am Mamoura-Strand beim Montazah-Palast; Platz vor dem ›Golden Beach-Hotel‹, 585 Tari el-Gueish; 34 km westlich, am Wege nach Marsa Matruh, am Strand von Sidi Kreir oder bei Agami; (das oft genannte Abukir, Matada Camp, ist unzumutbar!).
Bei **El-Alamein:** 13 km westwärts der Gedenkstätten am Strand von Sidi Abd el-Rahmân, Feinsand, Hotel (vorher Erlaubnis bei Polizei in El-Alamein einholen!).
Kap el-Hekma: Am Strand (vorher Erlaubnis beim Militär einholen!).
In/bei **Marsa Matruh:** Zentral am Strand oder an der Hafenbucht beim Rommel-Museum; vor der Seebucht bei den ›Badern der Cleopatra‹; 21 km westwärts in den Badebuchten Al Obeijad oder Agieba (Erlaubnis bei Polizei in Marsa Matruh einholen!).
In **Siwa:** Überall außerhalb der Oase am Wüstensaum; am ›Sonnenquell‹ in der Oase (Mücken!); beim ›Siwa-Hotel‹ Nähe Marktplatz; am neuen ›Siwa-Hotel‹ (mit Einschränkung, laut!).
Wâdi Natrûn: Am Rasthaus der Wüstenstraße Alexandrien–Kairo (nur bedingt, laut, Diebstahlsgefahr!), besser beim oder im Hof eines der Natrun-Klöster.

PRAKTISCHE HINWEISE: CAMPINGPLÄTZE / ALEXANDRIEN

Kairo: PAT Camp ›Saharamar‹ oder ›Salma Camp‹, Anfahrt s. Wegeplan und Hinweisschilder, beide z. Z. einzige Plätze in Kairo; ganz entfallen die jetzt verbotenen Standplätze in der Wüste oberhalb der Pyramiden.
Fayûm: Viele Plätze am Karun-See vor Cafés oder frei am Strand.
Minia: Corniche; Platz vor Touristenpolizei; am anderen Nilufer.
Mellaui: Gasthaus-Vorplatz am Ortseingang Nord; an der Polizeistation; im Ruinenfeld von Hermopolis; in Tuna el-Gebel beim Rasthaus oder in der Wüste.
Assiut: Garten am Nil beim Police Officers Club, Anfahrt über Nilstauwerk, Hinweisschilder; YMCA in Bahnhofsnähe (nicht zu empfehlen, laut).
Sohâg: Beim ›weißen‹ oder beim ›roten‹ Kloster; in der Stadt beim Youth Hostel, Sh. Port Said (laut).
Abydos: Tempel-Parkplatz oder Dorfrand von El-Arâba el-Madfûna beim Tempel.
Nâg Hamâdi: Mit Erlaubnis vor dem ›Aluminium-Hotel‹ am Nil.
Dendera: Parkplatz unter Palmen vor dem Tempel.
Nakâdâ: Bei den Klöstern Buktûr oder el-Melak.
Luxor: YMCA-Camp zentral, aber an Feiertagen und sonntags oft unruhig, abends Mücken, Sh. el-Karnak (Hinweisschilder); nur im Notfall vor dem Karnak-Tempel.
Theben/West: Vor den Hotels ›Marsam‹ oder ›Habu‹ (dort Erlaubnis einholen!); ›frei‹ im gesamten Bezirk Theben bis zum ›Tal der Königinnen‹.
Kôm Ombo: Platz unterhalb des Tempels am Nil (Backschisch für Tempelwächter!).
Assuan: Direkt neben dem ›unvollendeten Obelisken‹ (Hinweisschilder, schattenlos, aber gute Duschen!).
Abu Simbel: Am ›Hotel Nefertari‹ oder auf Klippen am See.
Port Said: Am Strand westlich der Suez-Kanal-Einfahrt.
Ismailia: Neben dem Strandclub.
Suez: Im Garten der Jugendherberge.
Paulus-Kloster: Außerhalb der Klostermauern. Gilt ebenso für das Antonius-Kloster.
Hurghâda: Public Beach im Strandbogen beim ›Sheraton-Hotel‹ oder Strand im Ort, Nähe Moschee (Erlaubnis bei Polizei einholen!).
Port Safâga: Privatstrand am ›Safaga-Hotel‹.
Mersa Alam: Gleich am Dorfeingang links (vorher in Hurghâda Erlaubnis besorgen!).
Abu Zenima: An der Küstenbucht (vorher Erlaubnis bei Polizei einholen!).
Abu Rudeis: Am Ortsstrand (vorher Erlaubnis bei Polizei einholen!).
Ras Muhammed: Nur wenn Erlaubnis aus Abu Rudeis, Polizei, vorliegt, darf man am Kap übernachten, sonst wird für den Tagesaufenthalt am Beginn des Naturschutzgebietes der Paß zurückbehalten. Dann muß man zurück nach Sharm el Sheikh.
Sharm el Sheikh: Schlecht beim Youth Hostel, besser in Naama Bay, 3 km, z. Z. sehr verschmutzt, am besten 5 km weiter im Naama-Fjord, aber sehr versandete Zufahrt!
Dahab: Nähe Tauchclub.
Nuwêba: Vor Hafengebiet beim ›Hotel Sayadin Beach‹, besser am Touristenzentrum nördlich des Hafens, dort viele Plätze am Strand.

Fjord: 10 km vor Grenze bei Taba, rings um die Seebucht.
Feiran-Oase: Beim Kloster (nur im Notfall).
Katharinenkloster-Bezirk: Unterhalb des Klosters; beim ›Hotel Saleb Salam‹, Richtung Flugplatz; im Zeitouna-Camp; ›frei‹ allenthalben.
El Arish: Unmittelbar vor Ortseinfahrt links, Campingplatz.

Die klassische Ägyptenreise

Im folgenden wollen wir nicht alphabetisch, sondern von Alexandrien aus bis nach Abu Simbel, entlang der klassischen Route also, Reisewege, bedeutende Sehenswürdigkeiten, Tips, wichtige Anschriften, Museen, Zeiteinteilungen, Ausflüge usw. nennen, die einzeln oder zusammengestellt eine Hilfe bei der Planung einer Ägypten-Reise sind.

Alexandrien und Umgebung
(siehe auch den Plan des alten Alexandrien S. 226)

Bahnverbindung mit Kairo 237 km, Straßenverbindung entweder über die Wüstenautobahn, 225 km, oder die Deltastraße, 218 km. Wer von Kairo aus einen Besuch in Alexandrien macht, sollte beide Straßen benutzen. Wüstenautobahn: ab Rasthaus ist ein Tages-Ausflug ins *Wâdi Natrûn* möglich (Farbt. 10), Besuch koptischer Klöster, von denen *Deir es-Surjân* aus dem Jahre 914, das sehenswerteste ist.

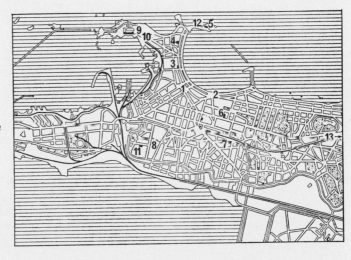

Plan von Alexandrien
1 Midân et-Tahrîr
2 Ramle-Bahnhof
3 Abul Abbâs-Moschee 4 Ibrahîm-Terbâna-Moschee
5 Fort Kaît Bay
6 Museum für griech.-röm. Altertümer
7 Museum der schönen Künste 8 Pompejus-Säule 9 Ras et-Tine Palast 10 Nekropole von El-Anfûschi
11 Katakomben Kôm esch-Schukâfa
12 Hydrobiologisches Institut 13 Alexandrinisches Felsengrab

Aus dem Natrun = Natron-Tal holte man zur altägyptischen Zeit den wichtigsten ›Stoff‹ zum Totenkult, das tro-na, weißes Sodapulver, und die ägyptische Hausfrau vom Delta bis nach Nubien benutzte Soda zum Reinigen und Bleichen von Textilien, beim Stoffärben und zum Garen von Wurzelgemüse. Mindestens seit 1600 v. Chr. gab es für teures Geld ägyptische Glaswaren. Plinius erzählt, wie Glas ›erfunden‹ wurde, als ein ägyptischer Soda-Segler an der Küste zur Nachtrast anlegte, die Matrosen aus Sodablöcken ihre Feuerstelle errichteten und baß erstaunt waren, als aus diesem Soda und dem Quarzsand des Untergrundes unter der Einwirkung des Feuers der durchsichtige Stoff Glas entstand.

Ein-Tages-Programm für Alexandrien: Katakomben, Pompejus-Säule, Museum für griechisch-römische Altertümer, Nekropole von Anfûschi (eine gelöste Eintrittskarte gilt für die bisher genannten Altertümer), Corniche, Fort Kaît Bey, Abul Abbâs-Moschee, Ras et-Tine-Palast, Alexandrinisches Felsgrab, Palast von Montasa (17- km, Bus Nr. 20). Die Strände vor der Corniche sind überfüllt von Badekabinen, besser man fährt mit dem Taxi 25 km hinaus nach *Mamoura*, dort findet man freien, weißen Feinsandstrand. Badegelegenheit bis in den Dezember hinein.

Bei mehr Zeit: Griechisch-römisches Museum, Hydrobiologisches Institut, Moscheen Abul Abbâs und Ibrahîm Terbâna.

Tagesausflug nach *El Alameîn*, Soldatenfriedhöfe, deutsches Ehrenmal, empfehlenswert auf dem Landwege, je drei Stunden Fahrzeit durch großartige Wüstenlandschaft, Sahara-Eindrücke. Badegelegenheit in *Sisi Abdel Rahman* und im neuen Ferienzentrum Ras-el-Hekma (Badeplatz der Kleopatra).

Kairo und Umgebung
1 Kairo

Vier Tage Kairo sind unbedingt notwendig, um auch nur die Hauptsehenswürdigkeiten zu besuchen (s. a. Plan S. 192). Vorschlag:

1. Tag: vormittags *Pyramiden von Gîzeh* mit *Sonnenschiff-Museum* (Bus Nr. 8 und 900 ab Tahrir-Platz), nachm. *Tulûn-Moschee, Sultân Hasan-Moschee, Zitadelle* (Bus Nr. 13 u. 173).

2. Tag: *Islamisches Museum, Ashar-Moschee, Kalifengräber, Stadtmauer und Basar*, nachmittags *Alt-Kairo und Koptisches Museum, Nilometer* (Bus Nr. 92, 95 oder METRO bis Station Mari Girgis) (Nilometer z. Z. gesperrt).

3. Tag: Tagesausflug nach *Sakkâra*. Vor oder nach dem Ausflug: Besuch des pharaonischen Dorfes auf der Jakobs-Insel (Termine festlegen, Tel. 72 91 86/ 72 90 53/72 35 78).

4. Tag: vormittags *Ägyptisches Museum*, nachmittags *Nil-Inseln, Andalusischer Garten, Kairo-Turm, modernes Kairo*, abends ›Ton und Licht‹-Vorführung bei den Pyramiden (sonntags in Deutsch), anschließend ›Sahara City‹ (Beduinenzelt, Musik- und Tanz-Schau) oder ein Nachtclub an der Pyramidenstraße.

2 Von Kairo ins Nil-Tal: nach Memphis und Sakkâra

a) mit der *Eisenbahn* ab Hauptbahnhof bis Station El-Badrascheîn, dort Reittier oder Sandwagen mieten;

**Museen in Kairo
(vgl. Kairo-Plan S. 192)**
Öffnungszeiten für alle Museen z. Z. von 9–13 Uhr
Ägyptisches Museum, Tahrir-Platz
Koptisches Museum, Alt Kairo, tägl.
Museum für Islamische Kunst, Midân Ahmed Maher, tägl.
Militärmuseum, Zitadelle, tägl.
Gayer-Anderson-Museum bei der Tulûn-Moschee, tägl.
Museum der Ägyptischen Kultur und Wagenmuseum, Insel Gesîra, tägl. außer montags und freitags
Museum für Moderne Kunst, 4 Sharia Kasr el-Nil, tägl.
Baumwoll-Museum, Gesîra, tägl. außer montags und freitags
Geologisches Museum, 13/15 Sharia Scheich Rian, tägl. außer freitags
Entomologisches und Ornithologisches Museum, 14 Sharia Nadhet-Misr, tägl. außer freitags
Hygiene-Museum, 2 Midân Mabduli, tägl. außer montags
Eisenbahn-Museum, Hauptbahnhof, tägl. außer freitags
Post-Museum, Hauptpost, tägl. außer freitags
Mustafa Kamal-Mus., Zitadelle, tägl.
Muchtar-Mus., Gesîra, tägl.
Sonnenschiff-Museum im Anbau bei der Cheops Pyramide, tägl.
Museum im Rathaus bei den Pyramiden, tägl.

Wichtige Adressen:

Deutsche Vertretung:
Botschaft: 20 Boulos Hanna Street, Kairo-Dokki (Tel. 65 10 15)
Deutsches Generalkonsulat: 5 Rue Minah, Alexandria-Roushdy (Tel. 4 54 75)
Österreichische Vertretung:
21, Al Sadd Al Ali St. Dokki
(Tel. 80 58 98)

Schweizer Vertretung:
10 Abdel Khalek Tharwart St.
(Tel.: 7 81 71)
Lufthansa und Austrian Airlines in der Sharia Taalat Harb, Swissair in der Sharia Kasr el-Nil in Kairo
Deutschsprachige Buchhandlung Lehnert und Landrock, 44 Sharia Sherif Pascha, Kairo
Amtliches Verkehrsbüro, Ministerium für Fremdenverkehr, Ägyptische allgemeine Organisation zur Förderung des Fremdenverkehrs, 5 Sharia Adly, Kairo
Papyrus-Institute, House Boat, 3 Sharia El Nil in Giza, beim Sheraton-Hotel.
Harrania und Kerdassa (Dörfer Nähe Gizeh): Herstellung der berühmten Wandteppiche mit naiven, folkloristischen Motiven, gewoben von Fellachenkindern, nur mit Taxi ab Pyramids Road, Taxistand vor dem Mena House Oberoi-Hotel.
Misr Travel, in Kairo 7 Talaat Harb (Tel. 75 01 68), in Alexandrien 33 Salah Salem (Tel. 2 60 01), in Luxor Corniche El Nil (Tel. 23 63), in Assuan Tourist Center (Tel. 23 23)
Deutsch-Arabisches Reisebüro:
5000 Köln 1, Mauritiussteinweg 85
In Kairo: Kasr el-Aini Steet 101a
Pan Arab Tours: 6000 Frankfurt/M. 1, Schöne Aussicht 16 (Tel. 28 38 37)
In Kairo: 55/59 Gomhoria Street.
(Tel.: 90 21 33), in Alexandrien nur Tel.: 3 70 85
The Egyptian Hotels, Central Reservation Office, 26, Sharia Sherif, Kairo
Informationen über Hotels, Restaurants, Kinos, Reiseagenturen, Fluglinien, Theater, Clubs, Sportveranstaltungen, Banken usw. in den Broschuren *Cairo by Day and Night* und *Cairo Panorama* (gratis in Hotels und Reisebüros), *Cairo Today* (gegen Gebühr im Zeitschriften- und Buchhandel). Zusätzliche Informationen in den Tageszeitungen *Egyptian gazette* und *Progrès Egyptien*

b) mit dem *Auto* ab Gîzeh entlang dem westlichen, letzten Kanal (Wegweiser) bis El-Badrascheîn;

c) *Ritt* durch die Wüste bzw. am Wüstenrandstreifen, dabei Besuch der Sonnenheiligtümer von *Abu Gurôb* und der Pyramiden von *Abusir*, durch Fellachendörfer und Palmenhaine; Ritt nur für robuste Personen und nur, wenn man einen langen Tag dafür frei hat. Unbedingt sehr früh in Gîzeh aufbrechen. Essen unterwegs in einem Dorfrestaurant oder im Rasthaus in Sakkâra.

3 Zu den Dahschûr-Pyramiden

Mit der Eisenbahn oder im Auto Weiterfahrt von El-Badrascheîn bis Station Dahschûr, dort Reittier oder Wagen mieten. Besichtigungszeit mindestens drei Stunden (z. Z. gesperrt, Militärgebiet).

4 Zu den Lischt-Pyramiden

Weiterfahrt bis El-Matanieh, dort Reittier oder Wagen mieten. Besichtigungszeit etwa drei Stunden.

5 Zur Medûm-Pyramide

Mit der Bahn oder dem Auto bis El-Wasta (92 km ab Kairo), dort Taxi mieten. Wegen gesperrter Kanalbrücken muß ein gut 20 km langer Umweg gefahren werden. Besichtigungszeit etwa 2 Stunden.

6 Ins Fayûm

Wie vorher bis El-Wasta, umsteigen in den Zug nach Medînet el-Fayûm – oder ab Kairo, Busbahnhof (hinter dem Hauptbahnhof) mit Schnellbus nach Medînet el-Fayûm, mehrmals täglich in beiden Richtungen. Weiterfahrt im Bus nur bis zur ›Auberge du Lac‹ oder mit einer Kleinbahn bis Sinnûris (Besuch von Biahmu). In El-Fayûm muß man auf alle Fälle ein Taxi mieten (pro Tag um 20,– DM). Die Straßen sind gut, an einem Tag kann man recht gut die gesamte Oase besichtigen. Nur wer nach Dîme und Kasr es-Sâgha möchte, der übernachtet günstigerweise in der ›Auberge du Lac‹ oder im ›Pavillon de Chasse‹ und setzt am nächsten Tag über den Karûn-See (starke Geruchsbelästigung durch Faulschlamm).

Kairo – Luxor (675 km) – Assuan (220 km)

Die angegebenen km sind Mittelwerte für Bahn oder Nil-Uferstraße direkt und ohne Unterbrechung in Mittelägypten. Mit Eisenbahn *Nachtexpreß* ab Kairo abends, Ankunft in Luxor früh morgens, in Assuan gegen Mittag – entweder Expreß mit Schlafwagen oder nur Schlafwagenzug. *Tagesexpreß* ab Kairo frühmorgens, in Luxor an gegen Mitternacht, in Assuan sehr früh am nächsten Morgen. Fahrpreise je nach Klasse.

Kairo-Assuan: Ablaufpunkte

Bahnlinie und Straße verlaufen fast parallel, bleiben bis Nag Hammâdi auf dem linken, westlichen Nilufer (von Kairo z. Z. bis Beni Suêf neue Straße auch am rechten Nilufer, im Bau bis Assiut) und wechseln dann zum rechten, auf dem sie bis Assuan/Hochdamm (Schellal) bleiben. Bahn- und Autoreisende haben ein ähnliches, Schiffsreisende ein anderes Landschaftsbild. Die Ablaufpunkte bleiben aber alle gleich. Die Kilometerangaben sind Mittelwerte aus Bahn- und Straßenkilometern, Fahrtrichtung Nord-Süd, rechts → = westlich, links ← = östlich:

Wichtig: Da an den einzelnen Tempeln und Gräbern auf dem Westufer *keine* Eintrittskarten verkauft werden, muß

km	0	Kairo
km	34	*El Badraschein* → rechts Memphis/Sakkâra
km	45	*Dahschûr* → rechts Pyramidenfeld von Dahschûr
km	65	*El-Matanieh* → rechts Lischt-Pyramiden
km	92	*El-Wasta* → rechts Medûm-Pyramide und Abzweigung nach Medînet el-Fayûm, ← links über dem Nil Ruinen von Aphroditopolis, zeitweilig die Eremitage von Antonius dem Großen, dem ›Vater des Mönchstums‹, Vorbild für die vielen ›Versuchungsbilder‹ u. a. von Hieronymus Bosch
km	97	*El-Maimûn* ← links über dem Nil Abzweigung einer Wüstenstraße zum Roten Meer nach Râs Zafarâne und zu den Klöstern des Antonius und Paulus
km	125	*Beni Suêf,* Provinzhauptstadt, Landwirtschaftszentrum (Gemüse, Zuckerrohr, Baumwolle), Zuckerfabriken, Textilindustrie, → rechts Nebenbahnlinie nach Medînet al-Fayûm, 15 km Ruinen von Herakleopolis Magna ← links über dem Nil (neue Flußbrücke) andere Wüstenstraße zum Roten Meer, die sich mit der von El-Maimûn aus abgehenden an einer Straßengabel in der Wüste trifft. Kultstätte des widderköpfigen Gottes Herschef, des Herakles der Griechen. Weiterfahrt zum Antoniuskloster
km	147	*Beba el-Kobra,* Zuckerrohranbaugebiet, bewässert vom → rechts Bahr Jûsuf; am Wüstensaum Gaugrafen-Gräber aus der 5. Dynastie
km	161	*El-Fashn* ← links auf der Nil-Insel Hîba Stadt- und Tempelruinen aus der 21./22. Dynastie, Amun-Heiligtum von König Scheschonk I.
km	181	*Maghâgha* ← links über dem Nil Felsengräber (Altes Reich u. Spätzeit), Reste eines Ptolemäer-Tempels
km	199	*Beni-Mazâr* → rechts Abzweigung zur Oase Bahrîja, 15 km am Bahr Jûsuf Ruinen der Stadt El-Bahnassa, das antike Oxyrhynchos, zu christlicher Zeit eine ausgedehnte Mönchsstadt mit damals mehr als 25 000 Mönchen und Nonnen, Fundort großer Mengen Papyri in Griechisch, Koptisch, Arabisch; römische Theaterruinen
km	224	*Samalut* ← links teilen mehrere Nil-Inseln den Strom, am anderen Nil-Ufer eine Hathor-Kapelle beim Dorfe El-Serirîje und koptisches Kloster Deir el-Teir am Fuße des ›Vogelberges‹ Gebel el-Teir, angeblich eine Gründung der hl. Helena; byzantinisches Dekor im Felsensanktuar
km	237	*Minia,* Provinzhauptstadt, Landwirtschaftszentrum, besonders Zuckerrohr und Baumwolle in einer weiten Fruchtlandebene zwischen Nil und Ibrahim-Kanal; Übernachtungsmöglichkeit in mehreren kleinen Landhotels, neue Nilbrücke im Bau. 7 km → rechts Altreichs-Gräber bei Kôm el-Ahmar und Kuppelgräber von Saujet el-Metîn (Farbt. 12)
km	267	*Abu Kerkâs* ← links mit Pferdedroschke zum Nil (4 km), im Boot übersetzen zum Dorfe Beni Hasan, zu Fuß in 15 Minuten am Hang mit den Felsengräbern von Gaufürsten aus dem Mittleren Reich und dem Speos

Artemidos, einem Fels-Tempel der Königin Hatschepsut. – Man muß den gleichen Weg zurück. Zeit und Wege etwa 4 Stunden

km 285 *Mellaui* ← links zum Nil, übersetzen, und bei besonderem Interesse zu den Felsengräbern von Gaufürsten aus dem Mittleren Reich (wie Beni Hasan) beim Dorfe Deîr al-Berscha. Bestes Grab Nr. 2 vom Fürsten Thothhotep mit der Darstellung vom Transport einer Kolossalstatue
→ rechts mit Taxi oder Bus nach Eschmunên/Hermopolis Magna, Thoth-Tempel, Pylone, riesenhafte Pavianstatuen, Weiterfahrt nach Tuna el-Gebel zum Petosiris-Grab und zu den unter der Wüste angelegten, weiträumigen Affen-Katakomben (½ Tag)

km 306 *Dêr Mauâs* ← links mit Droschke zur Nilfähre, im Dorfe Beni Amrân einen Esel mieten, Grabtorschlüssel besorgen, Ritt über die Ebene von Tell el-Amarna zu den Felsengräbern im Norden und verschiedenen Tempelresten. Rückweg über dieselbe Fähre. Besichtigungszeit mindestens einen halben Tag – bei Besuch der Südgräber und des Grabes von König Amenophis IV. wird kaum ein ganzer Tag ausreichen, besser gleich zwei Tage einplanen und dann in Mellaui übernachten

km 350 *El Qûsiya* → rechts 8 km Mêr, Felsgräber aus der 6. und 12. Dynastie, vor allem von Gaufürst Sebni und Sohn Uchhotep, Bilder der ›Dicken‹ und der ›Dünnen‹. Bus oder Taxi, Zeit etwa 2 Stunden; → rechts Abzweigung des Bahr Jûsuf bei Derût, Wasserzufuhr ins Fayûm; → rechts 13 km koptisches Kloster Dêr el-Moharrak, größtes koptisches Kloster Ägyptens, Endpunkt der biblischen ›Flucht nach Ägypten‹

km 353 *Manfalût,* Landwirtschaftszentrum in sehr fruchtbarer Gegend, → rechts 4 km, mehr als hundert Altreichs-Gräber beim Dorfe Dêr el-Gebrâui, Platz eines Römer-Kastell; → rechts Abzweigung zur Oase Farâfra

km 375 *Assiût,* Provinzhauptstadt, Nilstau durch die Barrage von Assiût, → rechts Abzweigung des Ibrahim-Kanals, rechts am Stadtrand Mittelreichs-Gräber von Fürsten des Sykomoren-Gaues, besonders von Hepdjefa (13. Dynastie) mit dem berühmten Vertrag zu seinem Totendienst und von Cheti (10. Dynastie); vom Platz der Gräber schöner Blick über die Stadt. Besichtigungszeit (Taxi) 1 Stunde. Linienbusfahrt zur Oase El Charga (Kharga), Besuch u. a. des Hibis-Tempels von Darius I. und der christl. Nekropole El Bagawât. Im Ort Reste alter Tunnelgassen. Die Hauptstraße bleibt auf dem westlichen Nil-Ufer, eine gute Parallelstraße quert am Ostufer die Fruchtlandebene zwischen Assiût und Nag Hammâdi, Nil-Brücken in Assiût (Barrage), in Sohâg, Nâg Hamâdi und in Kena

km 471 *Sohâg,* Provinzhauptstadt, Baumwollanbaugebiet, → rechts 12 km zum ›Roten Kloster‹ (Deir el-Ahmar) und 6 km weiter zum ›Weißen Kloster‹ (Deir el-Abjad), beide aus dem 5. Jahrhundert, Reste der mittelägyptischen

Klosterprovinz, teils schöne Kuppelfresken; Besichtigungszeit mit Fahrt etwa 2 Stunden. Übernachtungsmöglichkeit in mehreren mittelmäßigen bis guten Hotels
Über der Nilbrücke (mit 665 m Länge eine der größten Ägyptens) im Nilbogen Achmîn, Tempelreste von Thutmosis III. 1981 fand man hier die bisher größte Statue einer Königin, 10 m hoch mit Kobra-Kopfschmuck, Name bis jetzt unbekannt

km 524 *El-Balyana* → rechts 12 km Tempel von Abydos (Taxi); Besichtigungsdauer für Tempel von Sethos I.; Osireion, Tempel Ramses' II. etwa ein halber Tag; Übernachtungsmöglichkeit in einfachen Hotels in Balyana

km 610 *Kena,* Provinzhauptstadt, → rechts (Taxi) über die Nil-Brücke zum Tempel von Dendera (6 km); Besichtigungsdauer mindestens 2 Stunden (Taschenlampe für die Krypten mitnehmen); ein Dendera-Besuch ist auch von Luxor aus möglich (siehe dort); ← links Abgang der großen Wüstenstraße zum Roten Meer nach Port Safâga

km 675 *Luxor.* Drei Tage Luxor sind üblich, besser sollte man vier bis sechs Tage einplanen, um, ohne Hetze, viel besuchen zu können.

3 Tage Luxor

1. Tag →	vorm. Tempel v. Luxor, nachm. Spazieren im Ort, Nil-Bootsfahrt, Besuch im Luxor-Museum, tgl. nur 16–20 Uhr, und in der Ragab-Papyrus-Schau auf dem Nilboot davor (s. S. 455)
2. Tag →	vorm. Tempel von Karnak, nachm. Tempel von Karnak
3. Tag ←	Tagesausflug zum Westufer. Besuch im Tal der Könige, Gräber Nr. 17 und 62, Dêr el-Bahri-Tempel, Ramesseum, Privatgräber, Dêr el Medîna, Tal der Königinnen, Medînet Hâbu, Memnons-Kolosse

man *vorher* entweder bei der Fährstation oder in Luxor bei der Altertümerverwaltung die Karten besorgen, nur am Luxor- und am Karnak-Tempel löst man direkt. –

Von Luxor nach Karnak gibt es billige Pferdedroschken – man bezahlt die Droschke, gleich, ob nur mit einer Person oder mit vier Insassen besetzt. In Theben mietet man, hat man nur einen Tag zur Verfügung, günstigerweise ein Taxi, um schnell zu allen Sehenswürdigkeiten zu gelangen. Man mietet es für den ganzen Tag. Hat man zwei Tage für Theben zur Verfügung und Spaß am Reiten, dann sollte man Esel und Treiber mieten (an der Fährstation), der zu den genannten Plätzen führt und auf das Eselchen aufpaßt, wenn man Tempel und Gräber besichtigt.

Schließlich gibt es für alle sehenswerten Altertümer in Luxor und Karnak wie in Theben offizielle Dragomane, Fremdenführer, die in Englisch, Französisch und neuerdings auch in Deutsch Einzelreisende und Gruppen führen und auch einigermaßen erklären können. Mit einem gedruckten Reiseführer in der Hand kann

6 Tage Luxor

1. Tag vorm. Tempel v. Luxor, nachm. Spazieren im Ort, Nilbootsfahrt, Besuch im Luxor-Museum, tgl. nur 16–20 Uhr, und in der Ragab-Papyrus-Schau auf dem Nilboot davor (s. 455)
2. Tag vor- u. nachm. Tempel von Karnak, abends ›Ton und Licht‹
3. Tag Westufer, Tal der Könige (Gräber Nr. 6, 8, 9, 62, 35, 34, 11, 16, 17), Fußmarsch zum Hatschepsut-Tempel über die Berge ca. 50 Min.; Dêr el-Bahri, Ramesseum
4. Tag Westufer, Privatgräber (Gräber der Vornehmen) Nr. 52, 51, 55, 69, 78, 81, 82, 85, 100. Dêr el-Medîna, Tal der Königinnen (Nr. 66, 55, 52, 44), Medînet Hâbu, Memnons-Kolosse, abends »Ton und Licht« beim Hatschepsut-Tempel (sonntags meist deutsch)
5. Tag Tagesausflug nach Esna und nach Edfu – oder – Ausflug nach Medamud (etwa 30 km hin und zurück) mit Taxi oder öffentlichem Bus, Ptolemäer-Tempel aus dem 3. Jh. v. Chr. für Gott Month, mit Bauteilen u. a. von Thutmosis III., Sesostris III., Ptolemäus VII., Euergetes II., Tiberius, Antoninus Pius, Trajan, Domitian
6. Tag Tagesausflug nach Dendera (beide Tagesausflüge sind möglich mit Bahn, Bus, im Taxi oder mit Reisegruppe) – oder – Ausflug nach Tôd (40 km hin und zurück), wo man gegenüber dem Bahnhof von Arment in den Ruinen des sehr malerischen ptolemäischen Month-Tempels den oben genannten Schatz des Amenemhêt II. fand. Schöne Lage der Ruinen inmitten eines Fellachendorfes

man sich die erheblichen Kosten für einen Dragoman sparen, wenn man sich einfach von einem Jungen, dem Eseltreiber, dem Taxifahrer oder einem Nichtoffiziellen zu den wichtigsten Plätzen führen läßt. Alle Preise aber vorher genau aushandeln – im Zweifelsfalle die Touristenpolizei um Vermittlung bitten. Getränke und Sandwiches bekommt man in mehreren Rasthäusern oder in kleinen Dorfgasthäusern auf der Westseite. Ein ›Geheimtip‹ ist das Dorfgasthaus ›Hotel Marsam‹ von ›Schech Ali‹ gleich beim Medînet Hâbu-Tempel, wo man auch gut und billig übernachten kann, nicht ganz so gut ›Hagg Ali‹ in der Nähe, zwei einzigartige Standquartiere, wenn man mehrere Tage auf dem Westufer bleiben möchte. Von hier aus erreicht man zu Fuß alle Sehenswürdigkeiten Thebens. In Luxor gibt es an der Hauptstraße mehrere Fahrrad-Verleiher. Pro Tag zahlt man 40 bis 50 Piaster. Eine Autofähre von Luxor über den Nil nach Theben bietet Gelegenheit, auch im Wagen alle Sehenswürdigkeiten auf der Westseite anzufahren.

Eine Weiterfahrt von Luxor nach Assuan ist zeitweise mit Linienluxusschiffen von der Anlegestelle vor dem ›Winter Palace-Hotel‹ in Luxor aus möglich. Informationen im Hotel oder beim Tourist-Office in der Passage zwischen Hotel und Luxor-Tempel. Insgesamt 16 Luxus-Nilschiffe verkehren zwischen Kairo-Luxor und Luxor-Assuan. Felukenfahrt S. 415.

›Ton- und Licht‹-Vorführungen finden normalerweise zur Saison täglich statt, Deutsch, Englisch, Französisch und Arabisch (erkundigen!). Besonders Interessierte sollten es nicht versäumen, im Chicago-Haus in Luxor die archäologische

Weiterfahrt von Luxor (km 675) nach Assuan:

km 693 *Armant* → rechts, aber auf der Ostseite des Nils, 3 km entfernt von der Bahnstation die Tempelruine von Tôd.

km 703 *El-Schaghab* → rechts, jenseits des Nils (Boot) auf dem Westufer, Reste des Hathor-Tempels aus dem Alten Reich, der von den Ptolemäern wieder aufgebaut und erweitert wurde. Hier lag das antike Krokodilopolis, dahinter auf dem Gêbelen-Hügeln ein großartiger Aussichtspunkt beim Grabe eines Scheiks Mûsa. Besichtigungsdauer gut 2 Stunden

km 725 *Esna* → rechts über den Staudamm zum Chnum-Tempel, wenn man mit der Bahn kommt, sonst direkt im Ort an der Westuferstraße. Besichtigungsdauer etwa 1 Stunde

km 760 *El-Mahamid* → rechts, aber auf der Ostseite des Nils, etwa 3 km südlich, Stadtruinen von Elkâb mit Tempelresten von Thutmosis III., Amenophis II. und III. und Ramses' II., Felsgräber aus dem Mittleren und dem Neuen Reich, → rechts über dem Nil (Boot) Reste der El-Kûla-Pyramide, vor Hierakonpolis und neben den vorgeschichtlichen Friedhöfen, in denen man u. a. auch die berühmte Narmer-Palette fand (s. S. 14); Felsgräber aus dem Mittleren Reich, die bedeutendsten: Nr. 5 von Admiral Ahmose und Nr. 3 von Paheri. Besichtigungsdauer 3 Stunden und mehr

Bibliothek zu besuchen: eine der besten Fachbibliotheken Ägyptens.
Bis Kôm Ombo wechselt die bisher gelb-weiße Felslandschaft in eine auffallend rötliche über, ein wunderbarer Kontrast zu den grünen Fruchtlandsäumen, der Übergang von den Kalkstein- zu den oberägyptischen Sandsteinformationen, die vor allem in den Sandsteinbrüchen von Silsila für Standbilder, Stelen und Tempel abgebaut wurden, so für viele Ramses-Standbilder und für das Ramesseum.

km 780 *Edfu* → rechts über Nilbrücke zum Horustempel, ← links Wüstenstraße nach Mersa Alam am Roten Meer.

km 835 *Kôm Ombo* → rechts, aber auf dem Ostufer des Nils, etwa 10 km südlich der Stadt (Taxi) der Doppeltempel für Sobek und Haroëris. Sehr fruchtbare Bauernlandschaft.

km 890 *Assuan*. Drei Tage Aufenthalt sind unumgänglich, vor allem, wenn man per Flugzeug, Bus, Auto oder Motorrad einen Tagesausflug nach Abu Simbel machen möchte.

Assuan – Abu Simbel

4 Tage Assuan, Ausflug nach Abu Simbel

1. Tag vormittags Unvollendeter Obelisk (Taxi) und Insel Elephantine mit Tempel, Museum und Nilometer, nachmittags Simeonskloster und Agha Khan-Mausoleum
2. Tag vormittags Fürstengräber und Aussichtspunkt Kubbet el-Haua, nachmittags Kitchener-Insel und Katarakt-Bootsfahrt
3. Tag vormittags Insel Philae, nachmittags Staudamm und Kalâbscha-Tempel, abends »Ton und Licht« beim Philae-Tempel (sonntags meist deutsch)
4. Tag Tagesausflug mit dem Flugzeug oder im Linienbus z. Z. 2 × tägl. über die neue Wüstenstraße nach Abu Simbel, 292 km. Langt man noch *vor* Mittag dort an, wird die Tempelfront voll von der Sonne beleuchtet; wichtig für Fotografen. Empfehlenswert ist es, in Abu Simbel im Hotel Nefertari (Teile der Unterkünfte der Tempelumsetzer, geöffnet vom 1. Nov. bis 31. Mai) einen oder zwei Tage zu bleiben, inmitten einer großartigen Wüstenlandschaft am Nil und unmittelbar hinter den großen Tempeln – ein ganz einmaliges Erlebnis; oder bei genügend Zeit, 4 Tage, Mini-Safari im Wüsten-Unimog nach Abu Simbel: 1. Tag nach Wâdi es-Sebua (Ramses II.-Tempel), Dakka (äthiopischer Tempel), Maharraka (ptolemäischer Tempel), übernachten im Zelt; 2. Tag Abu Simbel, übernachten im Hotel Nefetari; 3. Tag mittags Abfahrt nach Assuan, übernachten im Zelt; 4. Tag mittags zurück nach Assuan (Auskünfte bei Pan Arab Tours, s. S. 423).

Entfernungen zwischen Kairo und anderen Städten

Von Kairo nach:	mit dem Wagen	mit dem Zug
Alamein	304	326
Alexandrien (Delta-Landstr.)	225	208
Alexandrien (Wüstenstraße)	221	
Arish (über die Kantarah Straße)	335	349
Abu Kerkâs (Beni Hasan)	267	267
Assiut	380	375
Assuan	890	879
Bahria-Oase	334	
Baliana (Abydos)	556	518
Dakhla-Oase	750	
Delta-Wehr	25	
Damietta	191	205
Edfu	785	776
Ain Sokhna	189	
Esna	732	724
Aiun Mussa	164	
Sharm el Sheikh	477	
Ras Muhammad	470	
Fayûm	103	130

Feiran (Sinai)	338		Ras Ghareb	369	
Heluan	32		Rosetta	263	269
Heluan	32		Safaga	594	
Hurghada	868		St. Katharinenkloster	400	
Ismailia (über Bilbeis)	140	159	Sollum	714	759
Kena		609	Sakkâra	27	
Charga-Oase	600	737	Siwa-Oase (über		
Kôm Ombo	835	834	Marsa Matruh)	792	
Luxor	676	671	Sues	134	141
Maadi	14		Tor	377	
Mallawi	288	292	Wadi Natrûn	110	
Marsa Matruh	511	510	Nabq	327	
Minia	243	247	Dahab	480	
Port Said	220	237	Nuweiba	550	
Qosseir	679				

Dampferfahrt auf dem Sadd el-Ali, Nildampferfahrt bis Wadi Halfa und zurück nach Assuan je 3 Tage – siehe dazu Seite 415.

Von Alexandrien nach Marsa Matruh (290 km) und Siwa (305 km)

Es ist ein von Touristen noch wenig besuchter Küstenabschnitt, obgleich sich ab Agami beinahe lückenlos ein feinkörniger, nahezu weißfarbener Strand erstreckt. Noch ist dieser Küstenstreifen Ägyptens am Mittelmeer kaum erschlossen, es gibt eine gute Küstenstraße und eine Eisenbahnlinie, in Agami stehen die letzten guten Hotels, und erst gut 60 km weiter gibt es am Strande von Sidi Abd-el-Rahman wieder eine gute Hotel- und Bungalowanlage, bis in Marsa Matruh dann mehrere vorzügliche Hotelunterkünfte diesen Küstenabschnitt beschließen. Wer das Deutsche Ehrenmal in El-Alamein besuchen möchte, wird in jedem Falle Sidi Abd-el-Rahman ansteuern. In Stichworten:

km 0 *Alexandrien*, Ausfahrt am Hafen entlang über Bawabet el-Arab, Mex auf der guten Asphaltstraße, viel Verkehr, nach
km 15 *Agami*, Seebadeort, guter, weiter Strand
km 18 *Borg el Arab*, alte, malerische Beduinenstadt innerhalb verfallender Mauern, Reste einer Festung
km 49 *Abusir*, einst griechisch-römischer Hafen Taposiris Magna mit Osiris- und Isistempel, Mauern und Pylone und Reste des römischen Hafenturmes erhalten. In der Umgebung Gipsbrüche

km 65 *El-Hammam*, malerischer Wüstenort, Windpumpen zur Bewässerung, Palmenhaine, Felder mit Gemüse, Melonen, Feigen und Oliven

km 88 *El-Amid*, im Bereich linkerhand, südlich der Straße weite, teils mit weißem Salz verkrustete Flächen des hier ausgetrockneten Mariut-Sees

km 113 *El-Alamein*, schicksalsträchtiger Platz der gleichnamigen Schlacht vom 23. Oktober zum 4. November 1942 zwischen dem Deutschen Afrikakorps unter Generalfeldmarschall Rommel und der 8. englischen Armee. Die dabei gefallenen 80000 englischen, französischen und italienischen Soldaten ruhen auf oft riesenhaften Friedhofsanlagen beiderseits der Straße. Das Deutsche Ehrenmal findet man einen Kilometer nördlich, rechts vom Kilometerstein 115, Stichweg von der Küstenstraße. Burgähnlich, in Anlehnung an das apulische Kastell del Monte des Staufenkaisers Friedrich II. ist es im arabisch-sarazenischen Stile erbaut, achteckig mit zwölf wuchtigen Türmen. 4280 Gefallene des Deutschen Afrikakorps ruhen hier in sieben Grüften, darüber wuchtige Sarkophage mit den Namen der deutschen Länder, im Ehrenhof ein 11,5 m hoher Obelisk aus deutschem Basalt, und draußen kündet eine Stele in arabischer Sprache: *»Hier sind gefallen und ruhen 6000 Soldaten Deutschlands, und die Wüste hat die anderen 12000 nicht mehr zurückgegeben.«*
Alamein ist Sitz der Kattara-Projektkommission. Sie untersucht die Möglichkeit, durch einen 70 km langen Tunnel bei Alamein Wasser im natürlichen Gefälle aus dem Mittelmeer in die Kattara-Depression bis 133 m unter dem Mittelmeerspiegel fließen zu lassen und dabei ein 600 Megawatt leistendes Kraftwerk in Betrieb zu halten. Während die einen glauben, mit einer vom Meerwasser aufgefüllten Kattarasenke eine Klimaänderung und häufigere Regenfälle erreichen zu können, vertreten andere die Meinung, daß mit der Verwirklichung des Projektes sämtliche Süßwasserquellen im Wüstenbereich zwischen Libyen und dem Nil versalzen würden und dem Gesamtgebiet somit eine ökologische Katastrophe vorprogrammiert sei. Nach rund 30 Millionen DM für technische Hilfe und Untersuchungen hat sich die Bundesrepublik Deutschland von diesem Entwicklungsprojekt Ägyptens gelöst. Etwa 5 Milliarden DM würde eine Verwirklichung kosten.

km 131 *Abd-el-Rahman*, Stichstraße zum gleichnamigen Strand, Hotelanlage, Bungalows, Camping, geöffnet April bis Oktober, Reservierung durch Central Reservation s. Seite 423

km 215 *Bir Fuka*, Abzweig zum Kap Al-Hekma, 10 km

km 290 *Marsa Matruh*, heute Ägyptens westlichstes Seebad, weiter ›Kleopatra-Strand‹ mit den ›Bädern der Kleopatra‹ zwischen bizarren Felsbildungen.

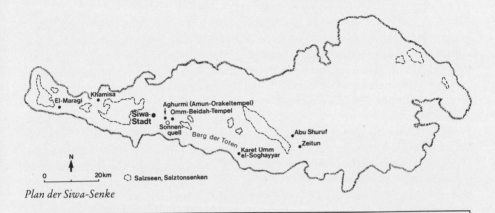

Plan der Siwa-Senke

> Hier in Amonia lebten und liebten Antonius und Kleopatra, von hier aus fuhren ihre Schiffe gegen Oktavian (Augustus) aus, und hier erholte sich nach dem Sieg bei Aktium Kaiser Augustus längere Zeit. Marsa Matruh war stets letzter und wichtigster Versorgungs- und Etappenort auf dem Wege zur Oase Siwa, um 500 v. Chr. für die Perser, ein Jahr darauf für die Athener, und 331 zog Alexander der Große in einem spektakulären, weil politisch notwendigem Zug zum im Altertum weitgerühmten Orakel von Siwa im Zeus-Amon-Tempel. Neue Teerstraße nach *Siwa*, z. Z. noch Fahrt und Besuch nur mit Genehmigung möglich (Hilfe dazu durch Touristenbüro Marsa Matruh) s. S. 393.
>
> Interessant ist das Rommel-Museum in Marsa Matruh im ehemaligen Gefechtsstand des Feldmarschalls während der Alamein-Schlacht: Gegenstände, Fotos, Pläne und taktische Karten mit handschriftlichen Eintragungen Rommels. – 21 km westlich feinsandige Badebuchten bei Al Obeijad und Agieba.

Am Roten Meer entlang von Sues nach Safâga

Bahr el Ahmar, das Rote Meer, ein Nebenmeer des Indischen Ozeans, gehört bis zum 20. Breitengrad zu Ägypten und ist Teil des tiefen tertiären Grabenbruches, der in seinem nördlichen Teil den flachen Golf von Sues bildet. Die Herkunft des Namens ›rotes‹ Meer ist umstritten: Einmal soll er auf die blutroten Fäden der Alge Trichoderum erythraeum zurückzuführen sein, die oftmals das Wasser besonders in Strandnähe blutrot streifig färbt, zum anderen soll er auf dem arabischen Namen des Hamair-Stammes basieren, der ›die Roten‹ = die Erythräer meint. Das Wasser ist tiefblau bis hellgrün oder milchig weiß. Bei 4 Prozent Salzgehalt und einer Durchschnitts-

PRAKTISCHE HINWEISE: SUES-SAFÂGA

Wassertemperatur von 22 bis 34 Grad Celsius finden Korallen ideale Wachstumsbedingungen, Beobachtungs- und Jagdgebiete für Unterwassersportler, die zwischen den Bänken und Riffen Stachelhäuter, Mollusken, Krustazeen und farbenprächtige tropische Fische aller Arten finden. Beim Baden ist allerdings Vorsicht vor Haien geboten, und in oft ölverseuchten Buchten können Urlaubserwartungen getrübt werden. Aber dann wechselt man einfach in die nächste Bucht.

Für den Autoreisenden im eigenen oder im Mietwagen wird in der Regel der Küstenabschnitt zwischen Sues und Hurghâda/Port Safâga, gut 400 km, in Frage kommen. Gar nicht so eintönig wie man meinen könnte, sondern interessant, weil der gebirgige Teil der Arabischen Wüste teils flach auslaufend, mehr aber noch fast alpin anmutend zum Meer hin abfällt, folgt die Asphaltstraße der Küstenlinie und öffnet nach jeder Biegung fast überraschende Landschaftsbilder. Die wenigen Orte längs der Straße verdanken Bedeutung und Aufschwung der Erdölindustrie, die vor der flachen Küste von Bohrtürmen aus die großen untermeerischen Ölfelder erschließt (zur Zeit werden pro Tag über 600000 Barrel gefördert, mehr als im Scheichtum Qatar), während über Verladeeinrichtungen oder durch Pipelines das Rohöl zur Verarbeitung zu den Raffinerien gepumpt wird, meist nach Sues. Zwei Sehenswürdigkeiten sollten auf einer Rotmeer-Reise besucht werden: die Klöster St. Antonius und St. Paulus.

Sankt Antonius-Kloster Von Sues 125 km bis Râs Safarâna, dort einbiegen in die Wüstenstraße nach Beni Suêf (Asphalt), dann nach 36 km am Rande des Wâdi Araba Wegweiser (blau, weiße arabische Schrift), links ab zum Kloster, 14 km.

Deîr Mar Antonios, das ungleichseitige Fünfeck des Antoniusklosters am Hang des Kalksteinbergzuges Galaa Qiblîja, wird ringsum von einer 12 m hohen Festungsmauer umzogen. An ihrer Südseite und noch innerhalb des 6 Hektar großen Klosterareals entspringt unterhalb einer Felswand eine Quelle, die sicherlich zur Klostergründung an diesem Platze geführt hat. Vermutlich war das noch vor dem Jahre 400.

Antonius, später der Heilige, der Große, wurde 251 in Mittelägypten geboren, verteilte schon als Zwanzigjähriger seine reiche Erbschaft an die Armen, arbeitete als Tagelöhner und zog sich dann für mehr als 20 Jahre in die Einöde zurück, erlebte 311 die Maximinische Christenverfolgung in Alexandrien und lebte danach abgeschieden und asketisch in der Höhle, die man noch heute am Berghang oberhalb des Klosters besuchen kann. Er gründete die ersten ägyptischen Einsiedlergemeinden, ist der Patron Verfolgter und Gefangener und der Haustiere, besonders der Schweine (Bild von Hieronymus Bosch), gegen Pest, Feuer und Seuchen. Die Geschichte seiner Versuchungen wurde in der Kunst mehrfach zur Bildvorlage. In seinen Schriften stellte er viele bis heute gültige Ordensregeln auf und wird deshalb ›Vater des Mönchtums‹ genannt. Dargestellt wird er mit dem T-förmigen Kreuz (Antonius-Kreuz), Weihwedel und Bettlerglocke. 356 starb er, 105 Jahre alt. Wunschgemäß bestatteten ihn die Mönche an einem unbekannten Ort. Athanasius, der Bischof von Alexandrien, der ›Vater der Orthodoxie‹ (295–373), hat seine Lebensgeschichte aufgezeichnet. Sie war eine der meistgelesenen Schriften des Mittelalters.

So weltabgeschieden in der Wüste gelegen, überstand das Kloster unbeschadet bis heute die Zeiten. Anstelle des heutigen Haupttores gab es früher Winden, mit deren Hilfe in Körben Güter und Menschen über die Wehrmauer ins Kloster hochgezogen wurden, die Anlage im dreistöckigen Torturm ist erhalten. Beiderseits einer Hauptgasse stehen kleine Häuschen der Mönche, andere Klosterbauten und sieben Kapellen, u. a. eine für Petrus, eine für Maria und eine mit 12 Kuppeln für Markus. Im zentralen Zufluchtsturm mit Zugbrücke liegt die kleine Michaelskapelle. Die Titularkirche für Antonius, das älteste christliche Gotteshaus in Ägypten an dem Platze, wo Antonius die Messe gelesen haben soll, stammt aus dem 4. Jh. und birgt einzigartige Fresken, bestimmt mit die ältesten des frühen Christentums überhaupt, u. a. im Triumphbogen die Erzengel, Christus und Engel in der Apsis, Engel mit den Evangelistensymbolen, Maria, Johannes, Wüstenheilige und Eremiten, Patriarchen und Reiterheilige, alle gemalt wie byzantinische Ikonen mit lebensnahen Gesichtsausdrücken, die bei den Engeln geradezu expressionistisch anmuten, während Christus fast in Lebensgröße harmonisch in gestuften Brauntönen die Verbindung zwischen menschlicher und göttlicher Natur vorstellt. Leider sind die Bilder stark geschwärzt, wurden aber bisher noch niemals restauriert.

276 m oberhalb im Berghang liegt die Antonius-Höhle, 5 m lang, 2 m breit, sehr enger Eingang. Kletterweg dorthin etwa 45 Minuten. Weiter Fernblick vor allem ins Wâdi Araba.

Sankt Paulus-Kloster Von Râs Safarâna auf der Küstenstraße weiter nach Süden, nach 25 km rechterhand Wegweiser zum Kloster und über eine gute Piste, 16 km, bis vor das Eingangstor. Deîr Man Bolos liegt am Ende des Wâdi Deir, und erst wenn man in vielen Windungen und stets ansteigend die enge Felsschlucht durchfahren hat, taucht urplötzlich hinter einer letzten Wegebiegung das Kloster auf. Eine Mauer umgibt auch diesen abgeschiedenen Mönchsbezirk, der mit 1,5 Hektar aber wesentlich kleiner ist als der des Antoniusklosters.

Der heilige Paulus von Theben, 234 bis 347, entstammte einer wohlhabenden ägyptischen Familie, besuchte – im Gegensatz zu Antonius – eine Schule, floh nach einer Denunziation, er sei Christ, vor den Häschern von Kaiser Decius in die Wüste, versteckte sich dort in einer Höhle, wurde zum Eremiten und verbrachte dann die nächsten 60 Jahre seines Lebens in gewählter Abgeschiedenheit. Dort soll ihn auch der heilige Antonius besucht haben. Täglich brachte ein Rabe ihm Brot, zwei Löwen bewachten ihn, und so wird er meist auch mit diesen Tieren dargestellt. Der heilige Hieronymus hat sein Leben beschrieben.

Das Kloster wird um die Mitte des 4. Jahrhunderts entstanden sein. Wie in anderen koptischen Wüstenklöstern auch durchziehen hier enge Gassen den frommen Bezirk, und die lebensnotwendige Quelle sprudelt noch immer hinter dem Garten bei den Wirtschaftsgebäuden, alles innerhalb der Wehrmauern natürlich. Im zentralen Zufluchtsturm gibt es auch hier eine Michaelskapelle. Das besonders Sehenswerte aber ist die Titularkirche des Heiligen, hier zweigeschossig und oben dem heiligen Antonius, unten dem heiligen Paulus geweiht. Eine Wendeltreppe führt hinab in den dunklen Grottenraum, die Krypta, in der in einem weißen Marmorsarg vor der Ikonenwand und drei winzigen Kapellen der heilige Paulus begraben ist. Die Wände sind hier ebenfalls mit Fresken verziert, Christus, die 24 Ältesten der Apokalypse, Maria, Apostel, Erzengel und Szenen zum Heiligenleben, leider alle stark geschwärzt, manche zerkratzt und, will man Details genauer betrachten, nur mit Hilfe einer Taschenlampe ordentlich auszumachen. Der Blick vom Torturm geht direkt in eine gigantisch aufgetürmte und wild erodierte, rotfarben kräftig konturierte Felslandschaft auf der einen und bis zum Meer nach Osten zu auf der anderen Seite.

Mons Porphyritis 26 km nordwärts von Hurghâda biegt von der Küstenstraße eine Piste ins Land ab zum Fuße des 1661 m hohen Gebel Abu Dukhan, 39 km, wo einst inmitten wilder Wüstenberge die Porphyrbrüche der Römer lagen, heute ist der Platz mit Trümmern übersät. Von hier holte man den kostbaren Stein nach Rom für Sarkophage, Architrave und Säulen. Trajan ließ für seine Ingenieure, Steinmetzen und Facharbeiter einen kleinen Tempel errichten. Ionische Bruchstücke sind erhalten, Reste von Werkanlagen, von zwei großen Wasserbehältern und Wohnhütten.

Mons Claudianus Von Port Safâga auf der Wüstenstraße im Wâdi Umm Tâghîr etwa 40 km in Richtung Kena, dann am Wegekreuz rechts ab 15 km zum Bir Abd el Wahâb, und nach gut 2 km scharfwinklig nach Süden wo im Wâdi Umm Husên am Fuße des Mons Claudianus (1155 m hoch) eine alte Römerstraße direkt zur alten Militärstation führt. Sie war notwendig zum Schutze der Steinbrucharbeiter, die hier wertvollsten Quarzdiorit für Roms Prachtbauten brachen. So sind viele Baudetails von Tempeln und Villen in Rom aus diesem begehrten Claudianus-Granit gearbeitet, am Venus- und Roma-Tempel Säulen und Fußböden, am Pantheon alle Säulen der Vorhalle. Wichtige Architekturteile in den Caracalla- und den Diokletianthermen, am Forum, an der Engelsburg und in der Hadriansvilla, also seit den Zeiten Neros bis zu denen Diokletians. 70 Meter im Quadrat und mit Ecktürmen bewehrt, umschließt eine aus Granitquadern und mit Ecktürmen bewehrt, umschließt eine aus Granitquadern aufgeschichtete Mauer das Kastell mit Wohnungen, Werkstätten und vor allem mit den Stallanlagen für die Transport- und Reittiere; 300 Futterbänke waren für sie vorgesehen. Hochgelegen stand ein Trajan-Tempel mit Brunnen und Badeanlagen. Alles ist eingestürzt wie ebenso ein außerhalb der Mauern errichteter Serapis-Tempel. Überall liegen Säulenreste mit Inschriften, Bodenplatten, halbfertige Architrave und andere Werkstücke herum. Mons Porphyritis und Mons Claudianus sollten stets mit mindestens zwei Fahrzeugen besucht werden. Bei Unfällen oder Pannen ist man auf sich allein angewiesen. Nirgendwo gibt es Wasser!

Badegelegenheiten findet man überall entlang der Küste von Sues bis Port Safâga. In vielen Buchten gab es großartige Korallenbildungen oder Riffe mit exotischen Tropenfischen. Vorsicht vor Haien, die bis ins seichte Wasser kommen. Niemals ganz alleine tauchen oder schnorcheln. Ölverseuchte Küstenabschnitte meiden und einfach ein paar Kilometer weiterfahren. An steinigen Stränden und zwischen Korallen Gummi-Badeschuhe tragen, Verletzungen durch Stacheln oder scharfe Korallen können sich bösartig entzünden. Beste Badeplätze in *Hurghâda* mit mehreren Stränden. Campingfahrzeuge stehen günstig zentral am Stadtstrand oder draußen, 3 km am Sheraton-Hotel, Nähe Flugplatz. Modernes Touristendorf mit Strand, Sportplatz und klimatisierten Chalets in Magawish, 12 km südlich von Hurghâda. Betreuung und Auskunft durch Misr Travel in Kairo. Anderer Badeplatz und Campingmöglichkeit am Strand von *Port Safâga*, bei der Ortseinfahrt. Von Safâga auf guter, voll asphaltierter Wüstenstraße nach Kena im Niltal und von dort Weiterfahrt nach Luxor, eine Tagestour. (Unbedingt beachten: Mit Stacheldraht eingezäunte Gebiete niemals betreten. Hier liegen noch Minen aus dem letzten Kriege!)

Tauchen Tauchbasen und Füllstationen in Hurghâda und Port Safâga. Nach Hurghâda Flugverbindung mit Kairo. In Hurghâda interessantes meereskundliches Museum. Tauchen in den Korallenriffen rund um die Buchten und vor den kleinen Inseln, zu denen täglich Schiffe und Boote hinausfahren. Haie gibt es hier mit aller Wahrscheinlichkeit zu sehen, Mantas seltener. Vor Safâga sind die Riffe noch ursprünglicher, weil unberührter, und hier kann man das Glück haben, sogar Seekühe beobachten zu können, selten allerdings. (Über Ausrüstung und Veranstalter von Tauchreisen usw. siehe Seite 445.)

Von Kairo über Sues, Abu Rudeis, Feiran zum Mosesberg (etwa 440 km) Zum Katharinenkloster auf dem Sinai

Aus Kairo auf der Sharia Ramses nach Heliopolis, dort Wegweiser zur neuen Wüstenstraße, die dann eintönig durch hin und wieder locker bebautes Wüsten-Steppengebiet führt. Beachtenswert allein sind linkerhand in der Ferne hohe, gelbweiße Dünenketten am Fuße des Gebel Iweibal.

Sues, 134 km, gegründet erst im 15. Jh., aber zu pharaonischer Zeit seit der ersten Dynastie bereits Platz einer befestigten Anlage zur Sicherung der Expeditionszüge zu den sinaitischen Kupfer- und Türkisminen. Der Sueskanal brachte dem Ort seit dem Ende des 19. Jh. den Aufschwung. Bald werden die Passagegebühren aus der jetzt 195 km langen Wasserstraße mehr als eine Milliarde Dollar betragen, weil die bis 20 m vertiefte und bis auf 365 m verbreiterte Fahrrinne nun Riesentanker bis 150 000 Tonnen beladen und bis 380 000 Tonnen unbeladen passieren läßt. Stadtbild unsauber, prachtvollster Blick von der Hafenmole in die Bucht mit der Mündung des Kanals (zerstörtes Denkmal an der Lotsenstation). Brandneu ist 18 km nordwärts von Sues, bei *El Kubri* der 1900 m lange Ahmed-Hamdy-Kanaltunnel, durch den man heute zur anderen Seite des Kanals auf die Sinai-Halbinsel wechselt (anderer Kanaltunnel bei

Ismailia im Bau). Beachten: gefüllte Reserve-Treibstoffkanister sollen nicht durch den Tunnel mitgeführt und müssen vorher entleert werden, also entsprechend tanken. Autofähre Sues-Akaba (Jordanien) z. Z. zweimal tägl., 6 Std., Preise von 50 LE (Deck) bis 95 LE (1. Kl.), Fahrzeuge nach Maß und Gewicht.

Mosesquelle (Ajun Mûsa), 28 km, einst Palmengruppen an Quellbecken, heute verwüstete, verwahrloste Restoase, im Kriege zerstörter Palmenhain mit einigen Lehmhütten und Wellblechhäusern. Platz der ersten Rast des Moseszuges nach dem ›Marsch durchs Rote Meer‹. Grundwasser kommt hier aus 12 Quellen und bildet in der Talsenke an der Straße noch heute eine Sumpfniederung. Von hier aus zogen Späher des Moses aus, um den Weg nach Süden zu erkunden: Boten mit der Mosesgattin Zippora und zweien seiner Söhne zu seinem Schwiegervater Jethro ins Land Midan. Hier ließ Moses vorsorglich alle mitgeführten Ziegenschläuche mit Wasser auffüllen, um in drei Tagesmärschen die vor ihnen liegenden Wüstengebiete durchqueren zu können.

Râs el Sudr, 58 km, Öllager und Tankerhafen, Tankstelle, nördlich vor der Küste Korallenriffe. Wichtig! 5 km weiter südlich Straßengabel. Bleiben Sie auf der der Küste folgenden rechten Straße bis Râs Matarma und von dort wieder auf der neuen Küsten-Asphaltstraße bis *Râs Gharandel,* 95 km, zur Römerzeit Arandara, kleiner Bergbauort vor dem zum Sinai-Golf abgebrochenen Hang der zentralsinaitischen Kalksteinhochebene des Tih. Beachten: zur Landseite hin überaus malerische, weiße bis gelbbraune Kalkformationen in zu phantasievollen Formen erodierten Blöcken. Hier mündet am Gebel Fur, 499 m, das Wâdi Gharandel, das relativ ergiebiger Winterregen wegen fast immer, wenn auch überaus spärlich, wasserführend ist. Das mag ein Grund dafür sein, hier den Platz des biblischen Elim mit seinen zwölf Brunnen und siebzig Palmen zu lokalisieren. Und hier lag auch, aller Wahrscheinlichkeit nach, das Eremitenzentrum Raithu, eines der ersten drei auf der Sinai-Halbinsel, die anderen beiden unter dem Mosesberg und in der Oase Pharan = Feiran. 536 erbaten diese drei Eremiteien Hilfe vom Kaiser Justinian, und schon 570 gab es in Raithu eine vom Kaiser gestiftete Kirche. Die Gleichsetzung von Raithu mit Et Tûr ist nicht stichhaltig. Nur etwa 2 km hinter Râs Gharandel schwingt die Asphaltstraße in einem weiten Bogen aufwärts in die Küstenberge. Und genau am Beginn dieses Straßenbogens zweigt nach rechts schräg zur Golfküste hin eine Piste ab (kein Wegweiser). Folgen Sie ihr gut 5 km dorthin, wo der abfallende Bergzug der Küstenstraße den Weg verlegt hat. Am Fuße dieses Berges, des *Gebel Hammam Firaun Malun,* des »Berges an den Bädern des verfluchten Pharaos« liegen stark riechende Schwefelquellen, die mit 42 Grad aus dem Hang und dem Ufersand austreten und über Sandsenken und Quellbecken kaum mehr als 200 Meter weiter ins Meer abfließen. Ein idealer Badeplatz, aber meist kalt-windig. Entgegen den Aussagen des Koran behaupten Beduinenlegenden, daß an diesem Platze Ägyptens König mit seinem Heer bei der Verfolgung der Israeliten umgekommen sei, wobei das Wunder »trockenen Fußes durch das Meer« um gut 150 km südwärts verlegt worden ist. Denn alle Hypothesen können das biblische Meereswunder nur in die Gebiete zwischen Ismailia und Sues und dort zu den weiten Schilfsümpfen der flachen Seenketten verlegen. Die Straße führt jetzt hinauf in die Küstenberge, erst über Hochflächen, dann durch ein gewundenes Hochtal, oft zwischen stehengebliebenen Tafelbergen. Dann stößt sie im Wâdi el Homur durch die Randberge wieder zur Küste.

Abu Zenima, 148 km, Verladestation von Manganerzen aus den Minen von Umm Bugma, die geologisch gleich geschichtet sind wie weiter unten die türkisführenden Gesteinsschichten von Maghara und Serabit el Khâdim und zudem schwarze Manganerze führen. Zu altägyptischer Zeit blieben sie ungenützt weil Stahl und seine Veredlung mit Hilfe von Mangan noch unbekannt waren. Jenseits der Ortsausfahrt nach Süden zu interessantes Landschaftsbild zwischen der See und wild zerklüfteten Kalk-Sandsteinbergen, Ausläufer des Gebel el Nukhel. Hier lebte einst in einer Höhle Scheich Abu Zenima nur von schönduftendem, aromatischem Kaffee den ihm fromme Vögel auf dem Luftwege direkt aus Mekka anlieferten. Und in der Bucht von El Markha gingen die Begleit- und Versorgungsschiffe der pharaonischen Türkis-Expeditionen nach Maghara und Serabit vor Anker.

Abu Rudeis, 166 km, Tanklager und Öl-Verladestation. Wenige Kilometer südlich mündet Wâdi Sidri in die hier beginnende gut 8 km breite und um 20 km lange Steppen-Wüstenebene voller Kameldorn. Das Wadi ist ein Weg zu den berühmten pharaonischen Türkisminen von Maghara (etwa 26 km) und denen von Serabit el Khâdim (etwa 20 km ab Maghara, nur mit geländegängigem Fahrzeug zu erreichen). Hier liegen auf einem Urgesteinsockel Kalke und Sandsteine aus der Karbonzeit und zwischen ihnen, exakt auf den unteren Sandsteinlagen, purpurfarbene bis bräunliche, türkisführende Schichten. Seit Millionen von Jahren haben Wüstenwinde, Hitze und nächtliche Kälte in dieses Geröll der Hochflächen bizarre Wadis gekerbt, steile Hänge und Felskaskaden geformt, eine fast bedrückende, geisterhaft-phantastische Felslandschaft, in der mancherorts die türkisführenden Schichten sogar zu Tage treten. In Maghara, dem ›Berg der Höhlen‹, vermutlich der ersten und ältesten pharaonischen Türkismine, fand man u. a. eine Stele, auf der eine Pharaofigur über einem gefangenen Asiaten seine Keule schwingt, Bilder mehrerer ägyptischer Könige und einen Pharao mit oberägyptischer Krone. Nach vielen Deutungsversuchen ergaben die Hieroglyphen der Namenskartusche jetzt zweifelsfrei, daß es sich um Sechemchet, den dritten König der dritten Dynastie handelt. Er und andere Könige des Alten Reiches ließen hier also nach Türkis oder Mafkat, wie er im alten Ägypten hieß, schürfen. Viele eingestürzte Stollensysteme, aus Geröll erbaute Hütten, Gebrauchsgegenstände und Inschriften wurden gefunden. In Maghara galt Thot, der ›Herr der fremden Wüsten‹ als Schutzpatron.

Seit dem Mittleren Reiche wurde dann *Serabit el Khâdim* zum neuen Türkiszentrum auf dem Sinai, und seine Schutzgottheiten waren Sopdu, ursprünglich ein sinaitischer Lokalgott, der ›Herr des Ostens‹ oder ›Herr der Nomaden‹ und vor allem Hathor, die

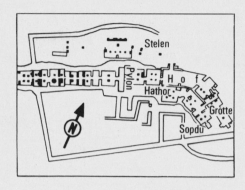

Plan von Serabit el Khâdim

›Herrin des Türkislandes‹. Vermutlich gab es in vorpharaonischen Zeiten hier bereits irgendein Heiligtum einer sinaitischen Mondgöttin, und mit ihrer Verschmelzung zur Hathor mit der Sonnen/Mond-Scheibe zwischen ihren Kuh-Hörnern konnten sich die ägyptischen Expeditionsleiter sicherlich die notwendig guten Beziehungen zu den ortskundigen Beduinen erwerben. Nur an diesem Platze in der Sinai-Wüste wurde Göttin Hathor ein Tempel errichtet mit einer Kultgrotte für sie und daneben einer für Sopdu als die zentralen Tempelbauten, die im Laufe der Zeit von Amenophis IV., Hatschepsut, Thuthmosis III., Ramses II., Sethos II. und späteren Ramessiden durch immer neue Vorbauten erweitert wurden, was des Geländes wegen dann sogar einen Knick in der Tempelachse erforderlich machte. Der Tempel liegt hoch über dem Türkistale, beinahe Ägyptens einziger Bergtempel; die Höhe ist nur in etwa einstündiger Kletterei zu erreichen. Gut 70 m lang ist das Ruinenfeld. Viele Wandflächen sind mit Inschriften bedeckt, interessanter sind die vielen Stelen, auf denen stets sehr detailliert Expeditionsberichte mit vielen Namen, Zahlen und Daten eingeritzt sind. Einzelheiten zur Zahl der Expeditionsteilnehmer (bis 1400 Mann), Namen und Rang ihrer Führer, von 500 Packeseln zur Wasserversorgung, zur Arbeitsweise mit Kupfermeißeln und Steinhämmern, von Treibern, Köchen, Ärzten, Schreibern, Dolmetschern, Priestern und ›Kupfermachern‹, den Schmieden, die Werkzeuge pflegen und erneuern mußten. Niemals blieben Expeditionen länger als etwa drei Monate bei den Minen, von Januar bis Mitte März meistens, weil dann zum Sommerbeginn die Hitze unerträglich geworden wäre. Im Tempel fand Petri 1905 die berühmte Sinaitische Schrift, Kritzel-Zeichen, die man heute als die bedeutendsten linearalphabetischen Schriftzeichen ansieht, direkte Vorläufer unseres Alphabetes und vermutlich von semitischen Minenarbeitern um 1500 v. Chr. dort eingeritzt. Es handelt sich dabei um den Prozeß der Akrophonie, wobei der Sinnwert einer ägyptischen Hieroglyphe erst ins semitische Wort übersetzt und dann dessen Anfangslaut als Lautwert dem Zeichen zugeordnet wurde.

25 km südwärts von *Abu Rudeis* zweigt dann die Fahrstraße rechtwinklig von der Küstenroute nach *Abu Durba* ab, führt erst durch die flache Küstenebene und in

Kehren nach genau 14 km zu einer Wegegabel (Krämerhütte, Erfrischungen). Von hier strebt die Hauptstraße weiter nach Et Tûr und bis zum Kap Râs Muhammad an der Südspitze der Sinai-Halbinsel. Dorthin und Weiterfahrt nach Eilat s. S. 445. Und unser Weg zum Katharinenkloster beginnt ebenfalls hier und folgt den Windungen des mächtigen Wâdi Feiran (z. Zt. Piste und nur in Teilstücken asphaltiert).

Stetig ansteigend und in vielen langgezogenen Bogen windet sich die Piste nun auf der Sohle des anfangs recht weiten Wadis. Mehr und mehr treten die Urgesteine des Zentralmassivs zutage, oft eigenartig und faltig verworfen. Es sind großartige Landschaftsbilder aus allen möglichen steinernen Formen. Hin und wieder gibt es unter Kameldornbüschen oder Tamarisken kleine Familien-Zeltgruppen scheuer Beduinen. Kamele und Ziegen weiden unter langdornigen Seyal-Akazien oder fressen genüßlich an niederen Rimthsträuchern. Vor der letzten Wegbiegung zur Oase fällt linkerhand ein gut zwei Meter hoher Felsblock auf (Kreuz, Inschriften), der Mosesstein, aus dem der Prophet Wasser geschlagen haben soll. Hessi el Katatin nennen die Beduinen ihn und gehen niemals dort vorbei, ohne zur Verehrung einen Stein nach ihm geworfen zu haben.

Oase Feiran, 186 km, das Raphidim der Bibel, das christliche Pharan, eine etwa 6 km lange, s-förmige Schleife zwischen Granit- und Porphyrmassiven, die größte Oase der Halbinsel mit etwa 30000 Palmen, daher als die ›Perle des Sinai‹ überschwenglich gepriesen. Ein Miniaturparadies (Keller) unter dem imposanten Gipfel des Serbal (Horeb, 2078 m hoch), der fälschlich einst als der heilige Gesetzesberg angesehen wurde. Hier sollen die Israeliten mit den Amalekitern gekämpft haben, während Moses auf dem Gebel Tahuna betete, und solange er die Hände hochhielt, siegten die Israeliten, ließ er sie fallen, die Amalekiter. Deshalb stützten Aron und Hur bis zum Sonnenuntergang seine Hände, berichtet die Bibel. In dieser Oase lebten die ersten Sinai-Eremiten, und schon im 4. Jh. (bis zum 7. Jh.) war Pharan Bischofssitz. So gibt es Baureste einer Kirche und Gräber auf dem Ruinenhügel Gebel Meharred und auf dem Gebel Tahuna, 215 m hoch über der Talsohle, viele Ruinen einer dreischiffigen Kirche, die schon beim Besuch der Nonne Aetheria erwähnt wird, dazu Grabschächte in den Trockenschlammbänken an den Talhängen. An der Straße im Zentrum der Oase eine Einsiedelei, die zum Kloster Santa Katharina gehört; aus den grünen Weinlauben einzigartige Blicke in die granitene Bergwelt des Serbal.

Hinter Feiran steigt unmerklich aber stetig die Straße bergan, windet sich durch das Felstor von El Buweib und folgt dann dem weiten Tal des Wâdi el Sheik bis an den Schluchten des einsamen Watia-Passes, 221 km, die letzte Bergschranke vor dem Ziel überstiegen wird. Nach drei Kilometern links das Kuppelgrab des Nabi Salih. Er ist ein Weli, ein Heiliger, über seinem Holzsarg ist das grüne Tuch mit Gebeten bestickt, Opfergaben liegen herum. Dieser Heilige ließ einst aus einem Felsen eine trächtige Kamelstute heraustreten der, unter Androhung von schwersten Strafen, von niemandem ein Schaden zugefügt werden sollte. Aber die übermütigen Beduinen vom Stamme

PRAKTISCHE HINWEISE: MOSESBERG – EL TÛR

der Towara quälten das Tier mit Steinwürfen und, wie der Koran schreibt, Gott vernichtete die Frevler in einem furchtbaren Erdbeben. Im Juni wird das Heiligenfest gefeiert, am Grabe des Salih ein Kamel geschlachtet und nach einer Wallfahrt zum Mosesberg dort oben ein Schaf und eine Ziege geopfert, weil Nabi Salih als Nationalheiliger der Sinai-Beduinen gleichberechtigt neben Moses steht.

Dann sind es noch 8 km bis zum Lagerplatz der Israeliten beim Aronshügel in der Raha Ebene. Hier tanzten sie um das Goldene Kalb. Und hier biegt die Straße nach links ab ins Wâdi el Deir, in dem man nach 2 km schließlich das Sankt Katharinenkloster erreicht (siehe Karte S. 401). – 309 km ab Sues-Kanal-Tunnel.

Übernachtungsmöglichkeiten: *Hotel Santa Katharina,* Zwei- und im Hostel Sechsbettzimmer, Speiserestaurant; *El Zeitouna-Motel, Hotel Salam, Hostal Houssein, Kloster-Hostal* beim Kloster (Olivenhain), sehr einfach, Essen muß mitgebracht oder selbst zubereitet werden; *Sheik Awar Bediun Youth-Hostel,* eine Art sehr einfacher Jugendherberge; *Camping:* Bir Zeitouna Camp.

Gebel Musa, Mosesberg, 2285 m über dem Meer, 715 m über dem Kloster. Den Berg kann man aus der Tallage von dort aus nicht sehen, steile Vorberge verdecken ihn. Hinauf auf den Berg gibt es zwei Wege:

A *Über den Kamelweg,* mit Rast etwa drei Stunden Aufstieg, etwa zwei Stunden Abstieg, relativ einfach und bequem auch für nicht im Bergsteigen Geübte. Wer will, der kann sogar die ersten zwei Drittel des Weges auf einem Reittier bewältigen und braucht nur ein letztes, kurzes Wegstück ab Elias-Plateau zu Fuß zum Gipfel zu steigen, knapp 30 Minuten.

B *Über die Pilgertreppe,* mit Rast bis zwei Stunden Aufstieg, etwa eine Stunde Abstieg, ein schneller aber sehr anstrengender Stufenweg, für nicht Schwindelfreie kaum zu empfehlen, für Fotografen beim Abstieg viele grandiose Motive.

Unsere Empfehlung: frühmorgens zwischen 3 bis 4 Uhr ab Kléber-Turm an der Südwestmauer der Klosters auf dem ›Pfad unseres Herrn Moses‹, Sikket Saidna Musa, über Geröllhalden zur Schlucht, von der sich der Weg langsam und in Serpentinen emporwindet. Unterwegs meist hell strahlend am dunklen Himmel der Morgenstern und verblassend die Mondsichel. Rast zum Erleben des Sonnenaufgangs. Dann am Rande des Elias-Plateaus (hier müssen Reiter absteigen, Besuch des Plateaus besser beim Abstieg) weiter entlang und in etwa 30 Minuten zum Berggipfel, 2285 m hoch. Fünfmal verweilte Moses auf diesem Berge, zweimal davon je 40 Tage und Nächte, und hier empfing er die Tafeln mit den Zehn Geboten, das Grundgesetz für Juden, Christen und Moslems. An diesem Platze steht eine turmlose, kleine steinerne Dreifaltigkeitskapelle, erbaut 1934 aus Steinen früherer Gotteshäuser, die hier oben gestanden hatten. Denn vermutlich schon im 4. Jh. erhob sich dort eine große, das gesamte Gipfelfeld überbauende Säulenbasilika mit Marmorstützten und Bronzetüren. Daneben steht eine kleine, schmucklose Moschee, ihre Türpfosten dunkel gefärbt vom Blute der am Feste des Nabi Salih getöteten Opfertiere Schaf und Ziege. Auf dem Mosesberg gezeugte Kinder werden, nach dem Glauben vieler Sinai-Beduinen, später einmal die Gabe der Weissagung haben, was möglicherweise für christliche Pilger zu recht unliebsamen Erlebnissen führen kann und deshalb hier erwähnt wird. Und von diesem Platze aus ritt der heilige Salih auch in den Himmel, auf einem riesenhaften Kamel, dessen vier Füße gleichzeitig von Mekka, Kairo, Damaskus und vom Sinai abhoben. Die überwältigende Aussicht nach allen Seiten hin hier auch nur einigermaßen beschreiben zu wollen, wäre müßig; sie ist atemberaubend und alle Mühen des Aufstiegs wert.

Abstieg zum Elias-Plateau: 20 Minuten. In dieser Felsmulde standen auf einer Felsplatte die 70 Ältesten des Volkes und sahen ihren Gott, und hier redete vor seiner niedrigen Höhle der Prophet Elias mit dem Herrn, heute gibt es dort zwei Kapellen, die Moses und Elias geweiht sind. Hinter einer Quelle kümmern einige Zwergzypressen, und vor rotem Granitporphyr und grauem Basalt ringsum strebt malerisch eine einzige Riesenzypresse in den Himmel.

Nun geht es steil abwärts über 6666 Stufen, wenn man diese Fabelzahl prüfend mitzuzählen in der Lage ist, eigentlich verschieden große Felsbrocken, die unregelmäßig in Größe wie Tritthöhe von einem Mönch in Erfüllung eines Gelübdes zu einer Art von Treppen zusammengefügt worden sind. Bald erreicht man ein Steintor im Fels, die obere Beichtpforte, wo allein der heilige Stephanos Pilgern die Beichte abgenommen haben soll, ehe er den Weg zum Gipfel frei gab. Etwas tiefer, am unteren Steintor, der ersten Beichtpforte, sorgten im Wechsel Klostermönche dafür, daß nur wer ›unschuldige Hände hat und reinen Herzens ist‹ zum Berge aufsteigen durfte. Andersgläubigen, Juden vor allem, wurde schon hier der Rückweg gewiesen. Weiter unterhalb dann auf einer Terrasse eine Muttergottes-Kapelle. Beachtenswert von hier der Blick hinab zum Kloster. Schließlich erreicht man die klare Mosesquelle, und dann ist es nur noch eine Viertelstunde bis man an der Südmauer mit ihren Kreuzen, Monogrammen und Symbolen wieder zurück am Sankt Katharinenkloster ist.

Der *Katharinenberg*, Gebel Katharîna, 2642 m, ist die höchste Erhebung der Halbinsel, auch Jethro-Berg genannt, da nach biblischer Aussage dort Jethro mit seinen sieben Töchtern gelebt haben soll. Aufstieg vom Kloster zum Gipfel etwa fünf Stunden, ein langsamer bequemer Fußpfad. Klosterbeduinen vermitteln Reittiere, die bis hinauf zur Höhe traben. Auf dem Gipfel steht an der Stelle, an der man den Leichnam der heiligen Katharina fand, eine Gedenkkapelle. Daneben die weithin sichtbare meteorologische Station des kalifornischen Smith Meterological Institute (seit 1932). Der grandiose Panoramablick geht hinüber zum Mosesberg und ist etwa der gleiche wie vom heiligen Berg.

El Tûr, heute *El Tor*, vom Abzweig der Sinai-Route zum Katharinenkloster an der Wegegabel mit der Krämerhütte nun um 72 km durch Wüstensteppe auf der alten, sogenannten ›Dattelstraße‹ nach Süden. Linkerhand die Steilhänge der zentralen Gebirgsketten.

PRAKTISCHE HINWEISE: RÂS MUHAMMAD – GEZIRA FARA'UN/TAUCHEN

Vor Tor rechterhand Einfahrt in die Oase und zu den lauwarmen Thermen Hammam Sidna Mussa, die in ein Granitbecken gefaßt, umbaut und überdeckt sind, etwa 6 mal 4 m groß, um 1,60 m tief. Von der Höhe dahinter weiter Blick nach Tor, zur Korallenküste und in die Wüste. Tor (264 km ab Sues-Kanal-Tunnel) war jahrhundertelang für ägyptische und sudanesische Mekkapilger Anlauf-, Rast- und Quarantänestation. Aus christlicher Zeit gibt es mitten im Ort beim Hafen eine Kirche innerhalb verfallender Klosterbauten. Mehr aber ist Tûr für alle Meeresbiologen ein Dorado, denn seine alten Häuser sind aus blendend weißen bis gelblichen Blöcken aller im Roten Meer bekannten Stern- und Lochkorallen des tropischen Korallenmeeres erbaut. »*Manche dieser elenden Hütten*«, meinte der Zoologe und Philosoph Ernst Haeckel, »*birgt in einer einzigen Wand eine größere Sammlung von schönen Korallenblöcken als in vielen europäischen Museen zu finden ist.*« Sehr malerisch verlumpt ist die Partie am Hafen, unbeschreiblich aber die Pracht der lebenden Korallenbänke im Riff, für Unterwassersportler ohnehin, aber auch für jeden, der nur bis über die Hüften im Wasser stehend um sich herum zauberhafte Korallenwälder mit den Bewohnern des Tropenmeeres erleben, beobachten und vielleicht fotografieren möchte, Schlangenfische und Medusen, silbergestreifte Diadema, Drachenköpfe, Büchsenfische, Krebse, Muscheln und Schnecken, um nur ganz wenige zu nennen. – Heute ist El Tor die Hauptstadt des neuen Verwaltungsbezirkes Süd-Sinai und wird z.Zt. weitläufig und modern ausgebaut.

Dann zieht die Straße parallel zur Küste, aber stets im Kilometerabstand, weiter nach Süden, hin und wieder Stichstraßen zum Korallenmeer. Nach 75 km Abzweig zum Kap Râs Muhammad, 23 km, eine Sandpiste, die in schmierigen Tonlehm übergeht. Hier die Piste keineswegs verlassen.

Râs Muhammad, die Südspitze der Halbinsel Sinai, vor der sich die beiden Rotmeer-Golfe vereinen. Hier bricht der Fels steil zum Meer hin ab, und im Meer gibt es davor

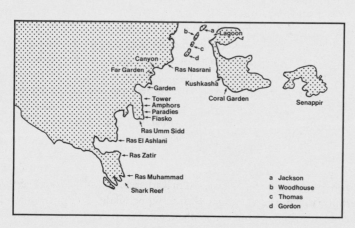

Die besten Tauchgründe um Sharm el Sheikh

Steilabfälle bis über mehrere hundert Meter, für erfahrene Unterwassersportler eines der interessantesten Tiefenriffe im gesamten nördlichen Roten Meer. Tauchbasen in der Na'ama-Bucht bei Sharm el Sheikh, vom Kap – weil man zur Hauptstraße zurück muß – etwa 45 km entfernt.

Sharm el Sheikh (361 km ab Sues-Kanal-Tunnel), kleine moderne Siedlung mit Flugplatz und Hafen, 3 km südlich das Touristendorf Ofira in der Na'ama-Bucht, aquamarines Taucherzentrum und Füllstation, Ausgangspunkt für Tauchfahrten zum Kap Râs Muhammad und in die Straße von Tirana. In Sharm el Sheikh beginnt die neue phantastisch angelegte, 250 km lange Schnellstraße zur Grenze vor Eilat. Nach jeder Kurve wird man von stets beeindruckenden Bildern am Meer oder zu den Bergen hin überrascht. Immer wieder kleine Bade- oder Tauchbuchten (s. Fig. S. 444) vor der Küste beinahe zusammenhängende Korallenriffe.

Ras Nasrani, 20 km nordwärts von Sharm el Sheikh, gegenüber die Inseln Jazirat Tiran und Jazirat Sinafir, zwischen ihnen und dem Festland die Straße von Tiran. 1949 sperrten hier die Ägypter mit nur zwei Schiffsgeschützen den gesamten Schiffsverkehr in und aus dem Golfe von Akaba. Vor dem Kap und um die Inseln weitflächig Korallenriffe, besonders das von Marsa-el-Et.

Nabq, kleiner Küstenort, Feriendorf und Tauchbasis, im Salzwasser eigenartige Mangroven wie sie üblicherweise nur in den Küstengewässern vor Südostafrika vorkommen. Die Stämme und Äste haben Luftwurzeln entwickelt, die Sauerstoff aufnehmen. Meist sind die immergrünen Blätter von Meersalz bizarr verkrustet.

Dahab (455 km ab Sues-Kanal-Tunnel), beduinische Dattelpalmenoase Dahab, sandiger Badestrand und Touristendorf Di-Zahav an der Stelle, wo Moses mit seinen Israeliten gerastet haben soll. Korallenküste mit Flachufer. 70 km nordwärts Abzweigung der neuen Teerstraße zum Katharinenkloster, z. Z. sicherlich Ägyptens schönster Straßenabschnitt durch wechselnde kristalline Bergformationen aus schwarzrotem Granit, Gneis und Schiefer über dem grellgelben Sand, gefurcht, geschichtet, zerbrochen, Terrassen, Türme, Wadis – phantastische Berglandschaften, wie man sie kaum anderswo erleben kann.

Nuwêba 70 km vor der Grenzstation bei Eilat, kleine Siedlung, Feriendorf, Tauchzentrum bei der Oase Nuwêba, feinsandige Badebuchten, Korallenriffe. Flugplatz und neuer Hafen seit 1985, Fährverkehr nach Akaba (Jordanien), z. Z. tägl. zwei Schiffe, Personenpreis 37,50 LE, Fahrzeuge unterschiedlich bis 90 LE einfach. Abzweigung der Wüstenpiste im Wâdi Watîr nach El Thamad-Nakl im Tih-Hochplateau. Nach 17 km Ain el Furtaga, größte Oase im Südostsinai.

PRAKTISCHE HINWEISE: TAUCHEN/ESSEN UND TRINKEN

Fjord, 10 km vor der Grenzstation, Meeresbucht, dreiseitig von granitenen Bergen umgeben, fjordartige Öffnung zum Meer, ein idealer Bade- und Erholungsplatz.

Gezira Fara'un, Insel des Pharao, die Koralleninsel, auch die Kreuzritterinsel, weil diese hier, nur 200 m vor der Küste, auf dem Eiland eine langgestreckte Burganlage errichteten (Abb. 216). Runaud de Chatillon soll sie 1182 erobert haben, nachdem er von Kerach am Toten Meer her auf Esel- und Kamelrücken zerlegte Boote nach Eilat gebracht hatte und sie dort wieder zusammensetzen ließ. Später soll Chatillon vom großen Saladin besiegt und ihm auch die Insel wieder abgenommen worden sein. Lange Zeit diente sie Mekkapilgern dann als Rast- und Schutzstation. Um die Insel großartige Korallenriffbildungen.

Wâdi Taba (588 km ab Sues-Kanal-Tunnel), Grenzstation zwischen Ägypten und Israel, Grenze beim Strandclub von Rafi Nelson, 8 km vor Eilat. (Von Eilat aus Besuch des Aquariums, des Unterwasser-Observatoriums, an die Strände, zu den Säulen von König Salomo, 30 km, zu den Kupferminen von Timna, 25 km, zu den Canyons im Wâdi Amram, 20 km, in den Chai Bar-Wildschutzpark, 40 km.)

Tauchen Längs der gesamten gut 290 km langen Küsten im ägyptischen Teil des Akaba-Golfes gibt es Korallenriffe, die als Naturpark angesehen werden und geschützt sind. Denn hier, wo die Wassertemperaturen nie unter 20 Grad Celsius absinken, gedeihen die riffbildenden Korallen. Taucherbasen in Nevi'ot, Dahab und in der Na'ama-Bucht bei Sharm el Sheikh. Notwendig sind: ABC-Ausrüstung, Taucheranzug, Tiefenmesser, Uhr, Decometer, Rettungsweste zum besseren Ausgleich bei Foto- und Filmarbeiten, eventuell ein Lungenautomat. Ob Schlauchautomat mit Finimeter, DIN- oder INT-Anschlüsse an den Leihgeräten sind, muß erfragt werden. Veranstalter für Taucherreisen z. Zt.: Aquanaut, Rheinstraße 53 in 6100 Darmstadt; Sub Aqua, Marktstraße 17 in 8000 München, Aktiv Sport Hermanns, Jakobshöhe 63 in 4050 Mönchengladbach.
Beachten: Unterwassersportler dürfen nur beobachten und/oder fotografieren und filmen. Harpunieren, Sammeln von Schnecken oder Muscheln oder Abbrechen von Korallenstücken ist verboten. Dafür aber erlebt man eine Unterwasserfauna und -flora, die so unberührt belassen einmalig ist. Bereits im Wasser stehend kann man diese Wunderwelt beobachten, mit Schnorchel und Brille blickt man gut 30 m tief, die Helligkeit ist so groß, daß man noch in 5 m Tiefe bei normalem Tageslicht fotografieren oder filmen kann. Bei 4 Prozent Salzgehalt macht das Schwimmen keine Mühe, wer nur bis maximal 10 m tief taucht, kann ohne Dekompressionspausen auftauchen. Unter insgesamt 800 Fischarten gibt es die bekannten Clowns und Zebrafische, Trompeten-, Papageien-, Schmetterlings-, Doktor- und Napoleonsfische, den zitronengelben Pyjama, die gestreifte Wrasse, den feuerroten Scad, und wenn man Glück hat, trifft man das einzige Reptil im Golf: die gemütliche See-Schildkröte. Für das ganze Jahr

gelten als Durchschnittswerte etwa 21 bis 28 Grad in der Luft, 20 bis 26 Grad im Wasser. Wer sich als Einzelreisender längere Zeit an der Akaba-Küste aufhalten möchte, sollte sich mit genügend Proviant versorgen. Außer ein paar Konserven gibt es in den wenigen Läden kaum Lebensmittel; Obst oder Gemüse, selbst Brot fehlen oft – in den Feriendörfern und Hotelanlagen wird voll verpflegt. Tankstellen gibt es fast überall.

Was man ißt und trinkt

Man ißt in Ägypten orientalisch-arabisch, sehr süß, fett und stark gewürzt, Kalbfleisch, Hammel und Geflügel, gebraten oder noch mehr gegrillt, mit Salaten aus Tomaten, Zwiebeln, Pfeffer und Öl. Typische Spezialitäten, die man in jedem Restaurant haben kann, sind:
- *Mouloukhia*, garnierter Reis, meist mit Huhn in sehr aromatischer Suppe gekocht
- *Kofta*, gegrillte Bouletten
- *Fatta*, gekochtes Hammelfleisch mit Reis und Brot
- *Foul-Medames*, gekochte Pferdebohnen mit Öl, Zitrone und Salz
- *Kebah*, am Spieß gegrilltes Hammel- oder Kalbfleisch mit viel Petersilie
- *Hamam mashwi*, gegrilltes Täubchen
- *Hamam fill tagen*, im Ofen gebackenes Täubchen mit Reis und Sahne
- *Kalauwi*, gegrillte Innereien auf Petersilie
- *Taamia*, Bouletten aus gemahlenen Bohnen und in Öl gebraten
- *Mossaquaa*, Eierscheiben mit Hackfleisch, Tomatensauce und Öl
- *Cossa*, ein gurkenähnliches Gemüse, gefüllt mit gehacktem Hammelfleisch
- *Dolma*, gebratenes Fleischhaschee in Weinblättern.

Salate sind:
- *Homos*, eine dicke Soße aus Kichererbsen
- *Dimma*, gewürzte Tomatensauce
- *Tihina*, dicke Sauce aus Sesamkernen
- *Salata baladi*, ein orientalischer grüner Salat

Zum *Nachtisch* gibt es:
- *Ataijef*, süßen oder mit Käse gefüllten Teig, in Öl gebacken
- *Konafa*, Suppen- oder Fadennudeln mit Sirup, Mandeln und Nüssen, alles in Öl gebacken
- *Mahallabija*, Milchreis mit Rosenöl, Zucker und Nüssen
- *Baklawa*, alle Arten von schwerem, fettem Gebäck mit Honig, Sirup, Mandeln, Nüssen und Ingwer.

Getrunken wird Kaffee, schwarz nach der Art des türkischen Kaffees zubereitet,

Arabische Zahlenzeichen: ١٢٣٤٥٦٧٨٩٠
1 2 3 4 5 6 7 8 9 0

und Tee, Biere, Dattelschnäpse und Weine, von denen der weiße ›Cru des Ptolemées‹ und der rote ›Omar Khajam‹ die Spitzensorten sind. Spezialitäten sind die vielen Fruchtgetränke, rein oder gemixt mit Säften oder Milch, exotisch und durstlöschend, vor allem *Mangosaft*, *Tienschoke* aus der Kaktusfeige, *Lamun* aus der kleinen grünen ägyptischen Zitrone, *Gauafe* aus einer stark riechenden birnenförmigen Frucht, *Rumman* aus Granatäpfeln und *Kasab* aus dem Saft zerquetschter Zuckerrohre. Die malerischen ›Wasserverkäufer‹ schenken auch das braune, nach Lakritze schmeckende *Ere-Souz* aus, und immer beliebter wird der rötliche Karkadesch, ein erfrischend wohlschmeckender Malvenblüten-Tee.

Ein paar Worte Arabisch

Flugplatz	Matahr	Nein	La'
Nach Ihnen	Itfaddal (m), Itfaddali (f)	Geld	Felus
		Milch	Laban
Junge	Walad	Museum	Mat'haf
Rechnung	Fatura	Schön	Gamiel
Frühstück	Fetar	Bezahlen	Edfa
Brot	Aisch	Bitte	Min Fadlak (m), Min Fadlik (f)
Autobus	Otobies		
Butter	Zebda	Eisenbahn	Sekka Hadid
Kaffee	Qah'wa	Platz	Midan
Ei	Beda	Straße	Sharia
Verzeihung	An Iznak	Zucker	Suckar
Obst	Fak'ha	Salz	Malh
Mädchen	Bint	Taxi	Taxi
Guten Morgen	Sabah el Kheir	Billet	Taskara
Guten Abend	Massa'el Kheir	Danke	Muttaschacker
Wieviel	Bi kam	Tee	Schay
Hafen	Mina	Ich wünsche	Ayez (m)
Hallo	Sa'ida	ich wünsche	Ayeza (f)
Ich habe nicht	Mafisch	Wasser	Mayya
Viel	Ketir	Ja	Aywa
Das macht nichts	Ma'lesch		

Begriffe der Kunst und Kultur der alten Ägypter

Benben-Stein Pfeilersymbol im Sonnenheiligtum von Heliopolis, das Vorbild für die Obelisken – aus dem Wortstamm »emporsteigen«, »leuchten«.

Amulette Kleine Umhängefigürchen aus verschiedenartigen Materialien, die Gesundheit, Glück, Kraft geben und Dämonen abwehren sollten. Lebende trugen sie, in Mumienbinden eingewickelt halfen sie, das Leben im Jenseits erhalten, z. B. Isis-Blut, Udjat-Auge, Papyrusstengel, Skarabäen, Djed-Pfeiler, Königsembleme, Kartuschen, Richtscheite usw.

Ank Zeichen für »Leben«, vielfach verwendet als Schutzsymbol für langes Leben, aneinandergereiht, wenn es Tauf- und Segenswasser darstellen soll.

Auslöschen der Erinnerung, Ausmeißeln des Namens unliebsamer Personen, Vorgänger, Rivalen (z. B. durch Thutmosis III., s. S. 33), auch beim Usurpieren fremder Standbilder (oft durch Ramses II.). Gehörte im Römischen Recht (»damnatio memoriae«) zur Jurisdiktion (s. a. S. 129).

Bart Er war in der Regel Göttern und Königen vorbehalten, Mumiensärge erhielten geflochtene, vorn aufgebogene Götterbärte, die des Toten Vergöttlichung symbolisierten. Königsbärte waren rautenförmig und leicht onduliert.

Belebung Sie wird von einer Gottheit dem König gespendet und dargestellt durch eine Reihe von Ank-Zeichen, die des Königs Nase berühren – zur Amarna-Zeit durch die Strahlenhände des Aton. Die empfangene Gnade symbolisieren drei mit einem Seil zusammengehaltene Ank-Zeichen in der Hand des Königs.

Beleuchtung Seit dem Alten Reich waren es mit Öl gefüllte Ton- und Steingefäße, Fackeln aus Fettklumpen oder Talglichter. Wie allerdings die Gräber beim Ausmalen damit ausgeleuchtet wurden, ohne Rußspuren zu hinterlassen, ist bis heute noch nicht geklärt. Die Grabwächter, bes. in den Gräbern der Vornehmen in Theben, beleuchten heute mit einem oder mehreren Spiegeln die Grabwände.

Djed-Pfeiler Amulett oder Umhänger in der Form eines stilisierten Baumes ohne Äste, Hieroglyphe für »Beständigkeit«, »Dauer«, »viel Glück« usw., steht im Tempel meist vor den Sanktuar-Kapellen.

Dekan-Kalender Sie sind in 36 Streifen mit je 12 Abteilungen unterteilt und mit den 36 Dekanen betitelt (»erster Monat der Überschwemmung, erste Dekade« usw.). Die »Sonnenbahn« zieht quer zwischen die Reihen der sechsten und siebenten Abteilung. Den »Dienst« verrichteten die 12 Dekane, die von Dekade zu Dekade um ein Fünftel vorrücken, die Stundeneinteilung der Nacht also, wobei der im Osten aufgehende und nicht kulminierende Dekan die jeweilige Stunde bestimmt. Sothis erscheint morgens in der letzten Dekade des sechsten Monats, denn »*die Sothis, es sind 18 Dekane nach ihr und 18 Dekane vor ihr*« heißt es im Papyrus Carlsberg. In Königsgräbern der 20. Dynastie mit jetzt 24 jeden halben Monat wechselnden Sterntafeln werden die Dekane durche einzelne Sterne ersetzt, die von den Tempel-Astronomen und Horoskopen über eine ihnen nach Süden zu gegenübersitzende Person über Körpermitte, Ohr, Auge oder Ellenbogen anvisiert wurde.

Elektron Gold-Silber-Legierung, mit der die Spitzen der Pyramidions von Obelisken belegt war.

Exodus der Israeliten, vermutlich unter Ramses II., während die in der Bibel genannten Fronarbeiten unter Sethos I. und beim Bau der Ramses-Stadt im Delta einzuordnen sind. Wahrscheinlich zogen die Israeliten um 1290 über den Isthmus am Golf von Sues oder durch die Lagunen beim heutigen Port Said ›durch das Rote

Meer‹, ein Ereignis, das seiner geringen Bedeutung wegen nirgendwo in der fixierten ägyptischen Historie einen Niederschlag gefunden hat.

Farben Anfangs verwendete man nur die vier Grundfarben, später erst mischte man sie hell oder dunkel und fand Zwischentöne. Die Farben wurden stets symbolträchtig angewendet: blau für Amun = Himmelsgott, Grün für Osiris als Jüngling, schwarz, wenn er den Totengott verkörperte, Rot für Seth und überhaupt für böse, schlecht, hinterhältig und für alles Störrische, also auch für Bilder von Eseln oder Hunden oder auch für die Fehler, die der Schreiber rot notierte. Rot oder gelb für Unsterblichkeit dekorierte man gern die Gräber, Gelb war beliebt für Hintergründe bei Szenen zum Totenbuch.

Gaue Seit alter Zeit ein Verwaltungsbezirk, meist benannt nach den vorzeitlichen Standartenzeichen der dort seßhaften Volksstämme, z. B. Antilopengau, Hasengau, Sykomorengau usw. Gab es im Alten Reich 39 Gaue, so erhöhte man bis zur Spätzeit ihre Zahl auf 42, um sie mit der Zahl der Beisitzer am Totengericht in Übereinstimmung zu bringen – 22 oberägyptische, 20 unterägyptische Gaue.

Geißel Abzeichen des Königs (zusammen mit dem Krummstab), an einem Holzstiel drei Platten, die wohl Klappergeräusche von sich gaben, um damit böse Dämonen zu vertreiben.

Gesang Ein wesentlicher Bestandteil der ›Schönen Künste‹ im pharaonischen Ägypten muß die Musik gewesen sein, denn allenthalben an Grabwänden stellte man Lautenspieler, Harfner, Musikanten mit Trommeln, Tamburins, diversen Blasinstrumenten und sogar Göttin Hathor meist mit der Rassel, dem Sistrum, und mit Perlenhalsbändern, Menit, zum klirrenden Geräuschemachen dar. Man sang damals wie heute bei der Feldarbeit, auf den Nilbooten und vor allem während der Begräbnisriten Trauergesänge, wie Herodot meint: ... »was mir unter den wunderbaren Dingen in Ägypten am besten gefiel, ist ein Lied, von dem ich nicht weiß, woher es stammt«. – 520 v. Chr. bereiste der griechische Philosoph Pythagoras Ägypten und schrieb danach, daß er dort die Grundelemente seiner Musiktheorie gefunden habe. – Demetrius Valerius, 297 v. Chr. Direktor der Alexandrinischen Bibliothek, konkretisiert, daß die ägyptischen Priester bei den Götterfesten ihre Gesänge nach der Tonleiter der sieben beweglichen griechischen Vokale aufbauten, sie einzeln anstimmten und ohne Begleitung durch Instrumente klar intonierten. Nach dem Mathematiker Nikomakis, ebenfalls aus Alexandrien, entsprachen diese sieben Vokale je einem Fixstern. – Daß die ersten Christen aus den alt-ägyptischen Melodien das religiöse Liedgut ihres neuen Glaubens schöpften, bestätigt schließlich im ersten nachchristlichen Jahrhundert Philos aus Alexandrien. Und tatsächlich folgen die Litaneien der koptischen Kirche auch heute noch der uralten siebentonigen Stufenleiter im A, -E, -O usw. Ton beim Chorgesang und ohne instrumentale Begleitung. In altägyptischen Papyri wird betont, daß der Choralgesang jegliche Gefühle treffender zum Ausdruck bringe als irgendwelche Instrumentalmusik es je könnte. Mehr als 300 koptische Melodien zum

Ablauf des Kirchenjahres gibt es noch, einmal die ›Adrini‹-Melodien, nach dem Orte Atripas bei Achmîm in Mittelägypten bei Sohâg, und die ›Singar‹-Melodien, nach einem Platze gleichen Namens aus der Zeit von Ramses II., sehr eigenwillige, eigenartige, reizvolle, in Ton und Klangfarbe verinnerlichte Melodienfolgen, die in Notenschrift zu fassen große Schwierigkeiten macht.

Gewölbe Schon im Alten Reich gab es sowohl Scheingewölbe aus vorkragenden Ziegelsteinen wie auch das Keilschnittgewölbe, seit der 6. Dynastie auch die aus einem Quadrat entwickelte Kuppeltrommel mit Zwickeln. Weil das Gewölbe in Ägypten nach außen als Gestaltungsmittel nirgendwo in Erscheinung trat, sondern allein konstruktives Element blieb, meint man oft, die Ägypter hätten es nicht gekannt.

Glas In Ägypten eine Mischung aus Quarz mit Natron oder Holzasche, opak also und durch Farbzugabe Edelsteinen oder Halbedelsteinen angeglichen, mit metallischen Oxyden zu Gläsern für Fayencen verarbeitet und seit der Hyksos-Zeit ein berühmter ägyptischer Exportartikel im gesamten Mittelmeerraum und Vorderasien.

Gottesgemahlin Titel für die Königin seit dem Neuen Reich; später wurde stets eine Prinzessin zur Gottesgemahlin geweiht und mußte jungfräulich bleiben. Mit Amun galt sie geistlich verheiratet als seine wahrhaftige Gemahlin. Sie verfügte über große Ländereien und zahlreiche Dienerschaft.

Hieroglyphen Die insgesamt etwa 700 bekannten Bildzeichen der Hieroglyphenschrift bilden keine ›Bilderschrift‹, wie noch immer leichthin behauptet wird, sind weder nur Buchstaben oder nur Wortzeichen. Aber von den ersten Bildzeichen, die als *Ideogramme*, als Wortzeichen für etwas konkret Gemeintes galten, ging die Entwicklung der Hieroglyphenschrift aus. Ein Boot, ein Fisch, ein Rind z. B. waren da klar zu deuten. Erst als man begann, aus den Ideogrammen die ihnen eigenen *Lautwerte*, Lautzeichen zu entnehmen und diese nun erweitert als Verben, Präpositionen, als Ein- und Mehrkonsonantenzeichen einzusetzen (bei allen hamito-semitischen Sprachen werden nur Konsonanten geschrieben, zwischen ihnen liegende Vokale werden nicht berücksichtigt), und durch mehr als 100 Determinative Mehrdeutigkeiten auszuschließen, ergab sich ein ›Alphabet‹ aus 24 Einkonsonantenzeichen – die an sich genügt hätten, sämtliche Lautbildungen treffend wiederzugeben. Es ist wieder typisch ägyptisch, daß man dazu nicht kam und lieber alte Ideogramme, lautliche Ergänzungen, Eigennamen, Titel usw. beibehalten hat, daß man Laut- und Bilderreihen weiter mischte, weder Satzzeichen noch Wortstellungen berücksichtigte, die Zeichen waagerecht wie senkrecht anordnen konnte und von links nach rechts oder umgekehrt, meist aber zur dargestellten Person oder dem Tierzeichen hin gerichtet schrieb. Seit 1000 v. Chr. etwa gab es dazu neue Lesearten, neue Zeichen kamen hinzu, die oftmals, je nach dem Zusammenhang, in dem sie stehen, verschiedene Lesearten daß es zur Zeit der Ptolemäer rund 1000 Zeichen gab.

Die Kursive der strengen Hieroglyphe wurde schon um 240 v. Chr. das *Hierati-*

PRAKTISCHE HINWEISE: KUNST UND KULTUR

sche, also eine schnell hingeworfene, vereinfachte, im Duktus gewandelte Hieroglyphe, die man leicht mit dem Pinsel auf Papyrusblätter und Ostraka bringen konnte. Als »heilige Schrift« (= hieratisch) wurde sie für religiöse Texte, vor

Ägyptische Einkonsonantenzeichen, sogenanntes Alphabet

allem Sarg- und Totentexte, bis ins 7. Jahrhundert v. Chr. beibehalten.

Dann löste sie das *Demotische* ab, eine ›Volksschrift‹ in der hieroglyphisch-hieratische Formen graphisch noch mehr verfeinert und verkürzt wurden, Kurvungen und Ligaturen das Schriftbild so verflüssigten, daß zuletzt kaum noch Beziehungen zur einstigen hieroglyphischen Frühform zu erkennen waren. Um 470 v. Chr. hört auch diese Schriftform auf.

Kalender Ägyptens Kalender teilt das Jahr mit 365 Tagen in 12 Monate zu je 30 Tagen und 5 Zusatztagen am Jahresende, ein reines Sonnenjahr also ohne Verbindung zum Lauf des Mondes. Weil aber das Sonnenjahr genau etwa einen viertel Tag länger ist, ergaben sich im Laufe der Zeit zur Nilschwemme, Saat und Erntezeit immer größere Differenzen, die nach 1461 ägyptischen Jahren einmal um ein volles Jahr dem wirklichen vorauseilten. Mit Hilfe des Sirius-Sternes (Sothis) im Sternbild des Großen Hundes konnten die ägyptischen Tempel-Astronomen trotzdem stets exakt den Beginn der lebenswichtigen Nilflut voraussagen (So-

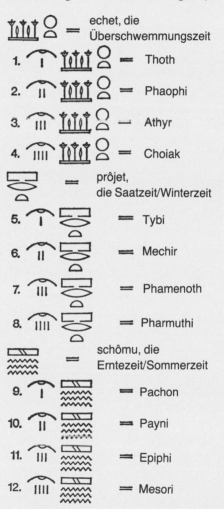

Die ägyptischen Jahreszeiten und die 12 Monate. Die Zeichen der Jahreszeiten tauchen jeweils in den einzelnen Monaten wieder auf

PRAKTISCHE HINWEISE: KUNST UND KULTUR

this-Datum) – und wir können von diesen fixen Daten aus viele Epochen der ägyptischen Geschichte konkret festlegen. Je vier Monate bildeten eine Jahreszeit: Überschwemmungs-, Saat- und Erntezeit, wobei hieroglyphisch jeweils das Zeichen der Jahreszeit im Monatsnamen wiederholt wird.

Den Tag teilten die Ägypter in 24 Stunden von allerdings unterschiedlicher Länge in 12 verschieden lange Tagstunden und 12 kürzere Nachtstunden, je nach Jahreszeit. Erst in der Spätzeit wurde die unveränderliche Stunde eingeführt, die von den Griechen in 60 Minuten eingeteilt und von uns bis heute unverändert übernommen worden ist.

Kartusche Einst Illustrat für Welt = »was die Sonne umkreist«, eine Schnur-

Kartuschen von Tut-ench-Amun

Vorname:
Neb-Cheperu-Rê

Name und Titel:
Tut-ench-Amun,
Herrscher von Ägypten

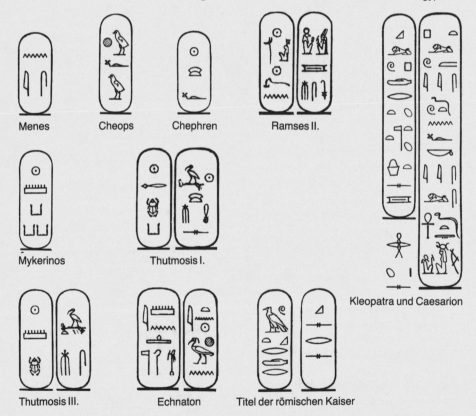

schleife mit Knoten – daraus die stilisierte Umrandung für die beiden Königsnamen: den Thronnamen für die beiden Landeshälften und den Geburtsnamen mit der Titulatur »Sohn des Rêh«. Über diese Kartuschen-Namen gelang Champollion die Entzifferung der Hieroglyphen.

Katib el Kitab Unterzeichnung des Ehevertrages vor dem Scheich, dem die *Shabka* – eine Art Verlobung – vorausging, bei der vom Freier (wie auch beim Katib el Kitab) kostbare Geschenke verlangt wurden, meist teurer Schmuck und Parfüm. Im Falle einer leicht zu erreichenden Scheidung sollte der Braut dadurch eine erste finanzielle Sicherheit gegeben werden. Ein solches ›Brautgeld‹ wird auch heute noch verlangt, will man eine Ägypterin ehelichen, und die Hochzeitsgäste wollen möglichst im besten und teuersten Hotel das Vermählungsfest feiern – bei einem durchschnittlichen Monatseinkommen von 50 Pfund eine wahrhaft teure Angelegenheit.

Mammisi Sogenannte Geburtshäuser im oder in einem Anbau beim spätzeitlichen Tempel. Dort vollzog sich alljährlich das Mysterium der Geburt des Gottessohnes. Reliefs nehmen stets darauf Bezug: Götterhochzeit, Geburt des göttlichen Sohnes.

Manetho Ägyptischer Priester aus dem Anfang des 3. Jh. v. Chr., Verfasser u. a. der ›Aigyptica‹, einer griechisch geschriebenen Geschichte Ägyptens, von der nur Abschriften erhalten sind, die früheste von Josephus aus dem 1. Jh. n. Chr. Die Geschichtsschreibung hat vor allem seine Einteilung der ägyptischen Geschichte in Dynastien übernommen, viele Daten und Namen sind umstritten.

Mastaba Privatgräber im Alten Reich aus Ziegeln oder Stein mit Sargkammern und Kultraum, Rechteckform mit nach außen geböschten Mauern, daher der Name aus arabisch mastaba = Bank.

Mathematik Weil die Ägypter keine ›Null‹ kannten, schrieben sie Einer, Zehner, Hunderter, Tausender usw. mit besonderen Zeichen, die, ähnlich den römischen, in absteigender Reihe zusammengesetzt werden, also schreibtechnisch Summen von 2 bis 9, von 20 bis 90 usw., wobei nicht die Stelle, sondern allein der Wert entscheidend ist. Deshalb gibt es auch bei Brüchen nur Stammbrüche ($\frac{1}{2}$, $\frac{1}{3}$, $\frac{1}{4}$, $\frac{1}{5}$ usw.), alle anderen Brüche müssen immer erst in komplizierte Reihen von Stammbrüchen zerlegt werden. Multipliziert wurde nach dem dyadischen Verfahren, indem man stets verdoppelte. Die Kreisberechnung erfolgte nach der Formel Quadrat von $\frac{8}{9}$ des Durchmessers, was für π den Wert 3,160 ergibt. Anschaulich wurden ein Trapez als »Abgehacktes«, ein gleichschenkliges Dreieck als »Dorn« bezeichnet, ein Fehler war eine »Verstümmelung« und wurde rot angestrichen, ebenso wie Hilfsziffern und Resultate rot herausgehoben wurden. Eingekleidete, Textaufgaben benutzten gern Körner, Scheffel, Tiere, um mathematische Probleme zu umschreiben: »Dreimal steige ich in einen Scheffel – mein Drittel liegt auf mir, und so komme ich voll zurück«. – Mathematisches findet man in drei Papyri, Tabellen, Rechnungstafeln, Kalenderinschriften, Urkunden und in den Büchern der Landmesser und Schreiber.

Medizin In neun bisher veröffentlichten Papyri wird Ägyptens medizinisches

Wissen bekannt, Krankheiten, Symptome und Rezepturen, die etwa 200 Einzeltitel aufzählen mit Hunderten von Drogen und ihrer Zubereitung. Die Bewunderung ägyptischer Medizin bei den Griechen gipfelt in Homers Feststellung, daß »*in Ägypten jeder ein Arzt sei, erfahrener als alle anderen Menschen*«; die Heilerfolge müssen relativ groß gewesen sein, wenn ein Ausländer zu so einer Behauptung kommen konnte. Dennoch, da die Balsamierer nur ausweideten und nicht sezierten, nur die Eingeweide herausnahmen, ohne exakt zu beobachten und genau zu beschreiben, blieben ihnen und den Ärzten die organischen Funktionszusammenhänge Herz-Magen-Lunge-Darm usw. weitgehend unbekannt, und die Gebärmutter beispielsweise stand nach ihnen in unmittelbarer Verbindung zur Bauchhöhle.

Nekropolen Friedhöfe, Totenstädte, meistens, aber nicht immer, im »schönen Westreich« gelegen, dort, wo der Sonnengott Re in die Unterwelt hinuntersteigt.

Papyrus Im Schlamm wachsende Doldenpflanze *cyperus papyrus*, bis 6 m hoch, heute aus Ägypten verschwunden, Grundlage für das alte Schreibmaterial, dessen Herstellung königliches Monopol war. Herstellung: Aufteilen des Stengels in bis 47 cm lange Stücke, Aufspalten und Plattklopfen zu Streifen; diese wurden in zwei Lagen längs und quer übereinandergelegt, mit Wasser benetzt so lange geklopft, bis sie zu einem Blatt verbunden waren. Bis zu 20 solcher Blätter zusammengeklebt ergaben eine Normalrolle – extrem konnte eine Rolle 40 m lang sein. Gleich beim Sheraton-Hotel kann man in Hausbooten auf dem Nil das Papyrus-Institut besuchen und dort alles über Papyrus erfahren und zuschauen, wie Papyrus-Spezialisten von Hassan Ragab die echte Papyruspflanze (sie wurde aus dem Sudan geholt und in Ägypten wieder heimisch gemacht) zu echten Papyrusbogen nach Art der Pharaonen verarbeiten. Nur hier – und nicht in den vielen Papyrus-Shops in der Pyramidengegend – werden die echten Pflanzen gezogen und verarbeitet, die anderen sind schnellwachsende, mindere Riedsorten und werden meist mit Leimen behandelt. Vorsicht also für Touristen beim Kauf von ›echten‹ Papyri.

Peschefkaf der fischschwanzförmige Dechsel, mit dem die Zeremonie der Mundöffnung durchgefürt wurde, das magische Beleben aller Sinnesorgane.

Piktogramm ein durch ein Bildzeichen mitgeteilter Gedanke, etwa ein Kreis mit Strich darunter = Mensch.

Säulen Ägyptische Säulen waren anfangs Monolithe, später wurden sie aus Säulentrommeln zusammengesetzt, stehen stets auf runden Basiskissen und verjüngen sich – außer den Hathor- und Zeltstangensäulen – nach oben. *Palmsäule*, konisch glatter, zylindrischer Schaft, Kapitell: nach außen gebogene Palmenwedel (Taltempel des Sahurê und Vorhalle in Kôm Ombo); *Lotusbündel-Säule*, konvex kannellierter Schaft aus einzelnen Stengeln, Kapitell: geschlossene Blütenblätter, selten offene; *Papyrusbündel-Säule*, kurzer scharfkantig kannellierter Schaft aus dreieckigen Stengeln, Kapitell: geschlossene Blütenblätter, selten offene (Mittelgang im Karnak-Tempel), seit dem Neuen Reich Säulenschäfte geglättet, um Platz für Bilder und Inschriften zu gewinnen; *Kompositsäule*, Mischung aus verschiedenen Säulentypen, Kapitell: aus allen möglichen vegetabilischen Elementen (Kôm Ombo, Philae, Kalâbscha); *Zeltstangen-Säule,* glatter Schaft, glockenförmiges Kapitell (Festhalle des Thutmosis III. in Karnak); *Hathor-Säule,* manchmal leicht konisch ansteigender Schaft, Kapitell: in Form einer Rassel, Sistrum-Kapitell mit zwei oder vier Hathor-Köpfen (Dêr el-Bahri, Dendera, Abu Simbel); *Osiris-Pfeiler,* Vierkantstütze mit Königsstatue als Osiris auf einer Basisplatte (Karnak, Ramesseum, Abu Simbel).

Sed-Fest Fest des Regierungsantritts, gefeiert alljährlich zum Regierungsjubiläum; geht zurück auf die Auffassung, daß das Wohlergehen des Stammes vom gleichzeitigen Wohlbefinden des Häuptlings abhängig sei, später eben des Königs. Ließen seine Kräfte mit vorgerücktem Alter nach, wurde er rituell getötet. Erst in historischer Zeit wird an die Stelle der Tötung des Herrschers die magisch zu deutende Zeremonie der die Kräfte erneuernden Verjüngung getreten sein, aus der schließlich das Sed-Fest wurde.

Serech Das mit dem Bild des Falken (= Horus) gezierte ›Wappen‹ eines Königs, sein Horusname, wichtigster und erster für einen Pharao, die schematisierte Palastfassade des ›Großen Hauses‹ *per-ô,* aus dem das hebräische ›Pharao‹ wurde. Besonders interessant ist der Serech von König Chasechemui (2. Dynastie) der sowohl Horus als auch den bis dahin gegnerischen Seth zeigt. Seit dieser ›Zeit der Versöhnung‹ war Seth für die himmlischen Regionen, Horus für die weite Erde zuständig, und beide sicherten so dem Herrscher die göttliche Herrschaft über das nach jahrhundertelangen Kämpfen endlich vereinte Land Ägypten.

Sistrum Klapper- und Rasselinstrument aus Metall, Holz oder Fayence, über

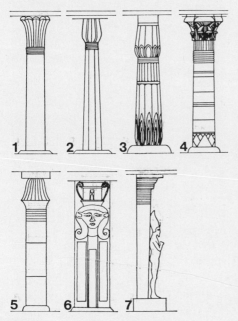

Säulen
1 Palmsäule   2 Lotusbündel-Säule
3 Papyrusbündel-Säule   4 Kompositsäule
5 Zeltstangensäule mit Glockenkapitell
6 Hathor-Säule   7 Osiris-Pfeiler

Links: Serech von König Sechemib (2. Dyn.), nur mit Horus-Falke. Rechts: Serech von König Chasechemui mit Horus-Falke und Seth-Tier

dem Griffteil stets zierend der Kopf der Göttin der Musik, Hathor.

In situ in der ursprünglichen Lage belassen, so wie es beim Auffinden war, nicht verändert.

Sothis-Datum Sothis = Sirius, der hellste Fixstern. Er geht von Tag zu Tag um vier Minuten eher auf bzw. unter und bleibt, weil Auf- und Untergang auch in die Tageshelle fallen, eine Zeitlang im Jahr unsichtbar. Wenn er dann zum ersten Male wieder kurz vor dem Sonnenaufgang erscheint, wird das zu einer auffallenden Erscheinung. In Ägypten fiel das in der geographischen Breite von Memphis auf den 19. Juli, wenn eben die Nilschwelle begann, und als ›Herrin des Neuen Jahres‹ oder ›Besiegerin des Nils‹ wurde die Sothis zum astronomischen Jahresbeginn. Bürgerliches und astronomisches Jahr differieren alle vier Jahre um einen Tag und fallen erst nach 1460 Jahren wieder zusammen, nach der ersten Sothis-Periode. Im Jahre 139 n. Chr. fiel der Sothistag genau auf den ägyptischen Neujahrstag. Rechnet man um 1460 Jahre zurück, so kann man eine ziemlich verläßliche ägyptische Chronologie aufstellen, und ein bekanntes Beispiel von L. Borchardt erläutert das: Am Tempel von Lahun steht die Mitteilung, daß der Sothistag = der erste Frühaufgang am 16. Tage des 8. Monats im 7. Jahre von Sesostris III. stattfand, was das Jahr 1877 v. Chr. ergibt, übrigens das älteste bisher belegte altägyptische Datum.

Thebais Griechische Bezeichnung für Oberägypten zwischen Assiut und Assuan mit der Hauptstadt Theben (Luxor/ Karnak).

Transparenz magische Durchlässigkeit, z. B. einer Mauer oder eines Gefäßes, um so den verborgenen Inhalt sehen zu können. In Transparenz aufeinander bezogen können Schreine oder Reliefs sein, die thematisch von der Innenwand eines Tempels mit dem Bild an der Außenwand so direkt korrespondieren, als wären sie an einer Fläche nebeneinander angebracht (Karnak, Kalâbscha).

Begriffe der Kunst und Kultur des Islam

Bâb	Stadttor
Bir	Brunnen
Dar	Palast, Haus
Dikka	Plattform in der Moschee, Sitz der Gehilfen (Muballighin) des Vorbeters
Fanus	Laterne in einer Moschee
Gami	Freitagsmoschee
Gebel	Berg, Gebirge
Hamma m	Oriental. Bad, Dampfbad
Hanafija	Brunnen, meist in Hofmitte, für rituelle Waschungen
Haram	Vorhof in einer türkischen Moschee (Alabaster-Moschee)
Harim	Räume der Frauen, Harem
Kamarija	abgeleitet von el-kamar = Mon, aus Gips geschnittener Fensterverschluß, Gitter, in das Glasstücke eingefügt sind
Kandil	Öllämpchen in einer Moschee
Kasr	Palast, Haus
Khan	Lagerhaus, Karawanserei

Khanka	Kloster des Islam	**Maschrabija**	Gitter aus gedrechselten Holzstäben, Fensterverschluß
Kibla	Gebetsrichtung nach Mekka (Kibla-Wand, Kibla-Mauer)		
		Midân	Platz
Kubba	große Kuppel	**Mihrab**	Gebetsnische in der Kibla-Wand, also nach Mekka
Kursi	Sitz für den Vorbeter mit Pult für den Koran		
		Minbar	Kanzel in einer Moschee
Kuttab	Elementarschule, oft mit einer Moschee verbunden	**Moristan**	Krankenhaus
		Mukarnas	Stalaktiten
Liwan	Moschee-Halle, Hausflügel	**Sahn**	Innenhof einer Moschee
		Sâkija	Schöpfrad
Mabkhara	Räucherfaß, Kuppelform (Melonenkuppel)	**Suk**	Basar, Markt
		Tabut	hölzerner Kenotaph
Madrasa	Schulmoschee, Medresse	**Tarkiba**	steinerner/marmorner Kenotaph oder Sarkophag
Maksura	durch Holzgitter abgetrennter Raum, meist in Moschee		
		Tannur	Lüster in einer Moschee
		Zawija	Kapelle, Raum zum Beten

Königsliste mit den wichtigsten Herrschernamen

(siehe dazu die Zeittafel in der hinteren Umschlagklappe)

1. Dynastie
Narmer = Menes
Aha
Djer
Wadji
Dewen
Adjib
Semerchet
Ka'a

2. Dynastie
Hetep-sechemui
Neb-nefer
Nineter
Senedj
Peribsen
Chasechem
Chasechemui

3. Dynastie
Djoser
Sechem-chet
Huni

4. Dynastie
Snofru
Cheops
Chephrên
Mykerinos
Schepseskaf

5. Dynastie
Userkaf
Sahurê
Neferirkarê
Schepseskarê
Ne-user-Rê
Menkauhor
Asosi
Unas

6. Dynastie
Teti
Userkarê
Merirê/Pepi I.
Merenrê
Pepi II.
Merenrê II.
Nitokris

7./8. Dynastie
17 memphitische Könige

9./10. Dynastie
in Unterägypten:
Achthoes I.
Setut
Achthoes II.
Meri
Neferkarê
Achthoes III.
Merikarê
und etwa 10 andere Könige

11. Dynastie
in Oberägypten:
Antef I.
Antef II.
Antef III.
Mentuhotep I.

12. Dynastie
Amenemhêt I.
Sesostris I.
Amenemhêt II.
Sesostris II.
Sesostris III.
Amenemhêt III.
Amenemhêt IV.
Sobek-nofru

13./14. Dynastie
angebl. etwa 54 und 76 Könige

15./16. Dynastie
die ›Großen Hyksos‹
Maa-ib-Rê
Mer-user-Rê
Sewoser-en-Rê
Aa-kenen-Rê
Aa-seh-Rê
die ›Kleinen Hyksos‹
Anather
Semken
Cha-user-Rê
und andere

17. Dynastie
Intef
Rahotep
Sebekemsaf I.
Djehuti
Mentuhotep VI.
Nebereraw I.
Nebereraw II.
Sesostris V.
Sebekemsaf II.
Intef VI.
Intef VII.
Ti'o I.
Ti'o II.
Kamose

18. Dynastie
Ahmose
Amenophis I.
Thutmosis I.
Thutmosis II.
Hatschepsut
Thutmosis III.
Amenophis II.
Thutmosis IV.
Amenophis III.
Amenophis IV.
Semenchkarê
Tut-ench-Amun
Eje
Haremhab

19. Dynastie
Ramses I.
Sethos I.
Ramses II.
Merenptah
Amenmessu
Sethos II.
Siptah
Tewosrê

20. Dynastie
Sethnacht
Ramses III.
bis
Ramses XI.

21. Dynastie
Smendes
Psusennes I.
Neferkarê
Amenemope
Siamun
Psusennes II.
(Herihor
Pianchi
Pinodjem I.
Masaharta
Smendes
in Theben)

22. Dynastie
Scheschonk I
Osorkon I.
Takelotis I.
Osorkon II.
Scheschonk II.
Takelotis II.
Scheschonk III.
Pemu
Scheschonk V.

23. Dynastie
Nebenlinie
der 22. Dynastie
Pedubastis
Scheschonk IV

24. Dynastie
Tefnacht
Bokchoris
(in Sais)

25. Dynastie
Kaschta
Pinachi
Schabako
Schabataka
Taharka
Tanutamun

26. Dynastie
Psammetich I.
Necho
Psammetich II.
Apries
Amasis
Psammetich III.

27. Dynastie
Kambyses
Darius I.
Xerxes
Artaxerxes
Xerxes II.
Sogdianos
Darius II.

28. Dynastie
Amyrtaios

29. Dynastie
Nepheritis
Achoris
Psamuthis
Nepheritis II.

30. Dynastie
Nektanebôs I.
Teos
Nektanebôs II.

31. Dynastie
Artaxerxes III. Ochos
Arses
Darius III. Kodomannos

Literaturhinweise

(Die Auswahl will dem Interessierten die Möglichkeit zur Vertiefung seiner Lektüre bieten. Ferner wird auf ›Bibliographisches‹ bei Eberhard Otto: *Ägypten. Der Weg des Pharaonenreiches* und auf ›Kritische Quellen- und Literaturübersicht‹ bei Walther Wolf: *Das alte Ägypten* verwiesen.)

Das Land
S. Passarge: *Die Urlandschaft Ägyptens und die Wiege der altägyptischen Kultur*, Halle 1940
Kurt Lange und Max Hirmer: *Ägypten*, München 1967
Wolfgang Helck und Eberhard Otto: *Kleines Wörterbuch der Ägyptologie*, Wiesbaden 1956
Herrmann Kees: *Das alte Ägypten. Eine Landeskunde*, Berlin 1958

Vorzeit
Alexander Scharff: *Grundzüge der ägyptischen Vorgeschichte*, Leipzig 1927
K. Sethe: *Urgeschichte und älteste Religion der Ägypter*, Leipzig 1930

Frühzeit
R. Coulborn: *Der Ursprung der Hochkulturen*, Stuttgart 1962
Peter Kaplony: *Die Inschriften der ägyptischen Frühzeit*, Wiesbaden 1963
Herbert Ricke: *Bemerkungen zur Baukunst des Alten Reiches*, Zürich 1944/Kairo 1950

Pyramiden-Zeit
Hermann Junker: *Grab der Hetepheres*, Boston 1927
–, *Pyramidenzeit*, Zürich 1949
I. E. S. Edwards: *Die ägyptischen Pyramiden*, Wiesbaden 1967
L. Borchardt: *Gegen die Zahlenmystik an der großen Pyramide bei Gise*, Berlin 1922
K. Mendelssohn: *Das Rätsel der Pyramiden*, Frankfurt 1979
D. Macaulay: *Wo die Pyramiden stehen*, München 1981
K.-H. Schüssler: *Die ägyptischen Pyramiden*, Köln 1983

Erste Zwischenzeit
J. Spiegel: *Soziale und weltanschauliche Reformbewegungen im alten Ägypten*, Heidelberg 1950
Hanns Stock: *Die erste Zwischenzeit Ägyptens*, Rom 1949
Herrmann Kees: *Ägypten, Religionsgeschichtliches Lesebuch*, Tübingen 1928

Mittleres Reich
H. E. Winlock: *The Rise and Fall of the Middle Kingdom at Thebes*, New York 1947
Wolfgang Helck: *Zur Verwaltung des Mittleren und Neuen Reiches*, Leiden/Köln 1958

Zweite Zwischenzeit
J. v. Beckerath: *Untersuchungen zur politischen Geschichte der zweiten Zwischenzeit in Ägypten*, Glückstadt 1965
Pahor Labib: *Die Herrschaft der Hyksos in Ägypten und ihr Sturz*, Glückstadt 1936
A. Erman: *Die Literatur der Ägypter*, Leipzig 1923

LITERATURHINWEISE

Neues Reich

G. Steindorf: *Die Blütezeit des Pharaonenreiches*, Bielefeld/Leipzig 1926

Ch. F. Nims: *Thebes of the Pharaos. Pattern for Every City*, London 1965

K. Lange: *König Echnaton und die Amarna-Zeit*, München 1951

J. Settgast: *Nofretete-Echnaton*, Ägypt. Mus. Berlin 1976

J. Settgast: *Tutanchamun*, Ägypt. Mus. Berlin 1980

Spätzeit

Herrmann Kees: *Die Hohenpriester des Amun von Karnak von Herihor bis zum Ende der Äthiopienzeit*, Leiden 1964

Eberhard Otto: ›Die Endstation der ägyptischen Kultur‹, in: *Die Welt als Geschichte*, 1951, S. 203

W. Wolf: *Kulturgeschichte des Alten Ägypten*, Stuttgart 1962

K. G. Siegler: *Kalabscha, Architektur und Baugeschichte*, Berlin 1970

G. Parthey: *Das Orakel und die Oase des Ammon*, Berlin 1862

Philipp Vandenberg: *Das Geheimnis der Orakel*, München 1979

Kunst und Kultur

W. Wolf: *Die Kunst Ägyptens*, Hamburg 1957

–, *Die Welt der Ägypter*, Stuttgart 1965

–, *Funde in Ägypten*, Göttingen 1966

–, *Kulturgeschichte des Alten Ägypten*, Stuttgart 1962

UNESCO-Taschenbuch, *Ägyptische Tempel- und Grabmalereien*, München 1962

C. Aldred: *Ägypten*, Köln 1962

J. H. Breasted: *Geschichte Ägyptens*, Berlin/Wien 1936

C. W. Ceram: *Götter, Gräber und Gelehrte*, Hamburg 1949

S. Giedion: *Der Beginn der Architektur*, Köln 1965

–, *Die Entstehung der Kunst*, Köln 1964

K. Michalowski: *Pyramiden und Mastabas*, Wien/München 1974

–, *Ägypten*, Freiburg/Basel/Wien 1969

–, *Theben*, Wien/München 1974

H. Schäfer: *Die Kunst Ägyptens*, Berlin 1942

–, *Von ägyptischer Kunst*, Leipzig 1963

J. Spiegel: *Das Werden der ägyptischen Hochkultur*, Heidelberg 1953

F. W. Bissing: *Ägyptische Kunstgeschichte*, Berlin 1934

Chr. Desroches-Noblecourt: *Die Welt rettet Abu Simbel*, Wien/Berlin 1968

L. Deuel: *Das Abenteuer Archäologie*, München 1963

A. Ducorocq: *Atomwissenschaft und Urgeschichte*, Hamburg 1957

Cyril Aldred: *Die Juwelen der Pharaonen*, Herrsching 1980

E. E. Vardiman: *Nomaden*, München 1980

M. Lurker: *Götter und Symbole der alten Ägypter*, München 1981

W. Weden/W. Spindler: *Ägyptische Einweihung*, Frankfurt 1979

P. Grimal: *Mythen der Völker*, Bd. 1, Frankfurt 1980

E. Hornung: *Der Eine und die Vielen*, Darmstadt 1971

Kultusministerium Kairo: *Das tausendjährige Kairo*, Kairo 1969

A. Grimm: *Ägypten. Die photographische Entdeckung im 19. Jh.*, München 1980

B. Champigneulle: *Geschichte der Architektur*, Paris 1979

H. Leicht: *Kunstgeschichte der Welt*, Zürich 1945

Touny/Wenig: *Der Sport im alten Ägypten*, Leipzig 1969

K. Benesch: *Auf den Spuren großer Kulturen*, Gütersloh 1979

Register

Personen

Abbas I. 77
Abd er-Rahman 73
Abd er-Rahman Katschoda 217
Abraham 213
Abu el-Haggâh 318
Achethotep 253
Achmed Arabi 78
Achoris 397
Adellatif 246
Aetheria (Egrera) 401, 406
Ahab 400
Ahmed Ibn Tulûn 73, 213
Amose 31, 294 (Fig.), 394
Aka-nekht 23 (Fig.)
Ak Sûnkor 222
Alexander d. Gr. 42, 46, 94, 225, 231, 253, 313, 320, 393, 394, 395, 396, 397, 433
Ali Bey 76
Allah 398
Al-Muizz el Din-Allah 209
Amasis 43, 44, 46, 389, 397
Amaunet 89, 313
Ambrosius 70
Amenemheb 34, 355
Amenemhêt I. (Ammenemês) 27, 107, 262f.
Amenemhêt II. 27, 29, 262, 270, 317, 428
Amenemhêt III. 27, 28, 231, 262, 266, 267, 268, 270, 302
Amenemhêt IV. 28, 270
Amenemhêt (Ameni) 135, 272, 289, 355, 358

Amenerdâs 359
Amenhotep 38
Amenophis I. 31, 311
Amenophis II. 34, 130, 246, 253, 315, 338, 339, 347, 353, 385, 389, 429
Amenophis III. 35, 36, 39, 40, 105, 137, 295, 310, 311, 314, 317, 318, 320, 337, 348, 357, 361, 367, 429
Amenophis IV. (Achet-Aton, Echnaton) 35, 36, 39, 40, 41, 88, 94, 95, 104, 293, 294, 295, 296, 307, 313, 315, 320, 337, 338, 345, 362, 399, 426, 440
Ammonius 402
Amon-herchopeschef 358
Amose 32, 399, 429
Amr Ibn el-As 66, 68, 72, 192, 223, 225
Amset s. Horus-Kinder
Amun (Amon) 31, 33, 35, 36, 38, 39, 41, 42, 43, 46, 86, 87, 89, 91, 93, 94, 95 (Fig.), 97, 101, 102, 143, 179, 188, 245, 291, 293, 300, 305, 310ff., 314, 316, 317, 318, 320, 337, 338, 345, 351, 352, 355, 359, 386, 388, 390, 393, 394, 395, 396
Amun-Chnum 269/270
Amun-Min 311
Amun-môse 91
Amyrtaios 44
Anchesen-pa-Aton 36
Ani 91

Antef I. 305
Antef 26, 31
Antefoker 263, 355
Antiphilius 225
Antonius Pius 428
Antonius 47, 225, 433, 434, 435
Antonius, hl. 69, 70, 425, 434
Anubis 87, 94, 95, 102, 106, 186f., 229, 262, 344
Anukis 103
Apelles 225
Apis 46, 95, 105, 245, 246, 253, 254
Apollos 67
Apophis 31, 105
Aphrodite 98
Apries 43, 246
Aridaios 397
Aristobul 396
Arius 68
Arnold, Dieter 262
Aron 441
Arrian 393, 396
Arsinoë 270
Artatama 34
Artaxerxes Ochos III. 44, 46
Asklepios 46, 105
Asoi 258
Assurbanipal 43, 307
Athanasius 68, 69, 70, 434
Athene 87, 102
Äthiopier 42, 43, 44, 394, 395
Aton 35, 36, 39, 88, 95f., 294, 295, 296, 315
Atum 87, 89, 90, 91, 96, 104, 314, 356, 391

463

PERSONENREGISTER

Augustus 47, 48, 65, 192, 225, 253, 304, 380, 381, 382, 384, 385, 433
Babylonier 33, 43
Baibars I. 74, 217
Baket 272, 289
Barkûk 74, 75
Basilius, hl. 70, 403
Bastet 87, 96f.
Beket-Aton 295, 296
Belzoni 389
Benedikt von Nursia 70
Benjamin I. 68
Bes 96 (Fig.), 97, 138, 304
Bokchoris 43
Borchardt, L. 243
Bosch, Hieronymus 425, 434
Boschna, Jusuf 212
Bryaxis 228
Buto 107

Caligula 304, 380
Caracalla 65
Carter, Howard 345 f.
Cäsar 47, 253, 400
Cäsarion 47, 98, 305
Celsus 393
Chairon 396
Chalil 75
Champollion, Jean-François 70, 303, 319
Chamweset 253, 254, 358
Chatillon, R. de 446
Chentkaus 16
Cheops 16, 232, 236, 237, 239, 241 f., 261, 302, 305
Chephrên 16, 139, 239, 240, 241 f., 302
Chepri 104, 314
Cheriuf 355
Cheti 272, 289
Chevrier, H. 311
Chnum 87, 97, 236, 362, 365, 391
Chnumhotep 289
Chons 39, 87, 94, 97 f., 102, 144, 318, 320, 365
Chontamenti 298
Christus 400, 406
Chumaraweih 73
Claudius 65, 304, 362, 381

Clemens 68
Commodus 65, 269
Cornelius Gallus 307
Correggio 404
Curtius Rufus 396
Cyrus 68

Darius I. 44, 45
Decius 68, 227, 363, 435
Dedia 349
Deinokrates 225
Demeter 101
Demetrios I. 67
Demetrius Phalereus 225
Didimose 30
Dino 393
Diodor 44, 133, 268 f., 393, 396, 397, 400
Diokletian 65, 66, 69, 227, 337, 381, 436
Dionysos 105
Dioskorides 393
Djedefrê 16, 239
Djet 15
Djoser 15, 19, 20, 22, 97, 99, 231, 247 ff., 352
Domitian 65, 303, 365, 428
Dua Mutef s. Horus-Kinder

Echnaton s. Amenophis IV.
Eje 36, 295, 296, 315, 339, 343, 345, 349
El-Aziz 215
El-Fashn 424
El-Ghûri 76
El-Hakim 217
El-Hasib 224
Elias 400
El-Mansûr Kalaûn 218
El-Muaijad 219
El-Mustansir 217
Emery, W. B. 188, 298
En-Nâsir 218
Erasistratus 225
Euergetes II. 428
Euklid 225
Eutyches 68, 397
Eutychius 402
Ezbek-Khan 213

Faber, Felix 398
Farag 219
Friedrich II. 74, 385, 432
Fuad I. 78
Fuad II. Faruk 78

Gamali 217, 222
Gayer-Anderson-Pascha 215
Geb 90, 100 (Fig.), 103
Giluchepa 34
Gohâr 73, 215
Gregorius 405
Griechen 44, 46, 48, 67, 77, 102, 105, 398, 403

Hadrian 65, 227, 361, 363, 381
Haeckel, Ernst 444
Hapi s. Horus-Kinder
Harachte 90, 389, 390, 391
Haremhab 36, 310, 315, 318, 355
Haroëris 99, 365
Harpokrates 99, 101
Harisiësis 99
Harun al-Raschid 73
Hasan 211, 219, 222
Hathor 13, 87, 97 (Fig.), 98, 112, 138, 240, 303, 304, 305, 342, 343, 353, 357, 364, 365, 381, 388, 391 f., 429, 439 f.
Hathor-Schmet 92, 134
Hatschepsut 33, 39, 40, 42, 290, 311, 312, 313, 314, 339, 341, 349 ff., 359, 360, 379, 426
Hattussili III. 311
Hauhet 89
Hebräer 35
Hekate 101
Helena, hl. 402
Hepdjefa 180, 297
Herakles 396, 425
Herakleios 68
Herihor 39, 42, 316
Hermes 106
Herodot 16, 28, 43, 44, 85, 88, 96, 134, 142, 182 f., 231, 234 f., 239, 241, 242, 245, 266, 268 f., 270, 293, 301, 394, 395, 397

Herophilus 225
Hethiter 33, 34, 35, 36, 37, 38
Hetepheres 239, 261
Hieronymus, hl. 69, 70, 435
Homer 46, 305
Horus 11, 14, 85, 86, 89, 92, 93, 95, 97 (Fig.), 98, 99, 100, 103, 105, 138, 186 f., 192, 270, 291, 300, 303, 343, 363 f., 365, 384, 385, 388, 391
Horus-Kinder (Amset, Dua Mutef, Hapi, Kebeh-Senuef) 98 (Fig.), 99
Hubal 398
Huh 89
Huje 296
Huni 15, 261, 263 f.
Hur 441
Hyksos 28, 30 f., 32, 94, 142, 246, 398, 399

Ibi 259, 355
Ibn Tulûn 73, 209, 225, 227
Ibrahim Pascha 77
Ihi 98, 138, 303, 304
Imân esch-Schafii 74, 83
Imhotep 15, 98 (Fig.), 99 f., 231, 247, 248, 352
Ineni 355
Ipet 316
Ipui 358
Isaak 213
Isebel 400
Isi 363
Isis 47, 86, 90, 91 f., 94, 98, 99, 100 f., 102, 103, 106, 111, 129, 186 f., 190 (Fig.), 229, 269, 270, 300, 339, 343, 381, 382, 385, 392
Ismâil 77, 212, 380

Jakob 399
Jamblinius 88
Jethro 399, 443
Johann von Jerusalem 74
Joseph 37, 192, 399
Josias von Judäa 43
Juden 67
Juno 101

Justinian 68, 381, 382, 402
Juvenal 361

Kamosé 31
Kaît Bey 75, 76
Kalaûn 75
Kallimachos 225
Kallisthenes 396
Kamal e-Malakh 238
Kambyses 44, 307, 356, 367, 395, 396
Karl V. 319
Kaschta 42
Kassiter 33
Katharina, hl. 404 ff.
Kauket 89
Kebeh-Senuef s. Horus-Kinder
Kimon 395
Kléber, Jean-Baptiste 76, 403
Kleopatra 47, 98, 225, 305, 365, 422, 432 f.
Konstantin 314, 402
Kopten 67, 69, 70 ff., 77, 359
Kufur 73
Kuk 89
Kutb el-Mitwalli 220
Kyros 43

Legrain, G. 314
Leo XIII. 68
Lesseps, Ferdinand de 77
Libyer 42, 44
Louis Philippe 212
Ludwig IX. von Frankreich 74
Lukian 225
Luini 404

Maat 98 (Fig.), 101, 104, 140, 141, 186 f., 357, 389
Makarê 42
Mamûn 70, 73, 83
Mamlûken 74, 75, 76, 80, 82, 83, 84, 403
Mandulis 384 f.
Manetho 18, 24, 30, 44, 85, 93, 236, 268, 297
Mariette, Auguste 209, 253, 254
Maximian 65, 384, 399

Maximinius Daia 404
Meder 43
Mehit-en-Useschet 359
Melik el-Kamil 240
Memling, Hans 404
Menena 355
Menes 11, 12, 108, 134
Menhit 362
Menou 76
Mentuhotep I. 26, 28, 39, 305, 349
Mentuhotep II. 26, 338
Mentuhotep III. 26
Merenptah 37, 38, 339, 346
Merenrê 18, 259
Mereruka 257 f.
Merikarê 25
Merirê I. 296
Merit-Amun 319
Meritaton 36
Michael VIII. 75
Michalowski, K. 316
Min 86, 87, 91, 99 (Fig.), 101 f., 111, 360, 391
Mitanni 32, 33, 34, 35
Mohammed 400, 402, 403
Mohammed Abd er-Rasûl 131
Mohammed Ali 77, 84, 212, 213, 227, 319
Mohammed el-Ichschid 73
Mohammed en-Nasir 75
Month 99 (Fig.), 102, 305, 317, 428
Moses 111, 394, 399, 400, 406, 438, 445
Mubarak, Hosni 79
Mut 86, 94, 97, 99 (Fig.), 102, 316, 317, 318, 320
Mutawalli 37
Mutemuja 361
Mutemweje 337
Mykerinos 16, 240, 259
Mylonas, P. M. 408

Nabi Salih 441, 442
Nacht 355
Nagib 79
Napoleon 76, 218, 225, 227, 403
Nasser, Gamal Abd el- 79

465

PERSONENREGISTER/ORTSREGISTER

Naunet 89
Nebet-Un 362
Nebukadnezar 43
Nechbet 93, 103 (Fig.), 107
Necho 43, 44
Neferhotep 355
Nefertari 319
Nefertêm 91, 104, 105
Neferti 25
Neith 99 (Fig.), 102, 103, 362
Nektanebôs I. 44, 304, 308, 319, 360, 381
Nektanebôs II. 44, 397
Nephthys 90, 94, 99 (Fig.), 102 f., 129, 186 f., 190 (Fig.), 343
Nero 65, 269, 303, 304, 436
Ne-user-Rê 243
Nianch-Sechmet 244 (Fig.), 255
Ni-anch-Ptah 252
Nilus, hl. 402
Nitokris 18, 43, 359
Nofret 20, 264
Nofretari 358, 387, 388, 389, 391
Nofretete 35, 36, 40, 294 (Fig.), 295, 296, 345
Nofru-Rê 33, 352
Nubier 18, 31, 66, 130
Nun 89, 91
Nur ad-Din 74
Nut 90, 100 (Fig.), 103, 301, 304, 305 (Fig.)

Obeid-Allah 73
Octavian s. Augustus
Olympias 396
Omar 72, 192
Origines 68
Osiris 25, 46, 85, 86, 91 f., 93, 94, 95, 98, 99, 100, 102, 103 f., 105, 106, 111, 129, 134, 136, 179, 180 f., 182, 185, 186 f., 189 (Fig.), 229, 253, 254, 298 f., 304, 313, 314, 316, 339, 342, 343, 344, 352, 355, 360, 365, 381, 382, 385, 386, 390
Osorkon III. 42

Othman 73
Ovid 395

Pabesa 355
Pachom 69, 70, 407
Paschedu 358
Paulus von Theben 67, 69, 70, 435, 436
Pasiphaë 395
Pausanias 361, 395
Pepi I. 17, 245, 259, 305
Pepi II. 18, 259
Perser 44, 45, 68, 398
Perseus 396
Petesuchos 269
Petrie, Flinders 267
Philipp II. 396
Philippos Arrhidaios 291, 313
Pianchi 42
Pindar 395
Pinodjem 42
Pinodjem II. 338
Platon 46
Plinius 242, 268 f., 367, 378, 379, 393, 395
Plutarch 91, 94, 95, 98, 395, 396
Pnephros 269
Pompejus 47
Porphyrius 88
Procopius 402, 404
Psammetich I. 43, 253
Psammetich II. 43
Psammetich III. 43, 44
Psusennes I. 42
Ptah 16, 86, 90, 91, 100, 104, 105, 143, 245, 254, 317 f., 388, 391, 392
Ptahotep 252, 257
Ptolemäus I. Soter 46, 104, 228, 253, 254, 270
Ptolemäus II. Philadelphos 46, 227, 381
Ptolemäus III. Euergetes I. 46, 291, 315, 352
Ptolemäus IV. Philopator 315, 357
Ptolemäus VII. Euergetes II. 357, 365, 428
Ptolemäus IX. Soter II. 363

Ptolemäus XIII. Neos Dionysos 364 (Fig.), 365
Ptolemäus XV. s. Cäsarion

Raffael 404
Rahotep 20, 264
Ramose 355
Ramses I. 36, 310, 339, 342, 349
Ramses II. 17, 24, 27, 37, 40, 93, 111, 137, 228, 246, 253, 254, 291, 300, 302, 310, 311, 314, 319, 320, 339, 341, 355 ff., 358, 360, 386 ff., 399, 427, 429
Ramses III. 38, 92, 103, 111, 310, 316, 317, 318, 348, 349, 355, 357, 358, 359, 360, 386
Ramses IV. 38
Ramses VI. 339, 345, 347
Ramses IX. 314, 346 f.
Ramses XI. 38, 39, 316
Rê 16, 35, 86, 87, 90, 91, 92, 93, 95, 96, 99, 100, 101, 103, 104, 105, 106, 134, 143, 179, 180 f., 242, 248, 291, 298, 304, 305, 343, 378
Rê-Harachte 99, 190 (Fig.), 350, 388, 392
Rechmir 94
Rechmirê 134, 355
Rehabeam 311
Renenutet 270
Römer 48, 65
Rommel, Feldmarschall 419, 432, 433

Sadat, Anwar el- 79
Sahurê 16, 24, 244, 255
Saîd 77
Saïten 43, 45, 102
Salah ed-Din (Saladin) 74, 83, 209, 212, 213, 445
Salomon 311, 446
Sarapis 47, 101 (Fig.), 104 f., 228, 269
Schenuda III. 69
Schenûte 68, 70
Schepenupet 359
Schepseskaf 16, 259

Scheschonk I. 42, 311, 425
Schgarat ed-Durr 74
Schmunu 89, 290, 291
Schu 90, 100 (Fig.), 103
Sebni 426
Sechât 101 (Fig.), 352, 357
Sechemchet 15, 251
Sechmet 87, 91, 96, 101 (Fig.), 104, 105, 317
Sekenenrê Taá 31
Seloukiden 46
Selim I. 76, 209, 219
Selkis 101 (Fig.), 105
Semenchkaré 35, 36
Senebi 136 (Fig.)
Senenmut 349, 352
Senodjem 95, 358
Septimius Severus 68, 242, 361
Seschât 105, 356
Sesostris I. 27, 29, 107, 262 f., 272, 311
Sesostris II. 27, 29, 266, 267
Sesostris III. 27, 29, 261 f., 302
Seth 11, 85, 86, 90, 91, 92, 93, 99, 101 (Fig.), 103, 105, 129, 136, 143, 192, 365
Seth-herchepeschef 358
Sethnacht 38
Sethos I. 36, 37, 39, 40, 92, 103, 298 ff., 310 f., 313, 339, 341, 343, 344, 348, 377, 381, 427
Sethos II. 309
Sixtus 314, 380
Smendes 39
Snofru 15, 238, 239, 259 ff., 263 f.
Sobek 87, 102, 106, 266, 269, 270, 365
Sobekemsaf 131
Sobek-nofru-Rê 28
Sokar 87, 245
Sokaris 104
Sokuopaios 269
Solon 46
Sopdu 439, 440
Sostratos von Knidos 227
Steinhoff 396
Stephnos von Aila 406
Strabo 28, 242, 253, 268 f., 270, 341, 361, 367, 396

Suleiman I. 76
Suppiluliuma I. 34
Syrer 398

Ttaà I. 31
Taduchepa 34
Taharka 43, 44, 307, 310, 314, 394
Taufide Hanem 212
Taufik 78
Tefnacht 42
Tefnut 90
Teje 35, 295, 361
Teos 44
Teti 17, 257
Theodora 70, 402, 406
Theodorus 66
Theodosius 227
Theophilus 227, 228
Thietmar 406
Thoth 87, 89, 90, 93, 102 (Fig.), 103, 105, 106, 186 f., 229, 290, 291, 293, 342, 352, 356, 391
Thothhotep 426
Thutmosis I. 32, 33, 39, 311, 312, 313, 339, 349, 350
Thutmosis II. 33, 314, 348
Thutmosis III. 39, 290, 311, 312, 313, 314, 317, 319, 320, 339, 341, 347, 353, 359, 360, 427, 428, 429
Thutmosis IV. 34, 242
Thutmosis, Bildhauer 40
Ti 254 ff.
Tiberius 304, 428
Tischendorf 408
Titi 358
Titus 65
Toëris 87, 102 (Fig.), 106
Towara 442
Trajan 65, 227, 303, 363, 365, 381, 428, 436
Türken 76, 398
Tumân Bey 76, 220
Tuschretta 35
Tut-ench-Amun 29, 36, 40, 92, 105, 109, 184, 236, 296, 315, 316, 338, 339, 341, 345 f., 358, 362

Uchhotep 426
Unas 16, 24, 111, 258
Upuaut 102 (Fig.), 106, 299
Uräus 103 (Fig.), 106 f., 108
Userhet 355
Userkaf 16, 244
Uto 103 (Fig.), 107

Valerius 227
Vassali 264
Veronese 404
Vespasian 227, 362

Wolf, W. 317

Xerxes 44

Zaghlul, Saad 78
Zenobia 65
Zeus 46, 87, 105, 394, 395, 396
Zeus-Amun 269, 395, 396
Zippora 399, 438

Orte und Länder

Abae 395
Abd el-Rahman 432
Abu Durba 440
Abu Gurôb, Sonnenheiligtum des Ne-ûser-Rê 243 f., 423, 424; Abb. 52
Abu Kerkâs 425
Abukir 76
Abu Roâsch 231, 239
Abu Rudeis 79, 400, 420, 437, 439, 440
Abu Shuruf 394
Abu Simbel 37, 39, 228, 290, 319, 384, 386–392, 415, 420, 430 f.; Farbt. 30, Abb. 211–216
– Kleiner Hathor-Tempel 391 f.
– Ramses-Tempel 40, 386 ff.
Abusir 244, 293, 423, 424, 431; Abb. 53–55
– Pyramide des Sahurê 244
Abu Zenima 394, 420, 439

ORTSREGISTER

Abydos 11, 12, 15, 18, 24, 86, 87, 106, 110, 185, 249, 297–302, 305, 313, 316, 343, 355, 381, 390, 420, 427; Abb. 95–100
- Osireion 103, 104, 301
- Sethos I.-Tempel 37, 41, 298 ff.
Achmîn 101, 427
Actium 47
Aden 65
Agami 431
Aghurmi 394, 397
Agieba 419, 433
Ain Dschalût 74
Ain el Furtaga-Oase 446
Ajun Mûsa 438
Akaba 398, 399, 403, 438, 445, 446
Akka 218
Alexandrien 46, 47, 66, 67, 68, 69, 78, 104, 105, 225–231, 271, 395, 397, 419, 421 f., 431
- Bibliothek 225
- Kôm esch-Schufaka-Katakomben 66
- Museion 225, 227
- Nekropolen 226 f., 230 f.
- Pharos 81, 225, 227, 228 (Fig.), 230
- Serapeum 47, 70, 95, 226, 227, 228
Al Obeijad 419, 433
Amarna 35, 36, 40, 41, 42, 88, 94, 96, 104, 110, 245, 291, 293 ff., 296, 315, 318, 414, 415, 416, 426; Abb. 89, 90, 93, 94
Antonius-Kloster 420, 425, 434, 435
Armant 34, 428, 429
Arsinoë s. Fayûm (Krokodilopolis)
Assiut 10, 70, 136 (Fig.), 180, 189, 297, 414, 415, 419, 420, 424, 426
Assuan 15, 27, 29, 71, 78, 189, 225, 236, 366–386, 414, 415, 420, 424, 430 f.; Farbt. 28, Abb. 196–210

- Agha Khan-Mausoleum 84, 222, 430
- Assuan-Damm 368, 382 ff.
- Bet el-Wali 384, 386
- Bigge 382
- Elephantine 27, 225, 244, 366 f., 391, 430
- Felsgräber 377
- Granitbrüche 378
- Hochdamm Sadd el-Al 79
- Kalâbscha-Tempel 65, 101, 384 ff., 430
- Kiosk von Kertasse 384, 386
- Kitchener-Insel 377 f., 430
- Philae 44, 47, 65, 100, 101, 104, 380 ff., 386, 430
- Simeonskloster 70, 377, 430
Auaris 30, 31, 33, 394
Babylon 68, 72, 397
Badari 10
Bagdad 73, 75
Bahrîja-Oase 420, 425
Bahr Jûssuf 265, 290, 425, 426
Baûit 72
Beba el-Kobra 425
Beni Amrân 426
Beni Hasan 189, 271 f., 289 f., 297, 377, 414, 415, 426; Abb. 79–84
- Fürstengräber 27, 29, 112, 137, 271 f., 289 f.
Beni Mazâr 425
Beni Suêf 425, 434
Biahmie 424
Bibân el-Molûk 34, 339
Bir el-Hilu 393
Bir Fuka 432
Boghazköy
Borg el Arab 431
Bubastis 96
Buhen 33
Busiris 100
Byblos 17, 91
Byzanz 68, 71, 397

Chai Bar-Wildschutzpark 446
Chalzedon 68
Charga-Oase 426; Farbt. 14–16

- Amun-Tempel 44, 45
- Hibis-Tempel 420
Córdoba 73, 216
Cumae 395

Dahab 421, 445, 446
Dahschûr 15, 19, 29, 231, 236, 239, 251, 259–262, 267, 271, 424, 425
- Amenemhêts II. Ziegelpyramide 262
- El Faraûn-Mastaba 259
- Grabbau für Seostris III. 29, 261 f.
- Knickpyramide 259 ff.
- Snofurs 2. Pyramide 261
Dakhla 420
Damaskus 37, 216
Damiette 91, 227
Dapur 337
Darb e-Melek 296
Deir el-Abjad 426
Deîr el-Ahmar 426
Deîr al-Berscha 426
Deîr el-Moharrak 426
Deîr el-Teir 425
Delphi 395, 396
Dendera 17, 44, 47, 65, 87, 103, 104, 225, 302–305, 362, 363, 365, 381, 397, 415, 420, 427, 428; Abb. 36, 101–109
- Hathor-Tempel 98, 303
- Koptische Kirche 305
Dêr Amba 70
Derb el-Hadsch 393
Dêr el-Bahri s. Theben-West
Dêr el-Gabraûi 426
Dêr el-Medina s. Theben-West
Dêr Maûâs 426
Derût 265, 426
Didyma 395
Dîme 424
Di-Zahav 445
Dodona 394, 395

Ed-Dakka 415
Ed-Derr 386
Edfu, Horus-Tempel 47, 98, 103, 104, 303, 362, 363 f.,

468

365, 381, 384, 385, 397, 428, 429; Abb. 187–191
Eilat 441, 445, 446
El Alameîn 419, 422, 432
El Arish 79, 399, 421
El Amid 432
El-Badraschein 424, 425
El Bagawât 426
El-Bahnassa (Oxyrhynchos) 425
El-Balyana 427
El-Bardawil 399
El Buweib 441
Elephantine s. Assuan
El Faschn 425
El Hammanm 432
Elim 400
Elkab 107, 429
El Kasr 420
El-Katai 217
El Kubri 437
El-Maimûn 425
El-Mahamid 429
El-Maragi 394
El-Matanieh 424, 425
El Qûsiya 426
El Serirîje 425
El-Shaghab 429
El Thamad-Nakl 446
El Tûr (El Tor) 408, 441, 443 f.
El-Wasta 424, 425
England 78
Ephyra 395
Epidauros 395
Eschmunen 106, 290, 426
Esna 362, 365, 381, 428, 429
– Chnum-Tempel 97, 362 f., 429
Et Tih-Wüste 398
Esna 362, 365, 381, 427, 428
– Chnum-Tempel 97, 362 f.
Et Tih-Wüste 398

Farâfra-Oase 420, 426
Fayûm 10, 27, 34, 35, 48, 70, 87, 231, 265–270, 365, 410, 414, 415, 420, 424, 426; Abb. 73–78
– Amenemhêts III. 2. Pyramide 267 f.

– Biahmu 270
– Dîme 269, 424
– Dionysias 269 f.
– Hauwâra 267 f.
– Illahûn Pyramide 263, 266, 267
– Kahûn 267
– Karânis 269
– Karûn-See 106, 266, 269, 424
– Kasr es-Sâgha 269, 424
– Krokodilopolis (Arsinoë) 47, 266, 270, 429
– Labyrinth 268 f.
– Medînet Mâdi 269
Feiran 401, 402, 408, 421, 437, 438, 441
Fjord 421, 446
Fustat s. Kairo

Gaza 46
Gebel el-Mawta 397
Gebel Musa (Mosesberg) 400, 437 f., 442
Gebel Katharina (Katharinenberg) 393, 443
Gezira Fara'un 446 (Farbt. 216)
Gilf el Kebir 420
Gîzeh 19, 190, 231–243, 251, 259, 260, 263, 416, 424
– Cheops-Pyramide 232 f., 236 ff., 240, 241, 254, 260, 261; Umschlagvorderseite, Farbt. 1, Abb. 44, 47, 51
– Chehrên-Pyramide 20, 232, 239 f., 241; Farbt. 2, Abb. 39, 41, 51
– Chephrên-Taltempel 240 f., 301; Abb. 43
– Mykerinos-Pyramide 239, 240; Abb. 51
– Sphinx 34, 241 ff.; Umschlagvorderseite, Abb. 39, 40
Griechenland 77
Guardafui, Kap 17

Hadramaut 17, 398
Halikarnaß 228
Hammon Sidna Mussa 444

Harramia 418
Hauwâra 28, 231, 269, 271
Heliopolis 15, 16, 27, 35, 86, 89, 90, 91, 95, 104, 293, 294, 314, 380, 390, 391, 437
– Sonnentempel 244, 293
Heluan 79, 225
Herakleopolis 24, 26, 305, 425
Hermontis 305
Hermopolis Magna 48, 71, 87, 89, 91, 94, 102, 290 ff., 391, 414, 415, 420, 426
Hîba 425
Hierakonpolis 13, 14, 99, 429
Horeb-Berg 399, 400, 402
Hurghâda 420, 434, 436, 437

Illahûn s. Fayûm
Irak 79
Ismailia 399, 420, 439
Israel 79
Issos 396
Istanbul
– Nûri Ismanîja-Moschee 212
– Sultan Ahmet-Moschee 216

Jazirat Sinafir 445
Jazirat Tiran 345
Jericho 247
Jerusalem 42, 65, 74
Jordanien 79
Juda 43

Kadesch 33, 36, 37, 320, 343, 355, 390
Kairo 68, 72, 73, 74, 75, 77, 190–225, 231, 361, 403, 404, 414, 415, 420, 422, 424, 437
– Ägyptisches Museum 29, 42, 209 f., 239, 240, 241, 245, 264, 346, 423; Farbt. 5–8
– Abdîn Palast 84
– Ak-Sunktor-Moschee 83, 222
– Ashar-Moschee (Universität) 73, 81, 82, 83, 84, 215 f., 222; Abb. 20–22
– Alt-Kairo (Fustat) 72, 73, 192, 215, 224 (Fig.), 245
– – Babylon 223

469

ORTSREGISTER

- – Koptische Kirchen 223 f.
- Amr-Moschee 83, 223
- Bab el-Futûh 217, 218, 220; Farbt. 9, Abb. 3
- Bab Zuwêla 218, 220; Abb. 16
- Bab en-Nasr 217, 218
- Barkûkija-Madrasa 84, 222
- Basare 222 f.
- Bêt el-Kiritlija (Gayer-Anderson-Museum) 84, 215
- Bêt Gamâl ed-Din es-Sahâbi 84
- El Bordeni 84
- El Mahmudija 84
- El Mardani 83
- El Moallaka 224; Abb. 37
- Esbekîja-Garten 209, 211, 222
- Ghûri-Moschee 222
- Gijûschi-Moschee 73, 82, 83, 222; Abb. 10
- Gohara-Palast 84
- Hâkim-Moschee 73, 82, 83, 215, 217 f.; Abb. 4
- Harim-Palast 84
- Ibn Tulûn-Moschee 73, 81, 82, 83, 209, 213 f., 215, 217; Abb. 1, 2
- Inal-Grabmoschee 84, 222
- Islamisches Museum 209, 223, 423
- Josephsbrunnen 83, 213
- Kairo-Turm 211
- Kaît Bey-Moschee 84, 216, 220 f.; Abb. 15
- Kalaûn-Moschee 81 (Fig.), 83, 218 f.
- Kalifengräber (Mamlûkengräber) 83, 220 ff.
- Koptisches Museum 72, 209, 224, 423
- Midan et-Tahrîr 209
- Mohammed Ali-Moschee (Alabaster-Moschee) 84, 212; Abb. 9, 10
- Mohammed en-Nasir-Moschee 83
- Muijad-Moschee 84, 212, 219 f.; Abb. 19

- Nilometer (Rôda) 83, 224 f.; Abb. 25
- Rifâi-Moschee 84, 212; Abb. 11
- Saijida-Moschee 84
- Saladin-Platz 211
- Sinan-Pascha 84
- Stadtmauer 83
- Sultan Barkûk-Moschee 220; Abb. 12–14
- Sultan Hasan-Moschee 81 (Fig.), 83, 211 f., 219
- Sultan en-Nâsir-Moschee 213, 218
- Zitadelle 83, 209, 212
- Kairuan 216
- Kalâbscha s. Assuan
- Karet Umm-el-Seghayyar 394
- Karkemisch 43
- Karnak 27, 36, 271, 308–316, 319, 339, 343, 345, 355, 362, 379, 386, 390, 427, 428; Abb. 125–160
- Großer Amun-Tempel 17, 94, 179, 310, 311, 312, 313, 349
- – Festhalle 39
- – Kiosk 270
- – Obelisken 308 f., 312
- – Pylon 44, 177, 310, 311, 312
- – Ramses III.-Tempel 310
- – Reichstempel 33, 34
- – Säulensaal 37, 40, 41 310, 312
- – Sphinx-Allee 314, 315, 349
- – Weiße Kapelle Sesostris' I. 29, 101
- Chons-Tempel 98, 144 (Fig.), 309, 316, 319
- Echnaton-Tempel 315
- Month-Tempel 102, 317
- Mut-Tempel 105, 309, 315, 317
- Ptah-Tempel 317 f.
- Kasr es Sâgha s. Fayûm
- Katharinenberg 421, 443
- Kavala 77
- Kena 70, 426, 427, 436, 437; Farbt. 13

- Kerach 445
- Kerdassa 418
- Khamisa 394
- Klaros 395
- Kôm el-Ahmar 425
- Kôm esch-Schukâfa 229 f.
- Kôm Ombo, Haroëris-Sobek-Tempel 47, 87, 99, 106, 365 f., 420, 429; Abb. 192–195
- Konstantinopel (Istanbul) 66, 68, 76, 406
- Koptos 10, 26, 86, 87, 91, 101, 272, 391
- Krokodilopolis s. Fayûm
- Kurna 37, 40, 131, 339
- Kusch 31, 38, 42
- Kuweit 79
- Kynopolis 95

- Libyen 26, 31, 36, 38, 142
- Lischt 234, 262 f., 424
- Amenemhêts I. Pyramide 27, 29, 262 f.
- Sesostris' I. Pyramide 27, 29, 262 f.
- Luxor-Tempel 39, 40, 70, 97, 101, 179, 271, 308, 318 ff., 337, 352, 362, 414, 415, 420, 424, 427 ff., 437; Farbt. 20, 21, Abb. 110–118
- Obelisken 319
- Säulenhof 320
- Sphinx-Allee 319 f.

- Magawish 437
- Maghâgha 425
- Maghara 439
- Maharraka 415, 430
- Marathon 44
- Marsa Alam 420, 429
- Marsa-el-Et 445
- Marsa Matruh 393, 394, 396, 419, 420, 431 ff.
- Medamud 428
- Medina 76, 402
- Medînet Hâbu s. Theben-West Medinet el-Fayûm 424, 425
- Medûm 15, 19, 231, 234, 236,

244, 251, 259, 261, 263 f., 424; Abb. 72
- Pyramide von Huni und Snofru 15, 248, 263 f.
- Totentempel 264
Megiddo 33
Mekka 76, 216, 398, 438
Mellaui 70, 420, 426
Memphis 10, 11, 12, 19, 24, 30, 35, 38, 43, 44, 46, 86, 89, 90, 91, 99, 100, 105, 106, 192, 240, 245, 246, 254, 294, 353, 391, 395, 396, 422
- Ptah-Tempel 104, 245, 246, 253
Menas-Stadt 71
Mendes 46, 87
Mêr 24, 297, 426
Merimde 10
Meroë 231
Mersa Alam 420
Minia 420, 425; Farbt. 12
Mons Claudianus 436
Mons Porphyritis 436
Mosesberg 400 f., 408, 442
Mosesquelle 404, 438, 443
Mosesstein 441
Mozambique 351, 393

Nabq 445
Nâg Hammâdi 70, 420, 424, 426
Naharin 337
Nakâdâ 10, 420
Napata 33, 42, 231
Naukratis 43, 45, 46, 225
Nev'iot 446
New York, Metropolitan Museum 103
Ninive 43
Nubien 10, 11, 16, 26, 33, 34, 37, 43, 142, 231, 272, 290, 366
Nuwêba-Oase 421, 445

Ofira 445
Olympia 395

Palästina 17, 28, 33, 35, 42, 43, 46, 65, 73, 74
Palmyra 65, 71

Paulus-Kloster 420, 425, 434, 435
Pelusium 44, 46
Persien 43, 66, 67, 75
Pharsalus 47
Philae s. Assuan
Pithom 96
Port Safâga s. Safâga
Port Said 91, 420
Punt 16, 26, 33, 351

Quantir 399

Rafi Nelson 446
Raithu 438
Râs el-Hekma 422
Râs Gharandel 438
Râs Matarma 438
Râs Muhammad 79, 420, 441, 444, 445
Râs Nasrani 445
Râs-el-Sudr 438
Râs Zafarâne (Safarâna) 425, 434
Ravenna 406
Rom 48, 66, 101, 105, 380, 385, 404
Rosette 227

Safâga 420, 427, 433 f., 435, 436, 437
Saïs 42, 43, 44, 87, 102
Sakkâra 16, 19, 20, 22 (Fig.), 105, 188, 217, 231, 245–258, 262, 263, 298, 344, 377, 416, 424; Abb. 56–64
- Asklepieion 100
- Jeremiaskloster 70, 246
- Mastaba der Idût 246, 249
- Mastaba des Kagemni 247, 258 f.
- Mastaba des Mereruka 24, 246, 254, 257 f.
- Mastaba des Ptahhotep 24, 247, 251 ff.
- Mastaba des Ti 24, 247, 254 ff.
- Perser-Gräber 246, 249 f.
- Pyramide des Sechemchet 246, 251

- Serapeum 95, 246, 253 f.
- Stufenmastaba des Djoser 99, 246, 247 ff., 260
- Unas-Pyramide 246, 250 f.
Samalut 425
Samarra 213, 214, 215
Serabit 98, 439 f.
Sharm el Sheikh 420, 445, 446
Sichem 28
Sidi Abd el Rahman 419, 431
Sidon 46
Sinai-Halbinsel 17, 79, 236, 251, 398 ff., 437 ff.
- Katharinenkloster 79, 400 ff., 421, 440 f.; Farbt. 31, 32
Sinope 104
Sisi Abdel Rahman 422
Siwa-Oase 46, 94, 393 ff., 419, 433; Abb. 217; Plan S. 433
Siwa (Ortschaft) 394, 433
Sohâg 70, 420, 426
Somalia 17
Sudan 70, 77, 78, 231, 367
Sues 10, 77, 398, 399, 403, 420, 432 f., 436, 437
Sues-Kanal 27, 77, 78, 79, 227, 380; Farbt. 11
Sutana 337
Syrien 44, 46, 73, 74, 76, 79, 216

Tabor-Berg 406
Tahrîr-Provinz 79
Tal der Könige s. Theben-West
Tanis 17, 36, 38, 42, 44, 245, 387
Tel el-Amarna s. Amarna
Tell el-Kebir 78
Theben (Griechenland) 395
Theben 24, 26, 31, 33, 35, 36, 39, 42, 43, 46, 70, 86, 87, 91, 94, 102, 131, 189, 231, 245, 293, 294, 295, 305–360, 394, 395, 428
Theben-Ost s. Karnak u. Luxor
Theben-West 338–362, 420; Abb. 163–186
- Dêr el-Bahri 33, 95, 97, 179,

471

ORTSREGISTER

290, 312, 318, 338, 349, 352, 379, 428
- - Hatschepsut-Tempel 349 ff.
- - Mentuhotep-Tempel 270, 352 f.
- Dêr el-Medîna 47, 95, 357 f.
- Kurna, Gräber der Vornehmen 354
- Kurnet Murai 358
- Medînet Hâbu-Tempel 38, 39, 44, 101, 110, 111, 137, 355, 357, 359 f., 428
- Memnons-Kolosse 34/35, 361, 389, 428
- Privatgräber 353 ff.
- Ramesseum 355 ff., 390, 428
- Tal der Könige 339 ff., 428
- - Grab des Sethos' I. 343 f.
- - Grab des Tut-ench-Amun 345 f.
- - Grab Amenophis II. 347
- Tal der Königinnen 358
- Tempel Sethos' I. 339, 356
- Saïten-Gräber 355
- Sennefer-Grab 134
Thinis 11
Thrakien 46
Tih-Wüste 393, 437, 444
Timna 446
Tiran 445
Tôd 428, 429
Tuna el-Gebel 66, 229, 291, 420, 426
Tyros 46

Umm Bugma 439
Uweinat 420

Wâdi Amram 446
Wâdi Araba 435
Wâdi el-Allâki 16, 384
Wâdi el-Arish 393
Wâdi Deir 435, 442
Wâdi er-Raml 393
Wâdi es-Sebûa 67 (Fig.), 386, 415, 430
Wâdi Feiran 400, 441
Wâdi Gharandel 438
Wâdi Halfa 415
Wâdi Hammamât 26, 351
Wâdi Natrûn 69, 70, 394, 419, 421
Wâdi Sora 420
Wâdi Taba 446
Wâdi Tummilât 27, 38, 96
Wâdi Umm Tâghîr 346
Wâdi Watîr 446

Zeitun 394

Bitte beachten Sie auch folgende Veröffentlichungen aus unserem Verlag:

»Richtig reisen«: Ägypten

Von Doris Marianne Meyer. 352 Seiten mit 36 farbigen und 305 einfarbigen Abbildungen, Karten und Plänen, praktischen Reisehinweisen, Register

»Der Band bietet eine Unmenge unverzichtbarer Informationen mit reichlichem Bildmaterial. Die Autorin des Buches gilt als ausgezeichnete Expertin für Nordafrika.« *Münchner Merkur*

»Richtig reisen«: Kairo

Von Peter Wald. Mit Beiträgen von Thomas Gosciniak, Edith Hubert und Alexander Kudascheff. 336 Seiten mit 90 farbigen und 166 einfarbigen Abbildungen und Karten, 80 Seiten praktischen Reisehinweisen, Register

»Dieser DuMont Reiseführer gibt wertvolle Lebenshilfe an die Hand: von den historischen Daten und Ereignissen bis zu den Theatern und Volksfesten, vom Wesen des Bakschisch bis zu den Märkten und Bazaren, von den Pyramiden, der Sphinx und der ›Stadt des Sonnengottes‹ bis zu Restaurants und weiterem Nachtleben wird ein vollständiges Bild dieser Weltstadt am Nil entworfen, das es dem Touristen ermöglicht, sich vor und während der Reise zu orientieren. Darüber hinaus werden Touren in die Umgebung Kairos vorgeschlagen und beschrieben, so z. B. zum Roten Meer, zu den koptischen Klöstern oder zum Suezkanal.

Der ausführliche ›Gelbe Teil‹ mit den praktischen Reise-Informationen gibt auf einen Blick Auskunft.«
Offenbach-Post

Entdeckungsreisen in Ägypten 1815–1819

In den Pyramiden, Tempeln und Gräbern am Nil
Von Giovanni Belzoni. Mit einer Geschichte der Ägyptenreisen seit dem 16. Jahrhundert von Ingrid Nowel. 277 Seiten mit 10 farbigen und 96 einfarbigen Wiedergaben alter Stiche, einer Darstellung von Belzonis Leben, Auswahlbibliographie (DuMont Reiseberichte)

Die ägyptischen Pyramiden

Erforschung, Baugeschichte und Bedeutung
Von Karlheinz Schüssler. 376 Seiten mit 26 farbigen und 152 einfarbigen Abbildungen, Karte, Zeittafel, Literaturhinweisen, praktischen Reisehinweisen, Register (DuMont Taschenbücher, Band 135)

»Dieser Band behandelt in seltener Genauigkeit und gleichzeitig lebendig die Jenseitsvorstellungen der Alten Ägypter und aus ihnen hervorgehend die Kunst der Pyramiden. Der baugeschichtlichen Entwicklung sowie den bekanntesten Pyramiden-Anlagen und der Technik des Pyramidenbaus sind die Hauptkapitel gewidmet. Sie bringen eine glänzende Einführung in eine der bedeutendsten Hochkulturen unserer Erde.« *Bayerisches Fernsehen*

Von Hans Strelocke erschienen in unserem Verlag noch folgende DuMont Kunst-Reiseführer:

Algerien   Kunst, Kultur und Landschaft

Von den Stätten der Römer zu den Tuareg der zentralen Sahara
279 Seiten mit 9 farbigen und 149 einfarbigen Abbildungen, 110 Zeichnungen, Karten und Plänen, 24 Seiten praktischen Reisehinweisen, Register

»Von den Stätten der Römer bis zu den Tuareg der zentralen Sahara reicht der Bogen des faszinierenden Algerien-Buches von Hans Strelocke. Er greift sich zunächst den Norden des Landes mit den römischen Ruinen heraus und gibt eine Route von Ost nach West an, die diese Gebiete umgrenzen, im zweiten Teil führt uns der Autor dann auf der südlichen Hoggarpiste mitten hinein in die Sahara. Dabei gelingt es ihm immer, ein plastisches Bild zu vermitteln – sowohl sprachlich, als auch anhand der zahlreichen Abbildungen, Zeichnungen und Plänen.«   *Süddeutscher Rundfunk*

Tunesien

Karthager, Römer, Araber
Kunst, Kultur und Geschichte am Rande der Wüste
300 Seiten mit 28 farbigen und 178 einfarbigen Abbildungen, 78 Zeichnungen und Plänen, Literaturhinweisen, 33 Seiten praktischen Reisehinweisen, Register

»Tunesien, das zu den beliebtesten Urlaubsgebieten zählt, hat neben weitgestreckter Sandküste, Wasser und blauem Himmel mehr zu bieten: orientalisches Leben, die Salzseen, Palmen-Oasen und die Faszination der Wüste. Überlagert wird das alles jedoch von den Spuren der Geschichte, die von den Karthagern, den Römern und dann von den Arabern geschrieben wurde. Eine Unzahl von Ruinenstätten und Denkmälern demonstriert die reiche Kunstgeschichte Tunesiens. Hans Strelocke zeichnet das alles, dicht geschrieben, mit so kundiger Hand, daß die Lektüre dieses Bandes in vielerlei Hinsicht Lektionen vermittelt.«   *Lahnzeitung*

Mallorca – Menorca

Ein Begleiter zu den kulturellen Stätten und landschaftlichen Schönheiten der großen Balearen Inseln
344 Seiten mit 50 farbigen und 173 einfarbigen Abbildungen, 111 Karten und Zeichnungen, 32 Seiten praktischen Reisehinweisen, Register

Portugal

Vom Algarve zum Minho
432 Seiten mit 34 farbigen und 131 einfarbigen Abbildungen, 133 Karten und Zeichnungen, 40 Seiten praktischen Reisehinweisen, Register

DuMont Kunst-Reiseführer

»Kunst- und kulturgeschichtlich Interessierten sind die DuMont Kunst-Reiseführer unentbehrliche Reisebegleiter geworden. Denn sie vermitteln, Text und Bild meist trefflich kombiniert, fundierte Einführungen in Geschichte und Kultur der jeweiligen Länder oder Städte, und sie erweisen sich gleichzeitig als praktische Führer.« *Süddeutsche Zeitung*

Alle Titel in dieser Reihe:

- Ägypten und Sinai
- Entdeckungsreisen in Ägypten 1815–1819
- Algerien
- Entdeckungsreisen in Südarabien
- Belgien
- Brasilien
- Bulgarien
- Bundesrepublik Deutschland
- Das Allgäu
- Das Bergische Land
- Bodensee und Oberschwaben
- Bremen, Bremerhaven und das nördliche Niedersachsen
- Die Eifel
- Franken
- Hessen
- Hunsrück und Naheland
- Kölns romanische Kirchen
- Die Mosel
- München
- Münster und das Münsterland
- Zwischen Neckar und Donau
- Oberbayern
- Oberpfalz, Bayerischer Wald, Niederbayern
- Ostfriesland
- Die Pfalz
- Der Rhein von Mainz bis Köln
- Das Ruhrgebiet
- Sauerland
- Schleswig-Holstein
- Der Schwarzwald und das Oberrheinland
- Sylt, Helgoland, Amrum, Föhr
- Der Westerwald
- Östliches Westfalen
- Württemberg-Hohenzollern

- Volksrepublik China
- DDR
- Dänemark
- Frankreich
- Auvergne und Zentralmassiv
- Die Bretagne
- Burgund
- Côte d'Azur
- Das Elsaß
- Frankreich für Pferdefreunde
- Frankreichs gotische Kathedralen
- Korsika
- Languedoc–Roussillon
- Das Tal der Loire
- Lothringen
- Die Normandie
- Paris und die Ile de France
- Périgord und Atlantikküste
- Das Poitou
- Die Provence
- Drei Jahrtausende Provence
- Licht der Provence
- Savoyen
- Südwest-Frankreich
- Griechenland
- Hellas
- Athen
- Die griechischen Inseln
- Alte Kirchen und Klöster Griechenlands
- Tempel und Stätten der Götter Griechenlands
- Korfu
- Kreta
- Rhodos
- Großbritannien
- Englische Kathedralen
- Die Kanalinseln und die Insel Wight
- London

- Schottland
- Süd-England
- Wales
- Guatemala
- Das Heilige Land
- Holland
- Indien
- Ladakh und Zanskar
- Indonesien
- Bali
- Irland
- Italien
- Apulien
- Elba
- Das etruskische Italien
- Florenz
- Gardasee, Verona, Trentino
- Lombardei und Oberitalienische Seen
- Die Marken
- Ober-Italien
- Die italienische Riviera
- Von Pavia nach Rom
- Rom – Ein Reisebegleiter
- Rom in 1000 Bildern
- Das antike Rom
- Sardinien
- Sizilien
- Südtirol
- Toscana
- Umbrien
- Venedig
- Die Villen im Veneto
- Japan
- Nippon
- Der Jemen
- Jordanien
- Jugoslawien
- Karibische Inseln
- Kenya
- Luxemburg
- Malta und Gozo
- Marokko

- Mexiko
- Unbekanntes Mexiko
- Nepal
- Österreich
- Kärnten und Steiermark
- Salzburg, Salzkammergut, Oberösterreich
- Tirol
- Wien und Umgebung
- Pakistan
- Papua-Neuguinea
- Portugal
- Madeira
- Rumänien
- Die Sahara
- Sahel: Senegal, Mauretanien, Mali, Niger
- Die Schweiz
- Tessin
- Das Wallis
- Skandinavien
- Sowjetunion
- Kunst in Rußland
- Moskau und Leningrad
- Sowjetischer Orient
- Spanien
- Die Kanarischen Inseln
- Katalonien
- Mallorca – Menorca
- Nordwestspanien
- Spaniens Südosten – Die Levante
- Südspanien für Pferdefreunde
- Zentral-Spanien
- Sudan
- Südamerika
- Südkorea
- Syrien
- Thailand und Burma
- Tunesien
- USA – Der Südwesten

»Diese Einführungen in Kunst, Kultur, Geschichte und Landschaft eines Landes gehören zum Besten, was man heute zur Vorbereitung einer Reise in die Hand nehmen kann. Der Informationswert liegt sehr hoch, die vielen Abbildungen geben Anregung und Erinnerung. Selbst auf einen Teil mit mehr praktischen Hinweisen wurde nicht verzichtet.« *Literaturreport*

Alle Bände mit vielen, zum Teil farbigen Abbildungen; dazu Zeichnungen, Karten, Grundrisse, praktische Reisehinweise.

»Richtig reisen«

Ägypten
Algerische Sahara
Amsterdam
Arabische Halbinsel
Australien
Bahamas
Von Bangkok nach Bali
Berlin
Budapest
Cuba
Elsaß
Ferner Osten
Finnland
Florida
Friaul – Triest – Venetien
Graz und die Steiermark
Griechenland
Delphi, Athen, Nord- und Mittelgriechenland, Inseln
Griechische Inseln
Großbritannien
Hawaii
Holland
Hongkong
Mit Macau und Kanton
Ibiza/Formentera
Nord-Indien
Süd-Indien
Irland
Istanbul
Jamaica
Kairo
Kalifornien
Kanada und Alaska
Ost-Kanada
West-Kanada und Alaska
Kreta
»Richtig wandern«: Kykladen
London
Los Angeles
Madagaskar
Malediven
Marokko
Mauritius
Mexiko

Moskau
München
Nepal
Neu-England
Neuseeland
New Mexico
Santa Fé – Rio Grande – Taos
New Orleans
und die Südstaaten Louisiana, Mississippi, Alabama, Tennessee, Georgia
New York
Norwegen
Ostafrika
Kenya und Tanzania mit Uganda, Rwanda und Burundi
Paris
Paris für Feinschmecker
Philippinen
Portugal
Réunion
»Richtig wandern«: Rhodos
Rom
San Francisco
Die Schweiz und ihre Städte
Seychellen
Sizilien
Sri Lanka (Ceylon)
Südamerika 1
Kolumbien, Ekuador, Peru, Bolivien
Südamerika 2
Argentinien, Chile, Uruguay, Paraguay
Südamerika 3
Brasilien, Venezuela, die Guayanas
Texas
Thailand
Toscana
»Richtig wandern«: Toscana und Latium
Türkei
Tunesien
Venedig
Wallis
Zypern